Irmgard Weth · Neukirchener Erzählbibel

Irmgard Weth

Neukirchener Erzählbibel

Mit Bildern von Kees und Michiel de Kort

Die Bücher der Bibel
neu erschlossen und erzählt

neukirchener

Die Autorin

Irmgard Weth arbeitet seit vielen Jahren als Theologin und Pädagogin im Neukirchener Erziehungsverein, insbesondere als Dozentin für Biblische Theologie und Religionspädagogik. Sie ist Autorin verschiedener Bibelausgaben und gilt als Expertin für Biblisches Erzählen.

Die Künstler

Kees de Kort wohnt und arbeitet als Künstler in Bergen / Niederlande. Seine Bilder nach Motiven biblischer Geschichten sind international bekannt.

Michiel de Kort wohnt in Rotterdam und unterrichtet an der Willem de Kooning-Academy in Rotterdam.

MIX
Papier aus verantwortungsvollen Quellen
FSC® C014138
FSC www.fsc.org

4., neu durchgesehene Auflage 2019

Umschlaggestaltung: Andreas Sonnhüter, www.sonnhueter.com
Landkarten / Zeittafel: Grafikbüro Sonnhüter, www.sonnhueter.com
Gesamtherstellung: Finidr, s.r.o.
Printed in Czech Republic
ISBN 978-3-920524-51-1

www.neukirchener-verlage.de

Vorwort zur 4. Auflage

Die Bibel schäumt über von Leben. Sie erzählt von Menschen wie du und ich, von Mutigen und Verzagten, von Mächtigen und Unterdrückten, von Siegern und Versagern. Sie erzählt von Schuld und Vergebung, von Streit und Versöhnung, von Verzweiflung und Hoffnung. Sie erzählt Geschichten voller Leben mit Höhen und Tiefen. Aber durch alle Geschichten hindurch zieht sich die unendliche Geschichte der Liebe Gottes, der „Bund und Treue hält und der nicht preisgibt das Werk seiner Hände".

Diese vielfältigen Erfahrungen von Menschen mit Gott sind in unterschiedliche Erzählformen gekleidet und in ganz verschiedenen Büchern zusammengefasst. Jedes Buch der Bibel enthält eine eigene Botschaft und will als solches gelesen und gehört werden. Und jede einzelne Erzählung ist ein Kunstwerk in sich und spricht ihre eigene Sprache. Da finden wir schlichte Volkserzählungen neben geschliffenen liturgischen Erzähltexten. Da gibt es Erzählungen von sprühender Lebensfreude und andere, die uns ganz behutsam an die Hand nehmen, profane und sakrale, dramatische und epische, vertraute und fremdartige Erzählungen. Sie alle sind erzählt und aufgeschrieben zur Ehre Gottes, der nicht aufhört, „auf mancherlei Weise" zu uns Menschen zu reden (Hebräer 1,1).

Die Neukirchener Erzählbibel möchte diese vielfältigen Erfahrungen mit Gott und auch die Vielfalt biblischer Bücher und biblischer Erzählformen aufnehmen und weitererzählen. Sie möchte alte Erzählzusammenhänge neu erschließen, altbekannte Texte von einer neuen Seite beleuchten und auf diesem Weg weithin bekannte Geschichten neu ins Gespräch bringen. Sie versteht sich als Weiterführung der Neukirchener Kinderbibel. In der Auswahl der Texte konzentriert sie sich daher vorwiegend auf Texte, die in der Kinderbibel noch nicht behandelt wurden oder erzählt diese aus neuer Perspektive. Im Inhalt und Stil ihrer Erzählungen orientiert sie sich an den biblischen Texten selbst. Im Aufbau folgt sie der Anordnung der biblischen Bücher unter Beachtung ihrer jeweiligen geschichtlichen Situation. So führt uns diese Bibel, im Zusammenhang gelesen, auf den Weg einer fortlaufenden Erzählung, angefangen bei den Vätergeschichten bis hin zur Offenbarung des Sehers Johannes.

Danken möchte ich allen, die an der Entstehung des Buches beteiligt waren.

Mein Dank gilt vor allem Claudia George für die vertrauensvolle Zusammenarbeit in der Vorbereitung dieser Auflage.

Allen, die dieses Buch zur Hand nehmen, wünsche ich, dass sie auf ihrem Weg durch die Bibel neue Erfahrungen machen, neue Zusammenhänge entdecken und neu über Gottes Wege staunen lernen.

Neukirchen-Vluyn, im Sommer 2019
Irmgard Weth

Inhalt

Das Alte Testament

1. Am Anfang

2. Der Auszug

3. Durch die Wüste

4. Einzug ins Land

5. Im neuen Land

6. Ende und Neuanfang

7. König David

8. Unter den Königen Israels

Das erste und zweite Buch der Könige

9. Unter den Königen Judas

Das erste und zweite Buch der Chronik

10. Unter fremden Herrschern

Die Bücher Esra, Nehemia und Ester

11. Klagen und Loben

Das Buch Hiob

Die Botschaft der Propheten

12. Der Prophet Amos

13. Der Prophet Jesaja

14. Der Prophet Jeremia

15. Der Prophet Hesekiel (Ezechiel)

16. Das Buch Daniel

17. Der unbekannte Prophet

Das Neue Testament

18. Das Evangelium von Jesus Christus

Das Johannesevangelium

19. Die Ausbreitung des Evangeliums

Die Apostelgeschichte des Lukas (1)

20. In alle Welt

Die Apostelgeschichte des Lukas (2)

21. Die Botschaft der Hoffnung

Die Offenbarung des Johannes

Anhang

Das Alte Testament

Herr, unser Herrscher,
wie herrlich ist dein Name
in allen Landen!

Wenn ich den Himmel sehe,
deiner Hände Werk,
den Mond und die Sterne,
die du bereitet hast:

Was ist der Mensch,
dass du an ihn denkst,
und des Menschen Kind,
dass du dich seiner annimmst?

Du hast ihn wenig niedriger
gemacht als Gott,
mit Ehre und Herrlichkeit
hast du ihn gekrönt.

Du hast ihn zum Herrn gemacht
über deiner Hände Werk.
Alles hast du
unter seine Füsse getan:

Schafe und Rinder,
dazu auch die wilden Tiere,
die Vögel unter dem Himmel
und die Fische im Meer.

Herr, unser Herrscher,
wie herrlich ist dein Name
in allen Landen!

Psalm 8

1

Am Anfang

Das erste Buch Mose Genesis

*Am Anfang schuf Gott
Himmel und Erde,
Länder und Meere,
die Sonne, den Mond
und die Sterne am Himmel.
Und Gott schuf
Pflanzen und Tiere,
Alles, was lebt auf der Erde,
schuf er.
Und Gott sah sein Werk an.
Es war alles sehr gut.*

*Zuletzt aber schuf Gott
die Menschen.
Nach seinem Bild schuf er sie:
Mann und Frau.
Und Gott segnete
die Menschen und sprach:*

> *„Vermehrt euch
> und breitet euch aus über die Erde.
> Alles, was ich geschaffen habe,
> soll euch gehören.
> Doch ihr gehört mir."* 1,28ff.

*Aber die Menschen
hörten nicht auf Gott.
Sie spielten sich auf,
als seien sie allein
die Herrscher der Welt.* 3ff.
*Als Gott sah,
wie sie die Erde zerstörten,
tat es ihm weh.
Und es reute ihn,
dass er den Menschen
seine Schöpfung anvertraut hatte.
Und er sprach:*

> *„Ich will die Menschen
> von der Erde wegnehmen,
> dazu auch alle Tiere,
> alles, was auf der Erde lebt."* 6,5ff.

*Und so geschah es:
Eine gewaltige Flut
überschwemmte die Erde.
Und alles, was lebte,
ertrank in den Fluten.
Nur Noah und seine Familie
blieben am Leben,
dazu von allen Tieren je ein Paar.
Gott bewahrte sie in der Arche,
bis die Sintflut vorüber war.*

*Danach aber fing Gott neu an.
Er sprach zu sich selbst:*

> *„Ich will die Erde nie mehr
> der Menschen wegen verderben.
> Solange die Erde steht,
> soll nicht aufhören
> Aussaat und Ernte,
> Frost und Hitze,
> Sommer und Winter,
> Tag und Nacht."* 8,21ff.

Und Gott segnete Noah
und seine Familie und sprach:

„Vermehrt euch
und breitet euch aus über die Erde.
Seht! Ich schließe meinen Bund
mit euch und euren Nachkommen.
Ich gebe euch mein Versprechen:
In Zukunft wird keine Sintflut mehr
über die Erde kommen.
Und das ist das Zeichen,
dass ich mein Versprechen halte:
Meinen Bogen habe ich
in die Wolken gestellt.
Der soll euch
an meinen Bund erinnern.
Wenn es regnet,
wird er am Himmel erscheinen.“ 9,7ff.

Und wie Gott sagte,
so geschah es.
Noahs Familie wuchs
und breitete sich aus.
Doch bald zerstritten sich
seine Nachkommen
und zerstreuten sich über die Erde.
Und sie vergaßen Gott,
der sie vor dem Untergang
bewahrt hatte. 11,1ff.

Aber dennoch hielt Gott
an seinem Versprechen fest,
wie er Noah zugesagt hatte.
Und Gott wählte aus allen Völkern
einen einzigen aus,
der auf ihn hörte:
Abram, den Hirten aus Haran.
Gott sprach zu ihm:

„Geh, Abram!
Verlass deine Sippe
und zieh in ein Land,
das ich dir zeigen werde.
Dort will ich
ein großes Volk aus dir machen.
Ich will dich segnen
und groß machen.
Und du wirst ein Segen sein.
Und durch dich
sollen alle gesegnet werden,
alle Menschen auf dieser Erde.“ 12,1ff.

Und dies sind die Nachkommen
von Abram und Sarai;
Isaak, ihr Sohn,
und Esau und Jakob,
die Söhne von Isaak und Rebekka.
Jakob, der auch Israel hieß,
hatte zwölf Söhne.
Von ihnen stammt das Volk Israel ab,
das Volk, durch das Gott
alle Völker der Erde gesegnet hat.

1. Mose 1ff. (vgl. S. 462)

Abram und Sarai

1. Mose 12

Dies ist die Geschichte
von Abram, dem Hirten aus Haran,
der einst Gottes Stimme vernahm:

„Geh, Abram!
Verlass deine Sippe
und zieh in ein Land,
das ich dir zeigen werde.
Dort will ich
ein großes Volk aus dir machen.“ 12,1f.

Da machte sich Abram auf,
das Land zu suchen,
von dem Gott geredet hatte.
Gemeinsam brachen sie auf,
er und seine Frau Sarai,
mitsamt ihrem Hab und Gut,

mit Knechten und Mägden
und all ihrem Vieh.
Lot, ihr Neffe, begleitete sie.

So kamen sie in das Land Kanaan,
ein wasserreiches Land
mit grünen Weiden.
Und Gott sprach zu Abram:

„Dies ist das Land.
Deine Nachkommen
werden hier wohnen.“ 12,7

Da baute Abram einen Altar
und dankte Gott für sein Versprechen.

Aber Abram und Sarai hatten
noch keinen Nachkommen.
Auch waren die beiden schon alt.
Und außerdem war das Land
schon von anderen bewohnt.
Wohin sie kamen,
auf den Hügeln
und in den Tälern,
waren Burgen und Städte erbaut,
von mächtigen Mauern umgeben.
Von dort aus beherrschten
die Kanaaniter das Land.

Da zogen Abram und Sarai
weiter nach Süden,
in das karge Bergland,
wo nur wenig wuchs,
Dornen und Disteln
und hie und da ein wenig Gras.
Dort schlugen sie ihre Zelte auf.

Aber nicht lange danach
brach in dieser Gegend
eine Dürrezeit an.
Der Regen blieb aus.
Die Sonne versengte die Erde.
An den Hängen welkte das Gras.
Und in den Tälern
versiegten die Quellen.
Da sagte sich Abram:

Wenn wir in diesem Land bleiben,
sterben wir alle vor Hunger.
Und er befahl:
„Brecht die Zelte ab!
Wir ziehen nach Ägypten.
Dort bleiben wir,
bis die Hungerzeit vorüber ist.“

Und wieder machten sie sich
auf den beschwerlichen Weg
mit all ihrem Vieh.
Wochenlang waren sie unterwegs.
Endlich sahen sie in der Ferne
das Land Ägypten.

Aber da verließ Abram
plötzlich der Mut.
Und er sagte zu Sarai:
„Ich mache mir Sorgen
um unser Leben.
Denn ich weiß,
wie schön du bist.
Wenn die Ägypter dich sehen,
werden sie sagen:
‚Das ist seine Frau.
Die gefällt uns.‘
Dann töten sie mich.
Aber dich lassen sie leben
und nehmen dich mit.
Darum sag ihnen nicht,
wer du in Wahrheit bist.
Sag einfach,
du seist meine Schwester.
Dann verlierst du mich nicht.“ 12,11ff.

Als sie nach Ägypten kamen,
liefen die Menschen zusammen
und starrten die Fremden
neugierig an.
Es dauerte nicht lange,
da drang die Kunde zu Pharao,
dem ägyptischen König:
„Ein fremder Nomade
ist in unser Land gekommen.
Er hat seine Schwester bei sich,

die ist wunderschön.
Der König muss sie unbedingt sehen."
„Dann schafft mir die Frau herbei",
befahl der König.
„Bringt sie in meinen Palast!"
Und er schickte sogleich
seine Hofbeamten zu Abram
und ließ ihm sagen:
„Gib mir diese Frau!
Nimm meine Geschenke dafür:
Schafe, Ziegen und Rinder,
auch Esel und Kamele,
nimm alles von mir!"
Und ehe Abram begriff
was hier geschah,
führten sie Sarai ab
und ließen Abram allein zurück.

Da merkte Abram,
was er angerichtet hatte.
Alle Hoffnung war plötzlich dahin.
Entsetzt sah er zu, wie Sarai
im Harem des Königs verschwand.
Hatte Gott ihnen nicht
ein Kind versprochen?
Nun schien es, als hätte Gott
sie in der Fremde vergessen.
Vergeblich wartete Abram
auf Nachricht von Sarai.

Da – plötzlich jagte ein Bote heran.
„Im Namen des Pharao", rief er.
„Komm sofort zum Palast!
Der König will dich sprechen."
Da ließ Abram alles zurück
und eilte zum König.
„Was hast du mir angetan?",
rief der König erregt.
„Warum hast du gesagt:
‚Sarai ist meine Schwester'?
Darum nahm ich sie zu mir.
Aber du lügst:
Sie ist deine Frau.
Ich weiß es genau.
Denn seitdem sie am Hof lebt,
geht es uns schlecht.
Da hast du deine Frau wieder.
Nun geht wieder zurück!
Verlasst dieses Land!
Meine Soldaten werden euch
bis zur Grenze begleiten." 12,18ff.

Da schwieg Abram.
Und er dachte daran,
was Gott ihm versprochen hatte.
Dankbar kehrte er mit Sarai
in das Land Kanaan zurück.
Gott hatte sie in Ägypten bewahrt.
Er würde sie auch im Land Kanaan
in allen Gefahren bewahren.

Melchisedek

1. Mose 14

Abram ließ sich im Südland
bei Hebron nieder. 13,18
Die Bewohner des Landes
nahmen ihn freundlich auf,
schlossen ein Bündnis mit ihm
und ließen ihn bei sich wohnen. 14,13
Lot hatte sich inzwischen
von Abram und Sarai getrennt.
Er war in das Tal Siddim gezogen
und wohnte in der Stadt Sodom. 13,12f.
Abram aber blieb in den Bergen.
Und Gott segnete ihn
und machte ihn sehr reich.
Seine Herden wuchsen mit jedem Jahr.
Sie breiteten sich über das Land aus.
Und zahllose Hirten bewachten sie. 13,1ff.
So lebte Abram lange Zeit in Frieden.
Doch eines Tages traf
eine schlimme Nachricht ein…

Es war früh am Morgen,
Abram stand vor seinem Zelt.
Er dachte an Lot.
Wie es ihm wohl in Sodom erging?
Wenn ihm dort nur nichts zustieß!
Man erzählte sich, in Sodom
seien keine Fremden willkommen.
Da kam plötzlich ein Mann angerannt.
„Krieg! Krieg!“, keuchte er.
„Im Tal tobt der Krieg.
Vier Könige aus dem Osten
sind in das Tal eingefallen.
Sie haben Sodom geplündert,
unsere Könige vertrieben
und alles verschleppt,
was sie dort fanden.
Auch Lot, deinen Neffen,
entführten sie mit seinem Vieh.“

Abram fuhr hoch.
„Was?“, rief er entsetzt.
„Lot ist entführt?
Wir müssen ihn befreien,
bevor es zu spät ist.“
Sofort rief er seine Knechte,
318 an der Zahl.
Und er befahl:
„Schnell, macht euch fertig!
Jagt den Königen nach,
bis ihr sie einholt.
Und bringt Lot lebendig zurück!“
Da sattelten sie ihre Kamele
und jagten mit Abram davon.
Sie ruhten nicht,
bis sie die Könige eingeholt hatten.

Es war bereits Nacht,
als sie das Lager erreichten
im äußersten Norden des Landes.
Von zwei Seiten fielen sie
über das Heerlager her.
Da fuhren die Könige
aus dem Schlaf hoch
und in panischer Angst
ergriffen alle die Flucht.
„Auf, jagt ihnen nach!“,
rief Abram.
„Treibt sie aus dem Land!“
Dann löste er Lot die Fesseln
und auch den anderen Gefangenen,
die mit ihm verschleppt worden waren.
Im Siegeszug führte er sie zurück,
mit allen Schätzen,
die die Könige erbeutet hatten.

Doch als sie zum Königstal kamen,
zog ihnen Melchisedek,
der König von Salem, entgegen.
Der König von Sodom folgte ihm.
Feierlich schritten sie auf Abram zu.
Melchisedek reichte ihm Brot
und eine Schale mit Wein.
Und er segnete Abram und sprach:
„Ich bin Melchisedek,
der König von Salem,
ein Priester Gottes, des Höchsten.
Gott, der Himmel und Erde schuf,
segne dich, Abram.
Er mache dich groß.
Gepriesen sei Gott,
der dir dein Vorhaben gelingen ließ.“ 14,19f.

Da holte Abram voll Freude
seine Schätze hervor
und füllte dem Priester die Hände.
Von allen Schätzen gab er ihm
den zehnten Teil ab.
Die andere Beute gab er
dem König von Sodom zurück.
Der aber wies alles zurück.
„Behalte die Beute für dich!
Nimm sie als Lohn für alles,
was du für uns getan hast!
Gib mir nur meine Leute zurück!“

Doch Abram wehrte ab.
„Nein, ich schwöre dir
bei Gott, dem Höchsten,
der Himmel und Erde schuf.

Nichts nehme ich an.
Nicht einen Schuhriemen.
Nicht ein einziges Stück.
Sonst sagst du am Ende,
du hättest mich reich gemacht."

So gab Abram dem König alles zurück,
was er erbeutet hatte.
Mit leeren Händen kehrte er
zu seinen Zelten zurück.
Aber der Segen Gottes,
den Melchisedek auf ihn gelegt hatte,
ruhte auf ihm.

Von diesem Tag an
herrschte Frieden im Land
und unter all seinen Bewohnern,
solange Abram lebte.

Hagar

1. Mose 16

Voller Hoffnung war Sarai
einst aus Ägypten zurückgekehrt.
Damals hatte sie fest geglaubt:
Bald wird das Kind kommen,
das Gott uns zugesagt hat.
Deshalb hatte sie Hagar,
eine junge Sklavin,
aus Ägypten mitgebracht.
Sie sollte ihr als Hilfe dienen
und ihr die Arbeit abnehmen,
wenn das Kind kommen würde.
Aber seit jener Zeit
waren zehn Jahre verstrichen.
Inzwischen stand es für Sarai fest:
Sie würde für immer kinderlos bleiben.
Da nahm sich Sarai vor,
mit Abram zu sprechen,
sobald sich die Gelegenheit bot…

Eines Abends kam Abram zu Sarai.
„Was hast du vor?",
fragte ihn Sarai.
„Siehst du nicht,
wie alt ich geworden bin?
Ich kann kein Kind mehr bekommen.
Gott hat meinen Leib verschlossen.
Darum rate ich dir:
Warte nicht länger.
Nimm meine Magd
Hagar zur Nebenfrau!
Sie ist noch jung.
Sie wird dir an meiner Stelle
ein Kind schenken."
Da willigte Abram ein
und nahm Hagar zur Frau.

Bald darauf wurde Hagar schwanger.
Sarai sah es sofort,
denn ihre Magd verhielt sich
auf einmal ganz anders.
Hochmütig schaute sie
auf Sarai herab,
als sei sie die Herrin
und Sarai die Magd.
Was Sarai ihr auch befahl,
Hagar hörte nicht mehr darauf.
Sarai packte der Zorn.
Doch Hagar machte sich nichts daraus.

Da hielt es Sarai nicht länger aus.
Sie ging zu Abram und klagte ihn an:
„Was hast du mir angetan?
Du hast Hagar den Kopf verdreht.
Siehst du nicht,
wie sie mich verletzt und verachtet
von frühmorgens bis spät?
Gott allein weiß,
wie mir Unrecht geschieht." 16,5

„Dann mach mit ihr,
was du willst",
antwortete Abram.
„Ich überlasse dir Hagar.

Sie ist in deiner Gewalt."
Da nahm Sarai sich vor,
ihre Magd hart zu bestrafen.

Als aber Hagar merkte,
was Sarai im Sinn hatte,
packte sie plötzlich die Angst.
Am nächsten Morgen,
noch vor Anbruch des Tages,
machte sie sich auf und davon.
Sie floh in die Wüste.
Endlich, bei einer Wasserstelle,
ließ sie sich fallen,
zu Tode erschöpft.

Doch plötzlich fuhr sie zusammen.
Es war ihr, als hätte sie
ihren Namen gehört.
„Hagar, du Magd Sarais,
wo kommst du her?
Und wo willst du hin?"
Verwundert sah Hagar sich um.
Da stand jemand vor ihr,
der sah sie freundlich an.
„Geflohen bin ich",
rief Hagar verzweifelt.
„Sarai, meine Herrin,
quält mich, wo sie nur kann.
Sie will mich bestrafen.
Was wird nun aus mir?"

Doch der andere sprach:
„Geh nur wieder zurück!
Und höre auf Sarais Befehle!
Aber vergiss nicht,
was Gott dir verspricht:
Einen Sohn wirst du bekommen.
Ismael sollst du ihn nennen.
Das bedeutet: ‚Gott hört.'
Denn Gott hat dein Weinen gehört.
So zahlreich
werden deine Nachkommen sein,
dass niemand sie zählen kann." 16,11f.

Da ahnte Hagar,
wer zu ihr gekommen war.
„Wie ist das nur möglich?",
fragte sie sich.
„Ich habe den gesehen,
der mein Elend angesehen hat."
Und Hagar verneigte sich
und sprach:
„Du bist ein Gott,
der mich sieht."
Daher nannte sie die Quelle
„Brunnen des Lebendigen,
der mich sieht". 11,14

Danach stand Hagar auf
und kehrte zu Sarai zurück,
wie Gott ihr geboten hatte.
Und wie Gott gesagt hatte,
so traf es auch ein.
Hagar gebar einen Sohn.
Und Abram gab ihm
den Namen ISMAEL.

Von dieser Zeit an
richteten sich alle Hoffnungen
auf Ismael, den Sohn Hagars,
den sie an Sarais Stelle
geboren hatte.

Abrahams Bund

1. Mose 17

Gott hatte Abram
ein großes Versprechen gegeben.
Seitdem waren viele Jahre vergangen.
Inzwischen war Abram
fast hundert Jahre alt. 17,17
Und auch Ismael, sein Sohn,
war kein Kind mehr.
Aber noch immer
lag die Zukunft im Dunkeln.

Was würde geschehen,
wenn Abram starb?
War Ismael der Sohn,
den Gott zum Erben
bestimmt hatte?

Seit Jahren wartete Abram
auf ein Zeichen von Gott.
Oft brachte er ihm ein Opfer,
betete und hoffte darauf,
dass Gott zu ihm sprach.
Endlich, nach Jahren,
brach Gott sein Schweigen…

Es war Abend.
Abram stand am Altar
und sah zu, wie die Flamme
zum Himmel aufstieg.
Da hörte er Gottes Stimme:
„Ich bin der allmächtige Gott.
Geh auf meinem Weg
und weiche nicht davon ab.“ 17,1

Abram erschrak.
Er warf sich auf die Erde.
Wie vor einem König,
so fiel er vor Gott nieder.
Er spürte: Gott war ihm ganz nah.

Und Gott sprach zu Abram:
„Heute schließe ich
meinen Bund mit dir.
Von nun an sollst du
nicht mehr Abram heißen:
‚Vater des Volkes',
sondern Abraham soll dein Name sein:
‚Vater vieler Völker'.
Denn ich habe dich
zum Vater vieler Völker gemacht.
Auch Könige werden
unter deinen Nachkommen sein.
Auch für sie soll mein Bund gelten.
Ein ewiger Bund soll es sein
für dich und für alle,
die nach dir kommen.
Ich will ihr Gott sein
und sie werden für immer
in dem Land wohnen,
in dem du jetzt als Fremder lebst.
Ich will es ihnen geben.“ 17,4ff.

Abraham hielt den Atem an.
Was für ein gewaltiges Versprechen!
Aber woran konnte er erkennen,
dass dieses Versprechen ihm galt?
Ihm und auch seinen Nachkommen?

Gott sprach:
„Ich will euch ein Zeichen geben,
das soll euch stets daran erinnern,
wem ihr gehört.
Und dies ist das Zeichen:
Beschneide deinen Sohn
und alle Männer,
die zu dir gehören.
Jeden Sohn, der geboren wird,
sollt ihr am achten Tag
beschneiden.“ 17,11ff.

Und Gott sprach weiter:
„Auch deiner Frau Sarai
will ich ein Zeichen geben.
Wie du, so soll auch sie
einen neuen Namen bekommen.
Nicht mehr Sarai,
sondern Sara, ‚Fürstin',
sollst du sie nennen.
Denn ich will sie segnen.
Ich will ihr einen Sohn schenken.
Und sie wird die Mutter
von vielen Völkern werden.
Auch Könige werden
unter ihren Nachkommen sein.“ 17,15ff.

Da verbarg Abraham sein Gesicht.
Er lachte ungläubig.
Unmöglich, sagte er sich.
Sara ist neunzig Jahre alt!
Sie kann kein Kind mehr bekommen.
Es ist gewiss nur ein Scherz.
„Ach Herr“, bat Abraham.

„Lass doch Ismael den Sohn sein,
den du segnen wirst."

Doch Gott sprach:
„Auch Ismael will ich segnen.
Ich will ein großes Volk
aus ihm machen.
Aber meinen Bund will ich
mit Saras Sohn schließen.
Isaak soll sein Name sein.
Nächstes Jahr wird er geboren." 17,20f.

Da stand Abraham auf,
rief Ismael, seinen Sohn,
und alle Knechte,
die ihm gehörten,
und führte aus,
was Gott ihm geboten hatte.

So machte Abraham
den Bund mit Gott fest.
Und alle, die bei ihm lebten,
Alte und Junge,
Freie und Sklaven,
traten an diesem Tag
in den Bund Abrahams ein.
Von nun an war Gott ihr Herr,
dem sie dienten.
Ihm gehörten sie mit Leib und Leben.

Und wie Gott gesagt hatte,
so geschah es:
Nach einem Jahr brachte Sara
einen Sohn zur Welt.
Abraham nannte ihn Isaak
und beschnitt ihn am achten Tag,
wie Gott geboten hatte.
Nie sollte Isaak vergessen,
wem er gehörte,
er und alle seine Nachkommen,
die Gott Abraham zugesagt hatte.

Morija

1. Mose 22

Endlich war Isaak da,
das Kind, das Gott
Abraham versprochen hatte.
Friedlich lag es in Saras Armen.
Mit Freude sah sein Vater,
wie es wuchs und gedieh.

Bald darauf ließ Abraham
ein großes Fest für Isaak feiern.
Auch Hagar und Ismael
nahmen daran teil.
Doch mitten auf dem Fest
kam es zum Streit:
Als Ismael sah,
wie sein Bruder geehrt wurde,
setzte er ihm so lange zu,
bis Sara es nicht mehr ertrug.
Sie nötigte ihren Mann,
sich sofort von Hagar
und seinem Sohn Ismael zu trennen.
Da blieb Abraham keine Wahl.
Schweren Herzens schickte er
Hagar und Ismael weg. 21,8ff.

Nun war Abraham nur noch
sein Sohn Isaak geblieben.
Abraham hütete ihn
und liebte ihn über alles.
Aber bald darauf wurde Abraham
noch einmal auf die Probe gestellt.
Es war die schwerste Glaubensprobe,
die Abraham jemals
durchstehen musste… 22,1

Es war Nacht.
Abraham lag in seinem Zelt.
Da hörte er Gottes Stimme:
„Abraham! Abraham!"

Abraham fuhr hoch:
„Hier bin ich", antwortete er.

Da sprach Gott zu ihm:
„Nimm Isaak,
deinen einzigen Sohn,
den du liebhast.
Geh mit ihm in das Land Morija
und opfere ihn auf dem Berg,
den ich dir zeigen werde.“ 22,2

Abraham erschrak.
Wollte Gott wirklich
ein solches Opfer von ihm?
Stumm wartete er,
bis der Morgen anbrach.
Dann stand er auf,
sattelte seinen Esel,
spaltete Holz,
weckte zwei Knechte
und Isaak, seinen Sohn,
und machte sich mit ihnen
auf den Weg in das Land Morija.

Nach drei Tagen
kamen sie an den Berg,
von dem Gott gesprochen hatte.
„Bleibt hier!“, befahl Abraham
seinen Knechten.
„Ich gehe mit Isaak
allein auf den Berg.
Wenn wir geopfert haben,
kehren wir wieder zurück.“

Abraham nahm das Holz
und legte es Isaak auf den Rücken
Er selbst aber nahm die Glut
und das Messer.
So stiegen sie miteinander
schweigend den Berg hinauf,
Hand in Hand.

Aber nach einer Weile
sagte Isaak: „Mein Vater!“
„Was ist, mein Sohn?“
„Sieh her“, sagte Isaak,
„wir haben wohl Feuer und Holz.
Aber wo ist das Opfer?“
„Mein Sohn“, antwortete Abraham,
„Gott wird es uns geben.“

Da wagte Isaak nichts mehr zu fragen.
Schweigend gingen sie weiter,
Hand in Hand.

Als sie oben waren,
baute Abraham einen Altar,
schichtete Holz auf
und legte Isaak darauf,
seinen einzigen Sohn.

Doch plötzlich –
„Abraham! Abraham!“,
rief es vom Himmel.
Abraham fuhr hoch.
„Hier bin ich!“, stammelte er.
„Hände weg, Abraham!
Rühre deinen Sohn nicht an!
Denn nun weiß ich,
dass du Gott über alles ehrst.
Sogar deinen einzigen Sohn
warst du bereit herzugeben.“ 22,11f.

In diesem Augenblick raschelte es.
Abraham blickte sich um.
Da sah er einen Widder,
der hatte sich im Gestrüpp verfangen.
Schnell packte er zu,
nahm den Widder
und opferte ihn auf dem Altar
an Isaaks Stelle.

Da brach Abraham
endlich sein Schweigen.
Er schloss Isaak in die Arme
und nannte den Ort:
„Der Herr sieht“. 22,14

An diesem Ort erneuerte Gott
sein Versprechen.
Er sprach zu Abraham:

„Weil du bereit warst,
deinen einzigen Sohn herzugeben,

will ich deine Nachkommen
segnen und mehren.
Sie werden so zahlreich sein
wie die Sterne am Himmel
und wie der Sand am Meer.
Und durch deine Nachkommen
sollen alle Völker dieser Erde
gesegnet werden." 22,16ff.

Sara

1. Mose 23

Ein Leben lang hatte Sara
an Abrahams Seite gelebt.
Freud und Leid hatte sie
mit ihm geteilt.
Einst war sie mit Abraham
aus Haran gezogen.
Auch sie war dem Ruf Gottes gefolgt
und hatte keine Gefahren gescheut.
Jahrelang hatte sie mit Abraham
auf ein Kind gehofft.
Und als endlich das Kind da war,
das Gott versprochen hatte,
zählte Sara bereits neunzig Jahre.
Sara erlebte noch,
wie Isaak heranwuchs.
127 Jahre war Sara,
als sie verstarb.
Aber bis an ihr Lebensende
blieben sie und ihr Mann
nur Gäste in Kanaan.
Es gab kein einziges Stück Land,
das ihnen gehörte…

Sara war tot.
Abraham hielt die Totenwache
bei seiner verstorbenen Frau.
Voller Trauer saß er bei ihr,
in Sack und Asche gehüllt.
Noch wusste er nicht,
wo er Sara begraben sollte.
Schließlich stand Abraham auf
und machte sich auf den Weg
zur nahegelegenen Stadt.
Am Tor der Stadt waren
die Fürsten der Hetiter versammelt.
Feierlich verneigte sich Abraham
vor ihnen und sprach:
„Ich bin ein Fremder
und lebe als Gast unter euch.
Darum bitte ich euch:
Verkauft mir ein Stück Land,
damit ich meine Frau
dort begraben kann."

„Aber nein", erwiderten sie.
„Höre uns an, werter Herr!
Auch du bist ein Fürst,
den wir hoch achten.
Ja, ein Fürst Gottes bist du.
Darum bieten wir dir an:
Bestatte deine Frau
in einem unserer Fürstengräber.
Jeder von uns ist bereit,
dir sein Grab zu geben."

Doch Abraham verneigte sich
und sprach feierlich:
„Wollt ihr mir helfen, meiner Frau
ein würdiges Begräbnis zu geben,
dann hört meine Bitte an:
Gebt mir die Höhle Machpela,
am Ende von Efrons Acker.
Ich möchte sie kaufen." 23,8f.

„Nein, nicht kaufen!", rief Efron.
„Die Grabhöhle schenke ich dir
und den ganzen Acker dazu.
Diese Männer sind meine Zeugen."

Aber Abraham entgegnete höflich:
„Ich bitte dich!
Nimm das Geld für den Acker an,
damit ich meine Frau
auf eigenem Land bestatten kann."

Da lenkte Efron ein:
„Gut, wie du willst.
Das Land ist viel wert,
400 Pfund Silber.
Aber was bedeutet das schon
zwischen uns beiden?"
Da holte Abraham das Silber hervor,
legte es auf die Waage
und gab es Efron als Kaufpreis.

Dies war das erste Land,
das Abraham in Kanaan kaufte.
Es war nur ein einziger Acker.
Aber dieses winzige Stück Land
war wie ein stummes Versprechen:
Einst würde der Tag kommen,
an dem Abrahams Nachkommen
das ganze Land bewohnten,
wie Gott ihm zugesagt hatte.

Und Abraham bestattete Sara
mit allen Ehren in der Höhle Machpela,
die er von Efron gekauft hatte,
östlich von Hebron im Land Kanaan,
und bestimmte sie zur Ruhestatt
für seine Nachkommen.
In diesem Grab wurden später auch
Abraham und Isaak begraben
und auch Rebekka, Isaaks Frau.

Rebekka

1. Mose 24

Sie war noch sehr jung,
als sie zum ersten Mal von Isaak,
dem Sohn Abrahams, hörte.
Damals lebte Rebekka
im Haus ihrer Eltern in Haran.
Ihr Vater Betuël war Abrahams Neffe.
Aber Abraham hatte schon
vor vielen Jahren Haran verlassen.
Seitdem hatte niemand mehr
von ihm und seiner Familie gehört
– bis zu jenem denkwürdigen Tag,
als ein Unbekannter nach Haran kam.
Der brachte Rebekka eine Nachricht,
die ihr Leben völlig veränderte...

Es war Abend.
Rebekka ging, wie gewohnt,
zum Brunnen hinaus,
um Wasser zu schöpfen.
Plötzlich stutzte sie.
Dort am Brunnen saß ein Mann!
Müde und erschöpft sah er aus.
Zehn Kamele lagerten bei ihm.
Sicher hat er Durst, dachte Rebekka.
Es sieht aus, als sei er
schon wochenlang unterwegs.
Aber sie traute sich nicht,
den Fremden anzusprechen.
Sie stieg zum Brunnen hinab
und schöpfte das Wasser.
Doch plötzlich stand
der Fremde vor ihr.
„Gib mir einen Schluck Wasser",
bat er Rebekka.
„Ja, gerne! Trink nur!", sagte Rebekka
und reichte dem Fremden den Krug.
„Auch deine Kamele brauchen Wasser",
meinte sie, füllte den Krug
und leerte ihn in die Tränke.
Einen Krug nach dem andern
schleppte sie für die Kamele herbei.
Dabei merkte sie gar nicht,
wie sie der Fremde anstarrte.

Endlich hatten alle Kamele genug.
Da zog der Fremde
einen goldenen Stirnreif
aus seinem Gepäck hervor,
dazu zwei Armreife aus Gold.
„Das ist für dich", sagte der Fremde.

Doch Rebekka brachte vor Staunen
kein Wort heraus.
„Sag mir“, fragte der Fremde,
„wer bist du
und wie heißt dein Vater?
Kann ich über Nacht
bei euch bleiben?“

Da antwortete Rebekka:
„Ich bin Betuëls Tochter.
Du kannst gerne bei uns wohnen.
Wir haben viel Platz.
Und es gibt auch genug Futter
für deine Tiere.“

Da fiel der Fremde auf seine Knie,
hob seine Hände zum Himmel
und rief:
„Gelobt sei der Gott Abrahams!
Er hält, was er verspricht.
Er hat mich geradewegs
zu Abrahams Verwandten geführt.“

Rebekka starrte den Fremden an.
Hatte sie richtig gehört?
Von Abraham sprach der Fremde?
Hatte er vielleicht
eine Nachricht von ihm?
Schnell lief sie nach Hause
und erzählte:
„Hört, draußen am Brunnen
steht ein Mann,
der weiß etwas von Abraham.
Sagt, kann er bei uns übernachten?“
Und sie zeigte den Stirnreif
und die Armreifen aus Gold,
die ihr der Fremde geschenkt hatte.

Da eilte Laban, ihr Bruder,
zum Brunnen hinaus.
Dort fand er den Fremden,
wie Rebekka gesagt hatte.
Feierlich, wie einen Fürsten,
begrüßte ihn Laban:
„Sei gegrüßt!
Gott segne dich!
Warum stehst du noch draußen?
Komm zu uns ins Haus!
Es steht alles bereit
für dich und deine Begleiter.“ 24,31
Mit allen Ehren führte er
seine Gäste ins Haus.
Und er befahl seinen Knechten:
„Auf, wascht ihnen
die staubigen Füße.
Und bereitet ein Mahl zu.
Sie haben gewiss Hunger.“

Aber der Fremde bat Laban
und Betuël, seinen Vater:
„Hört mich bitte an!
Erst muss ich euch sagen,
warum ich zu euch gekommen bin.
Eher kann ich nichts essen.“

Betuël und Laban nickten ihm zu:
„Dann sag, was ist es,
das dich bewegt?“

Da fing der Fremde an zu erzählen:
„Ich stehe in Abrahams Diensten
und komme in seinem Auftrag.
Gott hat meinen Herrn gesegnet:
Er hat ihm viele Schafe, Rinder
und reiche Schätze geschenkt,
dazu zahllose Knechte und Mägde.
Aber das Schönste hat Gott
Abraham und seiner Frau Sara
erst in hohem Alter geschenkt:
Isaak, ihren einzigen Sohn.
Seinetwegen bin ich hier.
Ich soll in der Verwandtschaft
eine Frau für Isaak suchen.
Eine Frau, die auf Gott hört,
die nicht andere Götter verehrt
wie die Frauen in Kanaan.
Darum kam ich hierher nach Haran.
Aber ich wusste nicht,
welche Frau ich ansprechen sollte.

Darum betete ich
draußen am Brunnen:
Du Gott Abrahams,
du hast mir bisher geholfen.
Hilf mir auch jetzt!
Zeig mir die Frau,
die du für Isaak bestimmt hast.
Und dies soll das Zeichen sein:
Wenn ich ein Mädchen bitte:
‚Gib mir zu trinken',
und wenn das Mädchen sagt:
‚Trinke nur! Deine Kamele
will ich auch tränken',
dann weiß ich:
Das ist die Frau,
die du für Isaak ausgesucht hast.
Kaum hatte ich so gebetet,
da kam eure Rebekka zum Brunnen.
Und als ich sie bat,
‚Gib mir zu trinken',
reichte sie mir den Krug
und sagte: ‚Trink nur!
Deine Kamele will ich auch tränken.'
Da wusste ich: Sie ist die Frau,
die Gott für Isaak bestimmt hat.
Und ich dankte Gott,
dass er mich zu Rebekka geführt hatte.
Darum frage ich euch:
Wollt ihr eure Rebekka
meinem Herrn zur Frau geben?"
„Ja", riefen Laban und Betuël.
„Das kommt von Gott.
Wie Gott will, so soll es geschehen.
Isaak soll unsere Rebekka bekommen." 24,50

Da fiel Abrahams Knecht auf die Knie,
hob seine Hände, dankte
und pries den Gott Abrahams.
Dann holte er seine Schätze hervor
und gab sie Rebekka
und auch Rebekkas Bruder und Mutter:
goldene und silberne Ketten
und Kleider aus kostbarem Stoff.

Danach aßen und tranken sie
und feierten miteinander
bis tief in die Nacht.

Aber am nächsten Morgen stand
Abrahams Knecht früh auf,
sattelte seine Kamele
und machte sich zur Reise bereit.
Vergeblich baten ihn
Rebekkas Vater und Bruder:
„Bleib noch ein paar Tage bei uns!
Lass Rebekka noch Zeit,
von allen Abschied zu nehmen."
Aber der Knecht erwiderte:
„Haltet mich nicht auf!
Denn Gott hat Gnade
zu meiner Reise gegeben." 24,56

Da fragten sie Rebekka:
„Entscheide selbst:
Willst du mit diesem Mann gehen?
Willst du Isaaks Frau werden?"
„Ja", antwortete sie, „ich will es."

Da gaben sie Rebekka ihren Segen.
„Schwester", sprach Laban,
„gesegnet seist du.
Wachse und blühe!
Und deine Nachkommen
mögen das Land besitzen,
in das du jetzt ziehst." 24,60

Danach nahm Rebekka Abschied
von ihrer Familie
und folgte Abrahams Knecht,
begleitet von ihren Mägden.
Wie ein großer Hochzeitszug,
so zog die Karawane davon.

Endlich, nach Wochen,
kamen sie ins Südland,
wo Abraham und Isaak lebten.
Es war Abend.
Isaak war aufs Feld gegangen,
um dort zu beten. 24,63

Da sah er die Karawane kommen
und eilte ihr entgegen.
„Wer ist das?“, fragte Rebekka.
„Das ist Isaak“,
antwortete der Knecht,
„dein zukünftiger Mann.“
Als Rebekka das hörte,
stieg sie schnell ab,
zog den Schleier über ihr Gesicht
und wartete, bis der Knecht
Isaak alles erzählt hatte.

Nun war auch Isaak gewiss:
Rebekka war die Frau,
die Gott ihm geschenkt hatte.
Liebevoll nahm er sie an die Hand
und führte sie in sein Zelt.
Und er gewann sie sehr lieb.
Gott hatte die beiden zusammengeführt.
Er würde sie auch in Zukunft führen.

Isaak

1. Mose 26

Dies ist die Geschichte von Isaak,
dem Sohn Saras und Abrahams.
Isaak lebte wie Abraham
als Nomade auf fremdem Gebiet.
Er besaß noch kein eigenes Land,
sondern war angewiesen
auf die Gnade der Anwohner.
Lange Zeit wohnte Isaak
mit Rebekka im Süden des Landes
bei dem „Brunnen des Lebendigen“,
an dem Gott Hagar erschienen war.
Dort wurden auch ihre beiden Söhne
Esau und Jakob geboren. 25,19f.

Aber eines Tages trocknete
der Brunnen des Lebendigen aus.
Auf den Weiden verdorrte das Gras.
Da brach Isaak seine Zelte ab
und machte sich auf den Weg,
das Land zu suchen,
das ihm und den Seinen
ein Leben in Frieden gewährte…

Wochenlang war Isaak unterwegs
mit seinen Herden und Hirten.
Endlich kam er nach Gerar,
in das Gebiet der Philister.
„Hier bleiben wir“, rief Isaak.
„Hier machen wir Halt.
Danach ziehen wir weiter
bis nach Ägypten,
wo einst unser Vater Abraham war.“

Aber in der Nacht
sprach Gott zu Isaak:
„Zieh nicht nach Ägypten.
Bleibe als Gast in diesem Land.
Ich will mit dir sein
und ich will dich segnen.
Dir und deinen Nachkommen
will ich das ganze Land geben.“

Da ließ sich Isaak
mit seiner Familie in Gerar nieder.
Lange Zeit lebte er dort.
Wie ein Einheimischer
baute er Weizen an,
säte und erntete Korn
in großen Mengen.
Gott segnete Isaak
und ließ ihm alles gelingen,
was er auch anpackte.
Bald trugen seine Felder
mehr Frucht als alle Felder ringsum.
Und auch seine Herden wuchsen
von Jahr zu Jahr. 16,12ff.

Als die Philister das sahen,
wurden sie neidisch auf Isaak.
Und sie verstopften die Brunnen,
aus denen Isaaks Herden tranken.
Mit Sorge sah Abimelech, ihr König,
wie die Feindschaft im Volk wuchs.
Und er befahl Isaak:

„Zieh weg von hier!
Verlass dieses Land!
Du bist uns zu mächtig geworden.“ 26,16

Da ließ Isaak alles zurück,
was er mühevoll angelegt hatte,
und zog in ein entlegenes Tal
mit allem, was er besaß.
Aber wohin er auch zog –
er fand nirgendwo Wasser.
Die Philister hatten inzwischen
alle Brunnen mit Erde gefüllt.
Aber Isaak gab nicht auf.
Er befahl seinen Knechten:
„Legt die Brunnen wieder frei!“
Und als sie anfingen zu graben,
da sprudelte auf einmal
frisches Wasser aus der Erde hervor.
„Eine Quelle!“, riefen die Hirten.
„Wir haben ein Quelle entdeckt.“
Voller Freude schöpften sie
das frische Quellwasser
und tranken sich satt,
Menschen und Tiere.

Doch es dauerte nicht lange,
da eilten die Hirten von Gerar herbei
und machten ein großes Geschrei.
„Weg da!“, schrien sie wütend.
„Der Brunnen gehört uns.
Er liegt auf unserem Gebiet.“
Aber die Hirten Isaaks fuhren sie an:
„Nein! Was fällt euch ein?
Das Wasser gehört uns.
Wir haben die Quelle entdeckt.“
Da nannte Isaak den Brunnen „Zank“.
Und er befahl seinen Leuten:
„Zankt euch nicht länger!
Grabt lieber einen anderen Brunnen.“

Da gruben Isaaks Hirten
noch einen Brunnen im Tal.
Aber die Hirten der Philister
ließen ihnen auch dort keine Ruhe.
Da nannte Isaak den Brunnen „Streit“,
weil seine Hirten sich auch dort
mit den Philistern gestritten hatten.
Und Isaak befahl ihnen:
„Lasst euren Streit!
Kommt, wir suchen uns einen Ort,
wo wir in Frieden leben können.“

Und wieder brachen sie die Zelte ab
und zogen weiter mit ihrem Vieh.
Tagelang wanderten sie,
bis das Tal sich weitete.
Da schlugen sie ihre Zelte auf.
Und wieder gruben sie einen Brunnen.
Doch dieses Mal blieben sie ungestört.
Da sagte sich Isaak:
„Diesen Ort hat Gott uns geschenkt.
Hier können wir bleiben.“
Und er nannte den Ort „Weiter Raum“.

Bald darauf zog Isaak wieder
nach Beerscheba zurück,
mit Frau und Kindern
und mit allem, was er besaß,
mit Schafen, Eseln und Rindern.

Als er dort ankam,
brach gerade die Nacht herein.
Doch Isaak fand keinen Schlaf.
Er dachte an alles,
was ihm die Philister angetan hatten.
Wann würde endlich Frieden
unter den Völkern einkehren?
Plötzlich war es ihm,
als redete aus dem Dunkel
eine Stimme zu ihm:
„Ich bin der Gott
deines Vaters Abraham.
Fürchte dich nicht,
denn ich bin mit dir.
Ich will dich segnen,
dich und deine Nachkommen,
wie ich Abraham zugesagt habe.“ 26,24

Da spürte Isaak,
wie ihn neue Hoffnung erfüllte.

Am nächsten Morgen
stand er früh auf,
baute einen Altar und dankte Gott
für sein großes Versprechen.
Und er befahl seinen Hirten:
„Auf, grabt einen neuen Brunnen!
Hier wollen wir für immer bleiben."

Aber nicht lange danach
kam König Abimelech zu Isaak,
begleitet von seinen engsten Beratern.
Isaak sah sie misstrauisch an.
„Was wollt ihr hier?
Warum kommt ihr zu mir?
Wie euren Feind,
so habt ihr mich verjagt."
„Aber nein", entgegnete Abimelech.
„Wir haben gesehen,
dass Gott mit dir ist.
Darum kommen wir heute zu dir.
Wir wollen einen Friedensbund
mit dir schließen.
Versprich uns,
dass du uns verschonst,
wie wir dich verschonten,
als du bei uns warst.
Denk doch daran:
Wir haben dir viel Gutes getan.
In Frieden ließen wir dich ziehen.
Denn wir haben erkannt:
Gott hat dich gesegnet." 26,28f.

Da rief Isaak: „Auf Leute!
Bereitet ein Festmahl!
Gebt meinen Gästen Brot und Wein!
Wir wollen miteinander
einen Friedensbund schließen."
Und sie setzten sich zusammen,
aßen, tranken und feierten
die ganze Nacht hindurch.
Und als der Morgen anbrach,
schworen sie sich feierlich,
für immer Frieden zu halten.
Danach zog der König
mit seinen Begleitern
wieder nach Gerar zurück.
Isaak sah ihnen nach,
bis sie in der Ferne verschwanden.
Doch als er noch nachsann,
kamen seine Hirten
und riefen ihm zu:
„Freu dich!
Gute Nachricht!
Wir haben eine neue Quelle entdeckt."

Da ging das Fest erst richtig los.
Alle dunklen Sorgen waren verflogen.
Gott hatte Isaak
über Erwarten beschenkt.

Und Isaak nannte
den neuen Brunnen „Schwur",
weil er und die Philister
sich Frieden geschworen hatten.
Und so heißt der Ort bis heute:
Beer-Scheba, das heißt
„Schwurbrunnen".

Jakob

1. Mose 28

Dies ist die Geschichte von Jakob,
dem Stammvater Israels,
Rebekkas und Isaaks Sohn.
Jakob war am selben Tag
wie sein Bruder Esau geboren.
Aber Esau war der Erstgeborene.
Ihm galt die Liebe des Vaters.
Er sollte seinen Segen bekommen.
Die Mutter dagegen zog Jakob vor.
Sie überredete ihren jüngeren Sohn,
sich den Segen des Vaters zu holen.
Listig kam Jakob seinem Bruder zuvor.

Vor dem erblindeten Vater
gab er sich einfach als Esau aus.
So gab ihm sein Vater den Segen,
den er doch Esau zugedacht hatte. 27,1ff.

Aber Esau beschloss,
sich an Jakob zu rächen.
Als Jakob davon erfuhr,
machte er sich auf und davon.
In die Heimat der Mutter,
nach Haran, wollte er fliehen.
Dort wollte er bleiben,
bis Esaus Zorn verraucht war.
Aber auf dem Weg nach Haran,
in der dunkelsten Stunde seines Lebens,
hatte Jakob eine Begegnung,
die neues Licht in sein Leben brachte…

Es war Nacht.
Jakob stand auf einem Hügel
und spähte ins Land hinaus.
Wohin er schaute,
nirgends sah er Licht.
Den ganzen Tag war er
bis hierher gewandert.
Er trug nichts bei sich
als einen Stab und ein wenig Öl.
Erschöpft ließ er sich fallen.
Auf diesem Hügel
wollte er über Nacht bleiben.
Hier hatte früher Abraham
Gott ein Opfer gebracht.
Ob Gott auch ihm
an diesem Ort nahe war?
Jakob schaute sich um.
Nichts rührte sich.
Er war ganz allein.
Da nahm er einen Stein,
legte seinen Kopf darauf
und schlief ein.

In jener Nacht hatte Jakob
einen seltsamen Traum:
Er sah eine Treppe,
die reichte bis an den Himmel.
Engel stiegen hinauf und hinab.
Und Gott sah von oben
auf Jakob herab.
Da hörte Jakob,
wie Gott zu ihm sprach:

> „Ich bin der Herr,
> der Gott Abrahams und Isaaks,
> der Gott deiner Vorfahren.
> Das Land, auf dem du liegst,
> will ich dir geben,
> dir und deinen Nachkommen.
> Wie der Staub auf Erden,
> so werden deine Nachkommen
> das Land bedecken.
> Und durch dich
> und deine Nachkommen
> werden alle gesegnet werden,
> alle Menschen auf dieser Erde.
> Siehe, ich bin mit dir
> und behüte dich.
> Wohin du auch gehst,
> ich bringe dich
> wieder hierher zurück.
> Verlass dich auf mich,
> denn ich verlasse dich nicht:
> Mein Versprechen breche ich nicht.“ 28,13ff.

Da wachte Jakob auf.
„Wahrhaftig!“, rief er.
„Jetzt weiß ich:
An dieser Stätte wohnt Gott.
Wie heilig ist dieser Ort!
Hier ist das Haus Gottes,
das Tor, das zum Himmel führt.“

Und als der Morgen anbrach,
nahm Jakob den Stein,
auf dem er geruht hatte,
richtete ihn auf,
goss Öl darauf
und weihte ihn Gott.
Und er nannte den Ort Bethel,
das heißt: „Haus Gottes“.

An diesem Morgen legte Jakob
ein feierliches Gelübde ab.
Er sagte: „Wenn Gott erfüllt,
was er versprochen hat,
wenn er mich auf dem Weg behütet,
wenn er mir Nahrung
und Kleidung gibt,
wenn er mich heil zurückbringt,
dann soll der Gott Abrahams
auch mein Gott sein,
dem ich diene.
Hier an dieser Stelle
will ich ihm ein Heiligtum errichten."

Danach brach Jakob auf
und wanderte weiter nach Osten,
tagelang, wochenlang,
bis er endlich nach Haran kam.
Dort wohnte Laban, sein Onkel,
der Bruder seiner Mutter Rebekka.

Lea und Rahel

1. Mose 29–30

Laban aus Haran hatte zwei Töchter.
Sie waren so verschieden
wie die Brüder Esau und Jakob.
Lea, die ältere,
wirkte farblos und blass.
Niemand beachtete sie.
Rahel aber war eine Schönheit.
Wer sie sah, war entzückt.
Sie war den ganzen Tag
bei den Schafen.
Jeden Nachmittag traf sie sich
mit anderen Hirten am Brunnen,
um ihre Schafe zu tränken.
Tag für Tag kam sie dorthin,
bis zu jenem Tag,
als Jakob in ihr Leben trat...

Es war Nachmittag.
Die Sonne schien heiß
auf Haran herab.
Laban stand vor seinem Haus.
Da kam plötzlich
seine Tochter Rahel angerannt.
„Vater", rief sie.
„Draußen am Brunnen
steht ein Fremder.
Der hat für mich
den Stein vom Brunnen gewälzt
und allen Schafen Wasser gegeben.
Wie eine Verwandte
hat er mich begrüßt.
Er hat mich umarmt und geküsst.
Er sagt, er sei der Sohn von Rebekka." 29,12ff.

„Was?", rief Laban erstaunt.
„Ein Sohn von Rebekka?
Ich muss ihn sofort sehen."
Er eilte zum Brunnen.
Da sah er Jakob,
den Sohn seiner Schwester.
„Willkommen!", rief Laban.
„Komm in mein Haus.
Erzähle, was führt dich hierher?"
Er schloss Jakob in seine Arme,
küsste ihn und führte ihn in sein Haus.
Da erzählte ihm Jakob,
warum er gekommen war.
„Mach dir keine Sorgen!",
sagte Laban zu Jakob.
„Du kannst bei mir bleiben,
solange du willst.
Von nun an gehörst du
zu unserer Familie."

So blieb Jakob bei Laban
und packte an,
wo er gebraucht wurde.

Aber nach einem Monat
rief ihn Laban und sagte:
„Du bist zwar mit mir verwandt.
Trotzdem sollst du Lohn
für deine Arbeit bekommen.
Sag, was forderst du?“
„Ich will kein Geld“,
gab Jakob zur Antwort.
„Ich habe nur einen Wunsch:
Gib mir deine Tochter Rahel zur Frau.
Sieben Jahre will ich dir dafür dienen.“

„Gut, gut“,
meinte Laban zufrieden.
„Dein Vorschlag gefällt mir.
Bleib so lange bei mir.
In sieben Jahren soll Rahel
deine Frau werden.“

So blieb Jakob bei Laban.
Sieben Jahre lang diente er ihm
als sein Knecht.
Doch Jakob wurde die Zeit nicht lang.
Sie verging wie im Fluge.
So groß war seine Liebe zu Rahel.

Endlich war es soweit.
Der Hochzeitstag nahte.
Da lud Laban die ganze Stadt
zum Hochzeitsmahl ein.
Es wurde geschmaust
und wurde gebechert,
es wurde gesungen
und wurde getanzt.
Am Abend aber führte Laban
die verschleierte Braut
zu Jakob hinein,
wie es dort Brauch war.
Niemand dachte sich etwas dabei.

Aber am nächsten Morgen
stürzte Jakob heraus.
Er suchte Laban.
Wütend schrie er ihn an:
„Was hast du mir angetan?
Du hast mir Lea zur Frau gegeben.
Aber hast du nicht Rahel versprochen?
Warum hast du mich betrogen?“

Doch Laban erwiderte schlau:
„Erst ist die Ältere dran,
so ist es bei uns Sitte.
Darum rate ich dir:
Halte sieben Tage mit Lea aus.
Danach ist die Hochzeit zu Ende.
Dann gebe ich dir auch Rahel zur Frau.“
Und listig fügte Laban hinzu:
„Für Rahel sollst du mir
noch einmal sieben Jahre dienen.“ 29,25ff.

Da blieb Jakob keine Wahl.
Er musste sich fügen.
Sieben Tage lang
hielt er bei Lea aus.
Danach gab ihm Laban
seine Tochter Rahel zur Frau.
Und Jakob gewann Rahel
mit jedem Tag lieber.
Aber Lea beachtete er nicht.
Er sah nicht einmal,
wie sie sich grämte.

Da erbarmte sich Gott über Lea
und schenkte ihr einen Sohn.
„Seht“, rief Lea voll Freude,
„ich habe einen Sohn!
Gott hat mein Leid angesehen.
Nun wird mich mein Mann lieben.“
Und sie nannte ihren Sohn RUBEN.

Danach wurde Lea erneut schwanger
und brachte noch einen Sohn zur Welt.
„Auch diesen Sohn“, so sprach sie,
„hat Gott mir geschenkt.
Er hat gehört, dass ich ungeliebt bin.“
Und sie nannte ihn SIMEON.

Und wieder wurde Lea schwanger
und brachte den dritten Sohn zur Welt.
„Nun habe ich meinem Mann
drei Söhne geboren“, sprach Lea.

„Nun wird er hoffentlich
an mir hängen."
Und sie nannte den dritten Sohn LEVI.

Danach wurde Lea wieder schwanger
und brachte den vierten Sohn zur Welt.
„Nun will ich Gott danken",
sprach Lea erleichtert.
„Er hat mir auch diesen Sohn gegeben."
Und sie nannte ihn JUDA. 29,31ff.

Und Gott schenkte Lea noch zwei Söhne,
ISSACHAR und SEBULON,
und auch eine Tochter,
die nannte sie DINA.
So wurde Lea in ihrem Leid getröstet.
Gott segnete sie und machte sie
zur Mutter Israels,
des Volkes Gottes,
das er vor allen Völkern liebte. 30,17ff.

Noch weitere Söhne
wurden Jakob geschenkt.
Vier Söhne brachten die Mägde
der beiden Frauen zur Welt.
Und dies sind ihre Namen:
DAN, NAFTALI, GAD und ASSER.

Aber Rahel hatte kein Kind.
Jahrelang wartete sie vergeblich.
Da erbarmte sich Gott über Rahel
und schenkte auch ihr einen Sohn,
den nannte sie JOSEF. 30,22
Und Jakob gewann ihn sehr lieb.

So segnete Gott
Jakob im fremden Land.
Arm war er nach Haran gekommen.
Aber Gott hatte ihn
mit seinen Söhnen und Töchtern
über Erwarten beschenkt.

Esau

1. Mose 32–33,16

Über zwanzig Jahre lebte Jakob
bei Laban in Haran.
In dieser Zeit wurde er
ein sehr reicher Mann.
Seine Herden
wuchsen von Jahr zu Jahr. 30,25ff.
Aber mit jedem Jahr
wuchs auch sein Heimweh.
Seit seiner Flucht
hatte Jakob nichts mehr
von seinen Eltern gehört.
Er wusste nicht einmal,
ob ihm Esau noch grollte.
Schon längst wäre Jakob
gerne zurückgekehrt,
um sich mit Esau zu versöhnen.
Aber Laban hielt ihn immer noch
wie einen Knecht bei sich fest…

Eines Nachts sprach Gott zu Jakob:
„Ich bin der Gott,
der dir in Bethel erschienen ist.
Nun mach dich auf!
Zieh wieder heim.
Ich will mit dir sein.“ 31,13
Da sammelte Jakob heimlich
seine Frauen und Kinder um sich,
auch seine Knechte und Mägde
und alle Tiere,
die er bei Laban erworben hatte,
und machte sich auf den Weg.

Viele Wochen war Jakob
mit seiner Familie unterwegs.
Seine Herden kamen nur langsam voran.
Endlich zeigten sich in der Ferne
die Berge von Kanaan.
Aber je näher Jakob an Kanaan kam,
desto mehr fürchtete er sich
vor der Begegnung mit seinem Bruder.
Da wählte Jakob ein paar Knechte aus
und befahl ihnen:
„Zieht uns voraus!
Geht zu Esau und richtet ihm aus:
‚Jakob, dein Bruder, kehrt heim.
Er will sich mit dir versöhnen.‘“ 32,5f.

Da zogen die Boten los,
um Esau zu suchen.
Aber nach wenigen Tagen
kehrten sie zu Jakob zurück.
Aufgeregt meldeten sie:
„Dein Bruder Esau
zieht dir mit 400 Mann entgegen.“

Als Jakob das hörte,
wurde ihm angst und bange.
In aller Eile teilte er
seine Herden in zwei Lager,
um wenigstens einen Teil
vor Esaus Männern zu retten.

Danach warf er sich auf die Erde,
betete und schrie zu Gott:
„Du Gott Abrahams
und Gott Isaaks, meines Vaters!
Hast du nicht gesagt:
Zieh wieder heim?
Hast du mir nicht versprochen:
Ich will mit dir sein?
Ach Herr,
du hast mir so viel Gutes getan.
Ich weiß, ich bin es nicht wert.
Ich hatte nur diesen Wanderstab,
als ich das Land verließ.
Doch nun sind aus mir
zwei große Lager geworden.
Ich bitte dich, Herr:
Rette mich vor meinem Bruder!
Ich habe große Angst.
Sicher will er mich töten
und meine Frauen und Kinder dazu.“ 32,11ff.

Danach stellte Jakob eilig
ein Geschenk für Esau zusammen:
200 Ziegen und 20 Böcke,

200 Schafe und 20 Widder,
30 Kamele mit ihren Füllen,
40 Kühe und 10 Stiere,
20 Eselinnen und 10 Esel.
Und er befahl seinen Knechten:
„Geht uns voraus
und bringt die Tiere zu Esau.
Und wenn er euch fragt:
‚Was bedeutet das?
Wem gehören die Tiere?‘,
dann sagt ihm:
‚Es ist ein Geschenk deines Bruders.‘“
Denn Jakob dachte:
Vielleicht kann ich Esau
durch dieses Geschenk versöhnen.

So zog Jakob
mit Bangen Esau entgegen.
Nur noch der Fluss Jabbok
trennte ihn von seinem Bruder.
Am nächsten Morgen
würde er auf ihn treffen.
Schon brach die Nacht herein.
Da führte Jakob
seine Frauen und Kinder
durch den Fluss zum anderen Ufer.
Er selbst aber blieb
allein am Jabbok zurück.

Doch plötzlich – was war das?
Eine dunkle Gestalt stand vor ihm.
Sie sprang ihn an,
stürzte sich auf ihn
und hielt ihn im Griff.
Jakob wehrte sich.
Er schlug um sich,
krallte sich fest.
Aber der andere schlug Jakob
auf seine Hüfte.
Da spürte Jakob
einen stechenden Schmerz.

Schon wurde es hell.
Ein neuer Morgen brach an.
Da dämmerte Jakob,
wer mit ihm gerungen hatte:
War es ein Engel Gottes?
Oder war es etwa Gott selbst,
der zu ihm gekommen war?
„Lass mich gehen!“, sprach er.
„Die Morgenröte bricht an.“
Aber Jakob ließ ihn nicht los.
„Nein“, rief er, „ich lasse dich nicht.
Segne mich erst!“ 32,27

„Wie heißt du?“, fragte der andere.
„Jakob heiße ich.“
Doch der andere sagte:
„Ab heute sollst du
einen neuen Namen bekommen.
Israel, ‚Gotteskämpfer‘,
so soll man dich nennen.
Denn du hast mit Gott
und mit Menschen gekämpft –
und hast gewonnen.“
„Aber wie heißt du?“, fragte Jakob.
„Warum fragst du mich danach?“,
gab dieser zur Antwort.
Und er segnete Jakob. 32,30

Da nannte Jakob den Ort Pnuël,
das heißt „Angesicht Gottes“.
Denn er spürte: Gott hatte ihm
sein Angesicht zugewandt.
Nun hatte Jakob Mut,
seinem Bruder entgegenzugehen.

In diesem Augenblick
ging die Sonne auf.
In der Ferne rückte Esau
mit seinen Männern an.
Schnell stellte Jakob
seine Frauen und Kinder auf.
Er selbst aber ging ihnen voran,
seinem Bruder Esau entgegen.
Siebenmal verneigte er sich
vor ihm bis auf die Erde.

Doch Esau lief auf ihn zu,
fiel ihm um den Hals,
küsste ihn und weinte.

Da wusste Jakob:
Seine Schuld war vergeben.
Gott hatte Esau mit ihm versöhnt.
Die Brüder lagen sich
in den Armen und weinten vor Freude.

Als Jakobs Frauen und Kinder das sahen,
kamen sie näher und verneigten sich
nacheinander vor Esau.
„Wer sind denn diese?", fragte Esau.
„Es sind meine Frauen und Kinder."
„Und was bedeuten die Tiere,
die du mir geschickt hast?"
„Es ist mein Geschenk an dich",
antwortete Jakob.

„Behalte es für dich", sagte Esau.
„Ich habe selber genug."
„Nein, nein", entgegnete Jakob.
„Ich bitte dich: Nimm mein Geschenk an!
Denn wie das Angesicht Gottes,
so freundlich blickst du mich an." 33,10

In Frieden trennten sie sich.
Esau kehrte nach Süden zurück,
woher er gekommen war.
Jakob aber zog nach Bethel,
an jenen Ort, an dem ihm Gott
vor Jahren erschienen war. 35,1ff.

Da befahl Jakob seinen Leuten:
„Holt eure Festkleider hervor.
Trennt euch von den anderen Göttern,
die ihr noch heimlich verehrt."
Und er baute in Bethel einen Altar,
wie er Gott vor Jahren gelobt hatte.

An diesem Tag sprach Gott zu Jakob:
„Jakob heißt du.
Aber nicht mehr Jakob,
sondern Israel
soll man dich nennen.
So soll das ganze Volk heißen,
das von dir abstammt.
Ich, der Allmächtige, bin euer Gott.
Darum vermehrt euch!
Werdet ein großes Volk!
Dies Land will ich dir
und deinen Nachkommen geben." 35,10ff.

Da ließ sich Jakob
im Land Kanaan nieder,
und alle, die zu ihm gehörten.
Und Jakob hatte Frieden mit allen,
die im Land Kanaan wohnten. 35,5

Jakobs Söhne

1. Mose 36–42

Elf Söhne hatte Jakob,
als er aus Haran heimkehrte,
dazu auch viele Töchter.
Aber von all seinen Kindern
liebte er Josef am meisten.
Denn Josef war der Jüngste,
der einzige Sohn,
den Rahel geboren hatte.

Aber nach Jahren brachte Rahel
noch einen Sohn zur Welt.
Seine Geburt war so schwer,
dass Rahel sie nicht überlebte.
Umso mehr liebte Jakob ihre Söhne.
Ben-Oni hatte Rahel den Sohn genannt,
das heißt: „Sohn des Unglücks".
Doch Jakob nannte ihn BENJAMIN,
das heißt: „Sohn des Glücks",
denn Benjamin war sein Glück
und sein einziger Trost
in seiner Trauer um Rahel,
seine über alles geliebte Frau. 35,16ff.

So wuchsen Rahels Söhne heran.
Vater Jakob verwöhnte sie,
wo er nur konnte.

Er schenkte Josef
ein kostbares Ärmelgewand.
Wie einen Prinzen ehrte er ihn
vor allen anderen Söhnen.
Und so verhielt sich Josef auch:
Als sei er etwas Besseres,
so prahlte er mit seinen Träumen.
Da wurden die älteren Söhne neidisch
auf ihren jüngeren Bruder
und fingen an, ihn zu hassen.
Und sie nahmen sich vor,
sich an Josef zu rächen,
sobald sich die Gelegenheit bot…

Eines Tages rief Jakob
seinen Sohn Josef und sagte:
„Deine großen Brüder
hüten die Schafe bei Sichem,
ein paar Tagereisen von hier.
Ich mache mir Sorgen um sie.
Geh und frag sie, ob's ihnen gut geht.
Und dann komm zurück
und gib mir Nachricht." 37,13f.

Da zog Josef das Gewand an,
das kostbare Ärmelgewand,
das ihm sein Vater geschenkt hatte.
Und er machte sich auf den Weg,
um seine Brüder zu suchen.

Tage vergingen.
Doch Josef kehrte nicht zurück.
Unruhig wartete Jakob auf Nachricht.
Da, endlich, hörte er Schritte.
Ein Knecht stand in der Tür.
In seinen Händen hielt er ein Tuch,
zerfetzt und blutverschmiert.
„Das hier", meldete der Knecht,
„haben deine Söhne gefunden.
Sie lassen dich fragen:
‚Kennst du das Tuch?
Sieh dir's genau an!
Ist es vielleicht –
das Gewand deines Sohnes?'"

Da schrie Jakob laut auf.
„Es ist Josefs Gewand.
Ich erkenne es. Ich sehe es genau.
Josef ist tot! Tot ist er, tot!
Ein wildes Tier hat ihn zerrissen!"
Und Jakob zerriss sein Gewand
von oben bis unten,
band einen Sack um seine Hüften
und warf sich auf die Erde.

Da kamen seine Töchter,
um ihren Vater zu trösten.
Doch Jakob rührte sich nicht.
Wie tot lag er da,
weinte und klagte.
Er hörte gar nicht mehr auf.
Und als nach Tagen
seine Söhne zurückkamen,
lag er immer noch da
und murmelte tonlos sein Klagelied.
Vergeblich versuchten auch sie,
den Vater zu trösten.
Doch Jakob rief: „Lasst mich!
Was soll ich noch leben?
Josef ist tot. Es ist alles vorbei.
Nie mehr kann ich mich freuen.
Ich will mit meinem Sohn sterben." 37,35

So trauerte Jakob um Josef,
seinen geliebten Sohn.
Seine älteren Söhne sahen zu,
wie sich ihr Vater grämte
und wie er sich quälte.
Doch niemand verriet dem Vater,
was wirklich geschehen war:
Kein wildes Tier hatte Josef getötet.
Sondern sie selbst, seine eigenen Brüder,
hatten sich auf ihn gestürzt.
Sie hatten ihm das Gewand
vom Leibe gerissen
und ihn in einen Brunnen geworfen.
Danach hatten sie ihn sogar
als Sklaven nach Ägypten verkauft,
ihren eigenen Bruder.

Ungerührt hatten sie zugesehen,
wie er abgeführt wurde.
Sie waren es auch,
die Josefs Gewand zerfetzt
und in Tierblut getaucht hatten,
um den Vater zu täuschen.
Doch Jakob ahnte von alledem nichts.

Viele Jahre gingen ins Land.
Jakob trauerte noch immer
um seinen Sohn Josef.
Da brach ein neues Unglück
über Jakobs Familie herein.
Eine Dürrekatastrophe
suchte Kanaan heim.
Auch die umliegenden Länder
waren von der Dürre betroffen.
Die Ernte blieb aus.
Die Früchte verdorrten.
In allen Ländern brach
eine schwere Hungersnot aus.

Bald darauf sprach es sich
im ganzen Land herum:
In Ägypten gibt es noch Korn!
Dort hat der Verwalter des Königs
seit Jahren Vorräte gesammelt.
Nun hat er die Speicher geöffnet
und verkauft das Korn.

Als Jakob das hörte,
rief er seine Söhne,
gab ihnen Geld und sagte:
„Was steht ihr noch herum
und schaut euch groß an?
Auf, zieht nach Ägypten
und kauft dort Getreide.
Wartet nicht länger!
Sonst verhungern wir hier.
Nur Benjamin bleibt bei mir.
Ich ertrage es nicht,
wenn ihm ein Unglück geschieht.“ 42,1ff.

Da nahmen die zehn Brüder das Geld,
packten ihre Esel und zogen davon.
Jakob aber sah ihnen nach,
bis sie in der Ferne verschwanden.

Nach vielen Wochen
kamen die Söhne endlich zurück.
Aber wie erschrak Jakob!
Nur neun Söhne standen vor ihm.
Simeon, sein zweiter Sohn, fehlte.
„Wo ist Simeon?“, rief Jakob.
„Sagt, was ist mit ihm geschehen?“

Da erzählten die Söhne traurig:
„Wir kamen zu dem Mann,
der das Korn des Königs verkauft,
ein überaus mächtiger Mann.
Ganz Ägypten hört auf ihn.
Aber der Mann herrschte uns an.
‚Was wollt ihr hier? Spione seid ihr.‘
‚Nein, nein!‘, antworteten wir.
‚Wir sind ehrliche Leute.
In Wahrheit sind wir zwölf Brüder.
Doch einer lebt nicht mehr.
Und der Jüngste ist
bei unserem Vater geblieben.‘ 42,13
Aber der Mann glaubte uns nicht.
Er befahl uns:
‚Kauft euer Korn und geht heim!
Aber das nächste Mal
bringt euren jüngsten Bruder mit.
Dann will ich euch glauben.
Solange bleibt einer bei mir.‘
Dann nahm er Simeon als Geisel.
Uns aber ließ er frei.“

Danach holten sie die Kornsäcke
und schütteten sie vor Jakob aus.
Da fielen ihre Geldbeutel heraus.
Die Brüder sahen sich entsetzt an:
„Wie ist das nur möglich?
Wir haben dem Ägypter
doch alles bezahlt.
Nun finden wir das Geld
in unseren Kornsäcken wieder.
Vielleicht denkt jetzt der Ägypter,
wir hätten ihn bestohlen?“

Da war es um Jakob geschehen.
Verzweifelt rief er:
„Ihr stürzt mich ins Unglück.
Ihr nehmt mir all meine Kinder.
Josef lebt nicht mehr.
Simeon ist auch nicht mehr da.
Nun wollt ihr mir
auch noch Benjamin nehmen!“

„Übergib ihn nur mir!“, bat Ruben.
„Ich bringe ihn wieder heil zu dir.
Wenn nicht, dann nimm
meine beiden Söhne dafür.“
„Nein“, rief Jakob.
„Niemals gebe ich Benjamin her.
Wenn ihm auf dem Weg
ein Unglück geschieht,
dann sterbe ich hier vor Kummer.“

Aber niemand ahnte,
dass der Ägypter selbst das Geld
in die Kornsäcke gesteckt hatte.
Und niemand wusste,
wer dieser Ägypter in Wahrheit war.

Josef

1. Mose 43–46

Lange Zeit war Josef
in Ägypten verschollen.
Sein Vater und seine Brüder
glaubten, er sei längst tot.
Aber Josef war noch am Leben.
Er hatte inzwischen
schwere Zeiten erlebt.
Jahrelang hatte er unschuldig
im Gefängnis gesessen. 39,19ff.
Doch nach Jahren den Leidens
war Josef zu hohen Ehren gelangt.

Josef war es,
der dem ägyptischen König
die Dürrezeit vorausgesagt hatte.
Darum hatte ihn der König auch
zum obersten Verwalter
über seine Kornspeicher gemacht. 41,1ff.
Als Josefs Brüder nach Ägypten kamen,
war er der mächtigste Mann im Lande.
Aber die Brüder wussten es nicht.

Zehn Säcke voll Korn
hatten Jakobs Söhne
in Ägypten gekauft.
Aber es dauerte nicht lange,
da war alles Korn verzehrt.
Und immer noch hielt die Dürrezeit an.
Da sagte Jakob zu seinen Söhnen:
„Zieht noch einmal nach Ägypten
und kauft für uns Korn."

Aber sein Sohn Juda entgegnete:
„Wir gehen nur,
wenn Benjamin mit uns geht.
Denn der Ägypter schärfte uns ein:
‚Bringt euren jüngsten Bruder zu mir.
Sonst seid ihr umsonst gekommen.'" 43,3ff.

„Ihr stürzt mich ins Unglück",
rief Vater Jakob verzweifelt.
„Warum habt ihr dem Mann verraten,
dass ihr noch einen Bruder habt?"

„Er hat uns gefragt",
erklärten die Brüder.
„Auch nach dir hat er gefragt.
Wie konnten wir ahnen,
dass er Benjamin sehen will?"

„Vertrau ihn mir an!",
bat Juda den Vater.
„Ich gebe auf Benjamin acht.
Ihm wird nichts geschehen.
Ich bürge dafür.
Mein Ehrenwort gebe ich dir." 43,8f.

Da gab Jakob nach.
„Gut, wenn ihr meint,
dann soll es so sein.
Aber bringt dem Ägypter Geschenke,
damit er euch gnädig ist.
Und nehmt auch genug Geld mit.
Geht mit Gott!
Sein Segen gehe mit euch: 43,14
Gott, der Allmächtige,
schenke euch Gnade vor dem Ägypter.
Er lasse euch alle heil zurückkehren." 43,11ff.

Schweren Herzens ließ Jakob
seinen Sohn Benjamin ziehen.
Er selbst blieb allein zurück.
Woche um Woche wartete er
auf ihre Heimkehr.
Endlich, nach vielen Wochen,
kam ein langer Zug
auf der Straße daher,
mit Eseln, über und über beladen,
und mit prächtigen Pferdewagen,
wie sie nur Fürsten fahren.
Vor ihnen her liefen die Söhne.
Sie eilten auf Jakob zu.
Benjamin rannte allen voran.
Und auch Simeon war dabei.
„Vater", riefen sie fröhlich,
„gute Nachricht für dich!
Josef, dein Sohn, lebt.
Er ist der Mann,
vor dem wir gezittert haben.
Ganz Ägypten ist ihm untertan."

Und begeistert erzählten sie,
wie sie Josef empfangen hatte,
wie er sie fürstlich bewirtet hatte.
Und wie er gerufen hatte:
„Ich bin Josef, euer Bruder.
Habt keine Angst vor mir!
Ich bin nicht zornig auf euch.
Ihr wolltet mir Böses antun,
aber Gott hat es zum Guten gewendet.

Er hat mich vor euch hierher gesandt,
damit ich euch am Leben erhalte.“ 45,4ff.

Jakob aber stand da, stumm und starr,
wie vom Blitz getroffen.
Er konnte das alles nicht fassen. 45,26

„So glaub uns doch!“, baten die Söhne.
„Sieh, diese Wagen hat Josef geschickt.
Er lädt dich ein:
‚Komm nach Ägypten
und bleib so lange,
bis die Hungersnot vorüber ist.
Das ganze Land steht dir offen.‘“

Da kam wieder Leben in Jakob.
„Josef lebt wirklich!“, rief er.
„Was will ich noch mehr?
Ich will ihn sehen, ehe ich sterbe.
Auf, brecht die Zelte ab!
Packt eure Sachen zusammen!
Und spannt die Wagen an!
Wir ziehen nach Ägypten.“

So brachen sie auf
mit allem, was sie besaßen,
Männer, Frauen und Kinder.
Alle machten sich auf den Weg.
Vater Jakob fuhr ihnen voran,
seinem Sohn Josef entgegen.

Und da geschah es: In Beerscheba,
auf dem Weg nach Ägypten,
erschien Gott Jakob im Traum.
Nach Jahren des Schweigens
sprach Gott wieder zu ihm:

„Jakob! Jakob!
Ich bin Gott,
dem deine Vorfahren dienten.
Fürchte dich nicht!
Zieh nach Ägypten!
Dort will ich ein großes Volk
aus dir machen.
Ich gehe mit dir.
Ich bringe dich auch wieder zurück.“ 46,2f

Da fasste Jakob Mut.
Er stand auf,
stieg in seinen Wagen
und setzte seinen Weg fort.
Gottes Wort ging ihm voran.
Sein Segen begleitete ihn
auf dem Weg nach Ägypten.

Die Versöhnung

1. Mose 46,28–49,33

Nach Jahren der Trennung
war das Wunder geschehen:
Josef hatte sich
mit seinen Brüdern versöhnt.
Nun hoffte Josef darauf,
auch seinen Vater wieder zu sehen.
Er hatte seine Brüder gebeten,
Jakob nach Ägypten zu holen.
Viele Jahre hatte Josef
auf diesen Tag gewartet.
Nun war es endlich soweit…

Es war ein heißer Tag.
Vor Josefs Kornspeicher
drängten sich viele Menschen.
Sie waren von weither gekommen,
um Korn bei ihm zu kaufen.
Da entdeckte Josef plötzlich
seinen Bruder Juda in der Menge.
„Juda, du hier?“, fragte Josef erstaunt.
„Sag, wie geht es dem Vater?
Kommt er bald nach Ägypten?“
„Er ist schon hier“, antwortete Juda.
„Dein Vater schickt mich zu dir.
Er lässt dir sagen:
Er wartet im Grenzland auf dich,
in der Gegend von Goschen.“

Da ließ Josef alles stehen und liegen.
Er stieg auf seinen Wagen
und jagte davon,
seinem Vater entgegen.

Als er in die Gegend von Goschen kam,
hielt er plötzlich an.
Auf der Straße kam ihm
eine Karawane entgegen
mit Frauen, Männern und Kindern,
mit Schafen, Kamelen und Rindern.
Allen voran fuhr ein prächtiger Wagen.
Sein Wagen war es,
den er zu Jakob geschickt hatte.
Und auf dem Wagen saß leibhaftig –
Jakob, sein Vater.
„Mein Vater!“, rief Josef.
Er sprang aus dem Wagen,
lief seinem Vater entgegen,
fiel ihm um den Hals
und weinte vor Glück.
„Josef, mein Sohn!“,
rief Jakob bewegt.
„Nun weiß ich:
Du lebst wirklich.
Jetzt kann ich getrost sterben.
Denn ich habe dich
mit meinen eigenen Augen gesehen.“

Doch Josef fiel ihm ins Wort.
„Nein, nicht sterben, leben sollst du!
In diesem Land sollt ihr leben.
Ich will den Pharao bitten,
dass er euch hier wohnen lässt.
Hier im Land Goschen gibt es genug
Wasser und Weide für euer Vieh.“

Und Josef ließ dem Pharao sagen:
„Meine Familie ist hier.“
Danach wählte er fünf Brüder aus
und führte sie vor den König.
Der begrüßte sie freundlich:
„Was führt euch hierher?
Was ist euer Beruf?“ 47,1ff.

Da verneigten sich die Brüder
und antworteten dem König:
„Viehhirten sind wir
und kommen aus Kanaan.
Wir bitten um Gastrecht.
Denn in unserem Land
herrscht große Hungersnot.
Darum gewähre uns eine Bitte:
Lass uns in Goschen wohnen,
bis die Dürrezeit vorüber ist.“
„Nur zu“, sprach Pharao,
zu Josef gewandt.
„Das Land steht euch offen.
Gib ihnen das beste Gebiet!
Lass sie in Goschen wohnen.“

Da führte Josef
auch seinen Vater Jakob zum König.
Wie einen Ehrengast
begrüßte der Pharao ihn.
„Wie alt bist du?“, fragte er Jakob.
„130 Jahre“, antwortete dieser.
„Sie sind im Fluge vergangen.“
Dann richtete Jakob sich auf,
hob seine Hände
und segnete den König.

Den Dienern stockte der Atem.
Dieser einfache Hirte wagte es,
ihren mächtigen König zu segnen?
Wusste er nicht, dass den Ägyptern
jeder Hirte ein Gräuel war? 46,34
Aber der Pharao ließ Jakob gewähren.
Wie einen Fürsten entließ er ihn
mit allen Ehren.

Von diesem Tag an wohnte Jakob
als Gast im Land Goschen.
Und seine Familie wuchs
und breitete sich aus
wie die Sterne am Himmel
und wie der Sand am Meer.
Wie Gott einst Jakob
im Traum verheißen hatte,
so war es geschehen.

Jakobs Segen

1. Mose 49

Nach vielen Jahren
rief Jakob noch einmal
alle Söhne zu sich und sprach:
„Ich werde bald sterben.
Dann bringt mich nach Kanaan zurück
und begrabt mich
im Grab meiner Vorfahren.“

Danach hob er seine Hände,
legte sie auf seine Söhne
und segnete sie.
Jedem von ihnen gab er
einen besonderen Segen,
wie es Gottes Willen
und ihrem Wesen entsprach.

UND DIES SIND DIE SEGENSWORTE,
DIE JAKOB ÜBER SEINEN SÖHNEN SPRACH,
EHE ER STARB:

„RUBEN, MEIN ERSTGEBORENER SOHN,
DU SOHN MEINER STÄRKE.
DER ERSTE BIST DU.
ABER IM KREIS DEINER BRÜDER
WIRST DU NIEMALS DER OBERSTE SEIN.

SIMEON UND LEVI,
DIE BEIDEN BRÜDER.
TÖDLICH SIND IHRE WAFFEN.
IHR JÄHZORN – VERFLUCHT SEI ER!
SO GEWALTIG IST ER.
WER WIRD IHM WIDERSTEHEN?
DARUM WERDEN SIE
ZERSTREUT IM LAND WOHNEN.

JUDA, DU BIST ES.
AUF DIR RUHT DER SEGEN.
DEINE BRÜDER WERDEN DICH PREISEN.
SIE WERDEN SICH VOR DIR VERNEIGEN.
WIE EIN JUNGER LÖWE,
SO STARK WIRST DU SEIN.

ALS KÖNIG WIRST DU HERRSCHEN,
BIS EINST DER WAHRE KÖNIG
AUS DEINER MITTE KOMMT.
DER KÖNIG, VOR DEM SICH EINST
ALLE WELT BEUGEN WIRD.

SEBULON WIRD AM MEER WOHNEN
UND SICH NACH NORDEN AUSBREITEN.

ISSACHAR IST
WIE EIN KNOCHIGER ESEL.
ZWISCHEN HÜGELN
WIRD ER SICH LAGERN.

DAN WIRD RICHTER SEIN
UND FÜR GERECHTIGKEIT SORGEN.

GAD WIRD HART BEDRÄNGT.
ABER ER BLEIBT SEINEM FEIND
AUF DEN FERSEN.

ASSER HAT REICHLICH BROT.
KÖNIGLICHE SPEISEN KOMMEN VON IHM.

NAFTALI IST LEICHTFÜSSIG
UND SCHNELL WIE EIN HIRSCH.
SEINE WORTE FINDET ER LEICHT.

JOSEF WIRD WACHSEN
WIE EIN BAUM AN DER QUELLE.
DER ALLMÄCHTIGE GOTT SEGNE DICH
UND SCHÜTTE SEINEN SEGEN
VOM HIMMEL AUF DICH HERAB.

BENJAMIN IST
WIE EIN REISSENDER WOLF.
AM MORGEN JAGT ER DIE BEUTE.
AM ABEND TEILT ER SIE AUS.“

Dies sind die letzten Worte Jakobs,
dem Gott den Namen Israel gab.
Er ist der Stammvater von Israel,
dem Volk, das Gott erwählt hat
vor allen anderen Völkern.

Jakobs Segen

„Der allmächtige Gott segne dich und schütte seinen Segen vom Himmel herab."

2

Der Auszug

Das zweite und dritte Buch Mose
Exodus und Leviticus

Aus Jakobs Nachkommen
wurde ein großes Volk,
so zahlreich wie der Sand am Meer.
„Volk Israel" nannte es sich,
nach seinem Stammvater Jakob,
der auch Israel hieß.

Aber das Volk Israel wohnte
noch immer als Gast in Ägypten.
Hebräer, „Armleutevolk",
so wurde das Volk in Ägypten
verächtlich genannt.
Es war ein Volk ohne Land,
ohne Rechte und ohne Hoffnung,
in das Land seiner Vorfahren
jemals zurückzukehren.

Zu jener Zeit
herrschte in Ägypten ein neuer König.
Dieser Pharao wusste nichts mehr
von Jakob und Josef.
Er hasste das fremde Volk
in seinem Land
und unterdrückte es mit Gewalt.
Er machte die Israeliten
zu seinen Sklaven
und legte ihnen
harte Zwangsarbeit auf.
Ziegel mussten sie formen
und Städte für den Pharao bauen.
Aber je mehr er sie unterdrückte,
desto zahlreicher wurde das Volk.

Da dachte sich der Pharao
eine grausame List aus.
Er befahl den Ägyptern:
„Tötet die Söhne der Israeliten,
sobald sie geboren sind.
Lasst keinen am Leben!"
Und wie der Pharao befahl,
so geschah es.

Aber Gott hatte Erbarmen
mit seinem geplagten Volk.
Er sah auf sein Elend
und hörte sein Schreien. 2,24
Und er schickte seinem Volk
einen Retter: Mose.
Nach langen Jahren des Leidens
führte Mose Israel in die Freiheit,
das Volk, dem Gott so nahekam
wie keinem anderen Volk.

2. Mose 1,1ff. *(vgl. S. 462)*

Schifra und Pua

2. Mose 1,15–21

Dies ist die Geschichte
von Schifra und Pua,
zwei hebräischen Hebammen.
Über sie ist nur wenig bekannt.
Aber was die Bibel
über diese Frauen erzählt,
bleibt unvergessen bis zu diesem Tag.

Es war eine trostlose Zeit,
in der Schifra und Pua lebten.
Die Hebräer wohnten
in elenden Hütten.
Die Armut drückte sie schwer.
Es fehlte ihnen an Kleidung.
Es fehlte an Brot.
Es fehlte an allem und jedem.
Nur Kinder hatten die Hebräer genug.
Sie waren ihr einziger Trost
in ihrem trostlosen Leben.

Sobald in einer Hütte
ein Kind geboren wurde,
waren Schifra und Pua zur Stelle.
Sie standen den Müttern bei
und versorgten
die neugeborenen Kinder.
Unermüdlich waren sie unterwegs,
bei Tag und bei Nacht,
sooft man sie rief.

Eines Tages wurden Schifra und Pua
vor den Pharao gerufen.
„Seid ihr die hebräischen Hebammen?“,
fragte der König streng.
„Dann hört meinen Beschluss:
Euer Volk ist zu groß.
Ihr habt zu viele Kinder.
Das müsst ihr verhindern.
Darum befehle ich euch:
Wenn ein Sohn geboren wird,
dann tötet ihn auf der Stelle,
bevor er den ersten Schrei tut.
Stellt es geschickt an,
damit niemand Verdacht schöpft.
Die Töchter lasst meinetwegen
am Leben. 1,16
Sie bedeuten für uns keine Gefahr.
Und noch etwas:
Verratet keinem Menschen,
wer euch diesen Befehl gab.
Habt ihr verstanden?“

Die Hebammen starrten
den König entsetzt an.
Wie? Der Pharao zwang sie,
Hand an ihre Kinder zu legen?
Er machte sich zum Herrn
über Leben und Tod?
Sollten sie etwa diesem König
mehr gehorchen als Gott?

Still gingen die beiden
zu den Hebräern zurück.
„Was ist los?“, fragten die anderen.
„Was hat der König gesagt?“
Aber die beiden verrieten kein Wort.
Als sei nichts geschehen,
so setzten sie ihre Arbeit fort,
wie in den Tagen zuvor.
Sie besuchten die Mütter
in ihren niedrigen Hütten,
halfen ihnen bei der Geburt
und retteten die Neugeborenen
vor dem sicheren Tod.

Aber der König hatte
überall seine Spione.
Es dauerte nicht lange,
da wurde ihm mitgeteilt:
„Die Hebammen widersetzen
sich dem Befehl des Königs.
Sie lassen die Neugeborenen leben.“

„Was?“, schrie der König.
Er schäumte vor Wut.
„Die Frauen wagen es,
mir nicht zu gehorchen?
Führt sie sofort zu mir!“

Da suchten sie Schifra und Pua
und schleppten sie vor den König.
„Was fällt euch ein?“,
herrschte der Pharao sie an.
„Warum widersetzt ihr euch
meinem Befehl?
Habe ich euch nicht befohlen,
alle Neugeborenen zu töten?

Doch ihr? Was macht ihr?
Ihr lasst sie am Leben.“ 1,18

Aber Schifra und Pua
antworteten unerschrocken:
„Der König täuscht sich.
Er kennt unsere Frauen nicht.
Sie sind stärker
als die ägyptischen Frauen.
Bevor wir ankommen,
haben sie schon ihr Kind geboren.“ 1,19

Auf diese Antwort
war der König nicht gefasst.
Wütend schleuderte er
den Hebammen entgegen:
„Wenn ihr sie nicht tötet,
dann töten wir sie.
Und nun verschwindet.
Geht endlich! Geht!
Und lasst euch nie mehr blicken.“

Da kehrten die Hebammen
zu ihrem Volk zurück.
Furchtlos setzten sie
ihren Dienst fort.
Gott segnete sie
und schützte ihr Haus.
Und niemand wagte,
Hand an ihre Familie zu legen.

Bis heute sind die Hebammen
Schifra und Pua nicht vergessen.
Und wer ihren Namen nennt,
denkt an den Mut dieser Frauen,
die es gewagt hatten,
Gott mehr zu gehorchen
als Menschen.

Mose

2. Mose 3–4

Das ist die Geschichte
von Mose, dem Hebräer,
den Gott als Retter
zu seinem Volk schickte:
Mose wurde geboren
als Sohn einer hebräischen Mutter
in einer Zeit,
als die Lage der Hebräer
hoffnungslos war.
Von Anfang an war sein Leben
in großer Gefahr.
Denn Pharao hatte
seinen Leuten befohlen:
„Tötet alle neugeborenen Hebräer!
Alles, was männlich ist,
werft in den Nil!“
Doch Mose wurde verschont.
Drei Monate lang versteckte ihn
seine Mutter in ihrer Hütte.
Danach legte sie ihn in ein Kästchen
und verbarg es
im Schilf am Ufer des Nil.
Dort fand ihn Pharaos Tochter.
Voll Mitleid zog sie
das Kind aus dem Wasser
und gab ihm den Namen Mose,
das heißt: „aus dem Wasser gezogen“.
Sie holte ihn an den Königshof,
und dort wuchs Mose auf.
Er lebte wie ein Ägypter
und sprach wie ein Ägypter.
Aber im Herzen blieb er ein Israelit. 2,10

Als Mose erwachsen war,
verließ er den Königspalast
und suchte sein Volk auf.
Da sah er, wie ein Ägypter
einen Hebräer schlug.
Wütend warf er sich auf ihn
und erschlug den Ägypter.

Und er verscharrte ihn
heimlich im Sand.

Bald darauf wurde die Tat bekannt.
Da verließ Mose fluchtartig das Land,
aus Angst vor Pharaos Rache.
Er floh in die Wüste,
in das ferne Land Midian.
Dort verlor sich seine Spur. 2,11ff.

Jahrelang war Mose verschollen.
Niemand wusste, wo er sich aufhielt.
Auch Aaron, sein Bruder,
wusste nicht, ob er noch lebte.
Aber eines Tages
traf eine Nachricht ein,
die alles veränderte...

Es war ein heißer Tag.
Die Sonne brannte gnadenlos
auf die Hebräer herab.
Seit Stunden knieten sie
auf der Erde, formten Ziegel
aus Lehm und aus Stroh
und mühten sich ab.
Ungerührt sahen die Aufseher zu,
wie sie sich plagten.
Wehe, wenn jemand zu langsam war!
Wehe, wenn sich einer ausruhte!
Dann knallte die Peitsche.
„Ach Gott, wie lange noch?",
so seufzten die Hebräer.
„Warum lässt du uns so lange leiden?
Hörst du nicht unser Schreien?
Siehst du nicht,
wie man uns schindet und quält?"

Auch Aaron schrie verzweifelt zu Gott.
Er dachte an seinen Bruder.
Ob er sein Volk vergessen hatte?
Wenn er doch zu uns käme!
Einzig er könnte noch helfen.

In der folgenden Nacht
fand Aaron keinen Schlaf.

Aber plötzlich war ihm,
als hörte er Gottes Stimme:
„Aaron, steh auf!
Mose ist auf dem Weg zu dir.
Geh in die Wüste
und zieh ihm entgegen." 4,27

Aaron fuhr hoch.
Sein Bruder Mose kehrte zurück?
Sofort brach er auf
und zog Mose entgegen.
Stundenlang, tagelang
wanderte er auf einsamen Wegen
zur Wüste Sinai hin.

Da entdeckte er
in der Ferne einen Wanderer,
nahe bei dem Gottesberg.
Eine Frau und zwei Kinder
begleiteten ihn.
„Mose!", rief Aaron von weitem.
„Bist du es?"
Er lief seinem Bruder entgegen,
umarmte und küsste ihn
und begrüßte auch seine Frau
und die Kinder.
„Sag, Mose, was führt dich zurück?
Hast du gute Nachricht für uns?"
„Ja!" Mose nickte.
„Ich komme zurück,
um euch gute Nachricht zu bringen.
Gott hat eure Not gesehen
und euer Schreien gehört.
Er wird euch befreien."

Aaron sah Mose ungläubig an:
„Aber woher weißt du das?"

„Gott ist mir am Berg Sinai erschienen.
Aus einem brennenden Dornbusch
sprach Gottes Stimme zu mir:

‚Ich bin der Gott Abrahams,
Isaaks und Jakobs,
der Gott deiner Vorfahren.

Ich habe das Schreien
meines Volkes gehört.
Ich habe ihre Not gesehen.
Ich will sie in ein Land bringen,
wo Milch und Honig fließt.
Du sollst sie aus Ägypten führen.
So geh nun zum Pharao
und sag ihm,
dass er euch ziehen lässt!'" 3,6ff.

Aaron traute seinen Ohren nicht:
„Das hat Gott zu dir gesagt?"
„Ja", antwortete Mose.
„Aber ich wehrte mich.
‚Nein', rief ich, ‚das kann ich nicht.
Ich kann nicht zum Pharao gehen.
Ich kann das Volk auch nicht
aus Ägypten befreien.'

Da sagte Gott zu mir:
‚Ich will mit dir sein.' 3,12

‚Aber was soll ich dem Volk sagen?',
wandte ich ein.
‚Sie werden mich fragen:
Der Gott unserer Vorfahren?
Wie soll denn sein Name sein?'

Gott sprach: ‚Sag ihnen:
JHWH hat mich zu euch gesandt,
der ‚Ich-bin-der-Ich-bin'.
So geh nun hin und tu alles,
was ich dir sage.' 3,14

Aber ich erwiderte:
‚Sie werden nicht auf mich hören.
Und außerdem kann ich nicht reden.
Nimm, wen du willst,
nur nicht mich!' 4,1

Doch Gott sprach zu mir:
‚Dein Bruder Aaron
wird für dich reden.
Sieh, er kommt dir schon entgegen.
Ich will mit deinem Mund
und mit seinem Mund sein.' 4,15

Aber ich zögerte immer noch.
Da gab mir Gott dieses Zeichen:
Siehst du diesen Stab, Aaron?"
Er schleuderte seinen Stab auf die Erde.
„Eine Schlange!", schrie Aaron.
Er wich erschrocken zurück.
Doch Mose packte die Schlange.
Da erstarrte sie wieder zum Stab. 4,1ff.

Und Mose fuhr fort:
„Auch dieses Zeichen gab Gott."
Er zog seine Hand
aus seinem Gewand hervor:
Sie war plötzlich schrecklich entstellt.
Aaron starrte Mose entsetzt an,
als hätte er eine ansteckende Krankheit.
Aber Mose steckte seine Hand
wieder in sein Gewand zurück.
Und siehe da:
Sie wurde wieder ganz rein. 4,6ff.

Da ahnte Aaron,
was die Zeichen bedeuteten.
Gott war es ernst, todernst.
Auch wenn sie sich
vor dem Pharao fürchteten
wie vor einer giftigen Schlange,
auch wenn sie ihn mieden
wie eine ansteckende Krankheit,
Gott war mächtiger als Pharao.
Er war nur ein Werkzeug
in Gottes Hand.

Da schöpften Mose und Aaron Mut.
Gemeinsam mit Zippora, Moses Frau,
und seinen zwei Söhnen
zogen sie zurück nach Ägypten.
Dort versammelten sie sofort
das ganze Volk um sich,
das immer noch weinte und klagte.
„Freut euch", rief Aaron.
„Lasst eure Köpfe nicht hängen!
Wir haben gute Nachricht für euch:
Die Schikanen des Pharao haben ein Ende.

Gott hat euer Schreien gehört.
Er schickt Mose zu euch.
Der wird euch
aus seiner Hand befreien."

Und Aaron erzählte ihnen,
wie Gott Mose erschienen war
und ihm seinen Namen offenbart hatte.

Da verstummte das Klagegeschrei.
Staunend lauschten die Menschen,
als sie die Gute Nachricht vernahmen.
Und sie verneigten sich
und beteten Gott an. 4,31

Pharao

2. Mose 5–12

Der Pharao thronte in seinem Palast,
umgeben von seinen Beratern.
Da wurde ihm gemeldet:
„Draußen stehen zwei Hebräer.
Sie bitten um Einlass."

Der Pharao zog die Stirn hoch.
„Zwei Hebräer, sagt ihr?
Führt sie zu mir!"

Da ging die Tür auf.
Mose trat ein,
begleitet von Aaron.
Der Pharao sah sie streng an:
„Was wollt ihr von mir?"

Da sprach Mose
mit ernster Stimme:
„So spricht der Herr,
der Gott Israels:
Lass mein Volk gehen!"

Aber der Pharao fiel ihm ins Wort:
„Wer ist dieser Herr?
Wer wagt es, mir zu befehlen?
Ich kenne keinen Herrn außer mir.
Niemals lasse ich euch gehen." 5,3ff.

Doch Mose fuhr fort:
„Der Gott der Hebräer
ist uns erschienen.
Der ist unser Herr.
Ihm wollen wir in der Wüste
ein Opfer bringen,
drei Tagesreisen von hier.
Deshalb bitten wir:
Lass uns dorthin gehen!"

Da lief der König rot an,
und er schrie:
„Was fällt euch ein?
Ihr bringt eure Leute
nur auf dumme Gedanken.
Niemals lasse ich euch gehen.
Und nun verschwindet!
Los, an die Arbeit mit euch!
Ist es nicht genug,
dass ihr unser Land aussaugt?
Nun wollt ihr sogar noch feiern?"

Und er befahl seinen Aufsehern:
„Dieses Volk hat zu viel Zeit.
Darum gebt ihnen noch mehr Arbeit.
Von jetzt an sollen sie selbst
das Stroh für die Ziegel suchen.
Dann vergeht ihnen das Reden.
Aber wehe, wenn sie dann
ihr Tagessoll nicht mehr schaffen." 5,6ff.

Da luden die Aufseher den Sklaven
noch schwerere Zwangsarbeit auf.
Schon am frühen Morgen,
noch ehe die Sonne aufging,
trieben sie die Hebräer zur Arbeit.
Sie jagten sie auf die Felder
und in die Sümpfe am Nil.

Dort formten die Hebräer
in glühender Hitze
Unmengen von Steinen
aus Lehm und aus Stroh.
Sie schufteten ohne Pause
bis tief in die Nacht.
Doch am Ende hatten sie
ihr Soll noch nicht erreicht.
Die Aufseher drohten ihnen
und schlugen ihre Anführer zusammen.
Die klagten Mose und Aaron an:
„Ihr beide seid schuld daran.
Warum seid ihr zum König gegangen?
Seitdem ist es für uns
noch viel schlimmer geworden.“ 5,19ff.

Da verließ Mose der Mut,
als er sein Volk so klagen hörte.
Er schrie zu Gott: „Ach Herr!
Warum tust du uns das an?
Warum hast du mich hierher gesandt?
Du wolltest dein Volk retten.
Aber nun ist alles
noch viel schlimmer geworden.“ 5,22f.

Da sprach Gott zu Mose:
„Der Pharao wird euch ziehen lassen.
Ich werde ihn dazu zwingen.
Gib Acht! Jetzt fängt es an.
Mit eigenen Augen wirst du es sehen.
Dann werden auch
die Ägypter erkennen,
dass ich der wahre Herr bin.“ 7,5

Und wie Gott gesagt hatte,
so geschah es.
Am nächsten Morgen
ging der Pharao zum Nil.
Da stand auf einmal Mose vor ihm.
„Höre, Pharao!“, rief Mose.
„Der Gott der Hebräer
hat mich zu dir gesandt.
Er gebietet dir:
‚Lass mein Volk gehen!
Wenn nicht, dann wird
dieses Wasser zu Blut.
Dann wirst du erkennen,
dass ich der Herr bin.‘“ 7,15ff.

Aber der Pharao hörte nicht auf ihn.
Da nahm Mose seinen Stab,
schlug in das Wasser
und siehe da:
Das Wasser wurde blutrot.
Doch der Pharao blieb ungerührt.
Er sagte sich: „Was soll's!
Was Mose kann,
das können meine Zauberer auch.“ 7,22

Sieben Tage lang dauerte die Plage an.
Im ganzen Land
war das Wasser verseucht.
In den Strömen und Bächen
starben die Fische in Massen.
Das Wasser stank scheußlich.
Es war ungenießbar.
Verzweifelt gruben die Menschen
am Ufer nach sauberem Wasser.

Bald darauf folgte die nächste Plage:
Aus den Tümpeln und Sümpfen
krochen Frösche hervor.
Sie drangen in Häuser und Hütten,
in Betten und Vorratskammern.
Selbst im Königspalast
wimmelte es von ekligen Fröschen.
Da wurde dem Pharao angst und bange.
Er rief Mose und bat:

„Bittet euren Gott,
dass er uns von dieser Plage befreit!
Dann lasse ich euch gehen.“ 7,26ff.

Und siehe da:
Die Plage hatte ein Ende.
Im ganzen Land trug man
die toten Frösche in Haufen zusammen.
Widerlicher Gestank erfüllte das Land.
Aber Pharao machte sich nichts daraus.

Kaum war die Plage zu Ende,
wurde sein Herz hart.
Er ließ die Israeliten nicht gehen.

Da schickte Gott noch weitere Plagen:
Aus dem Staub der Erde
kamen Stechmücken hervor,
Millionen und Abermillionen.
Und ekliges Ungeziefer
breitete sich im ganzen Land aus.
Danach brach eine Viehseuche aus.
Die Tiere krepierten in Massen.
Zuletzt suchte die Pest das Land heim.
Die Menschen litten unsägliche Qualen.
Dennoch blieb der Pharao hart.
Er ließ die Israeliten nicht gehen. 8,12ff.

Da suchte Mose
den König noch einmal auf.
Am frühen Morgen stand er
plötzlich vor ihm und sprach:

> „So spricht der Herr,
> der Gott der Hebräer:
> Lass mein Volk gehen!
> Warum weigerst du dich?
> Ich hätte dich und dein Volk
> schon längst vernichten können.
> Aber darum habe ich dich
> verschont,
> weil mein Name in aller Welt
> gerühmt werden soll.“ 9,13ff.

Aber der Pharao hörte nicht darauf.
Sein Herz blieb hart.

Da schickte Gott
ein gewaltiges Unwetter.
Es blitzte und donnerte.
Ein furchtbarer Hagel
prasselte auf das Land herab.
Er zerstörte die ganze Ernte.
Und was noch vom Hagel
verschont blieb,
das fraßen die Heuschrecken auf.

Schließlich kam eine Sonnenfinsternis
über das ganze Land.
Drei Tage lang war es stockdunkel.
Aber Pharao machte sich nichts daraus.
Er ließ die Israeliten nicht ziehen.

Da schickte Gott
eine letzte, die furchtbarste Plage:
In jeder Familie starb
der älteste Sohn,
alle in einer Nacht.
Auch der Pharao verlor seinen Sohn. 11,1ff.

Nur die Israeliten blieben verschont.
Sie feierten in dieser Nacht
ein Fest in ihren Hütten,
das Passafest.
So hatte es Mose ihnen befohlen.
Sie schlachteten ein Lamm
und strichen sein Blut an die Türen.
Dies war das Zeichen des Bundes,
das Gott ihnen gegeben hatte,
damit sie am Leben blieben. 12,1ff.

Da sah der Pharao endlich ein,
dass er gegen den Gott Israels
nichts ausrichten konnte.
Noch in derselben Nacht
ließ er Mose und Aaron rufen.
„Geht, geht!“, drängte er.
„Nehmt mit, was ihr braucht.
Aber geht endlich!
Und bittet euren Gott auch für mich!
Sonst kommen wir noch alle um.“ 12,31ff.

Da brachen die Israeliten
noch in derselben Nacht auf
und zogen aus Ägypten,
mit Kindern und Enkeln
und mit all ihrem Vieh,
wie Gott Mose zugesagt hatte.

Mirjam

2. Mose 14,1-15,21

Endlich war das Volk Israel frei!
Wie zu einem Fest zogen sie aus.
Eine Wolke ging ihnen voran,
bei Tag und bei Nacht.
Gott selber wies ihnen den Weg. 13,18ff.

Aber bald darauf bereute der Pharao,
dass er das Volk hatte ziehen lassen.
Er jagte den Israeliten nach
mit Rossen und Reitern
und schweren Streitwagen.
Am Schilfmeer schloss er sie ein.
Da schrien die Israeliten vor Angst.
Aber Gott erhörte ihr Schreien.
Er teilte das Meer,
und ein Weg tat sich auf.
Auf trockenem Weg
zogen die Israeliten durchs Wasser.

Als der Pharao das sah,
stürzte auch er sich ins Meer
mit Rossen und Reitern
und mit all seinen Streitwagen.
Aber die Wagen blieben
im Schlamm stecken.
Da kam das Wasser zurück,
und alle Ägypter ertranken im Meer.
Nur das Volk Israel
erreichte sicher das andere Ufer.

Dies ist das größte Wunder,
das Israel jemals erfuhr.
Zahlreiche Lieder erzählen davon.
Das erste Loblied aber
hat Mirjam, die Schwester des Mose,
am Tag nach der Rettung gesungen…

Es war früh am Morgen.
Die ersten Sonnenstrahlen
glitten über das Wasser.
Sanft schlugen die Wellen ans Ufer.

Die Israeliten standen am Schilfmeer
und starrten stumm auf das Wasser.
Wie war das nur möglich?
Vor wenigen Stunden
waren sie an dieser Stelle
durchs Meer gezogen.

Sie hatten festen Grund
unter den Füßen gespürt.
Aber nun bedeckte das Wasser
den Meeresgrund.
Wohin sie auch blickten,
sahen sie nichts als Wasser.

Am Strand türmten sich
die Säcke und Decken.
All ihr Hab und Gut
hatten sie ohne Schaden
durch das Meer getragen.

Sogar ihre Tiere hatten sie
heil ans andere Ufer gebracht.
Niemand war in den Wellen ertrunken.

Aber wo war der Pharao
mit seinen Reitern geblieben?
Sie hatten noch die Schreie im Ohr,
das Wiehern der Pferde,
das Ächzen der Wagenräder.
Die ganze Nacht hindurch
waren ihnen die Ägypter gefolgt.
Doch nun war es auf einmal
ganz still. Totenstill.

Da dämmerte den Israeliten allmählich,
was in dieser Nacht geschehen war.
Pharaos Reiter waren im Meer ertrunken.
„Das hat Gott getan", flüsterten sie.
„Denkt daran,
was uns Mose gesagt hat,
als wir noch vor Angst schrien:

‚Fürchtet euch nicht!
Steht fest und seht,
was Gott an euch tut!
Haltet nur still!
Der Herr ist mit euch.
Er wird für euch kämpfen.'" 14,13ff.

Plötzlich horchten sie auf.
Seltene Klänge drangen
von fern an ihr Ohr.
Pauken und Zimbelklänge
verschmolzen mit hellen Stimmen.
Verwundert blickten die Männer sich um.
Da sahen sie ihre Frauen und Töchter:
Sie tanzten im Kreis
und wiegten sich anmutig im Takt.
Mirjam führte den Reigen an.
Sie schlug den Takt
auf ihrer Handpauke.
Dazu sang sie ein neues Lied.
In hellen Tönen klang es
über das Wasser.

Da fielen auch die anderen Frauen
in ihren Gesang ein.
Jubelnd sangen sie Mirjams Lied,
immer und immer wieder:

„Lasst uns dem Herrn singen.
Hoch und erhaben ist er.
Ross und Reiter warf er ins Meer." 15,21

Die Männer lauschten andächtig,
bis der letzte Ton verklungen war.
Mirjams Lied hörte sich an
wie ein Siegeslied.
Wirklich, ein Sieg war errungen.
Gott selber hatte gesiegt.
Er hatte das Meer
und alle dunklen Mächte bezwungen.
Gott hatte das Wunder getan.
Ihm allein gebührte der Dank.

Da fielen auch die Männer
voll Freude in den Gesang ein,
Mose allen andern voran.
Frauen und Männer sangen sich
im Wechsel das neue Lied zu.
Viele tausend Stimmen erklangen
in einem vielstimmigen Chor.
Und dennoch sang jede Stimme
ihr eigenes Loblied für Gott:

„Singen will ich dem Herrn.
Denn hoch und erhaben ist er." 15,1

An diesem Morgen wurde
das schönste Loblied Israels geboren.
Seit Mirjams und Moses Tagen
ist dieses Lied nie mehr verklungen.
Und es wird weiterklingen
bis zu jenem Tag,
da alle Völker Gott loben werden
mit diesem Lied:

„Singen will ich dem Herrn.
Denn hoch und erhaben ist er.
Meine Stärke und mein Loblied
ist der Herr.
Denn er ist mein Retter geworden." Offb 15,3

Am Sinai

2. Mose 19–32

Danach brach das Volk Israel
vom Schilfmeer auf
und zog zum Berg Sinai,
einem gewaltigen Bergmassiv
inmitten der Wüste.
Es war der „Berg Gottes“,
an dem Gott Mose
vor Jahren erschienen war. 3,1ff.
Dort schlug das Volk
seine Zelte auf.
Mose aber stieg allein
auf den Berg,
um mit Gott zu reden.
Doch als er hinaufstieg,
kam Gottes Stimme
vom Berg zu ihm herab.

Und Mose hörte,
wie Gott zu ihm sprach:

> „Dies sollst du
> dem Volk Israel verkünden:
> Ihr habt gesehen,
> wie ich euch getragen habe
> auf Adlerflügeln
> und habe euch zu mir gebracht.
> Wenn ihr nun auf meine Stimme hört
> und meinen Bund haltet,
> dann sollt ihr mein Eigentum sein,
> ein Zeichen für alle Völker,
> denn die ganze Erde ist mein.“ 19,4f.

Da stieg Mose vom Berg herab
und verkündete dem Volk:
„Freut euch!
Gott will seinen Bund
mit euch schließen.
Darum macht euch bereit,
eurem Gott zu begegnen!
Wascht euch! Wechselt die Kleider!
Und zieht einen Zaun um den Berg!
In drei Tagen wird sich Gott
auf dem Berg offenbaren.“

Am dritten Tag aber war der Berg
in eine dichte Wolke gehüllt.
Es blitzte. Es donnerte.
Der Berg bebte und rauchte.
Und ein gewaltiges Dröhnen
erfüllte Himmel und Erde
wie der mächtige Ton einer Posaune.
Da führte Mose die Menschen
bis an den Zaun heran,
ihrem Gott entgegen.
Er selbst aber ging allein
in das Dunkel hinein.

Und Gott rief aus der Wolke:

> „Ich bin der Herr, dein Gott.
> Ich habe dich aus Ägypten geführt.
> Du sollst keine anderen Götter
> neben mir haben.“ 20,1ff.

Das Volk aber stand von ferne
und hörte mit Schrecken das Grollen,
aber die Stimme Gottes hörte es nicht.
Da kam Mose vom Berg herab
und verkündete dem Volk,
was Gott ihm anvertraut hatte.

So schloss Gott seinen Bund
mit seinem Volk Israel.
Und Mose gab ihm die Zehn Gebote,
als bleibendes Zeichen des Bundes,
den Gott mit seinem Volk schloss.
„Und ihr?“, fragte Mose.
„Wollt ihr in seinen Bund eintreten?
Wollt ihr nur auf Gott hören
und seine Gebote halten?“
„Ja“, riefen sie.
„Alles was Gott gesagt hat,
wollen wir tun.“
An diesem Tag
versprachen sie hochheilig,
von nun an nur Gott zu gehören,
der ihnen so nahe gekommen war.

Nicht lange danach stieg Mose
noch einmal auf den Berg.
Vierzig Tage und Nächte
blieb er dort oben. 24,28

Da wurde dem Volk die Zeit zu lang.
Und sie sagten sich:
Ob Mose jemals zurückkommt?
Wer führt uns dann
in das Gelobte Land?
Da liefen sie zu Aaron
und bestürmten ihn:
„Auf, mach uns einen Gott,
der vor uns herzieht
und uns den Weg führt."
Und sie häuften vor ihm
all ihren Schmuck auf,
goldene Ohrringe und Ketten.
Aaron aber nahm den Schmuck
aus ihren Händen
und formte daraus ein goldenes Kalb,
ähnlich den Stierbildern,
die die anderen Völker verehrten.
„Seht", riefen die Leute begeistert,
„das ist der Gott,
der uns aus Ägypten geführt hat!" 32,4
Ausgelassen feierten sie
das Fest ihres Gottes
und brachten ihm Opfer,
fraßen und soffen sich voll
und tanzten wie wild
um das goldene Kalb. 32,5ff.

Da kam Mose vom Berg herab.
In seinen Händen hielt er
zwei Tafeln aus Stein,
darauf waren die Gebote geschrieben.
Als aber Mose das goldene Kalb sah,
packte ihn heiliger Zorn.
Er nahm die steinernen Tafeln,
schmetterte sie auf die Erde,
und zornig stieß er
das goldene Kalb um
und warf es ins Feuer.

Da merkte das Volk mit Schrecken,
was es Gott angetan hatte.
Mutwillig hatte es den Bund
mit seinem Gott gebrochen,
kaum dass er vollzogen war.
Alle Freude und Hoffnung
war plötzlich dahin.
Voller Angst verkrochen sie sich
in ihre Zelte und warteten bange
auf den kommenden Tag.

Die Tafeln

2. Mose 32–34

Ein neuer Tag brach an.
Wie ausgestorben lagen
die Zelte am Fuß des Berges.
Nur wenige Menschen wagten sich
an diesem Morgen vor ihre Zelte.
Scheu blickten sie zum Sinai hinüber.
Dort lagen noch immer
die zerbrochenen Tafeln.
Die Menschen starrten
stumm auf den Scherbenhaufen.
Niemand wagte, ein Wort zu sagen.
Aber alle schienen dasselbe zu fragen:
Gab es überhaupt noch
Hoffnung für sie?
Würde Gott mit seinem Volk
noch einmal einen Neuanfang wagen?

Da kam Mose aus seinem Zelt.
Er winkte die Leute heran.
„Ihr habt", sprach Mose,
„ein schweres Unrecht getan.
Doch will ich Gott bitten,
ob er euch vielleicht
eure Schuld dennoch vergibt."
Wortlos ging er davon
und stieg noch einmal auf den Berg.
Dort oben warf er sich auf die Erde
und flehte Gott an:

„Ach Herr, dieses Volk
hat eine furchtbare Sünde getan.
Es hat sich ein goldenes Bild
von Gott gemacht.
Ich bitte dich,
vergib ihnen diese Sünde!
Lass sie am Leben!
Oder lass mich für sie sterben.“ 32,31f.

Mose wartete und lauschte.
Um ihn her war es ganz still.
Nur der Wind strich leise um den Berg.
Auf einmal hörte er Gottes Stimme:
„Du sollst nicht sterben.
Geh wieder zu deinem Volk
und führe es in das Land,
das ich Abraham, Isaak
und Jakob versprochen habe.
Ich sende meinen Engel vor dir her,
der wird euch in das Land bringen.“ 33,1f.

„Ach Herr“, bat Mose.
„Wie kannst du sagen:
‚Führe dieses Volk!‘,
wenn du nicht vorangehst?
Habe ich Gnade bei dir gefunden,
so zeige mir deinen Weg!
Und sieh doch:
Dies Volk ist dein Volk.“ 33,12f.

Gott antwortete:
„Ich gehe voran.
Mein Angesicht wird dich leiten.“ 33,14

„Ja, Herr“, entgegnete Mose,
„wenn du nicht selber vorangehst,
dann lass uns nicht ziehen.
Denn wie sollen sonst
die anderen Völker erfahren,
dass du uns gnädig zugewandt bist?“

„Ich will es tun“, sprach Gott.
„Denn du hast Gnade bei mir gefunden.
Und ich kenne dich mit Namen.“ 33,17

Da nahm Mose all seinen Mut zusammen.
„Herr“, bat er leise,
„nur dies eine noch bitte ich dich:
Lass mich deine Herrlichkeit sehen!“

Aber Gott sprach:
„Mein Angesicht kannst du nicht sehen,
denn kein Mensch wird leben,
der mich sieht.
Aber stell dich auf den Felsen.
Dort soll meine Herrlichkeit
an dir vorüberziehen.
Ich stelle dich in den Felsspalt
und halte meine Hand über dir,
bis ich an dir vorüber bin.“ 33,19ff.

Und Gott gebot Mose:
„Haue aus dem Felsen
noch einmal zwei Tafeln
und bringe sie vor mich!“

Und siehe da,
eine Wolke senkte sich
auf den Berg herab.

„Herr! Herr!“, rief Mose
in das Dunkel hinein.
Da ging Gott an ihm vorüber,
und Mose hörte seine Stimme:

„Ein gnädiger Gott ist der Herr,
barmherzig und geduldig
und von großer Gnade und Treue.“ 34,6

Da warf sich Mose auf die Erde
und betete Gott an.

„Ach Herr“, flehte Mose.
„Habe ich Gnade vor dir gefunden,
dann bleibe in unserer Mitte.
Vergib uns unsere Schuld!
Und lass uns dein Volk sein.“

Da geschah das Wunder:
Gott vergab seinem Volk die Schuld.
Er erneuerte den Bund,
den das Volk gebrochen hatte.
Und er gebot Mose:

„Nimm die neuen Tafeln
und schreibe darauf
alle Zehn Worte des Lebens,
die ich euch gab.
Sie sind das Zeichen
meines Bundes mit euch.“ 34,27f.

Nach 40 Tagen kehrte Mose
zu seinem Volk zurück.
Aber wie erschraken die Menschen,
als sie ihn sahen!
Moses Gesicht glänzte,
als hätte er in das Licht
der Sonne geblickt. 34,29

Doch Mose rief sie zu sich:
„Kommt her! Fürchtet euch nicht!
Hört, was Gott zu euch spricht.“
Da kamen sie näher.
Und Mose las ihnen die Tafeln vor,
alle Zehn Worte des Lebens.
Andächtig lauschte das Volk,
staunte und schwieg.
So neu, so erstaunlich
klangen die Worte in ihren Ohren.
In dieser Stunde spürten sie alle:
Ihre Schuld war vergeben.
Gott hatte seinen Bund aufs Neue
mit ihnen geschlossen.

Dies sind die Zehn Worte,
die Gott seinem Volk gab
als Zeichen des Bundes,
den Gott mit seinem Volk
geschlossen hat:

Ich bin der Herr, dein Gott.
Ich habe dich aus Ägypten
aus der Sklaverei geführt.

1 **Du sollst keine anderen Götter neben mir haben.**
2 **Du sollst dir kein Bild von Gott machen.**
3 **Du sollst den Namen des Herrn, deines Gottes, nicht missbrauchen.**
4 **Du sollst den Feiertag heiligen.**
5 **Du sollst deinen Vater und deine Mutter ehren.**
6 **Du sollst nicht töten.**
7 **Du sollst nicht die Ehe brechen.**
8 **Du sollst nicht stehlen.**
9 **Du sollst nicht falsch gegen deinen Nächsten aussagen.**
10 **Du sollst nicht nach dem verlangen, was anderen gehört.**

Das Zelt

2. Mose 35–40

Der Sabbat war angebrochen,
der siebte Tag der Woche,
an dem alle Arbeit ruhte.
Die Israeliten löschten
das Feuer vor ihren Zelten,
legten ihr Festgewand an
und kamen zum Gottesdienst
unter freiem Himmel zusammen.

Da trat Mose vor die Gemeinde
und rief: „Hört, ihr Israeliten,
hört, was Gott uns verkündet!
Gott will unter uns wohnen.
Er will uns auch künftig nahe sein
auf dem Weg durch die Wüste.
Darum hat er mir befohlen:
‚Bau mir ein Zelt,
eine heilige Wohnung für euren Gott!' 35,4ff.

Und Gott sprach zu mir:
So sollst du das Zelt bauen:
Zehn blaue Teppiche dienen als Wände,
und Ziegenfelle bilden das Dach.
Zieh um das Zelt einen Zaun
aus kostbaren Decken.
Und vor dem Zelt, im Vorhof,
soll ein großer Altar stehen.
Drinnen im Zelt, von Decken verhüllt,
steht ein goldener Räucheraltar,
auf dem das Rauchopfer
dargebracht wird.
Dahinter liegt das ‚Allerheiligste',
ein ganz dunkler Raum,
hinter einem Purpurvorhang verborgen.
Das ist der Ort,
an dem Gott zu uns kommt.
Dort soll nichts stehen,
nur ein goldener Schrein,
die ‚Bundeslade' genannt.
In ihr werden die Tafeln
mit Gottes Geboten verwahrt.
Sie erinnern an den Bund,
den Gott mit uns geschlossen hat.
Niemand darf unerlaubt
in das Allerheiligste gehen,
nur der Hohepriester allein.
Denn der Herr unser Gott
ist ein heiliger Gott.

Und nun macht euch bereit!
Geht und seht, was ihr findet.
Nur das Beste vom Besten
soll es für Gottes Zelt sein."

Und wie Mose befohlen hatte,
so führten sie den Plan aus.
Die Männer machten sich sogleich
auf die Suche nach weichem Holz,
das zum Schnitzen geeignet war.
Auch die Frauen gingen
mit Eifer ans Werk.
Sie spannen Wolle, färbten sie
und webten Teppiche
aus blauem und rotem Purpur.
Und wer nicht weben konnte,
brachte kostbaren Schmuck
aus Silber und Gold.
Und jeden Tag kamen
neue Schätze hinzu. 35,20ff.

Endlich hatte Mose
genug Schätze gesammelt.
Da rief er alle herbei,
die sich auf ein Handwerk verstanden.
Die einen schnitzten das Holz.
Die anderen verzierten
die Säulen und die Altäre
mit Silber und Gold.
Und wieder andere fügten
die schweren Decken zusammen.

Aber Bezalel und Oholiab
übertrafen alle anderen
an Verstand und an Geschick.
Bezalel, ein begnadeter Künstler,
baute die Bundeslade
aus bestem Akazienholz.

Er überzog sie mit feinem Gold
und setzte die Cherubim darauf,
zwei Engelwesen aus Gold,
die deckten die Lade
mit ihren Flügeln.
Auch den siebenarmigen Leuchter
stellte er aus feinstem Gold her,
dazu den großen Altar
für die täglichen Opfer
und viele Opfergeräte
aus Kupfer, Silber und Gold. 37,1ff.

Endlich war das Werk vollendet.
Das Zelt Gottes strahlte
in festlichem Schmuck.
Da ließ Mose ein Fest ausrufen
und lud alle dazu ein.
Die ganze Gemeinde
versammelte sich vor dem Zelt,
genau an dem Tag,
an dem sie ausgezogen waren. 40,1ff.

An diesem Tag
trug Mose die Bundeslade
in das Allerheiligste hinein.
Und als er hineinging,
da senkte sich die Wolke herab.
Gottes Herrlichkeit erfüllte das Zelt. 40,21.34f.

Da verneigten sich alle
in Ehrfurcht vor Gott.
Sie spürten: Der heilige Gott,
der Herr über Himmel und Erde,
war in ihre Mitte gekommen,
um für immer bei ihnen zu wohnen.

Der Versöhnungstag

3. Mose 8–10 und 16

Wieder war ein Sabbat gekommen.
Vor dem Zelt hatte sich
eine große Gemeinde versammelt.
Da kam Mose aus dem Zelt.
Er rief seinen Bruder Aaron zu sich
und vor allen sprach er:
„Gott hat dich und deine Söhne
zu Priestern bestimmt.
Ihr sollt von nun an
Gott ohne Unterlass dienen
und ihm täglich ein Opfer bringen.
Reinigt euch, wenn ihr
ins Heiligtum geht,
und legt euer Priestergewand an.
Denn der Herr, unser Gott
ist ein heiliger Gott.
Ihn sollt ihr ehren.

Und so sollt ihr gekleidet sein:
Tragt ein Leinengewand
und darüber ein Obergewand,
einen Priesterschurz
und dazu einen Kopfbund
mit einem goldenen Stirnband.
Darauf soll stehen: ‚Dem Herrn heilig‘.
Denn der Herr unser Gott
ist ein heiliger Gott.
Ihm sollt ihr dienen.

Und auch dies hat Gott euch geboten:
Auf eurem Gewand sollt ihr
eine Brusttasche tragen,
mit zwölf Edelsteinen geschmückt.
Auf ihnen sind die Namen
der zwölf Stämme geschrieben.
Tragt sie auf eurem Herzen
und bringt sie vor Gott
und bittet ihn,
dass er unserem Volk gnädig sei.
Das ist der priesterliche Dienst,
der euch aufgetragen ist.“

Danach setzte Mose seinen Bruder
feierlich in sein Amt ein.
Vor aller Augen legte er ihm
das Priestergewand an,
goss duftendes Öl auf sein Haupt
und salbte auch seine Söhne
zu Priestern Gottes. 8,6ff.

Sieben Tage lang blieben
Aaron und seine Söhne im Heiligtum
bei Tag und bei Nacht.
Am achten Tag aber
feierten sie ein großes Fest.
Und Aaron und seine Söhne
brachten Gott Opfer
vor der ganzen Gemeinde. 9,1ff.

Danach hob Aaron
seine Hände zum Himmel
und segnete das Volk,
wie Gott ihm geboten hatte.
In diesem Augenblick
loderte die Flamme
auf dem Altar hoch auf.
„Seht doch", jubelten alle.
„Gott ist uns gnädig.
Er nimmt unser Opfer an!"
Da brach großes Freudengeschrei aus.
Die ganze Gemeinde fiel vor Gott
nieder und betete ihn an. 9,22ff.

Und Gott sprach zu Mose:
„Sage Aaron, dem Priester:
Einmal im Jahr darf er
in das Allerheiligste gehen.
Dort soll er eure Sünden
vor mir sühnen. 16,1ff.

Und so soll die Sühne geschehen: 16,7ff.
Das Volk soll zwei Ziegenböcke
zu Aaron bringen.
Den einen Bock soll Aaron
als Sühnopfer nehmen.
Aber den anderen Bock
soll er am Leben lassen.
Er ist der Sündenbock,
der eure Schuld trägt.
Aaron soll beide Hände auf ihn legen
und ihn danach in die Wüste schicken. 16,10
Das soll das Zeichen sein,
dass eure Schuld von euch genommen ist."

Und wie Gott befohlen hatte,
so führte es Aaron aus:
Als der Herbst kam,
versammelte sich die ganze Gemeinde
zum großen Versöhnungstag. 16,14
Und Aaron opferte einen Bock.
Er trug sein Blut
in das Allerheiligste hinein
als Sühnopfer für Gott
und besprengte die Lade mit Blut.
Dies war der heiligste Augenblick:
Der Weg zu Gott stand offen,
Gott nahm das Opfer an.
Die Schuld war gesühnt.

Danach ging Aaron vor das Zelt hinaus,
nahm den anderen Ziegenbock,
legte die Hände auf ihn
und schickte ihn in die Wüste.
„Das ist der Sündenbock",
flüsterten sich die anderen zu.
„Er nimmt unsere Schuld auf sich
und trägt sie davon."

So feierte das Volk
den großen Versöhnungstag.
Er war der größte Feiertag,
den Gott seinem Volk schenkte.
Bis heute feiert Israel
diesen Tag, Jahr um Jahr.
Und auch heute noch
geschieht das Wunder,
dass der heilige Gott
sein Volk versöhnt.

Aarons Segen

*„Der Herr segne dich
und behüte dich.*

Der Herr lasse sein Angesicht leuchten über dir und sei dir gnädig.

Der Herr hebe sein Angesicht über dich und gebe dir Frieden." 4. Mose 6,24ff.

3

Durch die Wüste

Das vierte und fünfte Buch Mose
Numeri und Deuteronomium

Über ein Jahr lagerte
das Volk Israel am Berg Sinai.
Danach brachen die Israeliten auf,
Frauen, Männer und Kinder,
und machten sich auf den Weg
in das „Gelobte Land",
das Gott ihnen versprochen hatte.

In einer langen Karawane
wanderten sie durch die Wüste,
nach Stämmen geordnet.
Sie kamen nur langsam voran.
Denn sie trugen alles mit sich,
was sie besaßen,
ihr ganzes Hab und Gut,
mitsamt ihrem Vieh.
Die Bundeslade führte den Zug an. 10,33
Über ihnen schwebte die Wolke,
die Gott ihnen als Wegzeichen gab.
Wenn sie sich herabsenkte,
dann hielten sie an
und lagerten so lange,
bis sich die Wolke wieder
über dem Zelt Gottes erhob. 4 Mo 9,15ff.

So zogen sie von Ort zu Ort,
von einer Oase zur andern.
Monatelang wanderten sie
durch die endlose Wüste.
Da wurden alle müde und matt.
Der Hunger quälte sie sehr.
Sie jammerten und klagten
mit jedem Tag mehr.
Schließlich weigerten sie sich
weiterzugehen.

Aber Gott sah ihre Not
und erbarmte sich über sein Volk.
Er gab ihm Manna zu essen
und Wasser zu trinken.
Vierzig Jahre führte er
sein Volk durch die Wüste.
Wie ein Vater sein Kind,
so trug er es sicher
durch alle Gefahren hindurch.
Und er ließ nicht zu,
dass jemand seinem Volk
Schaden zufügte.

4. Mose 10ff. / 5. Mose 1,31ff. (vgl. S. 463)

Das verdrossene Volk

4. Mose 11

Viele Wochen waren vergangen.
Aber der Zug der Israeliten
kam nur langsam voran.
Da streikten die Knechte,
die den Israeliten dienten.

Und sie protestierten:
„Das ist doch kein Leben.
Immer nur dieses eklige Manna!
Gebt uns kräftiges Fleisch zu essen!
Sonst gehen wir ein.“

Als die Israeliten das hörten,
verspürten auch sie gewaltigen Hunger.
„Ja“, jammerten sie,
„hätten wir Fleisch,
dann ginge es uns besser.
Aber wer besorgt uns
Fleisch in der Wüste?
Erinnert ihr euch an Ägypten?
Da hatten wir's gut.
Denkt nur an die Fische,
die wir dort aßen.
Soviel wir wollten!
Alle umsonst!
Wie saftig waren die Gurken
und die Melonen!
Und wie würzig schmeckten Lauch,
Zwiebeln und Knoblauch!“
Das Wasser lief ihnen
im Munde zusammen.
„Doch hier“, klagten sie,
„was gibt es schon hier?
Nichts als das Manna!
Schaut euch doch um:
Überall seht ihr das klebrige Zeug.
Wir wollen das Manna nicht mehr.
Wir haben es satt!“
So schimpften sie unentwegt.
Dabei sammelten sie mürrisch
das Manna in ihre Krüge. 11,4ff.

Als aber Mose hörte,
wie sie sich ständig beklagten,
da packte ihn heiliger Zorn.
Er zog sich allein
in das Zelt Gottes zurück.
Dort schüttete er seinen Unmut
vor Gott aus.
„Ach Gott!“, rief Mose verdrossen.
„Ich bin dieses Volk leid.
Ich ertrage es nicht mehr.
Ist es etwa mein Volk?
Habe ich es geboren?
Wie kannst du dann sagen:
‚Sorge für das Volk!
Trage es auf deinen Armen
wie eine Amme
ein neugeborenes Kind!‘?
Aber wie soll ich das Volk versorgen?
Woher nehme ich Fleisch?
Ich mag nicht mehr.
Dieses Volk wird mir zu schwer.“ 11,11ff.

Da sprach Gott zu Mose:
„Ich will dich entlasten.
Wähle dir siebzig Männer aus.
Die sollen dein Amt mit dir teilen
und in meinem Geist führen.
Aber all denen, die jammern,
sollst du verkünden:
Fleisch wollt ihr haben?
Ihr sollt es bekommen.
Einen ganzen Monat lang
werdet ihr Fleisch essen,
bis es euch ekelt
und aus dem Halse hängt.
Dann werdet ihr begreifen,
wie ihr mir wehgetan habt
mit eurem Jammern und Klagen.“ 11,16ff.

„Aber wie soll das zugehen?“,
fragte Mose ungläubig.
„600 000 Menschen zählt dieses Volk.
Woher bekommen wir Fleisch
für so viele Menschen?
All unsere Tiere
reichen dafür nicht aus.“

Aber Gott sprach:
„Ist denn meine Hand so kurz?
Glaubst du, ich könnte nicht helfen?
Warte nur ab!
Dann wirst du sehen,
wie sich mein Wort erfüllt.“ 11,23

Da verließ Mose das Zelt,
wählte siebzig Männer aus
und setzte sie in ihr Amt ein.
Und Gottes Geist kam auf sie,
wie Gott zugesagt hatte.

Am Abend aber kam
vom Meer her ein Wind auf.
Eine dunkle Wolke
trieb auf das Lager zu.
Da sah Mose:
Ein Schwarm dunkler Vögel
flog auf sie zu.
Und ehe Mose begriff,
was hier geschah,
fielen die Vögel wie tot zu Boden
und bedeckten das Land
rings um das Lager.

„Das sind Wachteln",
riefen die Leute begeistert.
„Auf, packt zu!
Schlachtet die Vögel!
Haut rein!
Das gibt einen fetten Braten."
Sie stürzten sich gierig
auf ihre Beute,
packten und rafften,
soviel sie in ihre Hände bekamen.
Den ganzen Tag und die Nacht
liefen sie hin und her,
schleppten die Vögel herbei
und stapelten sie vor ihren Zelten
in riesigen Haufen.
Dann schlachteten sie die Vögel,
brieten sie über dem Feuer
und aßen, aßen und aßen,
bis sie voll waren.
Und was vom Fleisch übrig blieb,
das legten sie zum Trocknen
vor ihre Zelte.

Aber bald darauf wurde es
den Leuten furchtbar übel.
Eine schwere Seuche brach aus.
Zahllose Menschen starben,
vergiftet durch ihre eigene Gier.

Da merkten die Israeliten,
was sie Gott angetan hatten.
Eilig begruben sie ihre Toten,
brachen die Zelte ab
und verließen fluchtartig
den traurigen Ort. 11,33ff.

Josua und Kaleb

4. Mose 13–14

Über ein Jahr war vergangen.
Da kamen die Israeliten
an das Gebirge Seir
und hielten dort Rast.
Sehnsüchtig blickten sie
zu den Bergen hinüber.
Dahinter lag Kanaan, das Land,
das Gott ihnen versprochen hatte.
Nicht mehr lange, so hofften sie,
dann sind wir am Ziel.
Dann kommen wir in das Land,
„wo Milch und Honig fließt".
Aber wenn das Land
schon bewohnt war, was dann?

Da wählte Mose
aus allen zwölf Stämmen
je einen Vertreter.
Auch Josua und Kaleb waren dabei,
zwei furchtlose Männer.
Und Mose befahl allen:
„Geht uns voran!
Zieht über die Berge
und erkundet das Land!
Seht euch dort genau um!
Sind seine Bewohner schwach
oder sind sie zahlreich und stark?

Wohnen sie in Zelten zusammen
oder haben sie befestigte Städte?
Ist das Land fruchtbar?
Wachsen dort Bäume?
Und tragen sie Früchte?
Wenn ja, dann bringt sie uns mit!
Nur Mut! Habt keine Angst!
Mit Gottes Hilfe werdet ihr's schaffen."
13,17ff.

Da zogen die Männer los,
um das Land zu erkunden.
Nach vierzig Tagen
kehrten sie endlich zurück.
Aber wie staunten die Leute,
als sie die Heimkehrer sahen!
Auf ihren Schultern
trugen sie eine Stange,
daran hing eine riesige Traube.
In ihren Händen
hielten sie frische Früchte,
Granatäpfel und grüne Feigen.
„Seht her!", riefen die zwölf.
„So üppige Früchte
wachsen in diesem Land.
Es ist wirklich ein Land,
wo ‚Milch und Honig fließt'!
Aber stark ist das Volk,
das dort wohnt.
Und seine Städte sind
von hohen Mauern umgeben.
Wohin wir auch kamen,
sahen wir riesige Menschen,
viel größer und stärker als wir.
Neben ihnen kamen wir uns
wie winzige Heuschrecken vor.
Wir können sie niemals bezwingen.
Eher werden sie uns verschlingen."
13,27–33

Da schlug plötzlich die Stimmung um.
Im ganzen Lager brach Panik aus.
Die Leute heulten und schrien:
„Was nun? Was sollen wir tun?
Mose! Aaron! Ihr beide seid schuld.
Ihr habt uns das eingebrockt.
Ihr habt uns in diese Falle gelockt.
Warum führt Gott uns in dieses Land,
wenn wir am Ende doch umkommen?
Nein, wir gehen nicht mit.
Ach, wären wir doch
in Ägypten gestorben
oder hier in der Wüste!
Kommt, wir kehren um.
Wir suchen uns einen anderen Führer.
Der soll uns nach Ägypten bringen."
14,1ff.

So schrien sie durcheinander.
Die ganze Nacht hindurch
heulten und jammerten sie
und beschimpften Mose und Aaron
mit harten Worten.
Da wussten die beiden keinen Rat mehr.
Vor dem Zelt Gottes
warfen sie sich auf die Erde,
flehten und schrien zu Gott.
Die ganze Nacht lagen sie dort,
während die aufgebrachte Menge
um sie her tobte und brüllte.

Als aber Josua und Kaleb hörten,
was das Volk schrie,
zerrissen sie ihre Kleider
und riefen entsetzt:
„So nehmt doch Verstand an!
Bleibt ruhig!
Hört doch! Das Land ist sehr gut.
Wenn Gott uns gnädig ist,
wird er uns das Land geben.
Macht nur keinen Aufstand!
Haltet euch fest an Gott!
Und fürchtet euch nicht!" 14,6ff.

Aber die Menge tobte
und schrie noch viel mehr:
„Hört nicht auf sie!
Bringt sie zum Schweigen!
Auf, steinigt die beiden!"

Da sprach Gott zu Mose:
„Wie lange noch

verschmäht mich dies Volk?
Wie lange weigert es sich,
mir zu vertrauen?
Dann soll es haben,
was es sich wünscht:
Es soll in der Wüste sterben.“ 14,11ff.

„Ach nein, Herr!“,
rief Mose erschrocken.
„Was werden die Ägypter sagen,
wenn sie das hören?
Bitte, tu's nicht!
Vergib deinem Volk
und lass es am Leben!“

Da sprach Gott zu Mose:
„Ich habe vergeben.
Wie du gebeten hast,
so soll es geschehen.
Doch keiner von ihnen
wird das Land sehen.
Vierzig Jahre sollen sie
in der Wüste verbringen.
Dann erst dürfen ihre Kinder
in das Land Kanaan gehen.
Josua und Kaleb aber
werden in das Land kommen.
Denn sie allein blieben mir treu.“ 14,20ff.

Als die Israeliten das hörten,
verstummten alle entsetzt.
Nun begriffen sie endlich,
dass sie an Gott
schuldig geworden waren.
Und sie nahmen sich vor:
„Morgen wagen wir es.
Dann ziehen wir über die Berge.“
Zwar warnte sie Mose: „Tut's nicht!
Denn Gott geht nicht mit.“
Aber sie hörten nicht auf ihn.

Am nächsten Morgen brachen sie auf.
Doch kaum waren sie in den Bergen,
fielen feindliche Horden über sie her
und jagten sie in die Wüste zurück.

Korach

4. Mose 16

Viele Jahre lang wanderten
die Israeliten durch die Wüste
und trugen ihr Hab und Gut
von einem Ort zum andern.
Am meisten hatten
die Leviten zu tragen,
Gott hatte sie vor allen anderen
zum Dienst am Zelt Gottes bestimmt.

Darum hatte Mose ihnen befohlen:
„Ihr Männer vom Stamm Levi,
ihr sollt das Zelt Gottes tragen
samt allem, was dazu gehört.
Auch die Bundeslade
und die Altäre sollt ihr
durch die Wüste tragen.
Sobald wir aufbrechen,
baut ihr das heilige Zelt ab
und nehmt es auf eure Schultern.
Und wenn wir länger
an einem Ort bleiben,
dann baut ihr es dort wieder auf.
Nur ihr allein dürft es tun.
Denn außer euch darf niemand
die heiligen Geräte berühren.“ 4,1ff.

So trugen die Leviten
mit Freude die heilige Last.
Niemand klagte unter der Bürde.
Nur Korach, ein namhafter Mann
aus dem Stamm Levi, empörte sich:
„Was? Wir sollen alles allein tragen?
Warum müssen nur wir uns plagen?
Warum fassen Mose und Aaron nicht an?
Glauben sie etwa,
sie seien besser als wir?
Sie gehören doch genauso
zum Stamm Levi wie wir!
Also sind wir ebenso
heilig und wichtig wie sie.“

Korach tat sich
mit ein paar Freunden zusammen,
Datan, Abiram und On.
Und er hetzte sie auf:
„Ich bin es leid!
Mose und Aaron gehen zu weit.
Aber wir werden ihnen zeigen,
wer hier das Sagen hat, sie oder wir."
„Bravo!", riefen die Freunde.
„Wir halten zu dir!"

Da rief Korach heimlich
die Ältesten der Gemeinde zusammen,
250 Männer mit Rang und Namen.
Die stachelte er
gegen Mose und Aaron auf:
„Wollt ihr denn ewig nur tun,
was euch die beiden befehlen?
Seid ihr nicht ebenso heilig wie sie?
Warum dürfen nur sie
ein Opfer darbringen?
Warum nicht alle?
Ist das etwa gerecht?
Auf, wir beschweren uns!
Wir fordern dieselben Rechte wie sie." 16,2

Das gefiel den Ältesten gut.
Auch sie hatten es satt,
nur auf Mose und Aaron zu hören.
Wütend zogen sie zum Heiligtum.
„Mose! Aaron!", riefen sie aufgebracht.
„Ihr beide geht wirklich zu weit.
Bildet ihr euch etwa ein,
ihr wäret heiliger als wir?
Wir alle sind heilig, nicht nur ihr.
Warum wollt ihr über uns herrschen?" 16,3

Aber Mose sagte kein einziges Wort.
Als er die aufgebrachte Menge sah,
warf er sich auf die Erde.
Reglos lag er da, wie tot.
Er redete mit seinem Gott.
Da wurde es auf einmal ganz still.
Stumm starrten alle auf Mose.

Schließlich richtete Mose sich auf
und rief Korach zu:
„Hört, ihr Männer vom Stamme Levi!
Gott hat euch vor allen erwählt.
Ihr dürft unserem Gott
täglich am Heiligtum dienen.
Ist euch das nicht genug?
Müsst ihr unbedingt Priester sein?
Bedenkt, was ihr tut!
Ihr zettelt einen Aufstand an.
Aber nicht uns,
sondern Gott greift ihr an.
Hört, Korach und ihr alle!
Morgen wird Gott zeigen,
wer zu ihm gehört
und wen er erwählt.
Kommt morgen früh hierher
und bringt Gott ein Rauchopfer dar.
Dann werdet ihr sehen,
was mit eurem Opfer geschieht."

Mose ließ auch
Datan und Abiram rufen:
„Kommt auch ihr morgen hierher!"
Aber die beiden weigerten sich.
Sie ließen Mose ausrichten:
„Nein, wir kommen nicht.
Wir hören nicht mehr auf dich.
Du hast uns schon genug angetan.
Willst du nun auch über uns herrschen?
Ist das etwa das Gelobte Land,
das du uns versprochen hast?"

Da packte Mose der Zorn.
„Wie?", rief er wütend.
„Sie weigern sich, zu kommen?
Was habe ich ihnen getan?
Nicht einen einzigen Esel
habe ich ihnen genommen."
„Ach Herr", betete er,
„lass ihren Plan nicht gelingen!" 16,15

Als Mose am nächsten Tag
vor die Tür des Zeltes trat,
traute er seinen Augen nicht.

Vor dem Zelt Gottes waren
alle Anhänger Korachs versammelt.
Sie schwenkten ihre Pfannen,
auf denen das Rauchopfer schwelte.
Eine riesige Menschenmenge
umringte sie und staunte sie an.
„Ach Herr", betete Mose erschrocken,
„lass doch nicht zu,
dass Korach alle ins Unglück stürzt.
Verschone ihr Leben!"

„Achtung!", rief Mose.
„Weicht alle zurück!
Lauft weg, bevor es zu spät ist!"
Da – plötzlich ein Krachen.
Die Erde bebte.
Riesige Risse taten sich auf.
Die Menschen stoben davon.
Hinter sich hörten sie Schreie:
„Feuer! Feuer!"
Doch niemand wandte sich um.
Im Nu waren alle
in ihren Zelten verschwunden.

Auf einmal wurde es totenstill.
Kein Mensch war mehr zu sehen.
Erst am nächsten Morgen
wagten sich alle wieder
aus ihren Zelten hervor.
„Wo ist Korach?", flüsterten sie.
„Wo ist Datan? Und wo ist Abiram?"
Sie waren wie vom Erdboden
verschluckt.

Da zogen sie zu Aaron und Mose
und beschwerten sich bitter.
„Ihr beide seid schuld.
Ihr habt die Männer
auf dem Gewissen."
Wütend stürzten sie sich
auf Mose und Aaron.
Doch Mose sah sie entsetzt an:
Merkten sie denn nicht,
wie sie gegen Gott rebellierten?
Wenn sie so weitermachten,
war Gott mit seiner Geduld
bald endgültig am Ende.

„Aaron!", rief Mose.
„Schnell, bring ein Sühnopfer dar!
Entsühne das Volk!
Sonst rennt es in seinen sicheren Tod."

Da zündete Aaron ein Rauchopfer an
und das Wunder geschah:
Gott verschonte sein Volk.
Mose und Aaron und alle,
die vor ihnen standen,
blieben am Leben.

Kadesch

4. Mose 20,1–13

Danach zogen die Israeliten
in die Gegend von Kadesch,
ein wildes Wüstengebiet
mit zahlreichen Oasen.
Doch als sie dort ankamen,
wurden sie furchtbar enttäuscht.
Sie fanden kein brauchbares Wasser.

Da brach unter den Israeliten
ein Aufstand aus.
Sie rotteten sich zusammen,
drangen auf Mose und Aaron ein,
drohten ihnen und schrien empört:
„Ach, wären wir doch gestorben,
als all die andern umkamen!
Warum habt ihr uns
in diese Wüste entführt?
Hier kommen wir alle um
mitsamt unserem Vieh.
Warum habt ihr uns überhaupt
aus Ägypten geführt?
In dieser Wildnis kann doch
kein Mensch überleben!
Wir können nichts säen und ernten,
weder Feigen noch Trauben
noch Granatäpfel – gar nichts!
Nicht einmal Wasser zum Trinken
haben wir hier.“ 20,5

Die Leute steigerten sich
immer mehr in ihre Wut
und Verzweiflung hinein.

Als aber Mose sah,
wie das Volk tobte und schrie,
wurde ihm angst und bange.
Er flüchtete sich mit Aaron
zum Zelt Gottes,
warf sich dort auf die Erde
und rang mit Gott im Gebet.

Plötzlich wurde es hell.
Die Herrlichkeit Gottes
erfüllte das Zelt.
Da hörte Mose,
wie Gott zu ihm sprach:
„Nimm deinen Stab!
Geht damit zum Felsen,
du und dein Bruder Aaron!
Ruft dort alle zusammen
und befehlt dem Felsen:
‚Bring Wasser hervor!‘
Dann werden alle sehen,
was dort geschieht.“ 20,6ff.

Da stand Mose auf,
nahm seinen Stab,
der im Zelt Gottes verwahrt war,
den Stab, mit dem er einst
durch das Schilfmeer gezogen war,
und ging mit Aaron zum Felsen.
Dort sammelte er alle um sich,
die Großen und Kleinen.
Und zornig schleuderte er
ihnen entgegen:
„So hört doch endlich,
ihr widerspenstigen Leute!
Traut ihr uns nichts zu?
Können wir euch wohl
Wasser geben
aus diesem Felsen?“
Dann packte er seinen Stab
und schlug zweimal auf den Stein.
Und siehe da:

Aus dem Felsen quoll
frisches Quellwasser hervor.

Da kam auf einmal Bewegung
in das erstarrte Volk.
„Seht, eine Quelle!“,
schrien die Leute begeistert.
Sie stürmten zur Quelle
und schlürften gierig das Wasser.
Und auch alle Tiere tranken sich satt.

Endlich hatten alle genug.
Nach und nach verlief sich das Volk.
Niemand dachte daran,
Gott für dieses Wunder zu danken.
Auch Mose und Aaron
zogen sich grollend zurück.

Doch Gott sprach zu Mose und Aaron:
„Warum habt ihr mir nicht vertraut?
Ihr habt nur auf eure Kraft gebaut.
Aber mich habt ihr nicht geehrt.
Darum werdet auch ihr nicht
in das Gelobte Land kommen.“ 20,12

Da schwiegen die beiden beschämt.
Und sie spürten:
Auch sie waren nicht besser
als das übrige Volk,
das Gott so erzürnt hatte.
Es war allein Gottes Gnade,
dass sie noch lebten.

Danach schickte Mose Boten voraus,
in das Gebiet der Edomiter,
das südlich von Kanaan lag,
und ließ ihnen sagen:
„Lasst uns in Frieden
durch euer Land ziehen.
Denn unser Weg führt
durch euer Gebiet.“ 20,14ff.

Doch die Edomiter
ließen sie nicht hindurchziehen.

Darum führte Mose sein Volk
in einem großen Bogen
um ihr Gebiet herum
und suchte von Osten her,
in das Land Kanaan zu gelangen.
Aber das Volk Israel
weigerte sich weiterzugehen.
Da suchten giftige Schlangen
das Volk heim.
Viele starben an ihren giftigen Bissen.
Doch Mose richtete
eine eherne Schlange auf,
wie Gott ihm befohlen hatte.
Und wer auf sie schaute,
blieb am Leben. 21,4ff.

So rettete Gott sein Volk
in großer Gefahr.
Er führte es sicher
durch Wüste und Feindesland,
bis es endlich
an der Grenze Kanaans stand.

Bileam

4. Mose 22

Fast vierzig Jahre lang
war das Volk Israel
durch die Wüste gewandert.
Nun war das Land Kanaan
nicht mehr weit.
Nur das Land Moab,
östlich des Jordan,
trennte das Volk Israel noch
von dem Gelobten Land.

Da kamen Boten zu Balak,
dem König von Moab,
und meldeten aufgeregt:

„Ein fremdes Volk
ist in unser Land eingedrungen.
Es lagert in der Ebene,
nah an der Grenze."

„Wie?", rief der König entsetzt.
„Was für ein Volk?
Was sucht es auf unserem Gebiet?
Geht und forscht nach!
Los, eilt euch!
Es ist keine Zeit zu verlieren."

Bald darauf kamen die Boten zurück
und meldeten dem König:
„Es ist das Volk,
das vor Jahren aus Ägypten auszog,
ein überaus mächtiges Volk.
Kein Volk und kein König
kann ihm widerstehen."

Als Balak das hörte,
packte ihn das kalte Grausen.
Und er beriet sich sofort
mit all seinen Großen.
„Was sollen wir tun?",
riefen die Moabiter erregt.
„Unser Land ist in höchster Gefahr.
Diese Eindringlinge
sind wie gefräßige Rinder. 22,4
Wenn wir nichts unternehmen,
grasen sie unser ganzes Land ab.
Das Pack muss verschwinden.
Vertreiben wollen wir sie.
Aber wie?
Dieses Volk ist stärker als wir.
Denn ein starker Gott
schützt dieses Volk.
Darum schafft einen Menschen herbei,
der es in Gottes Namen verflucht.
Dann können wir das Volk
aus unserem Land jagen."

Das gefiel allen gut.
Und der König rief:
„Holt den Magier Bileam her!
Keiner versteht sich so
auf das Fluchen wie er."

Bileam aber wohnte am Euphrat,
viele Tagereisen von Moab entfernt.
Da machten sich Balaks Fürsten
sogleich auf den Weg
und suchten Bileam auf.
Der empfing sie verwundert:
„Seid gegrüßt!
Was führt euch zu mir?"
„O Bileam!", erwiderten sie.
„Der König von Moab
schickt uns zu dir.
Er lässt dich bitten:
Komm mit uns und hilf uns!
Denn ein mächtiges Volk
ist in unser Land eingedrungen.
Darum verfluche das Volk
und mache es schwach,
damit wir das Volk
aus unserem Land vertreiben.
Wir wissen: Du kannst es.
Du allein hast die Macht.
Denn wen du segnest,
der ist auch gesegnet.
Und wen du verfluchst,
der ist auch verflucht.
Darum komm mit uns!
Sieh, das ist dein Lohn."
Und sie hielten Bileam
einen Beutel voll Silber entgegen.

Aber Bileam zögerte noch.
„Erst will ich hören,
was Gott von mir will.
Darum schlage ich vor:
Bleibt über Nacht hier!
Morgen früh gebe ich euch Bescheid."

In der folgenden Nacht
lag Bileam lange Zeit wach.
Da hörte er,
wie Gott zu ihm sprach:

„Wer sind diese Leute,
die bei dir wohnen?“
Bileam antwortete:
„Balak, der König von Moab,
schickt sie zu mir.“
Da sprach Gott:

„Geh nicht mit ihnen!
Hör nicht auf sie!
Und verfluche das Volk nicht!
Denn es ist gesegnet.“ 22,12

Am nächsten Morgen
stand Bileam früh auf
und teilte den Boten mit:
„Zieht wieder heim!
Ich gehe nicht mit.
Gott hat es verboten.“

Da kehrten die Boten zurück
und meldeten Balak, dem König:
„Bileam will nicht kommen.
Er sagt: Gott lässt es nicht zu.“
„Wie?“, rief der König erbost.
„Bileam weigert sich,
zu mir zu kommen?
Er muss aber kommen.“

Und Balak sandte noch höhere Fürsten
und ließ Bileam sagen:
„Warum sträubst du dich noch?
Komm doch!
Ich will dich hoch ehren.
Ich verspreche dir alles,
was du nur willst.
Nur um eines bitte ich dich:
Komm und verfluche dieses Volk!“

Aber Bileam entgegnete:
„Nein, das tue ich nicht.
Und wenn mir Balak
all sein Silber und Gold verspricht,
ich höre nur auf das,
was Gott zu mir spricht.
Aber ich lade euch ein:
Bleibt auch ihr über Nacht hier!
Dann weiß ich gewiss,
was Gott von mir will.“ 22,18

In der nächsten Nacht
fand Bileam wieder keine Ruhe.
Ob Gott noch einmal
zu ihm sprach?
Er lauschte gespannt.
Da war es ihm,
als hörte er eine Stimme:
„Bileam, steh auf!
Zieh mit den Fürsten!
Aber tu nur, was ich dir sage.
Höre allein auf mich!“ 20,22

Bileam war ganz verwirrt.
War es Gottes Stimme,
die zu ihm sprach?
Oder redete er sich
das alles nur ein?
Ach was, sagte sich Bileam,
Gott hat es gesagt.
Dann will ich es tun.

Gesagt, getan.
Am nächsten Morgen
stand Bileam früh auf,
sattelte seine Eselin
und ritt mit den Moabitern davon.

Der Weg führte über Berg und Tal
und durch endlose Steppe.
Doch Bileam achtete nicht darauf.
In Gedanken eilte er schon voraus.
Er dachte an die Schätze,
die ihm im Moabiterland winkten.
Seine Eselin trug ihn
bergab und bergauf.
Doch plötzlich bockte sie,
sprang seitwärts aufs Feld,
als ob sie jemand bedrohte.
Aber Bileam schlug auf sie ein.
„Du blöder Esel!“, schrie er.
„Was fällt dir ein?
Mach, dass du auf den Weg kommst!“

Dabei sah er gar nicht,
dass ihm ein Engel Gottes
begegnet war.

Nicht lange danach
führte der Weg durch Weinberge
und hohe Mauern hindurch.
Doch plötzlich –
schon wieder bockte das Tier.
Es drückte sich zitternd
an der Mauer entlang.
„Du störrisches Vieh!“,
fuhr Bileam seine Eselin an.
„Merkst du denn nicht?
Du klemmst meinen Fuß.“
Und in blinder Wut
schlug er auf das arme Tier ein.
Dabei sah er nicht
den Engel Gottes
der vor ihn getreten war,
um ihn zu warnen.

Kurz danach wurde der Weg noch enger.
Da bockte seine Eselin wieder.
Sie sank auf die Knie
und zitterte am ganzen Leib.
Da verlor Bileam die Geduld.
Er nahm seinen Stock
und hieb auf die Eselin ein.
Doch plötzlich war es ihm,
als hörte er die Eselin sprechen:
„Warum schlägst du mich?
Was habe ich dir getan?“
„Du hältst mich zum Narren!“,
schrie Bileam sie an.
„Hätte ich doch ein Schwert!
Dann wärst du bereits tot.“
Aber wieso?, schien das Tier zu fragen.
Habe ich dich nicht treu
durch all die Jahre getragen? 22,30

Da fiel es Bileam plötzlich
wie Schuppen von seinen Augen.

Auf einmal sah er ganz klar:
Ein Engel stand vor ihm
mit blitzendem Schwert.
Erschrocken warf sich Bileam
auf die Erde – und schwieg.

Aber der Engel sprach ihn an:
„Warum hast du das getan?
Warum hast du dein Tier geschlagen?
Dreimal habe ich deinen Weg versperrt.
Denn dein Weg ist verkehrt.
Du aber warst wie verblendet.
Du wolltest nichts sehen.
Doch deine Eselin hat es gemerkt.
Sie ist vor mir ausgewichen.
Sie hat dir das Leben gerettet.
Ohne sie wärst du schon tot." 22,32f.

„Ja", sagte Bileam leise.
„Jetzt sehe ich ein:
Ich habe Unrecht getan.
Es tut mir sehr leid.
Aber wenn mein Weg falsch ist,
dann kehre ich um.
Ich bin dazu bereit."

Aber der Engel Gottes sprach:
„Geh ruhig weiter!
Aber nur das sollst du sagen,
was Gott zu dir spricht." 22,35

Da setzte Bileam seinen Weg fort
und folgte Balaks Gesandten.
Noch ahnte er nicht,
was Gott mit ihm vorhatte.
Aber er war fest entschlossen,
nur auf Gottes Stimme zu hören.

Bileams Segen

4. Mose 22,36–24

Nach vielen Tagen kam Bileam
an die Grenze von Moab.
Dort wartete schon
König Balak auf ihn.
„Da bist du ja endlich!",
rief Balak erleichtert.
„Warum bist du nicht eher gekommen?
Ich habe doch dringend
nach dir verlangt.
Fürchtest du etwa,
ich gebe dir nicht genug Lohn?"
„Nein", entgegnete Bileam,
„das ist es nicht.
Ich bin zwar gekommen,
aber täusche dich nicht!
Ich kann nur sagen,
was Gott zu mir spricht.
Nur sein Wort werde ich sagen." 22,38

Da führte ihn der König
auf eine Anhöhe.
Von dort aus konnte er
auf die weite Ebene blicken.
Dort unten lagerte das Volk Israel
und ahnte nicht,
welch ein Unheil ihm drohte.

„Auf, nun verfluche das Volk!"
So drängte der König.
Doch Bileam befahl ihm:
„Bring erst ein Opfer für Gott!
Baue ihm sieben Altäre
und opfere darauf
sieben junge Stiere und Widder!
Ich ziehe mich inzwischen zurück
und höre, was Gott zu mir spricht."

Da ließ Balak in aller Eile
sieben Altäre bauen
und brachte die Opfer dar.
Bileam aber zog sich indessen
auf einen kahlen Berg zurück.

Ungeduldig wartete Balak
bis er zurückkehrte.
„Nun, bist du bereit?“,
wollte er Bileam fragen.
„Wirst du jetzt fluchen?“
Doch Bileam kam ihm zuvor:
Laut und feierlich sprach er
vor allen Ohren diese Worte:

„Wie soll ich den verfluchen,
den Gott nicht verflucht?
Wie soll ich den verwünschen,
den der Herr nicht verwünscht?
Ich sehe das Volk Israel.
Von dieser Höhe aus sehe ich,
wie es sich ausdehnt.
Und niemand kann zählen,
wie es wächst und gedeiht.“ 23,8ff.

„Hör auf!“, schrie Balak entsetzt.
„Was tust du mir an?
Ich hab dir befohlen,
meinen Feinden zu fluchen.
Doch du, was tust du?
Du segnest, anstatt zu verfluchen.“

Aber Bileam antwortete ruhig:
„Muss ich nicht sagen,
was Gott zu mir spricht?“

Da versuchte es Balak noch einmal.
Vielleicht war der Ort ja verkehrt,
überlegte er sich.
An einer anderen Stelle
soll Bileam die Israeliten verfluchen.
Und er führte Bileam
auf einen hohen Berg.
Von dort aus konnte er nur
einen Teil des Lagers erkennen.
Dort ließ Balak wieder
sieben Altäre errichten.
Und wieder opferte er
sieben junge Stiere und Widder.
Und wieder zog sich Bileam
zum Beten zurück.

„Nun?“, fragte Balak gespannt,
als Bileam endlich zurückkam.
„Was hat Gott diesmal gesagt?“

Da stellte sich Bileam vor ihm auf
und sprach feierlich diese Worte:

„Auf Balak! Höre,
was ich dir verkünde:
Ein Mensch mag lügen,
aber Gott nicht.
Was er verspricht,
das wird auch geschehen.
Oder glaubst du etwa:
Gott sagt es – und tut's nicht?
Er redet – und hält es nicht ein?
Segnen soll ich dieses Volk.
Denn Gott hat es gesegnet.
Was kann ich anderes tun?
Kein Unglück, kein Unheil
droht diesem Volk.
Denn Gott ist bei ihm.
Er ist Israels König.
Er hat sein Volk
aus Ägypten geführt.
Stark wie ein Löwe,
so wird dieses Volk sein.
Kein Zauberspruch
darf ihm Schaden zufügen.“ 23,18ff.

„Hör auf!“, rief Balak entsetzt.
„Ich befehle dir:
Sag kein Wort mehr,
weder Segen noch Fluch!“
Doch Bileam entgegnete ruhig:
„Hab ich nicht vorher gesagt:
Alles, was Gott mir befiehlt,
das werde ich tun?“

Aber Balak gab noch nicht auf.
„Komm!“, bat er Bileam.
„Wir versuchen es noch einmal.
Ich zeige dir noch einen weiteren Ort.
Vielleicht gelingt es dort besser.“

Er führte Bileam auf einen hohen Berg.

Von dort aus konnten sie
über die weite Jordanebene blicken.
Doch Bileam befahl auch hier:
„Bau erst sieben Altäre
und opfere sieben Widder und Stiere!"
Doch während Balak noch opferte,
blickte Bileam hinab in das Tal
und sah in der Ferne
die Zelte Israels liegen,
friedlich und geordnet nach Stämmen.

Da rief Bileam mit lauter Stimme:

„So spricht Bileam, der Seher,
dem Gott Augen und Ohren
aufgetan hat:
Israel, wie schön
sind deine Zelte!
Wie fruchtbare Täler,
wie grüne Bäume am Wasser,
so breiten sie sich
über das Land aus.
Wie ein junger Löwe,
so lagert das Volk Israel
sicher unter den Völkern.
Und niemand darf es erschrecken.
Gesegnet sei,
wer dich, Israel, segnet!
Und verflucht sei,
wer dir, Israel, flucht!" 24,3ff.

„Hör auf! Hör auf!", schrie Balak.
„Habe ich dir nicht befohlen:
Du sollst sie verfluchen?
Du aber, was machst du?
Dreimal hast du gesegnet
anstatt zu verfluchen.
Verschwinde!
Mir reicht es mit dir,
verlass sofort dieses Land!
Nichts sollst du als Lohn bekommen
weder Silber noch Gold,
kein einziges Stück.
Beklag dich dafür bei deinem Gott!"

Doch Bileam entgegnete:
„Habe ich nicht schon
vorher deinen Boten gesagt:
‚Und wenn mir Balak sein Haus
voll Gold und Silber verspricht,
so kann ich trotzdem nur sagen,
was Gott zu mir spricht.'?
Ja, ich gehe nun wieder
in meine Heimat zurück.
Doch zuvor verkünde ich dir,
was in Zukunft geschieht:

So spricht Bileam, der Seher,
dem Gott Augen und Ohren
aufgetan hat:
Ich sehe ihn,
aber nicht jetzt.
Ich erblicke ihn,
aber nicht von nahem.
Ein Stern geht in Jakob auf,
ein Zepter erhebt sich in Israel.
Aus ihm wird
der Herrscher kommen,
der sich über alle Völker erhebt." 24,15ff.

So sprach Bileam zu Balak,
dem König von Moab,
und vor all seinen Großen.
Danach zog er allein zurück.
Das Volk Israel aber lagerte
friedlich im Moabiterland,
bewahrt durch Gottes segnende Hand.

Moses Vermächtnis

5. Mose 1–34

Dies sind die Worte Moses,
die er zum Volk Israel sprach,
als sich das Volk
noch jenseits des Jordan befand,
bevor es aufbrach,
das Land Kanaan einzunehmen.

Damals rief Mose alle zusammen,
die zum Volk Israel gehörten,
alle Stämme und Sippen
samt ihren Ältesten.
Und er sprach zu ihnen:

„Ihr habt gesehen,
wie Gott euch auf dem Weg
durch die Wüste geführt hat.
Er hat euch getragen,
wie ein Vater seinen Sohn trägt. 1,31ff.
Er gab euch Wasser
und schenkte euch Manna.
Und er bewahrte euch
vor euren Feinden.
Vierzig Jahre lang
ist der Herr, euer Gott,
bei euch gewesen.
Er wird auch in Zukunft
vor euch hergehen
und euch das Land geben,
das er versprochen hat.

Aber Gott will nicht,
dass ich euch dorthin führe. 2,1ff.
Darum hört heute,
was Gott zu euch sagt:

Höre, Israel,
der Herr, unser Gott,
ist der einzige Gott.
Ihn sollst du lieben
von ganzem Herzen,
von ganzer Seele
und mit aller deiner Kraft.“ 6,4f.

Darum hört auf ihn!
Tut, was er euch sagt!“
Vergesst niemals seine Gebote!
Gebt sie weiter an eure Kinder 6,7
und an die Kinder eurer Kinder!
Schärft sie ihnen jeden Tag ein,
am Abend und Morgen!
Erinnert sie daran
auf Schritt und Tritt! 6,6ff.

Und wenn eure Kinder euch fragen:
‚Was sind das für Gebote,
die Gott euch gegeben hat?‘,
dann sollt ihr sagen:
‚Wir waren Sklaven des Pharao.
Aber Gott führte uns aus Ägypten
mit mächtiger Hand.
Und er gab uns diese Gebote,
damit wir ihn fürchten und ehren
und durch ihn Leben empfangen.‘ 6,20ff.
Denn so sehr hat Gott euch geliebt,
dass er euch erwählt hat
vor allen anderen Völkern. 7,7f.

Wenn ihr nun in das Land kommt,
das Gott euch gegeben hat,
so dient eurem Gott
von ganzem Herzen
und haltet alles,
was er euch gebietet.
Verschafft den Rechtlosen Recht,
denn Gott ist barmherzig.
Er schützt Witwen und Waisen
und auch die Fremden,
die in eurem Land leben.
Darum sollt ihr die Fremden lieben.
Denn auch ihr seid
Fremde in Ägypten gewesen. 24,17ff.

Vergesst niemals,
was Gott euch heute gebietet!
Ehrt ihn und liebt ihn
und haltet seine Gebote!
Folgt seinen Wegen!
Weicht nicht davon ab!

Dann werdet ihr lange
in dem Land leben,
das Gott euch gibt. 26,16ff.
Und Gott wird euch segnen,
eure Kinder und Felder,
eure Herden und Häuser.
Werdet ihr aber nicht
auf Gottes Gebote hören,
dann werdet ihr auch nicht
in dem Gelobten Land bleiben,
sondern ihr werdet
unter die Völker zerstreut. 28,1ff.

Heute will Gott seinen Bund
mit euch erneuern:
mit euren Frauen und Kindern
und mit den Fremden,
die unter euch leben.
Er will euer Gott sein
und ihr sollt sein Volk sein.
Ihr steht vor der Wahl:
Fluch oder Segen,
Tod oder Leben.
Wählt das Leben,
damit ihr am Leben bleibt,
ihr und alle,
die nach euch kommen!" 30,19

Und Mose fuhr fort:
„Ich kann euch selber nicht mehr
in das Gelobte Land führen.
Ich bin zu alt.
Gott lässt es nicht zu.
Aber er geht euch selber voran
auf dem Weg ins Land Kanaan.
Darum habt keine Angst!
Gott lässt euch nicht allein." 31,1ff.

Danach ließ Mose
seinen Heerführer Josua
vor das Volk treten
und setzte ihn feierlich
als seinen Nachfolger ein.
„Nur Mut!", sprach Mose.
„Du wirst das Land einnehmen
und es an die Stämme verteilen.
Hab keine Angst!
Gott geht dir voran.
Er wird dich niemals verlassen." 31,7ff.

Und Mose ermahnte das Volk:
„Nehmt jedes Wort zu Herzen,
das ich euch heute verkünde.
Denn es ist kein leeres Wort,
sondern es ist euer Leben.
Durch dieses Wort werdet ihr
lange in dem Land leben,
in das ihr jetzt zieht." 32,44ff.

Danach hob Mose seine Hände,
segnete das Volk
und nahm Abschied von allen.
Er stieg auf den Berg Nebo.
Dort ließ Gott Mose von ferne
das Gelobte Land schauen.
Dann nahm er Mose zu sich.
Aber der Segen Gottes
blieb über seinem Volk
und über Josua, seinem Diener.

Moses Segen

**„Zuflucht ist bei dem alten Gott und unter seinen ewigen Armen.
Wohl dir, Israel! Wer ist dir gleich?
Du Volk, das sein Heil empfängt durch den Herrn.
Er ist dein Schild, der dir hilft."**

5. Mose 33,27ff.

4

Einzug ins Land

Das Buch Josua

V*ierzig Jahre lang*
hatte Mose das Volk Israel
durch die Wüste geführt.
Nun war es an Josua,
das Volk in das Land zu führen,
das Gott ihm versprochen hatte.
Nur noch der Grenzfluss Jordan
trennte die Israeliten
von Kanaan, dem Gelobten Land.

Aber kein Weg führte dorthin.
Das Land schien verschlossen.
Könige beherrschten das Land.
Sie hatten befestigte Städte,
mit hohen Mauern und Türmen.
Dort kam kein Fremder hinein.
Jenseits des Jordan
erhob sich Jericho,
die mächtigste aller Städte.
Mit ihren dicken Mauern
flößte sie allen Angst ein,
die sich dem Land nahten.

Auch Josua fürchtete sich.
Er war nur ein schwacher Mensch.
Wie sollte er die Israeliten
in das Gelobte Land führen?
Würde sein Volk auf ihn hören?

D*a sprach Gott zu Josua:*
„Mach dich auf!
Zieh über den Jordan!
Dieses ganze Land
habe ich euch gegeben,
wie ich Mose zugesagt habe.
Niemand darf dir widerstehen.
Wie ich mit Mose gewesen bin,
so will ich auch mit dir sein.
Ich will dich nicht verlassen
noch von dir weichen.
Nur Mut! Sei unverzagt!
Du sollst das Land austeilen,
das ich euch geben will
und ihr sollt darin wohnen.
Halte dich nur
an meine Weisungen und Gebote!
Dann wird es dir gelingen.
Und noch einmal sage ich dir:
Sei getrost und unverzagt!
Lass dir nicht grauen
und entsetze dich nicht!
Denn der Herr, dein Gott
ist mit dir in allem,
was du tun wirst." 1,1-9

Da wagte es Josua
im Vertrauen auf Gottes Wort.
Und er schickte sich an,
das große Werk in Angriff zu nehmen.

Josua 1 (vgl. S. 464)

Einzug ins Land

„Mach dich auf! Zieh über den Jordan! Dieses ganze Land habe ich euch gegeben."

Rahab

Josua 2

Stolz erhob sich die Stadt Jericho
aus der Ebene jenseits des Jordan.
Wenn es den Israeliten gelang,
diese Stadt einzunehmen,
dann stand ihnen das ganze Land offen.
Aber bisher hatte noch niemand
diese mächtige Festung bezwungen.

Da wählte Josua zwei Männer aus
und gab ihnen den Befehl:
„Geht uns voraus!
Erkundet die Gegend
jenseits des Jordan!
Und schleicht euch
unerkannt in die Stadt!
Gebt gut acht!
Erforscht alles genau!
Und kommt
auf dem schnellsten Weg
wieder ins Lager zurück
und gebt uns Bericht!“

Da machten sich die beiden auf,
setzten heimlich über den Jordan
und gelangten unerkannt in die Stadt.
Doch als der Abend kam,
wurde das Stadttor geschlossen.
Da suchten die beiden eine Herberge
an der Stadtmauer auf,
die einer Frau namens Rahab gehörte.
Sie war in der Stadt
als Hure bekannt.

Aber nicht lange danach
wurde dem König gemeldet:
„Zwei Israeliten sind
in unsere Stadt eingedrungen.
Sie haben sich bei Rahab versteckt.“
„Auf!“, rief der König.
„Nehmt sie gefangen
und führt sie zu mir!“

Wenig später kamen die Soldaten
vor Rahabs Haus an.
Sie schlugen an ihre Tür:
„Mach auf, Rahab!
Der König schickt uns zu dir.
In deinem Haus sind Spione versteckt.
Auf, gib die Männer heraus!“

Da kam Rahab zur Tür.
„Zwei Männer sucht ihr?
Ach ja, die waren bei mir.
Aber sie sind längst auf und davon,
noch vor Anbruch der Nacht.
Doch eilt euch! Jagt ihnen nach!
Vielleicht holt ihr sie ein.“

Kaum hatte sie das gesagt,
jagten die Soldaten davon.
Sie suchten das ganze Gebiet ab.
Aber nirgendwo war eine Spur
von den beiden zu finden.
Rahab hatte sie auf ihrem Dach
unter Flachsstengeln versteckt,
die dort zum Trocknen auslagen.

Da schlich sich Rahab
zu den beiden hinauf.
„Steht auf!“, flüsterte sie.
„Die Luft ist rein.
Die Soldaten sind weg.
Flieht, bevor es zu spät ist!
Denn ich weiß, wer ihr seid.
Ich weiß auch:
Ihr werdet das Land bekommen.
Euer Gott wird es euch geben.
Wir haben gehört,
was euer Gott an euch getan hat,
wie er das Schilfmeer getrocknet
und euch hierhergebracht hat.
Seitdem vergehen wir fast vor Angst.
Wir wagen kaum noch zu atmen.
Denn wir glauben: Euer Gott
ist Herr über Himmel und Erde.
Aber ich flehe euch an:
Verschont mich und meine Familie!

Schwört es bei eurem Gott.
Denn ich habe euch nur Gutes getan."
„Ja, wir versprechen es",
antworteten sie. 2,9ff.

Da nahm Rahab ein rotes Seil,
band es ans Fenster
und ließ die beiden Männer
heimlich an der Mauer herab.
Sie hörte noch,
wie sie ihr leise zuriefen:
„Binde das Seil an dein Fenster,
wenn wir zurückkommen."
Dann verschwanden sie
im Dunkel der Nacht. 2,15ff.

Drei Tage lang hielten sich
die Männer in den Bergen versteckt.
Danach kehrten sie ins Lager zurück,
und sie berichteten Josua,
was ihnen Rahab anvertraut hatte.
Da fasste auch Josua Mut
und er ließ im Lager ausrufen:
„Macht euch bereit!
In drei Tagen ziehen wir
in das Land ein."

Aber Rahab verriet keinem Menschen,
was in jener Nacht geschehen war.
Noch ahnte niemand in Jericho,
dass der Gott Israels dort
eine heimliche Verbündete hatte.

Am Jordan

Josua 3–5

Es war früh am Morgen.
Die Israeliten lagen
noch in ihren Zelten.
Plötzlich hörten sie laute Rufe:
„Steht auf! Es ist Zeit.
Heute ziehen wir über den Jordan."
Die Leute stürzten aus ihren Zelten.
Über den Jordan?
Das war doch unmöglich!
Sie spähten hinüber zum Fluss.
Der wälzte sich breit durch das Tal.
Sein Wasser war seit Tagen
über die Ufer getreten. 3,15
Wie sollten sie jemals
ans andere Ufer gelangen?
Dort, jenseits des Jordans,
lag Kanaan, das Gelobte Land.
Aber an diesem Morgen
erschien es den Israeliten
so fern wie noch nie.

Da kam Josua.
„Ihr Leute!", rief er.
„Was steht ihr hier herum
und starrt auf das Wasser?
Heute sollt ihr erkennen,
dass ein lebendiger Gott
unter euch ist.
Er ist Herr über die ganze Welt.
Er geht euch voran
auf dem Weg durch den Jordan.
Seht, die Priester stehen schon bereit!
Sie tragen die Lade vor euch her.
Folgt ihrer Spur!
Dann werdet ihr sehen,
was für ein Wunder Gott tut." 3,5-13

Da brachen die Israeliten
schnell ihre Zelte ab
und zogen zum Jordan
mit Sack und Pack,
mit Kindern, Eseln und Rindern.
Doch als sie das Ufer erreichten,
da trauten sie ihren Augen nicht:
Die Priester stiegen ins Wasser.
Sie trugen die Lade in den Fluss.
Aber was war das?
Das Wasser floss ab!
Und oberhalb staute es sich,

als hielte eine unsichtbare Hand
die Wassermassen zurück.
Schon traten die Steine
im Flussbett hervor.
Behutsam trugen die Priester
die Lade bis zur Mitte des Flusses.
Dort standen sie still. 3,14ff.

Das war für alle
das Zeichen zum Aufbruch.
Kinder, Frauen und Männer
stiegen ins Flussbett.
Siehe da – es war trocken!
Da gab es kein Halten mehr.
Die Menschen schoben und drängten.
Sie stolperten und hasteten voran.
Im Eilmarsch zogen sie
durch den Jordan,
mitsamt ihrem Vieh.
Und als der Abend kam,
hatten alle heil
das andere Ufer erreicht. 4,10

Zuletzt zogen auch die Priester
mit der Lade hinüber.
Kaum hatten sie
den Fuß aufs Land gesetzt,
kehrte das Wasser zurück.
Ein reißender Strom
füllte das Flussbett
und überschwemmte das Ufer.
Jetzt erst ging allen auf,
welch ein Wunder
unter ihnen geschehen war.

Am Ufer lagen zwölf große Steine.
Zwölf Männer hatten sie
aus dem Flussbett geholt,
als sie den Jordan durchquerten.
Da befahl Josua:
„Bringt die zwölf Steine zu mir
und baut daraus ein Steinmal!
Das soll uns immer daran erinnern,
was Gott heute getan hat.
Und wenn eure Kinder später fragen:
‚Was bedeuten diese Steine?‘,
dann erzählt, wie Gott uns
in dieses Land geführt hat.
Vergesst es nie!
Erzählt es weiter
von Generation zu Generation,
damit alle Welt erkennt,
wie mächtig unser Gott ist.“ 4,2ff.

Dies geschah bei Gilgal,
vor den Toren von Jericho.
Dort ließ sich
das Volk Israel nieder.
Noch wohnte es in Zelten.
Noch war sein Land
in fremden Händen.
Aber es war das Land,
das Gott ihm zugesagt hatte.

Da feierten sie miteinander
das Passafest.
Wie einst in Ägypten,
am Anfang ihres Weges,
so feierten sie auch nun
das Fest der Befreiung.
Und sie dankten ihrem Gott,
der sie auf langem Weg
endlich ans Ziel gebracht hatte.

Jericho

Josua 5–6

Es war Nacht.
Aber Josua fand keinen Schlaf.
Er ging vor das Lager hinaus
und spähte hinüber nach Jericho.
Das Stadttor war fest verrammelt.
Auch bei Tag blieb es geschlossen.
Seit Wochen hatten sich
die Bewohner von Jericho
hinter ihren Mauern verschanzt.

Plötzlich fuhr Josua zusammen.
Ein Mann stand vor ihm
mit gezücktem Schwert.
Josua lief auf ihn zu.
„Freund oder Feind?“,
rief er erschrocken.
Aber der andere antwortete:
„Weder dieser noch jener.
Über Gottes Heerscharen
bin ich gesetzt.
Ich bin gekommen,
um dir beizustehen.“ 5,14

Da sank Josua auf seine Knie
und verneigte sich bis auf die Erde.
Er spürte: Gott war ihm ganz nah.
Aber der andere sprach:
„Zieh deine Schuhe aus!
Denn der Ort, auf dem du stehst,
ist heiliges Land.“ 5,15

Josua schauderte.
Genauso hatte Gott einst
am Sinai zu Mose gesprochen.
Josua zog seine Schuhe aus.
Mit bloßen Füßen und bloßem Haupt
lag er vor seinem Gott.

Da sprach Gott zu Josua:
„Sieh, ich habe Jericho
in deine Hand gegeben
mit allen, die darin wohnen.
Darum steh auf!
Befiehl deinen Männern:
‚Zieht um die Stadt,
jeden Tag einmal, sechs Tage lang!‘
Und nehmt die Bundeslade mit euch!
Sieben Priester
mit sieben Posaunen
sollen der Lade vorangehen.
Das übrige Volk
soll der Lade folgen.
Aber am siebten Tag
zieht siebenmal um die Stadt:
Beim siebten Mal hebt
ein großes Kriegsgeschrei an!
Dann werdet ihr sehen,
was mit Jerichos Mauern geschieht.“ 6,2ff.

Und wie Gott befohlen hatte,
so führte es Josua aus.
Sechs Tage lang zogen sie
stumm um Jerichos Mauern.
Aber am siebten Tag
brach das ganze Volk frühmorgens auf
und zog siebenmal um die Stadt.
Und beim siebten Mal
bliesen die Priester
laut in ihre Posaunen.
„Jetzt schreit!“, rief Josua.
„Jetzt ist es soweit.
Gott hat die Stadt
in eure Hände gegeben.“
Da schrien alle aus vollem Halse.
Sie brüllten und schrien,
als sei ihnen der Sieg schon gewiss.
Ihr Geschrei drang
bis in die letzten Winkel der Stadt.
Vieltausendfach schallte es
von den Mauern zurück.

Da – plötzlich bebte die Erde.
Die Türme von Jericho schwankten.
Die Mauern brachen mitten entzwei.
Und ehe die Israeliten begriffen,
was hier geschah,
stürzten die Mauern ein.
Da stiegen die Israeliten
über die Trümmer
und stürmten die Stadt
und brannten die Häuser nieder
mit allem, was darin war.

Aber an Rahabs Haus hing
ein rotes Seil aus dem Fenster.
Da führten die Israeliten
Rahab mit ihrer Familie heraus
und brachten sie in ihr Lager.

Von diesem Tag an
wohnte Rahab im Frieden
mitten unter den Israeliten.
Und niemand tat ihr ein Leid an,
solange sie lebte.

Ai

Josua 7–8

Bald verbreitete sich
die Nachricht im ganzen Land:
Josua hat Jericho eingenommen.
Als die Kanaaniter das hörten,
wurde ihnen angst und bange.
Und sie fragten sich erschrocken:
Wie war das nur möglich?
Jericho galt doch als uneinnehmbar!

Aber Josua war schon dabei,
die nächste Stadt einzunehmen.
Er schickte eine Vorhut nach Ai,
nördlich von Jericho,
und ließ alles genau erkunden,
Mauern, Türme und Tore.
Nach wenigen Tagen kehrten
die Männer zurück und meldeten Josua:
„Diese Stadt nehmen wir spielend.
Wir raten dir deshalb:
Schick nicht das ganze Heer dorthin,
nur einen kleinen Teil.“ 7,2f.

Da hörte Josua auf ihren Rat.
Nur dreitausend Mann zogen nach Ai.
Aber die Bewohner von Ai
jagten die Israeliten in die Flucht
und erschlugen viele aus ihren Reihen.
Geschlagen kehrten die Männer
ins Lager zurück.
Auf einmal war aller Mut dahin.
Josua aber zerriss sein Gewand
vor Trauer und Gram.
Er flüchtete in das Zelt Gottes.
Dort warf er sich auf die Erde,
weinte und schrie zu Gott:

„Herr, du großer Gott!
Warum hast du dieses Volk
durch den Jordan geführt?
Willst du uns hier umbringen?
Ach, wären wir doch nicht
durch den Jordan gezogen!
Wenn die anderen hören,
was vor Ai geschah,
dann ist unser Ruf dahin.
Sie werden sich sagen:
Dieses Volk ist
auch nicht stärker als wir.
Dann werden sie über uns herfallen
und unseren Namen ausrotten.
Aber wer wird dann
deinen Namen ehren?“ 7,6ff.

Bis zum Abend
lag Josua auf der Erde
und rang mit Gott im Gebet.
Da sprach Gott zu ihm:
„Warum liegst du hier auf der Erde?
Steh auf und sühne dein Volk!
Auf ihm lastet eine schwere Schuld.
Habe ich euch nicht verboten,
Beute aus Jericho zu holen?
Doch einer unter euch
hat heimlich gestohlen.
Er hält die Beute bei sich versteckt.“ 7,10f.

Am nächsten Morgen
ließ Josua das ganze Volk rufen.
„Hört“, rief er,
„was Gott euch verkündet:
Einer von euch
hat sich schuldig gemacht.
So tretet nun vor!
Dann werden wir losen.
Und wen das Los trifft, der ist es.
Der hat sich vor Gott
schuldig gemacht.“

Da warfen sie das Los,
und es traf Achan aus dem Stamm Juda.
Josua sah Achan entsetzt an.
„Mein Sohn“, rief Josua.
„gib Gott die Ehre!
Bekenne, was hast du getan?“ 7,19

„Ich - ich“, stammelte Achan,
„ich habe eine schwere Sünde getan.
Unter der Beute fand ich
einen kostbaren Mantel
und einen Batzen Silber und Gold.
Da konnte ich nicht widerstehen.
Ich nahm Silber und Gold an mich
und vergrub es heimlich im Zelt.“

Da führten sie Achan aus ihrer Mitte
und schleppten ihn vor das Lager,
mitsamt seinem erbeuteten
Silber und Gold.
Dort steinigten sie ihn,
wie es ihr Gesetz ihnen befahl.

Bedrückt gingen alle
zu ihren Zelten zurück.
Totenstille lag über dem Lager.
Erschrocken erkannten sie,
wie ernst es um sie stand.
Auch Josua war wie gelähmt.
Aller Mut war dahin.
Reglos saß er in seinem Zelt
und starrte stumm vor sich hin.

Aber Gott sprach zu Josua:
„Fürchte dich nicht
und verzage nicht!
Mache dich auf,
du und dein Volk
und ziehe nach Ai!
Ich habe die Stadt
in deine Hand gegeben.
Das ganze Land ist dein.“ 8,1

Da spürte Josua:
Gott hatte nicht aufgehört
sein Volk zu lieben,
das ihn betrübt hatte.
Er stand auf
und machte sich auf,
die Stadt Ai einzunehmen,
wie Gott ihm zugesagt hatte. 8,3ff.

Gibeon

Josua 9–10

Mitten in Kanaan lag Gibeon,
eine mächtige Stadt,
von hohen Mauern umgeben.
Im ganzen Land Kanaan
rühmte man diese Stadt.
Ihre tapferen Bürger hatten
schon manchen Gefahren getrotzt.
Über sie herrschte kein König
wie in den anderen Städten,
sondern die Bürger bestimmten
selber die Geschicke der Stadt.

Als die Bürger von Gibeon hörten, 9,3ff.
dass Jericho gefallen war,
erschraken sie furchtbar.
Und sie beriefen sofort
eine Bürgerversammlung ein.
Besorgt fragte einer den andern:
„Was nun?
Was sollen wir tun?
Ihr seht, unsere Stadt
ist in großer Gefahr.
Ein fremdes Volk
ist in unser Land eingedrungen.
Es hat Jericho zerstört
und niedergebrannt.
Auch die Stadt Ai
hielt ihm nicht stand.
In wenigen Tagen steht dieses Volk
auch vor unseren Toren.
Sagt, was sollen wir tun?“

„Wir werden gegen sie kämpfen“,
meinten die einen.
„Wir jagen sie aus dem Land.“

„Das geht nicht“, warfen andere ein.
„Niemand kann sie vertreiben.
Denn ihr Gott ist stärker als wir.“

Da war guter Rat teuer.
Die Bürger überlegten
lange Zeit hin und her.
Schließlich schlug einer vor:
„Und wenn wir uns verbünden?“

„Ja, das ist gut!“, riefen alle.
„Wir schließen ein Bündnis
mit diesem Volk.
Dann bleibt unsere Stadt erhalten.
Und unsere Bürger werden verschont.“

„Aber wenn sie nicht wollen?
Man sagt, dieses Volk
schließt kein Bündnis
mit den Bewohnern des Landes.“

Da schlug jemand vor:
„Wir überlisten sie einfach.
Ich weiß auch schon, wie:
Wir tun so, als kämen wir
aus einem fernen Land.
Dann bekommen sie gewiss Mitleid,
und ich wette, sie schließen
ein Bündnis mit uns.“

Das gefiel allen gut.
Und so wählten sie
ein paar Männer
aus ihren Reihen aus.
Die zogen sich alte Kleider an
und zerschlissene Schuhe,
packten altes Brot ein,
das schon steinhart war,
luden rissige Weinschläuche
auf ihre Esel
und machten sich auf den Weg. 9,4ff.

Nach drei Tagen kamen sie
zum Lager der Israeliten.
„Wer seid ihr?
Was sucht ihr hier?“,
fragten die Israeliten.
Da verneigten sich
die Männer von Gibeon und sagten:
„Wir kommen von weither,
um mit euch ein Bündnis zu schließen.“
Aber die Israeliten
sahen sie misstrauisch an:
„Und wenn ihr uns anlügt?
Vielleicht wohnt ihr hier in der Nähe?“

So führten sie die Männer zu Josua.
Der musterte die Gesandten
von oben bis unten.
„Sagt mir, wo kommt ihr her?“,
fragte auch er.
Da verneigten sich die Männer
noch tiefer und sagten:
„Wir, eure Knechte,
kommen aus fernem Land.
Wir haben von eurem Gott gehört.
Man hat uns erzählt,
was er Großes getan hat.
Darum kommen wir hierher.
Wir wollen uns mit euch verbünden.
Und damit ihr uns glaubt:
Seht dieses Brot!
Es war noch warm,
als wir loszogen.
Jetzt ist es steinhart.
Und diese Weinschläuche!
Sie waren ganz neu,
als wir sie füllten.
Doch nun sind sie rissig geworden.
Und seht unsere Kleider!
Sie sind ganz zerschlissen.
So lange sind wir schon unterwegs.“ 9,9ff.

Da kosteten die Israeliten
von ihrem Brot
und glaubten ihren Worten.

Und Josua schloss
ein Bündnis mit ihnen.
Feierlich versprach er,
ihr Leben zu schützen.
Auch die Stammesführer
schworen, sie zu verschonen.
Aber niemand von ihnen
dachte daran, zuerst Gott zu fragen.
Zufrieden zogen die Fremden ab.
Sie hatten ihr Ziel erreicht. 9,14f.

Aber nicht lange danach
brachen die Israeliten auf,
um die Stadt Gibeon einzunehmen.
Doch als sie vor die Stadt kamen,
ging auf einmal das Tor auf.
Eine Gesandtschaft kam auf sie zu.
Da sah Josua mit Schrecken:
Es waren die Gesandten,
die drei Tage zuvor mit ihm
ein Bündnis geschlossen hatten.
„Ihr habt uns betrogen!“,
rief Josua wütend.
„Warum habt ihr uns angelogen?“
„Wir hatten Angst“,
sagten die Männer von Gibeon.
„Denn wir haben gehört,
dass euer Gott dieses Land
für euch bestimmt hat.
Aber wenn es euch gefällt,
so wollen wir euch als Knechte dienen.“
9,24f.

Da ließ Josua von der Stadt ab.
Und obwohl seine Leute meuterten,
verschonte er Gibeon
mit allen Bewohnern.

An diesem Tag machte Josua
die Männer von Gibeon
zu Holzfällern und Wasserträgern
am Heiligtum Gottes.
Solange Menschen in Gibeon lebten,
sollten sie dem Gott Israels dienen.

So blieb Gibeon verschont.
Und niemand wagte,
Hand an seine Bewohner zu legen. 9,26

Die zwölf Stämme

Josua 10–21

Als aber die Könige
im Süden von Kanaan hörten,
dass Gibeon ein Bündnis
mit Israel geschlossen hatte,
verbündeten sie sich miteinander
und rüsteten zum Kampf
gegen die Bürger von Gibeon.
Doch Josua kam ihnen zu Hilfe.
Er besiegte fünf Könige zugleich
in einer gigantischen Schlacht
und eroberte daraufhin
den ganzen Süden des Landes. 10,1ff.

Bald breitete sich die Nachricht
von Josuas Sieg im ganzen Land aus.
Bis in die äußersten Winkel
drang die Schreckenskunde.
Da stellten die Könige im Norden
ein riesiges Heer auf
und rückten im Eilmarsch
gegen die Israeliten vor.
Aber Josua kam ihnen zuvor.
Mit seinem Heer fiel er über sie her
und jagte sie in die Flucht
bis weit über die Grenze. 11,1ff.

So nahm Josua das ganze Land ein,
von Norden bis Süden,
von Osten bis an das Meer. 11,16ff.
Und was noch nicht erobert war,
das übertrug er den einzelnen Stämmen,
dass sie es einnehmen sollten.
Das Los entschied darüber,
welches Gebiet jeder Stamm bekam.
Die Stämme *Ruben* und *Gad*
erhielten das Land östlich des Jordan.
Die Stämme *Juda* und *Simeon*
zogen in das heiße Bergland im Süden.
Die Stämme *Issachar* und *Sebulon,*
und die Stämme *Asser* und *Naftali*
ließen sich im Norden nieder.
Ganz oben an der nördlichen Grenze
wohnte später der Stamm *Dan.*
Aber das Herzstück des Landes
bildeten die drei Stämme
Ephraim, Manasse und *Benjamin,*
die Nachkommen Rahels,
der Lieblingsfrau Jakobs.
Nur die Leviten bekamen
kein Stammland zugeteilt.
Das Heiligtum Gottes war ihr „Erbteil".
Dort sollten sie Gott dienen.
Sie wohnten in besonderen Städten,
über das Land verteilt.
Von dort aus zogen sie
zum Heiligtum Gottes nach Silo,
das im Zentrum des Landes lag.
Dort taten sie ihren Dienst,
wie es das Gesetz Moses befahl. 21,1ff.

Endlich war das große Werk beendet.
Im Land Kanaan kehrte
Ruhe und Frieden ein.
Da legten die Israeliten
die Waffen ab und begannen,
das Land zu bebauen.
Sie zogen auf die Berge,
rodeten Wälder, bestellten Felder
und legten Weinberge an.
Und sie bauten feste Häuser
aus Holz, aus Lehm und aus Stein.
Überall im Land entstanden
neue Städte und Dörfer.
„Israel" hieß nun das Land,
das zuvor Kanaan hieß.
Es war das Land,
das Gott vor vielen Jahren
ihren Vorfahren verheißen hatte:
Abraham, Isaak und Jakob,
der auch Israel hieß.

Wie Gott versprochen hatte,
genauso war es geschehen.
Kein Wort war ausgeblieben.
Alles war eingetroffen. 21,43ff.

Josuas Versprechen

Josua 24

Viele Jahre lang
stand Josua seinem Volk vor.
Auch in Friedensjahren
wachte er über seinem Volk.
Er wohnte im Gebirge Ephraim,
im Zentrum des Landes.
Dort fand er endlich
die lang ersehnte Ruhe.
Nur eines bekümmerte Josua:
Im Land Israel wohnten
noch andere Volksgruppen.
Sie hatten fremde Sitten und Bräuche
und wussten nichts von Israels Gott.
Sie hielten sich auch nicht
an seine Gebote.

Da sagte sich Josua:
Bald werde ich sterben.
Wer wird dann über Israel wachen?
Die Menschen werden vergessen,
was Gott an ihnen getan hat.
Dann werden sie womöglich
anderen Göttern folgen.
Ich muss sie warnen,
bevor es zu spät ist. 23,1ff.

Nicht lange danach
schickte Josua Boten
in alle Teile des Landes,
nach Norden und Süden,
nach Osten und Westen.
Und er ließ überall ausrufen:
„Kommt alle nach Sichem,
auch alle Dorfältesten
und Sippenführer!
Niemand darf fehlen.
Jeder soll kommen.
Denn Josua begeht mit euch
einen großen Tag.“

Bald darauf kamen sie
von allen Seiten und füllten
das Tal von Sichem,
ein Meer von Menschen,
nach Stämmen geordnet.
Ihre Sippenführer aber standen
ganz nahe bei Josua,
um ja kein Wort zu verpassen.

Da hob Josua feierlich die Hand,
und er rief laut in die Menge:

„Hört, ihr Israeliten!
Hört, was Gott zu euch spricht:
Einst wohnten eure Vorfahren
im Osten jenseits des Euphrat
und dienten anderen Göttern.
Aber ich führte Abraham heraus
und ließ ihn
im Land Kanaan wohnen.
Ich gab ihm Isaak, seinen Sohn.
Isaak gab ich Jakob und Esau.
Aber Jakob und seine Kinder
zogen nach Ägypten,
und seine Nachkommen
wurden versklavt.
Da sandte ich Mose und Aaron
und plagte Ägypten.
Und ich führte euch von dort heraus
und rettete euch am Schilfmeer.
Danach habt ihr lange Zeit
in der Wüste verbracht.
Aber ich führte euch wieder
in dieses Land:
Ich verbreitete Furcht
und Schrecken vor euch.
Und ich gab euch ein Land,
das ihr zuvor nicht bestellt habt,
und Städte, die ihr nicht gebaut habt.
Nun wohnt ihr darin
und freut euch an seinen Früchten.“ 24,2–13

Hier hielt Josua inne.
Er blickte auf die Ältesten,
die andächtig lauschten.
„Darum gebt Acht!“, fuhr Josua fort.

„Ehrt Gott den Herrn!
Dient ihm treu
und trennt euch von den Göttern,
die ihr vormals verehrt habt!
Gefällt es euch aber nicht,
so wählt heute,
wem ihr dienen wollt.
Ich aber und mein Haus
wollen dem Herrn dienen.“ 24,15

„Nein, nein“, riefen alle.
„Niemals verlassen wir
den Herrn, unseren Gott.
Wir wollen keine anderen Götter.
Denn der Herr, unser Gott
hat uns aus Ägypten geführt.
Er hat uns auf dem Weg
durch die Wüste behütet.
Ihm allein wollen wir dienen.“

„Ja, er ist unser Gott!“
So schallte es vieltausendfach
durch das Tal.
Doch Josua rief:
„Macht euch nichts vor!
Ihr könnt dem Herrn, eurem Gott,
nicht richtig dienen.
Denn er ist ein heiliger Gott
und er lässt nicht zu,
dass ihr ihm halbherzig dient.“ 24,19

„Aber nein“, riefen die Leute.
„Wir wollen dem Herrn dienen.“ 24,21

Da sah Josua:
Das Volk meinte es ernst.
Und er sprach zu dem Volk:
„Heute habt ihr vor allen bekannt,
wem ihr dienen wollt.“ 24,22ff.
„Ja“, riefen alle wie aus einem Mund.
Es war ihr feierliches Versprechen,
das sie Gott gaben.

So schloss Josua aufs Neue den Bund,
den Gott einst am Sinai
mit seinem Volk geschlossen hatte. 24,25

Darauf befahl Josua:
„Zerstört eure Götterbilder
und wendet euch
von ganzem Herzen zu Gott.“
Und er las dem Volk alle
Gebote Gottes vor.
Dazu richtete er einen Stein auf.
„Dieser Stein“, so sprach er,
„soll euch immer daran erinnern,
wem euer Leben gehört.“ 24,27

Dankbar kehrten die Menschen
in ihre Städte und Dörfer zurück.
Nie mehr wollten sie vergessen,
was sie Gott an diesem
Tag versprochen hatten.

**Danket dem Herrn und ruft an seinen Namen!
Verkündigt sein Tun unter den Völkern!
Singt und spielt ihm und redet von all seinen Wundern!**

**Denn er gedachte an sein heiliges Wort
und an Abraham, seinen Knecht…**

**So führte er sein Volk in Freuden heraus und gab ihnen die Länder,
damit sie seine Gebote hielten und seine Gesetze bewahrten.**

Aus Psalm 105

5

Im neuen Land

Das Buch der Richter

*Endlich wohnte das Volk Israel
im eigenen Land.
Es war das Land, das Gott
seinen Vorfahren verheißen hatte.
Aber nachdem Josua gestorben war,
vergaß das Volk,
was es Gott versprochen hatte.
Es dachte nicht mehr an Gott,
der es aus Ägypten befreit hatte.
Es betete andere Götter an,
Baal und Astarte,
die Götter des Landes,
und brachte ihnen Opfer.
Von ihnen versprach es sich
fruchtbare Felder und Glück.*

*Da wurde Gott zornig
über sein Volk.
Und es dauerte nicht lange,
da brach großes Unglück
über das Volk Israel herein.
Mächtige Nachbarvölker fielen
über das Land her,
raubten es aus
und unterdrückten seine Bewohner.*

*Da merkten die Israeliten,
was sie Gott angetan hatten.
In ihrer Not schrien sie zu Gott,
den sie vergessen hatten.
Und das Wunder geschah:
Gott hörte auf ihr Gebet.
Er gab ihnen Richter.
Die retteten ihr Volk
aus großer Gefahr.
Solange Richter in Israel lebten,
herrschte Frieden im Land.
Die Richter sorgten auch dafür,
dass im Land kein Unrecht geschah.
Sie lehrten das Volk,
auf Gottes Gebote zu achten.
Aber kaum war ein Richter gestorben,
vergaßen die Menschen wieder,
was Gott an ihnen getan hatte,
und sie fielen erneut von Gott ab.*

*Und dies sind die Richter,
die Gott seinem Volk gab:
Otniël, Ehud und Schamgar,
die Richterin Debora,
Gideon und Jeftah.
Zuletzt schickte er seinem Volk
Simson und Samuel als Richter.
Sie alle waren keine Helden,
doch Gott war mit ihnen.
Er gab ihnen seinen Geist,
machte sie mutig und stark
und ließ ihnen gelingen,
was er ihnen auftrug.*

*So rettete Gott sein Volk
vielmals aus Gefahren
und erhielt es am Leben,
solange Richter in Israel waren.*

Richter 1ff. *(vgl. S. 464)*

Debora

Richter 4–5

Wie ein Wirbelwind fegten
die Reiter über die Berge.
Bis zu den entferntesten Tälern
drangen sie vor.
Die Pferde stampften
über Wiesen und Felder,
traten Ähren und Halme nieder
und verwüsteten alles,
was die Israeliten angebaut hatten.

Die Reiterhorden kamen
aus den Bergen im Norden.
Dort hatte Jabin,
der König von Hazor,
sein Herrschaftsgebiet.
Jabin war ein überaus mächtiger König.
Er besaß 900 eiserne Kampfwagen,
dazu zahllose Rosse und Reiter.
Jahr für Jahr fiel sein General Sisera
über das Land Israel her.
Sobald er anrückte,
verkrochen sich alle Israeliten
in panischer Angst.
Kein Israelit wagte,
seiner Streitmacht entgegenzutreten. 4,2f.

In diesen trostlosen Jahren
suchten viele Israeliten
bei der Richterin Debora
Hilfe und Rat.
Debora war eine weise Frau.
Sie hatte stets ein offenes Ohr
für die Not ihres Volkes.
Als „Mutter von Israel“
war sie von allen geachtet. 5,7
Manche hielten sie sogar
für eine Prophetin. 4,4
Debora wohnte im Gebirge Ephraim.
Meist saß sie vor ihrem Haus,
unter einer schattigen Palme
und hörte die Menschen an,
die sie um ihren Beistand baten.
Mit Sorge sah Debora,
wie sich ihr Volk in Angst verzehrte.
Gab es denn niemanden,
der den Kampf mit Sisera wagte?

Da erinnerte sich Debora an Barak.
Er war ein tapferer Mann
aus dem Stamm Naftali
und hatte sich schon oft
in Kämpfen hervorgetan.
Barak, „Blitz“, war sein Name.
Und so kämpfte er auch:
Schnell wie ein Blitz schlug er zu.

Debora schickte Boten zu ihm
und ließ ihm sagen:
„Mach dich bereit!
Hat dir Gott nicht gesagt,
was du tun sollst?
Auf, zieh auf den Berg Tabor
mit zehntausend Mann.
Dort werdet ihr auf Sisera stoßen.
Denn so spricht der Herr,
der Gott Israels:
Ich will ihn in deine Hand geben.“ 4,6f.

Aber Barak ließ Debora ausrichten:
„Zieh mit mir!
Sonst wage ich’s nicht.“
Debora überlegte nicht lange.
„Ja“, ließ sie Barak wissen.
„Ich ziehe mit dir in den Kampf.
Aber merke dir:
Sisera wird zwar geschlagen,
aber nicht durch dich,
sondern durch die Hand einer Frau.“ 4,8f.

Da schickte Barak Boten durchs Land
und trommelte alle zusammen,
die zum Kampf taugten.
Zehntausend Mann folgten ihm
auf den Berg Tabor.
Dort warteten sie, bis Sisera
mit seinen Kampfwagen kam.

Plötzlich hörten sie dumpfes Dröhnen.
Über die Ebene jagten
900 Kampfwagen heran.
In breiten Reihen rollten sie an.
„Auf, Barak!“, rief Debora.
„Das ist dein Tag.
Zieh ihnen entgegen!
Gott zieht dir voran.“ 4,14
Da stürmte Barak
mit allen ins Tal
und stürzte sich in den Kampf.

Auf einmal brach ein Unwetter los.
Es blitzte und donnerte.
Es goss in Strömen.
Der Regen weichte die Erde auf.
Und der Bach verwandelte sich
in einen reißenden Strom.
Da blieben die schweren Wagen
im Morast stecken. 5,4.20f.

Als Sisera das sah,
sprang er von seinem Wagen
und ergriff in wilder Panik die Flucht.
Auf Schleichwegen
schlug er sich durch.
Schließlich stieß er
auf ein paar Nomadenzelte.
Vorsichtig ging er auf ein Zelt zu.
Da kam ihm eine Frau entgegen,
Jaël mit Namen.
Sie lud Sisera ein:
„Komm herein!
Nur keine Angst!
Dir geschieht nichts.“
Sisera kroch in ihr Zelt.
Erleichtert ließ er sich
auf das Lager fallen.
Hier, im Zelt einer Frau,
würde ihn niemand suchen.
„Sag mir“, bat Sisera,
„hast du auch Wasser für mich?
Ich habe schrecklichen Durst.“
Doch Jaël brachte ihm saure Milch
und legte eine Decke auf ihn.
Da fiel Sisera in einen tiefen Schlaf. 4,15ff.

Wenig später kam Barak
mit seinen Männern an.
Da winkte sie Jaël heran:
„Kommt, ich zeige euch
den Mann, den ihr sucht!“
Sie führte Barak in ihr Zelt.
Da lag Sisera tot auf der Erde.
Jaël hatte ihn im Schlaf umgebracht. 4,22

Nun war geschehen,
was Debora vorausgesagt hatte.
Gott hatte sich
über sein Volk erbarmt.
Israel war von seinen Feinden befreit.
Von diesem Tag an hatte Israel
Ruhe vor den Kanaanitern. 5,31b

Dies ist das Lied
von Debora und Barak,
ein uraltes Siegeslied.
Nach jenem Sieg über Sisera
wurde es erstmals gesungen.
Und es klingt heute noch fort,
sooft daran erinnert wird,
was Gott für sein Volk getan hat:

„Ihr Könige und Fürsten, hört zu!
Ich will singen,
dem Herrn will ich singen,
dem Gott Israels will ich spielen. 5,3

Herr, als du auszogst,
da zitterte die Erde,
der Himmel entlud sich,
die Wolken troffen vor Wasser. 5,4

Vor Zeiten waren die Wege verlassen,
Wanderer suchten entlegene Wege.
Still war's bei den Bauern,
still war es in Israel,
bis du kamst, Debora,
du Mutter von Israel. 5,6f.

Könige kamen und kämpften,
aber Silber gewannen sie nicht.
Vom Himmel her
kämpften sogar die Sterne gegen sie,
von ihren Bahnen
stritten sie gegen Sisera. 5,19f.

Herr, so gehen deine Feinde zugrunde.
Aber die ihn lieben,
sollen sein wie die Sonne,
die aufgeht in ihrer Pracht.“ 5,31

Gideon und Abimelech

Richter 6–9

Dies ist die Geschichte von Gideon,
den Gott als Retter
zu seinem Volk sandte.
Zu jener Zeit suchten
die Midianiter das Land heim,
ein wildes Wüstenvolk
auf schnellen Kamelen.
Jahr für Jahr,
wenn Erntezeit war,
fielen sie in das Land ein,
verbrannten die Felder
und vernichteten
den gesamten Ernteertrag.
So wurde das Volk Israel
von Jahr zu Jahr schwächer.
In ihrer Angst verkrochen sich
die Menschen in Höhlen
und schrien zu Gott:
„Herr, hilf uns!
Rette uns vor unseren Feinden!“ 6,1ff.

Da hatte Gott Erbarmen
mit seinem Volk.
Er berief Gideon,
einen jungen Mann
aus dem Stamm Manasse,
und machte ihn zum Retter
und Richter über sein Volk.
Obwohl Gideon noch jung war
und vor Angst fast verging,
wählte Gott ihn vor anderen aus.
Und Gott gab ihm den Auftrag:

> „Du sollst mein Volk
> von den Midianitern befreien.
> Ich werde mit dir sein.“ 6,14ff.

Da wagte es Gideon
im Vertrauen auf Gottes Wort.

Als erstes zerschlug Gideon
heimlich den Altar Baals,

der vor seinem Haus aufgebaut war.
Das tat er, um deutlich zu zeigen,
wer der wahre Gott in Israel war. 6,25
Danach schickte er Boten ins Land
und ließ überall ausrufen:
„Kommt und kämpft mit mir
gegen die Midianiter!"
Da kamen sie von allen Seiten
und sammelten sich um Gideon. 6,33ff.

Aber Gott sprach zu Gideon:
„Es sind zu viele.
Schick sie wieder nach Hause!"
Nur 300 Männer blieben
am Ende zurück.
Mit ihnen überfiel Gideon
das Lager der Midianiter.
Heimlich bei Nacht fiel er
über sie her mit Fackeln,
Posaunen und lautem Geschrei.
In panischer Angst
jagten die Midianiter davon.
Aber Gideon verfolgte sie
bis weit über die Grenze. 7,1ff.

Als Gideon heimkehrte,
jubelten ihm die Israeliten zu:
„Heil Gideon, unserem Retter!
Sei unser König!
Denn du hast uns
von unseren Feinden befreit."
Aber Gideon wehrte erschrocken ab.
„Was fällt euch ein?
Niemals werde ich über euch herrschen.
Auch meine Söhne sollen
nicht über euch herrschen.
Gott allein soll Israels König sein." 8,22ff.

Siebzig Söhne hatte Gideon
von verschiedenen Frauen.
Einer von ihnen war Abimelech.
Sein Name bedeutete:
„Mein Vater ist König". 8,29ff.
Von Kind an hatte Abimelech
nur einen einzigen Gedanken.
Wenn schon sein Vater
nicht König geworden war,
so wollte wenigstens er
König über Israel werden.
Tag und Nacht sann er darüber nach.
Schließlich dachte er sich
einen grausamen Plan aus.
Er verbündete sich heimlich
mit den Bewohnern von Sichem
und sammelte allerlei Gesindel um sich,
skrupellose Männer,
die zu allem bereit waren.
Sie hielten das Land
in Angst und Schrecken.
Kaum war Gideon tot,
da fielen die Männer
über Gideons Söhne her
und ermordeten sie,
alle an einem Tag.
Nur Jotam, der jüngste Bruder
konnte entkommen. 8,1ff.

Da machten die Bewohner von Sichem
Abimelech zu ihrem König.
Feierlich krönten sie ihn
am Fuß des Berges Garizim,
just an jenem Steinmal,
an dem Israel seinem Gott
einst ewige Treue geschworen hatte. Jos 24,27

Doch als sie noch feierten,
hörten sie plötzlich,
wie jemand von oben herab rief:
„Ihr Bürger von Sichem, hört zu!"
Erschrocken blickten die Männer auf.
Da entdeckten sie auf dem Berg
Jotam, Gideons jüngsten Sohn.
Laut rief er ihnen zu:

> „Hört, was ich euch erzähle:
> Einst kamen die Bäume zusammen,
> um einen Baum zum König zu wählen.
> Sie baten den Ölbaum:
> ‚Sei unser König!'

Aber der Ölbaum sprach:
‚Soll ich mein Öl drangeben,
um über den Bäumen zu schweben?'
Da baten sie den Feigenbaum:
‚Sei du unser König!'
Aber der Feigenbaum sprach:
‚Soll ich meine Früchte drangeben,
um über den Bäumen zu schweben?'
Da baten sie den Weinstock:
‚Sei unser König!'
Aber der Weinstock sprach:
‚Soll ich meinen Wein drangeben,
um über den Bäumen zu schweben?'
Da baten sie den Dornstrauch:
‚Sei unser König!'
‚Ja', sprach der Dornstrauch:
‚Wollt ihr mich wirklich als König?
Dann beugt euch unter mich!
Bergt euch in meinem Schatten!
Wenn nicht, so soll euch
mein Feuer fressen.'

Nun urteilt selber,
ihr Bürger von Sichem:
Habt ihr mit Recht
Abimelech zum König gesalbt?
Hat mein Vater Gideon das verdient,
dass ihr seine Söhne getötet habt?
Habt ihr wirklich
ein gutes Gewissen dabei?
Dann freut euch
und feiert mit Abimelech!
Habt ihr aber unrecht getan,
dann soll euch das Feuer
Abimelechs verzehren." 9,7ff.

So rief Jotam vom Berg herab.
Und ehe Abimelech begriff,
was hier geschah,
war Jotam verschwunden.
Aber Abimelech
machte sich nichts daraus.
Drei Jahre lang übte er
seine Schreckensherrschaft aus.

Danach aber erhoben sich 9,21ff.
die Bürger von Sichem
und wählten einen eigenen Führer. 9,22ff.
Da eilte Abimelech
mit seinen Soldaten herbei,
nahm die Stadt ein
und brannte sie nieder.
Aber die Bewohner von Sichem
hatten sich in der Burg verschanzt.
Als Abimelech sie stürmen wollte,
warf eine Frau einen Mühlstein
von der Mauer auf ihn herab.
Abimelech starb auf der Stelle.

So kläglich endete Gideons Sohn,
der sich selbst
zum König gemacht hatte.
Aber die Bürger von Sichem
atmeten auf.
Jotams Fluch war in Erfüllung
gegangen.

Simson

Richter 13

Endlich war Frieden
im Norden Israels eingekehrt.
Aber im Süden des Landes ging es
schlimmer zu als jemals zuvor.
Von Westen her drangen
die Philister nach Israel ein.
Sie besetzten die Täler
und trieben die Israeliten
in das Hochland zurück.
Dort führten die Israeliten
ein kümmerliches Leben.
Sie pflügten den kargen Boden
und mühten sich ab.
Aber ihre Felder
brachten nur wenig Ertrag.

Vierzig Jahre lang lebten sie
wie Gefangene im eigenen Land.
Und es fand sich niemand,
der sie von den Philistern befreite. 13,1

Zu jener Zeit lebte
in einem kleinen Bergdorf
ein Israelit namens Manoach
mit seiner Frau.
Die beiden warteten schon
seit Jahren auf ein Kind.
Doch eines Tages trug sich
in ihrem Haus etwas Seltsames zu…

Es war Nacht,
Manoach und seine Frau
schliefen im Haus.
Plötzlich schreckte die Frau auf.
Ein fremder Mann
stand an ihrem Lager.
Wie ein Bote Gottes sah er aus.
Die Frau brachte vor Schreck
kein Wort heraus.

Doch der Fremde sprach zu ihr:
„Sieh, du hast keine Kinder.
Aber du wirst schwanger werden
und einen Sohn bekommen.
Ein besonderer Sohn wird er sein.
Denn Gott hat ihn ausgesondert.
Schon von Mutterleib
ist er Gott geweiht.
Darum nimm keinen Wein
und kein Bier zu dir
und iss keine unreinen Speisen,
bis dein Sohn geboren ist.
Und das soll das Zeichen sein,
dass dein Sohn Gott gehört:
Lass seine Haare wachsen!
Niemand soll sie abschneiden.
Denn Gott hat Großes
mit eurem Sohn vor:
Er wird sein Volk
von den Philistern befreien.“ 13,3ff.

Die Frau starrte den Fremden an.
Wer war dieser Mann?
Wie hieß er? Woher kam er?
Und woher wusste er das alles?
Sie wollte ihn fragen.
Aber in diesem Augenblick
war er schon wieder verschwunden.
Da ahnte die Frau,
wer zu ihr gekommen war:
Gott hatte seinen Engel gesandt.

Ungeduldig wartete die Frau,
bis der Morgen anbrach.
Da erzählte sie Manoach
von dem Boten Gottes,
der in der Nacht gekommen war.
Voll Staunen hörte Manoach,
was dieser gesagt hatte.
Wollte Gott ihnen wirklich
dieses Kind anvertrauen?
Sie waren doch nur einfache Leute!
„Ach Herr!“, betete Manoach.
„Schicke den Boten Gottes
noch einmal zu uns her,
damit er uns lehrt,
wie wir mit dem Kind umgehen sollen.“ 13,8

Wenig später ging die Frau
aufs Feld hinaus.
Aber bald darauf
kam sie schon wieder zurück.
Aufgeregt rief sie ihrem Mann zu:
„Manoach, komm schnell aufs Feld!
Der Mann Gottes ist wieder da,
der heute Nacht bei mir war.“
Da ließ Manoach
alles liegen und stehen
und lief hinter seiner Frau her.
Und wirklich:
Da stand der Mann Gottes,
von dem die Frau gesprochen hatte.
Manoach betrachtete ihn scheu.
„Warst du es?“, fragte er.
„Hast du mit meiner Frau gesprochen?“

„Ja", antwortete dieser.
„Dann sag mir bitte:
Was sollen wir für das Kind tun?" 13,9ff.

Der Fremde antwortete:
„Wie ich schon deiner Frau sagte:
Sie soll keinen Wein
und kein Bier trinken
und kein unreines Fleisch essen.
Alles, was ich ihr befohlen habe,
das soll sie tun." 13,13ff.

Da merkte Manoach,
wer mit ihm sprach.
Und er bat den Engel:
„Sei unser Gast!
Bleibe bei uns und iss mit uns!
Ich will für dich
einen Ziegenbock schlachten."

„Ich will nichts essen", sagte der Engel.
„Aber wenn du willst,
dann schlachte das Böcklein
und bring Gott ein Opfer."

„Verrate uns wenigstens,
wie du heißt", bat Manoach.
„Dann wollen wir dir danken,
wenn das Kind da ist."

Aber der Engel antwortete:
„Warum fragst du
nach meinem Namen?
Er ist ein Geheimnis." 13,18

Da wagte Manoach
nichts mehr zu fragen.
Er nahm einen Ziegenbock,
opferte ihn auf einem Stein,
und weihte die Stätte „dem Herrn,
der so geheimnisvolle Dinge tut".
Stumm sah Manoach zu,
wie das Opferfeuer brannte.
Auf einmal loderte
die Flamme hoch auf.
Und ehe die beiden es merkten,
war der Engel verschwunden. 13,19f.

„Wir haben Gott gesehen!",
rief Manoach erschrocken.
„Nun müssen wir sterben!"
Aber seine Frau beruhigte ihn.
„Nein, wir werden nicht sterben.
Wenn Gott uns töten wollte,
hätte er nicht seinen Engel
zu uns gesandt.
Heute haben wir erfahren,
wie gnädig Gott ist." 13,23

Bald darauf brachte die Frau
einen Sohn zur Welt,
den nannte sie Simson,
das heißt „Sonne".
Wie die Sonne am Morgen aufgeht,
so sollte Simson ihrem Volk
Licht und Hoffnung bringen.

Aber noch ahnten die Israeliten nicht,
dass ihr Retter bereits geboren war.
Nur Manoach und seine Frau
wussten um das Geheimnis.
Und sie hüteten es wie einen Schatz.

Simson und die Philister

Richter 14–15

Jahre vergingen.
Simson war inzwischen
ein kräftiger Bursche geworden.
Er strotzte nur so von Kraft.
Zu Hause hielt er es nie lange aus.
Meist trieb er sich draußen herum.
Er streifte durch Wälder,
Wiesen und Felder.
Er kannte jeden Berg
und jedes entlegene Tal.
Eine unbändige Kraft
trieb ihn fortwährend an. 13,25

Seine langen Haare
hingen wild ins Gesicht.
Wer ihm begegnete,
ging ihm scheu aus dem Weg.
Niemand wagte,
sich mit ihm anzulegen.
Was soll nur aus Simson werden?
So fragten sich seine Eltern besorgt.
Hatte ihr Sohn denn vergessen,
dass sein Leben Gott geweiht war?

Eines Tages bat Simson seine Eltern:
„Kommt mit mir ins Tal nach Timna,
in die Stadt der Philister.
Dort wohnt ein Mädchen,
das will ich zur Frau haben.“

„Wie?“, riefen seine Eltern entsetzt.
„Gibt es denn in unserem Volk
kein Mädchen, das dir gefällt?
Muss es unbedingt eine Philisterin sein?“
Aber Simson ließ nicht locker:
„Nein, nur sie gefällt mir.
Sie soll es sein.“

Da mussten die Eltern einsehen:
Simson war fest entschlossen.
Schweren Herzens zogen sie
mit ihm ins Tal.
Sie ahnten ja nicht, dass Gott es war,
der Simson zu den Philistern führte. 14,4

Aber Simson lief seinen Eltern voraus.
Er wählte den kürzesten Weg,
der durch einen Weinberg führte.
Doch plötzlich – ein wildes Gebrüll.
Erschrocken blickte Simson sich um.
Da entdeckte er einen jungen Löwen,
der setzte gerade zum Sprung an.
Doch Simson stürzte sich auf ihn.
Blitzschnell packte er zu
und zerriss den Löwen
mit bloßen Händen,
wie man ein Ziegenböcklein zerreißt.

Danach kehrte Simson
zu seinen Eltern zurück,
aber er verriet ihnen kein Wort.
Als sei nichts geschehen,
so setzte er seinen Weg fort.

Nicht lange danach ging Simson
wieder denselben Weg hinab,
um in Timna Hochzeit zu feiern.

Und wieder bog er vom Weg ab.
Da fand er den Kadaver des Löwen.
Er lag noch an derselben Stelle,
wo er das Tier erlegt hatte.
Aber welch seltsames Schauspiel:
In dem Kadaver summte
ein Schwarm wilder Bienen.
Von ihren Waben troff süßer Honig.
Simson kostete ein wenig davon.
Danach setzte er seinen Weg fort.
Aber er verriet keinem Menschen
ein Sterbenswort.

Bald darauf wurde Hochzeit gefeiert.
Dreißig Freunde der Braut
waren zum Festgelage geladen.
Simson gab Wein und Bier an sie aus.
Jeder durfte trinken, soviel er wollte.
Sieben Tage lang wurde gezecht,
gegrölt und geprasst.
Aber die Burschen ließen
Simson keine Minute allein.

Da dachte sich Simson eine List aus:
„Hört, Freunde“, rief er,
„ich will euch ein Rätsel aufgeben.
Wenn ihr es bis zum siebten Tag löst,
schenke ich euch 30 Festkleider
und 30 Unterkleider dazu.
Aber wenn ihr es nicht löst,
dann schenkt ihr mir 30 Festkleider
und 30 Unterkleider dazu.“

Das gefiel den Burschen.
„Abgemacht!“, riefen sie fröhlich.
„Das schaffen wir spielend.
Sag uns dein Rätsel!
Dann wollen wir's lösen.“ 14
Da gab ihnen Simson
das Rätsel bekannt:
„Speise ging aus von dem Fresser
und Süße vom Starken.“ 14,14

Was für ein seltsames Rätsel!,
dachten die Burschen.
Drei Tage lang suchten sie
das Rätsel zu lösen.
Aber vergeblich.
Schließlich schlug einer vor:
„Warum fragen wir nicht die Braut?
Sie muss uns helfen.
Wir zwingen sie einfach dazu.“
Und sie nahmen die Braut beiseite
und drohten ihr:
„Sag uns die Lösung!
Sonst zünden wir dein Elternhaus an.
Oder wollt ihr uns arm machen?
Habt ihr uns deshalb
zur Hochzeit geladen?“

Da wurde der Braut angst und bange.
Sie lief zu Simson, weinte und klagte:
„Du hast mich nicht lieb.
Sonst hättest du mir
die Lösung verraten.“
„Aber nein!“, widersprach Simson.
„Ich habe sie nicht einmal
meinen Eltern verraten.
Dann werde ich die Lösung
auch dir nicht verraten.“

Doch seine Braut ließ nicht locker.
Sie weinte und jammerte
bei Tag und bei Nacht.
Bis zum siebten Tag quälte sie Simson.
Schließlich war Simson es leid.
„Gut“, meinte er mürbe.
„Dann verrate ich's dir.“
Und er erzählte ihr,
was er unterwegs erlebt hatte.

So kam der letzte Abend heran.
Da riefen die Burschen:
„Hör, Simson!
Wir haben die Lösung gefunden.
Was ist süßer als Honig?
Und wer ist stärker als ein Löwe?“
Herausfordernd blickten sie Simson an.

„Das ist nicht wahr“, brüllte Simson.
„Ihr hättet es niemals erraten.
Meine Braut – das Kalb! –
hat's euch verraten.“ 14,18
Wütend stürmte er aus dem Haus
und lief in die nächste Stadt.
Dort schlug er 30 Philister
in einem Streich nieder,
riss ihnen die Gewänder vom Leib
und schleuderte sie
den Burschen vor die Füße.
„Da habt ihr eure Kleider!“,
schrie er voll Zorn
und zog wutschnaubend davon. 14,15ff.

Nach einigen Tagen
war Simsons Zorn wieder verraucht.
Da wanderte er noch einmal ins Tal,
um seine Braut heimzuholen.
Aber ihr Vater hatte sie inzwischen
einem anderen zur Frau gegeben.
Simson schäumte vor Wut.
„Diese Philister!“,
murmelte er grimmig.
„Diesmal kommen sie nicht
ungeschoren davon.“

Am nächsten Morgen waren
alle Felder ringsum niedergebrannt.
Auch die Weinberge und Ölbäume
standen in Flammen.
„Das hat Simson getan!“,
schrien die aufgebrachten Philister.
„Dafür soll er uns büßen.
Auf, sucht ihn!
Nehmt ihn gefangen!“

Da fielen die Philister
über die Dörfer von Juda her
und bedrohten ihre Bewohner:
„Wo ist Simson?
Rückt ihn heraus!“
Aber die Leute von Juda wussten nicht,
wo Simson versteckt war.
In aller Eile stellten sie
ein Heer mit 3000 Mann zusammen
und machten sich auf die Suche.
Endlich fanden sie Simson
in einer entlegenen Höhle.
„Simson!“, riefen sie wütend.
„Warum legst du dich dauernd
mit den Philistern an?
Du weißt doch:
Sie sind uns weit überlegen.“
Und sie fesselten Simson
mit zwei neuen Stricken
und lieferten ihn an die Philister aus.

Als aber die Philister
Simson gefesselt sahen,
stießen sie Freudenschreie aus.
Als hätten sie über Simson gesiegt,
so brüllten sie um die Wette.

Da packte Simson heiliger Zorn:
Er zerriss die Stricke
an seinen Armen wie Fäden.
Blitzschnell stürzte er sich
auf die Philister
und schlug auf sie ein
mit einem scharfen Eselsknochen,
der dort herumlag.
Einen nach dem anderen
streckte er nieder
und hörte nicht auf,
bis alle am Boden lagen.

Auf einmal war es ganz still.
Totenstill.
Da ließ Simson sich fallen,
zu Tode erschöpft.
„Ach Herr!“, rief er.
„Du hast ein großes Wunder getan.
Aber jetzt bin ich am Ende.
Ich sterbe vor Durst.
Soll ich hier kläglich verenden?“ 15,18

Da zeigte ihm Gott eine Quelle.
Genau an der Stelle,

wo vorher der Knochen
gelegen hatte,
quoll nun frisches Wasser hervor.
Gierig trank Simson das Wasser.
Auf einmal spürte er,
wie seine Kräfte zurückkehrten.

Lehi – „Quelle des Rufenden“,
so nannte Simson die Quelle.
Denn Gott hatte sein Rufen gehört.
Er hatte Simson in Todesnot
vor dem Verdursten bewahrt.

Simsons Ende

Richter 16

Wie ein Lauffeuer breitete sich
das Gerücht von Simson
im Philisterland aus.
Die Nachricht eilte
von Stadt zu Stadt.
Einer rief es dem andern zu:
„Habt ihr gehört,
was Simson getan hat?
Er hat an einem Tag
tausend Philister erschlagen.
Wenn er so weitermacht,
sind wir alle verloren.“
Bald war Simson weit und breit
der gefürchtetste Mann.
Sogar die Fürsten der Philister
zitterten vor ihm.
Und sie nahmen sich vor,
Simson in eine Falle zu locken,
sobald sich dazu die Gelegenheit bot.

Doch Simson ahnte von alledem nichts.
Eines Tages verließ er sein Dorf
und zog in die Philisterstadt Gaza,
um sich dort zu vergnügen.
Kaum war er dort,
da wurde dem Stadtfürsten gemeldet:
„Simson ist hier.
Er übernachtet bei einer Hure.“
„Auf“, rief der Stadtfürst.
„Das ist unsere Gelegenheit.
Schnell, schließt die Stadttore!
Und bewacht das Haus der Hure
die ganze Nacht bis zum Morgen.

Dann werden wir Simson töten.
Diesmal kann er uns nicht entkommen.“ 16,2

Aber am nächsten Morgen
war Simson spurlos verschwunden.
Die Wächter suchten
die ganze Stadt nach ihm ab.
Doch als sie zum Stadttor kamen,
da traf sie fast der Schlag:
Das Tor war weg.
In der Mauer
gähnte ein riesiges Loch.
„Das hat Simson getan!“,
riefen die Philister erschrocken.
„Stellt euch vor: Er hat das Tor
aus den Angeln gehoben
und hat es auf den Berg getragen.“

Als aber die anderen Fürsten hörten,
was in Gaza geschehen war,
packte sie das Grauen vor Simson.
Und sie fragten sich bestürzt:
Woher hat dieser Mensch
solch übermenschliche Kraft?
Wir müssen es herausfinden.
Sonst bekommen wir den Kerl
nie in unsere Gewalt.

Bald darauf wurde
den Philisterfürsten gemeldet:
„Simson ist wieder im Land.
Er hat eine neue Geliebte,
eine Philisterin namens Delila.
Sie wohnt im Tal Sorek.“
Da machten sich die Fürsten
sofort auf den Weg zu Delila,
boten ihr Geld an
und baten sie dringend:
„Frag Simson,
woher er seine Kraft hat.
Frag ihn so lange,
bis er dir sein Geheimnis verrät.
Dann kommen wir
und fallen über ihn her.
Und vergiss nicht:
Wenn du mitspielst,
zahlt dir jeder von uns
1100 Silbermünzen!“
Da willigte Delila ein
in ihren schmutzigen Handel.
Ungeduldig wartete sie,
bis Simson kam.

„Sag Simson“, fragte sie.
„Warum bist du so stark?
Wie muss man dich binden,
damit du schwach wirst?“
Simson antwortete:
„Ich will dir’s verraten:
Wenn man mich fesselt
mit sieben Sehnen,
dann werde ich schwach,
so schwach wie jeder andere Mensch.“ 16,7

Da besorgte sich Delila
sieben frische Bogensehnen,
und fesselte Simson im Schlaf.
Dann schrie sie:
„Simson, wach auf!
Die Philister sind da.“
Da fuhr Simson aus dem Schlaf hoch
und riss die Sehnen entzwei
als seien es dünne Schnüre,
vom Feuer versengt.
„Du hast mich betrogen
und hast mich belogen“, klagte Delila.
„Sag endlich die Wahrheit!
Womit muss man dich binden?“

Simson antwortete:
„Wenn man mich fesselt
mit ganz neuen Stricken,
dann werde ich schwach,
so schwach wie jeder andere Mensch.“ 16,11

Da besorgte Delila ganz neue Stricke
und fesselte damit Simson im Schlaf.
„Simson, wach auf!“, schrie Delila.
„Die Philister sind da.“

Da fuhr Simson hoch.
und zerriss die Stricke,
wie man Fäden zerreißt.

„Nun hast du mich
schon zweimal betrogen“,
klagte Delila.
„Sag endlich die Wahrheit:
Womit kann man dich binden?“

Unentwegt setzte sie Simson zu.
Schließlich gab Simson nach.
„Mein Haar –“
„Was ist mit deinem Haar?“
Simson schwieg.
Um ein Haar hätte er
sein Geheimnis verraten.
Doch plötzlich fiel sein Blick
auf den Webstuhl.
„Wenn du mein Haar flichtst
und am Webstuhl festmachst,
dann werde ich schwach,
so schwach wie jeder andere Mensch.“ 16,13

Da wartete Delila bis zum Abend.
Kaum war Simson eingeschlafen,
flocht sie seine Locken zusammen,
befestigte sie am Webstuhl
und schrie laut:
„Simson, wach auf!
Die Philister sind da!“

Da fuhr Simson aus dem Schlaf hoch.
Und mit einem Ruck
riss er sich vom Webstuhl los.

Als Delila das sah,
klagte sie Simson an:
„Du liebst mich nicht.
Du hast kein Vertrauen zu mir.
Schon dreimal hast du mich betrogen.
Warum verrätst du mir nicht,
woher deine große Kraft kommt?“

Aber Simson sagte kein Wort.
Delila versuchte es immer wieder.
Bei Tag und bei Nacht
bedrängte sie Simson,
lockte und drohte
und setzte ihm unentwegt zu.

Schließlich hatte Simson es satt.
„Gut“, meinte er müde.
„Wenn du unbedingt willst,
dann verrate ich dir mein Geheimnis.
Ich bin ein Geweihter Gottes.
Von Mutterleib an gehöre ich Gott.
Darum wurde mein Haar
nie geschnitten.
Denn das ist das Zeichen,
dass ich zu Gott gehöre.
Das gibt mir die Kraft.
Wenn man mein Haar schneidet,
dann ist meine Kraft dahin.
Und ich werde schwach
wie jeder andere Mensch.“ 16,16ff.

Nun merkte Delila:
Simson hatte die Wahrheit gesagt.
Und sie schickte Boten
zu den Philisterfürsten
und ließ ihnen sagen:
„Kommt alle her!
Heute Nacht ist es soweit.“

Da eilten die Fürsten herbei,
brachten das versprochene Geld
und versteckten sich
in Delilas Haus.
Delila aber wiegte Simson
wie gewohnt in den Schlaf.
Dann winkte sie einem Philister.
Der schnitt Simson das Haar ab,
während Delila ihn festhielt.
Doch plötzlich schrie sie laut auf:
„Simson, wach auf!
Die Philister sind da.“

Da fuhr Simson aus dem Schlaf hoch.
Aber was war das?
Auf einmal spürte er,
wie seine Kräfte versagten.
Delila hatte ihn fest im Griff.

In diesem Augenblick
stürzten auch schon die Philister
aus ihrem Versteck hervor.
Sie packten Simson,
fesselten ihn
und blendeten seine Augen.
Im Triumphzug führten sie ihn
durch die Straßen von Gaza,
warfen ihn ins Gefängnis
und schmiedeten ihn an eiserne Ketten.

Von diesem Tag an musste Simson
im Gefängnis Schwerstarbeit tun.
Er drehte die Mühle tagaus und tagein,
jeden Tag dieselbe eintönige Arbeit.
Und es schien, als bliebe dies
für immer sein Los.

So verrannen die Tage und Wochen.
Doch Simson nahm es nicht wahr.
Aber wenn er an seinen Kopf fasste,
spürte er, wie sein Haar nachwuchs.

In jenen Tagen feierten die Philister
ein großes Siegesfest.
Viele tausend Menschen
kamen in ihrem Tempel zusammen.
Sogar auf dem Dach
drängten sich Massen.
Mindestens 3000 Menschen
waren im Tempel versammelt,
um ihrem Gott Dagon
für den Sieg über Simson zu danken.
Laut schmetterten sie ihr Siegeslied:
„Lob sei unserem Gott Dagon.
Er hat unseren Feind Simson besiegt." 16,23
Sie sangen und grölten:
„Wo ist Simson? Simson muss her!
Wir wollen unseren Spaß
mit ihm treiben."

Da führten sie Simson vor,
so wie er war,
mit toten Augen

und in Ketten gefangen.
Als die Philister ihn sahen,
grölten sie vor Vergnügen.
Sie bogen sich vor Lachen.
Und sie spotteten:
„Seht euch den Simson an!
Was für ein feiner Held!
Kommt wir singen ihm unser Lied:
‚Lob sei unserem Gott Dagon.
Er hat unseren Feind Simson besiegt.
Der hat unsere Felder verwüstet
und unsere Männer erlegt.
Doch seht, nun ist er gefangen!'" 16,24

Als Simson das Lied hörte,
bat er den Burschen, der ihn führte:
„Lass mich los!
Ich will die Säulen tasten
und mich daran lehnen."
Und als er die Säule spürte,
schrie er zu Gott:
„Mein Herr und mein Gott!
Denke an mich!
Gib mir noch einmal die Kraft,
nur dieses eine Mal!" 16,28

Dann wandte er sich an die Menge
und rief laut:
„Hört, ihr Philister!
Jetzt gehe ich mit euch in den Tod."
Und ehe die Philister begriffen,
stemmte sich Simson mit Macht
gegen die beiden Säulen,
die das Dach trugen.
Da krachte das Dach
mit lautem Getöse ein.
Und alle Philister wurden
unter den Trümmern begraben.

Auf einmal war es
totenstill in dem Tal.
Die ausgelassenen Lieder
waren für immer verstummt.
Simson aber lag mitten
unter den Philistern begraben.

Da kamen Simsons Verwandte
und holten ihn heim
und begruben ihn in Israels Erde,
im Grab seiner Väter.

Dies ist das traurige Ende
von Simsons Geschichte.
Schon von Mutterleib
hatte Gott ihn zum Retter bestimmt.
Und obwohl Simson
oft eigene Wege ging,
tat Gott Großes durch ihn.
Sogar noch im Tod bekannte sich Gott
zu seinem ungewöhnlichen Zeugen.
Zwanzig Jahre war Simson
Richter über sein Volk.
Und sein Volk hatte Ruhe
vor seinen Feinden,
solange er lebte.

Rut

Rut 1–4

Zu jener Zeit
brach eine schlimme Dürrezeit
über den Süden des Landes herein.
Der Regen blieb aus.
Die Quellen versiegten.
Und auf den Feldern
vertrocknete das Korn in den Ähren.
Eine schwere Hungersnot
suchte das Land heim.
Auch in der Stadt Bethlehem,
dem „Brothaus“,
gab es nichts mehr zu essen.

Da verließen viele
ihren Hof und ihr Haus
und wanderten aus.
Zu ihnen gehörte auch Elimelech,
ein Bauer aus Bethlehem.
Eines Tages machte er sich auf
und zog mit seiner Frau Noomi
und seinen zwei Söhnen
ins Nachbarland Moab.
Dort blieben sie viele Jahre.
Die Söhne heirateten
moabitische Frauen.
Die eine hieß Rut,
die andere Orpa.
Aber nach zehn Jahren
starb Elimelech
und nicht lange danach
starben auch beide Söhne.
Sie ließen drei Witwen zurück.

Da sagte Noomi:
„Was soll ich noch hier
im fremden Land bleiben?
Die Hungersnot ist längst vorbei.
Ich will wieder nach Bethlehem gehen.“

„Dann gehen wir mit dir“,
meinten Rut und Orpa zu ihr.
Gemeinsam brachen sie auf.
Doch unterwegs sagte Noomi
zu Orpa und Rut:
„Warum geht ihr mit mir?
Ich kann euch keinen Mann geben.
Kehrt wieder in eure Heimat zurück!
Und heiratet wieder!
Gott gebe euch seinen Segen.“

Da nahm Orpa Abschied,
küsste Noomi und kehrte um.
Aber Rut entgegnete:
„Nein! Ich lasse dich nicht allein.
Wo du hingehst, dahin gehe ich auch.
Wo du bleibst, da bleibe ich auch.
Dein Volk ist mein Volk.
Und dein Gott ist mein Gott.“ 1,16
So zogen die beiden miteinander,
bis sie nach Bethlehem kamen.

Es war gerade Erntezeit,
als sie dort ankamen. 1,22
Auf den Feldern
wurde die Gerste geschnitten.
Als die Leute von Bethlehem
die zwei Frauen sahen,
liefen sie zusammen,
umringten die beiden
und riefen erstaunt:
„Ist das nicht Noomi?“

Aber Noomi antwortete:
„Nennt mich nicht mehr Noomi,
sondern Mara, die ‚Bittere‘!
Denn mein Los ist bitter.
Reich zog ich einst aus.
Aber mit leeren Händen
kehre ich heim.
Seht, wie Gott mich betrübt hat!
Alles hat er mir genommen,
meinen Mann und meine zwei Söhne.“ 1,20f.

Als Rut sah, wie betrübt Noomi war,
nahm sie sich vor, ihr zu helfen.

Gleich am nächsten Morgen
ging sie aufs Feld,
um Ähren zu sammeln.
Dies war das Vorrecht der Armen,
die selbst kein Kornfeld besaßen.

Nichtsahnend suchte sie das Feld auf,
das einem reichen Bauern
namens Boas gehörte.
Der war mit Noomi verwandt.
Als Boas sah,
wie Rut Ähren auflas,
fragte er seine Schnitter:
„Wer ist diese Fremde?
Woher kommt sie?“

Sie antworteten:
„Es ist die moabitische Frau,
die mit Noomi hierher kam.“

Da ging Boas auf Rut zu,
grüßte sie freundlich und sagte:
„Gesegnet bist du!
Gott vergelte dir alles,
was du für Noomi getan hast!
Unter seinen starken Flügeln
findest du Schutz. 2,12
Komm, iss und trink
mit meinen Schnittern.
Und halte dich immer zu ihnen,
solange Erntezeit ist.
Niemand soll dir ein Leid antun.“

Und Boas befahl seinen Knechten:
„Lasst für diese Frau
noch mehr Ähren liegen als sonst!
Und seid immer freundlich zu ihr!“

Noomi saß indessen in ihrem Haus
und ahnte von alledem nichts.
Unruhig wartete sie,
bis Rut am Abend heimkehrte.
Da ging die Tür auf.
Rut kam herein.
Sie schüttete vor Noomi das Korn aus.
„Was?“, staunte Noomi.
„So viel Korn hast du gefunden?
Wer hat dir's gegeben?
Gesegnet sei er!“
Und als sie hörte,
dass Boas es war,
staunte sie noch viel mehr.
„Gesegnet sei er!“, rief Noomi.
„Der Mann ist ein Verwandter von mir.
Nun sehe ich:
Gott lässt uns nicht im Stich.
Er weiß auch eine Lösung für dich.
Halte dich nur immer zu diesem Mann,
dann wird dir nichts zustoßen.“ 2,19f.

Von diesem Tag an blieb Rut
immer in der Nähe von Boas.
Er sorgte dafür,
dass sie jeden Tag genug Korn
nach Hause brachte.
Aber Noomi gab sich
noch nicht zufrieden.
Sie dachte an Rut:
Was sollte aus ihr werden,
wenn die Erntezeit vorüber war?

Eines Tages sagte Noomi zu Rut:
„Meine Tochter,
hör auf meinen Rat!
Du weißt, ich will nur
das Beste für dich.
Ich habe gehört,
dass Boas heute sein Korn drischt.
Auf, geh zu ihm!
Und wenn er müde ist,
dann leg dich zu seinen Füßen.
Fragt er dich aber:
‚Was willst du?‘
Dann sag ihm:
‚Ich will deine Frau werden.
Denn du bist der Löser.‘“
Es gab nämlich in Israel
ein altes Gesetz:
Wenn ein Mann kinderlos starb,
dann sollte der nächste Verwandte
die Frau des Verstorbenen

zu sich nehmen
und ihr einen Nachkommen schenken.
Er war ihr „Löser“.

Da hörte Rut auf Noomi
und führte alles so aus,
wie Noomi ihr riet. 3,1ff.

Als aber Boas von Rut erfuhr,
dass er der Löser sein sollte,
rief er: „Gesegnet seist du!
Denn du suchst nicht
dein eigenes Glück.
Darum fürchte dich nicht!
Bleib über Nacht hier!
Ich will deine Bitte erfüllen.“ 3,10ff.

Am nächsten Morgen ging Boas
zum Gerichtsplatz am Tor
und gab feierlich vor Zeugen
sein Eheversprechen.

Danach holte Boas Rut
zu sich in sein Haus.
Und als ein Jahr um war,
gebar Rut einen Sohn.

Da kamen alle Nachbarn
bei Noomi zusammen,
priesen und dankten Gott
und riefen voller Freude:

„Gelobt sei Gott,
der dich getröstet hat
und der dir dieses Kind
geschenkt hat!
Er ist der Löser,
der dich im Alter versorgt.
Deine Schwiegertochter,
die dir mehr bedeutet
als sieben Söhne,
hat ihn geboren.
Sein Name werde
in ganz Israel gepriesen.“ 4,14f.

Aber noch ahnte niemand,
dass mit diesem Kind
eine neue Geschichte begann:
die Geschichte von David,
dem Urenkel von Rut.
Er sollte einmal der König und Retter sein,
den Gott für sein Volk Israel
bestimmt hatte.

Halleluja!

Lobe den Herrn, meine Seele!
Ich will den Herrn loben, solange ich lebe,
und meinem Gott lobsingen, solange ich bin.
Wohl dem, dessen Hilfe der Gott Jakobs ist,
der seine Hoffnung setzt auf den Herrn, seinen Gott,
der Recht schafft denen, die Gewalt leiden, der die Hungrigen speist.
Der Herr richtet auf, die niedergeschlagen sind.
Der Herr behütet die Fremden und erhält Waisen und Witwen.
Der Herr ist König ewig, dein Gott für und für.

Halleluja!

Aus Psalm 146

6

Ende und Neuanfang

Das erste Buch Samuel

Seit Generationen lebte
das Volk Israel im eigenen Land.
Aber noch herrschte kein Frieden.
Noch immer hielten die Philister
das Land in Angst und Schrecken.
Zu jener Zeit war Israel
nur ein loser Verband
aus einzelnen Stämmen.
Es gab noch keinen König,
der über das ganze Volk regierte.
Das Einzige, was die Israeliten
miteinander verband,
war das Heiligtum Gottes in Silo.
Dort stand die Lade Gottes,
auch Bundeslade genannt.
Sie erinnerte daran,
wer der wahre König in Israel war:
Gott der Herr, der seinen Bund
mit Israel geschlossen hatte.

Aber die Israeliten vergaßen,
was Gott für sie getan hatte.
Auch die Priester in Silo
fragten nicht mehr nach Gott.
Nur noch wenige Menschen
hörten auf Gottes Stimme.
Zu ihnen gehörte Samuel,
der Sohn Hannas.

Von klein auf lebte Samuel
im Haus Gottes in Silo.
Er war noch ein Kind,
als Gott ihn zum Propheten berief.
Samuel war es,
der das Volk Israel
zu Gott zurückführte.
Er war es auch,
der Saul zum König salbte.
Und als Saul versagte,
salbte er im Auftrag Gottes
den Hirten David zum König.
Mit ihm fängt ein neuer Abschnitt
in der Geschichte Israels an,
die einst mit Abraham,
Isaak und Jakob begonnen hatte.

1. Samuel 1ff. *(vgl. S. 465)*

Samuel

Ikabod

1. Samuel 4

Im Bergland von Ephraim
lag die Stadt Silo.
Dort stand das Haus Gottes,
auf einem Hügel erhöht.
In Friedenszeiten ging es
auf dem Hügel hoch her.
Jeden Tag kamen Besucher
zum Haus Gottes,
brachten Gott Opfer
und feierten fröhliche Feste.

Zu jener Zeit waren
die Brüder Hofni und Pinhas
Priester am Haus Gottes.
Aber die beiden achteten
weder Gott noch die Menschen,
die zum Heiligtum kamen.
Wenn sich die Leute
zum Opfermahl setzten,
holten sich die Priester zuvor
das beste Fleisch aus dem Topf
und verzehrten es selbst.
Zwar warnte sie Eli, ihr Vater:
„Lasst das! Ihr verletzt Gottes Ehre."
Aber seine Söhne hörten nicht auf ihn. 2,12ff.

Früher hatte Vater Eli selber
im Haus Gottes als Priester gedient.
Aber nun war er blind und betagt,
schon fast hundert Jahre alt,
und seine Kraft war dahin.
Meist saß er am Tor
und begrüßte die Menschen,
die zum Heiligtum kamen.

Aber eines Tages
blieben alle Besucher aus.
Kein Mensch kam singend
den Berg herauf.
Verlassen und still
lag das Heiligtum da.
Im Land herrschte Krieg.
Die Männer waren in den Kampf
gegen die Philister gezogen.
Nur Eli und seine Söhne
waren in Silo geblieben.

An diesem Tag saß Eli
wie immer am Tor, lauschte
und wartete bange auf Nachricht.
Da – Schritte!
Männer stürmten den Hügel herauf.
„Verloren!", riefen sie Eli zu.
„Wir haben den Kampf verloren.
Nur ein Wunder kann uns noch retten.
Hofni! Pinhas!
Ihr Priester, wo seid ihr?
Unsere Heerführer schicken uns her.
Sie flehen euch an:
Bringt die Bundeslade ins Lager!
Tragt sie vor uns her in die Schlacht!
Wer weiß, vielleicht
tut Gott dann ein Wunder..." 4,3f.

Eli hielt den Atem an.
Hatte er richtig gehört?
Die Bundeslade wollten
die Männer haben?
Wer durfte es wagen,
sie aus dem Haus Gottes zu tragen?
„Hofni! Pinhas!", wollte er rufen.
„Tut's nicht!
Fragt erst Gott, ob er das zulässt!"
Aber zu spät!
Die Söhne trugen die Lade fort.
Im Laufschritt eilten sie
mit den Männern davon.
und ließen Eli allein zurück.

Stunde um Stunde verging.
Den ganzen Tag harrte Eli
am Tor aus, wartete und bangte.
Die Bundeslade – was würde aus ihr?
Und was würde aus seinem Volk,
wenn Gott sie verließ?

Inzwischen hatten die Priester
das Heerlager erreicht.
Als die Israeliten die Lade sahen,
brachen sie in Jubel aus.
Sie jauchzten, als sei
der Sieg schon errungen.
Das ganze Lager dröhnte
von ihrem Jubelgeschrei. 4,5

Da stürzten die Philister
aus ihren Zelten hervor
und riefen erschrocken:
„Was ist das für ein Geschrei?
Hilfe! Nun sind wir verloren!
Seht doch: Ihr Gott
ist in ihr Lager gekommen.
Ist das nicht der Gott,
der einst die Ägypter besiegt hat?
Auf, strengt euch an!
Gebt euer Letztes!
Kämpft um euer Leben!
Sonst ergeht es euch
wie einst den Ägyptern."
Mit Todesmut stürzten sie
sich in die Schlacht.
Und ehe sich die Israeliten
zum Kampf aufgestellt hatten,
hatten die Philister
sie schon niedergemacht.

Dreißigtausend Israeliten
fielen an diesem Tag.
Nur wenige konnten entfliehen.

Indessen saß Eli noch immer am Tor
und wartete bange auf Nachricht.
Angespannt lauschte er
in die Stille hinein.
Da – plötzlich lautes Geschrei.
Die ganze Stadt hallte wider
von Schreien und Klagen.
„Was ist?“, rief Eli erschrocken.
„Sagt, was ist los?“

Da kam ein Bote zu Eli
mit zerrissenen Kleidern
und mit Asche auf seinem Haar.
„Aus!“, schrie er. „Es ist aus!
Wir haben verloren.
Deine Söhne sind tot.
Und – die Bundeslade…“
Eli fuhr zusammen.
„Die Bundeslade? Wo ist sie?“
„Sie ist weg“, sagte der Bote leise.
„Die Philister haben
die Lade gestohlen.“

Als Eli das hörte,
schrie er laut auf,
stürzte rücklings zu Boden
und brach sich das Genick.
So starb Eli mit seinen Söhnen,
an ein und demselben Tag.
Öde und leer
lag nun das Heiligtum da.
Es schien, als hätte Gott
sein Volk für immer verlassen. 4,12ff.

Aber am selben Tag wurde
Eli ein Enkelsohn geboren.
Als seine Mutter erfuhr,
was mit der Lade geschehen war,
nannte sie ihr Kind Ikabod,
das bedeutet:
„Die Herrlichkeit Gottes ist
aus Israel gewichen“. 4,19ff.

Jetzt erst begriffen alle,
was sie verloren hatten.
Und viele fragten sich bange:
Wann kehrt die Lade wieder zurück?
Wann wird Gott
wieder unter uns wohnen?

Die Bundeslade

1. Samuel 5–6

Nichts war dem Volk Israel
so teuer und heilig
wie die Bundeslade in Silo.
Sie hatte die Israeliten
schon durch die Wüste begleitet.
Sie war der Ort,
auf dem Gottes Herrlichkeit ruhte.
Als Gottes heiliger Thron
wurde sie von allen geehrt.
Wo immer sie war,
kam Gott seinem Volk nah.

Aber nun war die Bundeslade
in den Händen der Feinde.
Im Triumphzug trugen die Philister
ihre Beute nach Aschdod
und brachten sie in den Tempel,
der ihrem Gott Dagon geweiht war.
Vor seinem Standbild
stellten sie die Lade ab.
Fast schien es, als blickte Dagon
höhnisch auf die Lade herab.

Doch als sie am nächsten Morgen
den Tempel betraten,
sahen sie mit Schrecken:
Dagon lag auf der Erde.
Es sah aus, als ob er sich
vor der Lade Gottes verneigte.
Schnell richteten sie
das Bild wieder auf.

Doch am nächsten Morgen
lag es wieder auf der Erde,
nun aber furchtbar verstümmelt.
Kopf und Hände waren
vom Rumpf getrennt.
Doch kaum hatten sich die Philister
vom ersten Schrecken erholt,
da eilte aufgeregt ein Bote herbei.
„Rettet euch!“, rief er.
„Verschließt eure Häuser!
In der Stadt wütet die Pest.“ 5,1ff.

Da wurde den Leuten von Aschdod
ganz unheimlich zumute.
Sie fragten sich entsetzt:
Vielleicht ist der Gott Israels
doch stärker als unser Gott.
Schnell brachten sie die Lade
in die nächste Stadt Gat.
Doch kaum war sie dort,
brach auch in Gat
die tödliche Seuche aus.
Zahllose Mäuse und Ratten
krochen aus allen Löchern
und Winkeln hervor
und verpesteten Häuser und Gassen.
Todesangst ging um in der Stadt.

Da nahmen die Leute von Gat
die Lade auf ihre Schultern
und brachten sie schnell
in die nächste Stadt Ekron.
Als aber die Leute von Ekron
die Lade sahen,
schrien sie auf vor Angst:
„Warum bringt ihr die Lade zu uns?
Wollt ihr uns etwa töten?“
Eilig luden sie
alle Stadtfürsten zu sich
und flehten sie an:
„Schickt die Lade wieder zurück!
Worauf wartet ihr noch?
Ihr seht doch: In unserem Land
richtet die Lade nur Unheil an.“
Aber die Fürsten zögerten noch.
Sieben Monate blieb die Lade
im Land der Philister. 6,1
In dieser Zeit wurde
das Land schwer geplagt.
Schließlich wussten sich
die Fürsten keinen Rat mehr.
Sie fragten ihre Wahrsager:
„Was sollen wir tun?
Wie können wir
den Gott Israels gnädig stimmen?
Sagt uns: Was ratet ihr?“ 6,1ff.

„Schickt die Lade wieder zurück!“,
rieten die Wahrsager.
„Und legt kostbare Weihegaben dazu!
Gießt fünf goldene Mäuse
und fünf Pestbeulen aus Gold.
Legt sie in ein Kästchen
und schickt sie mit der Lade zurück!
Warum sperrt ihr euch noch?
Erinnert euch an die Ägypter!
Denkt daran, was sie taten!
Als Gott ihr Land heimsuchte,
ließen sie das Volk Israel ziehen.
Darum macht es genauso wie sie:
Besorgt euch einen neuen Wagen,
stellt die Lade darauf
und legt das Kästchen dazu.
Spannt Kühe davor
und lasst sie laufen,
wohin es sie treibt.
Laufen sie von selbst
auf Israel zu,
dann ist dies ein Zeichen,
dass der Gott Israels
seine Hand im Spiel hat.
Wenn nicht,
dann war alles nur Zufall.“ 6,1ff.

Da führten die Fürsten alles aus,
wie ihnen geraten wurde.
Sie stellten die Lade
mit ihren Weihegaben

auf einen neuen Wagen.
Und kaum hatten sie die Kühe
vor den Wagen gespannt,
da liefen diese schon los.
Mit lautem Gebrüll
steuerten sie geradewegs
auf das Gebiet von Israel zu.
Und sie hielten nicht eher an,
bis sie jenseits der Grenze waren.
Auf einem Feld,
nahe dem Ort Bet-Schemes,
machten sie Halt.
Dort wurde gerade Weizen geerntet.
Als die Schnitter den Wagen sahen,
ließen sie ihre Sicheln fallen
und eilten voll Freude herbei.
Ehrfürchtig umringten sie den Wagen.
Behutsam hoben sie die Lade ab,
schlugen den Wagen zu Kleinholz,
zündeten das Holz an
und brachten Gott ein Dankopfer.

Die Philister aber
schauten von ferne zu,
sprachlos vor Staunen.
An diesem Tag hatten sie
mit eigenen Augen gesehen,
wie mächtig der Gott Israels war. 6,10–18

Eben-Eser

1. Samuel 7

Endlich war die Bundeslade
wieder im Land!
Aber die Kriegsgefahr
war noch nicht gebannt.
Immer wieder fielen die Philister
in Israel ein und verbreiteten
Angst und Schrecken.
Das Heiligtum von Silo
hatten sie zerstört.
Seitdem gab es in Israel
keinen Gottesdienst mehr.
Auch die Bundeslade stand
nicht mehr an ihrem früheren Ort.
Es fanden sich nur wenige,
die noch nach Gott fragten.

Es war eine trostlose Zeit.
Die Israeliten quälten sich
durch die Tage.
Vergeblich hielten sie
Ausschau nach Hilfe.
Schließlich suchten sie
bei den Göttern des Landes,
bei Baal und Astarte, ihr Glück.
Von diesen Göttern
versprachen sie sich mehr Hilfe
als von dem Gott ihrer Vorfahren.

Zwanzig Jahre lang
dauerte dieser elende Zustand an. 7,2
Danach besann sich das Volk
wieder auf seinen Gott.
Aber wo sollten sie ihn finden?
Besorgt fragten sich viele:
Wer kann uns
den Weg zu Gott zeigen?
Wer lehrt uns,
seine Gebote zu halten?
Da sagten sie zueinander:
„Erinnert ihr euch?
Früher gab es in Silo
einen jungen Priester,
der sich Samuel nannte.
Jetzt wohnt er in Rama. 7,17
Kommt, wir gehen zu ihm!
Vielleicht kann er uns sagen,
was wir tun sollen.“

So zogen sie in großen Scharen
zu Samuel nach Rama
und sagten zu ihm:

„Hör Samuel, wir haben
einen großen Fehler gemacht.
Wir haben Gott verlassen
und sind anderen Göttern gefolgt.
Sag, was sollen wir tun?"

„Kehrt um!", rief Samuel.
„Wendet euch wieder zu Gott!
Dient ihm allein
und keinem anderen Gott!
Dann werdet ihr sehen,
wie er euch hilft." 7,3

Da horchten die Menschen auf.
Und sie holten alles hervor,
was sie mitgebracht hatten,
Amulette und Götterbilder.
Alles warfen sie vor Samuel hin.
Und als sie nach Hause kamen,
zerstörten sie auch dort
alle Götterbilder und Altäre.

Danach befahl Samuel dem Volk:
„Kommt nach Mizpa!
Dort wollen wir miteinander
einen Gottesdienst feiern
und unseren Bund mit Gott erneuern.
Ich werde Gott bitten,
dass er euch eure Schuld vergibt." 7,5

Da zogen sie alle nach Mizpa,
beteten und fasteten
und bekannten Gott ihre Schuld.
Andächtig warteten sie,
dass Gott ihnen ein Zeichen gab.

Doch plötzlich kam ein Bote,
der rief: „Rettet euch!
Die Philister rücken
mit einem großen Heer an."
Da war auf einmal alle Ruhe dahin.
Die Menschen schrien auf:
„Samuel, bete für uns!
Bitte Gott, dass er uns hilft." 7,7f.
Danach stellten sie
in aller Eile ein Heer auf.
Zitternd zogen sie
den Philistern entgegen.
Samuel aber blieb allein zurück.
Er brachte Gott Opfer,
betete und flehte Gott an:
„Ach Herr, hilf deinem Volk!
Rette es vor seinen Feinden!" 7,9

Lange Zeit verharrte Samuel im Gebet.
Da – plötzlich ein Donnerschlag.
Es blitzte und donnerte.
Die Erde bebte und dröhnte.
Ein gewaltiges Unwetter
brach über die Philister herein.

Da flohen die Philister
in wilder Panik.
Die Israeliten aber jagten
ihnen nach bis an die Grenze.
Dort richtete Samuel
ein großes Steinmal auf
und gab ihm den Namen Eben-Eser,
das heißt: „Stein der Hilfe".
„Denn", so sprach er,
„bis hierher hat uns der Herr geholfen."
Gott hatte die Schreie und Gebete
seines Volkes gehört.
Er würde auch künftig
über seinem Volk wachen. 7,11f.

Der König

1. Samuel 8–10

Jahrelang war Samuel
durch das Land gewandert.
Er hatte ferne Städte besucht.
Und wohin er kam,
hatte er die Menschen ermahnt,
Gottes Gebote zu halten.
Sobald es einen Streitfall gab,
war er zur Stelle,
schlichtete den Streit

und sorgte für Frieden im Land. 7,15ff.
Darum war Samuel
bei allen Israeliten hoch geachtet.
Aber nun war Samuel alt geworden.
Seine Söhne Abia und Joel
übten an seiner Stelle
das Richteramt aus.
Doch Samuels Söhne
hielten sich nicht an Gottes Gebote.
Sie nahmen Geschenke an
und beugten das Recht. 8,1ff.
Da beschlossen die Ältesten des Volkes,
mit Samuel zu sprechen…

Es war Abend.
Samuel saß vor seinem Haus
und schaute auf die Straße hinaus.
Plötzlich kniff er die Augen zusammen.
Eine Gruppe ehrwürdiger Männer
kam auf sein Haus zu.
Es waren die Sippenhäupter
und Ältesten des Volkes.
Ehrerbietig verbeugten sie sich
vor dem greisen Mann.
Der grüßte sie höflich:
„Sagt, was führt euch zu mir?
Was habt ihr auf dem Herzen?“
Da trat einer vor,
verneigte sich und sprach:

„Wir kommen als Sprecher
unserer Sippen und Städte.
Sie lassen dir sagen:
So geht es nicht weiter.
Mit unserem Land geht es bergab.
Unsere Lage wird immer schlimmer.
Die Philister unterdrücken uns hart.
Und niemand ist da, der uns hilft.
Du könntest es tun.
Aber du bist zu alt.
Deine Söhne helfen uns nicht.
Sie sind keine gerechten Richter,
sondern nur auf ihren Vorteil bedacht.
Darum kommen wir zu dir.
Im Namen des Volkes
bitten wir dich:
Gib uns einen König,
der unser Land gerecht regiert!“
„Ja“, pflichteten die anderen bei.
„Einen König wollen wir haben,
so wie alle anderen Völker.“ 8,4ff.

Samuel sah sie entsetzt an.
„Habe ich richtig gehört?
Einen König wollt ihr?
Habt ihr denn vergessen,
wer König in Israel ist?“

„Nein, nein“, erwiderten sie.
„Wir brauchen einen richtigen König
wie die anderen Völker.“

Da merkte Samuel:
Die Männer waren entschlossen,
ihren Plan durchzusetzen.
Aber Samuel zögerte noch.
„Wartet hier!
Erst muss ich hören,
was Gott dazu sagt.“
Er zog sich ins Haus zurück,
um mit Gott zu reden.
Nach einiger Zeit kam er heraus
und verkündete seinen Gästen:
„Ihr Männer von Israel,
hört, was Gott zu euch spricht:
Einen König wollt ihr haben?
Ja, ihr sollt ihn bekommen,
wie ihr es wünscht.
Aber ich warne euch:
Ein König wird mehr Rechte
von euch fordern.
Er wird eure Söhne und Töchter
in seinen Dienst nehmen.
Und vom Ertrag eurer Felder
wird er den zehnten Teil fordern.“ 8,6–18

Aber die Männer erwiderten:
„Nein, ein König muss sein.

Der soll uns regieren
und in den Krieg führen.
Dann werden wir so stark
wie die anderen Völker sein.“ 8,19f.

Da willigte Samuel ein:
„Gut, dann sollt ihr
euren König bekommen.
Aber merkt euch:
Nur der wird König
über Israel sein,
der Gott gefällt.
Gott wird ihn selber auswählen.“

Zufrieden zogen die Männer ab
und verkündeten in allen Städten
und Stammesgebieten:
„Freut euch!
Gute Nachricht für euch!
Unser Land bekommt einen König.“
„Aber wer wird es sein?“,
fragten die anderen.
Die Männer zuckten die Schultern:
„Der, den Gott für uns auswählt.“

Von diesem Tag an warteten alle
gespannt auf den neuen König.
Viele sahen sich schon um
nach geeigneten Kandidaten:
Männer mit Rang und Namen,
mit Weisheit begabt
und im Kampf erfahren.

Doch während die Menschen
noch suchten und fragten,
hatte Gott schon
den künftigen König gewählt:
Saul, den Sohn des Kis,
einen jungen Mann
aus Benjamins Stamm.
Kein Mensch hätte daran gedacht,
Saul zum König zu machen.
Doch Gott sprach zu Samuel:
„Der ist es, den ich erwählt habe.
Auf, salbe ihn zum König!“ 9,16

Da salbte Samuel Saul zum König.
Niemand außer den beiden
wusste davon.
Aber nicht lange danach ließ Samuel
im ganzen Land verkünden:
„Kommt alle nach Mizpa!
Dort sollt ihr euren König bekommen.“

Bald darauf kamen sie an.
Viele tausend Menschen
strömten in Mizpa zusammen.
Da trat Samuel vor sie
und sprach:
„Ihr Israeliten, hört her!
So spricht Gott der Herr:
Ich habe euch aus Ägypten geführt
und hierher gebracht.
Aber ihr habt euch
von mir losgesagt.
Einen anderen König
wolltet ihr haben.
Nun seht,
wen Gott ausgewählt hat:
Stellt euch auf,
Stamm neben Stamm,
Sippe an Sippe,
Mann für Mann.
Dann werfe ich das Los.
Und wen das Los trifft,
wird euer König sein.“
„Ja“, riefen alle, „so soll es sein.“

Als Samuel das Los warf,
da fiel es auf den Stamm Benjamin.
Und als er es noch einmal warf,
da fiel es auf Sauls Sippe.
Und noch einmal warf er das Los,
da fiel es auf Saul.
„Wo ist Saul?“, fragten die Leute.
Sie reckten die Köpfe.
Doch Saul hatte sich
bei den Zelten versteckt.
Da ließ Samuel ihn holen.

„Wie groß er ist!", staunten alle.
„Einen Kopf größer als wir!"
Samuel aber ging Saul entgegen.
„Seht", rief er,
„das ist der König,
den Gott für euch ausgewählt hat.
Kein anderer ist ihm gleich."

Da brach die Menge in Jubel aus.
Die Leute klatschten in die Hände
und schrien begeistert im Chor:
„Lang lebe der König.
Saul, unser König, lebe hoch!"
Ihr lautes Freudengeschrei
erfüllte die ganze Stadt. 10,2ff.

Da hob Samuel die Hand.
Und feierlich verkündete er:
„Hört, was Gott eurem König gebietet:
Er soll sich nicht
auf seine eigene Stärke verlassen,
sondern allein auf den Herrn.
Dann wird Gott ihn stärken
und ihn als König erhalten,
ihn und alle, die nach ihm kommen."

10,25/5 Mo 17,14ff.

So wurde Saul König über Israel.
Aber noch wusste er nicht,
was Gott mit ihm vorhatte.
Er kehrte nach Gibea zurück.
Dort wartete er,
bis Gott ihm zeigte,
was er zu tun hatte.

Saul

1. Samuel 11–12

Endlich hatte Israel einen König!
Aber Saul trug keine Krone.
Er wohnte noch immer
im Haus seiner Eltern.
Nichts unterschied ihn
von den anderen Bauern
in seiner Umgebung.
Jeden Tag trieb er
sein Vieh auf die Weide
und bestellte sein Feld.
Noch war für Saul ungewiss,
wann er sein Königsamt antreten sollte.
Saul wartete darauf,
dass Gott ihm ein Zeichen gab…

Eines Abends kam Saul
von der Feldarbeit zurück.
Da liefen ihm die Leute
auf der Straße entgegen.
Sie rauften sich die Haare,
weinten und klagten.
„Was habt ihr?", fragte sie Saul.
„Warum seid ihr so aufgeregt?"
Da zeigten die Leute
auf eine Gruppe von Fremden.
Ganz erschöpft
und verzweifelt sahen sie aus.
„Diese Fremden", riefen die Leute,
„sind Gesandte aus Jabesch,
einer Stadt jenseits des Jordans.
Seit langem wird ihre Stadt
von den Ammonitern belagert.
Wenn keine Hilfe kommt,
muss sich die Stadt
in sieben Tagen ergeben.
Dann erwarten die Bewohner
grausame Strafen.
Nun bitten die Gesandten
uns dringend um Hilfe.
Sonst sind sie verloren." 11,2ff.

„Nein“, rief Saul.
„Wir lassen sie nicht im Stich.
Die Leute von Jabesch
gehören zu unserem Volk.
Wir müssen sie retten,
so wahr ich König über Israel bin.“

Nun wusste Saul,
was er zu tun hatte.
Auf einmal spürte er,
wie Gottes Geist
ihn mit Kraft erfüllte. 11,6
Und er befahl:
„Auf, schickt Boten ins Land!
Ruft alle Männer zusammen,
alle, die zum Kampf taugen.
Sagt ihnen:
‚Kommt und helft
den Bewohnern von Jabesch.
Eilt euch!
Wir dürfen keine Zeit verlieren.‘
Und wehe, wenn einer sich drückt!“

Am nächsten Morgen
kamen sie von allen Seiten an.
Dreihunderttausend Mann
versammelten sich im Jordantal.
Da befahl Saul den Gesandten:
„Eilt uns voraus und verkündet
den Leuten von Jabesch:
‚Habt keine Angst!
Morgen, noch vor Mittag,
seid ihr befreit.‘“ 11,9

Im Eilmarsch zogen
Sauls Männer nach Jabesch.
Am nächsten Morgen,
noch vor Tagesanbruch,
hatten sie die Stadt erreicht.
Von drei Seiten fielen sie
über das feindliche Lager her.
Und als es Mittag wurde,
waren alle Ammoniter verschwunden. 11,11ff.

Da gingen die Tore weit auf.
Die Bewohner von Jabesch
kamen heraus.
„Saul hat uns befreit“,
so jubelten alle.
„Er ist der König,
der uns rettet und hilft.
Hoch lebe Saul!
Wo sind die Leute,
die gegen Saul waren?
Bringt sie um!“

Doch Saul fiel ihnen ins Wort:
„Was redet ihr da?
Heute soll niemand sterben.
Denn dies ist ein Tag der Freude,
den Gott uns geschenkt hat.“ 11,11ff.

Im Triumphzug
zogen die Israeliten heim.
Doch bevor sie auseinander gingen,
feierten sie ein Dankfest in Gilgal.
Auf diesem Fest setzte Samuel
Saul feierlich in sein Königsamt ein.
Und alle Israeliten dankten Gott,
der ihnen diesen König gegeben hatte
und sie zu einem Volk vereint hatte.

Danach legte Samuel 12,1ff.
sein Richteramt feierlich nieder.
Zum Abschied ermahnte er alle:

> „Seht, nun habt ihr den König,
> den ihr euch gewünscht habt.
> Aber gebt acht, dass ihr darüber
> euren Gott nicht vergesst.
> Hört stets auf seine Stimme!
> Und dient ihm von ganzem Herzen.
> Ich aber will nicht aufhören
> für euch zu beten.
> Und ich will euch
> den rechten Weg weisen,
> solange ich lebe.“ 12,1–25

Saul und die Philister

1. Samuel 13

Saul hatte im Osten
die Ammoniter besiegt.
Aber den Westen des Landes
hielten die Philister
noch fest in ihrer Hand.
Sie schoben ihre Vorposten
immer weiter in das Land vor.
Sogar vor Sauls Burg in Gibea
stand eine Wache der Philister.
Doch Saul war entschlossen,
Israel von den Philistern zu befreien.
Sein Sohn Jonatan half ihm dabei…

Eines Tages überfiel Jonatan
die Wache der Philister,
die vor Gibea stand. 13,3
Als die Philister davon erfuhren,
rüsteten sie sich zum Kampf,
mit 3000 Kampfwagen,
mit 6000 Wagenkämpfern
und Fußvolk, so zahlreich
wie der Sand am Meer.
Da ließ Saul im ganzen Land ausrufen:
„Israel hat sich in Verruf gebracht.
Darum kommt und kämpft mit mir
gegen das Heer der Philister!“
Da kamen sie von allen Seiten an
und sammelten sich um ihren König.

Doch als die Israeliten
das Heer der Philister sahen,
verloren sie allen Mut.
Viele liefen vor Angst davon.
Andere verkrochen sich in Felshöhlen.
Die Zahl der Israeliten
wurde von Tag zu Tag kleiner.
Saul sah es mit Schrecken.
Ungeduldig wartete er auf Samuel,
der das Opfer vor dem Kampf
darbringen sollte.
Sieben Tage wartete er schon.
Doch von Samuel
war keine Spur zu sehen.
Schließlich wurde Saul
das Warten zu lang.
Er rief: „Kommt alle zu mir!
Jetzt opfere ich selber.“
Aber die Israeliten
starrten ihn entsetzt an.
Hatte ihr König vergessen,
dass nur der Priester
das Opfer darbringen durfte?

Kaum brannte das Feuer
auf dem Altar,
kam auf einmal Samuel an.
„Da bist du endlich!“,
rief der König erfreut.
„Friede sei mit dir!“
Er eilte auf Samuel zu.
„Wie?“, entgegnete dieser.
„‚Friede‘ sagst du?
Und was ist das?“
Samuel zeigte auf das Opfer,
das auf dem Altar brannte.
„Ich glaubte“, stammelte Saul,
„ich dachte, du kämst nicht mehr.
Meine Leute liefen schon alle weg.
Da sagte ich mir:
Es ist keine Zeit zu verlieren.
Gleich rücken die Philister an,
dann ist es zu spät.
Also habe ich selber
das Opfer vollzogen.“

„Was hast du getan?“,
rief Samuel entsetzt.
„Gott hat dich zum König gemacht.
Aber du? Du hörst nicht auf ihn!
Du achtest nicht
auf seine Gebote.
Auch dein Sohn Jonatan
sollte einmal König
über Israel werden.

Aber nun wird sich Gott
einen anderen König suchen.“ 13,13f.

So sprach Samuel,
drehte sich um
und ging ohne Gruß davon.
Saul aber sah ihm erschrocken nach.
Nun erkannte er auf einmal,
was er getan hatte.
Aller Mut war plötzlich dahin.
Er zog sich mit Jonatan
nach Gibea zurück.
Nur eine kleine Schar
folgte ihm dorthin.
Die andern Israeliten aber
zogen unverrichteter Dinge heim.
Dort warteten sie voll Angst,
was mit ihrem Land geschehen würde. 13,15f.

Saul und Jonatan

1. Samuel 13–14

Bald darauf gingen die Philister
zum offenen Angriff über.
In drei Heeresgruppen
streiften sie durch das Land
und verheerten die Dörfer.
Sie plünderten die Häuser
und nahmen alle Waffen an sich.
Im ganzen Land gab es keinen
Speer und keinen Spieß mehr.
Nur Saul und sein Sohn Jonatan
besaßen noch eiserne Waffen.
Auch war in Israel
kein Schmied mehr zu finden.
Wer Pflugschar, Hacke oder Beil
wetzen wollte, musste es
bei den Philistern tun
und teuer bezahlen.
So hielten die Philister lange Zeit
das ganze Land unter Kontrolle.
Sie hatten ihr Lager
bei Michmas aufgeschlagen.
Dort führte der Weg
durch einen Engpass.
Zwei steile Felsen säumten die Straße.
Auf dem einen hatten die Philister
einen Vorposten aufgestellt.
Mit zwanzig Mann
überwachten sie das ganze Gebiet.
Saul hatte sein Lager
vor Gibea aufgeschlagen.
Dort harrte er mit 600 Mann aus,
ohne einen Angriff
auf die Philister zu wagen.
Mit Sorge sah sein Sohn Jonatan,
wie die Zeit verrann…

Eines Tages fasste sich
Jonatan ein Herz.
Er rief seinen Waffenträger
und weihte ihn in seinen Plan ein.
„Komm!“, schlug er ihm vor.
„Wir wagen es allein.
Heute überfallen wir die Philister.
Vielleicht kann Gott
durch uns ein Wunder tun.
Denn es ist dem Herrn nicht schwer,
durch viel oder wenig zu helfen.“ 14,6

Heimlich verließen sie das Lager.
Sie pirschten sich
bis an den Engpass heran.
„Pass auf!“, sagte Jonatan
zu seinem Begleiter:
„Jetzt zeigen wir uns den Philistern.
Doch zuvor muss Gott uns zeigen,
was er von uns will.
Wenn die Philisterwache uns sieht,
und wenn sie uns zuruft:
‚Halt! Steht still!
Wir steigen zu euch herab‘,
dann bleiben wir stehen
und gehen keinen Schritt weiter.

Dann glaube ich,
dass Gott es nicht will.
Wenn sie aber rufen:
‚Kommt zu uns herauf‘,
dann klettern wir hoch.
Das ist das Zeichen,
dass Gott es so will.“ 14,10

Da – plötzlich schrie jemand:
„He – ihr da!
Kommt doch herauf,
wenn ihr es wagt!
Wir werden's euch zeigen.“
„Auf, mir nach!“,
flüsterte Jonatan.
„Nur keine Angst!
Gott hat die Philister
in unsere Hand gegeben.“ 14,12

Und schon kletterte Jonatan
die Felswand hinauf.
Sein Waffenträger blieb ihm
dicht auf den Fersen.
Kaum waren sie oben,
schlug Jonatan zu.
Mit einem Streich streckte er
alle Wachsoldaten nieder.

Als aber die anderen Philister
den Lärm hörten,
stürzten sie aus ihren Zelten hervor.
Kopflos rannten sie durch das Lager
und schrien in panischer Angst. 14,15

Ihr Geschrei drang bis nach Gibea
zu Sauls Lager hinüber.
„Was ist das für ein Lärm?“,
fragte der König erschrocken.
„Wer ist in ihr Lager eingefallen?
Zählt nach, wer von uns fehlt!“

Da forschten sie nach.
Und siehe da: zwei fehlten,
Jonatan und sein Waffenträger.
„Auf“, rief Saul, „ihm nach!“

Im Eilmarsch zogen sie
hinüber zum feindlichen Lager.
Dort herrschte ein heilloses Chaos.
Die Philister schlugen wild um sich.
Als sie die Israeliten sahen,
stoben sie nach allen Seiten davon.
Aber die Israeliten jagten ihnen nach.
Immer mehr schlossen sich ihnen an.
Auch alle, die sich zuvor
in Höhlen verkrochen hatten,
wagten sich wieder hervor.
Sie stürzten sich in das Gewühle.
Saul trieb sie unentwegt an:
„Haltet nicht an!
Esst nichts und trinkt nichts,
bis ihr alle Philister vertrieben habt.
Wer es dennoch tut, sei verflucht.“ 14,24

Jonatan aber eilte
den anderen Israeliten voraus.
Er hatte nicht gehört,
was sein Vater befohlen hatte.
Plötzlich wurde er sterbensmatt.
Da entdeckte er im Gestrüpp
Honigwaben von wilden Bienen.
Jonatan steckte seinen Stab
in den Honig und leckte daran.
Auf einmal spürte er,
wie seine Kräfte zurückkehrten.
Er strahlte seine Begleiter an. 14,27
Die aber riefen entsetzt:
„Was hast du getan?
Hast du nicht gehört,
was dein Vater befohlen hat?
Wer heute vor Abend etwas isst,
der muss sterben.“

„Wie dumm von meinem Vater!“,
rief Jonatan.
„Wie konnte er das befehlen?
Mein Vater stürzt uns ins Unglück.
Hätten sich doch alle gestärkt!
Dann hätten wir noch
einen größeren Sieg errungen!“

Endlich kam der Abend heran.
Da waren die Israeliten
mit ihren Kräften am Ende.
Heißhungrig fielen sie
über die Beute her.
Doch Saul hatte noch nicht genug.
Er fragte Gott:
„Sollen wir die Philister
noch weiter verfolgen?“
Aber Saul bekam keine Antwort.
„Wer ist schuld daran?“,
rief der König empört.
„Sicher hat jemand
meinen Befehl nicht beachtet.
Wer ist es? Sagt, wer?
So wahr Gott lebt – er muss sterben!
Und wenn es mein Sohn Jonatan wäre!“ 14,39

Da schwiegen die Leute betroffen.
Niemand wagte, dem König
in die Augen zu schauen.
Denn alle wussten,
dass es Jonatan war.
Und als sie das Los warfen,
da traf es – Jonatan.
„Du, Jonatan?“, rief Saul entsetzt.
„Sag, was hast du getan?
Bei Gott, du musst sterben.“ 14,44

Aber die Israeliten beschworen Saul:
„Nein, bitte, tu’s nicht!
Jonatan darf nicht sterben.
Er hat uns heute gerettet.
So wahr Gott lebt,
kein Haar soll ihm gekrümmt werden.“
So trat das Volk für Jonatan ein.
Da ließ Saul von ihm ab.

Erleichtert kehrten alle heim.
An diesem Tag hatte Gott
sein Volk vor großem Schaden bewahrt.
Von diesem Tag an hatte Israel
eine Zeitlang Ruhe vor seinen Feinden.

Ein Lied von David,
dem Freund Jonatans:

**Der Herr ist mein Licht
und mein Heil;
vor wem sollte ich mich fürchten?
Der Herr ist meines Lebens Kraft;
vor wem sollte mir grauen?
Wenn sich auch ein Heer gegen
mich lagert,
so fürchtet sich dennoch
mein Herz nicht.
Wenn sich Krieg
gegen mich erhebt,
so verlasse ich mich
doch allein auf ihn.
Herr höre meine Stimme,
wenn ich rufe!
Denn du bist meine Hilfe,
verlass mich nicht!**

Aus Psalm 27

David und Jonatan

1. Samuel 18–20

Noch war Saul König über Israel.
Aber inzwischen hatte Samuel
einen anderen zum König gesalbt:
David, den Sohn Isais,
einen Hirten aus Betlehem. 16,1ff.
Zu jener Zeit war David
noch nicht bekannt.
Aber bald darauf
besiegte David den Riesen Goliat,
den mächtigen Philister. 17,1ff.
Seitdem war sein Name
in aller Munde.
Über Nacht war David
zum Helden des Landes geworden.
Das ganze Volk rühmte
seine mutige Tat. 18,6f.

Auch der König überhäufte
David mit allen Ehren:
Er holte ihn an seinen Hof,
gab ihm seine Tochter zur Frau
und setzte ihn über sein Heer.
Aber je länger David am Hof weilte,
desto mehr wuchs Sauls Angst.
Wer weiß, sagte er sich,
vielleicht ist David der König,
den Samuel angekündigt hat?
So nahm er sich vor,
David aus dem Weg zu schaffen. 18,5ff.
Aber es kam ganz anders,
als Saul sich gedacht hatte.
Schuld daran war Jonatan,
Sauls eigener Sohn…

Es war Nacht.
Da klopfte es an Davids Tür.
Jonatan kam herein.
„David", flüsterte er.
„Du bist hier am Hof nicht mehr sicher.
Mein Vater ist eifersüchtig auf dich.
Aber verlass dich auf mich!
Ich halte zu dir.
Hier hast du mein Ehrenwort.
Und damit du mir glaubst –
nimm diesen Mantel.
Nimm auch meine Rüstung
und mein Schwert
samt Köcher und Pfeilen dazu.

Du wirst sie noch brauchen."

David starrte Jonatan an.
Dieser Mantel und die Rüstung
standen doch nur dem Thronfolger zu!
Dachte Jonatan etwa…?
David wagte nicht zu fragen.
Zögernd nahm er das Geschenk
aus Jonatans Hand.
Danach schworen sich beide,
für immer Freunde zu bleiben. 18,3f.

Nicht lange danach kam Jonatan an.
„David", flüsterte er, „lauf weg!
Dein Leben ist in großer Gefahr.
Mein Vater bringt dich um,
wenn du nicht fliehst.
Er hat es mir heute verraten.
Aber ich will versuchen,
ihn umzustimmen.
Morgen früh gehe ich
mit ihm hinaus vor die Stadt.
Versteck' dich dort!
Da will ich mit ihm reden." 19,1ff.

David traute seinen Ohren nicht.
So schlimm stand es also um ihn?
Sofort sprang er auf,
flüchtete aus dem Haus
und rannte zur Stadt hinaus.
Dort suchte er sich
ein sicheres Versteck.
Bange wartete er,
bis der Morgen anbrach.
Da sah er Saul und Jonatan kommen.
Er hörte Jonatans Stimme,
ganz deutlich und nah:
„Mein Vater,
warum willst du David ermorden?
Bitte, verschone sein Leben!
Er hat dir nichts Böses getan.
Denk doch daran:
Er hat sein Leben gewagt.
Goliat hat er mutig erschlagen.
Bitte, tu ihm nichts an!
Ich flehe dich an.
Du lädst sonst große Schuld auf dich."

Da lenkte Saul ein.
„Gut, ich verspreche dir:
David soll nicht sterben.
So wahr Gott lebt,
ich will David verschonen." 19,6

Erleichtert lief Jonatan
zu Davids Versteck.
„Komm heraus!
Die Luft ist rein.
Du kannst wieder zurück.
Mein Vater tut dir nichts an.
Er hat es geschworen."

Da kehrte David zurück
an den Hof.
Aber von diesem Tag an
war er stets auf der Hut.
Wer weiß, sagte er sich,
vielleicht bekommt Saul
wieder einen Wutanfall.
Dann vergisst er alles,
was er versprochen hat.

Bald darauf traf ein,
was David befürchtet hatte.
David saß bei dem König
und spielte auf seiner Harfe.
Doch plötzlich zückte Saul seinen Spieß.
Er zielte auf David.
Der aber wich blitzschnell aus.
Er rannte hinaus
und verbarg sich in seinem Haus.
Aber Sauls Wächter
umstellten das ganze Haus.
Da ließ ihn seine Frau Michal
in der Nacht durchs Fenster hinab. 19,8ff.

Wochen vergingen.
Da trieb es David wieder zurück.
Heimlich traf er sich

mit seinem Freund.
„Du musst mir helfen“,
flehte er Jonatan an.
„Sag mir: Was habe ich Böses getan?
Warum verfolgt mich dein Vater?
Warum trachtet er mir
nach dem Leben?“
„Nein, nein!“, beruhigte ihn Jonatan.
„Mein Vater tut dir kein Leid an.
Sonst hätte ich es erfahren.“ 19,1ff.

Doch David glaubte ihm nicht.
„Ich fürchte, dein Vater
sagt dir nicht alles.
Er weiß, dass du mein Freund bist.
Glaub mir! Ich versichere dir:
Ich stehe mit einem Fuß
schon im Grab.“ 19,3

Da merkte Jonatan,
wie ernst es seinem Freund war.
„Dann sag mir“, bat er,
„wie kann ich dir helfen?“

„Morgen ist Neumond“,
entgegnete David.
„Da gibt es beim König
ein großes Festgelage.
Drei Tage dauert das Fest.
Aber ich komme nicht dazu.
Ich verstecke mich
hier auf dem Feld.
Wenn aber der König fragt:
‚Wo ist David?‘,
dann sag ihm:
‚David ist in Bethlehem.
Dort feiert seine Familie ein Fest.‘
Wird der König dann zornig,
dann weißt du,
wie ernst es um mich steht.
Jonatan, ich flehe dich an.
Liefere mich nicht an den König aus!
Töte mich lieber sofort,
wenn du meinst, ich sei schuldig.“

Aber Jonatan rief erschrocken:
„Nein, wie kannst du so etwas sagen?
Bei Gott, ich schwöre dir:
Ich sage alles, was ich erfahre.
Kein Wort verberge ich dir.
In drei Tagen bin ich
zum Bogenschießen hier.
Mein Bursche wird mich begleiten.
Dann hör genau zu, was ich rufe.
Wenn ich rufe: ‚Komm her,
der Pfeil liegt vor dir!‘,
dann komm aus deinem Versteck.
Dann besteht keine Gefahr.
Wenn ich aber rufe: ‚Lauf weiter!
Der Pfeil liegt hinter dir!‘,
dann musst du fliehen.
Verlass dich auf mich.
Ich gebe dir mein Ehrenwort.“ 20,23

Am nächsten Tag
gab der König ein Festgelage.
Alle Großen waren geladen.
Nur David fehlte.
Doch der König verlor
darüber kein Wort.
Aber am nächsten Tag
runzelte der König die Stirn.
„Wo ist David?“
„In Bethlehem“, antwortete Jonatan.
„Seine Familie feiert ein Fest.
Er bat mich, gehen zu dürfen.“
„Was?“, schrie der König erbost.
„Verdammter Sohn!
Ich weiß genau:
Du steckst mit David
unter einer Decke.
Schande über dich!
Schande über deine Mutter,
die dich geboren hat!
Du beschmutzt die Ehre des Hauses.
Begreifst du denn nicht?
Solange dieser David lebt,
wirst du nie König.

Deine Zukunft steht auf dem Spiel.
Auf, hol sofort David hierher!
Er muss sterben.“ 20,30f.

Jonatan sah Saul entsetzt an.
„Aber was hat er dir denn getan?
Warum muss er sterben?“

„Wie?“, schrie Saul wutentbrannt.
„Du wagst es, zu widersprechen?“
Er zückte seinen Speer
und zielte auf seinen Sohn.
Doch Jonatan wich ihm aus.
Er stürzte hinaus
und zog sich grollend zurück.
Auch am folgenden Tag
ließ er sich nicht mehr blicken.
Er verweigerte jedes Essen.
So tief hatten ihn die Worte
seines Vaters gekränkt.

Noch am selben Morgen aber
ging Jonatan zu der Stelle,
wo Davids Versteck lag.
Sein Bursche begleitete ihn.
Jonatan schoss einen Pfeil,
und in hohem Bogen sauste er
über den Burschen hinweg.
„Los lauf!“, rief Jonatan laut.
„Der Pfeil liegt weit hinter dir.“

Da wusste David:
Er musste sofort fliehen.
Rasch kam er aus seinem Versteck,
fiel Jonatan um den Hals
und nahm weinend Abschied von ihm.
Jonatan aber sprach zu David:
„Geh im Frieden!
Immer soll Frieden zwischen uns sein,
zwischen deinen und meinen Kindern.“ 20,41

Danach rissen sie sich voneinander los.
Jonatan kehrte in die Stadt zurück.
David aber floh in die Berge.
Doch Gott war mit David,
wohin er auch zog.

Ein Lied Davids,
als Saul sein Haus bewachen ließ,
um ihn zu töten:

**Errette mich, Gott,
vor meinen Feinden
und schütze mich
vor meinen Widersachern.
Denn siehe, sie lauern mir auf,
Starke Rotten sich
gegen mich zusammen.
Ich habe nichts verschuldet,
sie aber laufen herzu
und machen sich bereit.
Erwache, komm herbei
und sieh darein!
Meine Stärke, zu dir
will ich mich halten.
Denn Gott ist mein Schutz,
mein gnädiger Gott!**

Aus Psalm 59

Davids Flucht

1. Samuel 21–22

Es war Abend.
Die Sonne war bereits
hinter den Bergen verschwunden.
Nur ein einsamer Wanderer
war um diese Stunde noch unterwegs.
Ab und zu hielt er an,
blickte um sich und lauschte,
ob ihn jemand verfolgte.
David war es.
Eilig steuerte er auf Nob zu,
eine kleine Stadt in den Bergen,
in der sich das Zelt Gottes befand.
Dort suchte David Schutz
vor seinen Verfolgern.

Es war schon fast Nacht,
als David das Städtchen erreichte.
Da lief ihm der Priester
Ahimelech entgegen.
„Bist du es, David?“,
rief Ahimelech entsetzt.
„Wie siehst du aus!
Bist du ganz allein hier?“
„Ja“, flüsterte David.
„Ich komme im Auftrag des Königs.
Die Sache ist streng geheim.
Ich treffe mich mit meinen Leuten
an einem heimlichen Ort.
In der Eile habe ich
kein Brot mitgenommen,
auch keine Waffe.
Sag, hast du nicht ein wenig Brot
für mich und meine Leute?“

Aber der Priester schüttelte den Kopf.
„Ich habe nur das ‚Schaubrot‘,
das auf dem Altar gelegen hat.
Es ist Gott geweiht.“

„Gib mir das Brot“,
drängte David.
„Ich brauche es dringend.
Und wenn du hast,
gib mir dazu noch ein Schwert.“

Da gab ihm der Priester das Brot
und dazu das Schwert Goliats,
das im Zelt Gottes verwahrt war.

Plötzlich raschelte es.
David spürte:
Jemand hatte ihr Gespräch belauscht.
Ein Verräter! Ein Spion Sauls!,
schoss es ihm durch den Kopf.
Nur schnell weg von hier,
bevor Sauls Männer mich finden!

Noch in derselben Nacht
brach David von Nob auf
und floh ins Land der Philister.
Dort fühlte er sich vor Saul sicher.
Doch als er nach Gat kam,
fragten sich die Philister:
„Ist das nicht David,
der Goliat erschlagen hat?
Seht ihr sein Schwert?
Erkennt ihr es wieder?
Wisst ihr noch,
was damals die Frauen sangen?
‚Saul schlug tausend,
David aber zehntausend Mann.‘“ 21,12
Und sie führten David sofort
vor ihren König Achisch.
Da merkte David mit Schrecken:
Er war in eine Falle geraten.
Was tun?

Plötzlich hatte David eine Idee.
Mit einem Ruck riss er sich los,
raste durch den Saal,
schäumte und brüllte wie ein Tier
und schlug mit dem Kopf
gegen Türen und Tore.
Der Speichel triefte in seinen Bart.
Mit wirren Augen
starrte David den König an,
wie er es oft bei Saul erlebt hatte.
Erschrocken wichen
die Hofleute zurück.
Und der König rief angewidert:
„Seht ihr denn nicht?
Der Mann ist verrückt.
Warum bringt ihr den Kerl zu mir?
Verrückte habe ich genug hier.
Los, schafft ihn weg!
Ich will ihn nicht mehr hier sehen.“ 21,11ff.

Da jagten die Philister David
mit Schimpf und Schande davon.
David aber lief um sein Leben.
Er floh in die Berge,
woher er gekommen war.
Dort versteckte er sich
in der Höhle Adullam.

Sie war ein ideales Versteck,
an einem steilen Hang gelegen
und zwischen Felsen verborgen.
Nur nachts wagte sich David
aus seiner Höhle hervor.
Bei Tag verhielt er sich still.
Niemand sollte erfahren,
wo er war, vor allem nicht Saul,
der sich geschworen hatte,
David zu töten.

Aber bald stießen
allerlei Leute zu David,
die auch von Saul verfolgt wurden.
Sie suchten bei David Schutz.
David wurde ihr Anführer.
Bald waren es fast vierhundert Mann,
die sich um David scharten. 22,1f.

Aber die Höhle Adullam reichte
für so viele Menschen nicht aus.
Da zog sich David mit seinen Leuten
in die Wüste Juda zurück.
Dort suchte er Schutz auf felsigen Höhen
und hauste in Höhlen.

Eines Tages kam
ein einzelner Flüchtling an.
Todtraurig blickte er David an.
„Wer bist du? Woher kommst du?“,
fragte ihn David verwundert.
Er antwortete:
„Ich bin Abjatar aus Nob,
ein Sohn Ahimelechs, des Priesters.
Hör, was König Saul
unserer Stadt angetan hat:
Als er erfuhr,
dass mein Vater dir Brot gab,
schickte er sofort
seine Soldaten nach Nob
und ließ alle Priester ermorden.
Alle starben an einem Tag,
auch alle anderen Bewohner,
Männer, Frauen und Kinder.
Nur ich allein bin entkommen.“

„O weh!“, schrie David entsetzt.
„Nun ist wirklich geschehen,
was ich befürchtet habe.
Der Spion, der im Zelt versteckt war,
hat deinen Vater verraten.
Ich bin an seinem Tod schuldig.
Nun bleibe bei mir!
Hier bist du vor Saul sicher.
Ich will dich beschützen.“ 22,20ff.

Aber es dauerte nicht lange,
da wurde David gemeldet:
„Der König ist hinter dir her
mit einem gewaltigen Heer.“
Als David das hörte,
wurde ihm angst und bange.
Er floh von einer Höhle zur andern.
Doch nirgendwo war er
seines Lebens mehr sicher. 23,1ff.

Eines Tages preschte ein Reiter heran.
Da erkannte David
seinen Freund Jonatan.
Sein Pferd hielt genau vor David an.
Voll Sorge sah ihm David entgegen.
„Jonatan“, rief er, „du wagst es,
hierher zu kommen?
Weißt du nicht,
dass dein Vater mich überall sucht?“

„Hab keine Angst“, sagte Jonatan.
„Mein Vater kann dir nichts tun.
Denn Gott ist mit dir.
Ich weiß: Du wirst einmal
König über Israel sein.
Ich bin nur der zweite nach dir.
Auch mein Vater weiß das genau.
Dennoch will er’s nicht glauben.
Aber halte nur durch!
Vergiss nicht, was wir
uns einst geschworen haben.
Versprich mir,
dass du es nie vergisst.“ 23,14ff.

David versprach es.
Und auch Jonatan
erneuerte sein Versprechen.
Kein Mensch war dabei,
als sie sich das Versprechen gaben.
Aber sie spürten:
Gott war der Dritte
in ihrem Bunde.
Er würde auch künftig
seine Hand über ihnen halten. 23,18

Ein Lied Davids:

**Gott, sei mir gnädig,
denn Menschen stellen mir nach.
Auf Gott will ich hoffen
und mich nicht fürchten.
Was können mir Menschen tun?
Sie rotten sich zusammen.
Sie lauern und haben acht
auf meine Schritte.
Wie sie mir nach dem Leben
trachten!
Zähle die Tage meiner Flucht!
Ohne Zweifel, du zählst sie.
Auf Gott hoffe ich
und fürchte mich nicht.
Was können Menschen mir tun?**

Aus Psalm 56

David und Abigajil

1. Samuel 25

Jahrelang hielt sich David
in der Wildnis versteckt.
Die Schar, die ihm folgte,
zählte inzwischen fast 600 Mann.
Aber es wurde immer schwieriger,
für so viele Menschen
die nötige Nahrung zu finden.

Nun lebte in dieser einsamen Gegend
ein reicher Nomade, Nabal genannt.
Er hatte große Schafherden
und zahllose Hirten,
die seine Schafe bewachten.
Mit ihnen hatte David
Freundschaft geschlosssen.
Er und seine Männer hatten
Nabals Hirten schon oft geholfen.

Da wurde David eines Tages gemeldet:
Nabals Hirten haben
ihre Schafe geschoren.
Nun sind sie von Nabal
zum Fest der Schafschur geladen.
Es gibt ein großes Festmahl für sie.
Jeder darf essen und trinken,
Fleisch, Wein und Kuchen,
soviel er mag.
„Das trifft sich gut“,
rief David erfreut.
„Sicher fällt bei dem Festmahl
auch etwas für uns ab.“
Und er schickte sogleich
zehn Männer zu Nabal
und befahl ihnen:
„Grüßt meinen Bruder Nabal von mir
und bittet ihn freundlich,
dass er uns von seinem Essen abgibt.
Und wenn er zögert, dann sagt ihm:
Wir sind seine Freunde.
Seine Hirten können es alle bezeugen.“ 25,6f.

Da kamen Davids Männer zu Nabal
und trugen ihm ihre Bitte vor.
Aber Nabal schrie sie an:
„Was? Ihr seid wohl verrückt?
Euren David kenne ich nicht.
Wer ist dieser Kerl überhaupt?
Sicher nur ein entlaufener Knecht!
Es treibt sich in dieser Gegend
mancherlei Gesindel herum.
Auf, schert euch weg!
Nichts gebe ich ab,
kein einziges Stück."
Und er schickte die Männer
mit leeren Händen zurück. 25,10f.

Als aber David hörte,
was Nabal gesagt hatte,
packte ihn der Zorn,
und empört rief er:
„Ist das Nabals Dank?
Haben wir dafür
seine Herden beschützt?
Das soll Nabal uns büßen.
Ich schwöre bei Gott:
Morgen, noch ehe es tagt,
sind Nabal und seine Männer tot.
Auf, nehmt euer Schwert!
Noch in dieser Nacht
überfallen wir Nabal."
Und er brach mit 400 Mann auf.
Wie zu einem Kampf zog er aus,
um sich an Nabal zu rächen.

Unterdessen saß Nabal
fröhlich beim Festmahl,
aß und trank sich voll
und ahnte nicht,
welch großes Unheil ihm drohte.
Auch Abigajil, seine Frau,
ahnte von alledem nichts.
Da zog sie ein Hirte beiseite
und flüsterte ihr aufgeregt zu:
„Nehmt euch in Acht!
Euer Leben ist in großer Gefahr.
Nabal hat unseren Freund David
und seine Männer verhöhnt.
Nun wird David kommen
und sich an uns rächen."

Als Abigajil das hörte,
erschrak sie furchtbar
und packte eilig alles zusammen,
was sie zum Fest bereitgestellt hatte:
zweihundert Brote
und zwei riesige Krüge voll Wein,
fünf geschlachtete Schafe
und fünf Sack gerösteter Körner,
dazu hundert Rosinenkuchen
und zweihundert Feigenkuchen.

Dies alles lud sie auf Esel,
schickte ihre Knechte voraus
und befahl ihnen:
„Bringt dies alles zu David!
Und eilt euch!
Es ist keine Zeit zu verlieren."
Aber ihrem Mann
verriet Abigajil kein Wort. 25,18f.
Heimlich stahl sie sich
von dem Festmahl davon,
stieg auf ihren Esel
und folgte den Knechten.

Als aber Abigajil
um einen Bergvorsprung bog,
stand plötzlich David
mit gezücktem Schwert vor ihr.
Sogleich stieg Abigajil vom Esel
und warf sich vor ihm auf die Erde.
Wie einen König ehrte sie ihn.
„Ach mein Herr!", bat sie untertänig.
„Erlaube mir, dass ich rede.
Ich bin Abigajil, die Frau Nabals.
Bitte nimm Nabal nicht übel,
was er getan hat.
Er weiß es nicht besser.

Wie sein Name schon sagt,
ist er oft ein unbesonnener Mann,
denn Nabal heißt ‚Dummkopf'.
Aber ich nehme alle Schuld auf mich.
Es tut mir leid, ich wusste nicht,
dass deine Männer bei Nabal waren.
Doch ich bitte dich,
bei Gott, ich beschwöre dich:
Vergieße kein Blut!
Darum schickt mich Gott zu dir,
damit ich dich vor Unrecht bewahre.
So bitte ich dich:
Nimm mein Geschenk an
und verteile es unter deine Leute.
Doch erlaube mir,
dass ich noch ein Wort wage.
Ich weiß, eines Tages wirst du
König über Israel sein.
Und Gott wird mit dir sein.
Darum soll an dir
kein Makel gefunden werden.
Gott bewahre dich vor Blutvergießen
und erhalte dein Leben.
Und wenn du einst König wirst,
dann denke an meine Worte." 25,24ff.

Da rief David: „Gott sei gelobt!
Und gepriesen sei deine Klugheit!
Nun erkenne ich:
Gott hat dich zu mir gesandt.
Wahrhaftig!
Es hätte nicht viel gefehlt,
dann hätte ich Nabal
und alle seine Männer getötet.
Zieh wieder in Frieden zurück!
Und sei unbesorgt!
Ich tu euch kein Leid an." 25,32ff.

Da kehrte Abigajil zurück.
Am nächsten Morgen,
als Nabal wieder nüchtern war,
erzählte sie ihrem Mann,
was in der Nacht geschehen war.
Aber Nabal regte sich furchtbar auf,
so dass ihn der Schlag traf.
Zehn Tage schwebte er
zwischen Leben und Tod.
Dann starb er.

Als aber David davon erfuhr,
schickte er seine Boten zu Abigajil
und bat sie: „Komm zu mir
und bleibe bei mir."
Da zog Abigajil zu David
und wurde seine Frau
und sah mit eigenen Augen,
wie sich ihr Wort erfüllte.

Ein Lied Davids:
**Ich will den Herrn loben
alle Zeit,
sein Lob soll immer
in meinem Munde sein.
Preist mit mir den Herrn
und lasst uns miteinander
seinen Namen erhöhen!
Denn als ich den Herrn suchte,
antwortete er mir
und rettete mich
aus aller meiner Furcht.
Als einer im Elend rief,
hörte der Herr
und half ihm
aus allen seinen Nöten.
Schmecket und sehet,
wie freundlich der Herr ist!
Wohl dem, der auf ihn traut!**

Aus Psalm 34

Sauls Ende

1. Samuel 28–31

Über ein Jahrzehnt hatte Saul
seinen Rivalen David verfolgt.
Wohin David auch floh,
nirgendwo war er vor Saul sicher.
Oft entkam David dem König
nur mit knapper Not.
Schließlich flüchtete David
mit seinen Anhängern
in das Land der Philister.
Da ließ Saul von David ab.
Das Land hatte
eine Zeitlang Ruhe und Frieden. 24–27

Aber der Frieden währte nicht lange.
Bald darauf rüsteten die Philister
noch einmal zum Kampf gegen Saul.
Mit einem gewaltigen Heer
marschierten sie nach Norden
und schlugen ihr Lager
in der Ebene Jesreel auf.
Da trommelte Saul eilig
alle bewaffneten Männer zusammen
und verschanzte sich mit ihnen
in den Bergen Gilboas,
die im Süden die Ebene säumten.

Als aber Saul das Lager
der Philister in der Ebene sah,
verließ ihn der Mut.
Verzagt fragte er Gott um Rat.
Aber es gab keinen Priester,
der noch mit Gott in Verbindung stand.
Saul hatte sie alle töten lassen. 22,16ff.
Auch Samuel lebte inzwischen
nicht mehr.
Tot oder lebendig, sagte sich Saul,
ich muss Samuel sprechen,
und wenn ich ihn
von den Toten heraufhole.
Ist denn kein Wahrsager hier,
der mit Toten in Verbindung steht?
Da führten ihn seine Vertrauten
zu einer Wahrsagerin, die in En-Dor,
jenseits der Ebene, wohnte.
Sie war die einzige Wahrsagerin,
die noch überlebt hatte.
Alle anderen hatte Saul ausgerottet
in seinem blinden Wahn,
Gott damit einen Gefallen zu tun. 28,3
Heimlich bei Nacht,
als Wanderer verkleidet,
schlich er sich zu der Frau.
„Kannst du mit Toten sprechen?“,
fragte er sie.
Aber die Wahrsagerin
sah Saul misstrauisch an.
„Ja“, meinte sie zögernd.
„Aber der König hat es verboten.“
„Tu es trotzdem!“, befahl Saul.
„Ich verspreche dir:
Der König tut dir kein Leid an.“
„Und mit wem willst du sprechen?“
„Hol mir Samuel herauf!“, bat Saul.

Da schrie die Frau laut auf:
„Warum hast du mich betrogen?
Du bist Saul.“
Doch Saul beruhigte sie.
„Ich tue dir nichts an.
Sag mir, was siehst du?“

Die Frau starrte ins Dunkel.
„Ich sehe“, meinte sie stockend,
„ich sehe einen alten Mann.
Er trägt ein Priestergewand.“

„Das ist er“, flüsterte Saul.
Er warf sich auf die Erde
und verbarg sein Gesicht.
Da hörte er Samuels Stimme:
„Warum rufst du mich?“
„Ach“, stammelte Saul,
„ich bin in großer Not.
Die Philister rüsten zum Kampf.
Und Gott schweigt.
Sag mir, was soll ich tun?“ 28,15

Saul lauschte in die Stille hinein.
Und wieder hörte er Samuels Stimme.
„Warum fragst du mich?
Du weißt selber,
wie es um dich steht.
Die Philister werden euch schlagen.
Schon morgen bist du bei den Toten
mitsamt deinen Söhnen.“ 28,16ff.

Da war es um Saul geschehen.
Wie tot lag er auf der Erde,
schon jetzt ein geschlagener Mann,
noch ehe die Schlacht begann. 28,20
„Steh auf!“, mahnte die Frau.
„Iss einen Bissen.
Dann kommst du zu Kräften.“
Aber Saul rührte sich nicht.
„Komm, iss!“,
mahnten auch seine Getreuen.
„Du hast noch
einen weiten Weg vor dir.“
Da gab Saul nach.
Schweigend saß er da,
während sie aßen.
Danach stand er auf
und ging in die Nacht hinaus. 28,25

Am nächsten Morgen
griffen die Philister an.
Von mehreren Seiten
umzingelten sie
das Heer der Israeliten.
Da flohen viele Israeliten
vor den Philistern.
Saul aber und seine Söhne
kämpften mutig
in der vordersten Reihe.
Aber die Philister trieben sie
immer mehr in die Enge.
Jonatan und zwei seiner Brüder
wurden erschlagen.
Schließlich kämpfte Saul
nur noch allein.
Und immer näher rückten
die Bogenschützen.
Von allen Seiten schossen
die Pfeile auf Saul ein.
Als aber der König sah,
dass auch er tödlich verwundet war,
bat er seinen Waffenträger:
„Töte mich mit dem Schwert,
bevor mich einer dieser Philister tötet.“
Aber sein Waffenträger weigerte sich,
Hand an den König zu legen.
Da entriss Saul ihm das Schwert
und stürzte sich selber hinein.
So starb Saul mit seinen Söhnen,
alle an ein und demselben Tag.

Als aber David hörte,
dass Saul und seine Söhne
im Kampf gefallen waren,
zerriss er sein Gewand
und hielt die Totenklage
für Saul und für Jonatan
und trug lange Zeit Leid
um Jonatan, seinen Freund. 2. Sam 1,11.17ff.

Davids Klage

**Die Edelsten in Israel
sind auf den Höhen erschlagen.
Wie sind die Helden gefallen!
Ihr Töchter Israels,
weint über Saul,
der euch geschmückt hat
mit goldenem Schmuck!
Wie sind die Helden gefallen!
Jonatan ist auf den Höhen
erschlagen.
Es ist mir leid um dich,
mein Bruder Jonatan.
Ich habe grosse Freude
an dir gehabt.
Du warst mir sehr lieb.
Wie sind die Helden gefallen!**

2. Samuel 1,19ff.

7

König David

Das zweite Buch Samuel

*Dies ist die Geschichte von David,
den Gott vor allen anderen
zum König erwählte.
David war ein Sohn Isais
aus Bethlehem im Stamm Juda.
Schon in jungen Jahren hatte ihn
Samuel zum König gesalbt.* 1. Sam 16
*Aber zu jener Zeit herrschte noch
König Saul über das Volk Israel.
Für David folgten
lange Jahre des Wartens.
Und als Saul endlich starb,
war für David immer noch nicht
der Weg zum Königsthron frei.
Zunächst regierte Isch-Boschet,
der letzte Sohn Sauls,
über die zehn Stämme im Norden.* 2,8ff.
*Nur der Stamm Juda wählte
David zum König.* 2,4ff.
*Sieben Jahre lang regierte David
in Hebron über das Land Juda.
In dieser Zeit tobte im Land
ein blutiger Bürgerkrieg.
Dabei kamen Isch-Boschet
und sein Feldherr Abner ums Leben.* 2,12ff.

*Darauf kamen die Stammesführer
der zehn nördlichen Stämme zu David
und baten ihn: „Sei unser König!
Wir wollen dir folgen."
So wurde David zum König
über ganz Israel gemacht.
Sein Königreich reichte nun
von der Stadt Dan im Norden
bis nach Beer-Scheba im Süden.* 5,1ff.

E*ndlich kehrte Friede im Land ein.
David trieb die Philister
in ihre Grenzen zurück.
Auch die alten Stammesfehden
hatten ein Ende.
Danach machte David Jerusalem
zur Hauptstadt seines Reiches* 5,6ff.
*und ließ die Lade Gottes
nach Jerusalem holen.* 6,1ff.
*In einem feierlichen Festzug
trugen die Priester sie in die Stadt,
begleitet von Musikanten.
David tanzte vor der Lade her.
So zeigte er aller Welt an,
wer der wahre König in Israel war.
Ihm wollte David ein Haus bauen,
einen prächtigen Tempel,
noch viel größer und prächtiger,
als sein eigener Königspalast war.* 7,1ff.

*Aber Gott schickte
seinen Propheten Natan zu David,
der verkündete dem König:*
*„Du sollst Gott kein Haus bauen.
Denn so spricht der Herr:
Ich will dir ein Haus bauen,
denn ich will dir
einen Nachkommen schenken.
Der soll meinem Namen
ein Haus bauen,
und sein Königsthron
soll ewig bestehen.
Ich will sein Vater sein,
und er soll mein Sohn sein.
Und ich will meine Gnade
nicht von ihm nehmen."* 7,11ff.

S*o machte Gott David
zum Hirten über sein Volk.
Vierzig Jahre führte es David
durch gute und schwere Tage.
David erlebte manch stürmische Zeit.
Auch sein Sohn Absalom
brachte über ihn
und sein Volk viel Leid.
Dennoch hielt Gott an David
und an seinem Königshaus fest,
wie er ihm durch Natan zugesagt hatte.*

2 Samuel 1–7 (vgl. S. 465)

Mefi-Boschet

2. Samuel 9

Endlich herrschte Ruhe im Land.
Davids Gegner waren verstummt.
Das Volk atmete auf.
Neues Leben regte sich
an allen Ecken und Enden.
Nur David fand keine Ruhe.
Immerzu musste er
an das Versprechen denken,
das Gott ihm gegeben hatte:
„Ich will dir
einen Nachkommen schenken.
Sein Königsthron soll ewig bestehen."
„Ach Herr", betete David.
„Wer bin ich?
Und was ist mein Haus,
dass du mich
bis hierher gebracht hast?
Nun hast du mir sogar
noch eine Zusage
für künftige Zeiten gegeben." 7,18ff.

David dachte an frühere Jahre.
Wie hatte König Saul
ihn verfolgt und gehasst!
Wäre damals nicht Jonatan
sein Freund gewesen,
er wäre wohl nicht mehr am Leben.
Wie gerne hätte er nun
Jonatan all das Gute vergolten,
das er an ihm getan hatte.
Aber Jonatan lebte nicht mehr.
Und von seiner Familie
fehlte auch jede Spur.
Vermutlich waren alle im Bürgerkrieg
ums Leben gekommen.

Aber wie?, fragte sich David.
Wenn vielleicht doch noch jemand
aus Sauls Familie überlebt hatte?
Der Gedanke ließ ihm keine Ruhe.
Er musste es herausfinden,
so wahr er König in Israel war.
David fragte seine Berater:
„Sagt mir: Lebt noch jemand
aus Sauls Königsfamilie?
Geht und forscht nach!
Ich will ihm Gutes erweisen,
als Dank für all das Gute,
das Jonatan mir erwiesen hat." 9,1

Da schickten die Hofleute
ihre Boten ins Land
und forschten überall nach.
Schließlich schleppten sie
einen alten Knecht Sauls an,
Ziba mit Namen, der hatte früher
die Güter des Königs verwaltet.
„Bist du Ziba, Sauls Knecht?",
fragte ihn David.
„Ja, ich bin es."
„Dann sag mir:
Lebt wohl noch jemand
aus Sauls Königshaus?"

Aber Ziba sah David misstrauisch an.
Was hatte der König vor?
Wollte er sich
an Sauls Nachkommen rächen?
Doch David erriet seine Gedanken.
„Sei unbesorgt!
Ich tu ihm nichts an.
Ich will ihm nur Gutes tun,
als Dank für all das Gute,
das Jonatan an mir getan hat." 9,3

Da hellte sich Zibas Gesicht auf.
„Gut, dann verrate ich dir,
was niemand sonst weiß:
Einer ist noch am Leben,
Mefi-Boschet, ein Sohn Jonatans."

„Wie? Höre ich richtig?"
David war außer sich.
„Jonatans Sohn ist noch am Leben?
Ruf ihn sofort zu mir!"

Aber Ziba schüttelte den Kopf.
„Das geht nicht.
Mefi-Boschet wohnt in Lo Dabar,
einem entlegenen Nest.
Dort hält er sich seit Jahren versteckt.
Außerdem ist er
an beiden Beinen gelähmt.“

„Dann geh und hol ihn!
Bring ihn sofort zu mir!
Mache dich gleich auf den Weg.
Meine Leute gehen mit dir.“

Da brach Ziba auf,
um Mefi-Boschet zu holen.
David wartete unterdessen
ungeduldig auf Jonatans Sohn.
Noch wusste er nicht,
wer dieser Mefi-Boschet war
und was mit ihm geschehen war.
Fünf Jahre alt war er gewesen,
als seine Familie die Nachricht
vom Tod seines Vaters erhielt.
Damals war seine Amme mit ihm
vor David geflohen.
Doch auf der Flucht
war er so schwer gestürzt,
dass er zeitlebens gelähmt blieb.
Seit jenem Tag lebte er
zurückgezogen in Lo Dabar,
jenseits des Jordan. 4,4

Endlich kam Ziba zurück.
Er führte Mefi-Boschet
sofort vor den König.
Als aber Mefi-Boschet den König sah,
warf er sich vor ihm auf die Erde.
Stumm lag er da und rührte sich nicht.
Doch David sprach:
„Mefi-Boschet!
Fürchte dich nicht!
Ich tue dir nichts an.
Dein Vater Jonatan
hat mir so viel Gutes getan.
Als Dank dafür will ich
auch dir Gutes erweisen.
Alles, was deiner Familie gehört,
gebe ich dir heute zurück,
Häuser, Wiesen und Felder,
alles soll dir gehören.
Ziba, Sauls Knecht,
soll es für dich verwalten.
Du aber bleibst bei mir.
Jeden Tag sollst du
an meinem Tisch speisen.
Wie meinen eigenen Sohn
will ich dich ehren.“ 9,7

Da verneigte sich Mefi-Boschet
noch tiefer und rief:
„Wer bin ich?
Warum ist der König so gütig
zu seinem Knecht?
Bin ich doch ein toter Hund
in deinen Augen!“ 9,8

Doch David befahl Ziba:
„Hör, was ich dir sage:
Heute gebe ich Mefi-Boschet
alle Güter zurück,
die Sauls Familie gehörten.
Du, Ziba, sollst sie verwalten
mit all deinen Söhnen und Knechten.
Aber Mefi-Boschet bleibt hier.
Wie einen Königssohn
soll man ihn ehren.“

Da merkte Mefi-Boschet:
David meinte es ernst.
Von diesem Tag an
lebte er am Hof des Königs
und aß täglich an seinem Tisch.
Und David achtete ihn
wie seinen eigenen Sohn.

Natan

2. Samuel 11–12

David stand am Fenster
und blickte auf seine Stadt.
Er konnte mit sich zufrieden sein.
Innerhalb weniger Jahre
hatte er die Stadt zu Glanz
und Ansehen gebracht.
Im ganzen Land
rühmte man seine Macht.
Auch für die Zukunft
hatte er vorgesorgt.
Seine Frauen hatten ihm
viele Töchter und Söhne geschenkt.
Und vor einem Jahr
hatte er Batseba,
die schönste aller Frauen,
zu sich ins Haus geholt.
Sie hatte ihm vor kurzem
einen Sohn geboren.
Was wollte David noch mehr!
Wie der Prophet Natan
ihm zugesagt hatte,
so war es gekommen:
Gott hatte sein Königshaus
über Erwarten gesegnet.

Doch plötzlich stutzte David.
Auf der Straße kam
sein Freund Natan daher.
Eilig ging er auf den Palast zu.
Sicher hat er eine
gute Nachricht für mich,
hoffte David im Stillen.

Da ging die Tür auf.
Natan trat ein.
„Willkommen!“, begrüßte ihn David.
„Sag, was gibt es Neues im Land?“
Er sah Natan erwartungsvoll an.
Doch Natan entgegnete
mit finsterem Blick:
„Hör zu, David:
Ein unerhörter Skandal
hat sich in deinem Land zugetragen.“
David horchte auf.
„Ein Skandal?
Erzähle! Was ist geschehen?“

Da begann Natan:
„In einer Stadt
lebten zwei Männer.
Der eine war reich,
der andere arm.
Der eine besaß
viele Schafe,
der andere hatte
nur ein einziges Schäfchen.
Der Arme liebte es über alles.
Er hegte und pflegte es
wie eine Tochter.
Aber eines Tages
bekam der Reiche Besuch.
Da ging der Reiche zum Armen,
nahm ihm sein Schaf weg,
sein einziges Schaf,
schlachtete es
und gab es dem Gast zu essen.“ 12,1ff.

„Unerhört!“, rief David empört.
„Wer hat das getan?
Wer ist dieser Mann?
So wahr ich König in Israel bin:
Er muss sterben.
Dazu soll er das Schaf
vierfach zurückgeben,
wie das Gesetz es befiehlt.“ 2. Mose 21,37

Da ging Natan auf David zu.
„Du“, sprach er todernst,
„du bist der Mann.
Du hast das getan.
So höre, was Gott zu dir spricht:
‚Ich habe dich zum König berufen.
Ich habe dich vor Sauls Hass bewahrt
und zum König über Israel gemacht.

Und ich will noch viel mehr
für dich tun.
Aber du! Was machst du?
Warum verachtest du
Gottes Weisung und Wort?
Warum hast du getan,
was Gott missfiel?
Deinem Untertanen Uria
hast du die Frau weggenommen
und hast ihn gewaltsam getötet.
Darum wird großes Unheil
über dein Königshaus kommen.'" 12,7ff.

Da fiel es David
wie Schuppen von seinen Augen.
Auf einmal sah er ganz klar,
was er verbrochen hatte.
Noch kein Jahr war es her,
da hatte er Batseba zu sich geholt.
Er hatte mit ihr geschlafen,
obwohl sie doch Urias Frau war.
Und als Batseba schwanger wurde,
da hatte er alles versucht,
um den Vorfall zu vertuschen.
Nur Uria, Batsebas Ehemann,
stand ihm dabei im Weg.
Also hatte er ihn im Kampf
an die vorderste Front gestellt.
Und, wie erwartet,
war Uria im Kampf gefallen.
David hatte den Vorfall
schon fast vergessen.
Batseba hatte ihm
einen Sohn geboren.
Alles schien inzwischen
in bester Ordnung zu sein. 11,1ff.

Doch nun stand David plötzlich
alles wieder vor Augen.
„Ja", sagte er leise zu Natan,
„jetzt erkenne ich:
Ich habe ein schweres Unrecht getan.
Die Schuld liegt auf mir."

Da sprach Natan zu David:
„Weil du deine Schuld bekennst,
darum wird Gott dir auch
deine Schuld wegnehmen.
Aber dein kleiner Sohn
wird nicht am Leben bleiben." 12,13f.

So sprach Natan, der Prophet Gottes.
Danach ging er wortlos davon.
Und wie der Prophet gesagt hatte,
so traf es auch ein:
Bald darauf wurde
der Sohn Batsebas todkrank.
Da schloss David sich ein,
fiel auf seine Knie,
weinte und schrie:
„Ach Herr! Vergib mir!
Lass meinen Sohn nicht sterben!"
Sieben Nächte lang
lag er vor Gott im Gebet,
aß nicht und schlief nicht.
Aber nach sieben Tagen
starb der Sohn.
Da stand David auf,
salbte und wusch sich
und ging zu Batseba,
um sie zu trösten. 12,15ff.

Doch nach einem Jahr brachte Batseba
noch einen Sohn zur Welt: Salomo,
den Sohn, den Gott
vor allen anderen Söhnen erwählte.
Ihn hatte Gott
zum künftigen König bestimmt. 12,24

Amnon und Tamar

2. Samuel 13

Bald darauf brach in Davids Familie
ein erbitterter Streit aus,
ein Streit auf Leben und Tod.
Schuld daran war Amnon,
Davids ältester Sohn.

Amnon sollte nach David
der König über Israel werden.
Aber Amnon verliebte sich
in seine Halbschwester Tamar,
so sehr, dass er darüber
alles andere vergaß.
Bald merkten es alle,
wie Amnon verändert war.

Als aber sein Freund Jonadab sah,
wie sich Amnon verzehrte,
ging er zu ihm und sagte:
„Du machst mir Kummer, mein Freund.
Du wirst richtig mager.
Was ist mit dir los?
Willst du mir's nicht sagen?"
„Ach", antwortete Amnon.
„Ich habe mich unsterblich
in Tamar verliebt.
Tag und Nacht denke ich
nur noch an sie."

„Na und?",
meinte Jonadab gelassen.
„Warum grämst du dich?
Handle einfach entschlossen!
Leg dich aufs Bett
und stelle dich krank.
Und wenn dich dein Vater besucht,
dann bitte ihn:
‚Schick Tamar zu mir,
damit sie mich pflegt.'
Alles andere ergibt sich von selber." 13,4ff.

Da hörte Amnon
auf den Rat seines Freundes.
Und als Tamar zu ihm
in die Schlafkammer kam,
um ihn zu pflegen,
da riss er sie an sich.
Verzweifelt wehrte sich Tamar.
Sie flehte ihren Halbbruder an.
„Tu's nicht!
Verletze nicht meine Ehre!"
Aber umsonst.
Amnon hörte nicht auf sie,
sondern tat Tamar Gewalt an
und schlief mit ihr.

Aber am nächsten Morgen
war er Tamar so leid,
dass er sie von sich stieß
wie eine Hure.
Da floh Tamar
zu Absalom, ihrem Bruder,
und erzählte ihm alles.

Als aber Absalom hörte,
was Amnon getan hatte,
nahm er Tamar zu sich ins Haus
und schwor, sich an Amnon zu rächen.
Zwei Jahre lang wartete er
auf einen günstigen Anlass.
Dann schlug er zu.

Er lud Amnon und seine Brüder
zum Fest der Schafschur.
Und als Amnon betrunken war,
befahl Absalom seinen Leuten:
„Los, schlagt zu!"
Da erschlugen sie Amnon
im Kreis seiner Brüder.
Die aber flohen Hals über Kopf,
zu Tode erschrocken.

Wenig später wurde David
die entsetzliche Nachricht gebracht:
„Deine Söhne sind tot.
Absalom hat alle ermordet."
Da schrie David laut auf,
zerriss sein Gewand
und fiel auf die Erde.
Wie tot lag er da.
Und alle seine Fürsten
warfen sich mit ihm auf die Erde,
weinten und klagten.

Aber Jonadab,
Amnons unseliger Freund,
suchte David zu trösten:
„Warum erregt sich der König?
Wahrscheinlich wurde
nur Amnon getötet.
Das hatte Absalom
schon lange im Sinn,
als Rache für Tamar.
Aber ich wette, die anderen Söhne
sind noch am Leben.
Sieh, da kommen sie schon.
Hab ich's nicht gesagt?"

Da kamen sie weinend an
in zerrissenen Kleidern
und berichteten David,
was wirklich geschehen war.
Als David das hörte,
weinte er noch viel mehr
und alle seine Getreuen mit ihm.
Das ganze Haus hallte wider
von ihrem Klagegeschrei.

Drei Jahre lang trauerte David
um seinen Sohn Amnon
und ließ sich nicht trösten.
So lange hielt sich Absalom
von Jerusalem fern.
Nach drei Jahren aber
kehrte er wieder zurück.
Doch er wagte noch nicht,
seinem Vater unter die Augen zu treten.
Erst nach fünf Jahren
söhnte sich David mit Absalom aus.
So groß war Davids Schmerz
um Amnon, seinen ältesten Sohn.

Absalom

2. Samuel 15–16

Danach brach neues Unheil
über die Königsfamilie herein.
Und wieder war es Absalom,
Davids eigener Sohn,
der alle ins Unglück stürzte.
Kaum hatte er sich
mit seinem Vater versöhnt,
trachtete er selbst nach dem Thron.
Und obwohl sein Name bedeutete:
„Mein Vater ist Friede",
scheute sich Absalom nicht,
seinem eigenen Vater
den Kampf anzusagen.

Von langer Hand
bereitete er den Umsturz vor.
Zunächst suchte er sich
beim Volk einzuschmeicheln.
Wo immer er konnte,
zeigte er sich dem Volk
auf offener Straße.
Mit seinem wallenden Haar
sah er wahrhaft königlich aus.

Jeden Tag fuhr er
durch Jerusalems Straßen
in einem königlichen Wagen
mit prächtigen Pferden.
Fünfzig bewaffnete Soldaten
marschierten dem Wagen voran.
Und jeden Morgen setzte sich
Absalom an das Gerichtstor
und fing die Leute ab,
die nach Jerusalem kamen,
um den Beistand des Königs zu suchen.
Er hörte sie alle an
und versprach, ihnen zu helfen.
So stahl Absalom seinem Vater
die Gunst seines Volkes.
Und heimlich sagten sich viele:
Wäre doch Absalom unser König! 15,6

Es dauerte nicht lange,
da merkte auch David,
was Absalom plante.
Dennoch schritt er nicht
gegen seinen Sohn ein.
Da entschloss sich Absalom,
den offenen Bruch zu wagen…

Eines Tages ging Absalom
zu seinem Vater David,
verneigte sich vor ihm
und bat ihn in geheucheltem Ton:
„Mein Vater!
Gewähre mir eine Bitte:
Lass mich nach Hebron ziehen.
Dort will ich mit meinen Freunden
ein Dankfest feiern.
Das habe ich Gott
schon seit langem versprochen.
Und wenn es der König erlaubt,
dann lasse er auch
zweihundert geladene Gäste
mit mir nach Hebron ziehen."
„Tu, was du vorhast!",
sagte David erfreut.
„Zieh hin mit Frieden!
Der Friede Gottes sei mit dir!" 15,9

Da zog Absalom los.
Doch kaum war er weg,
da verbreitete sich
in der Stadt die böse Ahnung:
Absalom ist nach Hebron gezogen.
Vielleicht plant er eine Verschwörung.

Und siehe da!
Schon jagte ein Reiter heran,
der brachte dem König
die Schreckensnachricht:
„O weh, mein König!
Dein Sohn Absalom hat sich
in Hebron zum König gemacht.
Seine Boten ziehen
durch das ganze Land
und rufen überall aus:
‚Absalom ist König geworden.'
Alles Volk fällt ihm zu.
Sogar Ahitofel,
dein engster Berater,
hat sich auf seine Seite geschlagen.
Nun marschiert Absalom
mit seinen Soldaten auf Jerusalem zu.
Vielleicht steht er schon morgen
vor unseren Toren." 15,13ff.

Da wusste David:
Es war keine Zeit zu verlieren.
Er rief sofort seinen Hofrat zusammen
und gab den Befehl aus:
„Macht euch bereit!
Wir verlassen noch heute die Stadt.
Sonst gibt es ein großes Blutbad."

„Ganz wie der König befiehlt",
antworteten seine Getreuen.
„Wir folgen dem König."

Wenige Stunden später
versammelten sich alle am Stadttor,
Stadtväter und Hofbeamte.
Sogar die Priester kamen hinzu.

Sie trugen die Bundeslade
auf ihren Schultern.
Auch die Leibwache des Königs
stand zum Abmarsch bereit.

Da kam David zum Tor,
gefolgt von seinen Frauen,
Töchtern und Söhnen.
Er trug ein Büßergewand. 15,30
Sein Gesicht war verhüllt.
Barfuß kam er daher wie einer,
der um einen Verstorbenen trauert.
Zahllose Menschen säumten den Weg.
Mit Tränen in den Augen
nahmen sie Abschied von ihrem König.

Da entdeckte David die Bundeslade.
„Tragt sie wieder zurück!“,
befahl er den Priestern.
„Wenn Gott will,
bringt er uns wieder zurück.
Wenn nicht, dann soll es so sein.
Sein Wille geschehe allein.“ 15,26

Danach brach David auf.
Vom Ölberg aus sah er sich
ein letztes Mal nach Jerusalem um.
Als er auf seine Stadt sah,
brach er in Tränen aus.
Er trauerte um sie wie ein Hirte,
der seine Schafe verloren hat.

In diesem Augenblick
kam ein Mann auf ihn zu:
Huschai, ein Freund des Königs
und sein bewährter Berater.
„Lass mich mit dir ziehen!“,
bat Huschai den König.
Aber David riet ihm:
„Geh lieber nach Jerusalem
und gib dich als Berater Absaloms aus.
So kannst du mir besser dienen.“ 15,34

Dann machte sich David
auf den Weg ins Jordantal
mit all seinen Getreuen.

Auf gefährlichen Wegen
zogen sie durch das Gebirge
hinunter ins Tal.
Plötzlich hörten sie lautes Geschrei.
Von der anderen Talseite
warf ein Mann mit Erdklumpen
und Steinen nach ihnen.
Er fluchte und drohte:
„David, du Blutsauger,
zum Teufel mit dir!
Jetzt hast du endlich
deine gerechte Strafe für alles,
was du Sauls Familie angetan hast.
Jetzt zahlt es dir Absalom heim,
du Bluthund, verdammter Mörder!“
Schimi hieß dieser Mann.
Er gehörte Sauls Familie an.

„Hast du gehört, was er schreit?“,
rief Abisai, Davids Begleiter.
Er schäumte vor Wut.
„Dieser tote Hund wagt es,
dich zu verfluchen?
Das lasse ich nicht zu.
Den mache ich fertig.
Ich schlag ihm den Kopf ab.“
Schon griff er nach seinem Schwert.
Doch David riss ihn zurück.
„Halt! Tu's nicht!
Lass ihn doch fluchen!
Denn Gott lässt es zu.
Warum willst du ihm wehren?
Wenn Gott es will,
dann kann er auch diesen Fluch
in Segen verwandeln.“ 16,10ff.

Endlich weitete sich das enge Tal.
Vor ihnen lag die Jordanebene.
Sie waren am Ziel!
Schon brach die Nacht herein.
Da schlugen sie ihre Zelte auf
und ruhten sich aus,
zu Tode erschöpft.

Absaloms Ende

2. Samuel 16–18

Ein neuer Tag brach an.
Absalom rückte mit seinen Leuten
vor den Toren Jerusalems an.
Im Triumphzug zog er in die Stadt ein
und besetzte den leeren Königspalast.
Dort feierte er wahre Orgien
vor den Augen des Volkes. 16,22
Und als er endlich genug hatte,
rief er seine Berater zu sich.
„Freunde“, rief Absalom.
„Was ratet ihr?
Soll ich den Kampf mit David wagen?“

Als er noch redete,
meldete ein Diener:
„Huschai steht vor der Tür.
Er will den neuen König begrüßen.“
Absalom horchte auf.
„Huschai, der Freund meines Vaters?
Führ ihn sofort zu mir!“

Da ging die Tür auf.
Huschai kam herein.
„Es lebe der König!“,
rief er Absalom zu.
„Es lebe der König!“ 16,16

„Willkommen!“,
begrüßte ihn Absalom spöttisch.
„Das nenne ich Treue.
Bist du deinem Freund David
so untreu geworden?
Warum bist du ihm nicht gefolgt?“

Aber Huschai verneigte sich tief
und sagte: „Nein!
Der soll mein Herr und König sein,
den Gott und das Volk
zum König gewählt hat.
Außerdem: Bist du nicht Davids Sohn?
Wie ich deinem Vater diente,
so will ich auch dir dienen.“ 16,18f.

Da fühlte sich Absalom geschmeichelt.
„Gut, dann bleibe gleich hier!
Wir beraten gerade,
wie wir David besiegen.
Dein Rat ist uns wertvoll.
Doch erst soll Ahitofel sagen,
was er mir rät.“

Da trat Ahitofel vor und sagte:
„Ich schlage vor:
Wir stellen sofort eine Truppe
mit erfahrenen Kämpfern zusammen.
Dann jagen wir David nach.
Noch in dieser Nacht
will ich ihn überfallen,
bevor seine Leute neue Kräfte sammeln.
Dann werden sie alle David verlassen.
Ich aber werde David erschlagen.
Alle anderen bleiben verschont.“ 17,1ff.

„Gut, gut“, meinte Absalom.
„Dein Rat gefällt mir.
Aber lass auch noch Huschais Rat hören.“

Da trat Huschai vor ihn und sprach:
„Ahitofel ist ein kluger Ratgeber.
Aber sein Rat ist diesmal nicht gut.
Du kennst deinen Vater.
Er ist ein erfahrener Krieger
und so stark wie ein Bär.
Er wird sich keine Ruhe gönnen.
Vielleicht hat er inzwischen
schon ein Versteck gefunden.
Wenn nun deine Leute
gleich zu Anfang versagen,
dann ist dein Ruhm für immer dahin.
Darum rate ich dir:
Sammle erst ein großes Heer.
Und zieh danach in den Kampf.
Dann wirst du die Schlacht gewinnen.
Und niemand von Davids Leuten
wird dir entrinnen.“
Das sagte er aber,
um David zu retten. 17,7ff.

„Ja", rief Absalom begeistert.
„Dein Rat ist noch besser.
Wie Huschai es gesagt hat,
so wird es gemacht." 17,14

Als aber Ahitofel hörte,
dass sein Rat verworfen war,
zog er grollend davon
und machte seinem Leben ein Ende.
So tief war er in seiner Ehre gekränkt.

Da wusste Huschai:
Die entscheidende Schlacht
war geschlagen.
Gott hatte den Rat Ahitofels
zunichte gemacht.
Heimlich schickte er
Boten zu David
und ließ ihm ausrichten:
„Auf, eilt euch!
Zieht durch den Jordan
und bringt euch in Sicherheit!
Noch ist die Gefahr nicht vorbei." 17,15ff.

Da brach David mit seinen Leuten
noch in derselben Nacht auf
und zog durch den Jordan.
Am nächsten Morgen hatten alle
heil das andere Ufer erreicht.
Von da aus zogen sie weiter
in die Stadt Mahanajim.
Dort wurden sie
freundlich aufgenommen
und fürstlich versorgt. 17,24ff.

Aber nicht lange danach
wurde David gemeldet:
„Absalom zieht dir entgegen
mit einem mächtigen Heer."
Da rüsteten sich Davids Leute
zum entscheidenden Kampf.
Am nächsten Morgen
zogen sie gegen Absalom aus.
Doch David ließen sie nicht
in den Kampf gegen Absalom ziehen.
„Bleib du hier!", baten sie ihn.
„Sonst stürzen sich alle auf dich."
„Aber schont Absalom!",
rief David beschwörend.
„Vergesst nicht: Er ist mein Sohn." 18,1ff.

Den ganzen Tag harrte
David am Tor aus.
Er spähte gespannt hinaus.
Doch niemand kam,
um gute Nachricht zu bringen.
Gegen Abend sah David
endlich einen Boten heraneilen.
„Das ist Ahimaaz!",
rief David erleichtert.
„Er bringt immer gute Nachricht."

„Friede! Friede!",
rief Ahimaaz dem König entgegen.
„Wir haben gesiegt!"
„Und was ist mit Absalom?
Geht es ihm gut?"
Ahimaaz zuckte die Schultern.
„Ich weiß nicht genau.
Ich sah nur einen großen Tumult.
Mehr kann ich nicht sagen." 18,24ff.

In diesem Augenblick
traf noch ein zweiter Bote ein.
„Gute Nachricht!",
rief er David entgegen.
„Deine Feinde sind alle zerstreut."
„Und was ist mit Absalom?
Geht es ihm gut?"
„Wie soll es ihm gehen?",
erwiderte dieser.
„Ihn hat es getroffen.
Ich wünschte, es ginge
all deinen Feinden genauso wie ihm." 18,32

Da schrie David laut auf.
Er sprang auf,
lief ins Torhaus,
weinte und rief:
„O Absalom, mein Sohn, mein Sohn!

Wäre ich doch für dich gestorben!
O Absalom, mein Sohn, mein Sohn!" 19,1

Inzwischen kehrten Davids Leute
vom Kampf zurück.
Als sie hörten,
wie ihr König klagte und weinte,
verstummte ihr Jubel.
Und betroffen stahl sich
einer nach dem anderen davon.
Aber ihr Heerführer Joab
ging zu David ins Torhaus
und schalt ihn:
„Was tust du uns an?
Du kränkst deine Soldaten.
Sie haben für dich gekämpft
und ihr Leben für dich gewagt.
Aber du! Was machst du?
Du weinst nur um deinen Sohn.
Jetzt merke ich:
Wir alle sind dir nichts wert.
Wenn nur Absalom lebte,
dann gäbst du alles dafür.
Steh endlich auf
und zeig dich deinen Soldaten!
Sonst laufen sie dir
am Ende noch weg."
Da stand David auf
und setzte sich ins Tor.
Und alle zogen an ihm vorüber,
alle, die ihm die Treue gehalten hatten.

Von nun an herrschte
wieder Frieden im Land.
David regierte als König
über ganz Israel
wie in früheren Jahren.
Absalom,
sein Sohn und Gegenspieler
lebte nicht mehr.
Aber sein Leben lang trauerte David
um seinen verlorenen Sohn.

Neuanfang

2. Samuel 24

Vierzig Jahre regierte David
über das Land.
In dieser Zeit dehnte sich
sein Reich mächtig aus.
Alle Völker ringsum
bewunderten Davids Macht.
Aber David wusste,
wem er seine Macht verdankte:
Gott blieb sein König und Herr,
dem er auch im Alter diente.

Aber am Ende seines Lebens
verstieg sich der König zu einer Tat,
die fast sein ganzes Reich
ins Verderben gestürzt hätte…

Es war früh am Morgen.
David lag wach auf seinem Bett.
Viele Gedanken schwirrten ihm
durch den Kopf.
Groß ist mein Reich,
sagte sich David zufrieden,
und mächtiger als alle Reiche ringsum.
Und meine Soldaten –
ich kann stolz auf sie sein.
Sie kämpfen für mich wie Löwen.
Kein König hat
so viele tapfere Soldaten wie ich.

Aber plötzlich fuhr der König hoch:
Ich weiß, was mir noch fehlt,
sagte er sich.
Ich will wissen, wie viele Leute
in meinem Land Waffen tragen.
Ich brauche genaue Zahlen,
um sicher zu planen.

David rief seinen Diener:
„Wo ist Joab, mein General?
Er soll sofort kommen.
Ich muss eine wichtige Sache
mit ihm besprechen."

Wenig später stand Joab vor ihm.
„Hör zu, Joab!“, begann David.
„Ich habe einen Plan.
Zieh durch das Land
von Norden nach Süden!
Geh in alle Stammesgebiete
und zähle alle Männer,
die Waffen tragen.
Ich will genau wissen,
wie viele es sind.
Fang gleich damit an!“

David war so besessen
von seinem Plan,
dass er gar nicht bemerkte,
wie Joab bleich wurde.
„Mein Herr und König“,
stammelte Joab erschrocken.
„Ist das wirklich der Wille des Königs?“

„Warum nicht?“
David sah ihn herausfordernd an.
Da antwortete Joab:
„Gott schenke dem König
noch hundertmal mehr Soldaten,
so viele er will.
Aber warum will der König
unbedingt seine Soldaten zählen?“ 24,3

Doch David war fest entschlossen.
„Ich hab es gesagt,
also wird es gemacht.“
Da sammelte Joab
seine Offiziere um sich
und zog mit ihnen durchs Land,
von Osten nach Westen,
von Norden nach Süden.
Er erfasste alle Männer,
die zum Kampf taugten.
Über neun Monate war er unterwegs.
Danach kehrte er zu David zurück
und teilte ihm mit:
„800 000 wehrfähige Männer sind es,
die im nördlichen Israel leben.
Und im südlichen Teil des Landes
sind es 500 000 Mann.“ 24,9

Kaum hatte der König
das stolze Ergebnis vernommen,
bekam er auf einmal Herzklopfen.
Mit Schrecken erkannte er,
was er getan hatte:
Sein Leben lang hatte er
allein auf Gottes Macht vertraut.
Doch nun hatte er plötzlich
auf seine eigene Streitmacht gebaut.

In der nächsten Nacht
tat David kein Auge zu.
Er flehte Gott an:
„Ach Herr,
ich habe ein großes Unrecht getan.
Vergib mir meine Schuld!“ 24,10

Unruhig wartete David,
bis der Morgen anbrach.
Kaum hatte er sich
von seinem Lager erhoben,
da stand der Prophet Gad vor ihm.
Er sah David ernst an:
„Hör zu, David!“, sprach er.
„So spricht Gott der Herr:
Ein großes Unglück
bricht über dein Land herein.
Aber noch steht nicht fest,
was wirklich geschieht.
Entweder wird es
drei Jahre nicht regnen,
und viele Menschen
werden verhungern.
Oder es bricht ein Bürgerkrieg aus,
und du wirst drei Monate lang
ein geächteter Mann sein.
Oder die Pest wütet im Land.
Drei Tage lang
wird dein Volk heimgesucht,
und die Menschen sterben in Massen.

Nun entscheide du:
Was soll geschehen?
Es liegt in deiner Hand.“

David war wie betäubt.
Erschrocken stammelte er:

„Es ist mir sehr angst.
Aber ich will in Gottes Hand fallen.
Denn seine Barmherzigkeit ist groß.
Ich will nicht in Menschenhand fallen.“ 24,14

Nicht lange danach
wurde David gemeldet:
„Im Norden des Landes
ist die Pest ausgebrochen.
Ganze Städte und Dörfer
sind von der Seuche erfasst.“
Stunde um Stunde trafen
neue Nachrichten ein.
In kürzester Zeit breitete sich
die Seuche im ganzen Land aus.
Man schätzte, 70 000 Menschen
waren bereits dahingerafft.

In diesen Tagen stand David
oft am Fenster.
Bedrückt blickte er
auf seine Stadt.
Nicht mehr lange,
dann würde sich die Pest
auch in Jerusalem ausbreiten.
Dunkel hingen die Wolken
über der Stadt.
Es schien David,
als schwinge ein Engel Gottes
sein Schwert über den Häusern. 24,16

„Ach Herr“, flehte David.
„Sieh doch,
wie dieses Volk heimgesucht wird.
Lass endlich von ihm ab!
Was haben diese Schafe getan?
Ich bin ihr Hirte.
Ich habe Unrecht getan.
Mich allein trifft die Schuld.“

Da war es David auf einmal,
als ziehe der Engel Gottes
sein Schwert zurück,
als machte die Plage auf dem Hügel
vor den Toren Jerusalems halt.

In diesem Augenblick
trat der Prophet Gad zu ihm.
Er zeigte auf den Hügel,
der vor den Toren Jerusalems lag.
„Geh auf den Berg“,
befahl er dem König.
„Errichte dort einen Altar
und bringe ein Opfer für Gott!
Dann wirst du erkennen,
wie groß Gottes Barmherzigkeit ist.“

Da ging David
zu dem Hügel hinaus
und kaufte das Land,
das einem Bauern gehörte.
Dort errichtete er einen Altar
und brachte Gott Opfer dar.
Da erbarmte sich Gott
über sein geplagtes Volk.
Und während David noch
am Altar stand und betete,
hörte die Seuche auf.
Kranke standen auf.
Tore taten sich auf.
Und die Menschen
begannen wieder zu hoffen.

Seit jener Zeit brannte
auf diesem Hügel
stets ein Opfer auf dem Altar.
Nie mehr sollte vergessen werden,
wie Gott sein Volk Israel
vor dem Verderben bewahrt hatte.

Neuanfang

„Nie mehr sollte vergessen werden, wie Gott sein Volk Israel vor dem Verderben bewahrt hatte."

8

Unter den Königen Israels

Das erste und zweite Buch der Könige

Nach Davids Tod
wurde sein Sohn Salomo
König über ganz Israel.
Zu seiner Zeit war
das Königreich Israel
so groß wie sonst nie.
Es herrschte Frieden
an allen Grenzen.
Salomo war es auch,
der den Tempel Gottes
in Jerusalem baute.
Als aber Salomo alt war,
wandte er sich
anderen Göttern zu
und diente Gott
nur noch mit geteiltem Herzen.

Da zerfiel auch das Königreich
nach seinem Tod in zwei Teile.
Den kleineren Teil im Süden,
das Königreich Juda,
bekam Rehabeam, Salomos Sohn.
Aber den größeren Teil im Norden,
das Königreich Israel,
übernahm Jerobeam.
Ihn hatten die nördlichen Stämme
zu ihrem König gemacht.

Aber Jerobeam ging eigene Wege
und hielt sich nicht an Gottes Gebot.
Auch hinderte er sein Volk daran,
zum Tempel Gottes zu gehen.
Stattdessen machte er sich
selber Bilder von Gott
und stellte sie an anderer Stelle auf.
Und er verführte das Volk,
dass sie diese Bilder verehrten.

Danach kamen in schneller Folge
andere Könige auf den Thron.
Unter ihnen ragte Ahab heraus.
Er war ein kluger Staatsmann
und mächtiger Herrscher.
Aber auch Ahab vergaß,
wer der wahre Gott in Israel war.
Er holte sich fremde Götter ins Land,
und auch er verführte das Volk,
dass sie diese Götter verehrten.

Doch Gott ließ sein Volk nicht fallen.
Er schickte seine Propheten,
die mahnten und warnten das Volk:
„Kehrt um und wendet euch
wieder zu Gott!“
Aber die Könige stellten sich taub.
Und auch das Volk
fragte nicht mehr nach Gott.

Da wurde das Königreich Israel
von Jahr zu Jahr schwächer.
Feindliche Völker bedrohten
und schwächten das Land.
Am Ende fielen die Assyrer
in das Königreich ein.

Sie belagerten die Städte
und brannten sie nieder.
Und sie verwüsteten das Land,
von dem Gott gesagt hatte:
„Werdet ihr meine Gebote halten,
dann werdet ihr für immer
in diesem Land wohnen,
das ich euch gegeben habe."

(vgl. S.466)

Salomo

1. Könige 3–5 und 10

Dies ist die Geschichte von Salomo,
dem Sohn von Batseba und David.
Salomo war der größte König,
der jemals über Israel herrschte.
Sein Reich reichte im Norden
bis zum Libanon
und im Süden bis an das Rote Meer.
Salomo war, was sein Name versprach:
ein König des Friedens,
der sein Volk gerecht führte.
Solange er über Israel regierte,
herrschte Frieden im Land.

Salomo war noch sehr jung,
als er das Königsamt übernahm. 3,5ff.
Aber Gott gab ihm Weisheit
und ein Herz, das auf ihn hörte …

Schon bald wurde offenbar,
wie weise Salomo war.
Eines Tages kamen zwei Frauen
vor Salomos Thron,
die lagen in erbittertem Streit.
Die eine schrie:
„Mein Herr und König,
wir beide wohnen in einem Haus.
Und wir haben beide
einen Sohn geboren.
Aber nun ist ihr Sohn tot
und mein Sohn lebt."
„Nein", schrie die andere.
„Dein Sohn ist tot,
mein Sohn lebt."
Da befahl Salomo:
„Bringt mir ein Schwert
und teilt das Kind, das noch lebt."
„Nein!", schrie die eine entsetzt.
„Lass das Kind leben!
Gib es lieber der anderen Frau.
Aber lass es am Leben!"

Da wusste Salomo,
dass sie die wahre Mutter war.
Er gab der Mutter
das Kind lebendig zurück.
Bald wurde im ganzen Land bekannt,
wie weise Salomo geurteilt hatte.
Sein „salomonisches Urteil“
war in aller Munde. 3,16ff.

Nicht lange danach
machte sich Salomo daran,
sein Königreich auszubauen.
Zunächst begann er damit,
Jerusalem zu verschönern.
Er bestellte die besten Baumeister,
ließ prächtige Bauten errichten
und pflanzte junge Zedern
auf allen Hügeln der Stadt. Chro 1,15
Täglich reisten Kaufleute
aus fernen Ländern an.
Sie brachten kostbare Schätze,
Gold, Edelsteine und seltene Gewürze.
Der Handel blühte.
Die Stadt schwelgte
in Reichtum und Glück.
König Salomo hatte
auch eine große Anzahl
von Kampfwagen und Pferden.
Aber er schickte sie
nicht in den Krieg,
sondern schloss Frieden
mit allen Ländern ringsum.
Von Norden und Süden,
von Osten und über das Meer
kamen Gesandte an Salomos Hof.
Sie überbrachten dem König
Gold, Silber und Elfenbein.
Und Salomo lud sie
alle an seinen Tisch.
Der Wein floss in Strömen.
Speisen von 90 Sack Mehl,
30 Rinder und 100 Schafe
wurden täglich verzehrt. 5,1ff.

Die Gesandten bestaunten
den Glanz und die Pracht
und die große Weisheit des Königs.
Und sie erzählten allen begeistert:
„Wie weise und mächtig
ist dieser König!
Zwischen Himmel und Erde
gibt es nichts, was er nicht kennt.
Sein Verstand reicht so weit,
wie der Sand am Meer reicht.
Er hat alles erforscht.
Auch dichten kann Salomo.
Aber nicht von Kriegen und Siegen
handeln seine Sprüche und Lieder,
sondern von Gottes Schöpfung,
von Bäumen und Tieren.
1005 Lieder und 3000 Sprüche
hat er gedichtet.“ 5,9ff.

So drang Salomos Ruhm
bis in die fernsten Länder.
Auch die Königin von Arabien
hatte von Salomos Weisheit
und Reichtum gehört.
Eines Tages machte sie sich
auf den Weg mit großem Gefolge
und suchte Salomo auf.
Sie überschüttete ihn
mit reichen Geschenken
und stellte ihm schwierige Fragen.
Aber Salomo wusste auf alles
die richtige Antwort.
Voll Staunen bekannte die Königin:
„Nun habe ich selber gesehen,
wie weise und reich du bist,
noch viel weiser und reicher,
als mir gesagt worden ist.
Gepriesen seien deine Getreuen,
die in deiner Nähe leben.
Sie können sich freuen.
Gepriesen sei dein Gott,
der dich so reich gesegnet hat.“ 10,1ff.

Der Tempel

1. Könige 5–8

Unter allen Verbündeten Salomos
stand Hiram, der König von Tyrus,
an erster Stelle.
Schon David, Salomos Vater,
war mit ihm verbündet.
Eines Tages schickte Salomo
seine Gesandten nach Tyrus,
das im Norden an Israel grenzte.
Und er ließ Hiram sagen:
„Wie du weißt,
hatte schon mein Vater vor,
Gott einen Tempel zu bauen.
Aber seine vielen Kriege
hielten ihn davon ab.
Doch jetzt ist Frieden
in unser Land eingekehrt.
Nun habe ich vor,
das große Werk in Angriff zu nehmen.
Für den Bau brauche ich edles Holz.
Darum bitte ich dich:
Lass Zedern und Zypressen
auf dem Berg Libanon fällen.
Deine Arbeiter sollen auch
guten Lohn dafür bekommen.“ 5,17ff.

„Gelobt sei Gott!“,
rief König Hiram erfreut.
„Wie weise Davids Sohn ist!
Er sucht Frieden, nicht Streit.
Gerne will ich ihm
seine Bitte erfüllen.“
Und er setzte sogleich
ein Schreiben an Salomo auf
und ließ ihm sagen:
„Ich, König Hiram,
habe deine Bitte vernommen.
Wie du gebeten hast,
so soll es geschehen.
Meine Leute werden dir
das Holz liefern.
Gib mir dafür Öl und Korn
für meinen Hof.“ 5,20ff.

Da sandte ihm Salomo
20 000 Sack Weizen
und 2000 große Behälter voll Öl.
Und er schickte ihm
30 000 Holzfäller
und 70 000 Lastträger
und noch mehr Steinhauer,
die aus den Felsen
die Steine herausschlugen. 5,25ff.

Bald darauf entstand
auf dem Hügel vor Jerusalem
ein prächtiges Bauwerk,
genau an der Stelle, wo David
zuvor den Altar errichtet hatte.
Der Tempel war innen
mit Holz getäfelt.
Alle Säulen und Balken
waren mit Gold verziert.
Vor dem Eingang ragten
zwei Säulen aus Kupfer empor. 7,15ff.
Und mitten im Vorhof
stand der große Opferaltar.
Aber ganz innen im Tempel
lag das „Allerheiligste“.
Dort sollte die Bundeslade stehen.
Seine Wände waren
ganz mit Gold überzogen.
Kein Lichtstrahl drang dort hinein.
Ein purpurner Vorhang
verhüllte den Raum.

Sieben Jahre wurde
am Tempel gebaut.
Danach war endlich
das große Werk vollendet.
Da schickte König Salomo
seine Boten ins Land
und ließ allen Ältesten
und Sippenhäuptern sagen:
„Kommt nach Jerusalem!

Feiert mit mir
das große Tempelweihfest!"
Darauf strömten sie
aus allen Städten herbei.
In einem großen Festzug
zogen sie in den Vorhof des Tempels.
Priester führten den Zug an.
Sie trugen die Bundeslade
in das Allerheiligste hinein.

In diesem Augenblick
senkte sich eine Wolke herab,
und die Herrlichkeit Gottes
erfüllte das Haus.

Da trat Salomo vor die Gemeinde,
hob seine Hände zum Himmel
und segnete alle.
Feierlich sprach er:

„Gelobt sei Gott!
Nun ist erfüllt,
was er David zugesagt hat.
Dies ist der Ort,
den der Herr sich erwählt hat.
Hier will er unter uns wohnen.
Sooft wir seinen Namen anrufen,
wird er uns hören." 8,14ff.

Danach kniete Salomo vor allen nieder
und betete laut:

„Herr, du Gott Israels!
Es ist kein Gott wie du,
weder im Himmel noch auf Erden.
Kein Himmel kann dich fassen.
Wie sollte dich dieses Haus fassen?
Doch wir bitten dich heute:
Wache über diesem Haus
bei Tag und bei Nacht.
Höre auf die Menschen,
die zu dir rufen.
Sei ihnen gnädig!" 8,22ff.

Da fielen alle auf ihre Knie
und beteten Gott an.

Und Salomo segnete
die ganze Gemeinde und sprach:

„Gelobt sei der Herr,
der seinem Volk Israel
Frieden gegeben hat.
Was er einst Mose verheißen hat,
ist nun erfüllt." 8,56

Sieben Tage lang feierten sie
das Tempelweihfest mit ihrem König
und allen Priestern und Leviten.
Danach kehrten sie wieder
an ihre Arbeit zurück,
voll Freude über alles,
was sie gehört und gesehen hatten.

Aber in der Nacht
sprach Gott zu Salomo:

„Ich habe dein Gebet erhört.
Wie du mich gebeten hast,
so soll es geschehen.
Mein Name soll
an diesem Ort wohnen.
Alle Völker sollen es sehen.
Und dein Königshaus
wird ewig bestehen.
Wendet ihr euch aber
von mir ab,
dann wird dieses Haus zerstört.
Und alle, die vorübergehen,
werden sich entsetzen und fragen:
Warum ist solch ein Unglück
geschehen?" 9,1ff.

Ein Lied der Freude über Gottes Haus

Wie lieb ist mir deine Wohnung, Herr der Heerscharen!
Meine Seele sehnt sich nach den Vorhöfen des Herrn.
Mein Leib und meine Seele jauchzen ihm zu,
ihm, dem lebendigen Gott.
Denn der Vogel hat ein Haus gefunden
und die Schwalbe ein Nest für ihre Jungen:
deine Altäre, Herr der Heerscharen, mein König und mein Gott.
Wohl denen, die in deinem Haus wohnen, die loben dich alle Zeit.
Wohl den Menschen, die zu dir kommen und Kraft finden in dir!

Aus Psalm 84

Jerobeam

1. Könige 11–12

Dies ist die Geschichte
von Jerobeam, dem ersten König,
der über das nördliche Israel regierte.
Jerobeam stammte nicht
aus Davids Königsfamilie.
Er gehörte zum Stamm Ephraim
und kam aus einfachem Haus.
Als junger Mann wurde Jerobeam
von Salomo nach Jerusalem geholt.
Dort geschah es, dass Gott ihn
durch seinen Propheten
zum König berief…

Es war ein strahlender Tag.
Jerusalem zeigte sich
von seiner schönsten Seite.
Hell leuchtete der Tempel
im Sonnenlicht.
Nicht weit davon entfernt
grüßte der Königspalast.
Hohe Mauern führten
von dem einen Bauwerk zum andern.

Stolz blickte der junge Jerobeam
auf die massigen Mauern.
Erst seit wenigen Tagen
war das Bauwerk fertiggestellt.
Er selbst hatte daran mitgebaut.
König Salomo hatte ihm sogar
die Aufsicht für den Bau übertragen.
Doch Jerobeam war das Herz schwer.
Er dachte an König Salomo.
Welch prachtvolle Stadt
hatte er aus Jerusalem gemacht!
Aber das ganze Land
musste darunter leiden.
Der König holte sich jedes Jahr
Leute vom Land in die Stadt
und zog sie zu Bauarbeiten heran.
Fast wie Sklaven behandelte er sie.
Unterdessen lagen auf dem Lande
die Felder brach.
In den Dörfern gab es
kaum noch etwas zu essen.
Und was das Schlimmste war:
Der König schien zu vergessen,
wer der wahre König in Israel war.
Früher hatte er den Gott Israels
mit ungeteiltem Herzen geehrt.
Doch nun wurden auf den Höhen
rings um Jerusalem
auch andere Götter verehrt. 11,7ff.

Jerobeam wandte sich um.
Er hatte es eilig,
nach Hause zu kommen.
Da sah er einen Mann am Weg stehen.
Es schien, als wartete er auf ihn.
Der Mann trug einen neuen Umhang.
Entschlossen kam er auf Jerobeam zu.
Plötzlich nahm er den Mantel
von seinen Schultern,
zerriss ihn in zwölf Teile
und hielt sie Jerobeam hin.
Der starrte ihn entsetzt an.

„Da – nimm dir zehn Teile!“,
befahl ihm der andere.
„Denn so spricht Gott der Herr:
Ich will das Königreich
von Salomo reißen.
Denn er hat sich
von mir losgerissen
und vergessen,
was ich ihm gebot.
Wie dieser Mantel geteilt ist,
so wird auch sein Reich
bald geteilt werden.
Und du, Jerobeam,
sollst nach ihm König sein.
Zehn Stämme gehören dir.
Der Rest wird Salomos Sohn
gehören.“ 11,31ff.

Da gingen Jerobeam die Augen auf.
Auf einmal wusste er,
wer vor ihm stand:
Ahia, der Prophet.
Gott hatte ihn zu ihm gesandt.
Aber wie sollte er das verstehen?
Er sollte König werden?
Er war doch viel zu jung!
Außerdem stammte er nicht
aus dem Königshaus Davids.
Was würde Salomo dazu sagen,
wenn er davon erfuhr?

Ahia schien seine Gedanken zu erraten.
„Halte dich nur fest an Gott",
riet ihm Ahia.
„Und achte auf seine Gebote.
Dann wird Gott mit dir sein
und mit allen, die nach dir kommen." 11,38

Da erkannte Jerobeam:
Der Prophet meinte es ernst.
Vorsichtig blickte er sich um.
Es war niemand zu sehen.
Jerobeam nahm schnell
die zehn Teile an sich,
verbarg sie unter seinem Mantel
und machte sich eilig davon.

Lange Zeit hütete Jerobeam
sein Geheimnis.
Aber es dauerte nicht lange,
da breitete sich im Land
das Gerücht aus:
Jerobeam, ein junger fähiger Mann,
strebt nach dem Königsthron.
Sogar bis zum König
drang das Gerücht.
Von diesem Tag an
trachtete König Salomo
Jerobeam nach dem Leben.
Da floh Jerobeam nach Ägypten.
Dort blieb er so lange,
bis Salomo starb.

Nach Salomos Tod
kehrte Jerobeam aus Ägypten zurück.
Da baten ihn seine Freunde:
„Komm mit uns nach Sichem!
Dort soll Rehabeam,
der Sohn Salomos,
zum König gewählt werden.
Sei du unser Sprecher
und lege ein Wort für uns ein!" 12,1ff.

So zog Jerobeam
mit ihnen nach Sichem,
und vor allen Ohren
forderte er Rehabeam auf:
„Dein Vater Salomo
hat schwere Lasten auf uns gelegt.
Mach du unsere Last leichter!
Dann sollst du unser König sein."
„Ja, Recht hat er",
fielen die anderen ein.
Doch Rehabeam wich ihnen aus:
„Gebt mir Bedenkzeit!
In drei Tagen
sage ich euch Bescheid." 12,3ff.

Am dritten Tag warteten alle
gespannt auf Rehabeams Antwort.
Der hatte inzwischen
seine Ratgeber gefragt.
„Gib nach!",
hatten die Älteren geraten.
„Sei hart!", war der Rat,
den ihm die Jüngeren gaben.
Da verkündete Rehabeam allem Volk:
„Hört, ihr Israeliten!
Es ist, wie ihr sagt:
Mein Vater hat schwere Lasten
auf euch gelegt.
Aber ich will sie
noch schwerer machen.
Mein Vater hat euch
mit Peitschen geschlagen.
Aber ich will euch
mit Geißeln schlagen." 12,6ff.

Kaum hatte er das gesagt,
da brach im Volk
ein großer Tumult aus.
„Unerhört!", schrien die Leute.
„Hört nicht auf ihn!
Was geht uns dieser Rehabeam an!
Was kümmert uns
das Königshaus Davids?
Auf, geht nach Hause!
Dann mag Rehabeam zusehen,
wer noch zu ihm hält."
Wütend zogen sie ab.
Nur noch der Stamm Juda
hielt zu Salomos Sohn.

Da merkte Rehabeam,
was er angerichtet hatte.
Er schrie:
„Holt die Leute zurück!
Lasst sie nicht laufen!"
Doch als sein Aufseher Adoniram
sie mit Gewalt zurückholen wollte,
warfen sie mit Steinen nach ihm
und töteten ihn.
Da machte sich Rehabeam
aus dem Staub
und floh nach Jerusalem. 12,18

Aber die Israeliten schickten Boten
in ihre Stammesgebiete
und ließen überall verkünden:
„Jerobeam ist wieder da.
Auf, krönt ihn zum König!"

So wurde Jerobeam König
über die zehn nördlichen Stämme,
wie Gott durch Ahia,
seinen Propheten, gesagt hatte.

Bethel

1. Könige 12–14

Der Herbst war gekommen.
Die Ernte war eingebracht.
Im ganzen Land wurde
gefeiert, gesungen, getanzt.
Nur König Jerobeam
war nicht nach Feiern zumute.
Er saß in Sichem in seiner Burg
und dachte angestrengt nach.
Von draußen drang
fröhlicher Lärm herein.
Zahllose Wanderer zogen vorüber.
Sie schwangen Zweige,
winkten und sangen Lieder.
Aber ihr Gesang galt nicht dem König.
Diese Menschen zogen zum Tempel,
der in Jerusalem stand.
Dort wurde in wenigen Tagen
das Herbstfest gefeiert.
Jahr für Jahr kam alles Volk
im Tempel zusammen,
um Gott für die Ernte zu danken.

Jerobeam sah auf die Straße hinaus.
Wenn das so weitergeht,
sagte er sich besorgt,
dann ist in Kürze mein Land leer.
König Rehabeam wird die Scharen
mit offenen Armen empfangen.
Er wird zu ihnen sagen:
Kommt alle zu mir!
Ich bin der wahre König von Israel,
denn der Tempel in Jerusalem
gehört nur mir!
Wer weiß, vielleicht laufen
meine Leute dann zu Rehabeam über.
Am Ende bringen sie mich noch um.
Aber ich werde sie daran hindern,
so wahr ich König in Israel bin.

Jerobeam rief seine Ratgeber.
„Sagt mir", fragte er sie,
„was sollen wir tun?
Das ganze Volk läuft uns davon,
wenn wir nicht schnell handeln."

Da schlug einer vor:
„Ich weiß, was wir machen:
Wir schließen die Grenze.
Dann kann niemand mehr
nach Jerusalem ziehen."
„Aber das geht nicht",
wandte Jerobeam ein.
„Wer will den Leuten verbieten,
zum Tempel zu gehen?"
„Dann bauen wir eben
ein eigenes Heiligtum.
Oder besser gleich zwei:
eines oben im Norden
und eines im Süden,
nah an der Grenze.
Dann hat unser Volk,
was es braucht.
Und niemand wandert mehr
in das Nachbarland ab."

„Ja", rief der König.
„Euer Plan gefällt mir.
Mein Volk wird sich freuen
und Gott sicher auch!
Daher schlage ich vor:
Wir bauen zwei große Altäre,
den einen in Dan
und den anderen in Bethel,
ganz nah an der Grenze
zum Königreich Juda.
Riesige Altäre sollen es sein,
mit Stufen aus Stein.
Hoch oben auf dem Berg
sollen sie stehen,
schon von weitem zu sehen.
Und dazu stellen wir
ein Standbild für Gott.
Vielleicht ein goldenes Kalb
oder ein Stierbild aus Gold.
Auf, holt die Baumeister her!
Sucht einen Goldschmied!
Und lasst sie gleich
mit der Arbeit beginnen!"

Der König war so besessen
von seinem Plan,
dass er darüber vergaß,
zuerst Gott zu fragen.
Tag für Tag trieb er die Bauleute an,
viele Monate lang.

Endlich, nach einem Jahr,
war das Bauwerk vollendet.
Es war gerade die Zeit,
als die Weinlese begann.
Und wieder stand das Herbstfest bevor.
Da ließ der König
im ganzen Land ausrufen:
„Kommt alle zum Herbstfest
nach Bethel!"
In großen Scharen
strömten die Menschen herbei.
Sie versammelten sich
vor dem hohen Stufenaltar.
Gewaltig ragte er in den Himmel.
Zahllose Priester machten sich
vor dem Altar zu schaffen.
Eine dicke Rauchwolke
stieg zum Himmel empor.
Doch daneben stand
ein goldenes Stierbild,
ganz ähnlich gestaltet wie einst
das goldene Kalb in der Wüste.

Da trat Jerobeam auf.
Feierlich stieg er
die Stufen zum Altar hinauf.
Und mit lauter Stimme
rief er seinem Volk zu:
„Hört, ihr Israeliten!
Von jetzt an müsst ihr nie mehr
zum Tempel nach Jerusalem wandern.

Spart euch die Mühe!
Hier ist euch Gott viel näher."
Er zeigte auf das goldene Stierbild.
„Seht, das ist der Gott,
der euch aus Ägypten geführt hat!" 12,28

Da – plötzlich sprang ein Mann
auf die Stufen und schrie:
„Altar! Altar!
So spricht der Herr:
Es kommt der Tag,
da wird ein anderer König
auf diesem Altar alles verbrennen,
was Gott nicht gefällt.
Und das ist das Zeichen,
an dem ihr erkennt,
dass Gott durch mich spricht:
Der Altar wird bersten,
und die Asche auf ihm
wird auf dem Boden verstreut." 13,2

„Greift ihn!", brüllte der König.
„Nehmt ihn gefangen!"
Er streckte seine Hand aus,
griff nach dem Mann,
aber seine Hand gehorchte
auf einmal nicht mehr.
Leblos hing sie herab.
In diesem Augenblick geschah es:
Der Altar brach mitten entzwei.
Funken sprühten auf,
und schwarze Asche bedeckte die Erde.

Plötzlich war es ganz still.
Entsetzt starrte Jerobeam
auf den zerbrochenen Altar.
Nun begriff er endlich,
wer vor ihm stand:
Gott hatte seinen Propheten
zu ihm gesandt.
„Bitte, hilf mir!", flehte der König.
„Ruf deinen Gott an und bitte ihn,
dass er meine Hand heilt."

Da betete der Prophet für den König.
Und siehe da:
Seine Hand gehorchte ihm wieder.
„Bitte, geh noch nicht weg!",
drängte Jerobeam den Propheten.
„Stärke dich erst! Iss und trink!
Ich will dir noch ein Geschenk
für deinen Dienst geben."
Aber der Prophet winkte ab.

„Und wenn du mir
dein halbes Königreich gibst,
ich nehme kein Geschenk von dir an.
Gott lässt es nicht zu.“ 13,8f.

So sprach der Prophet.
Dann ging er wortlos davon.
Nachdenklich sah Jerobeam
hinter ihm her.
Es war ihm, als hätte sich
Gott von ihm abgekehrt.

Seit diesem Tag ging es
mit dem Königreich Israel
ständig bergab.
Jedes Jahr zog das Volk
zum Heiligtum nach Bethel,
brachte dort Opfer dar
und sang Loblieder für Gott.
Aber niemand hörte
auf Gottes Gebot.

So riss König Jerobeam
sein Volk ins Verderben.
Das Unglück nahm seinen Lauf.
Aber Gott hörte nicht auf,
sein Volk durch seine Propheten
zu mahnen und zur Umkehr zu rufen.

Ahab

1. Könige 16,29–18,20

Dies ist die Geschichte von Ahab,
dem König von Israel.
Ahab war noch viel mächtiger
als König Jerobeam.
22 Jahre regierte er über das Land.
Und er setzte alles daran,
seine Macht auszubauen.
Doch was Ahab auch tat,
Gott hatte keinen Gefallen daran.

Schon in jungen Jahren
fing Ahab an,
alle Städte auszubauen.
Er umgab sie mit hohen Mauern.
In seiner Hauptstadt Samaria
ließ er sogar einen Palast
aus Elfenbein bauen. 22,39
Und was der Stadt
noch an Glanz fehlte,
das holte er sich
aus Nachbarländern herein.
Mit dem König von Sidon
schloss Ahab ein Bündnis.
Und er vermählte sich
mit dessen Tochter Isebel.
Die brachte reiche Schätze
und feine Sitten ins Land.
Aber Isebel führte auch
andere Götter ein:
den Gott Baal
und die Göttin Astarte.
Von diesen Göttern versprach er sich
fruchtbare Felder, Reichtum und Glück.
Darum ließ Ahab in Samaria
einen großen Tempel für Baal bauen,
noch größer und prächtiger
als der Tempel, der zu Jerusalem stand.
Dazu holte die Königin 16,32f.
Hunderte von Priestern
und Propheten ins Land.
Diese brachten Baal und Astarte
jeden Tag Opfer.
Aber die Propheten Gottes
ließ Isebel ermorden.
Nur wenige Propheten entkamen.
Obadja, der Hofmeister des Königs,
verbarg sie in Höhlen
und versorgte sie heimlich
mit Wasser und Brot. 18,4

So wandten Isebel und Ahab
das Volk von dem Gott Israels ab.
Aber Gott ließ sein Volk nicht fallen.
Er schickte ihm seinen Propheten Elia,
der rief das Volk zu Gott zurück...

Der Sommer war längst vorüber.
Die Regenzeit hatte begonnen.
Aber noch immer lag
sengende Hitze über dem Land.
In den Dörfern sehnten
die Bauern den Regen herbei.
Sie brachten Baal ihre Opfer
und beteten Tag für Tag:
„Baal, erhöre uns!
Erhöre uns, Baal!
Schenke uns fruchtbaren Regen!"
Auch im Tempel von Samaria
beteten die Baalspriester:
„Baal, erhöre uns! Erhöre uns, Baal!"
Doch nichts geschah.
Keine Wolke zog auf.
Kein Tropfen Regen fiel auf die Erde.

In diesen Tagen
kam ein Mann nach Samaria.
Niemand kannte ihn.
Niemand wusste, woher er kam.
Elia war es, der Prophet Gottes.
Er stammte aus Tischbe,
einer Stadt jenseits des Jordan.
Elia ging geradewegs zum Königspalast.
„Führt mich zum König!",
befahl er den Wächtern.
Da führten sie ihn
zu Ahab, dem König.
Der musterte Elia streng,
als wollte er fragen:
Wer bist du?
Was willst du von mir?

Da sprach Elia:
„So wahr der Herr,
der Gott Israels, lebt:
Es wird nicht Tau noch Regen geben,
es sei denn, ich sage es." 17,1

Danach drehte Elia sich um
und ging wortlos davon.
Der König sah ihm bestürzt hinterher.
Glaubte dieser Mensch wirklich,
der Gott Israels hätte die Macht,
auch den Regen zu lenken?

Tage und Wochen vergingen.
Noch immer zeigte sich
keine Wolke am Himmel.
Die Bäche trockneten aus.
Die Quellen versiegten.
Auch im folgenden Jahr
blieb der Regen ganz aus.
Auf den Weiden verendete das Vieh.
Eine schwere Hungersnot
suchte das Land heim.
Und immer noch beteten
die Baalspriester vergeblich:
„Baal, erhöre uns!
Erhöre uns, Baal!"

Da packte den König der Zorn.
Er sagte sich:
Dieser Elia ist an allem schuld.
So wahr ich König in Israel bin,
das soll er mir büßen!
Er schickte seinen Hofmeister Obadja
durch das ganze Land
und ließ Elia überall suchen.
Aber Elia war spurlos verschwunden.

Inzwischen hielt die Dürre
schon drei Jahre lang an.
Der Himmel hing bleiern
über dem Land.
Totenstille breitete sich überall aus.
Menschen und Tiere litten
unsägliche Qualen.

Als aber der König sah,
dass auch seine kostbaren Pferde
kein Futter mehr hatten,
befahl er Obadja:
„Geh und sieh zu,
dass du noch Wasser und Futter
für meine Pferde findest."

Doch kaum war Obadja unterwegs,
da kam ihm Elia entgegen.
„Bist du es, Elia?",
rief Obadja erschrocken.
Er fiel vor ihm nieder.
„Ja, ich bin es", antwortete Elia.
„Nun geh und verkünde dem König:
‚Elia ist wieder da!'"
Aber Obadja sah ihn entsetzt an.
„Unmöglich!", rief er.
„So wahr der Herr, dein Gott, lebt:
Ich habe das ganze Land
nach dir abgesucht
und dich nicht gefunden.
Wenn nun der König hört:
‚Elia ist da',
dann wird er dich suchen.
Und wenn er dich nicht findet,
dann wird er mich töten.
Womit habe ich das verdient?
Weißt du nicht,
wie ich die Propheten Gottes
vor Isebel versteckt habe?
Warum tust du mir so etwas an?" 18,9ff.
Doch Elia entgegnete:
„Hab keine Angst!
Ich werde mich heute noch zeigen."

Da eilte Obadja zu Ahab zurück
und meldete: „Elia ist hier!"
„Was?", rief der König.
„Ich will ihn sofort sehen."
Und er ließ alles stehen
und lief Elia entgegen.
„Da bist du ja endlich!",
rief er Elia zu.
„Du Unglücksmensch!
Siehst du nicht,
wie du dieses Land
ins Unglück gestürzt hast?"
„Nein", entgegnete Elia.
„Nicht ich, du hast
dem Land Unglück gebracht.
Du hast Gottes Gebote verachtet
und hast andere Götter verehrt.
So lass sehen, wer Recht hat:
Bestelle deine Baalspriester
und alle deine Propheten
auf den Berg Karmel,
dazu alle, die der Astarte dienen.
Und lade das ganze Volk ein.
Dann werden wir sehen,
wer der wahre Gott in Israel ist." 18,18ff.

Elia sagte es so bestimmt,
dass Ahab nicht widersprach.
Noch am selben Tag
schickte er seine Boten
durchs Land und befahl allen:
„Kommt zum Berg Karmel!"

Elia

1. Könige 18,20–46

Drei Jahre hatte sich Elia
vor König Ahab versteckt.
Lange Zeit hatte er
am Bach Krit verbracht,
in einem entlegenen Tal.
Er hatte aus dem Bach getrunken
und sich von den Brocken ernährt,
die ihm Raben im Schnabel brachten. 17,2ff.
Und als der Bach vertrocknet war,
war Elia nach Sidon geflohen,
zu einer Witwe und deren Sohn.
Dort hatte Gott seinen Diener
durch ein Wunder am Leben erhalten. 17,7ff.
Doch nun war Elia wieder im Land.
Und er war fest entschlossen,
den König und sein Volk
vor die Entscheidung zu stellen…

Ein neuer Tag brach an.
Die ersten Sonnenstrahlen
fielen auf den Berg Karmel.
Keine Wolke war am Himmel zu sehen.
Ein heißer Tag stand bevor.
An diesem Morgen waren schon
zahllose Menschen unterwegs.
Sie wanderten zum Berg Karmel,
wohin sie der König bestellt hatte.
Voller Erwartung stiegen sie
auf den Berg.
Auf einer Anhöhe,
unterhalb des Gipfels,
wartete schon ein Heer von Priestern
und Baalspropheten auf sie,
bunt und festlich gekleidet:
450 Propheten, die Baal dienten,
und 400 Diener der Göttin Astarte.
Sie drängten sich um den großen Altar,
der Baal und Astarte geweiht war.
Auch König Ahab hatte sich
zu ihnen gesellt.
Abseits davon wartete Elia,
der Prophet Gottes.
Er stand bei dem Altar,
der dem Gott Israels geweiht war.
Seit langem schon wurde dort
nicht mehr geopfert.

Inzwischen war der Berg
mit lauter Menschen gefüllt.
Viele Tausende blickten gespannt
auf Elia und die Baalspropheten.

Da rief Elia laut:
„Ihr Leute, sagt mir:
Wie lange noch
hinkt ihr nach beiden Seiten?
Ist der Herr Gott,
dann folgt ihm nach!
Ist es aber Baal,
dann folgt ihm nach!“ 18,21
Elia sah sie herausfordernd an.
Aber niemand sagte ein Wort.
Niemand wagte, sich öffentlich
zu dem Gott Israels zu bekennen.

„Seht!“, fuhr Elia fort.
„Nur ich allein diene noch Gott.
All die anderen Propheten dort,
sie dienen ihrem Gott Baal.
Doch nun lasst sehen,
wer der wahre Gott ist:
Holt uns zwei Stiere!
Den einen Stier bringt ihr
den Baalspriestern.
Sie sollen ihn schlachten
und auf ihren Altar legen,
aber kein Feuer anzünden.
Den anderen Stier schlachte ich
und lege ihn auf diesen Altar.
Auch ich lege kein Feuer daran.
Dann werden wir sehen,
wer der wahre Gott ist:
Der wird es sein,
der uns Feuer vom Himmel schickt.“ 18,22ff.

„Ja, das ist gut“, riefen die Leute.
„Recht so! Der ist der wahre Gott.“

Da nahmen die Baalspriester
den einen Stier, schlachteten ihn,
legten ihn auf den Altar
und tanzten um den Altar
und sangen und riefen dazu:
„Baal, erhöre uns! Baal, erhöre uns!“

Schon wurde es Mittag.
Doch nichts geschah.
„Ruft lauter!“, spottete Elia.
„Vielleicht ist euer Gott in Gedanken.
Vielleicht hat er auch zu tun.
Oder vielleicht ist er verreist
oder er schläft?
Los, weckt ihn auf!“ 18,27

Da riefen sie noch lauter
und ritzten ihre Haut mit Messern,
bis das Blut herabfloss.
Doch nichts geschah.

Endlich rief Elia:
„Kommt her zu mir!“
Vor ihren Augen baute er
den zerfallenen Altar wieder auf.
Zwölf Steine schichtete er auf,
nach den zwölf Stämmen,
die zum Volk Gottes gehörten.
Und er grub um den Altar
einen breiten Graben.
Dann schlachtete er den Stier,
legte ihn auf den Altar und befahl:
„Holt vier Eimer Wasser
und noch einmal vier
und noch einmal!
Und gießt das Wasser
über das Opfer!“
Da schütteten sie das Wasser
über dem Opfer aus, eimerweise,
bis sich der ganze Graben
mit Wasser füllte.

Inzwischen war es drei Uhr geworden.
Es war genau die Stunde,
da man am Tempel
das Spätopfer darbrachte.
Da betete Elia laut:

> „Herr, du Gott Abrahams,
> Isaaks und Jakobs!
> Zeige uns heute,
> dass du der wahre Gott
> in Israel bist!
> Erhöre mich, Herr!
> Erhöre mich,
> damit alle erkennen,
> dass du, Herr, der wahre Gott bist.“ 18,36

Und als er noch redete,
kam Feuer vom Himmel herab
und verzehrte das Opfer samt dem Altar
mit allem Wasser, das im Graben war.

Da war es auf einmal,
als löste sich ein heimlicher Bann.
Das Volk fiel auf die Erde
und betete Gott an und rief:
„Der Herr ist Gott!
Der Herr ist Gott!“ 18,39

Doch Ahab stand da,
wie vom Blitz getroffen.
Er brachte vor Schreck
kein Wort heraus.
„Warum stehst du noch hier?“,
fragte Elia den König.
„Auf, mach dich fertig!
Iss und trink!
Und dann fahr schnell los!
Denn gleich wird es regnen.
Ich höre es schon rauschen.“
Er sah zum Himmel auf.
Doch weit und breit
war keine Wolke zu sehen.
Der Himmel war so bleiern und blau
wie all die Tage und Wochen zuvor.

Da stieg Elia zum Gipfel hinauf,
kniete dort nieder,
nahm seinen Kopf zwischen die Knie
und flehte Gott an:
„Ach Herr, du hast heute
ein großes Wunder getan.
Nun tu noch ein Wunder
und schenke uns Regen.“
Sein Bursche stand neben ihm.
Aber Elia befahl ihm:
„Steig auf den höchsten Gipfel.
Von dort siehst du das Meer.
Schau, ob eine Wolke aufzieht.
Dann komm schnell hierher
und sag mir Bescheid.“ 18,43

Nach einer Weile kam der Diener zurück.
„Nun“, fragte Elia, „was hast du entdeckt?“
„Nichts.“
„Dann geh noch einmal!“

Bald darauf
kam der Diener wieder zurück.
Aber noch immer war der Himmel
so blau wie zuvor.
Siebenmal ging er hinauf.
Endlich, beim siebten Mal,
kam er zu Elia und meldete:
„Ich sah eine Wolke über dem Meer,
aber nicht größer als eine Hand."

Da sprang Elia auf,
lief zu Ahab hinab und rief:
„Auf, spann die Pferde an
und steig in den Wagen!
Gleich kommt ein gewaltiger Regen."

Und als er noch redete,
zog sich der Himmel zu.
Schwarze Wolken türmten sich auf.
Es stürmte. Der Wind brauste.
Und plötzlich war es,
als hätte der Himmel
seine Schleusen geöffnet.
Es schüttete.
Es goss in Strömen.
Das vertrocknete Land
sog das Wasser auf.
Ahab aber jagte
mit seinem Wagen ins Tal.

Doch Elia lief ihm voraus
durch den strömenden Regen,
bis er nach Jesreel kam.
Dort hielt er endlich an.

Da erkannte Ahab,
dass der Gott Israels
der wahre, lebendige Gott war.

Nabot

1. Könige 21

König Ahab hatte sein Sommerhaus
in der Ebene von Jesreel.
Das Haus war umgeben
von einem üppigen Garten,
von Weingärten, Wiesen
und fruchtbaren Feldern.
An heißen Sommertagen zog sich
Ahab mit Isebel dorthin zurück.
Dort erholten sie sich
im Schatten der Bäume
von allen Amtsgeschäften.

Eines Tages saß der König
wieder in seinem Garten
und ruhte sich aus.
Schön ist mein Garten, sagte er sich.

Aber er ist noch zu klein.
Ein so großer König wie ich
braucht einen größeren Garten.
Er braucht erlesene Früchte
und täglich frisches Gemüse. 21,2
Ich weiß, was ich mache:
Ich werde meinen Garten erweitern
und darin Gemüse anpflanzen.
Er schielte zu dem Weinberg hinüber,
der an den Garten grenzte.
Das wäre das ideale Land,
sagte sich Ahab.
Doch der Weinberg gehörte Nabot,
einem Bürger aus Jesreel.

Plötzlich entdeckte Ahab
seinen Nachbarn Nabot
zwischen dem Weinlaub.
„He du!“, rief er zu ihm hinüber.
„Komm her!
Ich mach dir ein Angebot.
Verkaufe mir deinen Weinberg!
Oder wenn du willst,
trete ich dir dafür
ein anderes Stück Land ab.
Greif zu! Es wird dich nicht reuen.“

Doch Nabot wehrte erschrocken ab.
„Gott bewahre mich
vor solch einem Unrecht.
Er hat meinen Vorfahren
diesen Weinberg gegeben,
und ich habe den Weinberg
von ihnen geerbt.
Nein, ich kann dir den Weinberg
nicht geben.“ 21,3

Als der König das hörte,
lief er vor Zorn rot an.
Grimmig zog er sich zurück,
warf sich auf sein Bett,
drehte den Kopf zur Wand,
aß nichts und trank nichts
und war für niemand zu sprechen.

Da hörte Isebel,
was geschehen war.
Sie eilte zu Ahab.
„Sag, was fehlt dir?“,
fragte sie Ahab.
„Warum willst du nichts essen?
Wer hat dich gekränkt?“

„Nabot!“, platzte der König heraus.
„Nabot war es, dieser Schuft!
Du kennst ihn.
Er ist unser Nachbar.
Sein Weinberg grenzt
direkt an unseren Garten.
Ich habe Nabot gebeten:
‚Gib mir deinen Weinberg!
Ich kauf ihn dir für gutes Geld ab.‘
Aber stell dir vor:
Dieser Kerl sagt nein.“

„Was?“, rief Isebel empört.
„Das lässt du dir gefallen?
Du bist doch der König, nicht er!
So steh nun auf! Iss und trink!
Und lass dich nicht hängen!
Und was den Weinberg betrifft,
das erledige ich.“ 21,7

Isebel überlegte nicht lange.
Sie setzte sofort ein Schreiben auf,
drückte das Siegel des Königs darauf
und schickte den Brief
an die Ältesten
und die angesehenen Bürger der Stadt.
Und so lautete der Brief,
den Isebel schrieb:
„Dies befiehlt König Ahab:
Ruft einen Fasttag aus
und haltet Gericht.
Ladet alle Bürger dazu,
und setzt Nabot so,
dass alle ihn sehen.
Dann sollen zwei bestellte Zeugen
gegen Nabot auftreten und aussagen:

‚Er hat Gott und den König gelästert.'
Danach soll er verurteilt
und gesteinigt werden."

Und so geschah es.
Gehorsam führten die Bürger aus,
was Isebel befohlen hatte.
Kein Mensch protestierte.
Niemand fragte:
Was hat Nabot denn Schlimmes getan?
Niemand trat den Klägern entgegen.
Und niemand schrie laut:
Hier geschieht Unrecht!
Die Bürger führten Nabot hinaus
vor die Stadt und steinigten ihn,
wie Isebel es befohlen hatte.

Als aber Isebel hörte,
dass der Befehl ausgeführt war,
ging sie sofort zu Ahab und sagte:
„Freu dich! Nabot ist tot.
Der Weinberg gehört dir.
Steh auf und nimm ihn in Besitz!"

Da hellte sich Ahabs Gesicht auf.
Er stand auf und ging
zum Weinberg hinaus.
Doch plötzlich stand Elia vor ihm.
„Mein Erzfeind", grollte der König,
„hast du mich endlich gefunden?"
„Ja", sagte Elia.
„Ich hab dich gesucht
und hab dich gefunden.
Wie tief hast du dich
in Unrecht verstrickt!
Erst tötest du
und dann reißt du an dich,
was dir nicht gehört.
Jetzt kannst du nicht mehr zurück.
Darum spricht Gott:
Großes Unheil wird
über dein Königshaus kommen:
Alle Männer in deiner Familie
und auch Isebel werden umkommen.
Wer von ihnen in der Stadt stirbt,
den werden die Hunde fressen.
Und wer auf dem Feld stirbt,
den werden die Vögel fressen." 21,19ff.

Da erkannte Ahab,
was er getan hatte.
Er riss seine Kleider vom Leib,
legte ein Bußgewand an,
betete und fastete
bei Tag und bei Nacht.

Aber danach vergaß Ahab wieder,
was Elia ihm verkündet hatte,
und er fragte nicht mehr nach Gott.

Micha

1. Könige 22

Zu jener Zeit regierte
im Nachbarland Syrien
ein König namens Ben-Hadad.
Der suchte jederzeit
Anlass zum Streit.
Zweimal marschierte er
mit seinem großen Heer
in das Land Israel ein.
Doch Ahabs Leute fielen
über sein Kriegslager her
und jagten die Syrer davon. 20,1ff.

Von da an herrschte
wieder Frieden im Land.
Ahab verbündete sich mit Joschafat,
dem König von Juda.
Und um den Bund zu besiegeln,
heiratete Joram, Joschafats Sohn,
Ahabs Tochter Atalja.

Eines Tages besuchte
Joschafat, der König von Juda,
den König Ahab in Samaria.
Er reiste mit großem Gefolge
aus Jerusalem an.

Da gab Ahab ein großes Fest
für seinen hohen Gast.
Sein ganzer Hofstaat war
zum Festmahl geladen.
Man aß köstliche Speisen
und trank erlesenen Wein
und wünschte dem Ehrengast
Frieden und Glück.
Doch mitten im Mahl,
als sich alle am Wein
und den guten Wünschen erfreuten,
stand Ahab auf und rief
in die Runde: „Freunde!
Es lässt mir keine Ruhe:
Jenseits des Jordan
liegt Ramot in Gilead.
Diese Stadt hat uns früher gehört.
Aber nun haben sie
die Syrer in ihrer Gewalt.
Warum sitzen wir hier untätig herum?
Holen wir uns doch einfach
die Stadt wieder zurück!“
„Recht so!“, stimmten seine Hofleute zu.
„Die Stadt gehört dir.
Wir ziehen mit dir in den Krieg.“

„Und du?“, wandte sich
Ahab an Joschafat.
„Ziehst du auch mit mir?“

Joschafat überlegte nicht lange.
„Ja“, sagte er, „ich ziehe mit dir.
Meine Soldaten und Rosse
stehen für dich bereit.
Doch gebe ich dir zu bedenken:
Hast du auch vorher gefragt,
was Gott zu deinem Vorhaben sagt?
Vielleicht will er gar keinen Krieg.
Gibt es denn in deinem Land
keinen Propheten, der dir sagt,
was Gott von dir will?“
„Propheten?“, meinte Ahab vergnügt.
„O, davon hab ich genug,
mehr als genug.“
Und Ahab rief sogleich
seine Propheten herbei,
allesamt selbsternannte Propheten,
die dem König
nach dem Munde redeten.
Propheten aller Art,
Männer mit Donnerstimme
und Greise, die nur leise lallten.
Propheten mit finsterer Miene
und solche mit verklärtem Blick.
Vierhundert Propheten
stellten sich vor dem Palast ein. 22,6

Da gingen Joschafat und Ahab
zu den Propheten hinaus.
Feierlich setzten sie sich
auf ihren Thron,
der am Tor aufgestellt war.
Und Ahab rief mit lauter Stimme:
„Nun sagt, ihr Propheten,
sollen wir in den Krieg ziehen?
Ja oder nein?“

„Ja“, riefen alle begeistert.
„Ja, zieht in den Krieg!
Gott ist mit euch.
Er schenkt euch den Sieg.“
Und einer von ihnen,
Zedekia mit Namen,
trug auf seinem Kopf sogar
einen Ring mit eisernen Hörnern.
Er stellte sich vor Ahab auf,
und mit Donnerstimme rief er:
„So spricht der Herr:
Mit diesen Hörnern aus Eisen
wirst du die Syrer zerschmettern.“
„Ja“, fielen die anderen ein.
„Sieg! Heil! Es wird dir gelingen.“ 22,6

Aber Joschafat war noch nicht zufrieden.
Er fragte Ahab: „Sag mir,
ist denn kein Prophet Gottes bei dir?“
Ahab lachte auf.
„Ach so einen Propheten meinst du?
So einen habe ich auch.

Micha, den Sohn Jimlas.
Aber ich mag ihn nicht.
Er hat kein gutes Wort
für mich übrig.
Wohin er kommt,
bringt er nur Unglück.“ 22,8

Doch Joschafat fiel ihm ins Wort:
„Was redest du da?
Bedenke, er ist Gottes Prophet!
Er muss sagen, was Gott ihm befiehlt.“

Da schickte Ahab
seinen Kämmerer zu Micha.
Der redete dem Propheten gut zu:
„Hör zu, Micha!
Die anderen Propheten
haben alle dasselbe gesagt.
Darum rate ich dir:
Sag nichts, was den König reizt.
Ruf einfach mit den anderen im Chor:
‚Glück, Heil und Sieg unserem König!‘
Sonst ist dein Leben bedroht.“

Aber Micha erwiderte:
„So wahr der Herr lebt,
das mache ich nicht.
Ich werde nur sagen,
was Gott zu mir spricht.“ 22,14

Wenig später stand Micha vor Ahab.
„Da bist du endlich“, rief Ahab.
„Nun sag mir, was rätst du?
Sollen wir in den Krieg ziehen?
Ja oder nein?“
„Ja“, erwiderte Micha gelassen.
„Geht nur! Geht mit Gott!
Ich wünsche euch Glück.“

„Nein!“, schrie Ahab erbost.
„Das ist nicht dein Ernst.
Du hältst uns zum Narren.
Ich beschwöre dich:
Sag uns die Wahrheit!“

„Gut, wie du willst“,
entgegnete Micha.

„Dann sage ich dir,
was mir Gott offenbart hat:
Vor meinen inneren Augen
sah ich Israels Berge.
Auf ihnen irrten Menschen umher
wie verlorene Schafe,
die keinen Hirten mehr haben.
Und Gott sprach zu mir:
Sieh diese Schafe!
Sie haben ihren Hirten verloren.
Kehrt heim!
Der Krieg ist vorbei!“ 22,17

„Joschafat, siehst du?“,
rief Ahab entrüstet.
„Hab ich’s dir nicht gesagt?
Dieser Mensch bringt nur
schlechte Nachricht für mich.“

Doch Micha fuhr unbeirrt fort:
„Nun höre die Botschaft,
die Gott dir verkündet:
Ich sah Gott im Himmel
auf seinem Thron, umgeben
von himmlischen Heerscharen.
Und Gott sprach:
‚Wer von euch will Ahab
in den Krieg locken?‘
Da rief eine Stimme:
‚Ich will es tun.‘
‚Aber womit?‘
Die Stimme sprach:
‚Ich will seine Propheten
mit Lügen erfüllen.‘
Und so ist es geschehen.
Du hast es selber gesehen.
Darum höre, o König,
was Gott zu dir spricht:
Nicht Heil, nur Unheil
kommt über dich!“ 22,19ff.

Kaum hatte Micha zu Ende geredet,
da stürzte sich Zedekia auf ihn.
Er schlug Micha ins Gesicht
und schrie aufgebracht:

„Was fällt dir ein?
Glaubst du denn,
du seist allein Gottes Prophet?
Sind wir etwa schlechter als du?“
Doch Micha entgegnete ruhig:
„Du wirst ja sehen,
was in Kürze geschieht.
Dann wirst du von einer Kammer
zur anderen fliehen.“

„Schweig endlich!“, schrie Ahab.
„Nehmt ihn gefangen!
Und steckt ihn ins finsterste Loch!
Dort soll er schmachten
bei Wasser und Brot,
bis wir mit Frieden heimkehren.“ 22,27

Und so geschah es.
Sie führten ihn ab ins Gefängnis.
Doch bevor Micha verschwand,
rief er noch einmal:
„Kommt ihr mit Frieden zurück,
dann hat Gott nicht
durch mich geredet.
Kommt ihr aber…“
In diesem Augenblick
schlug die Gefängnistür zu.
Ahab hatte den Propheten Gottes
für immer zum Schweigen gebracht.

Nicht lange danach zog Ahab
mit Joschafat in den Krieg.
Vor Ramot in Gilead
kam es zum Kampf.
Als Ahab die Syrer sah,
packte ihn plötzlich die Angst.
Er tauschte die Kleider
mit einem Soldaten.
Als einfacher Krieger verkleidet
zog er in den Kampf.
Sogleich stürzten sich alle Feinde
auf Joschafats Wagen.
Doch Joschafat schrie laut.
Da merkten die Syrer,
dass sie dem Falschen nachgejagt waren,
und ließen von Joschafat ab.
Ahab aber wurde im Kampfgewühl
von einem Pfeil zufällig getroffen.
Mit letzter Kraft hielt er sich aufrecht,
bis der Abend kam.
Danach brach er tot
in seinem Wagen zusammen.

Nun war geschehen,
was der Prophet Micha gesagt hatte.
Geschlagen kehrten die Krieger heim.
Und manch einer dachte:
Hätten wir doch auf Gott gehört
und auf die Stimme seines Propheten!

Elisa

2. Könige 2,1–18

Dies ist die Geschichte
von Elisa, dem „Mann Gottes“,
durch den Gott Erstaunliches tat.
Elisa lebte im Königreich Israel
wie auch sein Lehrer,
der große Prophet Elia.
Er war ein Mann aus dem Volk.
Er liebte nicht große Worte,
sondern war ein Freund
der einfachen Leute
und kümmerte sich
um deren alltägliche Sorgen.

Früher hatte Elisa selber
das Feld bestellt
und den Boden gepflügt.
Aber eines Tages hatte Elia
ihn vom Pflug weggeholt.
Seitdem lebte er bei Elia
in Gilgal im Jordantal.

Aber oft zog er auch
mit Elia durch das Land.
Dabei sah er mit Schrecken,
wie schlimm es dort zuging.
Viele Felder lagen brach.
Die meisten Bauern waren verarmt.
Und kaum jemand fragte nach Gott. 1. Kö 19,18ff.
Nur hie und da fanden sie Menschen,
die sich zu Gott hielten.
An einigen Orten hatten
sie sich zusammengetan.
Sie teilten ihr gemeinsames Leben
und achteten streng auf Gottes Gebote.
Manche unter ihnen besaßen
sogar prophetische Gaben.
„Prophetenjünger" nannten sie sich.
Elia und Elisa besuchten sie,
sooft sie durch ihre Stadt kamen.
Aber inzwischen war Elia alt geworden.
Elisa spürte: Bald würde Elia
ihn für immer verlassen.
Doch wer sollte an seiner Stelle
Gottes Prophet in Israel sein?
Elisa wurde das Herz schwer,
wenn er daran dachte…

Eines Tages war
die Zeit des Abschieds gekommen.
Am Morgen brach Elia
in der Frühe von Gilgal auf.
Sein Diener Elisa begleitete ihn.
Da sagte Elia zu ihm:
„Elisa, warum gehst du mit mir?
Bleibe du hier!
Denn Gott hat mich
nach Bethel gerufen."

Aber Elisa antwortete: „Nein.
So wahr der Herr lebt,
und so wahr du lebst,
ich verlasse dich nicht." 2,2

So zogen die beiden miteinander
nach Bethel, das in den Bergen lag.
Still gingen sie nebeneinander her.
Keiner sagte ein Wort.

Doch als sie auf Bethel zugingen,
kamen ihnen Prophetenjünger
aus Bethel entgegen.
Sie nahmen Elisa beiseite
und flüsterten ihm zu:
„Weißt du auch, dass Elia
heute von dir genommen wird?"
„Ja", sagte Elisa, „ich weiß es.
Seid nur still!"

Doch als sie von Bethel aufbrachen,
sagte Elia wiederum zu Elisa:
„Bleibe du hier!
Denn Gott hat mich
nach Jericho gerufen."

Aber Elisa entgegnete: „Nein.
So wahr der Herr lebt,
und so wahr du lebst,
ich verlasse dich nicht." 2,4

So zogen die beiden nach Jericho,
das im Jordantal lag.
Als sie auf die Stadt zugingen,
kamen ihnen auch hier
Prophetenjünger entgegen.
Sie nahmen Elisa beiseite
und flüsterten ihm zu:
„Weißt du auch, dass Elia
heute von dir genommen wird?"
„Ja", sagte Elisa, „ich weiß es.
Seid nur still!"

Doch als sie in Jericho waren,
sagte Elia wieder zu Elisa:
„Bleibe du hier!
Ich muss noch weiterziehen.
Gott hat mich zum Jordan gerufen."

Aber Elisa antwortete: „Nein!
So wahr der Herr lebt,
und so wahr du lebst:
Ich gehe mit dir."

Da ließ es Elia zu.
Miteinander wanderten sie zum Jordan.
Keiner sagte ein Wort.
Die anderen Prophetenjünger
folgten ihnen scheu aus der Ferne.

Als sie zum Jordan kamen,
nahm Elia seinen Mantel,
wickelte ihn zusammen
und schlug auf das Wasser.
Da teilte sich das Wasser.
Ein Weg tat sich auf,
mitten im Fluss.
Elia zog durch den Jordan
wie vorzeiten seine Vorfahren.
Elisa folgte ihm stumm.
Auf trockenem Weg
erreichten sie das andere Ufer.

Es war bereits Abend,
als sie dort ankamen.
Die Sonne sandte
die letzten Strahlen über das Land.
„Jetzt ist es soweit", sagte Elia.
„Gott holt mich zu sich.
Hast du zuvor noch
eine Bitte an mich?"

„Ja", bat Elisa.
„Wenn ich doch auch die Kraft bekäme,
mit der Gott dich erfüllt hat!
Wenigstens einen Teil davon!"
Doch Elia antwortete:
„Was du bittest,
kann ich nicht geben.
Gott allein kann es.
Sein Geist wird auf dich kommen,
wenn ich von dir gegangen bin.
Dann wirst du sehen,
ob Gott deine Bitte erfüllt."

Da – auf einmal
tauchte der Himmel in feurige Glut.
Es donnerte und grollte,
als ob ein Wagen am Himmel daherrollte.

Erschrocken sah Elisa auf.
Plötzlich war Elia
vor seinen Augen entschwunden.
In einem feurigen Gespann
war er zu Gott entrückt.
„Mein Vater! Mein Vater!
Wagen Israels und seine Reiter!"
So schrie Elisa zum Himmel empor.
Es war ihm, als hätte er den letzten Halt,
die letzte Hoffnung verloren.
Elisa zerriss seinen Mantel
vor Trauer und Schmerz.

Was nun? Elisa sah um sich.
Da entdeckte er auf der Erde
den Mantel Elias.
Elisa hob ihn auf
und drückte ihn an sich
wie ein Vermächtnis.
Er eilte zum Jordan,
packte Elias Mantel,
schlug auf das Wasser und rief laut:
„Wo ist nun der Gott Elias?"
Und siehe da:
Das Wasser wich zurück.
Ein Weg tat sich auf.
Elisa ging durch den Jordan
und erreichte sicher das andere Ufer.

Als aber die Prophetenjünger sahen,
was mit Elisa geschehen war,
eilten sie ihm entgegen
und fielen vor ihm auf die Erde.
Nun glaubten auch sie:
Elisa war Gottes Prophet.
Gott hatte ihn in dieser Stunde
zu seinem Boten gemacht.
Sein Geist ruhte auf ihm,
wie er auf Elia geruht hatte.

Elisa und die Witwe

2. Könige 4,1–7

Elisa zog von Ort zu Ort.
Sein Diener und Schüler Gehasi
begleitete ihn auf dem Weg.
Und wo er Menschen fand,
die noch treu ihrem Gott dienten,
blieb er eine Zeitlang bei ihnen.
Er ermahnte und tröstete sie
und half ihnen in ihren Nöten.
Einer Frau aus Sunem gab er
den verstorbenen Sohn lebend zurück. 4,8ff.

Seinen Freunden in Gilgal
half er in schwerer Hungersnot. 4,38ff.
Und den leprakranken Syrer Naaman
bewahrte er vor dem sicheren Tod. 5,1ff.
So wirkte Gott durch Elisa
nicht wenige Wunder.

Einmal kam Elisa in ein Dorf,
in dem Prophetenjünger
mit ihren Familien lebten.
Da stürzte eine Frau auf ihn zu.
Ihr Mann war erst unlängst verstorben.
Die Frau weinte
und schluchzte verzweifelt:
„Hilf mir, du Mann Gottes!
Mein Mann ist gestorben.
Er gehörte zu deinen Freunden.
Du weißt, wie treu er
seinem Gott gedient hat.
Aber nun ist er tot.
Nur meine zwei Söhne
sind mir noch geblieben.
Was soll ich tun?
Ich bin hoch verschuldet.
Nun kommt mein Gläubiger
und droht mir:
Er will meine Söhne haben
und sie zu seinen Sklaven machen."
Die Frau sah Elisa flehend an,
als wollte sie sagen:
Hilf doch! Du kannst es.
Ich weiß keinen Rat mehr.

„Was soll ich für dich tun?", fragte Elisa.
„Sag mir, was hast du noch im Haus?"

„Nichts, gar nichts!",
weinte die Witwe.
„Alle Töpfe sind leer.
Nur in einem Krug
ist noch ein Rest Öl.
Das ist alles."

„Dann geh zu deinen Nachbarinnen
und leihe dir leere Töpfe und Krüge,
aber nicht zu wenige!
Danach nimm deine Söhne zu dir,
verriegle die Tür und gieß das Öl
in die leeren Töpfe und Krüge,
bis alle Gefäße gefüllt sind."

Da überlegte die Witwe nicht lange.
Sie lief zu den Nachbarinnen,
bat sie um leere Töpfe und Krüge
und trug sie alle ins Haus,
so viele, dass der ganze Boden
von Töpfen und Krügen bedeckt war.
Dann verriegelte sie die Tür
und bat ihre Söhne:

„Nun reicht mir die Gefäße,
damit ich sie fülle."
Sie aber nahm ihren Ölkrug
und goss das wenige Öl
in die leeren Gefäße
und füllte ein Gefäß
nach dem andern.

Endlich waren alle Töpfe
und Krüge gefüllt.
„Reicht mir noch ein Gefäß",
bat sie ihre Söhne.
Aber im ganzen Haus gab es
kein leeres Gefäß mehr.
Alle waren bis an den Rand gefüllt.
Da hörte das Öl auf zu fließen.

„Hilf mir!"

Überglücklich lief die Frau zu Elisa
und erzählte ihm,
welch ein Wunder
in ihrem Hause geschehen war.
„Nun verkaufe das Öl“, riet ihr Elisa,
„und bezahle davon deine Schulden.
Und was von dem Geld übrigbleibt,
das behalte für dich.
Davon sollst du dich
und deine Söhne ernähren.“

Da verkaufte die Witwe das Öl
und bezahlte die Schulden,
wie ihr Elisa geraten hatte.
Erleichtert kehrte sie heim,
von allen Schuldenlasten befreit.
Von nun an wagte niemand mehr,
Hand an ihre Kinder zu legen.

Das Friedensmahl

2. Könige 6,8–23

Jahre vergingen.
Inzwischen herrschte Joram,
der Sohn Ahabs,
über das Königreich Israel.
Da brach erneut
ein Krieg mit Syrien aus.
Der König von Israel
rückte mit seinem Heer
gegen die Syrer vor.
Aber der syrische König
hatte seinen Soldaten befohlen:
„Legt einen Hinterhalt!
Versteckt euch am Weg!
Und wenn die Israeliten kommen,
dann fallt über sie her.“
Da kam ein Bote zu Joram
und meldete ihm:
„Elisa, der Mann Gottes,
lässt dir sagen:
‚Gib acht! Sei auf der Hut
vor den syrischen Truppen!
Sie lauern dir am Weg auf.‘“
Da forschte der König nach
und machte einen großen Bogen
um diesen Ort.

Aber der König von Syrien
befahl seinen Soldaten:
„Legt noch einen Hinterhalt!
Und wenn die Israeliten kommen,
dann fallt über sie her.“
Aber Elisa schickte wieder
einen Boten zum König
und warnte ihn:
„Nimm dich in Acht!
Die Syrer lauern dir noch einmal auf.“
Da hörte der König auf seinen Rat
und mied diesen Ort.

Als aber der Syrerkönig hörte,
dass sein Plan gescheitert war,
wurde er furchtbar zornig.
Er rief alle seine Fürsten zu sich
und schrie sie an:
„Verräter seid ihr!
Ich weiß, einer von euch
hält es mit Israels König.
Wer ist es? Sagt, wer?“ 6,11

Da trat einer vor und sagte:
„O König, keiner von uns
hat deinen Plan verraten.
Niemand würde das wagen.
Aber in Israel lebt ein Prophet,
Elisa mit Namen.
Der weiß schon vorher,
was du im Verborgenen planst.
Und er verrät es seinem König.“ 6,12

„Was?“, rief der König empört.
„Dann geht los und sucht diesen Kerl.

Nehmt ihn gefangen
und führt ihn zu mir!“

Da stellten sie in aller Eile
ein großes Heer auf.
Noch am selben Abend zogen sie los
mit Pferden und Wagen
und zahllosen Soldaten,
um Elisa zu fangen.
Sie marschierten die ganze Nacht.
Gegen Morgen erreichten sie Dotan,
wo Elisa sich gerade aufhielt.
Heimlich umzingelten sie die Stadt
und warteten, bis der Morgen anbrach.

Indessen schlief Elisa
friedlich in seinem Haus.
Schon färbte sich der Himmel
am Horizont rot.
Die ersten Sonnenstrahlen
fielen auf die Bergspitzen.
Da stand Elisas Diener auf
und ging hinaus vor das Haus.
Er schaute zu den Bergen hinauf,
die Dotan umgaben.
Doch plötzlich fuhr er zusammen.
Dort oben – was war das?
Viele hundert Speere
blitzten in der Sonne.
Er stürzte ins Haus und schrie:
„O weh, mein Herr!
Was sollen wir tun?
Wir sind umzingelt!“

„Hab keine Angst“, sagte Elisa.
„Auf unserer Seite sind noch viel mehr.“
Und er betete vor seinen Ohren:
„Herr, öffne ihm die Augen!
Lass ihn sehen!“ 6,15ff.

Da fiel es dem Diener
wie Schuppen von den Augen.
Plötzlich sah er,
was ihm verborgen gewesen war:
feurige Wagen und Pferde ringsum!
Gottes himmlische Heerscharen
umgaben sie wie ein Schutzwall.

In diesem Augenblick stürmten
die feindlichen Soldaten den Berg herab.
„Herr, hilf!“, betete Elisa.
„Halte ihre Augen!
Lass sie nichts sehen.“

Und so geschah es:
Die Soldaten sahen nichts mehr.
Hilflos tasteten sie sich vorwärts.
Doch niemand wusste,
woher und wohin.

Da ging Elisa auf die Soldaten zu.
„Ihr habt euch wohl verirrt?“,
fragte er sie.
„Kommt mit mir!
Ich führe euch zu dem Mann,
den ihr sucht.“
Und er führte sie nach Samaria,
zur Burg seines Königs.

Als sie dort ankamen, bat Elisa:
„Herr, nun lass sie wieder sehen.“
Da gingen den Syrern die Augen auf.
Mit Entsetzen sahen sie,
wo sie angelangt waren.
Vor ihnen stand Israels König,
ihr erbitterter Feind.
„Soll ich sie töten?“, fragte der König.
Doch Elisa ließ es nicht zu.
„Willst du etwa diese Wehrlosen töten?
Nein, setze ihnen ein Festessen vor.
Danach lass sie in Frieden ziehen.“ 6,22

Da bereitete der König
ein großes Friedensmahl zu.
Friedlich speisten sie,
alle an einem Tisch,
Syrer und Israeliten.
Danach trennten sie sich im Frieden.

Von diesem Tag an hatte Israel
eine Zeitlang Ruhe
vor seinen syrischen Nachbarn.

Samaria

2. Könige 6,24–7,20

Nach dieser Zeit holte
der syrische König Ben-Hadad
zum entscheidenden Schlag
gegen Israel aus.
Er rückte mit seinem Heer
bis nach Samaria vor.
Dort schlug er sein Heerlager auf
und belagerte die Stadt lange Zeit.
Viele Monate lang
waren die Bewohner von Samaria
wie in einem Käfig gefangen.
Brot und Mehl wurden
mit jedem Tag teurer.
Bald waren in Samaria
alle Vorräte verzehrt.
Schließlich zahlten die Menschen
für einen Eselskopf so viel
wie sonst für einen ganzen Sack Mehl.

Die Lage in Samaria wurde
von Tag zu Tag schlimmer.
Viele Menschen verloren
vor Hunger fast den Verstand.
Manche schreckten sogar
vor Kindermord nicht zurück,
um ihr Überleben zu retten. 6,28
Die Menschen bestürmten den König:
„Hilf uns! Rette uns!
Wir sterben vor Hunger.“

Aber der König schrie auf:
„Wie soll ich euch helfen,
wenn Gott uns nicht hilft?“
Jeden Tag ging er zur Stadtmauer,
prüfte Mauern und Tore
und spähte voller Angst
zum Lager der Syrer hinüber.
Unter seinem Königsgewand
trug er ein raues Büßergewand,
so dass jeder wusste:
Die Lage war ernst, todernst.
Wenn nicht ein Wunder geschah,
musste sich die Stadt
in Kürze den Feinden ergeben.
„Und wer ist an allem schuld?“,
grollte der König.
„Kein anderer als dieser Elisa.
Er hat uns die Syrer
auf den Hals gehetzt.
Warum mischt er sich in alles ein?
Bei Gott, sterben soll er.
Noch heute lass ich ihn töten.“

Indessen beriet sich Elisa
mit den Ältesten der Stadt.
Da kam ein Bote des Königs.
„Schnell“, rief Elisa, „schließt die Tür!
Gleich kommt der König zu mir.
Ich weiß, er will mich töten.“
Kaum hatte er das gesagt,
da war der König auch schon da.
„Da siehst du,
was du angerichtet hast!“,
schleuderte er Elisa entgegen.
„Dein Gott hat uns
ins Unglück gestürzt.
Was soll ich nun machen?
Warten, bis Gott uns hilft?
Ich erwarte nichts mehr von Gott.“
Aber Elisa ging auf den König zu.
Und mit fester Stimme sprach er:
„Höre, was Gott zu dir spricht:
Morgen um diese Zeit
werden am Stadttor
fünf Kilo Mehl und zehn Kilo Gerste
nur ein Silberstück kosten.“ 7,1
„Das soll einer glauben?“,
höhnte ein Gefolgsmann des Königs.
„Selbst wenn ein Wunder geschähe,
wenn Gott Fenster am Himmel machte
und sein Segen auf uns herabkäme,
das kann nicht sein.“
„Doch“, entgegnete Elisa ernst.

„Es wird geschehen,
wie Gott gesagt hat.
Mit eigenen Augen wirst du es sehen,
aber du wirst nichts davon essen.“ 7,2

Zur selben Zeit
lungerten draußen vor dem Stadttor
vier aussätzige Bettler herum.
Sie hatten seit vielen Tagen
nichts mehr gegessen.
Da sagte einer zum andern:
„Was sollen wir machen?
Wenn wir hier bleiben,
verhungern wir.
Gehen wir in die Stadt,
verhungern wir auch.
Warum laufen wir nicht
zu den Syrern über?
Wenn sie uns leben lassen, ist es gut.
Wenn nicht, dann ist es auch gut.
Schlimmer kann's nicht mehr kommen.“ 7,3ff.

Noch vor Anbruch des Tages
schlichen sie sich zum syrischen Lager.
Es war noch dunkel,
als sie dort ankamen.
Aber wie staunten sie!
Im Lager war es totenstill.
Die Zelte lagen verlassen da.
Alle Syrer waren geflüchtet.
Hals über Kopf hatten sie sich
in der Nacht davongemacht
und alles zurückgelassen,
was sie besaßen,
Gold, Silber und kostbare Kleider.
Sogar ihre Pferde und Esel
standen noch angebunden da.

Da stürzten sich die Bettler
auf die fette Beute,
aßen und tranken sich voll
und brachten alles Gold und Silber
in ein sicheres Versteck.
Unermüdlich schleppten sie
die Schätze aus den Zelten
und hatten noch nicht genug.

Schon wurde es draußen hell.
Die Sonne ging über Samaria auf.
Da sagte einer zum andern:
„Was wir hier machen,
ist nicht recht.
Wir horten das Gold
und fressen uns voll.
Aber in Samaria hungern die Menschen.
Wir wollen die gute Nachricht
nicht für uns behalten.
Sonst laden wir große Schuld auf uns.
Auf, wir laufen zur Stadt
und verkünden dem König,
was wir entdeckt haben.“ 7,9

Sie liefen zum Stadttor.
Das war noch immer verschlossen.
„Macht auf!“, riefen die Bettler.
„Wir haben gute Nachricht für euch.
Die Feinde sind weg.
Alle Zelte sind leer.
Im ganzen Lager
rührt sich nichts mehr.“

Da riefen die Wächter
die Nachricht in der ganzen Stadt aus,
und sie meldeten ihrem König:
„Freu dich! Wir sind frei!
Die Syrer sind abgezogen.“

Aber der König
traute dem Frieden nicht.
Wer weiß, sagte er sich,
vielleicht locken uns die Syrer
nur in eine Falle.
Er schickte zwei Kampfwagen los.
Die sollten erkunden,
was mit den Syrern geschehen war.
Aber es dauerte nicht lange,
da kehrten seine Boten zurück
und brachten die gute Nachricht:

„Es ist wahr, wir sind frei.
Die Syrer sind alle geflohen.“

Da machten sie die Tore weit auf.
Alle stürmten voll Freude hinaus
und machten sich über die Beute her.
Sie aßen und tranken sich voll.
Und sie schleppten schwere Säcke
voll Mehl und Gerste zum Stadttor.
Und wie Elisa gesagt hatte, so kam es:
Fünf Kilo Weizenmehl
und doppelt so viel Gerstenmehl
kosteten nur ein Silberstück.
Es gab für alle mehr als genug.
Nur der Gefolgsmann des Königs
bekam von dem Segen nichts ab.
Im Gedränge am Tor
wurde er von den Massen erdrückt.

Nun war geschehen,
was niemand mehr erhofft hatte:
Samaria war gerettet.
Aber niemand außer Elisa wusste,
was wirklich geschehen war.
Gott hatte in der Nacht
die Feinde verwirrt.
Panischer Schrecken
hatte alle Syrer erfasst.
Noch ehe der Morgen anbrach,
waren sie über den Jordan geflüchtet.
Gott war es, nicht ein Zufall,
dem die Menschen in Samaria
ihre Rettung verdankten.

Jehu

2. Könige 9–10

Elisa war alt geworden.
Aber bevor er starb,
musste er noch einen Auftrag erfüllen.
Einst hatte sein Lehrer Elia
König Ahab verkündet:
„Dein Königshaus wird
nicht lange bestehen.
Bald wird in deinem Reich
ein anderer König regieren,
der nicht aus deiner Familie stammt.“ 1. Kö 21,21ff.
Inzwischen waren
viele Jahre vergangen.
König Ahab lebte nicht mehr,
und sein Sohn Joram
herrschte über das Reich.
Aber Isebel trieb noch immer
ihr Unwesen im Land.
Noch immer diente sie Baal
und der Göttin Astarte
und verführte das Volk,
es ihr nachzutun.
Auch ihr Sohn Joram
hinderte sie nicht daran.
Mit Sorge sah der Prophet Elisa,
wie Isebel das Land
in den Untergang trieb…

Eines Tages rief Elisa
einen jungen Mann aus dem Kreis
der Prophetenjünger zu sich.
„Mein Freund“, befahl er,
„nimm diesen Krug Öl
und geh damit zu unserem Heerlager!
Dort findest du Jehu,
einen tüchtigen Hauptmann.
Nimm ihn beiseite.
Salbe ihn heimlich zum König.
Und mach dich danach
sofort aus dem Staub.“
Da nahm der Prophetenjünger das Öl
und zog zum Heerlager der Israeliten,
wie ihm Elisa befohlen hatte.

Als er dort ankam,
fand er alle Hauptleute versammelt.
Da fiel sein Blick auf Jehu.
„Zu dir will ich“, sagte er.
„Ich muss dich allein sprechen.
Ich habe eine wichtige Nachricht für dich.“
„Für mich?“, fragte Jehu erstaunt.

„Ja, für dich."
„Dann komm mit mir!"
Jehu führte den Boten in sein Zelt.
Da holte Elisas Bote
seinen Ölkrug hervor
und salbte Jehu zum König.
Feierlich sprach er zu Jehu:
„So spricht der Herr:
Ich habe dich zum König über Israel,
über das Volk Gottes, gemacht.
Du sollst das Gericht
über Ahabs Familie vollstrecken." 9,16ff.

Kaum hatte der Bote das gesagt,
da verschwand er schon wieder,
so plötzlich, wie er gekommen war.
Jehu aber stand da,
wie vom Blitz getroffen.
Er roch das Duftöl
auf seinem Haar.
Nein, es war kein Traum.
Es war wirklich und wahr,
was der Bote zu ihm gesagt hatte.
Nachdenklich ging Jehu
zu den anderen zurück.
Die musterten ihn neugierig.
„Nun", spotteten sie,
„was wollte dieser
seltsame Heilige von dir?"
Jehu winkte ab.
„Ach, nichts Besonderes.
Ihr wisst doch selber,
was solche Leute reden.
Alles dummes Geschwätz."

Aber die anderen ließen nicht locker.
„Nein, nein!
Wir sehen es dir doch an.
Du bist auf einmal ganz anders.
Los, verrate uns,
was dieser Mann gesagt hat!"
„Nun", antwortete Jehu,
„wenn ihr es unbedingt wissen wollt:
Er hat mich zum König gesalbt."
Da sprangen die anderen auf,
rissen ihre Mäntel von den Schultern
und breiteten sie vor Jehu aus.
„Jehu ist König geworden!",
schrien alle begeistert.
„Jehu ist König geworden!"
Und sie liefen durch das Lager
und bliesen laut in ihre Posaunen.
Da kamen die Israeliten
aus ihren Zelten hervor.
Und alle umringten Jehu und schrien:
„Hoch lebe Jehu, unser König!"

Indessen weilte König Joram
nichtsahnend in Jesreel
in seinem Sommerpalast.
Dort erholte er sich von den Wunden,
die er sich im Kampf geholt hatte.
Da überlegte Jehu nicht lange.
„Spannt an!", befahl er.
„Ich werde Joram überraschen."
Noch in derselben Stunde fuhr er los.
Auf schnellstem Weg jagte er
nach Jesreel zum Königspalast.
Der Wächter auf dem Turm
sah ihn schon von weitem kommen.
Aufgeregt meldete er seinem König:
„Ich sehe eine Staubwolke.
Ein Wagen jagt auf die Stadt zu."
Da schickte der König
sofort einen Reiter los,
der galoppierte Jehu entgegen.
„Kommst du mit Frieden?",
rief der Reiter Jehu zu.
„Was geht das dich an?",
herrschte Jehu ihn an.
„Auf, folge mir nach!"
Da wandte der Reiter sich um
und folgte Jehu. 9,17f.
Als aber der König sah,
dass sein Bote übergelaufen war,
schickte er noch einen Boten
Jehu entgegen.

„Kommst du mit Frieden?“,
fragte auch dieser.
Aber Jehu brummte:
„Was geht das dich an?
Folge mir nach!“

Schon jagte der Wagen
auf den Palast zu.
„Das kann nur Jehu sein!“,
rief der Wächter entsetzt.
„Wie ein Verrückter
rast er auf den Palast zu.“
„Schnell!“, rief Joram.
„Spannt sofort an!
Ich fahre ihm entgegen.“

Er sprang in seinen Wagen
und jagte auf Jehu zu.
Genau vor Nabots Weinberg
trafen die beiden zusammen.
„Kommst du mit Frieden?“, rief er.
„Ha! Frieden!“, schrie Jehu zurück.
„Nennst du das Frieden?
Deine Mutter Isebel
beherrscht noch immer das Land.
Ist das etwa Frieden?“ 9,22

Da merkte Joram mit Schrecken:
Jehu hatte es auf ihn abgesehen.
Schnell riss er seinen Wagen herum
und versuchte zu fliehen.
Aber Jehu war schneller.
Er spannte seinen Bogen,
zielte auf Joram –
und schon war es geschehen.
Joram brach tot
in seinem Wagen zusammen.
In seinem Rücken steckte ein Pfeil.
„Auf“, befahl Jehu.
„Werft ihn in Nabots Weinberg!
Dort gehört er hin.“
Denn dies war der Ort,
an dem sein Vater Ahab einst
Gottes Gebot gebrochen hatte.

Als aber Isebel hörte,
warum Jehu gekommen war,
schminkte sie sich
und kämmte ihr Haar.
Wie zu einem Fest
schmückte sie sich.
Vom Fenster aus sah sie Jehu entgegen.
Und schon jagte Jehu
in seinem Wagen heran.
Vor dem Tor hielt er jäh an.
„Gut gemacht!“, rief Isebel
spöttisch von oben herab.
„Ist das deine Treue,
du feiger Verräter,
die du dem König geschworen hast?“
Aber Jehu rief ihren Dienern zu:
„Wer von euch hält zu mir?“

Da wurde Isebel
von ihren eigenen Dienern
aus dem Fenster gestürzt.
So kläglich endete jene Frau,
die viele Jahre lang
das Land unterdrückt hatte.
Niemand begrub sie.
Niemand weinte eine Träne um sie.

Dies war der Anfang vom Ende.
28 Jahre regierte Jehu
über das Königreich Israel.
Aber auch Jehu fiel bald
von seinem Gott ab.
Es war nur noch eine Frage der Zeit,
bis das Königreich Israel
von anderen Völkern
verschlungen wurde. 10,32ff.

Das Ende Israels

2. Könige 17

Nach hundert Jahren
fiel der assyrische König
mit seinem Heer in Israel ein.
Er machte Hosea zum König
von Assyriens Gnaden
und forderte von ihm hohen Tribut.
Aber nach sechs Jahren
sagte sich Hosea von Assyrien los.
Da kehrte der assyrische König
mit einem großen Heer zurück
und unterwarf das ganze Land.
Drei Jahre lang belagerte er Samaria.
Danach ergab sich die Stadt.
Die meisten Bewohner wurden
nach Assyrien verschleppt.
Dort verlor sich ihre Spur.
Nur wenige blieben in Israel zurück.
Sie vermischten sich bald
mit anderen Volksgruppen.
Aus ihnen gingen später
die Samaritaner hervor.

Dies ist das traurige Ende
des Königreichs Israel.
Nichts war geblieben
von seinem früheren Glanz.
Nichts als ein verwüstetes Land.
Von Anfang an war dieses Volk
eigene Wege gegangen
und hatte anderen Göttern gedient.
Immer wieder hatte Gott sein Volk
durch seine Propheten ermahnt:
„Kehrt um! Hört auf Gottes Gebote!"
Aber das Volk hatte nicht auf sie gehört.

Herr, denke an mich!

**Du hast verheissen, deinem Volk gnädig zu sein.
Erweise an uns deine Hilfe.**

**Wir haben gesündigt samt unseren Vätern,
wir haben Unrecht getan und sind gottlos gewesen.**

**Unsere Väter wollten deine Wunder nicht verstehen.
Sie gedachten nicht an deine grosse Güte und waren ungehorsam...**

**Hilf uns, Herr, unser Gott, und bring uns zusammen aus den Völkern,
dass wir deinen heiligen Namen preisen
und uns rühmen, dass wir dich loben können.**

Aus dem 106. Psalm

9

Unter den Königen Judas

Das erste und zweite Buch der Chronik

*Dies ist die Geschichte
des Königreichs Juda.
Sie beginnt schon mit David,
der König über ganz Israel war.
Ihm hatte Gott einst
die große Zusage gegeben:
„Dein Königshaus
soll für immer bestehen.
Nach dir soll dein Sohn König sein.
Immer soll einer aus deinem Haus
auf dem Königsthron sitzen."* 1. Chron 17

*Aber als Davids Sohn Salomo starb,
fiel der größte Teil des Landes
von seinem Sohn Rehabeam ab.
Von nun an regierten
Davids Nachkommen nur noch
über das kleine Königreich Juda.
Ihr Land war
weder mächtig noch reich.
Es war ständig
von anderen Völkern bedroht.
Immer wieder wurde es
in schwere Kriege verwickelt.
Seine Hauptstadt Jerusalem
wurde mehrmals belagert.
Dennoch hielt das Reich Juda
lange Zeit allen Angriffen stand.
Es existierte sogar noch,
als das Königreich Israel
längst zerstört war.*

*Neunzehn Könige regierten insgesamt
über das Königreich Juda.
Unter ihnen gab es viele,
die treu ihrem Gott dienten.
Sie achteten seine Gebote
und hielten das Haus Gottes in Ehren.
Unter ihnen ragten die Könige
Joschafat, Hiskia und Josia heraus.*

*Aber es gab auch andere Könige,
die verachteten Gottes Gebot
und verführten das Volk,
fremden Göttern zu opfern.
Und obwohl Gott sie
durch seine Propheten warnte,
hörten sie nicht darauf,
sondern taten nur,
was ihnen selber gut schien.*

*Da trat ein, was die Propheten
vorhergesagt hatten:
Der König von Babylon
eroberte das Königreich Juda.
Er zerstörte Jerusalem
und brannte den Tempel nieder.
Den König von Juda aber
nahm er gefangen
und führte ihn mit seinem Volk
nach Babylon in die Verbannung.*

*So endete das Königreich Juda,
das einst mit David und Salomo
so verheißungsvoll begonnen hatte.*
(vgl. S. 466)

Asa

2. Chronik 14–16

Als Israel in zwei Königreiche zerfiel,
regierte zuerst König Rehabeam
und danach sein Sohn Abija
über das Königreich Juda.
Es war eine friedlose Zeit.
Die beiden Könige lagen
zeitlebens mit Jerobeam im Streit,
der im Norden über Israel regierte.

Danach wurde Asa, der Sohn Abijas,
König über das Land Juda.
Schon in jungen Jahren zeigte er an,
wem er allein dienen wollte.
Er entfernte die Altäre,
die anderen Göttern geweiht waren,
und zerstörte ihre Steinmale.
Und er schickte seine Baumeister
in die Städte und umgab sie
mit Mauern und Türmen.
Auch ein großes Heer
stellte der König auf,
um seine Grenzen zu schützen.
Und was Asa auch anpackte,
alles gelang ihm.

Zehn Jahre herrschte Frieden im Land.
Aber eines Tages
wurde dem König gemeldet:
„Im Süden droht Krieg!
Ein riesiges Heer marschiert
auf unser Land zu
mit 300 Kampfwagen
und Fußvolk, nicht zu zählen.
Sie haben unsere Grenze
schon überschritten.“ 13,23

Da rief der König
sofort alle Soldaten zusammen
und zog mit ihnen im Eilmarsch
den Feinden entgegen.
In einem Tal traf er auf sie.
Als aber der König
die feindliche Übermacht sah,
da verließ ihn aller Mut.
Laut flehte er zu Gott:
„Ach Herr,
dir ist nichts zu schwer.
Du stehst dem Schwachen bei
und hilfst ihm gegen den Starken.
Hilf uns, Herr, unser Gott.
Denn wir verlassen uns auf dich.
In deinem Namen wagen wir es,
gegen dieses große Heer zu ziehen.
Denn du, Herr, bist unser Gott.
Vor deiner Macht
kann kein Mensch bestehen.“ 14,10

Und da geschah es:
Die Feinde ergriffen die Flucht,
noch ehe der Kampf begann.
In wilder Panik machten sie sich
in Richtung Ägypten davon.
Asa aber jagte ihnen nach
bis weit über die Grenze.

Im Triumphzug kehrte Asa
mit seinen Soldaten zurück.
Als er in Jerusalem einzog,
kam ihm Asarja entgegen,
ein Prophet Gottes.
„Hör, König!“, rief er.
„Hört alle, was Gott euch verkündet:
Gott ist mit euch,
wenn ihr mit ihm seid.
Wenn ihr ihn sucht,
dann lässt er sich finden.
Wenn ihr ihn aber verlasst,
dann verlässt er auch euch.
Lange Zeit lebte unser Volk
ohne Gott und seine Gebote.
Und lange Zeit gab es darum
keinen Frieden im Land.
Ihr aber, seid mutig und stark!
Lasst eure Hände nicht sinken!
Es ist nicht umsonst, was ihr tut.“ 15,7

Da schöpfte der König Mut.
Und er beschloss,
neu mit Gott zu beginnen.
Er befahl seinen Leuten:
„Zieht durch das ganze Land!
Zerstört die Götteraltäre,
die noch vorhanden sind.
Danach kommt alle
im Tempel zusammen!
Dort wollen wir den Bund
mit Gott erneuern."

Bald darauf kamen sie an,
Männer, Frauen und Kinder.
In großen Scharen zogen sie
zum Vorhof des Tempels,
begleitet von Musik und Gesang.
An diesem Tag trat der König
und mit ihm die ganze Gemeinde
in den Bund mit Gott ein.
Feierlich versprachen alle,
von nun an nur noch
auf Gott zu hören. 15,12
Ihm brachten sie Dankopfer,
und ihm sangen sie Loblieder
voller Freude über alles,
was Gott für sie getan hatte.
Seit Salomos Tagen hatte der Tempel
kein solches Fest mehr erlebt.

Aber nicht lange danach vergaß Asa,
was er sich vorgenommen hatte.
Er verbündete sich
mit dem König der Syrer.
Auf dieses Bündnis baute er mehr
als auf den Bund, den Gott
mit ihm geschlossen hatte. 16,1ff.
Und obwohl ihn ein Prophet warnte,
hörte er nicht auf ihn,
sondern jagte ihn weg
und ließ ihn sogar verhaften. 16,7ff.
Auch die anderen Stimmen,
die ihn warnten, hörte er nicht.
Am Ende wurde Asa schwerkrank.
Aber auch in seiner Krankheit
hörte er mehr auf die Ärzte
als auf Gott,
dem er sein Leben verdankte. 16,12ff.

So siechte der König dahin
und starb ohne Trost –
er, auf den sein Volk einst
so große Hoffnungen gesetzt hatte.

Joschafat

2. Chronik 17–20

Nachdem Asa gestorben war,
herrschte sein Sohn Joschafat
über das Königreich Juda.
Joschafat achtete Gottes Gebote,
solange er lebte.
Und er setzte alles daran,
dass auch sein Volk auf Gott hörte.

Schon früh begann Joschafat,
sein Reich auszubauen.
Er legte Truppen
in die befestigten Städte
und schickte Verwalter
in die entfernten Gebiete.
Und er ließ Burgen bauen
und Kornspeicher für Notzeiten.
Bald drang Joschafats Ruhm
in alle Länder ringsum.
Kein König wagte,
sich mit ihm anzulegen.
Stattdessen kamen sie an seinen Hof
und brachten ihm kostbare Geschenke.
Auch das eigene Volk
überschüttete ihn mit reichen Gaben. 17,2ff.

Als aber Joschafat sah,
dass sein Volk hinter ihm stand,
gab er im ganzen Land den Befehl:

„Schlagt alle Götterbilder kaputt
und zerstört ihre Altäre!
Denn nur einer ist Gott der Herr.
Ihn allein sollt ihr ehren.
Im Tempel sollt ihr zu ihm beten.“

Aber nicht alle Menschen
konnten zum Tempel kommen.
Die einen waren zu schwach,
die anderen zu arm.
Viele von ihnen hatten
noch nie Gottes Gebote gehört.
Darum befahl Joschafat
den Priestern und Leviten,
die am Tempel dienten:
„Geht in die Städte und Dörfer
und lehrt das einfache Volk,
dass sie Gottes Gebote halten.“ 17,7ff.

Da zogen die Priester
und Leviten durch das Land
und unterwiesen das Volk.
Aber auch das war
Joschafat noch nicht genug.
Bald darauf machte er sich
selbst auf den Weg.
Er reiste von Ort zu Ort,
landauf und landab,
vom äußersten Süden
bis an die Grenze im Norden.
Und wohin er kam,
rief er die Menschen zu Gott zurück. 19,4

Auf seinen Reisen
entdeckte der König auch,
dass vielen Menschen Unrecht geschah.
Da setzte Joschafat
einen Richter in jede Stadt.
Und er schärfte den Richtern ein:
„Gebt Acht, was ihr tut!
Denn in Gottes Namen
sprecht ihr das Urteil.
Darum hütet das Recht!
Nehmt keine Geschenke an!
Macht keinen Unterschied
zwischen Armen und Reichen!
Nur mutig ans Werk!
Tut, was Not ist.
Gott wird euch helfen.“ 19,5ff.

Endlich hatte Joschafat
sein Reformwerk vollbracht.
Doch da geschah etwas,
womit niemand im ganzen Land
gerechnet hatte …

Es war ein ruhiger Tag.
Joschafat thronte in seinem Palast.
Da stürmte ein Bote herein.
„Mein Herr und König“, rief er.
„Wir sind verloren!
Drei Völker aus dem Osten
ziehen gegen uns in den Krieg.
Sie sind schon auf unserem Gebiet.
Nur noch wenige Tage,
dann stehen sie vor unseren Toren.“ 20,1f.

Joschafat starrte den Boten entsetzt an.
Plötzlich war alle Ruhe dahin.
Was sollte er tun?
Joschafat fiel auf die Knie.
Er flehte Gott an:
„Hilf uns! Sonst sind wir verloren.“
Und er befahl seinen Getreuen:
„Was steht ihr hier herum?
Geht und ruft alle Leute
im Tempel zusammen!
Sagt ihnen, sie sollen
mit mir fasten und beten.
Im ganzen Land
soll niemand etwas anderes tun.“ 20,3

Danach legte Joschafat
Krone und Königsgewand ab,
zog sich ein Büßergewand an
und streute Asche aufs Haar.
Mit verhülltem Haupt,
wie einer, der trauert,
ging er zum Tempel.

Dort strömten bereits die Leute
von allen Seiten zusammen.
Von Stunde zu Stunde füllte sich
der große Platz vor dem Tempel.
Alle blickten sprachlos
auf Joschafat, ihren König.
Mit leeren Händen
stand er vor Gott, wie einer,
der selbst keinen Ausweg mehr weiß.

Da hob Joschafat
seine Hände zum Himmel
und rief laut vor allen Ohren:
„Du unser Gott!
Bist du nicht Herr
über Himmel und Erde?
Du allein hast Kraft und Macht.
Hast du uns nicht selber
in dieses Land gebracht?
Hast du nicht versprochen:
Wenn wir in Not zu dir rufen,
dann wirst du uns hören?
Nun sieh doch, wie es uns geht.
In uns ist keine Kraft.
Wir sind machtlos
gegen dieses große Heer.
Wir wissen nicht, was wir tun sollen,
sondern unsere Augen
sehen nach dir.“ 20,12

So betete Joschafat
vor der ganzen Gemeinde.
Still stand er da und lauschte,
ob Gott ihm Antwort gab.

Da rief eine Stimme aus der Gemeinde:
„Ihr Leute von Jerusalem
und ihr vom Land Juda, hört her!
So spricht Gott der Herr:
Fürchtet euch nicht!
Denn nicht ihr kämpft.
Sondern Gott tut es für euch.
Nur Mut! Morgen früh
zieht gegen sie aus!
Gott ist mit euch.“ 20,17

Jahasiël war es, der so rief,
ein Sänger und Prophet Gottes.
Aber in Wahrheit war es Gott selbst,
der durch ihn sprach.
Voll Ehrfurcht verneigte sich
Joschafat bis auf die Erde.
Und die ganze Gemeinde
tat es ihm nach.
Die Menschen spürten,
wie ihre Angst wich.
Nun hatten sie Mut,
dem kommenden Tag entgegenzugehen.

Am nächsten Morgen zog
ein großer Heereszug aus der Stadt.
Viele Menschen säumten die Straßen.
„Seid nicht bekümmert!“,
rief ihnen Joschafat zu.
„Denkt daran,
was der Prophet gesagt hat.
Glaubt eurem Gott!
Dann seid ihr sicher.
Hört auf das Wort seines Propheten!
Dann wird es euch gelingen.
Wo seid ihr Sänger?
Stellt euch an die Spitze des Zuges!
Zieht vor den Soldaten her!
Auf, preist und lobt unseren Gott!“ 20,20f.

Da stimmten die Tempelsänger
das Loblied an:
„Danket dem Herrn!
Denn seine Güte währt ewig.“ 20,21
Singend zogen sie aus der Stadt.
Wie zu einem Fest zogen sie aus.
Als ob der Kampf schon entschieden sei,
so gingen sie den Feinden entgegen.

Doch als sie zum Heerlager kamen,
verstummte plötzlich der frohe Gesang.
Kein Mensch war zu sehen.
Nur Leichen bedeckten die Erde.

Die Feinde hatten sich
gegenseitig vernichtet,
noch ehe Joschafats Heer
das Lager erreicht hatte.

Da legten sie die Waffen ab
und teilten untereinander,
was sie im Lager fanden.
Drei Tage lang teilten sie aus,
so groß war die Beute.

Danach aber versammelten sich alle
im Tal Beracha, das heißt „Lobetal".
Dort lobten sie Gott,
bis das ganze Tal
von ihrem Gesang erfüllt war.
Singend zogen sie in Jerusalem ein,
begleitet von Posaunen und Harfen.
Und voll Freude berichteten sie dort,
was Gott Großes getan hatte.

Als aber die Nachbarvölker erfuhren,
was geschehen war,
fürchteten sie sich noch mehr.
Und niemand wagte mehr,
Krieg mit Juda zu führen.

Atalja und Joasch

2. Chronik 22–24 / 2. Könige 11–12

Nicht lange danach brach
großes Unglück über Juda herein.
Joschafat lebte nicht mehr.
Sein Sohn Joram regierte
acht glücklose Jahre.
Joram scheute
vor keinem Verbrechen zurück.
Sogar seine eigenen Brüder
ließ er kaltblütig ermorden.
Seine Frau war Atalja,
die Tochter von Isebel und Ahab.
Sie übte großen Einfluss am Hof aus.
Und sie setzte alles daran,
das Land ins Verderben zu stürzen. 21,4ff.

Bald darauf starb Joram.
Und nicht lange danach
starb auch Ahasja, sein Sohn.
Da riss seine Mutter Atalja
die Herrschaft an sich.
Sie ließ alle Königssöhne ermorden
und setzte sich selbst auf den Thron.
Es schien, als wollte sie sich
für all das rächen,
was man dem Königshaus Ahabs
angetan hatte.
Sechs Jahre hielt Atalja
das Land in Angst und Schrecken.
In dieser Zeit verführte sie das Volk,
wieder Baal und Astarte zu opfern.
Aber dem lebendigen Gott
brachte Atalja keine Opfer,
sondern sie mied das Haus Gottes
und verachtete die Priester,
die im Tempel Gott dienten. 22,10ff.

Nun schien für immer zerstört,
was Gott einst David verheißen hatte:
„Es soll immer
ein Nachkomme von dir
auf dem Königsthron sitzen."
Das Volk lebte in ständiger Angst.
Niemand wagte noch,
offen seine Meinung zu sagen.
Denn Atalja hatte überall
ihre Spitzel im Land.
Die Menschen seufzten und klagten:
„Wie lange noch?
Wann schenkt uns Gott
wieder einen König wie David?"
Aber während sie noch klagten,
wuchs heimlich der neue König heran:
Joasch, der jüngste Sohn
des verstorbenen Königs.

Er war der einzige Königssohn,
der noch am Leben war.
An jenem Tag, als Atalja
alle Königssöhne ermorden ließ,
war er gerade erst geboren.
Die Schwester Ahasjas
stahl ihn mitsamt seiner Amme
heimlich aus dem Palast
und brachte ihn zum Tempel.
Ihr Mann, der Priester Jojada,
versteckte Joasch
in der Bettenkammer am Tempel.
Sechs Jahre brachte Joasch
in seinem Versteck zu.
Nur der Priester und seine Frau
wussten, dass er noch lebte.
In dieser Zeit unterwies Jojada
den Jungen in Gottes Wort.
Und er zeigte ihm,
was Gott mit ihm vorhatte:
„Eines Tages", so sagte er,
„wirst du als König über Juda regieren.
Du sollst dem Land Frieden bringen
und es zu Gott zurückführen.
Dazu hat Gott dich bestimmt."

Endlich, im siebten Jahr,
wagte der Priester den Umsturz.
Zuvor traf er sich heimlich
mit der Leibwache der Königin
und weihte sie in seinen Plan ein.
Als die Wache hörte,
dass noch ein Königssohn lebte,
war auch sie zum Umsturz bereit. 2 Kö 11,4

Am nächsten Sabbat war es soweit.
Jojada hatte alle Leviten im Land
zum Tempel bestellt.
Eine große Gemeinde hatte sich
vor dem Tempel versammelt.
Die Leibwache stand
an den Toren bereit.
Da erschien der Priester Jojada.
An seiner Hand hielt er Joasch.
Feierlich führte er das Kind
zu der Säule am Eingang des Tempels.
Und mit lauter Stimme
rief er der Menge zu:
„Seht, das ist der Königssohn.
Der soll unser König sein.
Denn so hat Gott es geboten:
Es soll immer ein Nachkomme Davids
auf dem Königsthron sitzen." 23,3
Und vor allen Augen
krönte er Joasch zum König.
Er goss Öl auf sein Haar,
legte ihm den Königsmantel um
und gab ihm das Königsgesetz.

Da brach lauter Jubel aus.
Alle riefen begeistert im Chor:
„Es lebe der König!
Hoch lebe der König!"
Die Leute klatschten
in die Hände vor Freude
und jubelten ihrem König zu.
Und immer mehr Leute eilten herbei.
Der ganze Platz hallte wider
von ihrem Freudengeschrei.
Dazu bliesen die Priester
fortwährend in ihre Posaunen.
Der Chor stimmte den Lobgesang an.
Jubelnd fiel die Gemeinde ein.
Ihr Lied schallte
bis zum Palast Ataljas hinüber.

Da – ein gellender Schrei!
Plötzlich stand Atalja am Tor.
„Verrat!", schrie Atalja.
„Aufruhr! Verrat!"
Sie riss vor Wut ihren Mantel entzwei.
Aber niemand ergriff für Atalja Partei.
„Greift sie!", rief Jojada.
„Führt sie hinaus!
Vergießt kein Blut
an diesem heiligen Ort!"

Da zerrten sie Atalja vor das Tor
und töteten sie vor ihrem Palast. 23,12ff.
Doch niemand vergoss
eine Träne um sie.

An diesem Tag schloss Jojada
aufs Neue den Bund mit Gott,
der durch Atalja gebrochen war.
Und alle, Alte und Junge,
traten in den Bund ein.
Die Wache aber führte Joasch
im Festzug zum Königspalast
und setzte ihn auf den Thron. 23,16

Da fing das Fest erst richtig an.
Die Leute liefen durch die Straßen,
jubelten und sangen
und riefen allen zu, die sie trafen:
„Freut euch mit uns!
Joasch ist König geworden."
Mutig stürmten sie den Tempel des Baal
und schlugen alle Altäre entzwei,
die Atalja dort aufgestellt hatte.
Danach kehrten sie fröhlich
in ihre Städte und Dörfer zurück.

Von diesem Tag an
begann ein neues Leben in Juda.
Die Menschen im Land atmeten auf.
Ihr König war zwar noch ein Kind,
gerade erst sieben Jahre alt.
Aber niemand verachtete ihn.
Denn Joasch hörte auf Gott
und auf seinen Diener Jojada,
solange der Priester lebte.
In dieser Zeit ließ Joasch
sogar den Tempel erneuern. 24,4ff.

Aber als Joasch erwachsen war,
umgab er sich mit anderen Ratgebern
und kehrte sich von Gott ab.
Zwar warnte ihn ein Prophet,
ein Sohn des verstorbenen Priesters.
Doch Joasch hörte nicht auf ihn,
sondern ließ ihn ermorden.
Am Ende jedoch wurde Joasch
selber von seinen Beratern ermordet. 24,17ff.

So traurig endete der König,
der so ganz anders begonnen hatte.
Aber was Gott einst durch Joasch tat,
bleibt unvergessen bis zu diesem Tag.

Ahas und Hiskia

2. Chronik 19–32 / 2. Könige 16–18

Fast ein Jahrhundert war vergangen.
In Jerusalem regierte inzwischen
Ahas, ein Urenkel von Joasch.
Der aber war ganz anders
als seine Vorfahren.
Er verachtete den Gott Israels,
dem seine Vorväter gedient hatten.
Stattdessen ließ er überall
neue Götterbilder errichten.
Bald an jeder Straßenecke
baute er einen Altar
für Baal und für andere Götter.
Aber den Tempel Gottes
ließ Ahas verkommen.
Seine Lampen waren verlöscht,
seine Tore geschlossen. 29,7
Wo früher Loblieder erklangen,
herrschte nun Totenstille.
Kein Rauch stieg zum Himmel empor.
Kein Priester brachte Gott Opfer.
Selbst an den großen Festtagen
blieben die Tempeltore verschlossen.
Und kaum jemand
schien darüber zu trauern.

Da kam ein neuer König auf den Thron:
Hiskia, der Sohn des Ahas.
Entsetzt sah Hiskia,
wie der Tempel verfiel,
wie Gottes Ehre geschändet wurde.
Sofort ging er ans Werk.
Er rief die Priester und Leviten
im Tempel zusammen
und befahl ihnen:
„Macht die Tore weit auf!
Werft allen Unrat hinaus
und reinigt den Tempel.
Denn dies ist das Haus Gottes.
Hier will er unter uns wohnen.“ 29,6ff.

Da machten sich die Priester
und Leviten mit Eifer ans Werk.
Sie warfen alles Gerümpel
aus dem Tempelgelände hinaus.
Doch die Tempelgeräte,
die Ahas entfernt hatte,
Leuchter und Opferpfannen,
brachten sie wieder
an ihren früheren Ort.

Bald war das Werk vollendet.
Der Tempel strahlte in neuem Glanz.
Da lud König Hiskia
alle zum Passafest ein.
Seine Boten drangen
bis zum Königreich Israel vor.
Überall verkündeten sie:
„König Hiskia lädt euch ein.
Kommt und feiert mit ihm
das Passafest im Tempel
wie in früheren Jahren.
Sperrt euch nicht länger!
Kehrt endlich zu Gott zurück!
Denn unser Gott ist
gnädig und barmherzig.
Er kehrt sich nicht von euch ab,
wenn ihr umkehrt zu ihm.“ 30,6ff.

Viele lachten die Boten aus.
Einige aber horchten auf
und machten sich auf den Weg.
Von weither kamen sie nach Jerusalem
und zogen in Scharen zum Tempel.
Zwei Wochen lang feierten sie
im Tempel das Passafest,
doppelt so lange,
wie es sonst üblich war.
So groß war die Freude,
die alle erfüllte. 30,22f.
Endlich stand Gottes Haus
wieder für alle offen!
Niemand war ausgeschlossen.
Alle gehörten dazu,
Große und Kleine,

Reiche und Arme,
Freunde und Fremde.
Gott hatte sie alle
zu einer Gemeinde verbunden.

Doch bald darauf
wurde dem König gemeldet:
„Im Königreich Israel herrscht Krieg.
Die Assyrer haben das Land erobert.
Alle Städte sind niedergebrannt.
Die Menschen werden
gefangen, gefoltert
und nach Assyrien verschleppt."

Als Hiskia das hörte,
war er so bestürzt,
dass er sofort seine Berater rief:
„Was sollen wir tun?",
fragte der König.
„Bald stehen die Assyrer
auch vor unseren Toren.
Dann sind wir verloren.
Die Assyrer kennen keine Gnade.
Darum schlage ich vor:
Prüft unsere Stadtmauern!
Schließt alle Lücken!
Und wo ihr Risse entdeckt,
da bessert sie aus!
Zieht weitere Wachtürme hoch
und baut noch
eine zweite Mauer davor!
Und vergesst nicht die Wasserquelle,
die vor der Stadtmauer entspringt.
Unsere Feinde dürfen sie
auf keinen Fall finden.
Deckt sie zu und leitet das Wasser
durch einen verborgenen Kanal
in die Stadt!
Dann haben wir Wasser genug,
wenn wir belagert werden." 32,2ff.

Alle stimmten dem König zu
und machten sich sofort an die Arbeit.
Gemeinsam packten sie an,
bauten und besserten aus,
wie der König befohlen hatte.
Hiskia aber spornte sie an
und sprach ihnen Mut zu,
wenn sie verzagen wollten.

Kaum war das Werk vollendet,
da marschierten die Assyrer
in das Königreich Juda ein.
Schnell ließ Hiskia die Tore schließen.
Und er rief alle bewaffneten Männer
auf den Platz vor dem Tor.

„Nur Mut!", sprach Hiskia.
„Seid nicht verzagt!
Fürchtet euch nicht
vor dem assyrischen König
und vor seiner Streitmacht!
Denn mit uns ist
der Herr, unser Gott.
Er wird uns helfen." 32,7ff.

Da stellten sie ihre Wachtposten
auf die Stadtmauer
und warteten voller Angst,
bis die Assyrer kamen.

Bald darauf marschierten sie an.
Hunderte, Tausende rückten heran.
Und dies war erst die Vorhut
des assyrischen Heeres!
Den Leuten auf der Mauer
wurde angst und bange,
als sie die Massen sahen.

Plötzlich sprengte
ein Trupp Reiter heran.
Es waren Gesandte Sanheribs,
des assyrischen Königs,
angeführt von ihrem General.
Direkt vor der Mauer hielten sie an.
„He, ihr da oben!", so schrien sie
dem Volk auf der Mauer zu.
„Verlasst euch nicht auf euren König!
Hört nicht auf ihn!

Er ist ein Verführer.
Er lügt, wenn er sagt:
‚Gott wird euch helfen.'
Euer Gott kann euch nicht
vor unserem König Sanherib retten.
Euer Gott ist genauso schwach
wie alle anderen Götter." 32,9ff.

Sanheribs General schrie so laut,
dass alle es hören konnten.
Das Volk auf der Mauer
verging fast vor Angst.
Aber niemand sprach ein Wort.
Stumm warteten sie,
bis die Reiter wieder abzogen.
Doch bald darauf kamen sie wieder,
höhnten und spotteten noch mehr.
Und sie überbrachten Hiskia
einen Drohbrief von ihrem König. 32,17

Als Hiskia den Brief las,
packte ihn furchtbare Angst.
Er lief mit dem Brief zum Tempel,
breitete ihn vor Gott aus
und flehte Gott an:
„Ach Herr, sieh doch,
wie Sanherib dich verspottet.
Lass es nicht zu!
Rette uns aus seiner Hand!
Dann werden alle erkennen,
dass du der wahre Gott bist." 2. Kö 19,15ff.

Viele Stunden lang
rang Hiskia mit Gott im Gebet.
Als er aber am nächsten Morgen
auf das assyrische Lager herabschaute,
da traute er seinen Augen nicht.
Kein Mensch war mehr zu sehen.
Alle Assyrer waren verschwunden.
Erst nach und nach erfuhr Hiskia,
was in dieser Nacht geschehen war:
Im Lager der Assyrer
war die Pest ausgebrochen.
Alle Assyrer hatten das Weite gesucht.

Da erkannte Hiskia:
Gott hatte seine Gebete gehört.
Er hatte sein Volk
vor dem Verderben bewahrt.

Fast 30 Jahre regierte Hiskia
über das Königreich Juda.
Er führte sein Volk
durch gute und schwere Zeiten.
Aber solange er lebte,
blieb das Volk seinem Gott treu. 29,1f.

zu Hiskia vgl. auch S. 259ff.

Manasse und Josia

2. Chronik 33–35 / 2. Könige 21–23

Endlich war Frieden
im Land eingekehrt.
Inzwischen wuchs jedoch im Osten
eine neue Weltmacht heran,
das Königreich Babylon.
Es war nur eine Frage der Zeit,
dann würden die Babylonier
das kleine Land Juda erobern.
In Jerusalem ging die Angst um.
Doch niemand wagte,
seine Angst offen zu zeigen.

Zu jener Zeit war Manasse,
ein Sohn Hiskias, König in Juda.
55 Jahre lang herrschte er
über das Land, eine Zeit
voller Schrecken und Grauen.
Manasse zerstörte alles,
was sein Vater wiederhergestellt hatte.
Er rief Wahrsager
und Zauberer an den Hof
und holte sich wieder
alle die Götter ins Land,
die sein Vater verboten hatte.
Sogar im Haus Gottes
stellte er ein Götterbild auf.
Im Vorhof des Tempels,
ja, auf allen Hügeln des Landes
rauchten bei Tag und bei Nacht
Opferfeuer für andere Götter.
Manasse scheute nicht einmal
vor Menschenopfern zurück.
So maßlos war er in seinem Eifer
für fremde Götter,
dass er darüber alles andere vergaß.
Und wer sich ihm widersetzte
wurde mit dem Tode bestraft. 2 Kö 21,16

Danach bestieg Amon den Thron.
Der trieb es noch schlimmer
als sein Vater Manasse.
Er tat, was er wollte,
und hörte weder auf Gott
noch auf Menschen.
Aber nach zwei Jahren
verschworen sich seine Getreuen
und ermordeten Amon
in seinem Palast.
Da wählte das Volk Josia,
den Sohn Amons, zum König.

Josia war erst acht Jahre alt,
als er den Thron bestieg.
Aber schon in jungen Jahren
nahm er sich vor,
nur auf Gott zu hören
und nach seinen Geboten zu leben.
Mutig machte er sich daran,
sein Königreich zu erneuern.
Er ließ alle Götterbilder
vor seinen Augen zerschlagen.
Sogar bis in das Gebiet
von Israel drang der König vor.
Auch dort ließ er alle Altäre
und Götterbilder zerstören. 34,3ff.

Danach ging Josia daran,
den Tempel zu säubern.
Mit Schrecken entdeckte er,
wie verfallen der Tempel war.
Das soll Gottes Haus sein?,
fragte er sich erschrocken.
Ich will den Tempel erneuern.
Dann können wir wieder
Gottesdienst feiern
wie zu Hiskias Zeiten.
Und Josia befahl seinen Ministern:
„Holt die besten Handwerker herbei,
fähige Maurer und Zimmerleute!
Zieht neue Balken aus Holz!
Flickt die rissigen Mauern!
Und spart nicht an Geld!
Holt es aus dem Opferkasten
am Eingang des Tempels
und gebt es den Bauleuten.“ 34,8ff.

Da gingen die Minister zum Tempel
und baten den Priester Hilkija:
„Der König schickt uns zu dir.
Er will den Tempel erneuern.
Dafür braucht er das Geld,
das im Opferkasten verwahrt ist."

Das gefiel dem Priester gut.
Doch als er das Geld ausschüttete,
da traute er seinen Augen nicht:
Eine alte Schriftrolle
kam plötzlich zum Vorschein.
Kein Zweifel,
dies war das Gesetzbuch Moses,
das seit Jahren verschollen war!
Der Priester übergab die Rolle
dem Kanzler Schafan:
„Da, nimm die Schrift
und bring sie zum König!
Er muss unbedingt erfahren,
was darin steht."

Da eilte Schafan zu Josia
und meldete: „Mein König!
Sieh, was Hilkija mir gab.
Diese Schriftrolle
hat er im Tempel gefunden."
Josia horchte auf:
„Gefunden, sagst du?"
„Zeig her!
Ist es vielleicht
eine Botschaft von Gott?
Ich will wissen,
was in dieser Schrift steht.
Lies mir alles vor,
von Anfang bis Ende!"

Da las Schafan:
„Höre Israel,
der Herr unser Gott
ist der einzige Gott.
Ihn sollst du lieben
von ganzem Herzen,
mit ganzer Seele
und mit all deiner Kraft.
Präge es deinen Kindern ein!
Dann werdet ihr in dem Land bleiben,
das euer Gott euch gab.
Wenn ihr ihn aber vergesst
und anderen Göttern folgt,
dann werdet ihr
in alle Länder zerstreut." 5. *Mose 6,4ff.*

Als der König das hörte,
sprang er auf,
zerriss sein Gewand und rief:
„Habt ihr gehört?
Das ist Gottes Stimme.
Wir haben sein Wort vergessen
und nicht mehr auf seine Gebote gehört.
Was sollen wir tun?
Geht und sucht einen Propheten!
Fragt ihn, was Gott von uns will."
Aber in der ganzen Stadt
gab es keinen Propheten mehr.
König Manasse hatte sie alle
umgebracht oder vertrieben. 2. Kö 21,10ff.

Da führte der Priester Hilkija
die Minister des Königs
in ein entlegenes Stadtviertel.
Dort wohnte die Prophetin Hulda.
Diese Prophetin suchten sie auf
und baten sie:
„Hast du für unseren König
eine Botschaft von Gott?"

„Ja", antwortete Hulda.
„So spricht der Herr,
der Gott Israels:
Sagt dem Mann,
der euch geschickt hat:
Dieses Volk hat mich verlassen.
Darum will ich großes Unglück
über diesen Ort bringen.
Aber du, König,
wirst es nicht mehr erleben." 34,24ff.

Da eilten die Minister zurück
und brachten dem König
die furchtbare Botschaft.
Der aber schickte sogleich
seine Boten in alle Städte
und ließ überall ausrufen:
„Kommt alle zum Tempel!
Hört, was Gott euch verkündet!"

Bald darauf kamen sie an.
Von allen Seiten strömten sie herbei
und füllten den Vorhof des Tempels.
Als sie die Worte
aus dem Gesetzbuch hörten,
schwiegen alle betroffen.
Aber der König rief:
„Hört, ihr Leute von Juda!
Heute schließt Gott
seinen Bund aufs Neue mit uns.
Wollt ihr zu ihm gehören?"
„Ja", antworteten alle im Chor.
„Nur auf ihn wollen wir hören
und keine anderen Götter verehren." 34,20ff.

An diesem Tag zerstörten sie
alle Altäre und Götterbilder,
die noch vorhanden waren.
Danach feierten sie das Passafest,
so fröhlich wie nie zuvor.
Sieben Tage lang feierten sie
das Fest der Befreiung.
Gott hatte auch sie
zu neuem Leben befreit.

Das Ende Judas

2. Chronik 36 / 2. Könige 24–25

Über 30 Jahre regierte Josia
im Frieden über das Land.
Das Königreich Juda
erlebte eine glückliche Zeit
wie schon lange nicht mehr.
Viele Juden sahen in Josia
den wahren König, den Messias,
den Gott David verheißen hatte.
Manche hofften sogar,
er würde das getrennte Israel
wieder mit Juda vereinen.

Aber eines Tages
wurde Josia gemeldet:
„Der Pharao aus Ägypten
marschiert mit seinem Heer
durch dein Land."
Da trommelte Josia
eilig seine Soldaten zusammen
und zog Pharao entgegen.
Bei Megiddo, in der Ebene Jesreel,
stießen ihre Heere aufeinander.
Aber noch ehe der Kampf begann,
wurde Josia von einem Pfeil
tödlich getroffen.

In Windeseile verbreitete sich
die Nachricht im Land:
„Der König ist tot.
Er ist im Kampf
gegen die Ägypter gefallen."
Da schrien die Leute auf.
Sie zerrissen ihre Kleider
vor Trauer und Gram, und sie klagten:
„Weh uns! Wir sind verloren.
Der König, unsere Hoffnung,
ist für immer dahin."

Nun gab es kein Halten mehr.
Das Königreich Juda trieb
auf seinen sicheren Untergang zu.
Zunächst bestieg Joahas,
Josias ältester Sohn, den Thron.
Aber bereits nach drei Monaten
nahmen ihn die Ägypter gefangen.
An seiner Stelle setzten sie
seinen Bruder Jojakim ein. 36,4
Jojakim aber hörte mehr
auf den König Ägyptens
als auf den Herrn, seinen Gott.

Elf Jahre regierte er
über das Königreich Juda.
In dieser Zeit hob er alles auf,
was sein Vater Josia eingeführt hatte.

Bald darauf eroberte Nebukadnezar,
der König von Babylon,
das Land Juda.
Er belagerte Jerusalem,
bis sich die Stadt ergab.
Danach plünderte er den Tempel,
nahm den jungen König Jojachin,
den Sohn Jojakims, gefangen,
dazu viele namhafte Bürger der Stadt,
und ließ sie nach Babylon bringen.

Daraufhin machte Nebukadnezar
den dritten Sohn Josias
zum König an Jojachins Stelle.
Er gab ihm den Namen Zedekia
und verlangte von ihm hohe Abgaben.
Jahrelang war Zedekia
König von Babylons Gnaden
und zahlte gehorsam Tribut.

Aber nach neun Jahren
sagte sich Zedekia von Babylon los.
Und obwohl der Prophet Jeremia
den König warnte,
hörte er nicht auf ihn,
sondern verließ sich vermessen
auf seine eigene Stärke. 36,12

Da beschloss Nebukadnezar,
Jerusalem den Garaus zu machen.
Zwei Jahre lang belagerten
seine Soldaten die Stadt.

Danach schlugen sie
eine Bresche in die Mauer
und stürmten die Stadt.
Sie zerstörten Mauern und Türme
und verbrannten den Tempel
bis auf den Grund.

Zedekia versuchte zu fliehen.
Aber Nebukadnezars Soldaten
holten ihn ein, blendeten seine Augen
und brachten ihn gefangen nach Babylon.

Nur wenige Überlebende
blieben in den Trümmern zurück.
Bedrückt schlichen sie
durch die leeren Gassen.
Es schien, als habe Gott
Jerusalem für immer verlassen.

Aber Gott dachte auch jetzt noch
an sein Versprechen,
das er einst David gegeben hatte.
Im fernen Osten, jenseits von Babylon,
wuchs ein neuer König heran:
Kyrus, der König der Perser.
Der sollte dem Volk der Juden
die ersehnte Befreiung bringen.

Gott, es sind Heiden in dein Erbe eingefallen.

**Sie haben deinen heiligen Tempel entweiht
und aus Jerusalem einen Steinhaufen gemacht.
Sie haben das Blut deiner Knechte vergossen wie Wasser,
und da war niemand, der sie begrub.
Hilf uns, Gott, unser Helfer!
Errette uns
und vergib uns unsere Sünden
um deines Namens willen!**

Aus Psalm 79

10

Unter fremden Herrschern

Die Bücher Esra, Nehemia und Ester

*Fast fünfzig Jahre lang
lebten die Juden in Babylon,
fern von ihrer Heimat Juda.
Sehnsüchtig warteten sie
auf den Tag ihrer Heimkehr.
Aber der König von Babylon
dachte nicht daran,
sie ziehen zu lassen.
Monat um Monat verstrich.
Ein Jahr um das andere verging.
Endlich, im 50. Jahr,
nach sieben mal sieben Jahren,
nahte der Tag ihrer Befreiung.
In diesem Jahr wurde Babylon
von den Persern erobert.
Ihr König Kyrus wurde Herr
über alle Länder und Völker,
die Babylon unterworfen hatte,
auch über das Land Juda.*

*Als aber der persische König
vom Schicksal der Juden erfuhr,
beschloss er, die Verbannten
in ihre Heimat zurückzuschicken.
Und so lautete der Erlass des Königs:*

> *„So spricht Kyrus,
> der König von Persien:
> Der Gott des Himmels
> hat mir alle Königreiche
> auf Erden gegeben.
> Er hat mir befohlen:
> Bau mir ein Haus
> in Jerusalem, im Land Juda.
> Darum lautet mein Befehl:
> Wer von euch zu den Juden gehört,
> ziehe wieder nach Juda zurück
> und baue in Jerusalem
> das Haus Gottes auf.
> Euer Gott sei mit euch."* Esra 1,2f.

*Da atmeten die Juden auf,
als sie die gute Nachricht hörten.
Endlich waren sie frei.
Die Zeit der Verbannung
war für immer vorbei.
Fünfzig Jahre hatten sie
auf diesen Tag gewartet.
Nun war es endlich soweit.*

*Bald darauf brachen sie auf.
Fast 50 000 Leute
machten sich auf den Weg.* Esra 2,65f.
*Die Bewohner des Landes brachten
ihnen zum Abschied reiche Geschenke.
Auch alle Geräte des Tempels,
die die Babylonier erbeutet hatten,
gab ihnen Kyrus mit auf den Weg.
Schwer beladen brachen sie auf,
nach Sippen geordnet.
Auch Priester und Leviten waren dabei,
dazu Tempelsänger und Torhüter,
alle, die am Tempel gebraucht wurden.
Voller Erwartung zogen sie los,
um alles auszurichten,
was der persische König befohlen hatte.* Esra 1–2
(vgl. S. 466)

Der neue Tempel

Esra 3–6

Endlich waren die Heimkehrer am Ziel.
Vor ihnen lag Jerusalem,
die Stadt ihrer Vorfahren.
Aber wie erschraken sie
beim Anblick der Stadt!
Ihre Mauern waren zerstört.
Vom Tempel war nur noch
ein Schuttberg zu sehen.
Totenstille lag über der Stadt.

Da sank allen der Mut.
Und kleinlaut verzog sich
einer nach dem anderen
in die umliegenden Städte.
Nur wenige rafften sich auf,
allen voran Serubabel,
ein Nachkomme Davids,
und der Oberpriester Jeschua.
Sie forderten das Volk auf:
„Kommt, wir bauen
den Altar wieder auf.
Wir wollen unserem Gott
ein Dankopfer bringen.“ 3,1ff.

Da schöpften die Leute neuen Mut.
Mit vereinten Kräften bauten sie
den zerstörten Altar wieder auf.
Danach legten sie
den Grundstein zum Tempel.
Inmitten von lauter Ruinen
lobten sie Gott mit Posaunen
und fröhlichen Liedern.
Alte und Junge weinten
und jauchzten vor Freude,
als das alte Loblied
wie in früheren Zeiten erklang:
„Danket dem Herrn,
denn er ist gütig
und seine Barmherzigkeit
währt ewig.“ 3,11

Nun aber lebten zu jener Zeit
noch andere Bewohner im Land.
Sie gehörten nicht zu den Juden,
sondern waren aus anderen Völkern
in das Land eingewandert.
Als ihre Anführer hörten,
was in Jerusalem geschah,
riefen sie empört:
„Das lassen wir nicht zu.
Diesen Juden werden wir es zeigen.“
Und sie suchten sie mit List
am Bau des Tempels zu hindern.
Gemeinsam gingen sie zu Serubabel
und zu den Vorstehern der Stadt.
Und mit schmeichelnder Stimme
boten sie an: „Wir helfen euch.
Wir bauen mit euch am Tempel.
Denn auch wir glauben an euren Gott.“
Aber Serubabel erwiderte:
„Nein, wir wollen allein
dieses Gotteshaus bauen.
So hat es uns der König befohlen.“ 4,1ff.

Doch die anderen gaben nicht auf.
Immer wieder kamen sie an,
jagten den Leuten Angst ein
und belästigten sie bei der Arbeit.
Jahrelang taten sie alles,
um den Bau zu verhindern.
Und als König Kyrus starb,
nutzten sie die Gunst der Stunde
und schickten einen Brief
an den neuen persischen König.
Darin stand geschrieben:
„Der König nehme sich
vor den Juden in Acht!
Sie sind ein rebellisches Volk.
In früheren Jahren haben sie
schon oft einen Aufstand gemacht.
Nun bauen sie ihre Stadt wieder auf.
Wenn sie fertiggestellt ist,
werden sie sich erneut
gegen den König erheben.“ 4,12

Da glaubte der König ihren Worten.
Und er verbot den Juden,
weiter am Tempel zu bauen.

Als die Juden das hörten,
verloren sie allen Mut.
Niemand wagte noch,
Hand anzulegen.
Viele Jahre lag der Bau brach
bis zu jenem Jahr,
in dem auch dieser König starb.

In jener Zeit traten
die Propheten Haggai
und Sacharja in Jerusalem auf. 5,1
Wo immer sie erschienen,
im Gottesdienst
oder auf offener Straße,
rüttelten sie das Volk auf:

„Warum seid ihr so verzagt?
Warum baut ihr nicht weiter?
Ja, es ist wahr:
Der vorige Tempel
war viel größer und schöner.
Dagegen erscheint dieser Bau
wie ein Nichts.
Aber so spricht der Herr:
Nur Mut, Serubabel!
Auch du, Jeschua, hab Mut!
Und ihr alle vom Land Juda!
Geht mutig ans Werk!
Denn ich bin bei euch.
Mein Geist soll
unter euch wohnen.
Fürchtet euch nicht!“ Hag 2,4

Da machten sich die Menschen
erneut an die Arbeit.
Unermüdlich schleppten sie
Holz und Steine herbei.
Die Mauern des Tempels
wuchsen von Tag zu Tag.
Schon sah das Volk im Geist
den fertigen Tempel vor sich.

Als aber der persische Statthalter
von den Vorgängen erfuhr,
eilte er nach Jerusalem
und stellte die Bauleute zur Rede:
„Wer gab euch die Erlaubnis,
diesen Tempel zu bauen?
Nennt mir ihre Namen!“

Da antworteten die Bauleute:
„Wir hören nicht auf Menschen,
sondern auf Gott,
den Herrn über Himmel und Erde.
Für ihn bauen wir dieses Haus.
Schon früher stand
an dieser Stelle ein Gotteshaus.
Aber unsere Vorfahren
haben Gott betrübt.
Da wurde der Tempel zerstört.
Unser Volk wurde
nach Babylon verschleppt.
Doch euer König Kyrus
schickte uns hierher zurück.
Er gab uns den Befehl,
diesen Tempel zu bauen.“ 5,11ff.

Als der Statthalter das hörte,
sandte er sofort einen Bericht
an den persischen König Darius.
Der ließ in seinen Archiven forschen.
Dort fand man
den Erlass des Königs Kyrus,
in Ton eingraviert.
Wie die Juden berichtet hatten,
genauso war es dort aufgeschrieben.

Da befahl König Darius:
„Die Juden dürfen ungehindert
ihren Tempel zu Ende bauen.
Niemand soll sie daran hindern.
Wer es dennoch wagt,
wird strengstens bestraft.“ 6,6ff.

Von nun an setzten die Juden
ungestört ihr Werk fort,
bis der Bau vollendet war.

Fast zwanzig Jahre waren
seit ihrer Heimkehr vergangen.
Nun hatte sich endlich erfüllt,
was Gott durch Sacharja,
seinen Propheten, zugesagt hatte:

„Es soll nicht durch Heer
oder durch Heeres Kraft geschehen,
sondern durch meinen Geist.
Denn wer immer
den geringen Anfang verachtet hat,
wird doch mit Freude
den Schlussstein sehen.“ Sach 4,6–10

Danach weihten sie den neuen Tempel
mit einem großen Freudenfest ein.
Dieser Tempel war zwar nicht so groß
und auch nicht so prächtig
wie der frühere Tempel,
aber die Freude war grenzenlos.
Gott wohnte wieder unter seinem Volk
wie in früheren Jahren.
Von nun an sollte sie nichts mehr
von ihrem Gott trennen.

Esra

Esra 7–10

Viele Jahre gingen ins Land.
Aber noch immer lebten
zahlreiche Juden in der Fremde.
Einer von ihnen war Esra,
ein namhafter Gelehrter
aus altem Priestergeschlecht.
Der hatte das Gesetz Moses
so gründlich studiert
wie kein anderer zu seiner Zeit.
Er kannte jedes Gebot
und jede Vorschrift.
Und er war stets bemüht,
nach Gottes Weisung zu leben.

Nur eine Sorge bewegte ihn:
Ob die Juden in Jerusalem
auch Gottes Gebote hielten?
Eines Tages fasste sich Esra ein Herz.
Er ging zum persischen König
und bat ihn:
„Der König erlaube mir,
in meinem Heimatland Juda
für Recht und Frieden zu sorgen.“

Da setzte der König ein Schreiben auf,
übergab es Esra und sprach:
„Zieh hin in Frieden,
du und alle, die mit dir
heimkehren wollen.
Und geht ja nicht
mit leeren Händen zurück!
Nehmt Gold und Silber von uns,
soviel ihr braucht.
Kauft davon Opfergaben
für euren Gott!
Und setzt Richter ein,
die in eurem Volk
für Recht und Gerechtigkeit sorgen.
Habt keine Angst!
Meine Reiter geleiten euch
auf dem Weg.“ 7,11ff.

„Gelobt sei Gott!“, rief Esra erfreut.
„Gott hat das Herz des Königs bewegt,
dass er uns freundlich gesonnen ist.
Nun steht unserem Vorhaben
nichts mehr im Weg.
Aber wir brauchen
kein Schutzgeleit des Königs.
Gott selber bewahrt uns
auf dem Weg.“ 7,27f.

Bald darauf versammelten sich
Hunderte von Menschen am Fluss,
die mit Esra heimkehren wollten.
Und Esra ermahnte sie:
„Fastet und betet!
Beugt euch vor unserem Gott!

Bittet ihn, dass er uns
auf der Reise bewahrt.
Denn wir haben dem König gesagt:
Gott wird seine Hand
über uns halten." 8,21ff.

Danach brachen sie auf.
Wochenlang waren sie unterwegs
auf gefahrvollen Wegen.
Und obwohl sie reiche Schätze
bei sich trugen, blieben sie
vor Überfällen verschont. 8,31ff.

Nach vier Monaten kamen sie
unversehrt in Jerusalem an.
Welche Freude, als sie
den neuen Tempel erblickten!
Kaum hatten sie sich
von der Reise erholt,
zogen sie gemeinsam zum Tempel,
legten dort ihre Gaben nieder
und brachten ihre Dankopfer dar.
Endlich waren sie am Ziel,
im Haus ihres Gottes!
Esra übergab das Schreiben des Königs
dem persischen Statthalter
und richtete ihm alles aus,
was der König ihm aufgetragen hatte. 8,36

Aber bald darauf erfuhr Esra,
wie es im Land Juda zuging.
Die Menschen fragten
schon lange nicht mehr
nach Gottes Geboten.
Sie hatten sich eigenmächtig Frauen
aus anderen Volksstämmen geholt,
die nicht an Gott glaubten,
und lebten unbekümmert
mit ihnen zusammen. 9,1ff.

Als Esra das hörte,
erschrak er zu Tode.
Hatte sein Volk denn vergessen,
dass es Gottes Volk war?

Esra war so entsetzt,
dass er vor aller Augen
seinen Mantel in Stücke zerriss.
Er warf sich auf die Erde,
raufte sich die Haare
und schwieg bestürzt.
Stumm und starr saß er da
und rührte sich nicht vom Fleck,
bis der Abend nahte.
Da raffte er sich endlich auf.
Er wankte zum Tempel
in seinem zerfetzten Mantel.
Dort fiel er auf seine Knie
und breitete die Hände vor Gott aus:

„Mein Gott, ich schäme mich.
Ich wage nicht aufzuschauen.
Denn unsere Schuld ist groß.
Sie reicht bis an den Himmel.
Schon unsere Vorfahren
haben große Schuld
auf sich geladen.
Darum wurden sie zerstreut.
Uns aber hast du am Leben erhalten.
Durch deine Gnade hast du uns
an diese heilige Stätte gebracht.
Du hast uns
neue Hoffnung geschenkt.
Ja, du hast sogar das Herz
des persischen Königs bewegt,
dass er uns freundlich gesonnen ist.
Nun, unser Gott,
was sollen wir nach alledem sagen?
Wir haben deine Gebote verlassen.
Wir haben nicht auf dein Wort
und auf deine Gebote gehört.
So können wir nicht leben.
Hier liegen wir vor dir
mit unserer Schuld." 9,6ff.

So betete Esra vor aller Ohren.
Öffentlich bekannte er sich
zu ihrer gemeinsamen Schuld.
Die Menge hörte bestürzt zu.

Viele weinten sogar.
So betroffen waren sie
über die Worte, die Esra sprach.
Auf einmal begriffen sie,
was sie vergessen hatten:
Gott wollte nicht nur
in ihrem Tempel wohnen,
sondern in ihrem ganzen Leben.
Dazu hatte er ihnen
die Gebote gegeben.

Stumm starrte die Menge auf Esra,
der noch immer am Boden kniete.
Niemand wagte ein Wort zu sagen.
Schließlich löste sich ein Mann
aus der Menge,
Schechanja mit Namen.
Er ging auf Esra zu und sagte:
„Ja, es ist wahr.
Wir haben unserem Gott
die Treue gebrochen.
Aber noch gibt es Hoffnung für uns.
Wir wollen den Bund mit Gott
wieder neu schließen.
Wir wollen wieder
auf seine Gebote hören
und nach ihnen leben.
Komm, steh auf, Esra!
Und tu, was nötig ist!
Wir werden dir folgen.“ 10,2ff.

Dies war der Anfang
eines großen Reformwerks,
das Esra in Juda begann.
Nie mehr sollte das Volk vergessen,
wem es gehörte,
und wem es allein dienen sollte.

Nehemia

Nehemia 1–2,10

Dies ist der Bericht von Nehemia,
den er selbst aufgezeichnet hat
für alle, die nach ihm kommen,
damit nicht vergessen werde,
was Gott einst durch ihn getan hat.

Nehemia lebte zur Zeit Esras.
Auch er war ein Jude
im Dienst des persischen Königs
und diente dem König als Mundschenk.
Täglich tat er treu seinen Dienst,
reichte dem König bei Tisch
den Becher mit Wein
und sorgte dafür, dass der König
nur das Beste vom Besten bekam.

Nehemia war am Hof
ein hoch geachteter Mann.
Auch der König hielt ihn in Ehren.
Dennoch plagte Nehemia
das Heimweh.
Oft dachte er an Jerusalem,
die Stadt seiner Vorfahren.
Er selbst hatte die Stadt
noch nie gesehen.
Aber fast alle seine Verwandten
waren dorthin zurückgekehrt.
Wie es ihnen wohl gehen mag?,
fragte sich Nehemia.
Man munkelte, in Jerusalem
ginge es drunter und drüber.
Aber niemand konnte Genaues sagen.

Eines Tages meldete sich
bei Nehemia Besuch an.
Sein Bruder Hanani
war aus Jerusalem angereist,
um ihm zu berichten.
Voller Freude begrüßte ihn Nehemia:
„Sag, wie geht es euch?
Und was macht eure Stadt?
Ist der Tempel schon fertig?
Sind die Stadtmauern wieder erbaut?“

„Ach nein“, erwiderte Hanani traurig.
„Die Stadt liegt im Argen.
Der Tempel ist zwar gebaut.
Aber die Stadtmauern
sind noch immer zerstört.
Die Tore sind alle verbrannt.
Niemand fand bisher die Kraft,
sie wieder aufzubauen.“

Als Nehemia das hörte,
war es um seine Fassung geschehen.
Er warf sich auf die Erde
und ließ seinen Tränen freien Lauf.
Tagelang lag er am Boden,
aß nichts und trank nichts,
weinte und flehte Gott an:

> „Ach Gott im Himmel,
> du großer und mächtiger Gott!
> Hör auf mein Gebet!
> Ja, ich bekenne:
> Wir sind vor dir schuldig geworden.
> Wir haben nicht
> auf deine Gebote geachtet.
> Aber du hast zugesagt:
> Wenn wir umkehren,
> willst du uns hören.
> Dann wirst du uns heimführen.
> Darum bitte ich dich:
> Herr, schenk mir
> die rechten Worte,
> wenn ich jetzt vor den König trete.
> Gib, dass der König mir gnädig ist!“ 1,5ff.

Danach fasste sich Nehemia ein Herz.
Er stand auf und ging zum König.
Mit verweinten Augen
trat er vor ihn
und reichte ihm stumm
den gefüllten Becher.
„Nehemia“, fragte der König,
„was ist mit dir?

Warum bist du so traurig?
Du bist doch nicht krank?
Oder hast du
einen heimlichen Kummer?“

Da brach es aus Nehemia hervor:
„Mein König!
Muss ich nicht trauern?
Jerusalem, meine Heimatstadt,
liegt noch immer in Trümmern.
Und ihre Tore sind alle verbrannt.“ 2,3

„Sag mir“, fragte der König,
„wie kann ich dir helfen?“

Da nahm Nehemia
all seinen Mut zusammen,
schickte ein Stoßgebet zum Himmel
und bat den König:
„Wenn es dem König gefällt,
dann lasse er mich
nach Jerusalem reisen.
Dort möchte ich gerne
eine Zeitlang bleiben
und meinem Volk
beim Mauerbau helfen.“

„Wie lange?“, fragte der König.
Nehemia nannte ihm eine Frist.
Und als er sah, dass der König
ihm freundlich gesonnen war,
fügte er noch hinzu:
„Wenn der König zustimmt,
dann gebe er mir auch
ein paar Schutzbriefe mit.
Und er befehle dem Beamten,
der die Wälder des Königs verwaltet,
dass er uns Holz zum Bau liefert.“ 2,7f.

„Auch das sollst du haben“,
sagte der König großmütig.
Und er gab Nehemia die Briefe,
aber auch Pferde und Reiter
als persönlichen Schutz.
Dann ließ er ihn ziehen.

Da erkannte Nehemia,
dass Gottes Hand über ihm war.
Mit frischem Mut machte er sich
auf den Weg nach Jerusalem,
um seinem verzagten Volk zu helfen.

Die Mauer

Nehemia 2–3

Nach Wochen kam Nehemia
endlich in Jerusalem an.
Aber wie erschrak er
beim Anblick der Stadt!
Sie glich noch immer
einem Schutthaufen:
Die Mauern waren ringsum zerstört,
und an allen Toren fehlten die Türen.
Drei Tage lang harrte Nehemia
in der zerstörten Stadt aus.
Noch ahnte dort niemand,
warum er gekommen war.
Danach sammelte Nehemia
ein paar Leute um sich.
Und als die Nacht hereinbrach,
verließ er mit ihnen
heimlich die Stadt.
Auf einem schmalen Pfad
ritt er an der Mauer entlang.
Die anderen folgten zu Fuß.
Wo immer die Mauer zerstört war,
da hielt Nehemia an.
Er prüfte jede Stelle genau.
Nichts entging seinem Blick,
kein Riss, keine Lücke und kein Bruch.
Mühsam bahnte er sich seinen Weg
von einem Tor zum andern.
Er kam nur langsam voran.
Überall lagen Steinbrocken im Weg.
Schließlich hörte der Pfad ganz auf.
Da stieg Nehemia von seinem Pferd
und kletterte über Felsbrocken
das steile Bachtal hinauf.

Er ruhte nicht eher,
bis er alle Mauerteile
und alle Tore genau geprüft hatte.

Am nächsten Morgen rief Nehemia
die Priester und Ratsleute zusammen
und hielt ihnen eine aufrüttelnde Rede.
Er rief ihnen zu: „Ihr seht,
wie schlimm es um Jerusalem steht.
Eure Mauern sind alle zerstört.
Die Tore sind vom Feuer verzehrt.
Kommt, packt an!
Wir bauen die Mauern wieder auf.
Wenn nicht, dann werden
die Nachbarvölker spotten
und über uns sagen:
‚Das soll die Stadt Gottes sein?
Dieser Schutthaufen?'"
Und Nehemia erzählte ihnen,
was er vorhatte,
und wie der König ihm
dazu Mut gemacht hatte.

„Gott selbst", so sprach er,
„hat mich zu euch geführt.
Seine Hand war über mir." 2,18

Da horchten die Leute auf,
als sie die gute Nachricht hörten.
Und sie spornten einander an:
„Auf, an die Arbeit!
Worauf warten wir noch?
Gemeinsam werden wir's schaffen."
Mit vereinten Kräften
machten sie sich daran,
die Mauern zu bauen,
Mann neben Mann,
Sippe an Sippe,
mit Söhnen und Töchtern. 3,12
Alle legten Hand an.
Jede Gruppe übernahm
ein Mauerstück oder ein Tor.
Einer feuerte den anderen an,
und niemand gönnte sich Ruhe.
Voll Eifer schleppten die Leute

Steine und Balken heran
und bauten Mauern und Tore.
In wenigen Wochen
waren die Mauern bereits
bis zur halben Höhe gebaut. 3,38

Als die Bewohner von Jerusalem sahen,
wie zügig die Arbeit voranging,
schöpften sie neuen Mut.
Gott hatte es ihnen
bisher gelingen lassen.
Er würde ihr Werk auch weiterhin segnen.
Darauf bauten sie fest.

Widerstand

Nehemia 4–6

Zu jener Zeit wohnten
auch noch andere Volksgruppen
im Land Juda und in Israel.
Als diese hörten,
was sich in Jerusalem tat,
wurden sie unruhig.
Und sie schickten ihre Anführer
Sanballat und Tobija nach Jerusalem.
Die spotteten und riefen frech:
„He, ihr da! Was macht ihr da?
Wer hat euch das erlaubt?
Wollt ihr euch etwa
vom persischen König lossagen?“ 2,19ff.

Doch Nehemia antwortete ihnen:
„Wir tun nichts Verbotenes.
Wir bauen nur unsere Stadtmauer.
Und mit Gottes Hilfe
werden wir es auch schaffen.
Aber euch geht das nichts an.
Jerusalem gehört nicht
in euer Herrschaftsgebiet.
Ihr habt kein Recht,
über unsere Stadt zu bestimmen.“

Als aber Sanballat und Tobija sahen,
dass sich die Juden
nicht einschüchtern ließen,
packte sie der Zorn.
Sie riefen ihre Soldaten
in Samaria zusammen.
Und Sanballat stachelte sie an:
„Seht euch diese Schwächlinge an!
Glauben die vielleicht,
wir lassen sie einfach gewähren?
Bilden sie sich etwa ein,
sie könnten die Trümmer
mit neuem Leben erfüllen?
Wenn wir ihnen nicht wehren,
haben sie bald ihre Mauer gebaut
und weihen sie am Ende noch
feierlich mit Dankopfern ein.
Aber das lassen wir nicht zu.
Die Trümmer müssen so bleiben,
wie sie sind.“ 3,33ff.

„Lass sie doch!“, spottete Tobija.
„Dieses lächerliche Mäuerchen!
Sobald ein Fuchs darauf springt,
fällt es schon ein.“

Aber während sie noch
schimpften und spotteten,
wurde ihnen gemeldet:
„Die Juden sind gerade dabei,
alle Mauerlücken zu schließen.“
Da riss den beiden die Geduld.
Und sie beschlossen,
die Juden mit Gewalt
am Bauen zu hindern.

Bald darauf ging in Jerusalem
das Gerücht um:
„Sanballat und Tobija
marschieren auf Jerusalem zu.“
Da sank allen der Mut.
Die Leute jammerten und klagten:
„Unsere Kraft ist zu schwach.
Die Schuttberge sind viel zu hoch.
Wir können nicht mehr.“

Aber Nehemia schrie zu Gott:
„Höre doch, unser Gott,
wie verachtet sind wir!
Lass es nicht zu,
dass sie uns so verhöhnen.“ 3,36/4,3

Danach stellte Nehemia Wachen auf,
die die Mauer bewachten
bei Tag und bei Nacht.
Das übrige Volk aber
sammelte sich an den Mauerlücken.
Dort warteten alle zitternd,
bis die Feinde anrückten.
Doch Nehemia sprach ihnen Mut zu:
„Fürchtet euch nicht vor ihnen!
Haltet euch nur an Gott!
Er allein ist zu fürchten.“ 4,8

Als aber Sanballat und Tobija hörten,
dass ihr heimlicher Plan
bekannt geworden war,
ließen sie von Jerusalem ab.
Doch Nehemia blieb seitdem
stets auf der Hut.
Er teilte seine Leute
in zwei Gruppen.
Die einen trugen Waffen.
Die anderen bauten an der Mauer.
Auch sie trugen ein Schwert.
Mit der einen Hand arbeiteten sie,
mit der anderen Hand hielten sie
ihre Waffe bereit.
Nehemia schärfte allen ein:
„Wenn ihr die Posaune hört,
dann lasst alles liegen
und kommt schnell herbei.
Dann droht höchste Gefahr.
Aber seid nicht verzagt!
Gott wird uns beistehen.“ 5,14ff.

Viele Tage lang
bauten die Juden an ihrer Mauer,
von frühmorgens bis tief in die Nacht.
Und wenn alle todmüde
auf ihr Lager fielen,
dann blieb Nehemia noch wach.
Tag und Nacht harrte er
an der Mauer aus.
Wochenlang kam er nicht
aus seinen Kleidern.

Mit Schrecken sahen die Feinde,
wie die Mauer von Tag zu Tag wuchs.
Da beschlossen Sanballat und Tobija,
Nehemia heimlich zu töten.
Sie schickten Boten zu ihm
und ließen ihm sagen:
„Komm, triff dich mit uns
an einem abgelegenen Ort.
Dort wollen wir mit dir verhandeln.“
Doch Nehemia glaubte ihnen
kein Wort. 6,1ff

Aber die beiden gaben nicht auf.
Immer wieder versuchten sie,
Nehemia in eine Falle zu locken.
Einmal schickten sie einen Boten,
der flüsterte Nehemia ins Ohr:
„Man sagt, du seist ein Verräter.
Du strebst nach dem Königsthron.“ 6,6ff.
Ein andermal kam ein Mann
aufgeregt an, der rief:
„Flieh, Nehemia!
Versteck dich im Tempel!
Und schließ die Tür hinter dir zu!
Denn in dieser Nacht
will man dich töten.“ 6,10

Aber Nehemia hörte nicht darauf.
Unbeirrt setzte er sein Werk fort,
bis die Mauer vollendet war. 6,15
Da ließen seine Feinde
endlich von Nehemia ab.

Das Laubhüttenfest

Nehemia 8–13

Nur 52 Tage hatten die Juden
an der Mauer gebaut.
Zuletzt hängten sie
die schweren Holztüren ein
und schlossen die Tore. 7,1
Stolz betrachteten sie
das gewaltige Mauerwerk.
Wo noch vor wenigen Tagen
Hammerschläge zu hören waren,
blieb es nun still.
Ein wunderbarer Friede
lag über der Stadt.

Inzwischen war es Herbst geworden.
In den Weinbergen
waren die Trauben geerntet.
Da strömten alle Juden
auf den großen Platz
vor dem Wassertor.
Und Esra, der Schriftgelehrte,
las ihnen aus dem Gesetzbuch vor.
Atemlos lauschten die Leute,
als sie Gottes Gebote vernahmen.
Es war ihnen, als hätten sie
noch nie diese Worte gehört.
Manche brachen sogar in Tränen aus.
Auf einmal wurde ihnen bewusst,
dass sie Gott vergessen
und seine Gebote missachtet hatten.

Aber Esra und auch Nehemia
riefen dem Volk zu:
„Weint nicht, ihr Leute!
Und seid nicht traurig!
Denn dies ist ein Festtag.
Seid nicht bekümmert!
Denn die Freude am Herrn
ist eure Stärke.
Und nun esst und trinkt
und habt guten Mut!
Feiert mit uns das Fest der Freude!“ 8,9ff.

Auch am nächsten Tag
kamen sie wieder zusammen.
Und staunend vernahmen sie,
was ihnen Esra verkündete:
„Jedes Jahr im Herbst
sollt ihr das Laubhüttenfest feiern.
Denn so steht es
im Gesetzbuch geschrieben. 5. Mose 16,13
Darum macht euch auf!
Zieht in die Berge!
Pflückt Zweige von den Bäumen
und baut daraus grüne Laubhütten!“

Da schwärmten die Juden
in die Gärten und Weinberge aus.
Sie rissen Zweige von den Bäumen
und bauten sich daraus Hütten
aus frischem Grün.
Überall entstanden Laubhütten,
auf den Dächern und in den Höfen
und auch auf dem Platz
vor dem Tempel.

Sieben Tage lang wohnten
die Juden in ihren Laubhütten.
Sie feierten miteinander
so fröhlich wie nie zuvor.
Und sie dankten ihrem Gott,
der sie so freundlich geführt hatte,
wie er einst auch ihre Vorfahren
durch die Wüste geführt hatte.
Seit Josuas Tagen
war das Laubhüttenfest nicht mehr
so festlich begangen worden. 8,17

Aber am Ende des Monats
kamen noch einmal alle
vor dem Tempel zusammen.
Dort bekannten sie gemeinsam
vor Gott ihre Schuld
und baten ihn um Vergebung.
Und sie versprachen feierlich,
von nun an Gottes Gebote zu halten.
Von nun an fing in Jerusalem
ein neues Leben an.

Die leere Stadt füllte sich
wieder mit Menschen. 11,1ff.
In den Straßen und Gassen
herrschte bald munteres Treiben.
Nur am Sabbat blieb es dort still.
Denn dieser Tag gehörte nur Gott,
der seinem Volk zugesagt hatte,
in ihrer Mitte zu wohnen. 13,15ff.

Als alles vollendet war,
ließ Nehemia zum Abschluss
ein großes Dankfest ausrufen.
Zwei große Chöre zogen singend
über die Mauer zum Tempel.
Esra führte den Zug an.
Ihm folgten die Priester,
die Sänger und Musikanten.
Ihre Loblieder schallten
weit ins Land hinaus. 12,43
Sie verkündeten aller Welt,
dass Jerusalem, die Stadt Gottes,
wieder erbaut war.

**Ein Lied der Freude
über die Stadt Gottes:**

**„Zieht um Jerusalem herum
und umschreitet es,
zählt seine Türme!
Habt gut Acht auf seine Mauern,
durchwandert seine Paläste,
dass ihr den Nachkommen
davon erzählt:
Wahrlich,
das ist Gott, unser Gott
für immer und ewig.
Er ist es, der uns führt."**

Psalm 48,13–15

Ester

Ester 1–2

Dies ist die Geschichte von Ester,
einer jungen jüdischen Frau,
durch die Gott sein Volk
vor der Vernichtung bewahrte.
Ester war Waise.
Sie lebte in Susa bei Mordechai,
einem Verwandten und Hofbeamten.
Der sorgte wie ein Vater für sie.
Zu jener Zeit regierte in Susa
Ahasveros, der König der Perser,
auch Xerxes genannt.
Ahasveros war Herr
über 127 Länder und Völker
mit verschiedenen Sprachen.
Sein Reich reichte
vom Indus bis an den Nil.
Zahllose Statthalter
und ein Heer von Beamten
hielten sein riesiges Reich zusammen.
Kein König war zu jener Zeit
so mächtig wie er.

Einmal feierte der König
mit all seinen Großen
ein glänzendes Fest.
Aus allen Ländern reisten
sie an in prächtigen Wagen.
Alles, was Rang und Namen hatte,
fand sich zum Fest ein.
Sechs Monate lang stellte der König
seinen Prunk und Reichtum zur Schau.
Zum krönenden Abschluss gab es
ein riesiges Festgelage im Park.
Alles Volk war dazu geladen.
Sieben Tage lang wurde gefeiert,
gebechert und gespeist.
Die Gäste lagen auf weichen Polstern
zwischen marmornen Säulen.
Diener schenkten edelsten Wein ein
aus goldenen Krügen.

Der König trank munter mit. 1,5ff
Am siebten Tag aber rief der König,
schon sichtlich betrunken:
„Nun kommt noch das Beste:
Wo ist Wasti, die Königin?
Führt sie zu mir!
Sie soll uns ihre Schönheit zeigen.“

Aber die Königin dachte nicht daran,
sich vor dem Volk zu entblößen.
Sie ließ dem König ausrichten:
„Ich komme nicht.
Ich feiere selber
mit meinen Frauen ein Fest.“
„Was?“, schrie der König erbost.
„Sie weigert sich, mir zu gehorchen?“
Der König schäumte vor Wut.
Und er rief seine Ratgeber:
„Was soll ich mit dieser Frau machen,
die sich meinem Befehl widersetzt?“ 1,15

Da trat einer vor, verneigte sich tief
und sprach mit schmeichelnder Stimme:
„Die Königin hat nicht nur
die Ehre des Königs verletzt,
sondern wir alle sind davon betroffen.
Denn wenn bekannt wird,
was Königin Wasti getan hat,
dann werden auch die anderen Frauen
nicht mehr ihren Männern gehorchen.
Darum rate ich:
Der König möge Wasti verstoßen
und eine andere zur Königin machen,
eine Frau, die diese Ehre verdient.“

Da überlegte der König nicht lange.
Er verstieß seine Frau
und erließ ein Gesetz
für das ganze Königreich,
dass in allen Häusern
nur der Mann Herr im Haus sei. 1,22

Nach einiger Zeit aber
war der Zorn des Königs verraucht.
Da ging der König in sich.
Und er dachte bei sich:
Was habe ich nur getan?
Warum habe ich Wasti verstoßen?
Aber seine Getreuen trösteten ihn:
„Warum grämt sich der König?
Gibt es nicht genug andere Frauen,
die jung sind und schön?
Er lasse die Schönsten
an seinen Königshof holen.
Ein Jahr lang sollen sie
sich schmücken und pflegen.
Danach soll sie der König besehen.
Die Frau, die ihm am besten gefällt,
die soll er zur Königin machen.“ 2,2ff.

„Ja, das ist gut“, rief der König.
„Euer Vorschlag gefällt mir.“
Und er ließ die schönsten Mädchen
an seinen Hof holen.
Auch die Jüdin Ester
war unter den Auserwählten.
Aber Mordechai ließ Ester
nur ungern ziehen.
„Gib auf dich Acht!“,
mahnte er Ester zum Abschied.
„Verrate keinem Menschen am Hof,
dass du zu dem Volk der Juden gehörst.
Sonst bist du in großer Gefahr.“

Ein ganzes Jahr lang
lebte Ester im Frauenhaus
und wurde geschmückt und gepflegt.
Sieben Dienerinnen umgaben sie
jeden Tag von früh bis spät.
Und als ein Jahr um war,
hatte Ester alle Herzen gewonnen. 2,15
Und wer sie ansah, bewunderte sie.

Endlich kam der Tag, an dem Ester
zum König geführt wurde.
Als aber der König sie sah,
rief er entzückt:
„Ester ist die Schönste von allen!“

Und der König gewann sie lieber
als alle anderen Frauen.
„Ester", verkündete er,
„ist die Frau, die mir gefällt.
Sie soll künftig die Königin sein."
Er setzte ihr die Krone aufs Haupt,
ließ ein Festmahl bereiten
und teilte Geschenke an das Volk aus.
So wurde Ester Königin
über das ganze persische Reich.

Doch einer blieb dem Festmahl fern:
Esters Pflegevater Mordechai.
Er saß indessen draußen am Tor
und hielt Wache vor dem Palast.
Denn er dachte sich:
Ester braucht meine Hilfe.
Wenn die anderen hören,
dass sie zum Volk der Juden gehört,
ist sie am Hof nicht mehr sicher.
Denn die Juden
waren vielen verhasst.
Am meisten aber hasste sie Haman,
ein Amalekiter, der sich
am Hof hochgedient hatte.
Der ließ keine Gelegenheit aus,
den Juden zu schaden.

Eines Tages saß Mordechai
wieder am Tor.
Da hörte er, wie zwei Wächter
miteinander tuschelten.
Auf einmal horchte er auf.
Hatte er richtig gehört?
Die Wächter planten
einen Anschlag auf den König!
Mordechai überlegte nicht lange.
Er schickte sofort
eine Botschaft an Ester
und warnte sie: „Gib Acht!
Der König ist in großer Gefahr."
Da forschte der König nach,
und wirklich: Es verhielt sich so,
wie Mordechai gesagt hatte.
Da machte der König kurzen Prozess.
Noch am selben Tag ließ er
die beiden Verschwörer erhängen.
Aber Mordechai ging leer aus.
Der König vergaß,
seinem Retter zu danken.

Nicht lange danach machte der König
Haman zum Herrn über alle Fürsten.
Von diesem Tag an ließ Haman
sich selbst wie ein König feiern.
Wenn er durchs Tor schritt,
fielen alle vor ihm auf die Knie.
Sogar die Minister des Königs
verneigten sich vor ihm.
Nur Mordechai blieb
an seinem Platz sitzen.
Haman kochte vor Wut.
Aber Mordechai
machte sich nichts daraus. 3,1ff.

Da beschloss Haman,
sich an Mordechai zu rächen.
Er trat vor den König und sprach:
„O König, in deinem Reich
leben zahllose Juden verstreut.
Sie sind ein rebellisches Volk.
Darum höre auf meinen Rat:
Rotte dieses Volk aus!
Dann wird dir
all ihr Gold und Silber gehören."
„Nur zu", rief der König.
„Tu, was du vorhast!
Hier hast du mein Siegel."

Da setzte Haman ein Schreiben auf,
drückte das Siegel des Königs darauf
und übergab es den Boten.
Die eilten in alle Länder
und riefen überall aus:
„Befehl des Königs Ahasveros:
Tötet alle Juden,
alle an ein und demselben Tag:

Am 13. Tag im 12. Monat schlagt zu!
Denn das ist der Tag,
der durch das Los bestimmt wurde.“

Aber Ester ahnte nicht,
welch furchtbares Unglück
ihrem Volk drohte.

Esters Bitte

Ester 4–7

Wie ein Lauffeuer
breitete sich die Nachricht
im ganzen Königreich aus.
In allen Städten brach
ein großes Wehklagen aus.
Die Juden weinten und fasteten
und hüllten sich in Trauergewänder.

Als aber Mordechai
vom Befehl des Königs erfuhr,
zerriss er sein Gewand,
streute Asche auf seine Haare,
warf sich ein Sackgewand um
und lief schreiend durch die Stadt.
Er eilte zum Königspalast,
um mit Ester zu sprechen.
Aber die Wache trat ihm in den Weg.
Denn es war am Hof streng verboten,
im Trauergewand zu erscheinen.
Da wurde Ester gemeldet:
Mordechai steht draußen am Tor
im Trauergewand.
Er schluchzt und weint
und rauft sich die Haare.

„Was ist mit ihm?“,
fragte Ester erschrocken.
„Bringt ihm ein neues Gewand
und führt ihn zu mir!“
Aber Mordechai ließ Ester sagen:
„Ich bleibe in meinem Trauergewand.“

Da bat Ester ihren Kammerdiener:
„Geh zu Mordechai hinaus
und frag ihn, warum er sich
so seltsam verhält.“

Wenig später kam der Diener zurück
und meldete Ester:
„Mordechai lässt dir sagen:
Ein furchtbares Unglück
bricht über unser Volk herein.
Haman, der Vertraute des Königs,
will alle Juden vernichten.
Er hat sogar den König
für seinen grausamen Plan gewonnen.
Darum bittet dich Mordechai:
Geh zum König und flehe ihn an,
dass er unser Volk verschont.“

„Aber ich kann nicht“,
stammelte Ester,
zu Tode erschrocken.
„Niemand darf ungefragt
vor dem König erscheinen.
Nur wenn der König mir gnädig ist,
wenn er sein Zepter auf mich richtet,
darf ich vor den König treten.“ 4,11

Aber Mordechai ließ Ester sagen:
„Glaub nicht,
dass du dich allein retten kannst,
nur weil du am Hof lebst.
Wenn du jetzt schweigst,
dann stürzt du uns alle ins Unglück,
auch dich und deine Familie.
Glaubst du etwa, es sei Zufall,
dass du an den Hof kamst?
Wer weiß, vielleicht soll es so sein.
Nur du kannst uns retten.“ 4,13f.

Da merkte Ester,
wie ernst es um ihr Volk stand.
Und sie ließ Mordechai ausrichten:
„Ich will es tun.
Doch bitte alle Juden der Stadt,
dass sie sich zum Gebet sammeln.

Drei Tage lang sollen sie
fasten und beten.
Danach will ich zum König gehen.
Und wenn ich dabei umkomme,
ich bin dazu bereit.“ 4,16

Drei Tage wartete Ester bange,
betete und fastete und überlegte,
wie sie dem König begegnen sollte.
Am dritten Tag zog sie
ihr schönstes Festtagskleid an
und wartete im Innenhof,
bis sie der König entdeckte.
Da sah sie der König
von seinem Thronsaal aus.
Er ließ Ester rufen.
Als diese eintrat,
richtete er gnädig
das Zepter auf sie.
„Ester“, sprach er,
„was wünschst du von mir?
Und wenn es
das halbe Königreich wäre,
ich gebe es dir.“ 5,3

Da verneigte sich Ester
vor dem König und sprach:
„Ich habe nur eine Bitte:
Gefällt es dem König,
so speise er heute bei mir,
gemeinsam mit Haman.“

„Nichts lieber als das“,
rief der König erfreut.
„Auf, ruft Haman!
Dann werden wir mit dir speisen.“

Am Abend, als sie gegessen hatten,
fragte der König noch einmal:
„Ester, was wünschst du von mir?
Und wenn es
das halbe Königreich wäre,
ich gebe es dir.“

„Ich habe nur eine Bitte“,
antwortete Ester.
„Speist auch morgen mit mir!“
Welche Ehre!,
dachte Haman bei sich.
Nun lädt mich die Königin
sogar ein zweites Mal ein.
Er eilte nach Hause,
um seiner Frau zu erzählen,
wie Ester ihn ehrte.
Doch als er zum Tor kam,
sah er Mordechai dort sitzen.
Der rührte sich nicht von der Stelle.
„Dieser verdammte Kerl!“,
zischte Haman grimmig.
„Dem werde ich’s zeigen.“
Wütend lief er nach Hause
und klagte seiner Frau vor:
„Was nützt es mir,
dass mir die Königin
so viel Ehre erweist?
Der Kerl dort am Tor
verdirbt mir die gute Laune.“

„Und das lässt du dir gefallen?“,
warf seine Frau ein.
„Schaff ihn aus dem Weg!“
„Ja, schaff ihn aus dem Weg!“,
rieten auch seine Freunde.
„Du hast doch die Macht.
Wir raten dir: Bau einen Galgen,
so hoch wie das Haus, noch viel höher,
und häng diesen Kerl auf.
Geh gleich morgen früh
zum König und bitte ihn,
dass er dir Mordechai überlässt.
Danach kannst du in Frieden
mit der Königin speisen.“ 9,8ff.

Da ließ Haman noch am selben Tag
einen Galgen errichten.
Ungeduldig wartete er,
bis der nächste Morgen anbrach.
Und noch ehe es hell wurde,
machte er sich auf den Weg
zum Königspalast.

Indessen wälzte sich der König
unruhig auf seinem Lager.
Er hatte die ganze Nacht
nicht geschlafen.
Irgendetwas quälte ihn,
aber er wusste nicht was.
Schließlich befahl er seinen Dienern:
„Lest mir die Berichte
der vergangenen Tage!"
Da las sein Diener
den Bericht über den Mordanschlag,
den Mordechai vereitelt hatte.
Der König fragte:
„Welchen Lohn hat Mordechai
für seine Tat bekommen?"
„Nichts hat er bekommen",
antworteten sie.
„Nichts, sagt ihr?
Dann soll er noch heute
seine Belohnung bekommen.
Ruft sofort Haman zu mir!" 6,1ff.

Haman aber wartete schon
draußen im Hof.
Er freute sich diebisch,
als man ihn rief.
Denn er dachte:
Die Stunde ist günstig.
Ich will den König bitten,
dass er mir Mordechai überlässt.
Aber der König kam ihm zuvor.
Er fragte Haman:
„Was soll der König dem Mann tun,
den er hoch ehren will?"

Sicher meint er mich,
dachte Haman bei sich.
Nun heißt es hoch pokern.
Solch eine Gelegenheit
kehrt nicht wieder!
Ehrerbietig verneigte er sich
vor dem König und sprach:
„Man gebe dem Mann
den Mantel des Königs
und setze ihn auf sein Pferd.
Und ein hoher Minister
führe ihn durch die Stadt
und rufe immerzu aus:
Das ist der Mann,
den der König hoch ehren will." 6,7ff.

„Gut", meinte der König,
„dann tu, was du mir rätst:
Nimm mein Pferd
und setze Mordechai darauf.
Gib ihm den Mantel des Königs
und führe ihn durch die Stadt!"

Da merkte Haman:
Er hatte sich selbst
eine Falle gestellt.
Zähneknirschend führte er
Mordechai durch die Stadt.
Danach lief er nach Hause
und berichtete empört,
was man ihm angetan hatte.
„Das bedeutet nichts Gutes",
rief seine Frau erschrocken.
„Dieser Jude bringt dich
am Ende noch zu Fall." 6,19

In diesem Augenblick
kam der Diener des Königs,
um Haman zum Essen zu holen.
Da schluckte Haman
seinen Ärger herunter
und eilte zu Ester.
Und als sie gegessen
und getrunken hatten,
fragte der König erneut,
beschwingt durch den Wein:
„Ester, mein Liebes,
sag, was wünschst du von mir?
Und wenn es
das halbe Königreich wäre,
ich gebe es dir." 7,2

Da nahm Ester all ihren Mut
zusammen und sprach:

„Gefällt es dem König,
dann verschone er mich
und mein Volk.
Denn es ist in großer Gefahr.
Wir alle sind verkauft und verloren.
Würden wir nur als Sklaven verkauft,
dann würden wir schweigen.
Niemand würde sich wehren.
Aber nun will man uns töten.
Ja, ausrotten will man
das Volk, zu dem ich gehöre.“ 7,3ff.

„Was sagst du da?“,
rief der König entsetzt,
„wer wagt es, dein Volk anzutasten?
Wer denkt sich so Grausames aus?“

„Der da.“
Ester zeigte auf Haman.
„Dieser niederträchtige Mensch
ist unser Todfeind.“

Da lief der König vor Zorn rot an.
Auf einmal erkannte er,
welch übles Spiel dieser Haman trieb.
Wütend sprang er auf
und lief in den Park hinaus.
Haman aber fiel vor Ester nieder
und flehte um Gnade.
Zitternd lag er vor ihr.
So fand ihn der König,
als er zurückkam.
Zornig schrie er:
„Nun macht sich dieser Kerl
auch noch an meine Frau heran.
Auf, schafft ihn weg!
Hängt ihn an seinen eigenen Galgen!
Er soll mir nie mehr
unter die Augen kommen.“ 7,10

Da hängten sie Haman auf.
Und Mordechai wurde an seiner Stelle
zum Herrn über alle Fürsten gemacht. 8,2

Das Purimfest

Ester 8–10

Danach erließ der König ein Gesetz,
setzte sein Siegel darauf
und sandte es in alle Teile
seines riesigen Reiches.
Eilboten auf schnellen Pferden
brachten es in alle Länder und Städte
und riefen es in allen Sprachen aus:

> „So befiehlt Ahasveros,
> der König der Perser:
> Von nun an ist es den Juden
> wieder erlaubt,
> sich zu versammeln.
> Niemand darf sie verfolgen.
> Wer es dennoch wagt,
> der soll hingerichtet werden,
> und zwar an demselben Tag,
> der für die Ermordung der Juden
> bestimmt war.“ 8,11

Da brach lauter Jubel aus.
Die Juden atmeten auf.
Endlich wagten sie sich wieder
auf offener Straße zu zeigen.
Voller Freude feierten sie
miteinander in ihren Häusern
ein Festmahl nach dem anderen.
Ihre Freude steckte auch andere an.
Viele schlossen sich den Juden an.
Und als der gefürchtete Tag nahte,
blieben alle Juden verschont.
Wer sich aber dennoch
gegen sie kehrte,
musste es bitter büßen,
wie es das Gesetz des Königs befahl.

Ester und Mordechai aber riefen
ein großes Freudenfest aus,
genau auf den Tag,
der zur Vernichtung der Juden
ausgelost worden war.

Im ganzen Königreich
feierten die Juden so fröhlich
wie schon lange nicht mehr.
Aus dem Trauertag
war ein Festtag geworden.
Mit einem Mal war alle Angst
und alles Leiden vergessen.
Ein neues Leben fing an.
Purimfest nannten die Juden
ihr Fest, das heißt „Fest der Lose",
weil dieser Tag durch das Los
bestimmt worden war.

Dieses Purimfest feiern die Juden
bis zum heutigen Tag,
jedes Jahr am selben Tag.
Und sooft sie das Fest feiern,
denken sie dankbar daran,
wie Gott sein Volk vorzeiten
aus großer Bedrängnis befreit hat.

Wäre der Herr nicht bei uns,

so sage Israel
Wäre der Herr nicht bei uns,
wenn Menschen gegen uns aufstehen,
so verschlängen sie uns lebendig,
wenn ihr Zorn über uns entbrennt,
so ersäufte uns Wasser,
Ströme gingen über unsere Seele.

Gelobt sei der Herr,
dass er uns nicht gibt zum Raub in ihre Zähne!
Unsere Seele ist entronnen
wie ein Vogel dem Netz des Vogelfängers;
das Netz ist zerrissen,
und wir sind frei.

Psalm 124

Hiob betet für seine Kinder

11

Klagen und Loben

Das Buch Hiob

*Angenommen,
ein Mensch glaubt an Gott.
Er lebt lange Zeit
glücklich und zufrieden.
Und Gott schenkt ihm
Reichtum, Achtung und Glück.
Aber eines Tages mischt sich
Satan dazwischen.
Dreist tritt er vor Gott und spricht:
„Dieser Mensch glaubt?
Ist das etwa ein Wunder?
Er tut es ja nicht umsonst.
Er hat ja alles,
was er sich wünscht.
Aber ich wette:
Wenn man ihm alles nimmt,
was er hat,
dann wird er sich von dir lossagen.“
Angenommen,
Gott würde zulassen,
dass dieser Mensch alles verliert,
seinen Reichtum, seine Kinder,
seine Gesundheit, sein Glück.
Würde dieser Mensch
dann noch an Gott festhalten?*

*Von solch einem Menschen
erzählt das Buch Hiob.* *(vgl. S. 467)*

Hiob

Hiob 1

Vor urlanger Zeit
lebte im fernen Land Uz
ein Mann namens Hiob.
Der war ein hoch geachteter Mann.
Er hatte noch nie
etwas Unrechtes getan.
Sein Leben lang
achtete er auf Gottes Gebot.
Und Gott segnete ihn
mit reichen Gaben.
Hiob besaß siebentausend Schafe
und dreitausend Kamele,
dazu zahllose Rinder und Esel
und viele Knechte und Mägde,
die für die Tiere sorgten.

Hiob hatte auch viele Kinder.
Er hatte sieben Söhne
und drei Töchter.
Sie waren sein ganzer Stolz
und sein Glück.
Und er setzte alles daran,
dass auch sie Gott
über alles liebten und ehrten.

Von Zeit zu Zeit luden seine Söhne
zum Festmahl in ihren Häusern ein.
Alle Schwestern und Brüder
wurden dazu geladen.
Doch Hiob blieb ihren Feiern fern.
Während seine Töchter
und Söhne beieinander saßen
und fröhlich tranken und aßen,
betete Hiob für sie.
Und wenn ihr Festmahl zu Ende war,
brachte er für jedes Kind
ein Sühnopfer dar.
Denn er sagte sich:
Vielleicht haben meine Kinder
Gottes Gebote verletzt.
Ich will Gott bitten, dass er ihnen vergibt. 1,5

So ging es viele Jahre.
Hiob lebte glücklich und zufrieden.
Es fehlte ihm an nichts.
Und Gott ließ ihm gelingen,
was er auch tat.
Da brach eines Tages
ein furchtbares Unglück
über Hiob herein…

Es war ein festlicher Tag.
Hiobs ältester Sohn
hatte alle Geschwister
zum Festmahl geladen.
Hiob saß indessen in seinem Haus
und betete für seine Kinder,
wie er es stets tat.

Da – plötzlich
kam ein Knecht angerannt.
Er zitterte am ganzen Leib.
Entsetzt rief er:
„O weh, mein Herr!
Ein furchtbares Unglück
ist geschehen!
Deine Rinder pflügten das Land.
Daneben grasten deine Eselinnen
friedlich auf der Weide.
Auf einmal jagten wilde Horden
aus der Wüste heran.
Sie fielen über uns her,
schlugen mit ihren Schwertern
auf deine Knechte ein
und raubten alle Esel und Rinder.
Alle deine Knechte sind tot.
Nur ich allein bin entkommen,
damit ich es dir sage.“ 1,14f.

Und als der Knecht noch redete,
kam ein Schafhirte angestürzt.
Atemlos rief er Hiob entgegen:
„O weh, mein Herr!
Alle deine Schafe sind tot.
Ein schreckliches Unwetter
brach über unsere Herden herein.

Alle Schafe mitsamt ihren Hirten
sind vom Blitz erschlagen.
Keiner konnte sich retten.
Nur ich allein bin entkommen,
damit ich es dir sage.“ 1,16

Und als der Hirte noch redete,
jagte ein Reiter auf dem Kamel heran.
Ganz aufgelöst kam er an.
„O weh, mein Herr!“,
schrie auch er.
„Deine Kamele sind alle verloren.
Von drei Seiten her
überfielen uns feindliche Truppen.
Sie töteten deine Knechte
mit dem Schwert
und raubten alle deine Kamele.
Keiner von deinen Knechten
hat überlebt.
Nur ich allein bin entkommen,
damit ich es dir sage.“ 1,17

Als dieser noch redete,
kam schon wieder ein Bote an.
Schrecken und Entsetzen
lagen auf seinem Gesicht.
„Aus!“, schrie er.
„Es ist aus!
Alle deine Kinder sind tot.
Wir saßen fröhlich beim Festmahl
im Haus deines ältesten Sohnes.
Plötzlich fegte ein Wirbelsturm
über das Haus her.
Da stürzte das Dach ein
und begrub alle
unter den Trümmern.
Nur ich allein bin entkommen,
damit ich es dir sage.“ 1,18f.

Da schrie Hiob laut auf,
sprang auf und zerriss sein Gewand
vor Schmerz und Entsetzen
und schnitt seinen Kopf kahl
zum Zeichen der Trauer.
Danach warf er sich auf die Erde,
vergrub sein Gesicht
in den Händen – und schwieg.
Wie tot lag er da.
Kein Wort kam über seine Lippen,
kein Fluch gegen Gott.
Danach stand er auf und sprach:
„Der Herr hat’s gegeben.
Der Herr hat’s genommen.“
Und leise fügte er hinzu:
„Der Name des Herrn sei gelobt.“ 1,21

So beugte sich Hiob vor Gott
und ließ nicht von ihm ab,
auch nicht am Tag seines Unglücks.

Hiobs Klage

Hiob 2–19

Mit einem Schlag
hatte Hiob alles verloren.
Nichts war ihm geblieben
an Reichtum und Glück.
Nur sein nacktes Leben
konnte er retten.
Aber es sollte
noch schlimmer kommen.
Auch diesmal hatte Satan
seine Hand im Spiel.

Nicht lange danach, so erzählt man,
trat Satan vor Gottes Thron.
Und Gott stellte Satan zur Rede:
„Wo kommst du her?“
„Von der Erde“, erwiderte Satan.
„Ich habe alle Länder durchstreift.“
„Hast du auch achtgehabt
auf meinen Knecht Hiob?
Du wolltest, dass ich ihm schade,
obwohl er nichts Böses getan hat.
Doch er hält immer noch an mir fest.“ 2,3

„Kein Wunder!", erwiderte Satan listig.
„Er selbst kam ja ungeschoren davon.
Was gibt ein Mensch nicht alles
für seine Gesundheit!
Noch ist Hiob gesund.
Aber ich wette:
Wenn's hart auf hart kommt,
wenn du ihm auf den Leib rückst,
dann hat er endgültig von dir genug."
„Versuch es!", sprach Gott.
„Aber schone sein Leben!" 2,6
Kaum hatte Gott das gesagt,
war Satan verschwunden,
um seinen Plan auszuführen.

Bald darauf wurde Hiob schwer krank.
Am ganzen Körper brachen
böse Geschwüre auf.
Von Kopf bis Fuß
gab es keine gesunde Stelle.
Hiob war schrecklich entstellt
und litt furchtbare Schmerzen.
Er saß in der Asche,
fern von den übrigen Menschen.
Mit einer Scherbe
schabte er seine wunde Haut.
Selbst seine eigene Frau
ertrug kaum den Anblick.
Täglich setzte sie Hiob zu:
„Hältst du noch immer
an deinem Gott fest? 2,9
Gib ihm den Abschied
und mach deinem Leben ein Ende!"
Doch Hiob wies sie zurück:
„Du redest ohne Verstand.
Hast du vergessen,
was Gott uns Gutes getan hat?
Müssen wir nicht auch das Leid
aus seiner Hand nehmen?" 2,10

Es dauerte nicht lange,
da wusste es das ganze Land:
Hiob, der viel gepriesene Hiob,
ist ein geschlagener Mann.
Auch Hiobs Freunde hörten
mit Schrecken davon,
Elifas von Teman,
Bildad von Schuach
und Zofar von Naama.
Sie galten als weise und fromm
und hatten mit Hiob schon
manch tiefe Gespräche geführt.
Nun eilten sie herbei,
um mit Hiob zu trauern
und ihn zu trösten.
Doch als sie Hiob von ferne sahen,
erkannten sie ihn nicht wieder,
so entstellt war er.

Da erhoben die Freunde
lautes Klagegeschrei,
rissen ihre Gewänder entzwei
und streuten Asche auf ihr Haar
vor lauter Gram und Entsetzen.
Und sprachlos vor Schmerz
setzten sie sich zu Hiob.
Sieben Tage und Nächte
harrten sie bei ihm aus
und brachten kein Wort heraus. 2,11ff.

Nach sieben Tagen aber
hielt es Hiob nicht länger aus.
Wie ein Sturzbach,
so brach die Klage aus ihm hervor:
„Weh mir!", rief er.
„Warum bin ich geboren?
Verflucht sei der Tag!
Warum bin ich nicht gestorben
bei meiner Geburt?
Ach, wäre ich tot!
Dann hätte ich wenigstens Ruhe." 3,2ff.

Da brach Elifas
als Erster sein Schweigen:
„Was redest du da?
Bist du nicht stets
ein weiser Ratgeber gewesen?

Wie viele Menschen
hast du getröstet!
Wie hast du sie aufgerichtet,
wenn sie verzagen wollten.
Nun ist plötzlich dein Mut,
dein Gottvertrauen dahin.
Meinst du denn,
dich trifft selbst keine Schuld?
Glaubst du etwa,
Gott schickt dir dieses Unglück
ohne triftigen Grund?
Geh in dich und denk nach,
wo du schuldig geworden bist.
Und bitte Gott,
dass er dir deine Schuld vergibt.
Dann wirst du wieder
in Frieden leben.“ 4–5

„Ach nein!“, schrie Hiob verzweifelt.
„Ihr ahnt ja nicht,
wie schwer ich leide.
Ihr wisst nicht,
wie es aussieht in mir.
Ich kann’s nicht in Worte fassen.
Begreift doch:
Die Pfeile des Allmächtigen
stecken in mir. 6,4
Wenn Gott mich doch sterben ließe!
Ich halte es nicht mehr aus.
Meine Kraft ist am Ende.
Ich verfaule bei lebendigem Leibe.
Darum schreie ich
meine Angst hinaus:
Mein Gott! Ich vergehe!
Warum quälst du mich so?
Lass mich in Frieden!“ 6–7

Da mischte Bildad sich ein.
„Hör auf!“, rief er entsetzt.
„Wie kannst du so reden?

Hast du vergessen?
Was Gott tut,
ist immer richtig und gut.
Und wenn du kein Unrecht tust,
wird er dir alles zurückgeben,
was du verloren hast.
Wer sich aber gegen Gott auflehnt,
der kann nicht bestehen.
Sein Leben wird bald vergehen.“ 8

„Ich weiß! Ich weiß!“,
unterbrach Hiob.
„Kein Mensch kann mit Gott streiten.
Gott behält immer Recht.
Er ist so weise und mächtig.
Niemand kommt gegen ihn an.
Aber was habe ich ihm getan?
Habe ich jemals
ein Unrecht begangen?
Ach Herr!
Mich ekelt mein Leben an!
Ich will nicht mehr leben.“ 9–10

„Ach, dummes Geschwätz!“,
warf Zofar, der dritte Freund, ein.
Und auch er fing an,
eine weise Rede zu halten. 11

Doch Hiob unterbrach ihn:
„Ha, ihr!“, rief er bitter.
„Ihr meint wohl, ihr hättet
die Weisheit gepachtet?
Unnütze Tröster seid ihr.
Wenn ihr doch
wenigstens schweigen würdet!
Dann wärt ihr weise.
Aber ihr wollt alles erklären.
Ihr wollt Gott verteidigen.
Doch Gott braucht
eure weisen Reden nicht.
Darum seid endlich still
und lasst mich reden!
Klagen will ich vor Gott
und nicht still werden,
bis Gott mir Antwort gibt
auf all meine Fragen.
Ach mein Gott!
Warum verbirgst du
dein Angesicht vor mir?
Warum begegnest du mir,
als sei ich dein Feind?
Ach, könnte ich mich
bei den Toten verstecken,
bis sich dein Zorn gelegt hat!
Wasser wäscht Steine weg
und seine Fluten schwemmen
die Erde weg:
So machst du die Hoffnung
des Menschen zunichte.“ 12–14

„Was für ein Unsinn!“,
warf Elifas ein.
„Nichts als leere Worte!
Wie kannst du so reden?
Du rühmst dich doch,
weise zu sein!“ 15

Doch Hiob rief zornig:
„Hört endlich auf!
Ich kann's nicht mehr hören.
Leidige Tröster seid ihr!
Eure leeren Trostworte –
ich mag sie nicht mehr.
Ich war in Frieden.
Aber Gott hat mich gepackt.
Er hat mich zerschmettert.
Nun bin ich am Boden zerstört,
lebendig schon tot.
Alle spotten über mich.
Aber du, Gott, sei mein Bürge!
Wer tritt sonst für mich ein?
Worauf soll ich sonst hoffen?“ 16–17

Und verzweifelt rief Hiob:
„Seht doch, ihr Freunde,
wie es mir geht:

Alle ekeln sich vor mir,
selbst meiner Frau bin ich zuwider.
Habt ihr wenigstens
Erbarmen mit mir!
Seht, ich bin nur noch
Haut und Knochen.
Warum lasst ihr nicht von mir ab?

Aber ich weiß, dass mein Erlöser lebt.
Als Letzter wird er sich
über dem Staub erheben. 19,25
Und ich werde ihn sehen.
Meine Augen werden ihn schauen,
wenn ich von meinem
geschundenen Leib erlöst bin.“ 19

Die Antwort

Hiob 38–42

Die Tage zogen sich hin.
Hiob quälte sich
von einem Tag zum andern.
Seine Freunde saßen bei ihm
und wussten nichts mehr zu sagen.
Sie mussten erkennen:
All ihre Ermahnungen
waren vergeblich gewesen.
Hiob ließ sich nicht trösten.
Verzweifelt wartete Hiob,
dass Gott selber eingriff
und seinem Leiden
ein Ende machte.
Doch nichts geschah.
Es schien, als bliebe Gott
für alle Zeit stumm.

Da zog eines Tages
ein schweres Gewitter auf.
Dichte Wolken türmten sich auf.
Der Himmel wurde ganz schwarz.
Ein gewaltiger Sturm brach los.
Es blitzte und donnerte.
Erschrocken schaute Hiob
zum Himmel hinauf.
Da hörte er eine Stimme
aus den Wolken.
Gott war es, der Hiob rief: 38,1ff.

„Wer wagt es hier,
von Gott zu reden
mit Worten ohne Verstand?
Auf, Hiob, raffe dich auf!
Weiche mir nicht aus!
Stelle dich vor mich!
Ich werde dich fragen:

Wo warst du,
als ich die Erde gründete? 38,4
Sag mir's, wenn du so klug bist!

Wer hat das Meer
mit Toren verschlossen,
als es herausbrach
aus dem Schoß der Erde? 38,8

Wer hat es in Wolken gekleidet
und in Dunkel eingewickelt
wie in Windeln,
als ich mit meinem Damm
seine Grenze bestimmte
und setzte ihm Riegel
und Tore und sprach:
‚Bis hierher sollst du kommen
und nicht weiter.
Hier sollen sich legen
deine stolzen Wellen?‘ 38,9ff.

Hast du den Morgen heraufgeführt?
Hast du die Meerestiefen ergründet?
Weißt du,
wie weit sich die Erde erstreckt?
Und weißt du,
woher Licht und Finsternis kommen?
Sag, weißt du das alles?

„Wer setzte dem Meer Riegel und Tore und sprach:
‚Bis hierher sollst du kommen und nicht weiter! Hier sollen sich legen deine stolzen Wellen‘?“

Hiob 38,10f.

Wer lenkt das Wetter,
den Hagel, den Regen und Schnee?
Wer lenkt den Lauf der Gestirne?
Und wer kann die Wolken zählen?
Kannst du es? 38,22ff.

Kannst du die Tiere ernähren?
Weißt du ihre Zeit, da sie brüten?
Wer gibt jedem Tier seine Art?
Kannst du es? 38,39ff.

Hast du das Pferd geschaffen
in seiner Stärke und Kraft?
Hast du dem Adler befohlen,
dass er sich in die Luft schwingt
und in Felsen sein Nest baut? 38,19ff.

Wie wagst du es, Mensch,
mich anzuklagen?
Wo ist deine Hoheit und Macht?
Schau dir die Urwelttiere an
in ihrer unbändigen Kraft!
Ich war es, der sie vorzeiten schuf.
Kannst du sie zähmen?
Kannst du es wagen,
dich ihnen entgegenzustellen? 40,15ff.
Wer darf es dann wagen,
sich mir entgegenzustellen?
Niemand unter dem ganzen
Himmel!“ 40–41

So sprach Gott aus den Wolken.
Hiob aber stand da,
wie vom Donner gerührt.
„Ach Herr“, sprach er stammelnd.
„Was soll ich sagen?
Nun erkenne ich,
dass du alles vermagst.
Nichts ist dir zu schwer. 42,2
Wie verkehrt war alles,
was ich über dich dachte!
Ich hatte dich nur
vom Hörensagen gekannt.
Aber nun habe ich dich
mit eigenen Augen gesehen.
Herr, ich bekenne:
Ich habe mich schuldig gemacht.
Es reut mich.
Aber ich bitte dich:
Vergib mir meine Schuld!“ 42,1ff.

So sprach Hiob zu Gott.
Aber seine drei Freunde brachten
kein Wort der Reue über die Lippen.

Da sprach Gott zu den Freunden:
„Ihr habt meinen Zorn erregt
mit all euren klugen Reden.
Ihr habt nicht recht von mir geredet,
ganz anders als Hiob, mein Knecht.
Darum geht zu ihm!
Bringt ein Sühnopfer dar!
Und bittet meinen Knecht Hiob,
dass er für euch betet.“ 42,7ff.

Da betete Hiob zu Gott.
Und Gott erhörte sein Gebet.
Er erbarmte sich
über seine drei Freunde.
Und als Hiob betete,
wurde es zusehends besser mit ihm.

Bald sprach es sich
in der ganzen Gegend herum:
Hiob, der sterbenskrank war,
ist vom Tode genesen.
Da kamen sie alle an,
Freunde, Verwandte, Bekannte,
und feierten mit ihm ein Fest
und brachten ihm
kostbare Geschenke. 42,10ff.

Und Gott segnete Hiob
noch mehr als zuvor.
Hiob bekam alles
doppelt und dreifach zurück,
Schafe, Kamele, Esel und Rinder.
Und Gott schenkte ihm
und seiner Frau
noch einmal sieben Söhne
und drei Töchter,

eine schöner als die andere.
Hiob gab ihnen klangvolle Namen:
Jemima, Kezia und Keren-Happuch.
So ehrte er seine Töchter
vor ihren Brüdern
und gab ihnen ihr Erbteil
im Kreis seiner Kinder.

Danach lebte Hiob noch viele Jahre.
Seine Familie wuchs und wurde
von Jahr zu Jahr größer.
Hiob sah seine Enkel
und Urenkel heranwachsen,
bis Gott ihn zu sich holte
nach einem langen, erfüllten Leben.

Danklied

**Ich preise dich, Herr,
denn du hast mich aus der Tiefe gezogen, und du lässt nicht zu,
dass meine Feinde sich über mich freuen.
Du, mein Gott, als ich zu dir schrie, da hast du mich gesund gemacht.
Du hast mich aus dem Totenreich heraufgebracht
und mich am Leben erhalten,
aus der Schar derer, die zur Grube fahren.**

**Lobsingt dem Herrn, ihr seine Heiligen,
und preist seinen heiligen Namen!
Denn sein Zorn währt einen Augenblick und lebenslang seine Gnade.
Den Abend lang währt das Weinen,
aber am Morgen ist Freude.**

**Ich aber dachte, als es mir gut ging:
Ich werde niemals wanken.
Denn du hast mich durch deine Gnade auf einen hohen Felsen gestellt.
Aber als du dein Angesicht verbargst, erschrak ich.**

**Zu dir, Herr, rief ich. Zu meinem Gott flehte ich:
„Was hilft es dir, wenn ich sterbe?
Wird der Staub dir danken und deine Treue verkündigen?
Herr, höre und sei mir gnädig! Herr, sei du mein Helfer!“**

**Du hast meine Klage in Reigen verwandelt.
Du hast mein Trauerkleid ausgezogen und mich mit Freude gegürtet.
Ich will dir lobsingen und nicht still werden.
Herr, mein Gott, ich will dir danken in Ewigkeit.**

Psalm 30

Die Botschaft der Propheten

*Dies ist die Botschaft der Propheten,
die Gott zu seinem Volk sandte,
als das Volk Israel sich mehr und mehr
von Gott abgewandt hatte.
Zu jener Zeit war das Volk Israel
durch übermächtige Völker bedroht.*

Der Prophet Amos

Aber selbst in dieser Zeit
hörte Gott nicht auf,
an seinem Volk festzuhalten.
Gott selbst war es,
der durch die Propheten
zu seinem Volk sprach.
Darum durften die Propheten
sogar in schwierigsten Zeiten
nicht schweigen.
Ihre Botschaft wurde gerühmt
und gehasst.
Sie wurden verehrt und verlacht.

Aber niemand hat ihr Wort
zum Schweigen gebracht.
Wo immer dieses Wort erging,
kam Gott seinem Volk ganz nah.
Sein Wort richtete und tröstete.
Es vernichtete und baute neu auf.
Es wurde aufgeschrieben
als Zeugnis der Hoffnung
für spätere Zeiten.
Durch dieses Wort redet Gott
bis zum heutigen Tag.

„Ach Herr! Sei deinem Volk gnädig! Wer kann ihm sonst helfen?“ *Amos 7,2*

12

Der Prophet Amos

Dies ist die Geschichte von Amos,
dem Hirten aus Juda,
den Gott zum Propheten berief.
Amos ist der erste Prophet,
dessen Botschaft uns
schriftlich überliefert ist.
Er lebte zu der Zeit,
als im Norden Israels
König Jerobeam II. regierte,
kurz bevor die Assyrer
das Königreich Israel
für immer zerstörten.
Noch ahnte das Volk nichts
von seinem drohenden Untergang.
Noch wiegte es sich in Sicherheit.
Da trat Amos
im nördlichen Israel auf.
Unerschrocken verkündete er
Gottes Weisung und Wort,
insbesondere unter den Reichen.
Er kündigte den nahen Untergang an
und warnte und ermahnte das Volk,
endlich auf Gottes Gebote zu hören.
Aber es bleibt ungewiss,
ob auch nur ein Einziger
auf seine Mahnung hörte,
ob auch nur einer
zu Gott zurückkehrte. *(vgl. S. 468)*

Die Berufung

Amos 7

Viele Jahre lang lag
das Königreich Israel
mit seinen Nachbarn im Streit.
Danach erlebte es
eine letzte Friedenszeit.
In der Hauptstadt Samaria
blühte der Handel.
Viele Menschen schwelgten
in Wohlstand und Glück.
Wo immer sie konnten,
stellten sie stolz
ihren Reichtum zur Schau.
Sie schmückten sich mit Kleidern
aus kostbaren Stoffen
und bauten sich Häuser,
so prächtig wie Königspaläste.
In ihren Kellern
lagerte erlesener Wein.
Nur das Feinste vom Feinen
durfte es sein.
Bei ihren Festgelagen
ruhten sie auf kostbaren Kissen
und übertrumpften einander
mit immer neuen Genüssen.
Niemand machte sich
daraus ein Gewissen.
Niemand dachte daran,
wie es anderen Menschen erging.

Aber die Bauern auf dem Land
lebten in bitterer Armut.
Sie bestellten die Felder,
die den Reichen gehörten,
und rackerten sich

für einen Hungerlohn ab.
Aber den gesamten Ernteertrag
holten sich die Reichen
in ihre Stadt.

Auch in Samaria
gab es ein Heer von Armen.
Sie trieben sich
auf den Straßen herum
und lebten vom Betteln.
Aber die Reichen störte das nicht.
Sie sagten sich:
Was kümmert uns
dieses Lumpenvolk?
Hauptsache, uns geht es gut!

Bald sprach man im ganzen Land
von Samarias Reichtum.
Sogar bis zum Königreich Juda
drang das Gerücht.
Dort lebte zu jener Zeit
Amos, ein einfacher Hirte.
Er wohnte in Tekoa,
einem kleinen Dorf in den Bergen.
Als Amos hörte,
wie es in Samaria zuging,
ließ es ihm keine Ruhe.
Hatten denn die Reichen vergessen,
wem ihr Leben gehörte?
Der Gott Israels duldete
kein Unrecht im Land.
Er würde nicht tatenlos zusehen,
wenn sie weiter so lebten.
Es musste sie jemand warnen,
bevor es zu spät war.
Aber wer?

Eines Tages hütete Amos,
wie gewohnt, seine Schafe.
Da sah er vor seinen Augen
ein seltsames Bild:
Heuschrecken fielen über das Land her.
Sie fraßen das letzte Gras auf,
das noch auf den Wiesen war.
Amos erschrak.
Er erkannte sofort:
Dies war ein Bild
für das Königreich Israel.
Würde das Reich Israel
vielleicht genauso aufgefressen
wie dieses Gras?
„Ach Herr, tu's nicht!“,
rief Amos erschrocken.
„Sei deinem Volk gnädig!
Wer kann ihm sonst helfen?
Es ist ja so schwach!“
Da sprach Gott:
„Es soll nicht geschehen.“ 7,1ff.

Aber nicht lange danach
sah Amos wieder ein Bild
vor seinen inneren Augen:
Eine Gluthitze kam über die Erde
und verbrannte das Land
mit allem, was darauf wuchs.
„Ach Herr, halt ein!“,
schrie Amos entsetzt.
„Lass das Land nicht verbrennen!
Wer soll es wieder aufbauen?
Es ist ja so schwach!“

Da hörte die Gluthitze auf.
Und Gott sprach zu Amos:
„Es soll nicht geschehen.“ 7,4ff.

Aber nicht lange danach
schaute Amos wieder ein Bild.
Er sah eine überhängende Mauer,
die stürzte jeden Augenblick ein.
Doch oben auf der Mauer stand jemand,
der maß die Mauer mit einem Bleilot.
War es Gott oder war es ein Mensch?

Und Gott sprach zu Amos:
„Wie dieses Lot,
so will ich das Maß
an mein Volk Israel legen.
Ich will ihm nichts übersehen.
Die Mauern seiner Heiligtümer
werden alle zerstört.“ 7,7ff.

Da wusste Amos,
er musste das Volk Israel warnen,
bevor es zu spät war.
Und wenn die Leute
auch nicht auf ihn hörten,
er musste es tun.
Gott selber hatte ihm
dazu den Auftrag gegeben.

So verließ Amos sein Dorf
und brach nach Samaria auf.
Nichts nahm er mit sich
als seinen Hirtenstab
und die Botschaft,
die er von Gott empfangen hatte.

Die Botschaft

Amos 3–7

Nach vielen Tagen
kam Amos in Samaria an.
Die Stadt war auf einem Berg erbaut.
Ihre Mauern schienen
jedem Angriff zu trotzen.
Aber Amos wusste,
welche Gefahr Samaria drohte.
Er ging durch die Stadt.
Entsetzt sah er,
wie es dort zuging.
Auf den Straßen lungerten
zerlumpte Kinder und Alte herum.
Daneben standen die Reichen
in ihren kostbaren Kleidern
und machten ihre krummen Geschäfte.
Sie kauften und verkauften
und freuten sich diebisch
an ihren fetten Gewinnen.
Aber die Armen gingen leer aus.
Niemand sah ihr Elend,
ihre unsägliche Not.

Da packte Amos der Zorn.
Hatten denn diese Reichen
Gottes Gebote vergessen?
Merkten sie nicht,
dass den Armen Unrecht geschah?
Diese Armen zählten genauso
zu Gottes Volk wie die Reichen.
Amos ging auf sie zu:
„Hört, ihr Reichen!“, rief er.
„So spricht Gott, der Herr:
Vor allen anderen Völkern
habe ich euch erwählt.“

„Ja, recht hat er“, riefen die Reichen.
„Gott hat uns lieb, lieber als alle.“
Doch Amos fuhr fort:
„Hört, was Gott zu euch spricht:
Vor allen Völkern
habe ich euch erwählt.
Darum will ich euch auch richten
für all euer Unrecht.“ 3,2

Da horchten die Leute auf.
Und sie riefen empört:
„Habt ihr gehört, was er sagt?
Wer ist dieser Kerl überhaupt?
Er sieht aus wie ein schäbiger Hirte.
Wer hat ihm denn erlaubt, hier zu reden?“
Doch Amos fuhr unbeirrt fort:
„Hört, ihr Reichen!
Ihr seid wie die fetten Kühe.
Ihr fresst euch voll
und füllt eure Bäuche mit Wein.
Doch die Armen schindet ihr
und fragt nicht,
was Gott von euch will.
Aber täuscht euch nicht!
Euer Frieden währt nicht mehr lange.
Bald gibt es Krieg.
Eure Stadt wird belagert
und schließlich zerstört.
Und ihr werdet alle verschleppt.
Gott hat über euch
das Urteil gesprochen.“ 4,1ff.

So sprach Amos.
Dann ging er davon.
Die Leute sahen verdutzt hinter ihm her.
Doch niemand hörte auf seine Worte.
Die Reichen lebten so sorglos
wie alle Tage zuvor.
Sie sagten sich:
„Lasst doch den Spinner reden!
Uns kann nichts geschehen.
Wir sind ja Gottes geliebtes Volk."

Doch bald darauf blieb der Regen aus.
Auf den Feldern verdorrten die Früchte.
In Samaria wurden die Vorräte knapp.
Da besannen sich die Reichen
wieder auf ihren Gott.
Und sie sagten zueinander:
„Kommt, wir gehen nach Bethel,
zum Heiligtum unseres Gottes.
Dort bringen wir Gott ein Opfer.
Dann schenkt er uns sicher
wieder Wohlstand und Glück."

So zogen sie in Scharen nach Bethel,
um ihren Gott gnädig zu stimmen.
Mit feierlichem Gesicht
schritten sie auf das Heiligtum zu.
Auf dem Weg zum Tor
sangen sie lauter fromme Lieder. 5,23

Doch plötzlich sahen sie
Amos am Toreingang stehen.
Er rief ihnen entgegen:
„Kommt her! Kommt her!
Ja, kommt alle nach Bethel!" 4,4
Es klang wie das Torlied,
mit dem sonst die Priester
die Besucher begrüßten.
Aber auf einmal
schlug seine Stimme um.
Höhnisch rief Amos:

„Ja, jetzt kommt ihr hierher.
Jetzt bringt ihr Gott eure Opfer,
nur weil ihr um eure Ernte bangt.
Aber ihr ändert euch nicht.
Ihr bleibt dennoch die Alten.
Kehrt endlich um!
Sucht nicht Bethel
oder ein anderes Heiligtum!
Denn so spricht der Herr:
Sucht mich,
dann werdet ihr leben. 5,4ff.
Sucht das Gute und nicht das Böse!
Hört endlich auf,
die Armen zu unterdrücken.
Dann werdet ihr leben,
und Gott wird bei euch sein.
Oder glaubt ihr etwa,
Gott habe Freude an euren Feiern?
Denn so spricht der Herr:
Ich mag euren Gottesdienst nicht.
Ich kann eure Opfer nicht riechen.
Hört auf, eure Lieder zu plärren.
Ich will eure Harfen nicht hören. 5,21ff.
Hört, ihr Ausbeuter!
Ihr gebt doch gar nichts auf Gott.
Ihr habt nur eure Geschäfte im Kopf.
Insgeheim fragt ihr euch:
‚Wann sind die Feiertage
endlich vorbei?
Dann wollen wir wieder
unseren Geschäften nachgehen.'
Darum spricht Gott, der Herr:
Es kommt der Tag,
da wird die Sonne
am Mittag verlöschen.
Das Land wird finster
am helllichten Tag.
Ich werde eure Feiertage
in Trauertage verwandeln.
Dann hört man im ganzen Land
nur Klagen und lautes Geschrei." 8,4ff.

Als aber die Leute hörten,
was Amos rief,
liefen sie wütend zu Amazja,
dem Oberpriester von Bethel,
und beschwerten sich bitter:

„Draußen am Tor steht ein Prophet,
der macht unser Heiligtum schlecht.
Er verdirbt uns das Fest.“

„Unerhört!“, rief Amazja empört.
„Was erlaubt sich dieser Prophet?
Der hat in unserem Land
nichts verloren.“
Und Amazja sandte sofort
einen Boten zum König
und ließ ihm ausrichten:
„Amos, der Prophet aus Juda,
macht unser Land unsicher.
Er wiegelt das Volk
gegen den König auf.
Wohin er kommt,
bringt er nur Unglück.
Darum, großer König,
gib einen Befehl!
Weise diesen Menschen
aus unserem Land aus!
Das Land kann seine Reden
nicht mehr ertragen,
denn er prophezeit dir
und deinem Volk Unheil.“ 7,10f.

Darauf bestellte der Oberpriester
den Propheten Amos zu sich
und befahl ihm:
„Du Unglücksbote,
verschwinde sofort!
Verlass diesen heiligen Ort!
Geh zurück in dein Land!
Da magst du meinetwegen
deine Sprüche hersagen,
aber nicht hier.
In diesem Heiligtum
hast du nichts verloren.
Hier hat allein der König
das Sagen, nicht du!“ 7,12ff.

Doch Amos erwiderte:
„Ich bin kein Berufsprophet
wie eure bezahlten Propheten.
Ich bin nichts als ein Hirte,
der Maulbeeren züchtet.
Aber ich habe Gottes Stimme gehört.
Gott selbst gab mir den Befehl:
‚Geh in das Land Israel
und verkünde dem Volk,
was in Kürze geschehen wird.‘
Wie kannst du mir verbieten,
Gottes Wort zu verkünden?
Darum höre, Priester Amazja,
was der Herr zu dir spricht:
Bald kommt Gottes Gericht
über dich und dein Haus.
Deine Söhne und Töchter
werden von den Feinden erschlagen.
Du aber wirst verschleppt
und im fremden Land sterben.“ 7,14ff.

So sprach Amos.
Danach wandte er sich um
und ging still davon.
Er hatte den Menschen
nichts mehr zu sagen.

Der neue Anfang

Amos 8–9

Amos hatte seinen Auftrag erfüllt.
Allein kehrte er
nach Tekoa zurück.
Dort hütete er wieder
seine Schafe wie früher.
Nichts hatte sich geändert,
seitdem Amos aufgebrochen war.
Aber für Amos war
alles anders geworden.
Kein Tag verging,
an dem er nicht
an das Volk Israel dachte.
Er hatte das Volk gewarnt.
Aber niemand hatte
auf seine Worte gehört.

Kein Mensch, kein einziger,
war zu Gott umgekehrt.
Würde nun das Unglück
über Israel hereinbrechen?
Oder hatte Gott noch
etwas anderes mit Israel vor?

In diesen Tagen sah Amos
noch einmal ein Bild
vor seinen inneren Augen:
Gott zeigte ihm einen Korb.
Darin lag Obst, überreif,
fast schon am Faulen.

Und Gott sprach zu Amos:
„Reif, überreif ist mein Volk.
Bald werden seine Lieder
für immer verstummen.
Dann gibt es im Land Israel
ein großes Klagegeschrei.
Die Menschen werden
vor Hunger verschmachten.
Sie werden hungern,
nicht nur nach Brot.
Sie werden dürsten,
nicht nur nach Wasser.
Sie werden nach Gottes Wort
hungern und dürsten,
aber sie werden nirgends
Gottes Wort finden.“ 8,11ff.

Da schwieg Amos betroffen.
Nun wusste er:
Seine Warnung, sein Reden
war vergeblich gewesen.
Aber gab es denn
für das Volk Israel
gar keine Hoffnung mehr?
War es für immer verloren?
Die Frage ließ Amos keine Ruhe.
Tag und Nacht sann er darüber nach.
Ob Gott kein Wort mehr
für seinen Propheten hatte?

Lange Zeit wartete Amos.
Endlich geschah es.
Gott zeigte Amos
noch ein letztes Bild:
Gott selbst erschien
am Altar des Tempels.
Er sprach zu Amos:
„Schlag auf die Säule!
Lass die Balken beben,
so dass alles in Trümmer fällt.
Denn so wird das Land beben,
wenn das Unglück hereinbricht.“ 9,1ff.

Aber so spricht der Herr:
„Ich will nicht,
dass das Volk Israel
ganz und gar vernichtet wird.
Es kommt die Zeit, da will ich
die zerfallene Hütte Davids
wieder aufbauen
und die Risse zumauern.
Und mein Volk wird wieder
in seinem Land wohnen.
Es kommt die Zeit,
da werden die Menschen
wieder säen und ernten.
Ihre Hügel werden
wieder Früchte tragen.
Und sie werden wieder
Weinberge und Gärten anlegen.
Denn ich will das Leid
meines Volkes wenden.
Ich will sie wieder
wachsen lassen in dem Land,
das ich ihnen gab,
spricht der Herr, dein Gott.“ 9,11ff.

Da glaubte Amos:
Gott hatte noch Großes
mit seinem Volk vor.
Noch war es ein Geheimnis.
Aber einmal würde alle Welt sehen,
was Gott, der Herr Israels,
seinem Propheten anvertraut hatte.

13

Der Prophet Jesaja

*Dies ist die Geschichte
des Propheten Jesaja,
den Gott als Mahner und Tröster
zu seinem Volk sandte.
Jesaja war der erste große Prophet
im Königreich Juda.*

Er trat in Jerusalem auf,
als sich das Land
in einer Krise befand:
Soziale Missstände
bedrückten das Land.
Die Großmacht Assyrien
bedrohte den äußeren Frieden.
Jesaja deckte jedoch
den tieferen Schaden auf,
an dem sein Volk krankte:

Das Volk war Gott untreu geworden.
Darum herrschte keine Gerechtigkeit
und kein Frieden im Land.
Jesaja wurde nicht müde,
im Auftrag Gottes zu mahnen.
Sein Leben lang rief er dazu auf,
allein auf Gott zu vertrauen.
Und Gott ließ ihn schauen,
was er für künftige Zeiten verhieß.

(vgl. S. 469)

Der Weinberg

Jesaja 5

Der Herbst war gekommen.
Auf den Hügeln vor Jerusalem
ging es hoch her.
Von den Weinbergen schallten
lustige Lieder zur Stadt herüber.
Die Zeit der Weinlese war da,
die fröhlichste Zeit im Jahr.
Unermüdlich schleppten die Bauern
die vollen Körbe zur Kelter.
Dort tummelte sich allerlei Volk.
Mägde und Kinder traten
mit bloßen Füßen die Trauben.
Dazu sangen sie im Takt ihre Lieder,
bis dunkler Saft aus den Trauben floss.
Voller Freude füllten sie ihre Krüge
und kosteten von dem frischen Saft.

Aber in manchen Weinbergen
war nichts von Freude zu spüren.
Lustlos mühten die Bauern sich ab.
Sie hatten erst kürzlich ihr Land
an die Reichen verloren.
Die hatten die freien Bauern
zu unfreien Knechten gemacht.
Wie Sklaven wurden die Bauern
in ihrem Weinberg gehalten.
Sie rackerten sich
von früh bis spät ab.
Und wenn endlich der Abend kam,
dann schickten die Reichen
ihren Verwalter zum Weinberg.
Der holte den ganzen Ernteertrag
und brachte ihn in die Stadt
zu den Häusern der Reichen.
Dort wurde gezecht
bis tief in die Nacht.
Auch auf den Straßen
herrschte ausgelassenes Treiben.
Es wurde gesungen, getrunken, getanzt.
Sogar am Stadttor,
wo sonst das Gericht tagte,
ging es feuchtfröhlich zu.
Niemand dachte an Recht oder Unrecht.

Da – plötzlich sprang ein Mann
auf die Richterbank.
Er schwenkte eine Leier
in seiner Hand.
„Hört, Leute!“, rief er.
„Ihr von Jerusalem
und ihr vom Land Juda!
Kommt alle her!“

Die Leute reckten die Köpfe.
Wer schrie da so laut?
Wer war dieser Mann?
Neugierig umringten sie
den seltsamen Sänger.
Und sie flüsterten erschrocken:
„Ist das nicht Jesaja?
Er nennt sich einen Propheten.
Aber wer weiß,
ob er's wirklich ist?
Was sucht er hier?
Was will er mit seiner Leier?
Hoffentlich singt er uns
kein Klagelied vor!
Wir haben genug
von seinen ewigen Klagen.“

Aber Jesaja fuhr fort:
„Hört Leute! Schenkt mir euer Ohr!
Ich sing' euch ein Liebeslied vor.
Ein Lied von meinem Freund
und seinem Weinberg.“

„Nur zu!“, riefen die Leute.
„Ein Liebeslied, das gefällt uns!“

„Dann hört mir gut zu!“
Jesaja griff in die Saiten,
und mit lauter Stimme sang er:

„Mein Freund hatte einen Weinberg
auf fruchtbarem Land,
am sonnigen Hang gelegen.

Er hatte viel Mühe an ihn gewandt.
Er wollte ihn hegen und pflegen.
Mit eigenen Händen grub er ihn um,
befreite die Erde von Steinen.
Er baute eine Kelter
und einen Turm mitten hinein
und pflanzte die edelsten Reben.
Nun hoffte mein Freund
auf gute Frucht,
auf saftige, süße Trauben.
Aber – ach!
Ihr werdet's nicht glauben:
Der Weinberg brachte nur
saure Trauben hervor…" 5,2ff.

Mit einem schrillen Ton
brach das Lied ab.
Die Hörer hielten den Atem an.
Wie ist das nur möglich?,
fragten sie sich.
Ein so guter Weinberg,
mit Liebe gepflegt!
Wie konnte er seinen Besitzer
nur so bitter enttäuschen?

„Nun", rief Jesaja,
„gebt euer Urteil:
Was habe ich falsch gemacht?
Warum hat mein Weinberg
nur saure Trauben hervorgebracht?
Habe ich nicht alles
für meinen Weinberg getan?"

Er sah seine Hörer herausfordernd an.
Die nickten eifrig.
Aber gewiss!
Der Mann hatte doch alles
für seinen Weinberg getan!
Doch plötzlich begriffen sie:
Der Prophet klagte den Weinberg an.
Und sie sollten das Urteil
über den Weinberg sprechen. 5,3f.

„Der Weinberg taugt nichts.
Mach ihn platt!"
So wollten sie rufen.

Aber eine heimliche Angst
hinderte sie daran.
Niemand traute sich,
gegen den Weinberg zu klagen.
Denn sie spürten alle:
Hier ging es um mehr.

Da rief Jesaja:
„Dann verkünde ich euch,
was mit dem Weinberg geschieht:
Seine Mauern werden zerstört.
Das Land wird verheert.
Der grüne Weinberg
wird wieder zur Wüste.
Ich lasse es zu.
Ich befehle den Wolken,
dass sie nicht auf das Land regnen." 5,5f.

„Was hat er gesagt?", flüsterten sie.
„Von wem spricht der Prophet?
Wem gehört der Weinberg?
Etwa ihm selber?
Oder seinem Freund?"

„Ihr Leute", rief Jesaja.
„Ihr Bürger von Jerusalem
und ihr vom Land Juda,
hört mir gut zu!
Ich will euch sagen,
wem der Weinberg gehört:
Gott, dem Herrn ‚Zebaot',
der über Himmel und Erde regiert.
Sein Weinberg seid ihr.
Ihr seid die Pflanzen,
an denen sein Herz hing.
Euch hat er in dieses Land gesetzt,
damit ihr Frucht bringt.
Aber eure Früchte sind schlecht.
Er wartet auf Recht.
Aber ihr verdreht Gottes Recht.
Ihr hört nicht
auf das Schreien der Armen." 5,7

„Weh euch!", schrie Jesaja.
Seine Stimme nahm plötzlich
einen drohenden Ton an.

„Weh allen,
die mit ihren Palästen prahlen.
Sie bauen Haus an Haus,
einen Palast neben den andern
und ruhen nicht eher,
bis alles Land ihnen gehört.
Aber bald werden
ihre Häuser zerstört. 5,8ff.
Weh allen,
denen Saufgelage gefallen!
Sie sitzen und saufen
von morgens bis tief in die Nacht.
Sie hören auf Zithern und Harfen,
auf Pauken und Flötenspiel,
aber auf Gottes Stimme
hören sie nicht.
Sie achten nicht darauf,
was Gott, der Herr, tut.
Bald werden sie
aus dem Land vertrieben.
Dann werden sie schmachten
vor Hunger und Durst. 5,11ff.
Weh denen,
die Recht in Unrecht verkehren!
Gutes nennen sie schlecht.
Und Schlechtes nennen sie gut.
Sie verachten Gottes heiliges Recht,
sprechen Schuldige gerecht.
Und wer im Recht ist,
muss unschuldig leiden. 5,18ff.

Aber Gott wird Gericht
über sie halten.
Er thront über allen,
der Herr Zebaot,
der heilige Gott,
der über Himmel und Erde regiert.
Sein Wort ist heilig,
sein Richtspruch gerecht.
Kein Mensch kann ungestraft
seinem Wort widerstehen.“ 5,16

Jesaja sah seine Hörer
durchdringend an.
Die schwiegen betroffen.
Noch nie hatte ein Prophet
so ernst zu ihnen gesprochen.
Was für gewaltige Worte!,
dachten sie bei sich.
Wer hat sie ihm
in den Mund gelegt?
Fast schien es ihnen,
als hätte Gott selber
zu dem Propheten gesprochen,
als hätte Jesaja den Thron Gottes
von ferne gesehen.

Doch andere riefen aufgebracht:
„Wir werden ja sehen,
ob er Recht hat.
Jesaja ist kein echter Prophet.
Er hat sich seine Worte
nur selber zurechtgelegt.
Gott hat ihm nicht
den Auftrag dazu gegeben.“

Die Berufung

Jesaja 6

Bedrückt ging Jesaja nach Hause.
War nicht alles umsonst gewesen?
Hatte er das Volk
nicht vergeblich gewarnt?
Nur wenige hatten
auf seine Botschaft gehört.
Die anderen hatten ihm
einfach den Rücken gekehrt.
Sie wollten nicht glauben,
dass Gott durch ihn sprach.
Noch gellte in seinen Ohren,
was sie gerufen hatten:
„Jesaja behauptet nur,
Gott sei ihm erschienen.
Aber in Wahrheit
ist er gar kein Prophet.“

Da beschloss Jesaja,
alles aufzuschreiben,
was er erlebt hatte:
wie ihm der heilige Gott
im Tempel erschienen war,
und was ihm Gott aufgetragen hatte
als Botschaft für alle,
die ihm nicht glauben wollten.

Jesaja besorgte sich Feder und Tinte
und begann zu schreiben:

„In dem Jahr,
als König Usija starb,
sah ich den Herrn.
Er saß auf einem hohen
und erhabenen Thron.
Sein Saum füllte den Tempel.
Engel standen über ihm.
Jeder hatte sechs Flügel.
Mit zwei Flügeln
bedeckten sie ihr Gesicht.
Mit zwei Flügeln
bedeckten sie ihre Füße.
Und mit zwei Flügeln flogen sie.
Und sie riefen einander zu:

‚Heilig, heilig, heilig
ist der Herr Zebaot,
der Herr der himmlischen Heere.
Die Erde ist voll seiner Ehre.' 6,1ff.

So gewaltig war ihre Stimme,
dass die Türpfosten bebten.
Und Rauch erfüllte das Haus.
Da schrie ich:
‚Weh mir! Ich vergehe!
Denn meine Augen
haben den König gesehen,
den Herrn Zebaot.
Weh mir!
Ich kann Gott nicht ehren.
Meine Lippen sind unrein.
Und ich wohne unter einem Volk
mit unreinen Lippen.' 6,5

Da flog einer der Engel zu mir.
In seiner Hand hielt er
eine glühende Kohle.
Die hatte er mit einer Zange
vom Altar genommen.
Er berührte damit meinen Mund,
und er sprach zu mir:
‚Die Glut hat deine Lippen berührt.
Deine Schuld ist vergeben.
Du bist rein.' 6,6f.
Da hörte ich Gottes Stimme:
‚Wen soll ich senden?
Wer wird unser Bote sein?'
Ich rief: ‚Hier bin ich! Sende mich!' 6,8
Und Gott sprach:
‚Geh und sag diesem Volk:
Hört! Aber versteht es nicht!
Seht! Aber erkennt es nicht!
Sie verhärten ihre Herzen
und verstopfen ihre Ohren,
wenn sie dich hören.
Sie werden nicht umkehren.' 6,9f.
Ich aber fragte:
‚Herr, wie lange?'
Gott sprach:
‚So lange,
bis die Städte verwüstet sind,
bis keine Menschen mehr
in diesem Land wohnen.
Der Herr wird es tun.
Und was noch übrig ist,
wird am Ende zerstört.
Nur ein Stumpf bleibt zurück.
Wie bei einem Baum,
der gefällt wird.
Aber aus diesem Stumpf
wächst Neues hervor:
Gottes heiliges Volk,
das ihm dient.'" 6,11ff.

Hier endete Jesaja mit seinem Bericht.
Nachdenklich legte er
die Feder zur Seite.

Es war ihm, als hätte er erneut
Gottes Stimme gehört:
„Geh, Jesaja!
Geh und sag diesem Volk,
was Gott dir anvertraut hat:
Ein Stumpf wird bleiben,
ein heiliger Rest."
Jesaja spürte:
Er durfte nicht schweigen,
solange es noch Hoffnung
für sein Volk gab.

Immanuel

Jesaja 7

Bald darauf traf ein,
was Jesaja vorhergesagt hatte:
Der mächtige König von Assyrien
rüstete zum Krieg
gegen Syrien und Israel.
Es war nur eine Frage der Zeit,
dann würden die Assyrer
beide Königreiche erobern.
Panische Angst machte sich breit.
Auch in Jerusalem
zitterten alle vor einem Krieg.
Dort regierte seit kurzem König Ahas.
Alle Hoffnungen richteten sich auf ihn.
Aber Ahas zitterte genauso
vor Angst wie alle anderen.

In dieser bedrohlichen Zeit
verbündeten sich die Könige
von Syrien und Israel
gegen den assyrischen König.
Und sie schickten Gesandte
zu Ahas, dem König von Juda,
und forderten ihn auf,
ihrem Bund beizutreten.

Aber Ahas hatte einen anderen Plan:
Er schickte heimlich Boten
zu dem assyrischen König
und ließ ihm sagen:
„Ich bin dein Knecht.
Ich unterwerfe mich dir." 2. Kö 16,7
Auf diese Weise hoffte Ahas,
einem Krieg zu entkommen.
Aber da trat ein Ereignis ein,
das alle seine Pläne durchkreuzte...

Es war ein ruhiger Tag.
Ahas saß auf seinem Thron
und beriet sich mit seinem Hofrat.
Da stürzte ein Bote herein.
„O König!", rief er.
„Die Könige von Syrien und Israel
rüsten zum Krieg gegen Juda.
Sie haben ein großes Heer aufgeboten.
In wenigen Tagen stehen ihre Soldaten
vor Jerusalems Toren." 7,2

„Wie?" Der König sprang auf.
Er war auf einmal ganz blass.
„Was haben sie vor?
Wollen sie uns zwingen,
ihrem Bund beizutreten?"

„Nein, viel schlimmer:
Sie haben sich verschworen,
dich vom Thron zu stürzen.
Sie wollen einen anderen
als König einsetzen.
Einen, der ihrem Willen entspricht." 7,6

Als König Ahas das hörte,
war es um seine Fassung geschehen.
Er zitterte am ganzen Leib.
Was tun?
Er überlegte fieberhaft.
Sollte er sich ergeben?
Niemals!
Er allein war der rechtmäßige König,
der wahre „Sohn Davids".
Nur ihm gehörte der Thron!
Oder sollte er schnell
die Tore schließen und warten,

bis ihm die Assyrer zu Hilfe kamen?
Aber reichten seine Vorräte
für eine Belagerung aus?
Und gab es genug Wasser?
„Auf, spannt an!“, befahl Ahas.
Wir fahren zum Teich am Quelltor.
Ich will sehen, wie lang
unser Wasservorrat noch reicht.“

Wenig später erschien Ahas
mit seinem Gefolge am Quelltor.
Mit Sorge betrachtete er den Teich.
Plötzlich fuhr er zusammen.
Jesaja stand vor ihm.
Sein Sohn Schear-Jaschub
begleitete ihn.
„Du hier?“, fragte der König erstaunt.
„Was willst du von mir?“
Ihm schwante nichts Gutes.

„Gott schickt mich zu dir“,
sprach Jesaja zum König.
„Er lässt dir sagen:
Gib acht!
Handle nicht vorschnell!
Warte in Ruhe ab!
Fürchte dich nicht
und sei unverzagt!
Warum zitterst du
vor diesen beiden Königen?
Was können sie dir anhaben?
Sie gleichen einem Holzscheit,
das nicht mehr brennen will,
das nur noch schwelt.
Ihr Königreich wird bald vergehen.
Darum fürchte dich nicht vor ihnen!
Bleib fest und glaube,
was Gott zu dir spricht:
Glaubt ihr nicht, so bleibt ihr nicht.“ 7,9

Jesaja sah den König ernst an.
Der aber sagte kein Wort.
Da fuhr Jesaja fort:
„Fordere dir ein Zeichen von Gott.
Du kannst selbst wählen:
Soll das Zeichen droben am Himmel
oder bei den Toten geschehen?“

„Ein Zeichen? Nein, nein!“
Der König wehrte erschrocken ab.
„Das wäre vermessen.
So fordere ich Gott nicht heraus.“ 7,12

„Ich wusste es“, rief Jesaja erzürnt.
„Du willst kein Zeichen von Gott.
Du lässt dich nicht
auf Gottes Angebot ein.
Doch höre, du und ihr alle,
die aus dem Königshaus kommen!
Ihr enttäuscht nicht nur Menschen.
Ihr enttäuscht auch euren Gott.
Darum gibt Gott euch ein Zeichen,
damit ihr ihm glaubt,
wenn es geschieht:

Siehe da!
Eine junge Frau wird schwanger.
Einen Sohn wird sie gebären.
Den wird sie Immanuel nennen,
das heißt: ‚Gott mit uns.‘ 7,14
Und noch bevor das Kind lernt,
gut und böse zu unterscheiden,
kommt die Wende herbei:
Das Land wird veröden,
vor dem dir jetzt graut.
Die Königreiche Israel
und Syrien werden vergehen.
Dies wird ganz bald geschehen.“ 7,16

So sprach Jesaja.
Danach ließ er Ahas stehen
und zog mit seinem Sohn ab.
Ahas sah ihnen erschrocken nach.
Auf einmal verstand er,
warum Jesaja seinen Sohn
mitgebracht hatte.
Schear-Jaschub hieß er.
Das bedeutet:
„Ein Rest kehrt um“.
Es erschien dem König,
als wollte ihm Jesaja sagen:

Sieh doch, es gibt nur
einen Ausweg für dich.
Kehr um zu Gott!
Verlass dich allein auf ihn!
Ist er nicht dein Vater?
Hat er nicht zu dir gesagt:
Mein Sohn bist du? Ps 2,7
So kehr endlich um!
Tust du es nicht,
dann wird Gott einen anderen
zum König machen.

Dies war die Botschaft Gottes,
die der Prophet Jesaja
dem König von Juda überbrachte.
Noch war die Gefahr nicht gebannt.
Noch lag lähmende Angst
über der Stadt.
Aber im Geist sah der Prophet
schon den künftigen König voraus,
den wahren Sohn Davids,
den Gott seinem Volk verhieß.
Für ihn dichtete Jesaja
ein neues Lied,
das die Ankunft des Königs pries.
Und so lautet sein Lied:

Es wird nicht dunkel bleiben
über denen, die in Angst sind. 8,23
Denn das Volk,
das im Finstern lebt,
sieht ein großes Licht.
Und über denen,
die im Finstern wohnen,
scheint es hell.
Du weckst lauten Jubel
und schenkst große Freude.
Denn uns ist ein Kind geboren,
ein Sohn ist uns gegeben.
Und die Herrschaft ruht
auf seiner Schulter.
Und er heißt wunderbarer Rat,
starker Gott, ewiger Vater, Friedefürst.
Seine Herrschaft ist groß,
und der Friede hat kein Ende.
Er sitzt auf dem Thron Davids,
er herrscht durch Gerechtigkeit
von nun an bis in Ewigkeit.
Der Herr Zebaot wird es tun.
Er wird nicht eher ruhen,
bis es geschieht. 9,1ff.

Der Berg Zion

Jesaja 36-37

Bald darauf trat ein,
was Jesaja vorhergesagt hatte.
Die Assyrer nahmen
Syrien und Israel ein.
Sie setzten die Könige ab
und machten beide Völker
zu ihren Vasallen.
Es dauerte nicht lange,
da löschten sie
beide Reiche ganz aus.
Es war nur eine Frage der Zeit,
dann standen sie auch
vor Jerusalems Toren.
Noch war die Stadt unversehrt.
Wie eine sichere Burg
erhob sie sich über dem Tal.
Aber wie lange noch?

Jahr um Jahr verging.
Inzwischen herrschte
König Hiskia über das Land.
Er war bereits der dritte König,
den Jesaja erlebte.
Fast vierzig Jahre lang
hatte Jesaja seinem Volk
Gottes Wort verkündet.
Nun war er alt.
Er lebte zurückgezogen
in seinem Haus.

Aber noch immer
verfolgte er mit wachen Sinnen,
was in seiner Stadt geschah.
„Zion" nannte er die Stadt
oder auch „Stadt Gottes".
Das war von jeher ihr Ehrenname.
Der Name erinnerte daran,
wer der wahre König
in Jerusalem war:
Gott der Herr,
der auf dem Berg Zion
im Heiligtum wohnte.

In jener Zeit fiel
der assyrische König Sanherib
mit seinem Heer in Juda ein.
Er verwüstete das Land,
brannte die Städte nieder
und schickte sein Heer
gegen Jerusalem vor,
um die Stadt einzunehmen.
Schon standen die ersten Truppen
vor Jerusalems Toren.
Sofort schlossen die Wächter
alle Tore der Stadt
und verschanzten sich
hinter den Mauern.
Lähmende Angst
lag über der Stadt.
Niemand konnte sagen,
was die Assyrer
im Schilde führten.
Auch der Prophet Jesaja
hatte sich in Schweigen gehüllt.

Da schickte der König eines Tages
seine engsten Berater zu Jesaja.
Mit gesenktem Haupt
und in Trauergewändern
erschienen sie vor dem Propheten.
„Ach!", klagten sie.
„Was für ein trauriger Tag
für unsere Stadt!
Draußen am Stadttor
steht Sanheribs General.
Er jagt unseren Leuten
furchtbare Angst ein.
Er verhöhnt unseren Gott
und ruft vor allen Ohren:
‚Auf wen verlasst ihr euch?
Euer Gott kann euch nicht helfen!'
Nun haben alle Bewohner
noch viel mehr Angst als zuvor:
Darum bittet dich König Hiskia:
‚Sag uns, was sollen wir tun?'
Er weiß keinen Rat mehr.
Bitte Gott, dass er uns hilft!
Vielleicht hört er auf dein Gebet." 37,3ff.

Da antwortete Jesaja
den Gesandten des Königs:
„Geht wieder zurück
und sagt eurem König:
So spricht der Herr:
Fürchte dich nicht!
Die Assyrer werden wieder
abziehen." 37,6

Doch bald darauf
kam wieder ein Bote,
der meldete Jesaja:
„Der assyrische König
hat Hiskia einen Drohbrief geschickt.
Seitdem ist Hiskia
nicht mehr zu sprechen.
Er ist mit dem Brief
in den Tempel geflüchtet.
Seit Stunden
liegt er dort auf der Erde
und betet verzweifelt."

Da schickte Jesaja sogleich
seinen Diener zum König
und ließ ihm sagen:
„Dies ist das Urteil,
das der Herr über Sanherib spricht:

Zion verachtet dich.
Jerusalem schüttelt
das Haupt über dich.
Denn du hast den Herrn verhöhnt,
den heiligen Gott,
der in Israel wohnt.
Darum treibe ich dich wieder zurück
auf demselben Weg,
den du gekommen bist. 37,24ff.
Und dies, König Hiskia,
ist das Zeichen,
das Gott dir gibt:
Im dritten Jahr werdet ihr
wieder säen und ernten
und eure Früchte genießen.
Denn Gott wird alle retten,
die noch auf dem Berg Zion wohnen.
Kein Assyrer wird
in die Stadt kommen.
Denn so spricht Gott der Herr:
Ich will diese Stadt
schützen und retten.“ 37,35

Und wie Gott gesagt hatte,
so geschah es:
Eine Seuche suchte
das assyrische Heerlager heim.
Da ließen die Assyrer
von der Belagerung ab
und verließen fluchtartig das Land.

vgl. dazu auch S. 203f.

Zion und die Völker

Jesaja 38–39

Gott hatte Jerusalem
durch ein Wunder gerettet.
Aber noch herrschte
kein Frieden im Land.
Das ganze Land Juda
war noch im Besitz der Assyrer.
Nur Jerusalem war gerettet.
Wie eine winzige Insel ragte die Stadt
aus dem verwüsteten Land heraus.
Alle Augen richteten sich
nun auf König Hiskia.
Von seiner weisen Regierung
hing die Zukunft der Menschen ab,
die in Jerusalem wohnten.

Doch eines Tages
wurde Hiskia schwer krank.
In Windeseile breitete sich
die Nachricht in der Stadt aus.
Die Menschen erschraken zu Tode,
als sie es erfuhren.
Und bange fragten sie sich:
Wenn der König jetzt stirbt,
was wird dann aus uns?
Wer wird uns künftig
vor unseren Feinden schützen?

Indessen lag der König
todkrank in seinem Gemach.
Da ging die Tür auf.
Jesaja kam herein.
Als er sah,
wie schlecht es dem König ging,
sagte er zu Hiskia:
„So spricht der Herr:
‚Mach dich bereit!
Du wirst bald sterben.‘“

Da drehte sich Hiskia zur Wand,
weinte verzweifelt und flehte Gott an:
„Ach Herr, denke daran,
wie ich dir diente
mein Leben lang.
Ich habe nur getan,
was du wolltest.“ 38,3

Doch als er noch betete,
kehrte Jesaja zurück.
Und er sprach zu dem König:
„So spricht der Herr,
der Gott deines Vaters David
und auch dein Gott:

Ich habe dein Gebet gehört
und deine Tränen gesehen.
Ich will dir noch
fünfzehn Lebensjahre geben.
Und ich will dich und deine Stadt
vor den Assyrern retten.
Ich will die Stadt schützen.
Und das ist das Zeichen,
das Gott dir gibt.
Sieh auf die Sonnenuhr!
Ihr Schatten wandert heute
zehn Striche zurück.
Wenn du es siehst,
dann denk daran,
was Gott dir versprochen hat." 38,5ff.

Danach legte Jesaja
einen Brei aus gepressten Feigen
auf Hiskias Geschwür.
Da besserte sich sein Zustand
von Stunde zu Stunde.

Nach drei Tagen war der König
von seiner Krankheit genesen.
Voller Freude ging er zum Tempel.
Dort dankte er seinem Gott,
der ihn vor dem Tod bewahrt hatte,
mit diesem Lied:

„Siehe, um Trost war mir sehr bange.
Aber du hast dich
meiner angenommen.
Du hast mich
vor dem Verderben bewahrt.
Denn du wirfst
alle meine Sünden hinter dich.
Der Herr hat mir geholfen.
Darum wollen wir singen und spielen,
solange wir leben,
im Haus des Herrn." 38,17-20

Bald darauf sprach es sich
in allen Nachbarländern herum:
„Hiskia, der König von Juda,
ist von schwerer Krankheit genesen."

Sogar bis nach Babylon
drang die unglaubliche Kunde.
Da schickte der König von Babylon
seine Gesandten zu König Hiskia
mit reichen Geschenken.
Der empfing die Gesandten
mit allen Ehren.
Voller Stolz zeigte er ihnen
all seine Schätze und Waffen.

Doch plötzlich stand Jesaja vor ihm.
„Woher kommen diese Männer?",
fragte Jesaja streng.
„Aus Babylon",
erwiderte der König.
„Ich habe ihnen alles gezeigt,
was ich besitze."
„Warum hast du das getan?",
rief Jesaja entsetzt.
„Darum lässt Gott dir nun sagen:
Bald kommt die Zeit,
da wird man all diese Schätze
als Beute nach Babylon bringen.
Und deine Nachkommen
werden in die Verbannung geführt." 39,6

Da schwieg der König betroffen.
„Es ist gut", sagte er leise.
Aber im Stillen hoffte er:
„Wenn nur Frieden bleibt,
solange ich lebe!"

Jesaja aber ging traurig davon.
Er hatte dem König
nichts mehr zu sagen.
Vor seinen inneren Augen
sah er die Stadt auf dem Berg,
verwüstet und verlassen
wie eine brüchige Hütte,
allein gelassen auf weiter Flur. 1,8
Gab es denn keine Hoffnung mehr
für diese Stadt,
in der Gottes Haus stand?
Hatte Gott keinen Trost für sie bereit?

Jesaja schaute zum Tempel hinauf.
Und plötzlich fiel es ihm
wie Schuppen von seinen Augen.
Im Geist sah er Völkermassen
zum Tempelberg ziehen.
Von Ost und West,
von Süd und Nord
strömten sie in Scharen herbei.
Menschen aus allen Nationen
kamen zum Berg Zion,
um ihren Gott zu ehren.

Und als er noch staunend schaute,
formte sich in seinem Munde
ein neues Lied:

„So wird es am Ende sein:
Der Berg, auf dem Gottes Haus steht,
wird fest gegründet sein,
über alle anderen Berge erhaben.
Alle Völker strömen zu ihm.
Sie laufen und rufen:
Kommt, wir gehen
zum Berg des Herrn,
zum Hause Gottes.
Er zeige uns seinen Weg,
wir wollen ihm folgen.
Denn von Zion geht Weisung aus,
aus Jerusalem kommt Gottes Wort.
Gott weist die Völker zurecht
und spricht
unter den Menschen Recht.
Dann werden sie ihre Schwerter
zu Pflugscharen machen
und ihre Lanzen zu Sicheln.
Und es wird ewiger Friede
unter den Völkern herrschen.
Denn Gott wird ihr König
und Richter sein.“ 2,2ff.

Die neue Zeit

Jesaja 29–35

Dies ist die Botschaft der Hoffnung,
die im Buch des Propheten Jesaja
aufgeschrieben ist für künftige Zeiten:

Am Ende der Tage wird Gott
eine neue Zeit heraufführen.
Dann wird ihm sein *Volk*
mit Freude dienen und auf ihn hören:

Dann werden, die taub sind,
die Worte hören,
die im Buch aufgeschrieben sind.
Und die Augen der Blinden
werden im Dunkeln sehen.
Und die Gebeugten werden wieder
Freude am Herrn haben.
Und die Ärmsten der Armen
werden sich freuen am Herrn,
der sich an seinem Volk
heilig erweist. 29,18ff.

Am Ende der Tage wird Gott
eine neue Zeit heraufführen.
Dann wird der wahre König herrschen,
der *Messias,* der „Immanuel“,
den Gott seinem Volk verheißen hat:

„Seht: Ein König wird kommen,
der gerecht regiert,
und Fürsten werden
in Gerechtigkeit herrschen.
Die Augen der Sehenden
werden nicht mehr blind sein,
und die Ohren der Hörenden
werden aufhorchen.
Die Unbesonnenen werden
wieder Verstand annehmen,
und die Zunge derer, die stammeln,
wird fließend und klar sein.
Wie ein wahrer Fürst
wird er sein Volk regieren.“ 32,1ff.

Am Ende der Tage wird Gott
eine neue Zeit heraufführen.
Dann wird Gott für immer
unter seinem Volk wohnen.
Und der *Berg Zion* wird der Ort sein,
auf dem die Hoffnung der Welt ruht:

„Der Herr ist erhaben.
Er wohnt in der Höhe.
Er hat Zion mit Recht
und Gerechtigkeit erfüllt.
Und du wirst sichere Zeiten haben:
Reichtum an Heil, Weisheit, Verstand.
Und die Furcht des Herrn
wird Zions Schatz sein.
Dann wird kein Bewohner
mehr sagen:
Ich bin schwach.
Denn das Volk, das darin wohnt,
wird Vergebung der Sünde haben." Jes 33,5f.24

Am Ende der Tage wird Gott
eine neue Zeit heraufführen.
Da wird Gott sein Volk
aus allen Völkern sammeln.
Und es wird ewige Freude bei ihm sein:

Dann wird die Wüste
und die Einöde sich freuen.
Die Steppe wird jubeln
und blühen wie die Lilien.
Sie wird blühen und jubeln
voll Lust und Freude…,
denn sie sehen
die Herrlichkeit des Herrn,
die Pracht unseres Gottes. 35,1ff.
Darum stärkt die müden Hände,
macht fest die wankenden Knie!
Sagt den Verzagten:
Seid getrost!
Seht, da ist euer Gott.
Dann werden die Augen
der Blinden geöffnet
und auch die Ohren derer,
die nicht hören.
Dann werden die Lahmen springen
wie ein Hirsch,
und die Zunge der Stummen
wird jauchzen.
Denn in der Wüste
brechen Quellen hervor
und Ströme im dürren Land.
Der trockene Sand
wird zum Teich,
und das durstige Land
wird zu Wasserquellen.
Die Erlösten des Herrn werden
nach Zion kommen mit Jauchzen.
Ewige Freude wird auf ihnen sein.
Freude und Wonne wird sie erfüllen,
und Schmerz und Seufzen
werden entfliehen. 35,3–10

Am Ende der Tage wird Gott
eine *neue Welt* heraufführen.
Da wird ewiger Friede herrschen,
und Gott wird alles neu machen:

„Da werden die Wölfe
bei den Lämmern weiden,
und die Panther
bei den Böcken lagern.
Ein junges Kind wird Kälber
und junge Löwen miteinander treiben.
Ein Säugling wird am Loch
der Otter spielen,
und ein Kind wird seine Hand
in die Höhle der Natter stecken.
Man wird nirgends Sünde tun
auf meinem heiligen Berg.
Denn das Land wird voller Erkenntnis
des Herrn sein." Jes 11,6–9

Die neue Zeit

Die Erlösten des Herrn werden wiederkommen
und nach Zion kommen mit Jauchzen.
Ewige Freude wird über ihrem Haupt sein.
Freude und Wonne werden sie ergreifen
und Schmerz und Seufzen wird entfliehen.
Jesaja 35,10

14

Der Prophet Jeremia

Dies ist die Geschichte von Jeremia,
den Gott zu seinem Propheten berief.
Jeremia war der letzte große Prophet
im Königreich Juda.
Er wurde zum Propheten berufen,
als das Reich unter König Josia
seine letzte Blütezeit erfuhr.
Und er erlebte dessen Niedergang
unter König Jojakim und Zedekia.
Über vier Jahrzehnte verkündete
er in Jerusalem Gottes Wort.
Unermüdlich warnte er das Volk,
zu seinem Gott zurückzukehren.
Selbst vor Königen und Fürsten
schreckte der Prophet nicht zurück.
Aber nur wenige waren bereit,
auf seine Stimme zu hören.
Jeremia wurde verspottet,
beschimpft, bedroht und gehasst.
Man quälte ihn, schlug ihn
und setzte ihn schließlich gefangen.
Jeremia musste zusehen, wie Jerusalem
in Schutt und Asche versank.
Am Ende wurde er sogar
nach Ägypten verschleppt.
Aber bis an sein Ende
blieb Jeremia Gottes Prophet.
Gott war mit ihm,
wohin er auch ging.
Gott erhielt Jeremia am Leben.
Er richtete ihn auf,
wenn er am Boden lag.
Und er gab ihm
sein Wort in den Mund –
als Mahnung und Trost
in trostloser Zeit. *(vgl. S. 469)*

Die Berufung

Jeremia 1

Nicht weit von Jerusalem,
im Land Benjamin,
lag die kleine Stadt Anatot.
Dort wohnte einst Jeremia,
ein Sohn des Priesters Hilkija.
Oft begleitete er
seinen Vater zum Tempel.
Voller Bewunderung betrachtete er
das prächtige Bauwerk
und seine mächtigen Mauern:
Zwei bronzene Säulen
bewachten den Eingang.
Wie riesige Wächter
blickten sie auf ihn herab.
Was für ein Bauwerk!,
staunte der Priestersohn.
Was für gewaltige Mauern!
Welch mächtige Säulen!
Aber können sie wirklich
über Gottes Haus wachen?
Seit Salomos Zeiten
hatte das mächtige Bauwerk
allen Gefahren getrotzt.

Kein Ansturm der Feinde
hatte es jemals zerstört.
Und doch war das Haus Gottes
aufs Höchste bedroht.
Sein eigenes Volk war es,
das ständig Gottes Ehre verletzte.
Die Menschen kamen zum Tempel,
wie es ihnen gerade gefiel.
Sie schleppten Opfertiere
in Massen heran.
Im Vorhof des Tempels
herrschte ein Heidenlärm.
Es blökte. Es gurrte.
Doch kaum jemand fragte
nach Gottes Weisung und Wort.
Noch stand das Haus Gottes
unversehrt da.
Noch gab es Priester am Tempel,
die Gottes Wort lehrten.
Aber wie lange noch?
Jeremia dachte an König Josia.
Er war nur wenig älter als er.
Seit zwölf Jahren regierte er
über das Land Juda.
Sein Volk setzte
große Hoffnungen auf ihn.
Würde Josia das Unmögliche schaffen?
Würde er die Menschen wieder
zu Gott zurückführen?
Jeremia ahnte:
Wenn Gott nicht selbst
über sein Volk wachte,
dann gab es vielleicht bald
keine Hoffnung mehr für sein Volk.

Eines Tages war Jeremia
allein im Haus seines Vaters.
Plötzlich hörte er eine Stimme:

„Jeremia! Ich kenne dich.
Ich kannte dich
schon im Mutterleib,
ehe du gebildet wurdest.
Bevor du geboren wurdest,
stand mein Plan mit dir schon fest:
Du sollst mein Bote sein.
Zum Propheten für die Völker
habe ich dich bestimmt.“ 1,5

Jeremia fuhr zusammen.
Wer sprach da mit ihm?
War's etwa Gottes Stimme?
„Ach mein Herr und Gott!“,
stammelte Jeremia.
„Ich kann nicht reden.
Ich bin noch zu jung.“

Aber die Stimme fuhr fort:
„Sage nicht:
Ich bin zu jung.
Geh, wohin ich dich sende!
Und verkünde, was ich dir sage.
Fürchte dich nicht vor ihnen!
Denn ich bin bei dir.
Ich will dich retten.
Ich verspreche es dir.“ 1,7f.

In diesem Augenblick spürte Jeremia,
wie eine Hand seine Lippen berührte.
Und staunend vernahm er die Worte:

„Sieh, ich lege meine Worte
in deinen Mund.
Heute setze ich dich
über Völker und Königreiche.
Reiß aus und zerstöre,
reiß ein und vernichte!
Bau auf und pflanze neu an!“ 1,9f.

Jeremia verschlug es die Sprache.
Hatte er richtig gehört?
Zum Propheten für die Völker
war er bestimmt?
Wie sollte er das verstehen?
Gewaltige Königreiche bedrohten
das Land Juda von allen Seiten:
Ägypten im Süden
und Assyrien im Norden
und im Osten das mächtige Babylon,
das gerade dabei war, die Welt zu erobern.

Wie sollte er es wagen,
vor dieser Völkerwelt
Gottes Wort anzusagen?
Wenn er doch wenigstens
ein Zeichen von Gott bekäme!

Jeremia sah um sich.
Aber nirgends war
etwas Besonderes zu sehen.
Nur draußen vor dem Fenster
bewegte sich im Wind ein Zweig,
über und über mit Knospen bedeckt.
Jeremia starrte auf den Zweig.
Da hörte er wieder die Stimme:
„Jeremia, was siehst du?"

„Ich sehe einen Mandelzweig.
Seine Knospen brechen gerade auf.
Es ist, als sei er soeben
aus seinem Winterschlaf erwacht." 1,11

„Du hast richtig gesehen",
fuhr die Stimme fort.
„So ist auch mein Wort.
Bald bricht es auf.
Ich wache über mein Wort,
dass es geschieht." 1,12

Da wusste Jeremia,
wer mit ihm sprach.
Der Herr, der Gott Israels,
hatte ihn zum Propheten berufen.
Sein Wort war wirklich und wahr.
So wirklich wie der Mandelzweig,
der draußen zu blühen begann.

Jeremia lauschte.
Plötzlich fuhr er zusammen.
Draußen im Hof zischte es,
als sei ein Kessel übergekocht.
Jeremia stürzte hinaus.
Da hing ein großer Kessel
über dem offenen Feuer.
Der brodelte und zischte gefährlich.
Eine dichte Dampfwolke stieg auf.
Jeremia starrte zum Himmel hinauf.

Und auf einmal war es ihm,
als dehnte der Kessel sich aus.
Er wurde größer und größer.
Wie eine Gewitterwolke
hing er am Himmel,
dunkel und schwer.
Von Norden neigte er sich
langsam auf Jerusalem zu.

„Jeremia, was siehst du?"
Wieder war es die Stimme,
die Jeremia rief.
„Vom Norden her kommt ein Kessel
mit siedendem Wasser,
der dampft und brodelt
und neigt sich gefährlich.
Gefahr! Gefahr!
Gleich gießt er sich über uns aus." 1,13

„Du hast richtig gesehen",
sprach Gott zu Jeremia.
„Von Norden her ergießt sich
großes Unheil über das Land.
Fremde Völker kommen von Norden.
Sie werden eure Städte belagern.
Ich werde sie rufen.
Ich bin es,
der Gericht hält in Juda.
Denn mein Volk hat mich verlassen
und sich an fremde Götter gewandt.
Darum kommt dieses große Unglück
über das Land." 1,16

Da merkte Jeremia:
Gott meinte es ernst.
Wie er geredet hatte,
so würde es geschehen.
Gott wachte selber über sein Wort.
Plötzlich begriff Jeremia:
Er musste das Volk warnen,
bevor es zu spät war.
Darum hatte Gott ihn
zum Propheten gemacht.
Er musste dem Volk sagen:

„Kehrt um!
Hört wieder auf Gott!"
Aber würden sie auf ihn hören?

Doch als er noch überlegte,
hörte er Gottes Befehl:
„Auf, Jeremia!
Mach dich bereit!
Wirf deinen Mantel um
und geh zu den Menschen.
Sag ihnen alles,
was ich dir sagen werde.
Erschrick nicht vor ihnen,
damit nicht größerer Schrecken
über dich kommt.
Denn ich mache dich heute
zur festen Stadt,
zur eisernen Säule,
zu einer Mauer aus Erz.
Sie werden gegen dich kämpfen,
Könige, Fürsten und Priester
und auch das einfache Volk.
Aber sie werden dich nicht
zu Fall bringen.
Denn ich stehe dir bei.
Ich will dich bewahren und retten.
Ich, der Herr, verspreche es dir." 1,17ff.

Da wusste Jeremia:
Gott hatte ihn zum Wächter
über sein Volk bestimmt,
zur festen Säule
im Ansturm der Völker.
Aber wenn er versagte?
Hatte ihm Gott nicht versprochen:
„Ich wache über mein Wort"?
Gott würde nicht eher ruhen,
bis sich sein Wort erfüllte.
Dieses Wort war stärker als Erz.
Es hatte sogar die Macht,
verschlossene Herzen zu öffnen.

Am Tempel

Jeremia 7 und 26

Gott hatte Jeremia
zu seinem Propheten gemacht.
Aber noch wusste niemand davon.
Auch seine Freunde ahnten nicht,
was mit Jeremia geschehen war.
Lange Zeit trat er nicht
an die Öffentlichkeit.
Aber mit wachen Sinnen
beobachtete er,
was im Land Juda geschah.
Es war, als hätte Gott seinen Blick
für seine Mitmenschen geschärft.
Noch ging es dem Volk erträglich.
Solange König Josia regierte,
herrschte noch Frieden im Land.
Aber nach Josias Tod
ging es mit Juda zusehends bergab.
Die Bauern verarmten mehr und mehr.
Sie arbeiteten und quälten sich ab.
Aber den Ertrag ihrer Felder
nahmen ihnen
die Großgrundbesitzer ab.
Die wohnten in Jerusalem
in fürstlichen Häusern
und führten ein sorgloses Leben.
Skrupel kannten sie nicht.
Sie sagten sich:
Uns kann nichts geschehen.
Wir gehen ja regelmäßig
zum Gottesdienst in den Tempel.
Also ist Gott zufrieden mit uns.
Und was wir sonst machen,
das ist allein unsere Sache.
Das geht niemanden etwas an!

Da sprach Gott zu Jeremia:
„Auf, Jeremia!
Mach dich bereit!
Geh nach Jerusalem!
Predige dort auf den Straßen:

Seit urlanger Zeit
hat mein Volk mich vergessen.
Mich, die lebendige Quelle,
verlässt dieses Volk.
Dafür sucht es
bei anderen Göttern
Hilfe und Halt.“ 2,13ff.

Da zog Jeremia nach Jerusalem,
wie Gott ihm gesagt hatte.
Er wanderte kreuz und quer
durch die Stadt,
durch alle Straßen und Gassen.
Er besuchte die untere Stadt,
wo die Handwerker wohnten,
und auch die obere Stadt,
wo die Reichen lebten.
Aber weder hier noch dort
fand er Menschen,
die sich an Gottes Gebote hielten. 5,1ff.
Niemand fragte nach Recht oder Unrecht.
Jeder lebte auf Kosten des andern.
An den Straßenecken lungerten
zahllose Bettler herum,
Kinder, Greise und Bauern,
die Haus und Felder verloren hatten.
Aber die Wohlhabenden
gingen achtlos an ihnen vorüber.
Sie hatten alle nur
ihre eigenen Geschäfte im Sinn.

Doch an den Festtagen
ruhten alle Geschäfte der Stadt.
Dann zogen die Reichen
in Festtagskleidern zum Tempel.
Dort sangen sie vor dem großen Tor
mit feierlicher Miene im Chor:

„Wer darf gehen
auf den Berg des Herrn?
Wer darf stehen
an seiner heiligen Stätte?“ *Ps 24,3*

Sie warteten, bis von innen
die Antwort der Priester kam:

„Wer unschuldige Hände
und ein reines Herz hat.
Wer nicht auf Lug und Trug sinnt,
wer nicht falsch schwört,
der wird Gottes Segen bekommen.“ *Ps 24,34*

Danach riefen alle laut:

„Macht die Tore weit auf!“

In diesem Augenblick ging das Tor auf.
Die Priester sangen dem Volk zu:
„Hier ist der Tempel des Herrn!“
„Hier ist der Tempel des Herrn!“,
so jubelten alle im Chor,
drinnen und draußen.
„Der Tempel des Herrn!
Der Tempel des Herrn!“
Das Echo schallte vielfach
von den Mauern zurück.

Doch eines Tages, am Sabbat,
stand plötzlich Jeremia am Tor.
Er stellte sich vor die Leute,
und mit lauter Stimme rief er:

„Halt! Ihr Leute aus Juda,
hört, was Gott der Herr spricht:
Bessert euer Leben und Tun,
dann will ich bei euch
an diesem Ort wohnen.
Verlasst euch nicht
auf Lügenworte,
wenn sie rufen:
‚Hier ist der Tempel des Herrn!
Hier ist der Tempel des Herrn!‘,
sondern bessert euer Leben und Tun!
Sorgt, dass kein Unrecht geschieht!
Tut den Fremden, Waisen
und Witwen kein Unrecht!
Und lasst nicht Unschuldige leiden!
Dann wird Gott unter euch wohnen.
Aber ihr, was tut ihr?
Ihr hört nicht auf Gottes Gebote.
Ihr stehlt und mordet,
ihr brecht die Ehe
und schwört falsche Eide.

Ihr opfert dem Baal.
Danach kommt ihr wieder
in dieses Haus und betet:
‚Bei dir sind wir geborgen.'
Aber trotzdem bleibt ihr die Alten.
Ihr Leute, wofür haltet ihr mich?
Was ist mein Haus in euren Augen?
Eine Räuberhöhle?
Ein Versteck für Verbrecher?
Macht euch nichts vor:
Weil ihr nicht auf mich hört,
wird dieser Tempel zerstört." 7,3-11

Kaum hatte Jeremia geendet,
brach ein großer Tumult aus.
Die Leute schrien empört:
„Habt ihr gehört, was er sagt?
Wer ist dieser Mensch?
Ist das nicht Jeremia,
der Sohn des Priesters Hilkija?"
„Jeremia", schrien sie wütend,
„wie kannst du es wagen,
Gottes Volk anzuklagen?
Warum hetzt du
gegen diesen heiligen Ort?
Wer hat dir erlaubt,
in Gottes Namen zu sagen:
‚Dieser Tempel wird bald zerstört'?
Das ist unerhört!
Das musst du mit deinem Leben bezahlen.
Los, greift ihn, tötet ihn,
jetzt, auf der Stelle!" 26,7ff.

Die Leute schäumten vor Wut.
Sie stürzten sich auf Jeremia,
packten ihn und zerrten ihn
vor die Priester.
Der ganze Vorhof dröhnte
von ihrem lauten Geschrei.
Der Lärm drang sogar
bis zur Königsburg hinüber.
Dort tagte gerade der Hofrat.
Erschrocken eilten die Hofräte
und Richter zum Tempel.
„Was ist los?", fragten sie
die aufgebrachte Menge.
„Wenn ihr eine Klage
gegen diesen Mann habt,
dann tragt sie uns ordentlich vor."
Und sie setzten sich
an das Gerichtstor,
um den Vorfall zu klären. 26,10

Da traten die Priester vor,
und sie riefen
vor den Ohren des Volkes:
„Der Mann muss sterben.
Denn er behauptet:
‚Dieser Tempel wird bald zerstört.'
Ihr habt es mit eigenen Ohren gehört." 26,11

Doch Jeremia antwortete ruhig:
„Gott hat mich zu euch gesandt.
Er hat mir befohlen,
euch diese Botschaft zu bringen.
Deshalb ändert euer Leben!
Wendet euch wieder zu Gott!
Dann wendet er sich wieder zu euch.
Ich bin zwar in eurer Gewalt.
Ihr könnt mit mir machen,
was ihr wollt.
Aber wenn ihr mich tötet,
macht ihr euch schuldig.
Denn Gott hat mich
wirklich zu euch gesandt." 26,12

Da traten die Ältesten vor,
die Sprecher des Volkes,
ehrbare Männer mit grauem Haar.
Sie gaben den weisen Rat:
„Wenn wir Jeremia jetzt töten,
dann laden wir große Schuld
auf unser Volk.
Erinnert ihr euch
an den Propheten Micha?
Er lebte zur Zeit des Königs Hiskia.
Der sagte diesem Gotteshaus
auch Unheil voraus.

Aber der König und sein Volk
hörten auf Gottes Wort.
Niemand dachte damals daran,
den Propheten zu töten.
Da wandte Gott das Unglück
von seinem Volk ab.“ 26,17f.

Als die Richter das hörten,
sprachen sie Jeremia frei.
Und sie verkündeten allem Volk:
„Ihr habt selbst gesehen:
Dieser Mann hat nichts getan,
was den Tod verdient hat.
Denn was er gesagt hat,
hat er im Auftrag Gottes gesagt.“ 26,16

Da wurde es auf einmal
ganz still auf dem Platz.
Die Leute starrten Jeremia an,
sprachlos vor Entsetzen.
Wenn dieser Mann wirklich
im Auftrag Gottes sprach,
dann war er ja – Gottes Prophet?
Und wenn er ein Prophet war,
dann war ja Gott selber
zu ihnen gekommen!

Da ließen sie Jeremia laufen.
Aber die Priester schworen sich:
„Wenn dieser Mann noch einmal
unseren Gottesdienst stört,
dann muss er sterben.“

Der Gürtel

Jeremia 11–15

Jeremia war kein Unbekannter mehr.
Seit seiner Rede am Tempel
war sein Leben bedroht.
Denn nicht nur die Priester
stellten ihm nach.
Auch der neue König Jojakim
war ihm nicht wohl gesonnen.

Man erzählte sich sogar,
der König hätte Uria,
einen anderen Propheten, getötet. 26,20ff.
So blieb Jeremia keine Wahl.
Er zog sich in seine Heimat zurück.
Aber nicht einmal in Anatot
war er seines Lebens noch sicher.
Wenn er durch die Gassen ging,
trafen ihn überall gehässige Blicke.
Selbst Freunde und Nachbarn
zogen sich von ihm zurück.
Auch seine Verwandten
hielten nicht mehr zu ihm. 11,18ff./12,6

Es war eine schlimme Zeit.
Seit Monaten hatte es
nicht mehr geregnet.
Im ganzen Land verdorrte das Gras.
Die Bäche und Quellen versiegten.
Die Bauern liefen in Scharen
zu den Baalspriestern und beteten:
„Baal, schenke uns Regen!“
Vergeblich warnte sie Jeremia:
„Kehrt zu Gott zurück!
Kommt zur lebendigen Quelle!
Lauft nicht anderen Göttern nach!
Sie helfen euch nicht.
Wartet nicht länger!
Sonst ist es zu spät.
Denn so spricht der Herr:
Ein Storch weiß seine Zeit.
Taube, Kranich und Schwalbe
finden zur rechten Zeit zurück.
Doch ihr kommt nicht
zu mir zurück.
Ihr wollt euch nicht
an meine Ordnungen halten.“ 8,6ff.

Aber die Leute fielen
Jeremia ins Wort:
„Lass uns endlich in Frieden!
Rede nicht mehr von Gott!
Sonst bringen wir dich
mit Gewalt zum Schweigen.“ 11,21

Da verließ Jeremia der Mut.
Er schrie zu Gott:
„Ach Herr, wie lange noch?
Wie lange soll ich
das Elend mit ansehen?
Das Land trocknet aus.
Das Gras verdorrt auf der Weide.
Das Vieh siecht dahin.
Das geschieht doch nur,
weil sich die Menschen
von dir losgesagt haben.
Sie sagen: ‚Gott kümmert es nicht,
was aus uns wird.'" 12,4

In jener Zeit sprach Gott
zu Jeremia: „Kauf dir
einen edlen Gürtel aus Leinen.
Binde ihn um deinen Leib
und wandere zu einem entlegenen Fluss.
Dort sollst du den Gürtel
in einem Felsspalt verwahren." 13,1ff.

Da machte sich Jeremia auf
und versteckte den Gürtel
in einem Felsspalt am Fluss,
wie Gott ihm befohlen hatte.
Nach langer Zeit
holte er ihn wieder
aus dem Felsspalt hervor. 13,6ff.
Aber welche Enttäuschung!
Der Gürtel war ganz verdorben.
„Er taugt nichts mehr",
sagte sich Jeremia.
„Was soll ich mit ihm?"

„Siehst du", sprach Gott.
„Genauso ergeht es mir
mit meinem Volk:
Ich habe es um mich gelegt
wie einen kostbaren Schmuck.
Aber nun taugt es nichts mehr.
so wenig wie dieser Gürtel." 13,8ff.

Da schwieg Jeremia betroffen.
Bedrückt wanderte er zurück.
Mit Entsetzen sah er,
wie das Land unter der Dürre litt.
Wohin er blickte,
war das Land öde und kahl.
Auf allen Straßen
lungerten hungrige Kinder.
Das Vieh auf den Feldern
schnappte nach Luft. 14,6
Die Bauern suchten
verzweifelt nach Wasser.
Aber ihre Gefäße blieben leer. 14,1ff.

Da schrie Jeremia zu Gott:
„Ach Herr!
Sieh, wie dein Volk leidet.
Unsere Schuld klagt uns an.
Wir haben Unrecht getan.
Wir haben nicht auf dich gehört.
Aber du bist unser Trost,
unser einziger Helfer in Not.
Warum greifst du nicht ein?
Warum stellst du dich,
als seist du zu schwach?
Du bist doch unser Gott,
auf den wir allein hoffen.
Denn du hast alles gemacht." 14,7-22

Doch Gott sprach zu Jeremia:
„Bitte nicht mehr für das Volk.
Selbst wenn Mose oder Samuel
für das Volk bäten –
ich hörte nicht mehr auf sie." 15,1

Da schwieg Jeremia.
Wenn Gott nicht mehr hörte,
wohin sollte er sich noch wenden?
Vergeblich wartete er
auf ein Trostwort von Gott.
Wie ein Verdurstender schrie er nach ihm:
„Ach Herr, du weißt es.
Denke an mich!
Dein Wort war meine Speise,
sooft ich es empfing.

Und dein Wort ist
meines Herzens Freude und Trost,
denn ich bin ja
nach deinem Namen genannt.
Warum lässt du mich
so lange leiden?
Warum sind meine Wunden
so schlimm?
Niemand kann sie mehr heilen.
Du bist für mich wie eine Quelle,
die nicht mehr quellen will." 15,15–18

Doch als er noch klagte,
brach Gott sein Schweigen.
Er sprach zu Jeremia:
„Halte dich fest an mich!
Dann will ich mich zu dir halten.
Du sollst mein Prophet bleiben.
Mein Mund sollst du sein.
Denn ich mache dich
für dieses Volk zur festen Mauer,
zu einer Mauer aus Erz.
Wenn sie auch gegen dich anrennen,
werden sie dich
dennoch nicht stürzen.
Denn ich bin bei dir.
Ich will dich bewahren und retten." 15,20f.

Da horchte Jeremia auf.
So hatte Gott schon einmal
zu ihm gesprochen, damals,
als er ihn zu seinem Propheten
berufen hatte.
Da stand Jeremia auf,
machte sich auf den Weg
und zog nach Jerusalem,
um den Menschen unerschrocken
Gottes Wort weiterzusagen.

Der Krug

Jeremia 18–20

Entschlossen steuerte Jeremia
auf Jerusalem zu.
Schon zeigten sich in der Ferne
die Häuser der Stadt.
Hell ragte der Tempel
aus dem Häusermeer hervor.
Dahinter lag die Königsburg
mit ihren mächtigen Mauern.
Eine dunkle Rauchwolke
stieg über der Stadt auf –
wie bei dem siedenden Topf,
den Jeremia geschaut hatte. 1,13
So dunkel, so unheimlich
hing der Rauch über der Stadt.
Wie lange noch?,
fragte sich Jeremia bange.
Wie lange wird Gott
das Unglück zurückhalten?

Jeremia ahnte, woher der Rauch kam:
Hinter der Stadt lag das Hinnomtal,
auch Tal des Todes genannt.
Früher hatten die Menschen
diesen Ort wie die Pest gemieden.
Denn aller Unrat der Stadt
war dort aufgehäuft,
Berge von Scherben
und stinkender Mist.
Dort stand seit einiger Zeit
auf einer Anhöhe, dem Tofet,
ein Altar, der Baal geweiht war. 19,6
Ein übler Gestank wie von Leichen
stieg von ihm zum Himmel empor,
vermischt mit beißendem Qualm.
Auf diesem Altar wurden Baal
greuliche Opfer gebracht.
Man erzählte sich sogar,
dort würden auch Menschen geopfert.

Jeremia schauderte bei dem Gedanken.
Wie tief war sein Volk gefallen!

Im Tal des Todes,
bei toten Götzen, suchte es Heil.
Aber seinem Gott,
dem lebendigen Gott,
war dieses Volk untreu geworden.
Hatte es denn vergessen,
wem es sein Leben verdankte?
Mit offenen Augen
rannten diese Menschen
in ihr sicheres Unglück
und trieben es mit fremden Göttern.
War dieses Volk noch zu retten?
Jeremia dachte angestrengt nach.
Er musste einen Weg finden,
bevor es zu spät war.
Das Maß war voll.
Gott würde nicht länger warten.

In diesem Augenblick
sah Jeremia wieder
den siedenden Topf vor sich.
Da wusste er auf einmal,
was er brauchte:
Ein Topf musste her!
Ein großes Gefäß,
möglichst aus Ton geformt.
Jeremia lief in die Stadt.
Er fragte sich durch:
„Wohnt hier ein Töpfer?
Wie komme ich zu ihm?“
Schließlich fand er den Töpfer
in der unteren Stadt.
Der Töpfer drehte gerade
einen Krug auf der Töpferscheibe.
Er sah nicht einmal auf,
als Jeremia kam.
So sehr war er in seine Arbeit vertieft.
Behutsam formten seine Hände
den feuchten Ton zu einem Gefäß.
Da – ein Riss!
Das Gefäß brach entzwei.
Aber der Töpfer verzog keine Miene.
Er drückte den Ton wieder
zu einem Klumpen zusammen
und machte daraus ein neues Gefäß,
einen Topf ohne Makel und Risse.

Gebannt sah Jeremia zu.
Plötzlich war es ihm,
als hörte er Gottes Stimme:
„Wie der Ton in des Töpfers Hand,
so seid auch ihr in meiner Hand.
Kann ich es mit diesem Volk
nicht ebenso machen?“ 18,6ff.

Da wusste Jeremia auf einmal,
was er den Menschen sagen musste.
Er zeigte auf einen fertigen Krug.
„Gib mir dieses Gefäß!“,
bat er den Töpfer.
Er zahlte und zog mit dem Krug
in die Oberstadt
zu den Oberhäuptern der Stadt,
zu den Ältesten des Volkes
und zu den führenden Priestern. 19,1ff.
„Kommt mit!“, bat er sie.
„Geht mit mir zum Tor!“
Jeremia sagte es so bestimmt,
dass niemand zu widersprechen wagte.
Niemand fragte: Was hast du vor?
Was soll dieser Krug?
Und manch einer dachte bei sich:
Vielleicht hat er eine Rechtssache.
Sicher führt er uns zum Gerichtstor.
Dort trägt er uns seine Sache vor.

Aber Jeremia führte sie geradewegs
an das andere Ende der Stadt,
wo die Ärmsten der Armen lebten.
Entschlossen steuerte er
auf das Scherbentor zu.
Das führte zum Hinnomtal hinab.
Ein übler Gestank drang
vom Tal herauf durch das Tor.
Die Priester und Ältesten
packte das Grausen.
Unsicher blieben sie am Tor stehen.
Sie waren nicht bereit,
auch nur einen Schritt weiterzugehen.
Denn sie wussten:
Wer dieses Tal betrat,
machte sich nach dem Gesetz unrein.
Doch Jeremia drängte:
„Weiter! Weiter!
Folgt mir durch das Tor!“
Er stapfte vor ihnen her,
stieg über lauter Schutthügel
und stinkenden Mist.
Dicht bei dem Baals-Altar
machte er Halt.
Und mit drohender Stimme rief er:
„Ihr Priester und Bürger!
Hört alle her!
So spricht Gott, der Herr:
Bald bricht ein furchtbares Unglück
über diesen Ort herein.
Es wird so schrecklich sein,
dass euch davon
die Ohren gellen werden.
Denn mein Volk hat mich verlassen.
Es hat an diesem Ort
greuliche Opfer gebracht.
Darum wird dieses Tal
bald voller Leichen liegen.
Nicht mehr Hinnomtal,
sondern Würgetal wird man
es nennen.“ 19,3ff.

Jeremia hob den Krug hoch.
„Seht ihr den Krug?
Wenn er zerbricht,
kann ihn niemand mehr kitten.
Genauso wird es eurer Stadt ergehen.
Sie wird zum Trümmerhaufen werden,
nicht bewohnbar wie dieses Tal.“ 19,11ff.

Jeremia nahm den Krug
und schmetterte ihn auf die Erde.
Die Männer wichen erschrocken zurück.
Sie starrten auf die Scherben
und brachten vor Entsetzen
kein Wort heraus.
Aber Jeremia kehrte ihnen den Rücken
und ging wortlos davon.

Wenig später erschien Jeremia
im Vorhof des Tempels.
Da eilten die Leute neugierig herbei.
Aufgeregt flüsterten sie:
„Habt ihr gehört,
was Jeremia getan hat?
Ist das nicht unerhört?“

Als aber Paschhur,
der Vorsteher des Tempels,
Jeremia unter den Leuten entdeckte,
packte ihn gewaltiger Zorn.
Was erlaubte sich dieser Kerl?
Wie durfte er sich
an diesen heiligen Ort wagen?
Er hatte sich doch
im Hinnomtal unrein gemacht!
Schmutzig und stinkend kam er hierher.
Das ging wirklich zu weit!
Alles, was ihnen heilig war,
zog dieser Mensch in den Dreck.
Paschhur überlegte nicht lange.
Er befahl der Tempelwache:
„Auf, packt Jeremia!
Schlagt ihn zusammen
und nehmt ihn gefangen.
Klemmt ihn in den Block ein!
Dort soll er bis morgen schmachten."

Kaum hatte er das gesagt,
packten die Wächter Jeremia,
zerrten ihn zum Benjamintor,
schlossen seine Hände und Füße
in den Block,
der dort am Tor angebracht war,
und ließen ihn allein.

Da saß Jeremia nun,
ausgestellt wie am Pranger.
Die Wunden schmerzten.
Die Menschen gafften ihn an.
Viele gossen ihren Spott über ihn aus.
Einige spuckten ihm sogar ins Gesicht.
Endlos zogen sich die Stunden dahin.
Endlich verliefen sich die Leute.
Die Nacht brach herein.
Jeremia war ganz allein.

In dieser Nacht wäre Jeremia
fast am Leben verzweifelt.
Er schrie. Er flehte Gott an.
Aber es schien, als hätte sich Gott
von ihm abgekehrt.
„Ach Herr", rief Jeremia.
„Du hast mich verführt,
und ich ließ mich verführen.
Dein Wort hat mich gepackt.
Ich konnte mich nicht wehren.
Alle spotten über mich.
Sie lachen mich aus.
Wenn ich predige,
muss ich schreien: ‚Unrecht! Gewalt!'
Aber sie schütten nur ihren Hohn
über dein Wort aus.
Doch wenn ich mir vornehme:
Ich rede nicht mehr von Gott,
dann brennt es in meinem Herzen
wie loderndes Feuer.
Ich halte es nicht mehr aus.
Sogar meine Freunde
verschwören sich gegen mich.
Sie lauern mir auf.
Sie wollen sich an mir rächen.
Aber der Herr ist bei mir.
Wie ein starker Held
steht er mir bei.
Herr, auf dich verlasse ich mich.
Auf, singt! Lobt den Herrn!
Denn er rettet die Armen
vor ihren Verfolgern." 20,7–18

Endlich wurde es am Horizont hell.
Ein neuer Tag brach an.
Da kam Paschhur endlich
und befreite ihn aus dem Block.
„Und nun verschwinde!", befahl Paschhur.
„Lass dich nie mehr hier blicken!"
Da richtete sich Jeremia auf,
und unerschrocken sprach er:
„Paschhur heißt du.
Aber Gott nennt dich ‚Grauen',
denn mit eigenen Augen wirst du
das Grauen erleben.
Bald ist es soweit.

Der König von Babel
wird dich und deine Familie
nach Babel entführen.
Dort wirst du
bis zu deinem Tod bleiben.“ 20,3ff.

So sprach Jeremia zu Paschhur.
Danach ging er schweigend davon.
Er hatte seinem Peiniger
nichts mehr zu sagen.

Von diesem Tag an wurde Jeremia
nicht mehr am Tempel gesehen.

Die Schriftrolle

Jeremia 36

Um Jeremia war es still geworden.
Nur noch selten hörte man
seine Stimme in Jerusalems Gassen.
Sogar seine besten Freunde
hatten ihn inzwischen verlassen.
Manchmal traute er sich
kaum noch auf die Straße.
Denn an allen Ecken
lauerten Feinde auf ihn.
Zwar hielten es viele
heimlich mit dem Propheten.
Aber öffentlich standen
nur ganz wenige zu ihm.
Einer von ihnen war Baruch,
ein junger Mann,
furchtlos und klug,
im Schreiben und Lesen geschult.
Er wurde Jeremias Sekretär
und engster Vertrauter.
Viele Jahre lang teilte er mit ihm
alle Sorgen und alle Gefahren.
Und Baruch hielt alles fest,
was Jeremia im Laufe der Jahre
erlitt und erlebte…

Eines Tages rief Jeremia 36,4ff.
seinen Freund Baruch und bat ihn:
„Nimm eine Schriftrolle,
hol Feder und Tinte
und schreib alles auf,
was ich dir jetzt diktiere:
alle Worte, die Gott zu mir sprach.
Das Volk muss wissen,
was ihm bevorsteht.
Sonst rennt es
in sein sicheres Verderben.
Ich selbst kann es
ihnen nicht sagen.
Man hat mir verboten,
im Tempel zu reden.
Aber du kannst es tun.
Vielleicht besinnen sie sich,
wenn sie dich hören,
und bitten Gott um Vergebung
für alles, was sie getan haben.“

Da nahm Baruch Feder und Tinte
und fing an zu schreiben.
Jeremia diktierte ihm alle Worte,
die er von Gott empfangen hatte,
vom ersten Tag an bis zu diesem Tag:

> „So spricht der Herr:
> Ich denke an die Zeit,
> als du durch die Wüste zogst.
> Da warst du deinem Herrn treu.
> Da hast du deinen Gott geliebt
> wie eine Braut ihren Mann.
> Aber ihr seid längst
> von mir abgewichen
> und anderen Göttern gefolgt.
> Entsetzt euch, ihr Himmel!
> Hört, was mein Volk tut:
> *Sie verlassen mich,*
> *die lebendige Quelle,*
> *und machen sich löcherige Zisternen,*
> *die doch kein Wasser geben.* 2,13
> Bin ich denn für Israel
> nur ödes Land?

Warum sagt denn dieses Volk:
‚Wir sind frei!
Wir wollen dir nicht mehr folgen'?
Vergisst wohl eine Braut
ihren Schleier?
Aber mein Volk vergisst mich
seit endlos langer Zeit. 2,2-33
Kehrt um, ihr treulosen Kinder!
Denn ich bin euer Herr.
Darum spricht der Herr:
Seht, von Norden her
kommt ein großes Heer.
Es führt Bogen und Speer.
Wie ein brausendes Meer
stürmt es daher,
um euch zu vernichten." 6,22f.

Noch viele andere Worte
schrieb Baruch auf.
Unermüdlich füllte er Spalte um Spalte.
Viele Tage und Nächte saß er daran,
bis das Werk endlich vollendet war.

Da sagte Jeremia zu Baruch:
„Nun geh zum Tempel.
Und lies dem Volk vor,
was ich dir diktiert habe.
Lass kein Wort davon aus.
Das Volk muss wissen,
was ihm bevorsteht."

Bald darauf wurde in Juda
ein Fasttag begangen.
Aus dem ganzen Land strömten
die Leute im Tempel zusammen,
um vor Gott ihre Schuld zu bekennen.
Von allen Seiten kamen sie an,
vornehme Bürger
und Bauern vom Land,
allesamt im Büßergewand.
Mit gebeugtem Haupt
standen sie im Vorhof des Tempels,
fasteten und beteten stundenlang.
Doch plötzlich hoben sie die Köpfe.
Ein Mann bahnte sich
einen Weg durch die Menge.
In seinen Händen hielt er
eine große Schriftrolle.
Baruch war es, der Freund Jeremias.
Er steuerte auf die Halle zu,
in der die Gelehrten versammelt waren.
Baruch stellte sich vor ihnen auf,
rollte seine Schriftrolle aus,
und mit lauter Stimme
begann er zu lesen:
„So spricht der Herr..." 36,10

Da horchten die Gelehrten auf.
Und sie dachten erschrocken:
Welch neue, unerhörte Worte!
Noch nie hatte ein Gelehrter
solche Worte gesprochen.
Immer mehr Leute drängten hinzu.
Sie lauschten betroffen
und fragten erschrocken:
„Wer ist dieser Mann?
Wer hat ihm diese Worte gesagt?"
Und einer von ihnen,
der Sohn eines hohen Beamten,
lief schnell zum Königspalast.
Dort war gerade der Hofrat versammelt.
Atemlos meldete er den Ministern:
„Im Tempel, da ist einer,
der liest dem Volk vor.
Seine Worte – unglaublich!
Sie rufen großen Aufruhr hervor."

„Was?", riefen die Minister entsetzt.
„Auf, holt den Mann sofort her!
Wir müssen wissen,
was in seiner Schrift steht."

Wenig später erschien Baruch
vor der versammelten Runde.
„Komm", befahlen die Minister,
„setz dich und lies!
Lies alles, von Anfang bis Ende.
Wir wollen es hören."

Da las Baruch:
„Höre des Herrn Wort,
du König von Juda
mit all deinen Fürsten
und deinem Volk!
So spricht der Herr:
Sorgt für Recht und Gerechtigkeit!
Helft den Unterdrückten,
den Fremden, Waisen und Witwen!
Dann wird Gott euch schützen.
Wenn nicht,
wird das Haus des Königs zur Wüste,
zur Stadt ohne Bewohner.
Fremde Völker fallen darüber her.
Und es wird in Kürze
keinen König mehr geben.“ 22,2ff.

Als die Minister das hörten,
sprangen sie auf und riefen entsetzt:
„Habt ihr gehört?
Unserem Land droht höchste Gefahr.
Wenn das der König erfährt!
Wir müssen es ihm sofort melden.“
Und sie drängten Baruch:
„Sag uns, woher weißt du das?
Wer hat es dir anvertraut?“

„Der Prophet Jeremia“,
antwortete Baruch.
„Gott hat es ihm offenbart.
Er hat mir alle Worte diktiert.
Und ich habe sie mit Tinte
auf diese Rolle geschrieben,
damit kein Wort verloren geht.“ 36

Da erschraken die Minister noch mehr,
und sie baten Baruch:
„Auf, gib die Schrift her!
Wir werden sie gut verwahren.
Du aber, lauf, was du kannst!
Versteck dich mit Jeremia!
Euer Leben ist in großer Gefahr.“ 36,19
Darauf eilten die Minister
sofort zu König Jojakim
und berichteten ihm von dem Vorfall.
Der saß gerade in seinem Winterpalast
und wärmte sich am offenen Feuer.
Da ließ der König die Rolle holen.
Und Jehudi, sein Sekretär,
las ihm vor allen Ohren
die ganze Schrift vor.
Auch alles, was dort
über den König gesagt war:

„Höre des Herrn Wort,
du König von Juda:
Meinst du, du seist König,
weil du mit Zedern prangst?
Du siehst nur auf deinen Gewinn,
vergießt unschuldiges Blut
und unterdrückst dein Volk mit Gewalt.
Darum spricht der Herr
über Jojakim, den König von Juda:
Man wird seinen Tod nicht beklagen.
Wie ein Esel wird er begraben.
Ich habe es dir vorher gesagt,
als es noch gut um dich stand.
Aber du wolltest nicht hören.“ 22,2.15–21

Die Minister starrten
wie gebannt auf den König.
Was würde er sagen?
Was würde er tun?
Aber der König verzog keine Miene.
Ungerührt nahm er die Rolle,
schnitt ein Stück ab
und warf es ins offene Feuer.

Den Ministern stockte der Atem.
Wie? Der König wagte es,
Gottes Wort zu verbrennen?
Tu’s nicht, König!,
wollten sie rufen.
Vergreife dich nicht an Gottes Wort!
Aber die meisten
brachten vor Entsetzen
kein Wort heraus.
Niemand schrie auf.
Niemand zerriss seine Kleider. 36,24
Der König fuhr ungerührt fort,

schnitt Stück um Stück ab
und warf es ins Feuer,
bis die ganze Schrift verbrannt war.
Nichts blieb zurück,
nichts als ein Häuflein Asche.
Gottes Wort war endgültig verstummt.

„O Land, Land, Land!
Höre des Herrn Wort!“ 22,29
Dies war das letzte Wort,
das Jehudi vorgelesen hatte.
Aber der König hatte auch dieses Wort
zum Schweigen gebracht.

Nicht lange danach
sprach Gott zu Jeremia:
„Nimm dir eine neue Schriftrolle
und schreibe darauf alle Worte,
die der König verbrannt hat.“
Und wie Gott befahl,
so führte Jeremia es aus.
Er diktierte Baruch alles,
was Gott ihm offenbart hatte.
Und er fügte noch
viele neue Worte hinzu,
Worte, die dem Volk Gottes
und seinen Verantwortlichen galten.
Auch dieses Wort Gottes gehört dazu:

„Weh euch, Hirten!
Ihr kümmert euch nicht
um meine Schafe,
spricht der Herr.
Ihr lasst sie umkommen.
Aber ich will meine Herde sammeln
und will sie heimbringen.
Ich will ihnen Hirten geben,
die sie recht weiden. 23,1f.
Seht, einst kommt die Zeit,
da will ich dem Haus David
einen Nachkommen schenken.
Dieser wird ein weiser König sein
und das Land gerecht regieren.
Und er wird das Land retten.“ 23,5f.

Das Joch

Jeremia 27–29

Nicht lange danach
traf das Unglück ein,
das Jeremia vorausgesagt hatte.
Nebukadnezar, der König von Babel,
sandte sein Heer in das Land Juda 2. Kö 24
und bedrohte die Hauptstadt.
In dieser Zeit kam Jojakim,
der König von Juda, ums Leben.
Nun regierte Jojachin, sein Sohn.
Der ergab sich dem König von
Babylon nach wenigen Wochen.
Nebukadnezar nahm ihn gefangen
und ließ ihn nach Babel bringen,
dazu viele namhafte Bürger der Stadt,
Handwerker und hohe Beamte.
Auch die Geräte des Tempels
kamen als Beute nach Babel.
Und Nebukadnezar machte Zedekia,
Jojakims Bruder, zum König
über das Land Juda. 2. Kö 24

Seit diesen Tagen
ging in Jerusalem die Angst um.
Endlich begriffen die Leute,
wie ernst ihre Lage war.
Zwar lebten noch immer
viele Menschen in der Stadt.
Aber in der Oberstadt
waren die Straßen verlassen.
Viele Familien hatten
ihre Verwandten verloren.
Niemand wusste genau,
was mit ihnen geschah.
Würden sie jemals zurückkommen?
So fragten sich alle bedrückt.

In dieser trostlosen Zeit
suchten die Menschen
bei Wahrsagern, Zauberern
und bezahlten Propheten ihr Glück.
Wer immer Frieden verhieß,
war im Volk über alles beliebt.
Mit Sorge sah Jeremia,
wie sich das Volk
auf falsche Versprechen verließ.
Sie haben weniger Verstand
als das Vieh, sagte er sich.
Das Vieh trägt geduldig das Joch,
das man ihm auflegt.
Aber diese Menschen
wollen das Joch nicht tragen,
das der König von Babel
auf sie gelegt hat.

In diesen Tagen sprach Gott zu Jeremia:
„Bau dir ein Joch aus Holz
und leg es auf deine Schultern.
Geh damit durch die Stadt.
Geh in den Königspalast
und an die Grenzen des Landes.
Ruf meine Botschaft überall aus:
So spricht Gott, der Herr:
Ich habe Menschen
und Tiere geschaffen.
Auch der König von Babel
ist in meiner Macht.
Darum beugt euch unter sein Joch.
Hört nicht auf die Wahrsager,
Zauberer und Lügenpropheten!
Sie reden euch ein:
Ihr müsst dem König von Babel
nicht untertan sein.
Aber sie gaukeln euch nur etwas vor.
Ich habe sie nicht zu euch gesandt.“ 27,4ff.

Da baute sich Jeremia ein Joch,
wie es die Zugtiere tragen.
Das legte er auf seine Schultern
und ging damit durch die Straßen.
„Seht euch Jeremia an!“,
spotteten die Leute.
„Jetzt trägt er ein Joch wie das Vieh.“

Aber Jeremia rief:
„Leute, hört,
was Gott zu euch spricht:
Lauft nicht zu den Glückspropheten!
Sie versprechen euch
das Blaue vom Himmel herab.
Aber sie retten euch nicht.
Unterwerft euch dem König von Babel!
Beugt euch unter sein Joch!
Und wartet, bis Gott
die Wende herbeiführen wird.“ 27,16ff.

Der Prophet mahnte und warnte.
Doch niemand hörte auf ihn.
Tag für Tag schleppte er
sein Joch durch die Straßen.
Drei Jahre lang trug er es,
tagaus und tagein.
Manchmal brach er fast
unter der Last zusammen.
Die Schultern schmerzten.
Die Haut rieb sich wund.
Dennoch legte Jeremia
das Joch nicht ab.

Da wurde es den Menschen
allmählich zu bunt.
Und sie beschwerten sich:
„Dieser Jeremia!
Warum lässt er uns nicht
endlich in Frieden?
Er macht uns allen
das Leben noch schwerer.
Wir wollen seine Botschaft
nicht länger hören.
Was wir jetzt brauchen,
ist eine Botschaft,
die Zukunft und Hoffnung verspricht.“

Zu dieser Zeit gab es in Jerusalem
noch einen anderen Propheten,
der hieß Hananja.
Er fand großen Zulauf beim Volk.
Sogar die Priester gaben
viel auf sein Wort.
Hananja hatte alle Tage
freien Zugang zum Tempel.
Dort predigte er
mit gewaltigen Worten
und spendete den Menschen
den Trost, den sie suchten.
Alle, die ihn hörten,
waren begeistert.
Ja, dachten sie bei sich,
so stellen wir uns
einen wahren Propheten vor.
Nicht wie dieser Jeremia,
der uns ewig nur Unheil verkündet. 28,1ff.

Eines Tages forderte Hananja
Jeremia öffentlich heraus:
„Lass sehen, durch wen Gott spricht.
Das Volk soll selber entscheiden,
wer der wahre Prophet ist.“
Da ging Jeremia zum Tempel.
Zum ersten Mal nach langer Zeit
betrat er wieder den Vorhof.
Dort wartete schon
eine große Menschenmenge
auf die beiden Propheten.
Auch viele Priester kamen hinzu.

Da trat Hananja vor,
und mit gewaltiger Stimme rief er:
„So spricht der Herr,
der Gott Israels:
Ich habe das Joch zerbrochen,
das der König von Babel
auf euch gelegt hat.
Noch ehe zwei Jahre um sind,
kehrt König Jojachin
mit allen Gefangenen heim.
Auch alle Geräte des Tempels
kommen wieder zurück.“ 28,2

„Amen! So sei es!“,
rief Jeremia dazwischen.

„Gott gebe, dass es geschieht.
Doch höre, was ich dir verkünde,
dir und euch allen,
die hier versammelt sind:
Alle Propheten vor mir
haben Unheil vorausgesagt.
Wer aber Heil voraussagt,
muss erst sehen,
ob sich sein Wort erfüllt.
Nur dann hat ihn Gott
wirklich zu euch gesandt.“ 28,6ff.

„Was fällt dir ein?“,
schrie Hananja empört.
Er stürzte sich auf Jeremia,
riss ihm das Joch vom Hals,
schmetterte es zu Boden
und brach es mitten entzwei.
Und mit Donnerstimme rief er:
„So spricht der Herr:
Wie dieses Joch,
so will ich das Joch zerbrechen,
das der König von Babel
auf euch gelegt hat.
Noch ehe zwei Jahre um sind,
wird Gott euch vom Joch befreien.“

Hananja sah Jeremia herausfordernd an.
Der aber kehrte Hananja den Rücken
und ging ohne ein Wort davon. 28,11

Nun war es geschehen,
was Jeremia befürchtet hatte.
Wie ein Verlierer,
so stand er vor dem Volk da.
Niemand hatte auf sein Wort gehört.
Alle hatten nur Hananja zugejubelt.
Und was das Schlimmste war:
Hananja war nicht allein.
Auch unter den Verbannten in Babel
gab es selbst ernannte Propheten,
die den Gefangenen einredeten:
„Freut euch!
Bald seid ihr befreit.
Gott hat es uns prophezeit.“ 29,8f.
Und wenn Hananja Recht hatte?
Wenn all diese Propheten
doch von Gott gesandt waren?
Jeremia hatte keinen Beweis.
Er wartete,
bis Gott ihm ein Zeichen gab.

Da, endlich, geschah es.
Gott sprach zu Jeremia:
„Geh und sag Hananja:
Gott hat dich nicht gesandt.
Du erzählst dem Volk Lügen.
Du wiegst es in falschem Frieden.
Darum spricht Gott, der Herr:
Zerbrochen hast du
das hölzerne Joch.
An seine Stelle wird nun
ein eisernes Joch treten.
Denn ein eisernes Joch
habe ich all diesen Völkern
auf den Nacken gelegt.
Sie werden dem König von Babel
untertan sein.“ 28,12ff.

Noch im selben Jahr
starb der Prophet Hananja.
Jeremia aber wusste nun,
was er zu tun hatte.
Er musste die Verbannten warnen.
Sie durften sich
keine falschen Hoffnungen machen.

Da setzte sich Jeremia hin
und schrieb diesen Brief:
An alle Verbannten in Babel: 29,1ff.
Lasst euch nicht betrügen!
Hört nicht auf Wahrsager
und falsche Propheten!
Gott hat sie nicht zu euch gesandt.
Die Propheten reden euch ein:
‚Bald kommt ihr heim.‘
Aber es ist nicht wahr.
Stellt euch auf eine lange Zeit ein!

Darum baut Häuser in Babel!
Pflanzt Gärten
und genießt ihre Früchte.
Heiratet, zeugt Söhne und Töchter!
Werdet ein großes Volk
und betet für Babel!
Sorgt für das Wohl der Stadt! 29,7
Denn wenn es ihr gut geht,
dann geht es auch euch gut.

Denn so spricht der Herr:
Nach siebzig Jahren
will ich euer Geschick wenden.
Ich bringe euch wieder zurück.
Denn ich weiß wohl,
welche Gedanken ich
über euch habe:
Gedanken des Friedens
und nicht Gedanken des Leides.
Ich gebe euch Zukunft
und Hoffnung.“ 29,13f.

Damit schloss Jeremia seinen Brief
an die Verbannten in Babel.
Aber in Wahrheit war es Gott selbst,
der durch diesen Brief
zu den Gefangenen sprach.

Gefangen

Jeremia 21 und 37

Nach acht Jahren sagte sich
König Zedekia von Babylon los
und verbündete sich heimlich
mit dem ägyptischen König.
Als Nebukadnezar davon erfuhr,
rückte er mit seinem Heer
sofort nach Jerusalem vor
und schickte sich an,
die Stadt zu erobern.

Nun war geschehen,
was Jeremia vorausgesagt hatte:
Jerusalem war ringsum belagert.
Alle Fluchtwege waren versperrt.
Die Bewohner und die Soldaten
waren vor Angst wie gelähmt.
Sogar der König war ratlos.
Das Wasser wurde in der Stadt
von Tag zu Tag knapper.
Die Vorräte schmolzen dahin.
Vergebens wartete der König
auf das Heer der Ägypter,
das sie befreien sollte.

Da dachte der König daran,
was Jeremia vorhergesagt hatte.
Und er schickte zwei Vertrauensleute
zu Jeremia und ließ ihm sagen:
„Bete für uns und bitte Gott,
dass er uns einen Ausweg zeigt.
Vielleicht tut er ein Wunder?“ 21,2

Doch Jeremia antwortete
den Gesandten des Königs:
„So spricht der Herr:
Seht her!
Zwei Wege lege ich vor.
Den Weg zum Leben
und den Weg in den Tod.
Wer in dieser Stadt bleibt,
wird umkommen.
Wer aber überläuft
in das Lager der Feinde,
wird am Leben bleiben.“ 21,8f.

Doch als er noch sprach,
ertönte draußen Freudengeschrei:
„Freut euch! Wir sind frei!
Unsere Feinde ziehen ab.
Das ägyptische Heer rückt an.
Auf, öffnet die Tore!
Gott hat ein Wunder getan!“ 37,5

Die Berater des Königs
blickten Jeremia triumphierend an,
als wollten sie sagen:
Siehst du, wir wussten es besser:
Gott hat wirklich ein Wunder getan.

Aber Jeremia entgegnete ernst:
„Freut euch nicht zu früh!
Macht euch nichts vor!
Denn so spricht der Herr: 37,9f.
Ägypten kann euch nicht retten.
Die Babylonier kommen wieder zurück.
Sie werden nicht eher ruhen,
bis die ganze Stadt
in Schutt und Asche versinkt.“ 37,7ff.

Da berichteten die beiden am Hof,
was Jeremia geraten hatte.
Als aber die Minister davon erfuhren,
riefen sie aufgebracht:
„Dieser Verräter!
Er hält zu den Feinden.
Er muss verschwinden!
Sobald wie möglich!
Sonst steckt er noch andere an.“
Und sie nahmen sich vor,
Jeremia in eine Falle zu locken.
Sie befahlen den Wächtern am Tor:
„Gebt Acht, dass Jeremia
die Stadt nicht verlässt.
Und wenn ihr ihn seht,
dann haltet ihn fest!“

Wenige Tage danach
machte sich Jeremia auf den Weg
in seine Heimatstadt Anatot.
Dort wollte er eine Erbsache klären.
Ahnungslos ging er zum Benjamintor.
Doch plötzlich packte ihn
der Wächter am Kragen.
Er schrie Jeremia an:
„Halt! Wohin willst du?
Ich weiß genau, was du vorhast.
Du willst zu den Feinden überlaufen.
Ich kenne dich genau, du Verräter!“ 37,11

„Nein! Das stimmt nicht!“,
rief Jeremia erschrocken.
„Glaub mir, ich bin kein Verräter.
Ich wollte doch nur…“

Aber der Wächter
hörte gar nicht mehr zu.
Er packte Jeremia am Kragen,
zerrte ihn vor den Hofrat
und rief: „Hier ist der Verräter.
Ich habe ihn auf frischer Tat ertappt.“

Da brach ein Sturm der Entrüstung los.
„Habt ihr gehört?“,
riefen die Minister empört.
„Schlagt ihn zusammen!
Nehmt ihn gefangen!
Macht mit ihm kurzen Prozess!“
Sie winkten den Wachsoldaten.
Die schleppten Jeremia hinaus,
peitschten ihn aus
und warfen ihn
in ein feuchtes Kellerverlies. 37,16

Da lag Jeremia nun
hinter verriegelten Türen,
lebendig begraben.
Totenstill war es hier
und dunkel – wie im Grab.
Nur von der Decke tropfte
ständig Wasser herab.
Die Zeit zog sich endlos dahin.
Stunden und Tage verschwammen.
Doch niemand kam,
um ihn zu befreien.
Da merkte Jeremia,
wie ihn die Kräfte verließen.

Doch auf einmal hörte er Schritte.
Jemand schob den Riegel zurück.
Ein Soldat stand in der Tür.
„Komm mit!“, befahl er.
„Der König will dich sprechen.“

Jeremia erschrak.
Was hatte der König vor?
Wollte er ihn töten?
Oder suchte er nur seinen Rat?
Der Soldat schleppte ihn
auf heimlichen Wegen zum König.

Der wartete schon unruhig auf ihn.
„Jeremia“, flüsterte er.
„Hast du schon gehört?
Die Babylonier sind zurückgekehrt.
Sie belagern uns wieder.
Sag, was geschieht nun mit uns?
Hast du eine Botschaft für mich?
Eine Botschaft von Gott?“
Er sah Jeremia beschwörend an.
„Ja“, antwortete Jeremia ernst.
„Du wirst dem König von Babel
in die Hände fallen.“ 37,17ff.

Da zuckte der König zusammen,
als hätte er soeben
sein Todesurteil empfangen.
Doch Jeremia fuhr fort:
„Mein König!
Warum sperrt man mich ein?
Ich habe niemandem Unrecht getan,
sondern stets nur gewarnt.
Und hatte ich nicht Recht?
Darum flehe ich dich an:
Schick mich nicht wieder zurück!
In diesem Loch komme ich um.“
Da befahl der König seiner Leibwache:
„Nehmt ihr ihn in eure Obhut!
Und gebt ihm jeden Tag
eine Ration Brot!“

Von diesem Tag an blieb Jeremia
bei den Soldaten im Wachthof.
Dort bekam er jeden Tag
einen kleinen Laib Brot,
so lange, bis alles Brot
in der Stadt aufgezehrt war. 31,17–21

In der Zisterne

Jeremia 38

Tage und Wochen vergingen.
Die Lage in Jerusalem
spitzte sich immer mehr zu.
In der ganzen Stadt gab es
kein Mehl und kein Brot mehr.
Und schlimmer noch:
Das Wasser ging aus.
Die Zisternen waren
bis auf den Grund geleert.
Bald schöpfte man nur noch
Schlamm aus den Brunnen.

Da brach in Jerusalem
eine schreckliche Seuche aus.
Die Menschen starben in Massen.
Die Gräber reichten nicht aus.
Die ganze Stadt glich einem Leichenhaus.
Übler Gestank erfüllte die Gassen. 21,6

Da dachten die Menschen daran,
was Jeremia vor Jahren gesagt hatte:
„Diese Stadt wird so unrein
wie das Hinnomtal sein.“ 19,13
Nun war es geschehen.
Mit eigenen Augen
mussten die Menschen mit ansehen,
wie ihre Stadt zugrunde ging.
Gab es denn keine Hoffnung mehr?
Die Leute zogen zum Wachthof,
um Jeremia zu fragen.
Sie riefen durch das vergitterte Tor:
„Jeremia, gibt es noch Hoffnung?
Sag, was hat Gott mit uns vor?“

Als Jeremia die Verzweifelten sah,
da rief er ihnen zu:
„So spricht der Herr:
Wer in der Stadt bleibt,
wird umkommen
durch Schwert, Hunger und Pest.
Wer sich aber ergibt,
wird am Leben bleiben.
Denn diese Stadt wird
dem König von Babel gegeben.“
Jeden Tag rief Jeremia
seine Botschaft durchs Tor.
Unermüdlich ermahnte er die Leute,
endlich auf Gott zu hören.

Da wurde den Ministern gemeldet:
„Jeremia kann es nicht lassen.
Er hört nicht auf,
die Menschen zu warnen."
„Jetzt reicht es uns!",
riefen die Minister empört.
„Wir müssen diesen Mann
endlich zum Schweigen bringen."
Sie eilten zu König Zedekia
und forderten ihn auf:
„Lass Jeremia töten!
Der Mann richtet nur Unheil an.
Er stachelt das Volk an,
zu den Feinden überzulaufen.
Auf diese Weise nimmt er
unseren letzten Soldaten den Mut!" 38,4

Sie drängten so lange,
bis der König endlich nachgab:
„Gut, wenn ihr meint.
Dann nehmt ihn euch vor.
Macht mit ihm, was ihr wollt.
Ich kann euch nicht daran hindern." 38,5

Da packten sie Jeremia
und warfen ihn in die Zisterne,
die mitten im Wachthof lag.
An langen Seilen
ließen sie ihn in die Tiefe hinab.
„He, du feiner Prophet!",
so höhnten sie von oben herab.
„Hier magst du schreien,
bis du im Schlamm krepierst.
Kein Mensch wird dich hören."

Jeremia aber sank in den Schlamm,
der metertief den Boden bedeckte.
Vergeblich suchte er einen Halt,
suchte festen Grund unter den Füßen.
Giftiger Gestank hüllte ihn ein.
Jeremia versuchte zu schreien:

„Gott, hilf mir!
Das Wasser geht mir
bis an die Kehle.
Ich versinke in tiefem Schlamm,
wo kein Grund ist…" *Ps 69,2*

Aber Jeremia brachte kein Wort heraus.
Seine Kehle war wie zugeschnürt.
Todesangst überfiel ihn.
Nicht mehr lange,
dann würde er die Besinnung verlieren,
würde im Schlamm ersticken…

Indessen feierten die Minister
und Hofbeamten ihren Erfolg.
Endlich waren sie ihren Feind los.
Eine Zeitlang vergaßen sie sogar,
wer der wahre Feind war,
der ihr Land bedrohte.

Nur einer spielte nicht mit:
der Afrikaner Ebed-Melech,
ein Kammerdiener des Königs.
Als dieser erfuhr,
was mit Jeremia geschehen war,
eilte er sofort zum Benjamintor,
wo der König gerade Gericht hielt.
„Mein König und Herr!", rief er.
„Sie haben Jeremia
in die Zisterne geworfen!
Dort wird er verhungern.
Denn in der ganzen Stadt
gibt es kein Brot mehr." 38,7ff.

Da wurde der König ganz blass:
„Was? In der Zisterne steckt er?
Schnell, hol ihn heraus,
bevor es zu spät ist!
Nimm drei Soldaten mit!
Sie sollen dir helfen."

Ebed-Melech eilte zurück.
Er lief zur Kleiderkammer,
kramte alte Lumpen hervor,
band sich ein Seil um
und eilte zu der Zisterne.
Er rief in die Tiefe hinab:
„Jeremia, lebst du noch?"

Angespannt lauschte er.
Endlich hörte er tief unten
ganz leise eine Stimme rufen.
Ebed-Melech atmete auf.
Jeremia lebte noch!
Er rief nach unten:
„Jeremia, gib nicht auf!
Wir holen dich hier heraus.
Pass auf! Jetzt werfen wir Lumpen
und ein Seil zu dir hinab.
Lege die Lumpen unter die Achseln
und binde dir das Seil um!
Dann ziehen wir dich hoch."
Mit vereinten Kräften
zogen sie Jeremia aus dem Brunnen,
Meter um Meter.
Endlich hatten sie es geschafft.
Jeremia war gerettet.
In letzter Minute.

Seit diesem Tag wagte niemand mehr,
Hand an Jeremia zu legen.
Der Prophet lebte unbehelligt
im Wachthof des Königs
bis zu jenem Tag,
an dem Jerusalem erobert wurde.

Der Acker

Jeremia 32 und 38

Die letzten Tage von Jerusalem
waren gekommen.
Schon reichten die Belagerungswälle
bis an die Mauern der Stadt.
Mit Getöse rollten die Babylonier
ihre Kriegsmaschinen heran.
Es war nur noch eine Frage von Tagen,
dann würden sie die Stadt stürmen. 32,24

Aber drinnen in der Stadt
herrschte gespenstische Stille,
eine Stille wie vor dem Sturm.
Nur noch wenige Menschen
trauten sich auf die Straße.
An jeder Ecke lagen
ausgehungerte Gestalten.
Mit leeren Augen
starrten sie vor sich hin.
Doch niemand fand die Kraft,
sie zu trösten.

In jenen Tagen wurde Jeremia
noch einmal zum König gerufen.
Heimlich traf er sich mit ihm
an einem Seiteneingang des Tempels.
Der König war aschfahl im Gesicht.
Offenbar hatte er seit Tagen
nicht mehr geschlafen.
„Jeremia", flüsterte er
mit heiserer Stimme.
„Ich muss dich etwas fragen:
Hast du ein Wort Gottes für mich?
Sag mir die Wahrheit!
Verbirg mir nichts!"
Er sah den Propheten flehend an. 38,14ff.

Doch Jeremia schüttelte den Kopf:
„Sage ich dir die Wahrheit,
dann tötest du mich.
Und gebe ich dir einen Rat,
dann gehorchst du mir nicht." 38,15

Aber der König
hob beschwörend die Hand:
„Nein, niemals!
So wahr der Herr lebt,
der uns das Leben gegeben hat:
Ich töte dich nicht.
Ich liefere dich auch nicht
an deine Feinde aus." 38,16

„Dann will ich dir sagen,
was Gott zu dir spricht:

Ergib dich dem König von Babel!
Dann wirst du und deine Familie
am Leben bleiben,
und die Stadt wird verschont.“ 38,17

„Aber das geht nicht“,
wandte der König ein.
„Ich fürchte, der König von Babel
könnte mich an meine Leute ausliefern,
die zu ihm übergelaufen sind.“ 38,19

„Nein“, entgegnete Jeremia.
„Glaub mir! Er wird es nicht tun.
Hör endlich auf Gottes Wort!
Tu, was er sagt!
Dann wirst du am Leben bleiben.
Wenn nicht, dann bricht
ein furchtbares Unglück
über euch alle herein:
Alle Frauen und Kinder werden
in die Hände der Feinde fallen.
Auch du wirst ihnen nicht entrinnen.
Und diese Stadt wird niedergebrannt.“ 38,20ff.

Da merkte der König:
Dies war Jeremias letztes Wort.
Es gab keine andere Botschaft für ihn.
Er beschwor den Propheten:
„Verrate keinem Menschen,
was wir gesprochen haben.
Sonst musst du sterben.“
Und weg war er. 38,24

Schweren Herzens kehrte Jeremia
zum Wachthof zurück.
Er dachte an das Ende,
das Gott ihm gezeigt hatte.
War es wirklich das letzte Wort,
das er von Gott empfangen hatte?
Gab es keine andere Botschaft
für sein geplagtes Volk?

Plötzlich blieb er stehen.
Dort, am Tor zum Wachthof,
wartete ein Mann auf ihn.
Jeremia kniff die Augen zusammen.
Den Mann kannte er doch!
War das nicht – Hanamel,
sein Vetter aus Anatot?
„Hanamel!“, rief Jeremia erstaunt.
„Was machst du hier?“

„Da – schau selbst!“
Der Vetter holte eine Rolle
unter seinem Mantel hervor.
Er streckte sie Jeremia entgegen.
„Das hier ist ein Kaufvertrag.
Ich biete dir den Acker an,
der früher meinem Vater gehört hat.
Du hast als erster das Recht,
ihn zu kaufen.“ 32,8ff.

Jeremia verschlug es die Sprache.
Er starrte seinen Vetter an.
Hatte er den Verstand verloren?
Die Stadt trieb auf den Untergang zu.
Das Land war von den Feinden besetzt.
Und dieser Mann bot ihm
ein Grundstück zum Kauf an!

Doch plötzlich war es ihm,
als hörte er Gottes Stimme:
„Kauf diesen Acker!
Denn so spricht der Herr:
Man wird in diesem Land
wieder Äcker und Weinberge kaufen.“
32,15

Da willigte Jeremia in den Kauf ein.
Er zahlte Hanamel den Kaufpreis,
füllte den Kaufvertrag aus,
setzte das Siegel darauf
und ließ zwei Zeugen unterschreiben,
wie es für einen Kauf erforderlich war.
Dann gab er die Urkunde
mit einer Abschrift an Baruch.
Der steckte sie in einen Tonkrug
und verwahrte sie für künftige Zeiten.

Danach aber, als alles erledigt war,
zog sich Jeremia zurück
und suchte Gott im Gebet:

„Ach Herr, du großer Gott!
Du hast Himmel und Erde gemacht.
Nichts ist dir unmöglich.
Du hast deinem Volk
dieses Land gegeben,
aber es wurde dir ungehorsam.
Darum trifft uns jetzt dieses Unheil.
Sieh doch, die Wälle reichen schon
bis an die Mauern der Stadt.
Bald wird Jerusalem fallen.
Aber du befiehlst mir:
‚Kauf dir einen Acker.'
Wie soll ich das deuten?" 32,17ff.

Da sprach Gott zu Jeremia:
„Ich bin der Herr über alles, was lebt.
Sollte mir etwas unmöglich sein?
Es ist wahr: Diese Stadt wird
dem König von Babel gegeben,
und ihre Menschen
werden in alle Länder zerstreut.
Nun aber spricht Gott der Herr:
Ich will sie sammeln
aus allen Ländern.
Ich will sie wieder
an diesen Ort bringen.
Und sie sollen hier sicher wohnen.
Ich will ihr Gott sein,
und sie sollen mein Volk sein.
Ich will meinen ewigen Bund
mit ihnen schließen.
Und es soll meine Freude sein,
ihnen Gutes zu tun.
Ich will sie wieder
in dieses Land einpflanzen.
Ich verspreche es,
ich werde es auch tun." 32,27–41

Dieses Wort schrieb Jeremia auf
und verwahrte es für künftige Zeiten.
Und er zweifelte nicht daran,
dass Gott wahrmachen würde,
was er ihm in dieser Stunde
anvertraut hatte.

Nach Ägypten

Jeremia 39–44

Jerusalem war am Ende.
Schon achtzehn Monate lang
dauerte die Belagerung an.
Die Kräfte waren verzehrt.
Viele Häuser waren zerstört.
Seit Monaten gab es
kaum noch etwas zu essen.
Aber immer noch widerstand
die Stadt ihren Feinden.

Da gingen die Babylonier
zum Angriff über.
An einem Tag im August
schlugen sie ein Loch in die Mauer
und stürmten die Stadt.
Tagelang wüteten sie
in den Straßen und Häusern.
Sie mordeten, plünderten
und brannten die Häuser nieder.
Alle, die noch am Leben waren,
nahmen die Soldaten gefangen
und führten sie ab.

Nur Jeremia wurde verschont.
Denn der König von Babel
hatte befohlen:
„Lasst ihn frei!
Tut ihm kein Leid an!
Er ist ein großer Prophet." 39,11ff.

Da lösten sie ihm die Fesseln
und brachten ihn zu Nebusaradan,
ihrem Befehlshaber.
Der sprach zu Jeremia:
„Wie dein Gott gesagt hat,
so ist es gekommen.
Nun steht es dir frei:
Ziehst du mit uns nach Babel?
Oder bleibst du im Land
bei dem restlichen Volk?" 40,2f.

Jeremia aber beschloss,
in Juda zu bleiben.

Er wohnte mitten in Trümmern,
in einem verwüsteten Land,
und teilte sein Leben
mit den Ärmsten der Armen.
Viele von ihnen hatten sich
lange Zeit in Höhlen versteckt.
Nun wagten sie sich wieder hervor.
Sie sammelten sich um Gedalja,
den neuen Statthalter des Landes.
Der mühte sich vergebens,
den Frieden im Land herzustellen.
Es dauerte nicht lange,
da wurde Gedalja ermordet.
Von nun an herrschte
nur noch Chaos in Juda.
Niemand im Land
war seines Lebens mehr sicher. 41,1ff.

Da sah ein Mann namens Johanan,
ein ehemaliger Hauptmann,
seine Stunde gekommen.
Er scharte Leute um sich
und versprach ihnen
das Blaue vom Himmel herab.
„Hört, Leute!", rief er.
„Hier seid ihr nicht sicher.
Der König von Babel
wird sich an euch rächen.
Warum bleibt ihr hier?
Ich rate euch: Kommt mit mir!
Ich führe euch nach Ägypten.
Dort werdet ihr sicher wohnen.
Niemand wird euren Frieden stören." 42,1ff.

„Ja", riefen alle, „das ist gut.
Wir gehen mit dir.
Aber wir brauchen noch
Gottes Segen dazu."

Da baten sie Jeremia:
„Bitte Gott für uns!
Wir sind nur der klägliche Rest
und wissen nicht aus noch ein.
Gott soll uns den Weg zeigen,
den wir gehen sollen." 42,2ff.

„Wie?" fragte Jeremia verwundert.
„Wollt ihr wirklich Gottes Wort wissen?
Wollt ihr seinem Wort folgen?"

„Ja, ganz gewiss!", riefen alle.
„Wir schwören es dir.
Wir wollen nur tun,
was Gott uns befiehlt." 42,5

Da gab Jeremia nach.
„Gut, wenn ihr meint,
dann will ich Gott für euch bitten.
Aber wartet, bis Gott zu mir spricht."

Nach zehn Tagen kam Johanan
mit seinen Leuten zurück.
Da gab ihnen Jeremia die Antwort:
„Hört, was Gott zu euch spricht:
Bleibt hier im Land!
Und fürchtet euch nicht
vor dem König von Babel!
Ich will euch bewahren und retten.
Doch wenn ihr das Land verlasst,
werdet ihr in Ägypten umkommen.
Das ist das Wort,
das Gott zu euch spricht.
Aber ich weiß,
ihr wollt es nicht hören." 42,11ff.

„Du lügst!", schrie Johanan wütend.
„Das hat Gott gar nicht gesagt.
Er hat nicht durch dich gesprochen.
Baruch, dein feiner Freund,
hat es dir eingeflüstert.
Leute, hört nicht auf ihn!
Folgt mir!
Ich führe euch sicher ans Ziel." 43,2ff.

Da brachen sie alle auf,
Männer, Frauen und Kinder.
Vergeblich warnte Jeremia:
„Tut's nicht!
Ihr ladet große Schuld auf euch."
Aber sie wollten nicht hören.

Und sie zwangen Jeremia und Baruch,
mit ihnen nach Ägypten zu ziehen.

Als sie dort ankamen,
ließen sie sich in Tachpanhes,
nahe bei der Grenze, nieder. 43,7
Dort fingen sie wieder von vorne an:
Sie bauten Häuser,
legten Gärten und Felder an
und opferten den Göttern des Landes.
Und als die Ernte eingebracht war,
buken die Frauen frische Kuchen.
Die legten sie auf den Altar
der Himmelsgöttin,
wie es in Ägypten Brauch war. 44,19
So hielten sie es viele Jahre,
genauso wie einst ihre Vorfahren.
Und sie redeten sich ein:
Was soll daran so schlimm sein?
Wir stehen dazu.
Auch in früheren Jahren
verehrten unsere Vorfahren
die Götter des Landes.
Und es ging ihnen gut.
Sie hatten stets Brot genug.
Warum sollten wir's jetzt
nicht ebenso halten? 44,17

So ging es mit denen zu Ende,
die Gott vor dem Untergang
bewahrt hatte.
Nur ein winziger Rest
kehrte nach Juda zurück.
Die anderen zogen es vor,
in Ägypten zu bleiben.
Dort verlor sich ihre Spur.
Niemand kennt ihre Namen.
Sie sind längst vergessen.
Aber Jeremias Name
bleibt unvergessen.
Mehr als vierzig Jahre lang
war Jeremia Gottes Prophet.
Er verkündete Gottes Wort
in guten wie in schlechten Tagen.
Er mahnte und warnte sein Volk
vom ersten Tag an,
als Gott ihn rief,
bis in sein hohes Alter.
Und obwohl niemand auf ihn hörte,
hörte er nicht auf zu rufen:
„O Land, Land, Land!
Höre des Herrn Wort!" 22,29
Sogar noch in Ägypten
rief er das Volk zu Gott zurück.
Gottes Wort war seine Speise,
sein Trost an unerträglichen Tagen.
Er konnte nicht anders,
er musste das Wort weitersagen. 15,16
Wie ein Hammer, der Felsen zerbricht,
so schlug das Wort bei ihm ein. 23,29
Manchmal wollte er fast verzagen.
Und auch Baruch, sein Freund,
fragte sich manches Mal:
War nicht alles Reden vergeblich?
Haben wir uns nicht umsonst abgemüht?
Doch Gott ließ ihm
durch Jeremia sagen:

„Siehe, was ich gebaut habe,
das reiße ich ein.
Und was ich gepflanzt habe,
das reiße ich aus.
So mache ich es auch
mit meinem Land.
Was erwartest du dann
Großes für dich?
Erwarte es nicht!
Aber du sollst dein Leben
wie eine Beute davontragen,
wohin du auch ziehst." 45,4

Der neue Bund
Jeremia 31,27–34

Dies ist das Wort Gottes,
das Jeremia empfing,
als die Geschichte Gottes
mit seinem Volk am Ende schien,
als Gott aufgehört hatte,
durch seinen Propheten zu reden.
Da offenbarte Gott,
was er seinem Volk
für künftige Zeiten verhieß:

„*Seht, es kommt die Zeit,*
da säe ich Menschen aus
über das Land Israel und Juda.
Ich habe sie ausgerissen
aus ihrem Land,
aber nun will ich sie
wieder in ihr Land einpflanzen.
Ich, der Herr, sage es euch. *31,27ff.*

Seht, es kommt die Zeit,
da will ich mit Israel und Juda
einen neuen Bund schließen.
Nicht wie der Bund war,
den ich mit ihren Vorfahren schloss,
sondern das wird der Bund sein,
den ich mit ihnen schließe:
Ich lege mein Gesetz in sie hinein.
Ich schreibe es in ihr Herz.
Und sie werden mein Volk sein,
und ich will ihr Gott sein.

Und keiner wird mehr
den andern belehren und sagen:
‚Erkenne den Herrn!'
Sondern sie werden mich
alle erkennen, Kleine und Große.
Denn ich will ihnen vergeben.
Ihrer Schuld will ich
nicht mehr gedenken." 31,31–33

15

Der Prophet Hesekiel

*Dies ist die Geschichte
von Hesekiel, dem Priester,
auch Ezechiel genannt,
den Gott zum Propheten berief.
Hesekiel lebte zur gleichen Zeit
wie der Prophet Jeremia.
Auch er war ursprünglich
in Juda zu Hause.
Aber im Jahr 597 wurde Hesekiel
nach Babylonien verschleppt,
zehn Jahre bevor Jerusalem
endgültig zerstört wurde.
Dort wurde Hesekiel
zum Propheten berufen.
Über zwanzig Jahre wirkte er
unter den verbannten Juden.
Er kündigte ihnen
den Untergang Jerusalems an.*

Und er ermahnte sie,
zu Gott umzukehren.
Seine Botschaft war so radikal,
dass man sie kaum ertrug.
Am meisten trug er selber daran.
Aber Gott richtete Hesekiel auf,
wenn er am Boden lag.
Er gab ihm die Kraft,
allen Widerständen zu trotzen.
Und er ließ ihn schauen,
was kein Mensch zuvor geschaut hatte:
Gottes Macht und Herrlichkeit,
die Himmel und Erde erfüllten.
(vgl. S. 470)

Die Berufung

Hesekiel 1,1–3,11

Es war ein düsterer Abend.
Dunkle Gewitterwolken zogen
über die Ebene hinweg,
die sich zwischen den Flüssen
Euphrat und Tigris erstreckte.
Kaum ein Mensch war
an diesem Abend noch unterwegs.
Nur am Ufer des Kebar,
einem Nebenkanal des Euphrat,
irrte ein Mann umher.
Hesekiel hieß er.
Vor vier Jahren war er
mit vielen anderen Juden
aus seiner Heimat verbannt worden.
Aber noch immer zeigte sich
für die verbannten Juden
keine Hoffnung, kein Licht.

Hesekiel lauschte.
Von den Hütten seiner Landsleute
drangen Stimmen herüber.
Jetzt jammern sie wieder,
dachte er bei sich.
Sie lehnen sich gegen Gott auf
und rebellieren gegen ihr Los.
Aber sie fragen nicht:
Was will uns Gott
mit alledem sagen?
Sie reden sich ein:
Es wird nicht so schlimm sein.
Bald kehren wir wieder
in unsere Heimat zurück.
Aber es ist nicht wahr,
was sie behaupten.
Wenn Gott nicht zu uns kommt,
wenn sein Licht nicht
durch unsere Dunkelheit bricht,
dann irren wir weiter im Dunkeln.

Hesekiel schaute zum Himmel hinauf.
Aber wohin er auch blickte,
überall sah er nur grau.
Nur noch im Westen zeigte sich
ein heller Streifen am Horizont.
Dort lag in der Ferne
Jerusalem, seine Heimat.
Früher hatte er dort am Tempel
als Priester gedient.
Hesekiel erinnerte sich
noch genau an jene Zeit.
Damals war Gott ihm
ganz nah erschienen.
Sein Glanz hatte den Tempel erfüllt.
Doch nun war es ganz dunkel um ihn.
Es erschien ihm,
als hielte sich Gottes Herrlichkeit
hinter dunklen Wolken verborgen.

Doch plötzlich riss ihn
ein dumpfes Grollen
aus seinen Träumen.
Hesekiel zuckte zusammen.
Da sah er am Himmel
eine feurige Wolke.
Sie trieb auf ihn zu.
Es stürmte und brauste.
Blitze jagten über den Himmel
von einem Ende zum andern.

Sie tauchten sekundenlang
den ganzen Himmel in grelles Licht. 1,4

Hesekiel stand da,
wie vom Donner gerührt.
Mit aufgerissenen Augen
starrte er auf die feurige Wolke.
Da – auf einmal formte sich
vor seinen inneren Augen ein Bild.
Immer deutlicher trat es hervor:
Mitten in der feurigen Wolke
schaute er einen blitzenden Wagen.
Der jagte im Sturm daher,
gezogen von geflügelten Wesen,
halb Mensch und halb Tier. 1,5ff.
Der Wagen fegte mit Donnergetöse
über den Himmel hinweg
und jagte von einem Ende zum andern.
Keine Macht hielt ihn auf. 1,24
Und über ihm glänzte es
in allen Farben,
wie ein Regenbogen,
so leuchtend, so klar. 1,28ff.

Hesekiel wusste nicht,
wie ihm geschah.
War es nur ein Traum?
Oder war es wirklich und wahr?
Er warf sich zu Boden.
Wie tot lag er da.
Das gleißende Licht,
die feurige Wolke,
der blitzende Wagen –
wie sollte er das fassen?
Er spürte:
Der heilige Gott war ihm ganz nah!
Gottes Herrlichkeit
hatte sein Dunkel erhellt,
so leuchtend wie einst im Tempel,
ja, noch viel heller.
Sein Licht hatte den ganzen Himmel
mit Glanz erfüllt.

In diesem Augenblick
hörte Hesekiel eine Stimme:
„Du Menschensohn, steh auf!
Stell dich auf deine Füße!
Ich will mit dir reden.“ 2,1

Zitternd stand Hesekiel auf.
Und wieder hörte er die Stimme,
deutlich und klar:
„Du Menschensohn,
ich sende dich zu dem Volk,
das gegen mich rebelliert.
Schon ihre Vorfahren
haben sich von mir abgekehrt.
Geh und sag ihnen:
‚Gott der Herr spricht‘!
Ob sie dich hören oder auch nicht –
sage es ihnen trotzdem.
Sie sollen wissen,
dass ein Prophet unter ihnen ist.“ 2,3ff.

Hesekiel war wie betäubt.
Er lauschte in die Stille hinein.
Hatte er richtig gehört?
Er sollte Gottes Wort weitersagen?
Aber Gott hatte ihm doch
gar kein Wort offenbart!

Als er noch darüber nachsann,
neigte sich eine Hand zu ihm herab,
die rollte eine Schriftrolle
vor seinen Augen aus.
Erschrocken las Hesekiel,
was darauf stand:
Worte voller Schmerz und Wehklage.
Und wieder hörte er die Stimme,
ganz deutlich und klar:
„Du Menschensohn!
Nimm die Schrift
und iss sie auf!“ 3,1

Da nahm er die Rolle
und schlang sie in sich hinein,
so, wie sie war.
Doch – siehe da:
Sie schmeckte wie Honig.

Und noch einmal hörte er die Stimme:
„Du Menschensohn!
Nun geh zu meinem Volk
und bring ihm die Botschaft!
Sag ihnen: Gott der Herr spricht!
Aber sie werden nicht auf dich hören,
denn sie haben Köpfe und Herzen
so hart wie Stein.
Denn sie sind ein Volk,
das mir widerspricht.
Du aber, fürchte dich nicht!
Sag ihnen ins Gesicht,
was Gott der Herr spricht.
Zeig ihnen die Stirn!
Ich mache sie so hart
wie ihre Stirn,
ja, noch härter
als ein Kieselstein.
Wie ein Diamant –
so hart wird sie sein." 3,4–9

Hesekiel stand da wie betäubt.
Stumm lauschte er,
bis die Stimme verklungen war.
Der Sturm legte sich.
Der Himmel hellte sich auf.
Da wusste Hesekiel,
was in dieser Stunde geschehen war:
Der heilige Gott war ihm erschienen.
Er hatte ihn zu seinem Propheten gemacht.

Aber wenn die Menschen
ihm widersprachen?
Wenn sie ihm sagten:
Hesekiel, es ist nicht wahr.
Du bist nicht Gottes Prophet.
Das hast du nur geträumt.
Dann würde er ihnen erzählen,
wie Gott ihm begegnet war,
hier am Ufer des Kebar,
im fünften Jahr, nachdem er
aus Jerusalem weggeführt worden war.

Da besorgte sich Hesekiel
eine Schriftrolle
und fing an zu schreiben:
„Am fünften Tag
im vierten Monat im fünften Jahr,
als ich unter den Weggeführten
am Fluss Kebar war,
da tat sich der Himmel auf,
und ich sah,
was Gott mir offenbarte..." 1,1

Der Wächter

Hesekiel 3,12–27

Viele Tage blieb Hesekiel verschollen.
Niemand wusste, wo er sich aufhielt.
Doch eines Tages erschien er
in der jüdischen Siedlung Tel-Abib.
Aber wie erschraken die Juden,
als sie Hesekiel sahen!
Er schien völlig verändert.
Sein Blick war verstört.
Wie versteinert saß er bei ihnen
und starrte unbewegt vor sich hin.
Tagelang sprach er kein Wort. 3,15

Endlich, nach sieben Tagen,
regte sich wieder Leben in ihm.
Hesekiel richtete sich auf.
Er lauschte angespannt,
als hörte er eine Stimme.
Gott war es, der Hesekiel rief:
„Du Menschensohn!
Ich mache dich zum Wächter
über mein Volk.
Du sollst die Menschen
in meinem Namen warnen.
Rufe sie zurück
von ihren verkehrten Wegen!
Tust du es nicht,
dann bist du schuld
an ihrem Tod.
Tust du es aber,
dann bist du von Schuld frei." 3,17ff.

Kurz darauf war Hesekiel
verschwunden.
Erst nach Tagen
tauchte er wieder auf.
Die Leute in Tel-Abib
starrten Hesekiel entsetzt an.
Hesekiel, wo warst du?,
wollten sie fragen.
Was ist mit dir geschehen?
Hast du eine Erscheinung gehabt?
Aber eine heimliche Scheu
hielt sie davon ab.

Von dieser Stunde an
fand Hesekiel keine Ruhe mehr.
Unruhig streifte er
in der Gegend umher.
„Was ist nur in Hesekiel gefahren?"
So fragten sich viele besorgt.
„Seht nur, wie sonderbar
er sich benimmt!
Vielleicht hat ihn
eine schwere Krankheit gepackt?
Wir müssen ihn festhalten.
Sonst tut er sich noch etwas an."
Und sie nahmen Seile
und fesselten ihn an sein Lager. 3,25

Hesekiel aber ließ alles
mit sich geschehen.
Er brachte kein Wort heraus,
keinen einzigen Laut. 3,26
Seine Zunge klebte am Gaumen.
Stocksteif lag er da.
Doch niemand wusste,
was wirklich mit ihm geschehen war:
Gottes Hand hatte Hesekiel gepackt.
Gott hatte ihn zum Wächter
und Propheten gemacht.
Von nun an tat Hesekiel nur noch,
was Gott zu ihm sprach.

Die Zeichen

Hesekiel 4–5

Nach diesen Tagen befahl Gott
dem Propheten Hesekiel:
„Zeige dem Volk Israel,
was mit Jerusalem geschehen wird."
Und Gott sprach:
„Du Menschensohn!
Nimm einen Ziegelstein,
leg ihn vor dich hin!
Ritze darauf eine Stadt ein
und zieh einen Belagerungsring
um die Stadt.
Dann nimm eine eiserne Platte
und stelle sie als Mauer
zwischen dich und die Stadt
und fang an, sie zu belagern!
Das soll das Zeichen sein,
das ich meinem Volk gebe." 4,1ff.

Da suchte sich Hesekiel
einen großen Ziegelstein
und ritzte darauf
den Grundriss von Jerusalem ein,
Mauern, Türme und Tore.
Danach schüttete er aus Sand
einen Wall um die Stadt auf,
baute eine Rampe
bis an die Mauern der Stadt,
stellte ringsum Rammböcke auf,
setzte das feindliche Lager davor
und begann, die Stadt zu belagern.

Bald sprach es sich
bei den anderen Juden herum:
„Habt ihr gehört, was Hesekiel macht?
Jetzt ist er völlig übergeschnappt.
Er spielt Belagerung wie ein Kind.
Glaubt er etwa im Ernst,
dass Jerusalem bald belagert wird?"
Aber nur wenige wollten begreifen,
was hier wirklich geschah.

Gott war es, der sie
durch dieses Zeichen warnte:
Macht euch nichts vor!
Betrügt euch nicht selber!
Die Gefahr für Jerusalem
ist noch längst nicht vorüber.
Die größte Bedrohung
steht der Stadt noch bevor.
Bald werden die Feinde kommen
und die Stadt belagern und stürmen.

Danach sprach Gott zu Hesekiel:
„Auf diesem Volk liegt
eine schwere Schuld.
Zeig ihm, wie schwer
seine Schuld wiegt!
Von Anfang an,
430 Jahre lang,
hat es Schuld auf sich geladen.
Ich aber will seine Schuld
auf dich legen.
430 Tage lang
sollst du seine Schuld tragen,
für jedes Jahr einen Tag.
Darum tu alles genauso,
wie ich es dir sage.“ 4,4ff.

Da besorgte sich Hesekiel
einen großen Vorrat an Getreide,
Bohnen, Linsen und Hirse,
mischte alles zusammen
und buk daraus Fladenbrot,
legte es neben sein Lager
und stellte eine Kanne Wasser dazu.
Danach legte er sich hin
und blieb liegen,
wie Gott ihm befohlen hatte.
Er stand nicht auf
und schor weder Haare noch Bart.
Tag und Nacht lag er so da,
an heißen wie auch an kalten Tagen,
bei Hitze und Frost,
im Sommer wie auch im Winter,
über ein Jahr.
Und immer hatte Hesekiel
das belagerte Jerusalem vor Augen.
Es war, als ob ihn
eine unsichtbare Last lähmte.

430 Tage lang dauerte
dieses qualvolle Leiden.
In dieser Zeit aß er
nur ein Fladenbrot am Tag
und trank nur einen Becher Wasser dazu,
gerade genug, um am Leben zu bleiben.
So hatte es Gott ihm befohlen.

Doch als die Tage um waren,
stand Hesekiel auf, wusch sich
und schor sich sein Haar.
Einen Rest davon
verwahrte er in seinem Gewand. 5,3
Und da – auf einmal
löste sich seine Zunge!
Hesekiel lief aus seinem Haus
und rief laut hinaus:
„So spricht der Herr:
Wie ihr gesehen habt,
so wird es Jerusalem gehen.
Denn ihre Schuld wiegt schwer.
Ihre Bewohner haben es
schlimmer getrieben
als alle Völker rings umher
und haben sich nicht
an meine Gebote gehalten.
Darum will ich Gericht
über sie halten,
denn ihre Gräueltaten
stinken zum Himmel.
Darum werde ich ihre Stadt
zur Wüste machen,
und sie sollen erfahren:
Wie ich sage,
so geschieht es auch,
denn ich bin der Herr.“ 5,7ff.

Dies verkündete Hesekiel
den verbannten Juden,

nachdem er 430 Tage
geschwiegen hatte.
Es war eine schwere Last,
die Gott ihm aufgetragen hatte.
Aber Hesekiel musste sie tragen.
Gott hatte ihn zum Wächter
über sein Volk gemacht.
Und wenn es nur wenige waren,
die auf seine Botschaft hörten –
um dieser wenigen willen
durfte Hesekiel nicht schweigen.

Hesekiel griff nach dem Haar,
das übriggeblieben war.
Es war wie ein stilles Zeichen:
Ein Teil dieses Volkes
würde am Leben bleiben –
und heimkehren zu Gott. 6,8f.

Kehrt um!

Hesekiel 18 und 33

Neun Jahre lebten die Juden
bereits in der Verbannung.
Da geschah,
was Hesekiel angekündigt hatte:
Der König von Babylon fiel
zum zweiten Mal in Juda ein
und schickte sich an,
Jerusalem zu erobern.

Als die Verbannten
die Schreckensnachricht erfuhren,
verloren sie allen Mut.
Und sie klagten:
„Warum tut Gott uns das an?
Nun kommen wir nie mehr
in unsere Heimat zurück.
Und wer ist schuld daran?
Unsere Eltern!
Unsere Vorfahren!
Sie haben so viel Unrecht getan.
Nun müssen wir auslöffeln,
was sie uns eingebrockt haben.
Denkt an das alte Sprichwort:
‚Wenn Eltern saure Trauben essen,
bekommen Kinder stumpfe Zähne.'
Genauso ergeht es jetzt uns.
Ist das etwa gerecht?" 18,2

Als aber Hesekiel hörte,
wie sie rebellierten,
eilte er herbei und rief:
„Was ist das für ein Geschrei?
Was redet ihr euch ein?
Das Sprichwort stimmt nicht.
Hört doch, was Gott zu euch spricht:

> Ob Eltern, ob Kinder –
> jeder Mensch muss selber
> für seine Taten Verantwortung tragen!
> Ein Vater haftet nicht
> für seinen Sohn.
> Und ein Sohn haftet nicht
> für seinen Vater.
> Jeder muss seine eigene Schuld tragen.
> Wenn ihr aber umkehrt,
> wenn ihr kein Unrecht mehr tut,
> dann werdet ihr leben.
> Oder glaubt ihr etwa,
> Gott habe Gefallen an eurem Tod?
> Nein, er will, dass ihr lebt! 18,23
> Wie könnt ihr behaupten,
> Gott handele nicht recht?
> Ihr tut das Unrecht.
> Ihr müsst euch ändern.
> Darum werft alle Sünde ab,
> die euch gefangenhält.
> Schafft in euch ein neues Herz
> und einen neuen Geist!
> Warum wollt ihr sterben?
> Denn so spricht der Herr:
> Ich habe keinen Gefallen
> an eurem Tod.
> Darum kehrt um!
> Dann werdet ihr leben." 18,31f.

So sprach Hesekiel
zu der aufgebrachten Menge.
Was für eine Botschaft!,
wunderten sich die Hörer.
Noch nie hat ein Prophet
solche kühnen Worte gewagt.
Die Leute merkten:
Es ging um ihr Leben.
Sie waren persönlich gefragt.

Von diesem Tag an
war Hesekiels Name
in aller Munde.
Auf den Straßen
und in den Häusern
sprachen alle
voller Achtung von ihm.
Und sooft er predigte,
strömten die Leute zusammen.
Sie hingen an seinem Munde.
Und sie schwärmten begeistert:
„Wie gut hat er uns wieder
Gottes Wort ausgelegt!"
Aber niemand
dachte ernsthaft daran,
sein Leben zu ändern. 33,30

Da sprach Gott zu Hesekiel:
„Sieh, wie sie dir nachlaufen!
Du bist für sie wie einer,
der Liebeslieder singt,
der eine schöne Stimme hat
und gut spielen kann.
Deine Worte hören sie wohl,
aber sie handeln nicht danach.
Wenn aber das Unglück kommt –
es ist nicht mehr weit –,
dann werden sie erkennen,
dass ein Prophet in ihrer Mitte war." 33,32ff.

Der Hirte

Hesekiel 34

Bald war es soweit.
Das Unglück nahm seinen Lauf.
Seit Monaten drang aus Jerusalem
keine Nachricht mehr durch.
Hesekiel ahnte, was das bedeutete:
Offenbar wurde die Stadt
noch immer belagert.
Aber wie lange
hielt sie noch stand?
So fragte sich Hesekiel bange. 33,21f.

Eines Abends hielt es
der Prophet nicht mehr aus.
Er lief ins Freie hinaus.
Seine Kehle war wie zugeschnürt.
Er brachte kein Wort heraus.
Voller Sorge blickte er nach Westen,
wo in der Ferne Jerusalem lag.
Er ahnte, ja, er spürte,
dass dort Furchtbares geschehen war. 33,22

Unruhig wartete Hesekiel,
bis der nächste Morgen anbrach.
Da jagte ein Reiter heran.
Entsetzen lag auf seinem Gesicht.
„Weh uns!", schrie er.
„Wir sind verloren.
Jerusalem ist gefallen.
Die Stadt ist gestürmt.
Ihre Häuser sind niedergebrannt.
Und ihre Bewohner werden
nach Babel verschleppt.
Aber der König…"
Der Bote stockte.
„Er wollte sich retten.
Er wollte entfliehen
mit Frau und Kindern.
Doch die Babylonier
holten ihn ein,
töteten seine Söhne,

stachen ihm die Augen aus
und nahmen ihn mit." 2. Kö 25,1ff.

Hesekiel war sprachlos.
Vor seinen inneren Augen
sah er den König,
umgeben von seinen Fürsten.
Als Hirten hatte Gott ihn
über sein Volk gesetzt.
Aber er hatte bis zuletzt
nur an sich selber gedacht,
er und alle, die um ihn waren.

Und auf einmal löste sich
Hesekiels Zunge.
„Weh euch!", so brach es
aus dem Propheten hervor.
„Weh euch, ihr Hirten!
Ihr habt euch nur selber geweidet.
Die Schwachen
habt ihr nicht gestärkt.
Die Kranken habt ihr nicht geheilt.
Die Verirrten und Verlorenen
habt ihr nicht gesucht.
Wie sind die Schafe zerstreut!
Sie haben keinen Hirten mehr.
Raubtiere fallen über sie her.
Sie irren umher
auf allen Bergen und Hügeln. 34,1ff
Darum spricht Gott, der Herr:
Ich will mich meiner Herde
selber annehmen und sie suchen.
Ich will das Verlorene wieder suchen
und das Verirrte zurückbringen
und das Verwundete verbinden
und das Schwache stärken.
Ich will meiner Herde helfen,
dass keine Raubtiere mehr
über sie herfallen." 34,11ff.

Nach Wochen kamen die Gefangenen
endlich in Babylonien an,
ausgehungert und dem Tode nah.
Wie Schafe!, durchfuhr es Hesekiel,
als er die Geschundenen sah.
Wie Schafe,
die keinen Hirten mehr haben,
so waren sie versprengt und zerstreut.

Da war es Hesekiel,
als hörte er wieder Gottes Stimme:
„Ich will meiner Herde helfen.
Ich will ihnen
einen einzigen Hirten geben,
der sie weiden soll,
meinen Knecht David.
Der wird sie weiden
und soll ihr Hirte sein.
Und ich will einen Friedensbund
mit ihnen schließen.
Sie werden sicher wohnen.
Und sie sollen erfahren,
dass ich, der Herr, bei ihnen bin."

34,22–30

Hesekiel sah sich um.
Noch war kein Hirte in Sicht.
Es klang wie Zukunftsmusik,
was Gott seinem Volk versprach.
Aber in Gottes Versprechen
war er schon jetzt seinem Volk nah,
der Hirte und Tröster,
der sein verzagtes Volk
trösten und leiten würde.

**Du, Hirte Israels, höre,
der du uns hütest wie Schafe!
Gott, tröste uns wieder
und lass leuchten dein Angesicht,
so genesen wir.
Herr Gott Zebaot,
wie lange willst du zürnen,
während dein Volk zu dir betet?
Gott Zebaot, tröste uns wieder,
lass leuchten dein Angesicht,
so genesen wir.**

Aus Psalm 80

Ein neues Herz

Hesekiel 36

Jerusalem war erobert.
Babylon feierte seinen Sieg.
Im Triumphzug führten die Sieger
die gefangenen Juden durch das Land.
Das Volk von Babel säumte die Straßen.
Es jubelte, grölte und goss
seinen Spott über die Gefangenen aus.

> *„Ha! Die ewigen Höhen!*
> *Sie sollen nicht mehr bestehen.*
> *Nun gehören sie uns.“* 36,2

Es war ein Spottlied
auf Judas verwüstete Berge.
Das Lied ging von Mund zu Mund.
Bald wurde es im ganzen Land gesungen.

Als aber Hesekiel das Lied hörte,
ging es ihm durch und durch.
Wie? Diese Heiden wagten es,
über Judas Berge zu spotten?
Er dachte an den Berg Zion,
auf dem der Tempel errichtet war.
Wie oft hatten sie früher
in ihren Gottesdiensten
das Lied angestimmt:

> *„Schön ragt der Berg Zion empor,*
> *an ihm freut sich die ganze Welt.“ Ps 48,3*

Doch nun war der Berg Zion
von den Babyloniern verwüstet.

Hesekiel ging zum Ufer des Kebar.
Dort hatten sich viele Juden
zum Gottesdienst versammelt.
Aber kein Lied erklang.
Die Harfen hingen
in den Weiden am Ufer.
Niemand sprach ein Wort.
Weinend saßen sie auf der Erde
und ließen die Köpfe hängen.
Auch viele neue Gesichter waren dabei.
Man sah ihnen an,
wieviel sie durchgemacht hatten.
Sie alle trauerten
um ihre verlorene Heimat
und um den Berg Zion,
der so verwüstet war. Ps 137,1ff.

Da wusste Hesekiel auf einmal,
was er diesen Menschen zu sagen hatte.
Er wandte sich nach Westen,
wo in weiter Ferne Jerusalem lag.
Und mit lauter Stimme rief er
über die Ebene hinweg:

> „Ihr Berge Israels,
> hört, was Gott zu euch spricht:
> Ihr sollt wieder grünen
> und Früchte tragen.
> Ich will mich wieder
> zu euch kehren,
> und ihr sollt wieder
> bewohnt werden.
> Ja, ich will euch mehr Gutes tun,
> als jemals zuvor.
> Dann wird der Hohn eurer Feinde
> endlich verstummen.
> Und sie werden erfahren,
> dass ich der Herr bin.“ 36,6ff.

„Und nun zu euch!“
Hesekiel wandte sich
zu der versammelten Gemeinde.

> „Hört, was Gott zu euch spricht:
> Ich habe euch
> unter fremde Völker zerstreut.
> Aber ich will euch wieder
> in euer Land bringen
> und euch reinwaschen
> von eurer Schuld.
> Ich will euch ein neues Herz
> und einen neuen Geist in euch geben.
> Und ich will das Herz von Stein
> aus eurem Leib nehmen.
> Ja, ich will euch ein neues Herz
> aus Fleisch und Blut geben.

> Ich will meinen Geist in euch geben
> und aus euch Menschen machen,
> die meine Gebote beachten.
> Und ihr sollt in dem Land wohnen,
> das ich euren Vorfahren gab.
> Ihr sollt mein Volk sein,
> und ich will euer Gott sein.“ 36,26ff.

So sprach Gott
durch seinen Propheten,
als sein Volk ganz am Ende war.
Da fing Gott neu mit ihm an.
Mitten im fremden Land,
in der dunkelsten Stunde
seiner Geschichte,
gab er seinem Volk
ein neues, großes Versprechen:
Gott würde auch in Zukunft
unter seinem Volk wohnen,
nicht auf einem Berg,
auch nicht in einem Tempel,
von Menschenhänden gemacht,
sondern in den Herzen der Menschen,
die er selbst neu machen wird.

Neues Leben

Hesekiel 37

Gott hatte den verbannten Juden
ein großes Versprechen gegeben.
Aber ihre Lage wurde
mit jedem Tag unerträglicher.
Die Babylonier trieben sie
unerbittlich zur Arbeit.
Täglich mussten sie den Kanal
von Schilf und von Schlamm befreien.
Von frühmorgens bis abends
standen sie tief im Morast.
Die Arbeit war mörderisch.
Gnadenlos brannte die Sonne herab.
Oft hielten sich die Juden
vor Schwäche kaum noch
auf den Beinen.
Verzweifelt kämpften sie
um das nackte Überleben.

Aber viele hielten nicht durch.
Immer wieder lichteten sich die Reihen.
Die meisten starben an Entkräftung.
Andere raffte das Fieber dahin.
Jeden Tag hörte man
auf den Straßen die Totenklage.
An manchen Tagen starben so viele,
dass die Lebenden kaum noch
die Toten begraben konnten.

Es war eine trostlose Zeit.
Aller Lebensmut war dahin,
alle Hoffnung begraben.
Erschüttert hörte Hesekiel,
wie die Menschen ihr Klagelied sangen:

> *„Unser Gebein ist verdorrt,*
> *unsere Hoffnung verloren.*
> *Es ist ganz und gar mit uns aus.“* 37,11

Vergeblich suchte Hesekiel
nach einem Trostwort für sie.
Gab es denn gar keine Hoffnung
für diese Verzagten?
Keinen Lichtblick am Horizont?
Hesekiel ließ seinen Blick
in die Ferne schweifen.

Plötzlich war es ihm,
als öffnete ihm Gott die Augen.
Gott führte ihn im Geist
in die weite Ebene hinaus.
Und siehe da:
Die Ebene verwandelte sich
in ein Totenfeld.
Wohin Hesekiel schaute,
überall lagen Knochen herum,
Totenschädel und Totengebeine,
von der Sonne gebleicht.

Hesekiel schauderte es.
Entsetzt starrte er auf die Knochen. 37,1ff.

Da hörte er Gottes Stimme:
„Du Mensch,
werden diese Gebeine
wohl wieder leben?“ 37,3
„Ach, mein Herr und Gott!“,
stammelte Hesekiel.
„Das weißt nur du allein!“

Doch Gott befahl ihm:
„Verkünde diesen Knochen:
So spricht Gott, der Herr:
Ihr sollt wieder leben.
Ich will meinen Lebensatem
in euch geben
und will euch mit Sehnen,
Haut und Fleisch umgeben.“ 37,5ff.

Hesekiel wusste nicht,
wie ihm geschah.
Laut rief er über das Totenfeld:
„Hört, ihr verdorrten Knochen!
Hört, was Gott zu euch spricht:
Ihr sollt wieder leben.
Hört ihr? Leben sollt ihr!“

Und während er rief,
rauschte es seltsam.
Die Gebeine regten sich.
Sie rückten zusammen
und nahmen Gestalt an.
Aber es war noch
kein Leben in ihnen.

„Komm!“, rief Hesekiel.
„Komm, Lebensgeist!
Komme herbei!
Tu, was Gott dir befiehlt!
Erfülle die Toten mit neuem Leben!“
37,6ff.

Und siehe da!
Auf einmal kam Leben
in die toten Körper.
Sie richteten sich auf.
Hunderte, Tausende belebten das Feld.
Hesekiel aber war wie betäubt.
Da hörte er wieder Gottes Stimme:

„Du, Mensch,
diese Totengebeine sind mein Volk.
Sieh, wie sie klagen:
‚Unsere Gebeine sind verdorrt.
Unsere Hoffnung ist verloren.
Es ist mit uns aus.‘
So geh nun zu ihnen
und verkündige ihnen mein Wort!
So spricht der Herr:
Siehe, ich will eure Gräber auftun
und hole euch herauf
und will meinen Lebensatem
in euch geben,
dass ihr wieder leben sollt.
Und ich will euch wieder
in euer Land setzen.
Und ihr sollt erfahren,
dass ich der Herr bin.
Ich sage es und tue es auch.“ 37,11–14

Da spürte Hesekiel,
wie sich seine Erstarrung löste.
Auf einmal kam wieder Leben in ihn.
Sogleich machte er sich auf den Weg
und lief zu den Verbannten zurück.
Die saßen noch immer am Boden,
starrten mit toten Augen ins Leere
und murmelten tonlos ihr Klagelied:

„Unsere Gebeine sind verdorrt.
Unsere Hoffnung ist dahin.
Es ist ganz und gar mit uns aus.“ 37,11

„Nein!“, rief Hesekiel.
„Es ist nicht mit euch aus.
Hört, ihr Verzagten!
Ihr seid nicht verloren.
Hört, was Gott euch verspricht:
Gott will, dass ihr lebt.
Er gibt seinen Lebensgeist in euch.
Der macht neue Menschen aus euch.

Hört ihr? Leben sollt ihr!
Leben!“

Da horchten die Menschen auf.
In ihren toten Augen
flackerte Hoffnung auf.
Und sie spürten
mitten im Grauen des Todes,
wie neuer Lebensmut
in ihnen erwachte.

Die neue Stadt

Hesekiel 40–48

Schon 25 Jahre lebte Hesekiel
in der Verbannung.
Da zeigte Gott seinem Propheten,
was in ferner Zukunft geschehen sollte.
Es war die letzte Offenbarung,
die Hesekiel von Gott empfing.
Zu jener Zeit hatten die Juden
die Hoffnung auf Heimkehr
schon fast aufgegeben.
Jerusalem und sein Tempel
lagen noch immer in Trümmern,
wie an jenem Tag,
da die Stadt zerstört worden war.
Aber Gott ließ seinen Propheten
die neue Stadt Gottes schauen.
Und der Prophet schrieb alles auf,
was Gott ihm offenbarte,
als Zeugnis der Hoffnung
für kommende Zeiten.

„So schreibt Hesekiel,
der Priester und Prophet Gottes:
Am vierzehnten Jahrestag
der Eroberung Jerusalems
führte mich Gott im Geist
in das Land Israel
und stellte mich
auf einen sehr hohen Berg.
Da war eine Stadt gebaut,
das neue Jerusalem.
Und ein Mann, seltsam anzuschauen,
hielt eine Messlatte in der Hand.
Der sprach zu mir: Du Mensch!
Gib genau Acht, was du siehst.
Und verkünde es deinem Volk. 40,4

Er führte mich
zum Osttor des Tempels,
und maß das Tor aus
in seiner Breite und Tiefe.
Und er führte mich
durch die Vorhalle
in den äußeren Vorhof des Tempels
und maß alles aus,
Mauern und Tore,
auch die Tore und Stufen,
die zum inneren Vorhof führten.
Alles war maßgerecht gebaut.
An nichts fehlte es.
Sogar die Altargeräte
waren vollzählig vorhanden.
Und der Mann mit der Messlatte
führte mich in den Tempel hinein,
in den innersten Raum.
Und er sprach zu mir:
‚Das ist das Allerheiligste!‘
Aber der Raum war leer.
Die Herrlichkeit Gottes
erfüllte den Raum nicht mehr. 40–41

Danach führte mich der Mann
zum Osttor hinaus.
Ich schaute nach Osten,
in Richtung Babylon,
wo mein Volk verbannt war.
Da – plötzlich brach
von Osten ein Orkan los.
Der Himmel riss auf.
Ein Licht strahlte auf,
wie die Sonne so hell,
noch viel heller.
Das tauchte die ganze Erde
in gleißendes Licht
und erfüllte den Tempel.

Erschrocken warf ich mich
auf die Erde
und betete Gott an.
Denn ich erkannte:
Gott hatte mir
seine Herrlichkeit offenbart
wie einst am Kanal Kebar,
als Gott mir erschienen war. 43,1ff.

Und ich hörte eine Stimme
aus dem Innern des Tempels:
‚Du Mensch!
Hier ist der Ort,
wo mein Thron steht.
Hicr will ich
unter meinem Volk wohnen
für alle Zeit.
Aber du, Menschensohn,
verkünde meinem Volk,
was du geschaut hast!
Dann werden sie sich schämen,
was sie mir angetan haben.
Doch du sollst ihnen
alles genau beschreiben.
Schreib es auf in ein Buch,
damit sie sich
an meine Ordnungen halten.' 43,7ff.

Da stand ich auf
und ging hinaus vor das Tor.
Und siehe da:
Aus dem Tor
floss ein Strom hervor.

Und der mich führte, sprach zu mir:
Dieser Strom fließt zum Toten Meer.
Wo zuvor kein Leben mehr war,
da wächst neues Leben hervor.
Fische aller Art
füllen das Wasser mit Leben.
Und an den Ufern
wachsen üppige Bäume empor.
Sie bringen jeden Monat
neue Früchte hervor.
Ihre Blätter verwelken nicht.
Und wer von diesen Früchten isst,
wird von seinen Leiden genesen." 47,8f.

Dies ist die Offenbarung,
die Gott seinem Propheten gab,
als er an den Wassern Babylons saß
und die Zukunft seines Volkes
noch vor ihm verschlossen lag.
Da ließ ihn Gott
die künftige Stadt schauen
und das Wasser des Lebens,
das aus ihr quillt.
Zwölf Tore führen in die Stadt,
in der Gott wohnen wird.
Dort wird Gott sein Volk
aus allen Ländern und Völkern sammeln.
Sie werden sein Volk sein.
Und er wird ihr Gott sein.
Und sie werden die Stadt nennen:
„Hier ist der Herr!" 48,35

„Da ließ ihn Gott die künftige Stadt schauen und das Wasser des Lebens, das aus ihr quillt."

16

Das Buch Daniel

Dies ist die Geschichte von Daniel,
dem treuen Zeugen Gottes
im fremden Land.
Von ihm weiß das Buch Daniel
Erstaunliches zu erzählen:
Daniel war noch ein Kind, 1
als er aus Jerusalem
nach Babylon verschleppt wurde.
Aber im Unterschied
zu vielen anderen Juden
kam Daniel mit seinen Freunden
an den Hof des Königs von Babel.
König Nebukadnezar machte ihn
zu seinem Diener und Ratgeber.
Daniel war weiser
als alle Gelehrten am Hof. 1,18ff.
Auch besaß er die Gabe,
die Träume des Königs zu deuten. 2,27ff.
Doch obwohl Daniel
dem König von Babylon diente,
blieb er dennoch seinem Gott treu
und hielt sich auch im fremden Land
an Gottes Gebote. 1,8ff.
Dadurch geriet Daniel
immer wieder in große Gefahr.
Einmal hätten ihn fast
die Soldaten des Königs getötet. 2,12ff.
Ein andermal ließ der König
seine Freunde ins Feuer werfen,
weil sie sich seinem Befehl
widersetzt hatten. 3,1ff.
Am Ende wurde Daniel sogar
zu den Löwen in die Grube geworfen. 6,1ff.
Aber Gott bewahrte Daniel
und seine Freunde in Zeiten der Not
und rettete sie immer wieder
aus der Gewalt ihrer Feinde.

Über 60 Jahre
lebte Daniel in Babylon.
Er sah Könige kommen und gehen.
Zuletzt eroberten die Perser
das babylonische Reich
und schufen ein neues Weltreich.
Aber Daniel blieb, der er war:
der treue Diener und Zeuge
des einen Gottes,
der über Himmel und Erde
und über alle Reiche der Welt regiert.
Unerschrocken verkündete Daniel
sein Wort vor den Königen
und Mächtigen seiner Zeit.
Aber seine Botschaft reicht
weit über seine Zeit hinaus.

Daniels Geschichte und Botschaft
wurden später aufgeschrieben
und unter die Bücher
der Propheten eingereiht.
Denn wie die Propheten,
so schärft auch dieses Buch
den Blick für Gottes Zukunft
und für sein kommendes Reich.

Daniel 1ff. (vgl. S. 471)

Daniels Botschaft

Daniel 5

Mehr als vierzig Jahre regierte
König Nebukadnezar in Babylon.
Nach ihm bestiegen mehrere Könige
in schneller Folge den Thron.
Der letzte König war Nabonid.
Er verzichtete auf die Herrschaft
und zog sich in die Stille zurück.
An seiner Stelle setzte er
Belsazar über das babylonische Reich.
Aber unter dessen Herrschaft
verfiel das Reich mehr und mehr.
In Babylon wuchs die Angst,
denn im Osten rüstete sich
der persische König zum Krieg.
Es war nur noch eine Frage der Zeit,
dann würde er mit seinen Soldaten
auch Babylon erobern.
In diesen Tagen, so erzählt man,
trug sich in Babylon folgendes zu:

Es war Nacht.
Die Stadt Babylon lag im Dunkel.
Gespenstisch ragten
die hohen Mauern und Türme
in den nächtlichen Himmel.
Totenstille lag über der Stadt.
In den Häusern schliefen die Menschen.
Nur in der Königsburg waren
noch alle Fenster erleuchtet.
Dort wurde im Thronsaal gefeiert.
Belsazar hatte tausend Gäste
zum Festmahl geladen.
Alles, was Rang und Namen hatte,
hatte sich eingestellt,
Fürsten, Minister und hohe Beamte.
Die Diener tischten köstliche Speisen auf.
Der Wein floss in Strömen.
Die Gäste aßen und tranken.
Sie lärmten, lachten und leerten
einen Becher um den andern.
Doch in Wahrheit spülten sie
nur ihre Angst hinunter,
denn schon seit Tagen
hielt sich in der Stadt das Gerücht:
Die Perser sind schon im Land.
Sie marschieren auf Babylon zu.
Aber Belsazar ließ sich
keine Angst anmerken.
„Freunde!“, rief er,
schon sichtlich betrunken.
„Uns kann nichts geschehen.
Unsere Götter stehen uns bei.
Sie sind viel mächtiger
als die Götter der anderen Völker.
Ich werde es euch heute beweisen.“ 5,1ff.

In diesem Augenblick ging die Tür auf.
Diener trugen goldene
und silberne Schalen herein,
dazu Kannen, Becher und Pfannen.
Auch ein goldener Leuchter
mit sieben Armen war dabei.
„Seht!“, rief Belsazar triumphierend.
„Das ist der Schatz
aus dem Tempel der Juden.
Den haben wir vor Jahren erbeutet.
Diese Gefäße entweihen wir jetzt.“
Er nahm eine goldene Schale,
ließ sie mit Wein füllen
und leerte sie in einem Zug.
„Seht ihr?“, schrie er.
„Ihr Gott ist tot.
Er wehrt sich nicht.
Ein Hoch auf unsere Götter!“
„Ja, bravo!“, schrien alle begeistert.
„Ein Hoch auf unsere Götter!“
Sie griffen nach den Gefäßen,
füllten sie mit Wein
und prosteten den Göttern zu,
die den Saal zierten,
Götterbilder aus Gold und Silber,
aus Bronze, aus Stein und aus Holz.
Dazu grölten sie um die Wette:

„Hoch sollen sie leben!
Unsere Götter leben hoch."
Der Lärm schwoll an.
Die Stimmung stieg.
Aber was war das?
Belsazar wurde plötzlich ganz blass.
Zitternd zeigte er auf die Wand.
Dort erschien – eine Hand!
Sie schrieb auf die weiße Wand
seltsame Zeichen,
Worte, die niemand verstand. 5,5

Auf einmal wurde es
ganz still in dem Saal.
Alle starrten entsetzt auf die Wand
und auf ihren Gastgeber Belsazar.
Der zitterte am ganzen Leib.
Seine Beine versagten.
Hilflos stammelte er:
„So helft mir doch!
Ist denn niemand hier,
der mir die Schrift deuten kann?
Wo sind die Gelehrten?
Wo sind meine Wahrsager?
Holt sie sofort her!
Sagt ihnen:
Wer mir die Schrift deutet,
den will ich hoch ehren.
Einen purpurnen Mantel
soll er bekommen,
dazu eine Kette aus Gold.
Und er soll der Dritte
in meinem Königreich sein."

Da eilten alle herbei,
mitten in der Nacht,
Wahrsager und weise Gelehrte.
Aber auch sie konnten
die Schrift nicht deuten,
so sehr sie sich mühten.

Als Belsazar das sah,
wurde ihm noch mehr angst.
Alle Farbe wich aus seinem Gesicht.

Im Nu sprach es sich im Palast herum,
was mit Belsazar geschehen war.
Auch Belsazars Mutter hörte davon.
Sie eilte sofort zu ihrem Sohn
und redete ihm gut zu:
„Hab keine Angst!
Mach dir keine Gedanken!
Ich kenne einen Mann,
der dir gewiss helfen kann:
Daniel aus dem Land Juda.
Er ist weise wie ein Gott,
viel weiser und klüger
als andere Menschen.
Schon König Nebukadnezar
hörte auf ihn und setzte ihn
über alle seine Ratgeber.
Darum rate ich dir:
Lass Daniel holen!" 5,10ff.

Da führten sie Daniel zu ihm.
„Bist du Daniel?", fragte Belsazar.
„Einer von den Verbannten aus Juda?
Ich habe gehört,
dass du die Weisheit von Göttern hast.
Kennst du diese Schrift?
Kannst du sie lesen und deuten?
Die anderen Gelehrten konnten es nicht.
Aber du kannst offenbar mehr.
Wenn du mir die Schrift deutest,
sollst du einen Purpurmantel
bekommen,
dazu eine Kette aus Gold.
Und du sollst der Dritte
in meinem Königreich sein." 5,13ff.

Doch Daniel antwortete:
„Behalte deine Geschenke für dich
oder schenke sie einem anderen.
Ich brauche sie nicht.
Ich will dir aber trotzdem verkünden,
was diese Worte bedeuten.
Höre, Belsazar!
Du hast dich gegen Gott,
den Herrn des Himmels, gewandt.

Du hast die Gefäße entweiht,
die zu seinem Tempel gehören,
und hast daraus getrunken,
du, deine Frauen und deine Fürsten.
Ihr alle habt daraus getrunken.
Dazu habt ihr eure Götter gepriesen,
Götter aus Gold, Silber und Bronze,
aus Eisen, aus Stein und aus Holz,
tote Götter, die doch nicht
hören und fühlen.
Aber den Gott, der dein Leben
und deine Wege in seiner Hand hat,
den hast du nicht geehrt.
Darum hat er diese Hand geschickt
und diese Worte für dich geschrieben.

Und so lauten die Worte:
MENE MENE TEKEL U-PARSIN.
MENE, das bedeutet: ‚gezählt'.
Deine Lebenstage sind gezählt.
TEKEL, das bedeutet: ‚gewogen'.
Dein Leben wurde wie Gold
auf der Waage gewogen,
aber zu leicht gefunden.
U-PARSIN, das bedeutet:
‚Das Königreich wird zerteilt
und den Persern gegeben.'" 5,17–29

Da merkte Belsazar,
wie ernst es um ihn
und sein Königreich stand.
Und er befahl: „Ehrt Daniel!
Legt ihm einen Purpurmantel um
und eine goldene Kette um seinen Hals!
Und verkündet im ganzen Reich,
dass er der Dritte im Königreich sei."

Aber noch in derselben Nacht
wurde Belsazar umgebracht.
Nicht lange danach starb
auch das Königreich Babylon.
Kyrus, der König der Perser,
nahm die Stadt ein,
wie Daniel vorhergesagt hatte.

Daniels Vision

Daniel 9

Bald darauf traf alles ein,
was Daniel vorhergesagt hatte:
Die Perser eroberten Babylon
und übernahmen
die Herrschaft im Land.
In jener Zeit fragten sich
die verbannten Juden voll Sorge:
Was wird nun aus uns?
Wer wird künftig über uns herrschen?
Wann kommt der Erlöser,
der uns endlich befreit?

Auch Daniel war voller Fragen.
Er dachte an eine Vision,
die er vor Jahren gehabt hatte:
Da hatte er am nächtlichen Himmel
den Thron Gottes gesehen.
Und in den Wolken
war eine Gestalt erschienen,
die sah aus wie ein Mensch,
wie der Sohn eines Menschen.
Der Menschensohn
trat vor Gottes Thron.
Und Gott übergab ihm
die Macht und Herrschaft
über alle Völker
und Königreiche auf Erden. 7,9–14
Das ist der Erlöser,
auf den wir warten,
sagte sich Daniel.
Seine Macht ist ewig.
Und sein Reich hat kein Ende.
Aber wann würde Gott
den Erlöser zu ihnen schicken?
Daniel forschte nach
in den Schriften der Propheten. 9,2
Dabei fand er den Brief,
den der Prophet Jeremia vor Jahren
an die Verbannten geschrieben hatte.
Erstaunt las er dort:

„So spricht der Herr:
Wenn siebzig Jahre um sind,
will ich euch heimsuchen
und mein Wort an euch erfüllen
und euch heimbringen.“ Jer 29,10

Daniel überlegte:
Siebzig Jahre?
Das wäre ja ganz bald!
Dann würde der Erlöser
schon in wenigen Jahren kommen?
Aber nichts deutete darauf hin.
Der „Menschensohn“,
den Gott ihm offenbart hatte,
schien noch in weiter Ferne.
Sicher ist es unsere Schuld,
sagte sich Daniel.
Wir haben nicht genug Buße getan.

Da legte Daniel
seine vornehmen Kleider ab,
zog ein Sackgewand an,
warf sich Asche auf die Haare,
wie es an den Bußtagen Brauch war,
fiel auf die Knie und betete zu Gott:

„Ach Herr!
Du großer und heiliger Gott!
Du hältst deinen Bund
und bist denen gnädig,
die dich lieben
und deine Gebote halten.

Aber wir haben Unrecht getan.
Wir haben uns von dir gelöst
und deine Gebote verachtet.
Wir haben nicht
auf deine Propheten gehört,
die in deinem Namen geredet haben.

Du, Herr, bist gerecht.
Aber wir müssen uns heute schämen,
wir, die hier leben,
und auch die anderen,
die du in alle Länder verstreut hast.
Wir sind an dir schuldig geworden.

Ja, Herr, wir müssen uns schämen,
unsere Könige, Fürsten und Vorfahren.
Wir haben nicht auf dich gehört.
Darum trifft uns auch dein Fluch.
Aber bei dir, Herr, unser Gott,
ist Barmherzigkeit und Vergebung.

Und nun höre, unser Gott,
wie dein Knecht betet und fleht.
Schau auf dein Heiligtum,
das so zerstört ist.
Sieh, wie es um die Stadt steht,
die nach deinem Namen genannt ist.

Denn wir liegen vor dir
mit unserem Gebet.
Wir vertrauen nicht
auf unsere Gerechtigkeit,
sondern auf deine große
Barmherzigkeit.

Ach Herr, höre!
Herr, sei uns gnädig
und führe dein Werk aus!
Tu es und warte nicht länger!
Um deine Ehre geht es, o Gott!
Denn dein Volk
trägt deinen Namen.“ 9,4–19

So betete Daniel zu Gott.
Lange Zeit lag er auf seinen Knien.
Schon ging es auf den Abend zu.
Es war die Zeit,
in der man früher am Tempel
das Spätopfer dargebracht hatte.

Plötzlich fuhr Daniel hoch.
Vor ihm stand ein Mann,
der sprach zu ihm: „Daniel,
Gott hat mich zu dir gesandt.
Schon als du anfingst zu beten,
gab Gott die Antwort auf dein Gebet.
Ich soll sie dir mitteilen,
denn du bist von Gott geliebt.
Achte auf jedes Wort,
damit du verstehst,

was dir Gott offenbart:
Nicht siebzig Jahre,
sondern siebzig mal
sieben Jahre
müssen vergehen,
bis eure Schuld gesühnt ist.
Dann bricht das Reich Gottes an.
Und es wird sich erfüllen,
was euch zuvor verkündet war.“ 9,22f.

Da erkannte Daniel,
wer vor ihm stand:
Gott hatte seinen Boten
Gabriel zu ihm gesandt.
Still verneigte er sich
vor seinem Gott,
der ihm dieses Geheimnis
offenbart hatte.
Noch wusste niemand,
wer der Menschensohn war,
den Daniel geschaut hatte.
Aber eines Tages würde er kommen
und alle Zweifel und Ängste zerstreuen.
Daniel rechnete fest damit.
Ganz fest.

Ein Lied der Hoffnung

Aus der Tiefe
rufe ich, Herr, zu dir,
Herr, höre meine Stimme!
Lass deine Ohren merken
auf die Stimme meines Flehens!
Wenn du, Herr,
Sünden anrechnen willst,
Herr, wer wird bestehen?
Denn bei dir ist die Vergebung,
dass man dich fürchte.
meine Seele wartet
auf den Herrn.
Mehr als die Wächter
auf den Morgen
hoffe Israel auf den Herrn.
Denn bei dem Herrn
ist Gnade
und viel Erlösung bei ihm.
Und er wird Israel erlösen
von allen seinen Sünden.

Aus Psalm 130

Heimkehr

„Freut euch! Wir sind frei. Die Zeit unserer Sklaverei ist endlich vorbei!“

17

Der unbekannte Prophet

Jesaja 40–55

*Schon 50 Jahre lebten
die Juden in Babylon.
Die Erinnerung an ihre Heimat
verblasste mit jedem Jahr mehr.
Viele, die einst aus Jerusalem
weggeführt worden waren,
lebten nicht mehr.
Aber ihre Kinder und Enkel
wohnten noch immer am Kanal Kebar.
Inzwischen gab es dort 28 Siedlungen,
in denen die Juden zusammen lebten.
Sie hatten ihre eigenen Vorsteher
und eigene Versammlungshäuser.
Dort kamen sie am Sabbat zusammen,
hörten auf Gottes Weisung und Wort
und hüteten eifrig
die Traditionen ihrer Vorfahren.
Aber an eine Rückkehr
in das Land ihrer Vorfahren
glaubten die meisten nicht mehr.*

*Es war eine trostlose Zeit.
Resignation machte sich breit.
Viele Menschen zweifelten
an Gottes Liebe und Macht.
Es schien, als hätten Babylons Götter
den Gott Israels für immer
zum Schweigen gebracht.*

*In dieser Zeit trat ein Prophet auf,
der den verzagten Juden
neue Hoffnung verhieß.
Es ist nicht bekannt,
wer dieser Prophet war
und wie er hieß.
Seine Person tritt ganz
hinter seinen Worten zurück.
Seine Botschaft schließt sich eng
an den Propheten Jesaja an.
Vermutlich hat dieser Prophet
Jesajas Schriften gründlich studiert.
Vielleicht hat er sogar
denselben Namen getragen.
Darum ist auch seine Botschaft
in das Buch Jesaja eingefügt.
Aber seine Botschaft sprengt jedes Buch.
Was jener unbekannte Prophet verkündet,
ist so gewaltig, so einzigartig,
dass es alles in den Schatten stellt,
was jemals von Gott verkündet wurde.*

(vgl. S. 471f.)

Tröstet mein Volk!

Jesaja 40

Das Frühjahr war gekommen.
In der Weltstadt Babylon
wurde das Neujahrsfest begangen.
Eine Woche lang wurde
mit großem Prunk gefeiert.
Den Höhepunkt des Festes
bildete der letzte Tag.
Da zog der König im Festzug
über eine schnurgerade Straße
zum prunkvollen Festtor,
das nach Ischtar,
der Mondgöttin, genannt war.
Priester führten den Zug an,
gefolgt von Sängern und Musikanten.
Sie führten auf goldenen Wagen
die Götter Babylons durch die Stadt.
Marduk, der oberste Gott Babylons,
fuhr den anderen Göttern voran.
Sein Standbild überragte
alle anderen Götterbilder.

An diesem Tag war
die ganze Stadt auf den Beinen.
Die Massen säumten die Straße.
Sie tanzten, winkten und jubelten
den Göttern Babylons zu.

Aber die verbannten Juden
jubelten nicht mit den Massen.
Ihnen war nicht nach Feiern zumute.
Sie seufzten: Wie lange noch?
Seit 50 Jahren leben wir
schon in diesem Land gefangen.
Und noch ist keine Wende in Sicht.

Noch immer kamen sie regelmäßig
am Wasser zu Klagefeiern zusammen.
Dort weinten und klagten sie
und bekannten vor Gott ihre Schuld.
Aber insgeheim sagten sie sich:
Warum klagen wir Gott unser Leid?
Es hat ja doch keinen Sinn.
Gott hört nicht auf uns.
Es kümmert ihn nicht,
wie es uns geht.

Trübe und traurig tönten
ihre Klagelieder über das Wasser:

> *„Du Hirte Israels!*
> *Komm uns zu Hilfe!*
> *Gott tröste uns wieder!*
> *Lass leuchten dein Angesicht,*
> *so genesen wir…“* Ps 80,1.4

So beteten und sangen sie
und dachten voller Wehmut
an Jerusalem und an den Berg Zion.
Ja, dort im Tempel, sagten sie sich,
dort war Gott uns ganz nah.
Aber nun hat uns unsere Schuld
von ihm getrennt.
Gott hüllt sich in Schweigen.
Was kann uns noch trösten,
wenn Gott nicht mehr spricht?

Doch während sie noch
weinten und klagten,
hörten sie plötzlich
eine Stimme, die rief:

> „Tröstet, tröstet mein Volk!,
> spricht euer Gott.
> Redet mit Jerusalem freundlich!
> Predigt der Stadt:
> Eure Strafe ist abgebüßt,
> eure Schuld ist vergeben.
> Ihr seid frei.
> Die Zeit der Sklaverei
> ist endlich vorbei.“ 40,1

Die Menschen hielten den Atem an.
Wer rief da so laut?
Wer war dieser Mann?
Noch nie hatten sie
solche gewaltigen Worte gehört.

Da trat ein Mann nach vorn,
der rief ihnen zu:

„Hört ihr die Stimme?
Hört wie sie ruft:

In der Wüste
bereitet dem Herrn den Weg!
Macht in der Steppe
eine ebene Bahn unserem Gott!
Alle Täler sollen erhöht
und alle Berge sollen erniedrigt werden.
Was krumm ist,
soll gerade werden,
und was hügelig ist,
soll eben werden.
Denn die Herrlichkeit des Herrn
soll offenbart werden."

Andächtig lauschten die Leute.
Was für ein Bild!, dachten sie.
Gott befahl seinen Boten,
dass sie ihm den Weg bereiteten.
Vor ihren inneren Augen
sahen sie einen Weg,
der führte mitten durch die Wüste,
schnurgerade, genauso wie die Straße,
die sich durch Babylon zog.
Nur viel, viel länger.
Bis nach Jerusalem führte der Weg.
Und auf diesem Weg zog Gottes Volk
jubelnd nach Jerusalem heim.
Kein König und auch kein Götterbild
führte diesen Festzug an.
Nein, Gott selbst
ging seinem Volk voran
auf dem langen Weg durch die Wüste.

„Sag uns", fragten die Leute,
„woher weißt du das?
Wer hat es dir verraten?"

„Gott hat es mir anvertraut.
Ich habe seine Stimme gehört.
Gott hat seine himmlischen Boten
nach Jerusalem gesandt,
damit sie dort allen verkünden:
‚Tröstet! Tröstet mein Volk!'
Gott war es auch,
der mich zu euch sandte.
Er sprach zu mir: ‚Predige!'
Aber ich fragte:
‚Was soll ich predigen?'
Gott antwortete:

‚Alles Leben ist wie Gras
und alle seine Güte
ist wie ein Blume auf dem Felde.
Das Gras verdorrt.
Die Blume verwelkt.
Aber das Wort unseres Gottes
bleibt in Ewigkeit.'" 40,7f.

Da schwiegen die Hörer betroffen.
Sie dachten an den Propheten Jesaja,
dem Gott im Tempel erschienen war.
Und sie spürten:
Auch diesem Menschen
war der heilige Gott erschienen.
Gott hatte ihn
zu seinem Propheten gemacht.
Er hatte ihm den Auftrag gegeben,
sein Wort zu verkünden.
Dieses Wort war mächtiger
als alle Mächte der Welt.
In Gottes Augen waren diese Mächte
nichts anderes als dürre Gräser,
welke Blumen, die heute noch blühen,
aber schon morgen vergehen.

Doch als sie noch
ihren Gedanken nachhingen,
stimmte der Prophet ein Lied an:

„Tochter Zion, freue dich!
Jauchze laut, Jerusalem!
Seht! Da ist euer Gott.
Er kommt mit Macht.
Er wird seine Herde weiden,
wie ein Hirte wird er sie heimführen.
Er wird die Mutterschafe leiten
und die Lämmer auf dem Arm tragen." 40,9–11

Es war ein neues Lied,
das der Prophet sang.
Jubelnd schallte es über das Wasser.
Andächtig lauschten alle,
bis die letzten Töne verklungen waren.
Noch nie zuvor hatten sie
so ein tröstliches Lied gehört.
Es erschien ihnen wie eine Antwort
auf ihre Klagelieder.
Der „Hirte Israels"
hatte ihre Klagen gehört.

„Und nun", rief der Prophet,
„schaut auf!
Blickt zum Himmel hinauf!
Wer hat die Sonne,
wer hat den Mond
und die Sterne geschaffen?
Gott, der Herr!
Er kennt sie alle mit Namen.
Seine Macht ist so groß,
dass niemand verlorengeht." 40,26

Staunend betrachteten die Menschen
das weite Himmelsgewölbe.
So hatte ihnen noch niemand
den Himmel gezeigt.
Also waren Sonne, Mond und Sterne
keine düsteren Schicksalsmächte,
wie die Babylonier glaubten.
Nein, sie waren nichts anderes
als sichtbare Zeichen
für Gottes Größe und Macht.
Aber wenn Gott so mächtig war,
warum kümmerte er sich dann
so wenig um sie?
Die Leute blickten
den Propheten fragend an.
Der hatte bereits
ihre Gedanken erraten.
Er ging durch die Reihen
und sah jeden Einzelnen an.
Und als er ihre besorgten Blicke sah,
sprach er sie an:

„Warum sprichst du denn:
‚Mein Weg ist dem Herrn verborgen.
Gott kümmert sich nicht
um mein Recht'?
Weißt du nicht?
Hast du nicht gehört?
Der Herr, der ewige Gott,
der die Enden der Erde geschaffen hat,
wird nicht müde noch matt.
Seine Weisheit ist unausforschlich.
Er gibt dem Müden Kraft
und dem Kraftlosen große Stärke.
Junge Leute werden müde und matt.
Sie stolpern und fallen.
Aber die auf den Herrn vertrauen,
schöpfen neue Kraft.
Sie bekommen Flügel wie Adler.
Sie laufen und werden nicht müde.
Sie gehen und werden nicht matt." 40,27

Da spürten die Menschen,
wie sie neue Kräfte erfüllten.
Sie standen auf, um allen
die frohe Botschaft weiterzusagen:

„Freut euch!
Gott hat uns getröstet.
Unsere Schuld ist vergeben.
Wir sind frei.
Die Zeit unserer Sklaverei
ist endlich vorbei!"

Fürchte dich nicht!

Jesaja 41–42

In Windeseile breitete sich
die Neuigkeit aus.
Die Boten eilten von Dorf zu Dorf
und riefen überall aus:
„Freut euch!
Bald ist es soweit.
Dann sind wir befreit.

Gott bringt uns
in unsere Heimat zurück.
Ein Prophet Gottes hat es verkündet."

Da brachen viele in Jubel aus.
„Gott sei Dank!",
riefen sie glücklich.
„Gott hat uns doch nicht vergessen.
Er wird uns aus Babylon führen,
so wie er einst Abraham und Sara
aus diesem Land herausgeführt hat."

„Ach, Unsinn!",
warfen andere ein.
„Wie stellt ihr euch das vor?
Wer soll euch befreien?
Der König von Babylon?
Der gibt euch nicht frei.
Und außerdem: Auf welchem Weg
wollt ihr nach Jerusalem reisen?
Glaubt ihr etwa im Ernst,
ihr könntet durch die Wüste ziehen,
wie der Prophet gesagt hat?
Macht euch nichts vor!
Dort werdet ihr kläglich verdursten.
Und wenn ihr es schafft,
was glaubt ihr,
was euch im Land Juda erwartet?
Dort haben sich inzwischen
andere Volksgruppen niedergelassen.
Die werden niemals zulassen,
dass ihr in ihrem Land wohnt."

Da sank allen der Mut.
Und so groß erst ihr Jubel war,
so verzweifelt war nun ihre Klage.
„Wir schaffen es nie.
Wir bleiben hier ewig gefangen.
Uns kann niemand mehr helfen.
Erinnert ihr euch an Abraham?
Als Gott ihn rief,
da machte er sich auf den Weg
und zog in das Land,
das Gott ihm versprochen hatte.
Aber wir?
Wir sind nicht Abraham.
Wer ruft uns auf den Weg?"

„Ja, wer?", rief eine Stimme.
„Wer ruft die Menschen von jeher?
Ich will es euch sagen:
Ich bin es! Ich, der Herr.
Ich bin der Erste
und auch heute derselbe.
Ich rufe euch auf den Weg." 41,4

Verwundert horchten die Leute auf.
Wer sprach da mit ihnen?
Sie schauten sich um.
Da entdeckten sie den Propheten.
Unbemerkt war er
in ihre Mitte gekommen.
Mit einem Mal waren
ihre Gespräche verstummt.
Alle sahen voller Erwartung
auf den Propheten.
Der aber ging auf sie zu,
nahm sie bei der Hand
und sprach mit fester Stimme:

„Du, mein Knecht Israels,
du Volk, das von Abraham stammt.
Ich habe dich erwählt.
Darum fürchte dich nicht!
Ich bin mit dir.
Schrick nicht zurück!
Ich bin dein Gott.
Ich mache dich stark.
Ich helfe dir auch.
Ich halte dich
mit meiner rechten Hand.
Wie ich deinen Vater Abraham
aus seinem Land rief
und zu ihm sprach:
‚Dich habe ich erwählt',
so habe ich dich auch gerufen." 41,8–10

Was für gewaltige Worte!,
wunderten sich alle.
Der Prophet sprach sie so an,
als stünden lauter Fürsten vor ihm.

Aber in Wahrheit waren sie
nur ein armseliger Haufen,
der klägliche Rest,
der vom Volk Israel
übriggeblieben war.
In den Augen ihrer Feinde
waren sie lauter Nichtse,
wie ein Wurm auf der Erde,
den man zertritt.

„Ja, ihr habt Recht",
warf der Prophet ein.
„In den Augen der anderen
geltet ihr nicht mehr
als ein Wurm.
Aber wer euch vernichten will,
wird selber zunichte werden.
Denn ich bin der Herr, dein Gott,
der deine rechte Hand fasst
und zu dir spricht:
Fürchte dich nicht!
Ich helfe dir.
Darum fürchte dich nicht,
du Würmlein Jakob,
du armer Haufen Israel.
Ich helfe dir,
spricht der Herr, dein Erlöser." 41,11–14

Der Prophet schaute in die Runde.
Wie ein Häuflein Elend,
so standen sie vor ihm.
Die Leiden der vergangenen Jahre
standen auf ihrem Gesicht geschrieben.
Ihr Elend ging dem Propheten zu Herzen.
Und voller Mitleid rief er:

„Die Elenden und Armen
suchen vergeblich nach Wasser.
Ihre Zunge verdorrt vor Durst.
Aber ich, der Herr, will sie erhören.
Ich, der Gott Israels,
will sie nicht verlassen.
Ich mache die Wüste
zu Wasserstellen
und dürres Land zu Wasserquellen." 41,17f.

So sprach der Prophet.
Aber in Wahrheit war es Gott selber,
der durch seinen Propheten sprach.

Nachdenklich gingen die Leute
zu ihren Hütten zurück.
Der Prophet sah ihnen nach,
bis sie in ihren Hütten verschwanden.
Da hörte er erneut,
wie Gott zu ihm sprach:

„Siehe, das ist mein Knecht,
ich halte ihn fest.
Das ist mein Erwählter,
der mir gefällt.
Ich gebe ihm meinen Geist.
Er verkündet den Völkern mein Recht.
Er schreit nicht und lärmt nicht,
seine Stimme hört man nicht
auf den Gassen.
Das geknickte Rohr
wird er nicht zerbrechen
und den glimmenden Docht
wird er nicht auslöschen.
In Treue trägt er das Recht hinaus." 42,1–3

Wie ein Lied,
wie ein geheimnisvolles Gedicht,
so klangen die Worte
in den Ohren des Propheten.
Aber wer war dieser Knecht,
von dem Gott sprach?
Der Prophet sah wieder
sein geknechtetes Volk vor sich:
„Du, Israel, mein Knecht,
den ich erwählt habe…"
So hatte Gott
zu diesem Volk gesprochen.
Vielleicht hatte Gott
mit ihm noch Großes vor?
Aber auch er selber
gehörte zu diesem Volk.
Vor Gott galt er nicht mehr
als alle diese Elendsgestalten.
Ein Knecht Gottes – das wollte er sein.

Ein Bote, der Gottes Wort
zu den Menschen trug.

Und wieder hörte der Prophet
Gottes Stimme:

„So spricht Gott, der Herr,
der den Himmel geschaffen
und die Erde gemacht hat,
der den Menschen
seinen Lebensgeist gibt:
Ich habe dich berufen.
Ich halte dich fest
und stehe dir bei.
Ich mache dich
zum Licht für die Völker.
Neues künde ich an.
Noch ist es nicht da,
aber jetzt schon hört ihr davon.“ 42,5–9

Da merkte der Prophet:
Der wahre Knecht Gottes
war noch gar nicht gekommen.
Aber eines Tages würde er kommen.
Und Gott würde ihn
der ganzen Welt offenbaren.
Für diesen Knecht Gottes
dichtete der Prophet jetzt schon
ein neues Lied:

„Singt dem Herrn ein neues Lied!
Verkündet seinen Ruhm
bis an das Ende der Erde.
Alle sollen den Herrn ehren
und seinen Ruhm
auf den Inseln verkünden.“ 42,10–12

Du bist mein!

Jesaja 43

Das Passafest war gekommen.
Die Menschen feierten
in ihren Synagogen.
Gemeinsam erinnerten sie sich
an den Tag der Befreiung,
an dem einst ihre Vorfahren
aus Ägypten gezogen waren.
Aber in Wahrheit bewegte alle
eine andere Frage:
Ob Gott uns
auch heute befreien kann?
Ob er uns helfen kann,
so wie er einst
unseren Vorfahren geholfen hat?
Damals hatte Gott ein Wunder getan.
Er hatte sein Volk
durch das Schilfmeer geführt.
Unversehrt hatten alle
das andere Ufer erreicht.
Aber nun schien es,
als habe Gott
alle seine Macht verloren.
Die Juden waren zum Spielball
fremder Mächte geworden.
Nur noch wenige hofften
auf ein Wunder.

So feierten sie miteinander
und waren doch zugleich
voller Zweifel und Fragen.
Da – mitten im Gottesdienst
stand der Prophet auf,
und mit lauter Stimme rief er:

„So spricht der Herr,
der dich geschaffen hat:
Fürchte dich nicht,
denn ich habe dich erlöst.
Ich habe dich
bei deinem Namen gerufen.
Du bist mein.

Wenn du durchs Wasser gehst,
will ich bei dir sein,
dass dich die Ströme nicht ersäufen.
Und wenn du durchs Feuer gehst,
sollst du nicht brennen.
Und die Flamme
soll dich nicht versengen.
Denn ich bin der Herr,
dein Gott, dein Retter.
Ich habe Ägypten für dich
als Lösegeld gegeben.
So viel bist du mir wert.
So lieb habe ich dich.
Darum fürchte dich nicht.
Denn ich bin mit dir.“ 43,1–5

Da spürten die Menschen:
Sie waren gemeint.
Gott hatte zu ihnen gesprochen.
Und staunend erkannten sie:
Während sie noch bangten
und sich sorgten,
hatte Gott ihre Befreiung
schon längst beschlossen.
Wie Sklaven,
so hatte Gott sie ausgelöst
und zu freien Menschen gemacht.
Ihm allein sollten sie
in Zukunft gehören.

Beschämt dachten sie daran,
was sie ihrem Gott angetan hatten.
Wie oft hatten sie
an seiner Macht gezweifelt,
wie oft ihn enttäuscht!
Konnte es für sie überhaupt
einen Neuanfang geben?

Aber der Prophet riss sie
aus ihren trüben Gedanken.
„Hört!“, rief er.
„So spricht der Herr,
der im Meer einen Weg bahnt
durch mächtige Wassermassen:
Denkt nicht an frühere Zeiten!
Schaut nicht auf das, was vergangen ist!
Denn seht:
Ich will Neues schaffen.
Schon wächst es hervor.
Erkennt ihr es nicht?
Ich mache einen Weg in der Wüste
und Wasserströme in der Steppe.
Mein Volk soll davon trinken.
Meine Wundertaten
soll es verkünden. 43,15–21
Denn so spricht der Herr:
Israel, ich vergesse dich nicht.
Ich fege deine Schuld weg
wie eine Wolke
und deine Sünde wie einen Nebel.
Kehr um zu mir,
denn ich erlöse dich.“ 44,22

Da atmeten die Menschen auf,
als sie die frohe Botschaft hörten.
Noch waren sie in Babel gefangen.
Noch war der Himmel
von Wolken verhangen.
Die Erlösung war noch nicht da.
Aber der Erlöser war schon ganz nah.
In seinem Wort
war er zu ihnen gekommen.

Auf einmal rissen die Wolken auf.
Die Sonne tauchte die Welt
in strahlendes Licht.
Da war es den Menschen,
als ob sich auch der Himmel
mit ihnen freute.
Befreit stimmten sie
mit der ganzen Schöpfung
das neue Lied des Propheten an:

„Jauchzet, ihr Himmel!
Denn der Herr hat's getan.
Jubelt, ihr Tiefen der Erde!
Jauchzt, ihr Berge,
jubelt, ihr Wälder und Bäume!
Denn der Herr hat sein Volk erlöst
und sich an Israel herrlich erwiesen.“ 44,23

Der Knecht Gottes

Jesaja 52,5–53,12

Dies ist die Vision,
die der Prophet im Exil hatte,
nachdem Jojachin,
der letzte König aus dem Haus David
in Babylon gestorben war.
Zu jener Zeit
fragten sich viele Juden:
Wer wird in Zukunft
über uns regieren,
wenn wir nach Jerusalem heimkehren?
Sie malten sich den künftigen König
in leuchtenden Farben aus.
Aber Gott zeigte seinem Propheten,
wer in Zukunft ihr König war
und wen er dazu bestimmt hatte,
seinen Auftrag in dieser Welt zu erfüllen.
Er zeigte ihm den „Knecht Gottes",
der den Frieden heraufführen sollte,
den kein König dieser Welt geben kann:

„*So wird es sein,
wenn Gott heimkehrt nach Zion:
Im Triumphzug kehrt er zurück.
Seine Freudenboten eilen voraus.
Sie rufen die frohe Botschaft
auf dem Berg Zion aus:
‚Dein Gott ist König geworden.'
Er bringt dem Land
Frieden und Heil.
Die Wächter sehen ihn kommen.
Sie jubeln ihm zu:
‚Jubelt und jauchzt,
ihr Trümmer Jerusalems!
Denn der Herr
hat sein Volk getröstet,
und Jerusalem hat er erlöst.
Und alle Welt wird erkennen,
was Gott tut.* 52,7ff.

*Seht her, was Gott tut:
Er setzt seinen Knecht ein,
der wird ihn vertreten.
Gott spricht: Seht,
meinem Knecht wird es gelingen.
Er wird über alle erhöht.
Sein Anblick hat viele entsetzt.
So entstellt sah er aus,
nicht wie ein Mensch.
Doch er wird es sein,
der alle Welt
in Staunen versetzt.
Sogar Könige müssen
vor ihm verstummen.* 52,13ff.

*Uns hat es Gott offenbart.
Aber wer glaubt uns,
wenn wir erzählen,
was uns verkündet ist:
Er wuchs auf dürrem Land auf.
Seine Gestalt war nicht schön,
nicht königlich anzusehen.
Nichts gab es,
was uns an ihm gefiel.
Er war der Allerverachtetste
und der Allerunwerteste.
So verachtet war er,
dass man das Gesicht
vor ihm verbarg.
Wir hielten ihn für nichts.
Aber er trug unsere Krankheit.
Unsere Schmerzen lud er auf sich.
Wir dachten, er sei geplagt,
von Gott gequält und geschlagen.
Aber um unserer Schuld willen
ist er durchbohrt.
Um unserer Sünde willen
ist er zerschlagen.
Die Strafe liegt auf ihm,
damit wir Frieden hätten,
und durch seine Wunden
sind wir geheilt.* 53,1–5

Wir irrten umher wie Schafe.
Alle sahen nur
auf ihren eigenen Weg.
Aber der Herr warf
all unsere Sünde auf ihn.
Er wurde gequält,
aber er wehrte sich nicht.
Wie ein Schaf,
das zur Schlachtung geführt wird,
wie ein Lamm,
das vor seinen Scherern verstummt,
so tat er den Mund nicht auf.
Er wurde vom Land
der Lebendigen abgeschnitten.
Er hat es getan ‚für mein Volk'.
Für seine Schuld
hat er den Tod erlitten.
Man gab ihm sein Grab
bei Verbrechern.
Seine Ruhestatt
fand er bei Frevlern.
Er aber hatte kein Unrecht getan.
Kein unwahres Wort war jemals
aus seinem Munde gekommen.

Aber der Herr fand Gefallen an dem,
der mit Krankheit geschlagen war.
Er heilte den,
der sein Leben zum Schuldopfer gab.
Durch ihn führt Gott seinen Plan aus.

Hört, was Gott spricht: 53,11
Vorbei ist die Qual!
Mein Knecht sieht das Licht.
Mit Gutem wird er gesättigt.
Durch seine Erkenntnis
macht mein Knecht, der Gerechte,
die Vielen gerecht.
Ihre Schuld nimmt er auf sich.
Darum will ich ihm auch
die Vielen zum Besitz geben.
Er wird seinen Platz
unter den Großen haben,
denn er gab sein Leben dahin.
Als Verbrecher ließ er sich töten.
So nahm er die Schuld
der Vielen auf sich.
So trat er für die Schuldigen ein.“ 53,11f.

Dies ist das Lied,
das der Prophet im Exil schrieb,
als Gott ihn schauen ließ,
was noch kein Auge geschaut hatte.
Zu groß scheint dieses Geheimnis.
Kein Bild, kein Wort kann es erfassen.
Aber im Lob Gottes
sehen wir ihn jetzt schon im Licht:
Ihn, den Knecht Gottes,
auf den einst alle Welt schauen wird,
den sie als ihren Herrn anbeten wird.

Mache dich auf! Werde licht! Denn dein Licht kommt.

Und die Herrlichkeit des Herrn geht auf über dir,
denn siehe: Finsternis bedeckt die Erde und Dunkel die Völker.

Aber über dir geht auf der Herr
und seine Herrlichkeit erscheint über dir.

Jesaja 60,1f.

Das Neue Testament

„Im Anfang war das Wort,
und das Wort war bei Gott,
und Gott war das Wort.

In ihm war das Leben.
Und das Leben
war das Licht der Menschen.

Und das Licht
leuchtet in der Finsternis,
aber die Finsternis hat es nicht
erfasst.

Und das Wort wurde Mensch
und wohnte unter uns,
und wir sahen seine Herrlichkeit."

Joh 1,1ff.

18

Das Evangelium von Jesus Christus

nach dem Johannesevangelium

D*ies ist das Evangelium*
von Jesus Christus,
dem lebendigen Wort Gottes.
Er kam in die Welt,
um Licht in unser Leben zu bringen.
Schon von Anfang an war er da.
Bevor die Welt geschaffen wurde,
war er bei Gott.
Und Gott war in ihm.
Durch ihn wurde alles geschaffen,
was in dieser Welt ist.
Er ist der Anfang des Lebens:
das Licht, durch das alles lebt.
Er lebte als Mensch in der Welt.
Aber die Welt erkannte ihn nicht.
Er kam in sein Eigentum zu den Seinen.
Sie aber nahmen ihn nicht auf.
Nur wenige gaben ihm Raum
und glaubten an ihn und an den,
der ihn gesandt hatte.
Allen aber, die ihn aufnahmen,
gab er die Kraft,
Gottes Kinder zu sein.
Sie alle sind seine Zeugen,
angefangen bei Johannes,
der am Jordan taufte,
bis hin zu Johannes,
der dieses Evangelium schrieb.
Sie haben mit eigenen Augen gesehen
und mit eigenen Ohren gehört,
was Jesus getan hat.
Und sie sind es,
die uns heute bezeugen:
Ja, es ist wahr,
Gott wurde Mensch
und wohnte unter uns.
Und wir sahen seine Herrlichkeit,
die Herrlichkeit des Sohnes,
die er von dem Vater empfing,
voller Gnade und Wahrheit.
Und aus seiner Fülle
haben wir alle genommen
Gnade um Gnade.

Johannes 1,1–16 (vgl. S. 473)

Der Rufer

Johannes 1,19–34

Viele Jahrhunderte lang
wurde das jüdische Land
von fremden Königen beherrscht.
Noch immer warteten die Juden
auf den Messias, den wahren König,
den Gott ihnen versprochen hatte.
Eines Tages, so hofften sie,
würde er nach Jerusalem kommen
und dort sein Königreich aufrichten.

Es war eine unruhige Zeit.
Die Römer hatten das Land
in verschiedene Provinzen geteilt,
in Judäa, Samarien und Galiläa
Aber noch immer richteten sich
alle Hoffnungen auf Jerusalem,
denn dort stand der Tempel.
König Herodes hatte ihn
neu errichten lassen,
schöner und größer
als jemals zuvor.
Tag für Tag lockte er
Menschen aus nah und fern an.
Sogar aus dem fernen Galiläa
kamen viele Besucher zum Tempel.
Dort brachten sie ihre Opfer
und beteten voller Verlangen:
„Ach Herr! Wie lange noch?
Schick uns den Messias,
den König,
den du uns zugesagt hast!"
Und sie glaubten gewiss:
Bald würde er kommen.
Aber wer würde es sein?

Da traf eines Tages
eine Nachricht in Jerusalem ein,
die alle aufhorchen ließ...

Es war früh am Morgen.
Im Vorhof des Tempels
herrschte reger Betrieb.
Priester brachten auf dem Altar
das Frühopfer dar.
Beißender Rauch
stieg zum Himmel empor.
Die Leviten öffneten das große Tor,
das zum Tal hinabführte,
und warteten auf die Besucher.
Vom Tal drangen Stimmen
zu ihnen herauf.
Sie kamen näher.
Da stürmte plötzlich
eine Gruppe von Wanderern
in den Vorhof.
Aufgeregt berichteten sie
den Priestern und Leviten:
„Wir kommen vom Jordantal.
Dort haben wir an der Straße
einen Menschen gesehen.
Der spricht alle an,
die vorüberziehen.
Der Mann heißt Johannes.
Er redet so packend,
wie kein Gesetzeslehrer es kann.
Die Leute hängen an seinem Mund.
Hunderte hören ihm zu
Viele sind so getroffen
von seinen Worten,
dass sie ein neues Leben
beginnen wollen.
Johannes tauft sie alle im Jordan.
So werden sie rein gewaschen
von ihren Sünden."

„Wie? Was redet ihr da?",
riefen die Priester bestürzt.
„Wer ist dieser Johannes?
Woher stammt er?
Wie kommt er dazu,
die Leute zu taufen?

Wer hat ihm den Auftrag gegeben?
Und was ist das für eine Botschaft,
die er den Menschen verkündet?“

Sie antworteten:
„Johannes ruft allen zu:
‚Macht euch bereit!
Denn der, auf den ihr wartet,
der kommt bald!‘“

Die Priester und Leviten
sahen sich erschrocken an.
Was für eine seltsame Botschaft!,
dachten sie bei sich.
Hält dieser Mensch sich
etwa für einen Propheten?
Oder redet er gar den Leuten ein,
er sei der Messias?
Wir müssen es herausfinden,
so schnell wie möglich.
Sonst läuft am Ende noch
alles Volk zu ihm hin.
Und niemand mehr
wird auf uns hören.
Dann können wir auch bald
unsere Opfer vergessen.

Sogleich schickten sie eine Abordnung
von Priestern und Leviten zum Jordan.
Auch einige Gesetzeslehrer
schlossen sich an.

Als sie zum Jordan kamen,
fanden sie alles genauso,
wie es die Leute beschrieben hatten:
Johannes stand an der Straße.
Eine große Menschenmenge
hatte sich um ihn geschart.

„Hört alle her!“, rief Johannes.
„Bald kommt der,
der schon immer gewesen ist.
Als ich noch nicht lebte,
da war er schon da.
Und von seiner Gnade
leben wir alle.“ 1,15f.
Da traten die Priester näher.
Und sie fragten Johannes:
„Wer bist du?“
Johannes antwortete:
„Ich sage es offen:
Ich bin nicht der,
den ihr vermutet.
Ich bin nicht der Messias.“ 1,20

„Aber dann sag uns:
Wer bist du?
Bist du vielleicht – ein Prophet?“

„Nein!“, entgegnete er.
„Ich bin auch kein Prophet.“

Da wunderten sich die Priester
noch viel mehr.
Und sie fragten:
„Wenn du kein Prophet bist,
wer bist du dann?
Wie nennst du dich selber?
Sag es uns ehrlich,
damit wir es denen mitteilen,
die uns geschickt haben.“

Johannes antwortete:
„Ein Rufer bin ich.
Eine Stimme in der Wüste,
die predigt und ruft:
‚Macht euch bereit!
Der König kommt bald!
Räumt ihm den Weg frei!‘
So hat es schon Jesaja vorausgesagt.“
1,23/Jes 40,3

„Wie?“, fragten die Gesetzeslehrer.
„Du bist also nicht der Messias?
Auch nicht sein Prophet?
Wer erlaubt dir dann,
diese Menschen zu taufen?“ 1,25

Johannes antwortete:
„Ich taufe sie nur mit Wasser.
Aber nach mir kommt der,
den ich euch angesagt habe.

Er ist viel größer als ich.
Ich bin nicht einmal wert,
seine Schuhriemen zu lösen.
Er ist schon ganz nah.
Aber ihr kennt ihn noch nicht.“ 1,27

Da merkten die Priester
und auch die Gesetzeslehrer,
dass sie nichts ausrichten konnten.
Unverrichteter Dinge
zogen sie wieder davon.
Johannes aber wandte sich
wieder zu den Menschen,
die ihn voller Erwarten umringten.
„Macht euch bereit!“, rief er.
„Der Messias ist nicht mehr weit!“
Von frühmorgens bis abends
stand er an der Straße,
zwischendurch spähte er in die Ferne.
Es schien, als wartete er
jeden Augenblick auf den,
den er so lange angekündigt hatte.
„Seht!“, rief Johannes auf einmal.
„Da kommt er,
den ich euch angesagt habe.
Er war schon da, bevor ich war.
Aber ich habe ihn noch nicht gekannt.
Aber jetzt weiß ich: Er ist es.
Denn als ich am Jordan taufte,
sah ich mit eigenen Augen,
wie Gottes Geist herabkam
und auf ihm ruhte.
Er ist es,
der mit dem heiligen Geist tauft.
Ja, ich sage euch:
Er ist der Sohn Gottes,
das wahre Opferlamm,
das die Sünde der Welt trägt.“ vgl. 1,29ff.

Da kam Jesus zum Jordan.
Nichts unterschied ihn
von den anderen Menschen,
die mit ihm auf dem Weg waren.
Und doch war er der Messias,
der Sohn Gottes,
das wahre Opferlamm,
der zu den Menschen kam,
um sein Leben für sie hinzugeben.

Die ersten Jünger

Johannes 1,35–42

Ein neuer Tag brach an.
Schon in der Frühe
stand Johannes am Weg
und wartete auf die Menschen,
die auf der Straße vorüberzogen.
Zwei seiner Jünger
hatten sich zu ihm gesellt.
Einer von ihnen war Andreas,
ein Fischer aus Galiläa.
Es war noch nicht lange her,
da hatte er von Johannes
und seiner Botschaft gehört.
Sofort hatte er sich
mit seinem Bruder Simon
auf den Weg zu Johannes gemacht.
Seitdem lebten die beiden
bei Johannes am Jordan
und wurden seine Jünger.
Jeden Tag waren sie um ihn
und hörten ihm aufmerksam zu,
wenn er den Menschen predigte:
„Kehrt um! Macht euch bereit!
Der Messias ist nah.“
Kein Wort ihres Meisters
ließen sich die beiden entgehen.

Aber an diesem Morgen
hatte Andreas nur einen Gedanken:
Am Tag zuvor hatte er
zum ersten Mal Jesus gesehen.
Ob er heute noch einmal kommt?,
fragte er sich.
Ob er uns verrät, wer er ist?

Schon ging es auf den Nachmittag zu. 1,39
Da rief Johannes plötzlich:
„Seht, das ist Gottes Lamm!"
Andreas blickte zur Straße hinüber.
Da sah er Jesus kommen.
Er ging gerade an ihnen vorüber.
Andreas überlegte nicht lange.
„Komm mit! Wir folgen ihm!",
rief er seinem Freund zu.
Scheu gingen sie hinter Jesus her.
Aber sie wagten nicht,
ihn anzusprechen.

Da wandte sich Jesus zu ihnen um.
„Was sucht ihr?", fragte er sie.
„Rabbi!", baten die beiden.
„Sag uns, wo schläfst du?"
„Ich will es euch zeigen",
antwortete Jesus.
„Kommt und seht selbst!" 1,39

So zogen die beiden mit Jesus
und blieben bei ihm,
bis die Sonne unterging.
Ganz erfüllt kehrten sie am Abend
zu ihren Freunden zurück.
Doch als sie noch auf dem Weg waren,
kam ihnen Simon entgegen.
„Gefunden!", rief ihm Andreas zu.
„Stell dir vor, Simon!
Wir haben den Messias gefunden.
Komm mit!
Ich führ dich zu ihm."
Und sogleich führte er ihn
zu Jesus. 1,41

Simon aber wusste nicht,
wie ihm geschah.
Staunend stand er vor Jesus.
Er brachte kein Wort heraus,
so überwältigt war er.
Endlich sah er den,
auf den er so lange gewartet hatte!
Was sollte er sagen?
Wie sollte er ihn begrüßen?
Doch Jesus kam ihm zuvor:
„Simon heißt du.
Ab heute sollst du
einen neuen Namen bekommen.
Kephas, ‚Fels', sollst du heißen."

Da wusste Simon:
Jesus hatte ihn in dieser Stunde
zu seinem Jünger gemacht.
Ja, ein Fels sollte er sein,
einer, auf den Jesus bauen konnte,
felsenfest.

Dies sind die ersten Jünger,
die Jesus zu sich rief:
Andreas und sein Freund
und Simon Kephas,
der auch Petrus hieß.
Sie alle waren zuvor
Jünger des Johannes gewesen.
Doch nun folgten sie Jesus
und wichen nicht mehr
von seiner Seite.

Nathanael

Johannes 1,43–51

Am See Genezareth in Galiläa
lag die kleine Stadt Betsaida.
Dort wohnten Nathanael
und sein Freund Philippus.
Oft saßen die beiden
im Schatten unter dem Feigenbaum
und tauschten sich aus.
Sie erzählten sich Geschichten
aus der Heiligen Schrift:
von Vater Abraham
und auch von Jakob,
der einst im Traum
den Himmel offen sah
und eine Leiter,
die in den Himmel führte.

Auf dieser Leiter stiegen
die Engel Gottes hinauf und herab.

Ach, dachten die beiden,
wenn doch auch heute
der Himmel über uns aufginge,
und Gott seinen Boten herabschickte!
Und sie glaubten gewiss:
Eines Tages würde der kommen,
von dem die Propheten geredet hatten:
der Messias, der ‚Gesalbte' Gottes,
der ihnen verheißen war.

Eines Abends saß Nathanael wieder
unter seinem Feigenbaum
und träumte vor sich hin.
Da sah er Philippus kommen.
Schon von weitem rief er ihm zu:
„Wir haben ihn gefunden!
Nathanael, freu dich!
Wir haben den Messias gefunden,
von dem die Heilige Schrift spricht." 1,45

Aber Nathanael sah
seinen Freund ungläubig an:
„Wen meinst du?
Von wem redest du?
Und woher stammt er?"
„Es ist Jesus, der Sohn Josefs.
Er stammt aus der Stadt Nazareth,
nicht weit von hier."

„Was? Aus Nazareth?
Aus diesem Nest?"
Nathanael verzog sein Gesicht.
„Was soll denn
aus Nazareth Gutes kommen?" 1,46
„So komm doch!", drängte Philippus.
„Sieh selbst, ob er es ist."

Da gab Nathanael nach.
Zögernd stand er auf
und ging mit Philippus.

Als aber Jesus
Nathanael kommen sah,
rief er erfreut:
„Seht, ein aufrechter Israelit!"
„Woher kennst du mich?",
fragte Nathanael erstaunt.
Jesus hatte ihn doch
noch nie gesehen!
„Ich sah dich", sprach Jesus,
„als du unter dem Feigenbaum warst.
Schon bevor Philippus dich rief,
sah ich dich dort." 1,48

Da fiel es Nathanael
wie Schuppen von seinen Augen.
Auf einmal erkannte er,
wer vor ihm stand.
„Rabbi", rief er,
„jetzt sehe und glaube ich:
Du bist wirklich der Sohn Gottes.
Du bist der Messias Israels!" 1,49

„Ja", sprach Jesus.
„Jetzt glaubst du,
weil ich das sagte.
Aber ich sage dir:
Du wirst noch Größeres sehen.
Der Himmel wird
über mir offen stehen.
Und ihr werdet Gottes Engel
hinauf- und herabsteigen sehen." 1,50

Da erkannte Nathanael:
Was Jesus sagte,
war nicht nur ein Traum
wie jener Traum,
den einst Jakob geträumt hatte.
Sein Wort war wirklich und wahr.
Mit eigenen Augen würde er sehen,
wie sich sein Wort erfüllte.

Von diesem Tag an
folgte Nathanael Jesus.
Bis an sein Ende blieb er bei ihm.
Und mit eigenen Augen
sah er die Zeichen und Wunder,
die Jesus unter seinem Volk tat.

Auf der Hochzeit

Johannes 2,1–11

In den Bergen von Galiläa
lag der kleine Ort Kana.
Dort wurde in jenen Tagen
eine große Hochzeit gefeiert.
Das ganze Dorf feierte mit.
Auch viele Gäste waren
von weither gekommen.
Auch Jesus und seine Mutter Maria
waren zum Fest geladen.

Es wurde ein prächtiges Fest.
Tagelang wurde gefeiert,
gesungen, getanzt.
Der Wein floss in Strömen.
Und der Speisemeister sorgte dafür,
dass den Gästen nichts fehlte.

Als Jesus mit seinen Jüngern
zur Hochzeit kam,
war das Fest schon in vollem Gang.
Alle waren in bester Stimmung.
Diener tischten köstliche Speisen auf
und gossen unermüdlich
Wein in die Becher.

Doch mitten im Feiern
entdeckten die Diener
plötzlich mit Schrecken:
Der Wein ging zu Ende.
Alle Vorräte waren verbraucht,
alle Krüge geleert.

Da war die Verlegenheit groß.
Die Diener sahen sich ratlos an:
Was sollten sie tun?
Woher den Wein nehmen?

Als aber Maria die leeren Krüge sah,
ahnte sie, was geschehen war.
Schnell ging sie zu ihrem Sohn
und flüsterte ihm ins Ohr:
„Sieh doch!
Sie haben keinen Wein mehr."
„Hilf du ihnen!", wollte sie bitten.
Doch Jesus fiel ihr ins Wort.
„Frau, was willst du von mir?
Meine Zeit
ist noch nicht gekommen." 2,4
Fast wie eine Fremde wies er sie ab.
Maria aber gab noch nicht auf.
Sie ging zu den Dienern hinaus.
„Hört!", flüsterte sie.
„Wenn euch Jesus etwas befiehlt,
dann tut, was er sagt!"

Kaum hatte sie das gesagt,
da kam Jesus auch schon heraus.
Er zeigte auf die Wasserkrüge,
die vor der Tür standen,
sechs riesige Steinkrüge,
die zur Reinigung bestimmt waren.
Jeder Krug fasste
ungefähr hundert Liter.
„Füllt die Krüge mit Wasser!",
befahl Jesus den Dienern.
Da füllten sie die Krüge
mit Wasser bis an den Rand.
„Nun schöpft daraus!", befahl Jesus.
„Und bringt es dem Speisemeister!
Er soll davon kosten." 2,8

Da schöpften sie aus dem Krug
und brachten es dem Speisemeister.
Der nahm nichtsahnend
einen kräftigen Schluck.
„Ah!", rief er erstaunt.
„Was für ein köstlicher Wein!
Wo kommt dieser Wein her?"
Sicher vom Bräutigam, dachte er.
Aber warum hatte er
den Wein bisher zurückgehalten?
Er ließ den Bräutigam rufen
und fragte ihn vorwurfsvoll:
„Woher kommt dieser Wein?
Warum rückst du ihn jetzt erst heraus?

Jeder gibt zuerst den guten Wein aus.
Danach, wenn die Gäste
schon angetrunken sind,
kannst du ihnen meinetwegen
den schlechteren Wein anbieten."

Aber der Bräutigam wusste nicht,
woher der gute Wein kam.
Nur die Diener wussten es:
Wasser hatten sie in die Krüge gefüllt.
Und Wein hatten sie
aus den Krügen geschöpft,
wie Jesus ihnen befohlen hatte.

Da ging das Fest erst richtig los.
Die Hochzeit war gerettet!
Die Freude war grenzenlos.
Alle aßen und tranken sich satt
und wunderten sich,
woher der köstliche Wein kam.
Aber die Jünger blickten auf Jesus.
Und sie dachten bei sich:
Nun glauben wir ganz gewiss,
dass der Messias unter uns ist.

Dies war das erste Zeichen,
das Jesus tat,
geschehen zu Kana in Galiläa
am ersten Tag,
nachdem Jesus seine Jünger
um sich geschart hatte.
Diese Jünger haben es
mit eigenen Augen gesehen.
Und sie bezeugen:
Ja, es ist wahr:
Er offenbarte seine Herrlichkeit.
Und wir haben geglaubt und erkannt:
Er ist der Messias,
den die Propheten verkündet haben.
Er ist der Sohn des lebendigen Gottes. 2,11

Im Tempel

Johannes 2,13–25

Der Messias war in die Welt gekommen.
In der Provinz Galiläa
war Jesus zu Hause.
In Nazareth, einer glanzlosen Stadt,
hatte er seine Jugend verbracht.
Am See Genezareth lebte er
unter Fischern, Hirten und Bauern,
bei dem armen verachteten Volk,
von dem der Prophet Jesaja sagt:

> *„Es wird nicht dunkel bleiben*
> *über denen, die in Angst sind.*
> *Denn er wird zu Ehren bringen,*
> *das Land jenseits des Jordan,*
> *das Galiläa der Heiden."* Jes 8,23

Aber in Jerusalem,
der Hauptstadt des Landes,
hatten die Menschen noch nichts
von Jesus vernommen.
Niemand fragte danach,
was im fernen Galiläa geschah.
Denn in Jerusalem glaubte man:
Wenn der Messias kommt,
dann wird er zuerst
im Tempel erscheinen
und sich dort aller Welt offenbaren.

In jenen Tagen rüstete sich
Jerusalem zum Passafest.
Viele tausend Besucher
trafen in der Stadt ein.
Die Menschen schoben sich
durch die Straßen und Gassen.
Auch im Vorhof des Tempels
herrschte ein Riesenrummel.
Wie auf dem Markt ging es dort zu.
Händler boten Opfertiere zum Kauf:
Tauben, Schafe und Ochsen.
Alles gab es zu kaufen.

Dazwischen standen
die Tische der Geldwechsler.
Es blökte. Es gurrte.
Auf dem ganzen Gelände
herrschte ein Heidenlärm.

Da stürmte auf einmal
ein Unbekannter durch das Tor.
Wütend bahnte er sich einen Weg
durch die Menge.
Er schwang eine Peitsche,
und zornig schrie er:
„Hinaus! Hinaus mit euch allen!
Los, tragt die Tauben hinaus!
Und macht meines Vaters Haus
nicht zum Kaufhaus!"
Er stieß die Tische um,
schleuderte das Geld auf die Erde
und jagte alle hinaus,
Wechsler und Händler
mitsamt ihren Tauben,
Schafen und Ochsen.

Auf einmal war es ganz still
auf dem weiten Gelände.
Alle starrten entsetzt
auf den Unbekannten.
Auch alle Priester
und Gelehrten eilten herbei.
Entrüstet stellten sie
den Fremden zur Rede:
„Wer bist du?
Wer hat dir erlaubt,
hier im Tempel zu stören?"
Mit strenger Miene
musterten sie den Fremden.
Sie ahnten ja nicht,
dass Jesus vor ihnen stand.
„Weise dich aus!",
so forderten sie Jesus auf.
„Gib uns ein Zeichen!
Zeig uns, woher du kommst,
und ob du das Recht hast,
hier im Tempel so dreist aufzutreten."

„Ein Zeichen wollt ihr?",
rief Jesus zornig.
„Ihr sollt es bekommen:
Brecht diesen Tempel ab!
In drei Tagen will ich
ihn wieder aufrichten."

„Habt ihr gehört?
Der Kerl ist verrückt.
Er beleidigt den Tempel.
Schaut euch diesen Prachtbau an!
46 Jahre lang wurde daran gebaut.
Doch er will den Tempel
in drei Tagen errichten!"
So riefen sie empört.
Die Jünger aber standen dabei,
schwiegen und staunten.
Und sie dachten an das Wort
aus der Heiligen Schrift:

„Der Eifer um dein Haus
hat mich gefressen." *Ps 69,10*

Wie ein Prophet war Jesus
im Tempel aufgetreten. Jer 7,1ff.
Aber erst nach seinem Tod
verstanden die Jünger das Geheimnis,
das Jesus ihnen in dieser Stunde
anvertraut hatte:
„Brecht diesen Tempel ab!"
Jesus dachte an seinen eigenen Leib.
Sein Leben gab er
für die Menschen dahin.
Doch am dritten Tag
rief ihn Gott aus dem Tod
und erweckte ihn zu neuem Leben.
Seine Jünger haben ihn
mit eigenen Augen gesehen.
Und sie sind es, die uns bezeugen:
Ja, es ist wahr:
Jesus ist nicht im Tod geblieben.

Dieser Jesus ist es,
auf dem die Hoffnung
der ganzen Welt ruht.

Nikodemus

Johannes 3,1–21

In jenen Tagen lebte in Jerusalem
Nikodemus, ein angesehener Mann.
Er gehörte zum Rat der Stadt
und war ein großer Gelehrter.
Nikodemus hatte gründlich
die Heilige Schrift studiert.
Als Pharisäer hielt er sich
streng an Gottes Gebote
und lehrte auch das Volk,
auf Gottes Gebote zu achten.
Oft sah man ihn im Tempel
in der Halle Salomos sitzen.
Dort legte er dem Volk
das Gesetz Moses aus
und tauschte sich darüber
mit anderen Schriftgelehrten aus.
Dabei fragte er sich:
Ob Gott auch zu uns heute
solch einen Lehrer schickt?
Einen Lehrer wie Mose,
der uns den Weg zu Gott weist?

Eines Abends kam Nikodemus
ganz aufgewühlt nach Hause.
Er war im Tempel Jesus begegnet.
Mit eigenen Augen hatte er gesehen,
wie Jesus Menschen heilte,
wie er zu ihnen sprach
und seine Hand auf sie legte.
Seine Worte hatten ihn tief getroffen.
Noch nie hatte Nikodemus
im Tempel solche Worte gehört.
Wer weiß, sagte er sich,
vielleicht ist Jesus der Lehrer,
auf den wir schon lange warten?
Vielleicht kennt er den wahren Weg,
der uns zu Gott führt?
Ich muss es wissen.
Ich muss Jesus sprechen,
am besten noch in dieser Nacht!

Aber wie?
Es musste heimlich geschehen.
Niemand durfte sehen,
wie er mit Jesus sprach.
Sonst würden die Leute
über ihn reden und spotten:
„Seht euch den Nikodemus an!
Er will ein großer Lehrer sein
und braucht selbst einen Lehrer.“

Nikodemus überlegte nicht lange.
Er warf seinen Mantel um,
lief in die Nacht hinaus
und suchte das Haus,
in dem Jesus zu Gast war.
Es war schon fast Mitternacht,
als er dort ankam.
Doch Jesus bat ihn herein.
Fast schien es Nikodemus,
als habe er auf ihn gewartet.
Im Obergemach strich der Nachtwind
durch die offenen Fenster.
Hier war der geeignete Ort
für ein Gespräch.

„Rabbi!“, begann Nikodemus.
„Wir wissen, dass du ein Lehrer bist,
der von Gott gekommen ist.
Denn niemand kann
die Zeichen tun, die du tust,
wenn nicht Gott mit ihm ist.“
Kennst du den Weg,
der zu Gott führt?, wollte er fragen.
Doch Jesus hatte bereits
seine Frage erraten.
Er sprach zu ihm:
„Wahrhaftig, ich sage dir:
Nur wer von Neuem geboren wird,
kann Gottes Reich sehen.“ 3,3

Nikodemus sah Jesus erstaunt an.
„Von Neuem geboren?
Wie soll ich das verstehen?
Soll denn ein alter Mensch
aufs Neue in den Mutterleib gehen
und wieder geboren werden?“

Jesus antwortete:
„Ich sage dir:
von Neuem geboren –
aber nicht durch Menschen,
sondern durch Gott.
Der alte Mensch muss sterben,
aber durch Gottes Geist
wirst du ein neuer Mensch.“ 3,5

Wie soll ich das begreifen?,
dachte Nikodemus im Stillen.
Doch Jesus fuhr fort:
„Du wunderst dich?
Spürst du den Wind?
Begreifen kannst du ihn nicht.
Du weißt nicht, woher er kommt
und wohin er geht.
Aber du hörst, wie er rauscht.
So ist es mit Gottes Geist.
Er weht, wo er will.
Du hörst auch sein Rauschen.
Aber greifen kannst du ihn nicht.
Er kommt und geht,
wohin er will.“ 3,7f.

„Aber wie soll das geschehen?“
Nikodemus konnte es
noch nicht fassen.
„Wie?“, fragte Jesus.
„Das weißt du nicht?
Du bist doch ein großer Lehrer,
in Israel von allen geachtet.
Wahrhaftig, ich sage dir:
Wir reden, was wir wissen.
Und was wir selber gesehen
haben, das bezeugen wir.
Dennoch nehmt ihr
meine Worte nicht an.
Wenn ihr hier schon zweifelt,
wie wollt ihr mir dann glauben,
wenn ich von Gottes Welt rede?

Erinnerst du dich,
was einst Mose getan hat?
Er richtete in der Wüste
eine eherne Schlange auf,
sichtbar für alle.
Und wer zu ihr aufschaute,
wurde gerettet. 4. Mo 21,4ff.
So wird auch
der Menschensohn erhöht,
den Gott zu euch gesandt hat.
Und wer zu ihm aufschaut,
wird gerettet.
Denn so sehr hat Gott
die Welt geliebt,
dass er seinen einzigen Sohn hingab,
damit alle, die an ihn glauben,
nicht verloren werden,
sondern das ewige Leben haben. 3,16
Denn Gott hat seinen Sohn
nicht in die Welt gesandt,
dass er die Welt richte,
sondern dass die Welt
durch ihn gerettet werde." 3,11–18

Da schwieg Nikodemus beschämt
und wagte nichts mehr zu fragen.
Was Jesus ihm in dieser Stunde
anvertraut hatte,
klang wie ein kostbares Geheimnis.
In Jesu Worten kam Gott ihm ganz nah.

Seit jener Nacht war Nikodemus
ein heimlicher Anhänger Jesu.
Bis an sein Ende blieb er ihm treu.
Auch als Jesus am Kreuz starb,
war Nikodemus zur Stelle.
Er gab Jesus sogar das letzte Geleit.
Dort wurde offenbar, was Jesus ihm
in jener Nacht anvertraut hatte:
Am Kreuz hing der Messias,
der Sohn Gottes,
erhöht und sichtbar für alle.
Sein Leben gab er für alle dahin.

Die Frau am Brunnen

Johannes 4,1–42

Eines Tages zog Jesus
mit seinen Jüngern nach Galiläa.
Er wählte den kürzesten Weg,
der über Samarien führte.
Es war ein Weg,
den nur wenige Juden gingen.
Denn die meisten Juden
mieden dieses Gebiet,
weil die Samaritaner
einen anderen Glauben hatten als sie.
Der Weg führte
über die Stadt Sychar.
Es war eine kleine Stadt,
am Fuß eines Berges gelegen.
Dort lebte eine Frau,
die hatte schon viel Leid
in ihrem Leben erfahren.
Fünf Männer hatte sie
nacheinander gehabt.
Nun lebte sie wieder
mit einem Mann zusammen.
In der ganzen Stadt
redete man über sie.
Die Frau spürte,
was andere über sie dachten.
Darum wich sie allem Gerede aus.
Abends, wenn die anderen Frauen
zum Brunnen hinausgingen,
blieb sie im Haus.
Und in der Mittagshitze,
wenn die Straßen verlassen waren,
ging sie allein zum Brunnen hinaus.
Es war der Jakobsbrunnen,
eine uralte Zisterne.
Schon der Stammvater Jakob
hatte daraus Wasser geschöpft.

Eines Mittags ging die Frau
wieder zum Brunnen hinaus.
Die Sonne brannte heiß.

Weit und breit
war niemand zu sehen.
Doch plötzlich blieb die Frau stehen.
Dort drüben am Brunnen,
da saß jemand!
Ein Fremder war es.
Er sah aus wie ein Jude.
Wie ist das nur möglich?,
überlegte die Frau.
Ein Jude an unserem Brunnen?
Um diese Zeit?
Auf wen wartet er?
Was will er?
Aber die Frau tat so,
als ginge sie der Fremde nichts an.
Sie stellte ihren Krug ab,
ließ ihn am Seil
in den Brunnen hinab
und zog den vollen Krug
wieder nach oben.
Schon wollte sie den Krug nehmen
und wieder umkehren,
da sprach der Fremde sie an:
„Gib mir zu trinken!"

Die Frau sah ihn erstaunt an.
„Wie? Du sprichst mit mir?
Ich bin doch
eine samaritische Frau.
Du aber bist Jude!" 4,9
Und sie dachte bei sich:
Wer mag dieser Mann sein?
Weiß er denn nicht,
dass es den Juden verboten ist,
eine Frau anzusprechen,
dazu noch eine samaritische Frau?

Aber der andere fuhr fort:
„Wenn du wüsstest,
wer dich hier bittet,
dann würdest du mich bitten:
‚Gib mir zu trinken!'
Und du würdest von mir
frisches Quellwasser bekommen."

Die Frau musterte den Mann
von oben bis unten.
„Wie denn? Womit denn? 4,11f.
Du hast ja gar keinen Krug!
Du siehst doch:
Der Brunnen ist tief!
Wie willst du denn daraus
frisches Quellwasser schöpfen?
Oder kennst du noch
eine bessere Quelle?
Weißt du etwa mehr
als unser Stammvater Jakob?
Schon er trank Wasser
aus diesem Brunnen,
er, seine Kinder und seine Tiere."

Da zeigte der Fremde
auf die Zisterne und sagte:
„Dieses Wasser da unten
stillt deinen Durst nicht.
Wer von diesem Wasser trinkt,
wird bald wieder Durst haben.
Wer aber von dem Wasser trinkt,
das ich gebe,
wird keinen Durst mehr bekommen." 4,13f.

Da horchte die Frau auf.
„Keinen Durst mehr, sagst du?
Dann gib mir dieses Wasser!
So muss ich nie mehr
zum Brunnen gehen
und habe für immer genug." 4,15
„Geh erst nach Hause!",
sprach der Fremde zu ihr.
„Rufe deinen Mann
und bring ihn hierher!"

Die Frau erschrak.
Was wusste dieser Mensch von ihr?
Warum rührte er an ihre Wunde?
„Ich habe keinen Mann",
meinte sie schroff.
„Ja, du hast Recht.
Fünf Männer hast du gehabt.

Und der Mann, den du jetzt hast,
der ist nicht dein Mann."

Da brach es aus der Frau hervor:
„Herr, nun sehe ich,
dass du ein Prophet bist.
Gott hat dich zu uns gesandt.
So sag mir:
Was soll ich glauben?
An wen soll ich mich halten?"
Sie zeigte zum Berg Garizim hoch.
„Unsere Vorfahren haben Gott
auf diesem Berg verehrt.
Aber ihr Juden sagt:
Nur in Jerusalem
soll man Gott ehren.
Was ist nun richtig?" 4,19f.
Sie sah ihn gespannt an.

Er aber sprach zu ihr:
„Glaub mir,
bald kommt die Zeit,
da wird dies alles vergehen.
Da wird man weder auf diesen Berg
noch nach Jerusalem gehen,
sondern alle werden
in einem Geist
zu dem einen Gott beten.
Und ihr werdet erkennen,
wer er in Wahrheit ist.
Denn ihr wisst nicht,
was ihr verehrt.
Wir aber wissen es.
Denn der, der das Heil bringt,
kommt von den Juden." 4,21f.

„Ja, ich weiß", sagte die Frau.
„Der Messias wird kommen,
der Gesalbte, den Gott uns schickt.
Wenn er kommt,
wird er uns alles verkünden."
„ICH bin es", sprach er.
„Der Messias redet mit dir." 4,26

Da fiel es der Frau
wie Schuppen von den Augen.

Auf einmal erkannte sie:
Der Messias stand vor ihr.
Er war zu ihr
nach Sychar gekommen.

Da ließ die Frau ihren Krug stehen
und lief nach Sychar zurück,
so schnell sie die Füße trugen.
Sie rannte durch die Straßen
und rief es allen zu,
die sie dort traf:
„Auf! Kommt mit mir!
Draußen am Brunnen
sitzt ein Mensch,
der hat mir alles gesagt,
was ich getan und erlebt habe.
Kommt und seht selbst,
ob er vielleicht der Messias ist,
auf den wir warten."

Als die Leute das hörten,
ließen sie alles stehen und liegen
und liefen zum Brunnen hinaus.
„Komm!", baten sie Jesus.
„Sei unser Gast und wohne bei uns!"
Da ging Jesus mit ihnen.
Zwei volle Tage blieb er
in ihrer Stadt.
Und er erzählte ihnen
von dem, der gekommen war,
um alle Menschen zu retten.

Da horchten die Leute auf,
als sie die gute Nachricht vernahmen.
Und sie sagten zu der Frau:
„Nun glauben wir dir.
Aber nicht, weil du es gesagt hast,
sondern wir haben ihn selber
gehört und gesehen.
Und wir haben erkannt:
Dieser ist wirklich der Heiland,
der Retter nicht nur der Juden.
Er ist der Retter der Welt!" 4,42

Der Vater

Johannes 4,43–54

Bald darauf verbreitete sich
die Nachricht in Galiläa:
Jesus ist wieder da!
Er hält sich in Kana auf,
wo er das erste Wunder getan hat.

Das hörte ein Vater,
der in Kapernaum wohnte.
Er war ein geachteter Mann
und stand im Dienst des Königs,
der über Galiläa regierte.
Sein Sohn war todkrank.
Kein Mittel schlug an.
Kein Arzt wusste Rat.
Die Eltern waren verzweifelt.
Wenn keine Hilfe kam,
musste ihr Sohn sterben.

Da fasste sich der Vater ein Herz.
Er sagte sich:
Jesus muss helfen.
Er allein kann es tun.
Ich muss ihn finden,
bevor es zu spät ist.
Sogleich machte er sich auf,
um Jesus in sein Haus zu holen.
Er eilte den ganzen Weg
hinauf bis nach Kana.
Von frühmorgens an
war er unterwegs.
Die Angst um seinen Sohn
trieb ihn ständig voran.
Endlich, am nächsten Tag gegen Mittag,
hatte er Kana erreicht.
Da fand er Jesus,
von vielen Menschen umringt.
Er bahnte sich
einen Weg durch die Menge,
fiel vor Jesus nieder
und flehte ihn an:
„Ach Herr! Mein Sohn ist todkrank.

Komm bitte und hilf ihm,
bevor es zu spät ist.“

Alle sahen voller Erwartung auf Jesus.
Wer weiß, sagten sie sich,
vielleicht tut er wieder ein Wunder
wie damals bei der Hochzeit in Kana?
Doch Jesus erriet ihre Gedanken:
„Ihr wollt nur Wunder sehen,
sonst wollt ihr nicht glauben.“ 4,48

Aber der Vater kniete vor Jesus,
flehte und rief:
„Herr, komm bitte!
Warte nicht länger!
Komm, bevor mein Kind stirbt!“

Da beugte sich Jesus zu ihm herab.
Und voller Liebe sprach er:
„Geh heim und sei unbesorgt:
Dein Sohn lebt!“ 4,50

Wie?, dachten die Leute,
die um Jesus her standen.
Ist das alles?
Warum geht er nicht mit?
Warum gibt er ihm
kein deutliches Zeichen?

Aber der Vater
glaubte Jesus aufs Wort.
Sogleich stand er auf und eilte zurück.
Das Wort Jesu trieb ihn voran.
„Dein Sohn lebt!“, hatte Jesus gesagt.
Ob er wirklich noch lebte?

Endlich, am nächsten Tag,
sah der Vater in der Ferne
Kapernaum liegen.
Er hatte die Stadt noch nicht erreicht,
da eilten ihm schon
seine Knechte entgegen.
„Freu dich!“, riefen sie fröhlich.
„Dein Sohn lebt!“
„Was sagt ihr?“, rief der Vater.
„Er lebt? Mein Sohn lebt?
Sagt, seit wann geht es ihm besser?“
„Gestern Mittag um eins
verließ ihn das Fieber.“
Da staunte der Vater noch mehr.
Es war genau die Stunde,
in der er Jesus begegnet war.
Voller Freude eilte er in sein Haus,
schloss seinen Sohn in die Arme
und erzählte allen im Hause,
was er mit Jesus erlebt hatte.
„Jesus“, so rief er, „hat ihn geheilt!
Sein Wort hat Wunder gewirkt.“

Da schwiegen alle
voll Ehrfurcht und Staunen.
Und sie begannen zu ahnen,
dass Jesus der Retter war,
auf den sie hofften.

Am Teich Betesda

Johannes 5,1–18

Vor den Mauern Jerusalems,
nicht weit vom Schaftor entfernt,
liegt der Teich Betesda.
Dorthin brachte man
einst die Kranken der Stadt.
Fünf offene Hallen
säumten den Teich.
In ihnen lagen Menschen,
von schweren Leiden gezeichnet.
Die einen waren blind.
Andere waren gelähmt
oder durch eine Krankheit entstellt.
Hilflos lagen sie auf der Erde,
Mensch an Mensch.
Und jeden Tag kamen
noch mehr Menschen hinzu.
Die Hallen konnten
das Elend kaum fassen.
Wie ein riesiges Lazarett,
so wirkte dieser trostlose Ort.

Ärzte gab es dort nicht
und auch keine Menschen,
die die Leidenden pflegten.
Nur noch eine Hoffnung
hielt diese Kranken am Leben:
In den Teich floss
eine unterirdische Quelle.
Einmal am Tag sprudelte Wasser
aus dieser Quelle hervor. 5,3f.
Wer dann, so hieß es,
zuerst in den Teich stieg,
war von seiner Krankheit geheilt.
Jeden Tag warteten die Kranken,
bis sich das Wasser bewegte.
Dann rannten und humpelten
alle zum Teich und stürzten sich
in das schmutzige Wasser.
Aber, so hieß es,
immer nur ein Mensch wurde geheilt.

Unter den Kranken,
die dort am Teich lagen,
war auch ein Mann,
der seit 38 Jahren gelähmt war.
Er konnte Arme und Beine
vor Schmerzen kaum rühren.
Schon als Jungen hatte man ihn
zum Teich Betesda gebracht.
Seitdem lag er Tag für Tag hier,
am Werktag wie auch am Sabbat.
Aber nie fand sich jemand,
der ihn zum Teich trug.
Kein Mensch half ihm,
wenn sich das Wasser bewegte.
Inzwischen hatte der Mann
alle Hoffnung auf Heilung begraben.

Eines Tages aber fand in Jerusalem
ein großes Fest statt.
Viele Besucher waren gekommen.
Die Menschen drängten sich
auf den engen Straßen und Gassen.
Sie jubelten und winkten sich zu.
Die ganze Stadt war erfüllt
von ihrem Freudengeschrei.

Doch draußen am Teich Betesda
war nichts von Freude zu spüren.
In den Hallen stöhnten die Kranken.
Wie alle Tage starrten sie
mit stumpfem Blick auf das Wasser.
Auch der Mann,
der schon 38 Jahre lang krank war,
lag reglos auf seiner Matte
und döste dumpf vor sich hin.
Von der Straße schallten
fröhliche Lieder zu ihm herüber.
Aber der Kranke nahm sie kaum wahr.
Welten schienen ihn
von diesen Menschen zu trennen.

Da – auf einmal löste sich
ein Mann aus der Menge.
Er kam auf den Teich zu
und bahnte sich einen Weg
durch die Kranken.
Als er den Schwerkranken sah,
blieb er vor ihm stehen.
Der Kranke blickte erstaunt
zu ihm hoch:
Wer mochte das sein?
Was suchte er hier?
Er hatte diesen Menschen
noch nie im Leben gesehen.
Er ahnte ja nicht,
dass Jesus gekommen war,
um ihm aus seinem Elend zu helfen.

Da sprach Jesus den Kranken an:
„Wie lange liegst du schon hier?"
„Seit 38 Jahren", antwortete er.
„Willst du gesund werden?",
fragte Jesus den Kranken.
Der aber schüttelte traurig den Kopf.
„Herr, ich kann nicht.
Ich hab keinen Menschen,
der mich zum Teich trägt.
Wenn sich das Wasser bewegt,

dann steigen andere
vor mir ins Wasser…“
Hilflos sah er zu Jesus hoch.
Da sprach Jesus zu ihm:
„Steh auf!
Nimm deine Matte und geh!“ 5,8

Und siehe da!
Wie auf Befehl
erhob sich der Kranke.
Seine schwachen Beine –
sie gehorchten ihm wieder!
Sie konnten ihn tragen!
Ungläubig sah der Mann
an seinen Beinen herab,
setzte einen Fuß vor den andern.
Und schon stürzten die Leute herbei,
gafften ihn an und fragten:
„Wie ist das nur möglich?
Wer hat das getan?“ 5,13
Doch Jesus war längst verschwunden.

Da packte der Mann seine Matte,
ging auf die Straße
und mischte sich
unter das fröhliche Volk,
das zum Tempel hinaufzog.
Doch als er zum Tor des Tempels kam,
verstellten ihm die Wächter den Weg:
„Halt! Was willst du hier?
Was soll diese Matte?
Wie kannst du es wagen,
heute diese Matte zu tragen?
Hast du vergessen?
Heute ist Sabbat.
Da darfst du nichts tragen.
Das verbietet unser Gesetz.“ 5,10

Der Mann sah sie erstaunt an.
„Das verstehe ich nicht.
Der Mensch, der mich geheilt hat,
hat mir befohlen:
Nimm deine Matte und geh!“
„Und – wie heißt dieser Mensch?“
„Ich weiß es nicht“, sagte der Mann.
„Da waren so viele Leute.
Auf einmal war er verschwunden.“

Nicht lange danach
kam Jesus zum Tempel.
Als er den Geheilten im Vorhof sah,
ging er zu ihm und sagte:
„Sieh, nun bist du gesund.
Aber gib Acht,
dass dir nichts Schlimmeres zustößt.
Lass dich auf nichts ein,
was dich von Gott trennt.“ 5,14

Da ging der Mann sofort
zu den Aufsehern im Tempel
und erzählte ihnen: „Jetzt weiß ich,
wer mich gesund gemacht hat.
Seht, da steht er: Jesus heißt er.
Jesus hat mich geheilt.“

Kaum hatte er seinen Namen genannt,
da drängten sich alle um Jesus,
Priester und hohe Gelehrte
und auch das einfache Volk.
Und sie warteten darauf,
dass Jesus sich ihnen erklärte.

Da sprach Jesus zu allen,
die im Tempel versammelt waren:
„Die Werke, die ich tue,
tut mein Vater durch mich.
Wahrhaftig, ich sage euch:
Der Sohn kann nichts
von sich selbst aus.
Nur was der Vater tut,
das tut auch er.
Denn der Vater hat den Sohn lieb.“ 5,19

Aber die Priester und Gelehrten
murmelten empört:
„Habt ihr gehört?
Er behauptet, Gott sei sein Vater.
Das geht wirklich zu weit!
Wir müssen diesen Jesus
zum Schweigen bringen.
Wer weiß, was er sonst alles anstellt!“

Als aber Jesus merkte,
was sie gegen ihn planten,
verließ er Jerusalem
und zog mit seinen Jüngern
nach Galiläa zurück.
Dort warteten schon
viele Menschen auf ihn.
Und Jesus tat
viele Zeichen und Wunder.
Und Gott war mit ihm,
was er auch tat.

Das hungrige Volk

Johannes 6

Das Passafest stand vor der Tür.
Wer immer konnte,
reiste nach Jerusalem,
um dort mit anderen zu feiern.
Aber auch in Galiläa
bereitete man sich
auf das große Fest vor.
Man buk flaches Brot
und schmückte die Häuser.
Doch vielen Menschen
war nicht nach Feiern zumute.
Sie hatten alle Hände voll zu tun,
für ihr tägliches Brot zu sorgen.

In diesen Tagen kam Jesus
zum See Genezareth.
Im Nu sprach es sich
in allen Städten herum:
Jesus ist wieder da!
Da ließen die Leute
alles liegen und stehen
und machten sich auf,
um Jesus zu sehen.
Aber Jesus und seine Jünger
waren ans andere Ufer gefahren,
zu einem einsamen Berg.
Als die Leute das hörten,
zogen sie hinter ihm her:
Hirten und Händler,
Bauern und Bettler,
auch Frauen und Kinder.
Mindestens 5000 Menschen
kamen zu Jesus.

Als aber Jesus die Massen sah,
allesamt hungrige Menschen,
hungrig nach Leben,
nach Liebe, nach Brot,
da wandte sich Jesus
an seinen Jünger Philippus
und sagte:
„Sie haben Hunger.
Was geben wir ihnen zu essen?
Wo kaufen wir Brot?“ 6,5
Philippus sah Jesus groß an.
In dieser verlassenen Gegend
gab es doch nirgendwo Brot!
Und außerdem:
Wer sollte das Brot bezahlen?
„Brot kaufen?“, sagte Philippus.
„Das ist unmöglich.
Zweihundert Silberstücke,
ein ganzer Jahreslohn,
reichen nicht aus,
um Brot für so viele zu kaufen.“ 6,7

„Wie viele Brote habt ihr?“,
fragte Jesus die Jünger.
Die sahen ihn verlegen an.
Nichts, gar nichts
hatten sie mit sich genommen.
Auch die anderen Leute
hatten kein Brot mitgebracht.

Schließlich sagte Andreas:
„Es ist ein Junge hier,
der hat fünf Gerstenbrote

und zwei Fische dabei.
Aber was soll's?
Davon werden die Massen nicht satt."
Doch Jesus befahl:
„Bringt mir das Brot und die Fische!
Und sagt allen,
sie sollen sich lagern!" 6,10

Da setzten sich alle ins Gras,
nach Gruppen geordnet.
Jesus aber nahm die fünf Brote
und nahm auch die Fische,
sagte Gott Dank,
brach sie
und gab sie dem Volk.
Und alle nahmen von dem Brot
und von dem Fisch
und aßen sich satt.
Es gab für alle genug.

Danach, als alle satt waren,
befahl Jesus den Jüngern:
„Nun sammelt, was übrigblieb!
Nichts soll verderben."

Da sammelten die Jünger
alle Brotbrocken auf,
zwölf Körbe voll.

Als aber die Leute sahen,
was geschehen war,
riefen sie begeistert:
„Das hat es noch nie gegeben!
Dieser Mensch ist
wirklich der Prophet,
auf den wir so lange warten.
Er soll König über uns sein.
Dann haben wir ausgesorgt,
und niemand muss mehr hungern." 6,14f.
„Ja, bravo!", jubelten alle.
„Macht ihn zum König!"
Und sie bestürmten Jesus:
„Sei unser König!"

Doch Jesus hörte nicht auf ihr Geschrei.
Er ließ sie stehen
und stieg allein auf den Berg.
Dort sprach er mit seinem Vater,
viele Stunden lang, er ganz allein. 6,15

Am nächsten Morgen
suchten die Menschen nach Jesus.
Aber Jesus war nirgends zu finden.
Enttäuscht kehrten sie heim.
Dort erfuhren sie:
Jesus ist schon längst da.
Er ist in die Synagoge gegangen.
Da strömten die Massen zur Synagoge.
„Rabbi", fragten sie Jesus,
„wann bist du hierher gekommen?"

Jesus antwortete:
„Ich weiß,
ihr sucht mich nicht,
weil ihr ein Zeichen gesehen habt,
sondern weil ihr satt geworden seid.
Aber ich sage euch:
Kümmert euch nicht um solches Brot.
Sorgt euch vielmehr um Brot,
das niemals vergeht." 6,27

„Dann gib uns doch dieses Brot!",
riefen die Leute.
Doch Jesus entgegnete:

„ICH bin das Brot des Lebens.
Wer zu mir kommt,
wird nicht mehr hungern.
Und wer an mich glaubt,
wird nie mehr Durst bekommen.

Alle, die zu mir kommen,
werde ich nicht hinausstoßen.
Denn so will es mein Vater:
Wer den Sohn sieht,
und wer an ihn glaubt,
hat jetzt schon das ewige Leben,
Leben, das niemals vergeht." 6,35ff.

„Was sagt er?",
murmelten die Gesetzeslehrer empört:
„Wie kann dieser Mensch behaupten,
Gott sei sein Vater? 6,42
Ist er nicht Josefs Sohn?
Wir kennen doch seine Eltern!" 6,41
Aber Jesus sprach zu ihnen:

„Ärgert euch nicht!
Wenn ihr meinen Vater
im Himmel kennt,
kennt ihr auch mich.
Ich bin das lebendige Brot.
Wer von diesem Brot isst,
wird leben." 6,51

„Was soll der Unsinn?",
riefen andere dazwischen.
„Sollen wir etwa sein Fleisch essen?" 6,52

Da wurde es den Leuten zu bunt.
Wütend zogen sie ab.
Auch viele, die Jesus gefolgt waren,
kehrten ihm nun den Rücken.
Bald war die Synagoge leer.
Nur noch einige Jünger
blieben bei Jesus zurück.
„Wollt ihr auch weggehen?",
fragte sie Jesus.
Doch Simon Petrus sprach:

„Herr, wohin sollen wir gehen?
Du hast Worte
des ewigen Lebens.
Und wir haben geglaubt
und erkannt:
Du bist ‚Christus', der Messias,
der Sohn des lebendigen Gottes."
6,68f.

Noch war es ein Geheimnis,
was Petrus hier aussprach.
Aber von diesem Tag an
blieben die Jünger bei Jesus
bis zu dem letzten Mahl,
in der Nacht vor seinem Tod,
als Jesus das Brot mit ihnen brach.
Da erst erkannten seine Jünger,
wer Jesus in Wahrheit war:
Seinen eigenen Leib
gab er für sie dahin,
für alle Menschen,
Freunde und Feinde.

Auf dem Fest

Johannes 7

Der Herbst war gekommen.
Die Hügel Galiläas
leuchteten in goldenen Farben.
In allen Weinbergen
herrschte fröhliches Leben.
Die Trauben waren geerntet.
Überall wurden Freudenfeuer entfacht
und Hütten aus frischem Laub gebaut.
Das Laubhüttenfest stand bevor.
Acht Tage lang dauerte dieses Fest.
So lange lebten die Israeliten
in ihren Laubhütten.
Dort aßen und schliefen sie
und freuten sich an den Erntegaben,
die Gott ihnen beschert hatte.

In diesen Tagen sah man auch
viele Wanderer auf den Straßen.
Sie zogen alle nach Jerusalem,
um das Fest im Tempel zu feiern.
Kein Fest wurde dort
so fröhlich gefeiert wie dieses.
Von diesem Fest ging die Rede:
„Wer solche Freude nicht sah,
hat nie Freude gesehen."

Aber in diesem Jahr waren
noch mehr Menschen als sonst
zum Fest in den Tempel gekommen.
Im Vorhof des Tempels
standen sie dicht gedrängt.
Und täglich kamen noch
neue Besucher hinzu.
Viele von ihnen hofften,
Jesus im Tempel zu finden.
Jeden Tag hielten sie
nach ihm Ausschau.
Und gespannt fragten sie
hinter vorgehaltener Hand:
„Habt ihr Jesus gesehen?"
„Ob er wohl kommt?"
„Sagt, was haltet ihr von ihm?"
„Ich finde ihn gut!"
„Nein, ich warne euch:
Der Mann ist gefährlich."
„Er ist ein Scharlatan.
Er macht uns nur etwas vor." 7,12f.
Die Worte flogen hin und her.
Doch niemand wagte,
öffentlich von Jesus zu sprechen.
Denn unter den führenden Leuten
waren viele, die Jesus
nicht wohlgesonnen waren.

Tagelang wartete das Volk
vergeblich auf Jesus.
Da, mitten im Fest,
erschien er plötzlich im Tempel.
Wie selbstverständlich
ging er zu der Halle,
in der die Gelehrten saßen.
Dort setzte er sich zu ihnen
und legte die Schrift aus.
Neugierig drängten die Leute hinzu.
Sie lauschten und fragten verwundert:
„Wie ist das nur möglich?
Woher kennt dieser Mensch
die Heilige Schrift?
Er ist doch kein Gelehrter
wie die anderen alle!" 7,15

Doch Jesus antwortete:
„Was ich euch lehre,
kommt nicht aus mir,
sondern von Gott,
der mich gesandt hat.
Wer nach seinem Willen handelt,
wird selber erfahren,
ob ich aus Gott rede
oder aus mir selbst." 7,16f.

Von dieser Stunde an
war Jesus in aller Munde.
Die Leute im Tempel
staunten ihn an: „Seht,

wie er die Menschen fesselt!
Ist das nicht der,
den sie töten wollten?
Aber nun redet er öffentlich.
Niemand hindert ihn daran.
Wer weiß, vielleicht glauben
jetzt auch unsere Führer,
dass er der Messias ist!"
„Unmöglich!", warfen andere ein.
„Wir wissen doch alle,
woher dieser Mensch kommt.
Aber wenn der Messias erscheint,
weiß niemand, woher er kommt." 7,27

Als aber Jesus merkte,
wie sie über ihn redeten,
rief er ihnen zu:
„Ihr sagt, ihr kennt mich
und wisst, woher ich bin.
Aber ein anderer hat mich gesandt.
Den kenne nur ich." 7,28

Da brach auf einmal ein Tumult aus. 7,30
Einige schrien empört:
„Unerhört! Nehmt den Mann fest!
Bringt ihn zum Schweigen!"
Aber die anderen
schrien noch lauter:
„Nein, lasst ihn!
Seht doch die Wunder,
die er getan hat.
Glaubt ihr, der Messias
würde mehr Wunder zeigen,
als dieser getan hat?" 7,31

Als aber die Priester
und Pharisäer sahen,
wie sie sich stritten,
befahlen sie der Tempelwache:
„Nehmt diesen Unruhestifter gefangen!" 7,32
Aber die Wächter wagten nicht,
Hand an Jesus zu legen.
Wie gebannt standen sie da,
und sie hörten staunend,
was Jesus den Menschen sagte:

„Ich bin nur noch kurze Zeit bei euch.
Dann gehe ich wieder zu dem,
der mich zu euch gesandt hat.
Ihr werdet mich suchen,
aber nicht finden.
Und wo ich bin,
könnt ihr nicht hinkommen." 7,33f.

So kam der letzte Festtag heran.
Er war der Höhepunkt des Festes.
An diesem Tag schöpften die Priester
frisches Wasser aus einer Quelle,
trugen es im Festzug zum Tempel
und gossen es auf den Altar,
begleitet vom Jubel der Leute.
Dies war das Trankopfer,
das sie vor Gott brachten.
Es zeigte allen an,
wer die wahre Quelle des Lebens war.

Da – plötzlich stand Jesus vor ihnen.
Laut rief er der Menge zu:

„Wer Durst hat, komme zu mir
und trinke sich satt.
Und wer an mich glaubt,
wie die Schrift sagt,
von dem werden Ströme
frischen Wassers fließen." 7,37f.

Da riefen die Leute:
„Habt ihr gehört, was er sagt?
Dieser Jesus ist wirklich
ein großer Prophet."
„Nein, er ist der Messias!"
„Wie?", mischten sich andere ein.
„Glaubt ihr denn im Ernst,
der Messias käme aus Galiläa?"
Und schon wieder stritten sie sich.

Da meldete die Tempelwache
den Priestern und Pharisäern:
„Jesus ist wieder im Tempel.
Die Leute sind außer sich.
Im Vorhof geht es
drunter und drüber."

„Was? Schon wieder?“,
riefen die Priester
und Pharisäer entsetzt.
„Warum habt ihr ihn nicht
sofort festgenommen?
Wir haben es euch doch befohlen!“
Aber die Wächter erwiderten:
„Wir wagten es nicht.
Denn noch nie hat ein Mensch
so gesprochen wie Jesus.“ 7,46
„Wie?“, riefen die Priester entrüstet.
„Seid ihr auch angesteckt?
Seht uns an!
Glaubt etwa einer von uns
an diesen Menschen?
Nein, niemand hält etwas von ihm.
Nur das dumme Volk glaubt an ihn,
die ungebildeten Leute,
die sich ohnehin nicht
an das Gesetz halten.
Gott sei's geklagt!“ 7,49

So erregten sich die Pharisäer
und Priester im Tempel.
Nur Nikodemus
ergriff für Jesus Partei.
Er fragte die anderen: 7,50
„Ist es auch recht, was ihr da tut?
Dürft ihr einen Menschen verurteilen
ohne ein ordentliches Verfahren?
Erlaubt dies unser Gesetz?“ 7,51

Aber die anderen fielen über ihn her:
„Bist du vielleicht auch
ein Anhänger von diesem Jesus?
Prüfe selbst nach!
Aus Galiläa kommt kein Prophet.“
Da schwieg Nikodemus
und wagte nichts mehr zu sagen.

Angeklagt

Johannes 8

Das Fest war zu Ende.
Die Lichter waren gelöscht.
Ein neuer Morgen brach an.
Da ging Jesus noch einmal
zum Tempel hinauf.
Als aber die Leute ihn sahen,
ließen sie alles stehen und liegen
und folgten ihm in den Tempel.
Voller Erwartung
blickten sie auf Jesus:
„Jesus, sag uns:
Wer bist du in Wahrheit?
Welche Botschaft hast du für uns?“
Jesus setzte sich zu ihnen
und sprach:

„ICH bin das Licht der Welt.
Wer mir nachfolgt,
wird nicht im Finstern wandeln,
sondern wird das Licht
des Lebens haben.“ 8,12

Da hellten sich die Gesichter auf,
als sie die frohe Botschaft hörten.
Aber seine Gegner
standen mit finsterer Miene dabei.
Als sie sahen, wie die Menschen
an Jesu Mund hingen,
dachten sie ärgerlich:
Dieser Jesus geht wirklich zu weit.
Er lockt die Menschen
und bindet sie an sich.
Aber wir werden ihn überführen.
Wir werden dem Volk beweisen,
dass er Gottes Gesetz nicht achtet.
Dann werden sie ihm
nicht mehr nachlaufen.
Und sie beschlossen,
Jesus auf die Probe zu stellen.

In diesem Augenblick hörten sie
am Tor lautes Geschrei.

„Wer unter euch ohne Sünde ist, werfe den ersten Stein auf sie."

Ein paar Männer
stießen eine Frau in den Hof.
Sie ballten die Fäuste
und drohten mit Steinen:
„Du elende Hure!“, so schrien sie wütend.
„Jetzt bekommst du endlich
deine gerechte Strafe.“
Sie zerrten die Frau
vor die Gesetzeshüter
und klagten sie an.
„Seht euch diese Frau an!
Sie ist fremdgegangen
und hat ihren Mann übel betrogen.
Wir haben sie soeben
auf frischer Tat ertappt.
Sagt, was sollen wir mit ihr machen?“

„Das soll Jesus entscheiden!“,
antworteten die Gesetzeslehrer.
„Wir wollen hören, was er dazu sagt.“
Und sie packten die Frau,
führten sie vor Jesus
und forderten ihn auf:
„Rabbi! Sieh dir diese Frau an!
Sie wurde auf frischer Tat ertappt.
Sie hat ihren Mann übel betrogen
und Gottes Gebot gebrochen.
Sag, was sollen wir mit ihr tun?
Du weißt, nach unserem Gesetz
muss sie sofort sterben.
Steinigen müssen wir sie.
So steht es
im Gesetzbuch Moses geschrieben.
Du aber, was sagst du?“ 8,2f.

Sie sahen Jesus herausfordernd an.
Doch Jesus gab keine Antwort.
Ruhig bückte er sich
und schrieb in den Sand:
Zeichen und Worte,
die niemand verstand.
So rede doch endlich!
dachten die Männer.
Doch Jesus sagte kein Wort.
Sein Finger fuhr still durch den Sand.
Was soll der Unsinn?,
fragten sich die Verkläger der Frau.
Warum weicht er dem Urteil aus?

Da richtete sich Jesus auf.
Mit ernstem Blick
schaute er in die Runde und rief:
„Wer unter euch ist ohne Sünde?
Wer hat noch nie
Gottes Gebote gebrochen?
Wer hat noch nie eine Sünde getan?
Sagt, wer?
Darum hört alle her:
Wer unter euch ohne Sünde ist,
werfe den ersten Stein auf sie.“
Und er bückte sich wieder
zur Erde nieder und schrieb,
als sei nichts geschehen.

Da wurde es den Klägern
unheimlich zumute.
Auf einmal verstanden sie,
was hier geschah:
Jesus schrieb
das Urteil über sie in den Sand!
Erschrocken dachten sie daran,
was sie anderen angetan hatten.
Und sie spürten alle:
Der Stein, den sie
auf die Frau gerichtet hatten,
der sollte sie selbst treffen!
Leise legten sie ihren Stein
auf die Erde.
Und still stahl sich einer
nach dem andern davon.

Da richtete sich Jesus auf
und sah um sich:
Alle Kläger waren verschwunden.
Nur die Frau stand noch
an derselben Stelle.
Sie rührte sich nicht vom Fleck.
„Wie?“, fragte Jesus erstaunt.
„Wo sind deine Kläger geblieben?

Hat dich niemand verurteilt?"
„Nein, Herr!", antwortete sie.
„Niemand."
„Dann verurteile ich dich
auch nicht.
Geh nun heim!", befahl Jesus.
„Und fang ein neues Leben an!"

Befreit zog die Frau davon.
Und niemand wagte noch,
einen Stein nach ihr zu werfen. 8,1–11

Danach wandte sich Jesus an alle,
die ihm in den Tempel gefolgt waren.
Und noch einmal rief er:

„ICH bin das Licht der Welt.
Wer mir nachfolgt,
wird nicht im Finstern wandeln,
sondern wird das Licht
des Lebens haben. 8,12
Wenn ihr bei meinen Worten bleibt,
dann seid ihr in Wahrheit meine Jünger.
Und ihr werdet
die Wahrheit erkennen,
und die Wahrheit
wird euch frei machen.
Denn wer Sünde begeht,
wird zum Sklaven der Sünde.
Wenn euch aber
der Sohn frei macht,
dann seid ihr wirklich frei." 8,31ff.

Da spürten die Menschen:
Diese Botschaft galt ihnen.
Sie waren gemeint!
Jesus war gekommen, um Licht
in ihr dunkles Leben zu bringen.
Befreit kehrten auch sie
in ihre Häuser zurück.
Nur Jesu Gegner blieben
im Vorhof des Tempels.
Empört schrien sie:
„Dieser Jesus geht wirklich zu weit!
Diesmal entgeht er uns nicht.
Auf, steinigt ihn!
Bringt diesen Menschen
endlich zum Schweigen!"
Und sie hoben Steine auf,
um Jesus zu töten. 8,59
Doch Jesus verbarg sich vor ihnen.
Unauffällig verließ er den Tempel,
um auch anderen Menschen
die gute Nachricht zu bringen.

Blind

Johannes 9

Es war Sabbat.
Ganz still war es
auf Jerusalems Straßen.
Nur im Tempel herrschte
an diesem Tag reger Betrieb.
Dort kam, wie immer am Sabbat,
eine große Gemeinde zusammen.

Nicht weit davon entfernt
saß ein Bettler,
der war schon von Geburt an blind.
Noch nie hatten seine Augen
den Tempel gesehen.
Noch nie hatte ihn jemand
in den Vorhof des Tempels geführt.
„Der gehört dort nicht hin",
sagten die Leute.
„Denn wer weiß,
warum er blind ist?
Vielleicht wollte Gott ihn bestrafen?
Oder vielleicht haben seine Eltern
etwas Schlimmes getan.
Sonst wäre er gewiss nicht
von Geburt an blind."
Tagtäglich hörte der Blinde
die Leute so über ihn reden.
Doch niemand sprach mit ihm.

Blind gingen die Menschen
an ihm vorüber.
Und niemand fragte danach,
was ihn wirklich bewegte.

Aber an diesem Sabbattag
kam Jesus mit seinen Jüngern vorüber.
Als die Jünger den Blinden sahen,
fragten sie Jesus: „Rabbi!
Sieh, dieser Bettler ist blind,
schon seit seiner Geburt.
Sag, wer ist schuld daran,
er oder seine Eltern?“ 9,1f.
Jesus erwiderte:
„Niemand trägt Schuld,
weder er noch seine Eltern.
Aber ihr werdet sehen,
was Gott an ihm tut.
Dazu bin ich gesandt.
Solange ich in der Welt bin,
bin ich das Licht der Welt.“ 9,3ff.

Der Bettler hob seinen Kopf
und lauschte.
Noch nie hatte er solche Worte gehört.
Wer war dieser Mann,
der so über ihn sprach?
War es etwa Jesus,
von dem die ganze Stadt redete?
In diesem Augenblick spürte der Blinde,
wie Jesus seine toten Augen berührte
und etwas Weiches darüberstrich.
Wie eine Salbe, so behutsam
legte es Jesus auf seine Augen,
ein Gemisch aus Speichel und Erde.
„Und nun geh!“, sprach Jesus.
„Geh und wasch dich am Teich Siloah.“ 9,11

Sogleich stand der Blinde auf,
tastete sich an den Häusern entlang
und lief auf dem schnellsten Weg
zum Teich Siloah.
Dort kniete er nieder am Wasser,
wusch seine Augen und – siehe da:
Auf einmal wurde es über ihm hell.
Der Blinde sah in die Sonne.
Er sah in den Himmel
und in das glänzende Wasser.
Und im Wasser sah er –
sein eigenes Bild.
„Ich kann sehen!“, rief der Mann.
„Ich kann sehen!“
Überglücklich rannte er
durch die Straßen
und rief es allen zu,
die ihn kannten:
„Leute, seht mich an!
Kennt ihr mich noch?“
Aber die Leute riefen bestürzt:
„Seht euch diesen Mann an!
Ist das nicht der blinde Bettler?“
„Nein, unmöglich!“,
mischten sich andere ein.
„Er ist es nicht.
Der sieht ihm nur ähnlich.“
„So glaubt mir doch!“,
rief der Bettler.
„Ich bin es wirklich.“
„Aber – du warst doch blind?
Wie kannst du auf einmal sehen?“

Da erzählte der Bettler:
„Der Mensch, der Jesus heißt,
ist zu mir gekommen.
Er hat einen Brei
auf meine Augen gelegt.
Und als ich den Brei abwusch,
konnte ich plötzlich sehen.“ 9,11
Aber die anderen gaben sich
noch nicht zufrieden.
„Du sagst also:
Jesus hat dich geheilt?
Aber wo ist dieser Jesus?“
„Ich weiß nicht.“
Der Bettler zuckte die Schultern.

Da packten sie den Bettler am Arm
und führten ihn vor die Pharisäer.

Die galten als strenge Gesetzeshüter.
„Seht diesen Bettler!", riefen die Leute.
„Er war von Geburt an blind.
Doch nun kann er sehen."
„Was sagt ihr?
Dieser Bettler kann sehen?"
Die Herren musterten den Mann
von Kopf bis zu Fuß.
„Sag uns! Wie ist das geschehen?"
Da erzählte der Bettler,
was Jesus an ihm getan hatte.
„Wie?", meinten die Pharisäer empört.
„Einen Brei hat er angerührt?
Jetzt wissen wir es genau.
Dieser Mensch ist nicht von Gott.
Sonst hätte er so etwas
nicht am Sabbat getan." 9,16
„Aber wieso?",
mischten sich andere ein.
„Was hat er denn Schlimmes getan?
Er hat nur den Blinden geheilt.
Das kann doch nicht Sünde sein!"
Immer heftiger wurde der Streit.
Schließlich fragten sie den Bettler:
„Was hältst du von dem Menschen,
der dich geheilt hat?"

„Ich glaube", sagte der Bettler,
„dieser Mensch ist ein Prophet." 9,17
Aber die anderen fielen ihm
sogleich ins Wort:
„Ach Unsinn! Du lügst.
Du warst gar nicht blind.
Du willst uns nur täuschen.
Fragt seine Eltern!
Die wissen es besser."

Da ließen sie die Eltern rufen
und fragten sie vor allen:
„Sagt uns die Wahrheit:
Ist das euer Sohn,
der von Geburt an blind war?
Wie kommt es, dass er nun sieht?"
Aber die Eltern wichen der Frage aus.
„Ja", gaben sie zu.
„Er ist unser Sohn.
Wie er jedoch geheilt wurde,
das wissen wir nicht.
Fragt ihn doch selber!
Er ist alt genug." 9,18ff.

Danach luden die Pharisäer
den Bettler noch einmal vor
und befahlen ihm streng:
„Gib Gott die Ehre!
Sieh endlich ein,
dass dieser Mensch
eine Sünde getan hat."
„Das verstehe ich nicht",
sagte der Bettler verwundert.
„Ich weiß zwar nicht viel
und bin kein Gelehrter.
Aber dieses weiß ich gewiss:
Ich war blind –
und nun kann ich sehen.
Jesus hat meine Augen aufgetan." 9,25
„Und wie hat er sie aufgetan?"
Sie sahen den Bettler streng an.
„Ich habe es euch doch gesagt.
Warum wollt ihr es noch einmal hören?
Wollt ihr auch zu ihm gehören?" 9,27
„Schweig!", riefen sie zornig.
„Du gehörst zu ihm. Wir nicht!
Wir hören nur auf Mose
und auf das Gesetz,
das Mose von Gott empfing.
Aber wer dieser Mensch ist
und ob er von Gott kommt,
das wissen wir nicht." 9,28f.

Der Bettler sah sie erstaunt an.
„Das wundert mich,
dass ihr nicht wisst,
woher Jesus gekommen ist.
Er hat doch meine Augen aufgetan!
Noch nie hat es so etwas gegeben,
solange die Welt besteht.

Darum glaube ich:
Er kommt wirklich von Gott.
Sonst könnte er nicht so etwas tun.“ 9,30ff.

„Wie?“, riefen die Gelehrten erbost.
„Wer bist du denn?
Was bildest du dir eigentlich ein?
Du bist ganz in Sünden geboren –
und wagst es, uns zu belehren?
Hinaus mit dir!
Du gehörst nicht zu uns.
Lass dich nie mehr hier blicken!“
Und sie stießen ihn
aus ihrer Gemeinschaft hinaus. 9,34

Auf einmal war der Bettler
wieder allein.
Ziellos irrte er durch die Straßen.
Wohin sollte er gehen?
Er wusste es selbst nicht.
Doch plötzlich stand Jesus vor ihm.
Er fragte den Bettler:
„Glaubst du an den Menschensohn,
den Gott zu euch gesandt hat?“
„Ja, Herr“, antwortete dieser.
„Ich will an ihn glauben.
Aber sag mir, wo ist er?“
„Du siehst ihn vor dir“,
sprach Jesus.
„Mit deinen eigenen Augen
hast du ihn gesehen.“

Da fiel es dem Geheilten
wie Schuppen von seinen Augen.
Auf offener Straße
fiel er vor Jesus nieder
und rief:
„Ja, Herr, ich glaube.
Ich glaube an dich.“ 9,35ff.

Der gute Hirte

Johannes 10

Der Winter brach an.
In Jerusalem wurde
das Tempelweihfest gefeiert,
das auch Lichterfest hieß. 10,22
Acht Tage lang dauerte dieses Fest.
Und jeden Tag wurden
neue Lichter entzündet.
Der Tempel, ja die ganze Stadt
glich einem Lichtermeer.

In diesem Jahr war auch Jesus
unter den Festbesuchern. 10,22ff.
Jeden Tag ging er zum Tempel
und predigte in der Säulenhalle.
Er tröstete die Betrübten
und richtete die Bedrückten auf.
Wie Schafe, die keinen Hirten haben,
so erschien ihm dieses Volk.
Zwar gab es viele am Tempel,
die sich für gute Hirten hielten.
Aber in Wahrheit
waren auch sie verblendet.
Vor allem kümmerten sie sich nicht
um die Sorgen der einfachen Leute. 9,39ff.

Da sprach Jesus zu der Menge:
„Wahrhaftig, ich sage euch:
ICH bin der gute Hirte.
Der gute Hirte lässt
sein Leben für die Schafe. 10,11
Ein Knecht aber flieht.
Sobald Gefahr droht,
lässt er die Schafe im Stich,
denn sie gehören ihm nicht.
Er ist nicht ihr Hirte.

Aber ICH bin der gute Hirte.
Und ich kenne die Meinen,
und die Meinen kennen mich,
wie mich mein Vater kennt,
und ich kenne den Vater.

Und ich lasse mein Leben
für die Schafe.“ *10,14f.*

Das hörten die Schriftgelehrten.
Sie hatten die ganze Rede
mit finsterer Miene verfolgt.
Kaum hatte Jesus geendet,
da riefen sie empört:
„Dieser Mensch ist verrückt.
Er ist von einem Dämon besessen.“
„Unmöglich!“, warfen andere ein.
„Er hat doch den Blinden geheilt.
Glaubt ihr, das könnte ein Dämon tun?“

So ging der Streit hin und her.
Da beschlossen die Streitenden,
Jesus selber zu fragen.
Wenig später umringten sie Jesus
und stellten ihn zur Rede:
„Wie lange noch
lässt du uns im Ungewissen?
Bist du der Messias,
dann sag es uns frei heraus!“ 10,24

Jesus antwortete:
„Meine Werke sagen aus,
wer ich bin.
Aber ihr glaubt mir nicht.
Meine Schafe hören meine Stimme,
und ich kenne sie,
und sie folgen mir,
und ich gebe ihnen
das ewige Leben,
und sie werden
niemals umkommen,
und niemand wird sie
aus meiner Hand reißen. 10,27f.
Mein Vater hat sie mir gegeben.
Er ist größer als alles.
Und niemand kann sie
aus meines Vaters Hand reißen.
Ich und der Vater sind eins.“ 10,30

Das ging seinen Gegnern zu weit.
Grimmig wiederholten sie:
„Was hat er gesagt?
Gott sei sein Vater?
Und Gott und er seien eins?
Das ist Gotteslästerung!
Dafür muss er sterben.“
Und sie hoben Steine auf,
um Jesus zu töten. 10,31

Doch Jesus sprach zu seinen Gegnern:
„Ihr habt selber
die vielen Wohltaten gesehen,
die ich im Auftrag
meines Vaters getan habe.
Für welche Tat
wollt ihr mich steinigen?“ 10,32

Sie antworteten:
„Darum steinigen wir dich nicht.
Aber du lästerst Gott.
Du machst dich selber zu Gott.
Darum trifft dich unser Urteil.“ 10,33
Denn nach dem Gesetz
stand in Israel auf Gotteslästerung
die Todesstrafe.

Aber Jesus entgegnete:
„Vor euch steht der,
den der Vater gesandt hat.
Wie könnt ihr dann sagen:
Du lästerst Gott?
Nur weil ich sage:
Ich bin Gottes Sohn?“ 10,36

Da beschlossen sie,
Jesus gefangen zu nehmen. 10,39
Aber Jesus entkam ihren Häschern.
Er verließ Jerusalem
und wanderte mit seinen Jüngern
in eine entlegene Gegend,
jenseits des Jordan.
Es war der Ort, an dem Jesus einst
Johannes dem Täufer begegnet war.
Dort blieb Jesus, bis die Zeit kam,
da er sich seinen Gegnern stellte.

Lazarus

Johannes 11

Der Frühling war gekommen.
Aus allen Knospen
brach neues Leben hervor.
Und wieder stand in Jerusalem
das Passafest vor der Tür.
Aber Jesus und seine Jünger
waren noch jenseits des Jordan.
Dort bereitete sich Jesus in der Stille
auf seinen letzten Weg vor.

In diesen Tagen
kam ein Bote aus Betanien,
das nahe bei Jerusalem lag.
Der brachte Jesus die traurige Nachricht:
„Dein Freund Lazarus ist todkrank.
Seine Schwestern Maria und Marta
schicken mich zu dir."
Der Bote sah Jesus flehend an.
„Sie lassen dir sagen:
Komm bitte
und hilf deinem Freund!
Du kannst es.
Warte nicht,
bis es zu spät ist."
„Nein", sagte Jesus zu ihm.
„Lazarus wird nicht sterben,
sondern an ihm sollt ihr sehen,
wie mächtig Gott ist."

Zwei Tage blieb Jesus
noch jenseits des Jordan.
Danach brach er nach Betanien auf.
„Rabbi, tu's nicht!",
warnten ihn seine Jünger.
„Erinnerst du dich nicht?
Erst neulich wollten sie dich
in Jerusalem töten.
Und du wagst dich wieder
an diesen gefährlichen Ort?" 11,7f.
Aber Jesus entgegnete:

„Wer seinen Weg bei Tag geht,
stößt sich nicht,
sondern sieht das Licht.
Wer aber seinen Weg
bei Nacht sucht,
stößt sich im Dunkeln." 11,9f.

Da ahnten seine Jünger,
was Jesus dachte.
Stumm machten sie sich
mit ihm auf den Weg.
Sie alle spürten:
Dies war ein Weg
auf Leben und Tod.

Als sie schon nahe
bei Betanien waren,
wandte sich Jesus
zu seinen Jüngern um,
und er sprach:
„Unser Freund Lazarus schläft."
„Wie gut!", meinten die Jünger.
„Dann geht es ihm besser." 11,11f.
„Nein", sagte Jesus,
„Lazarus ist tot.
Und ich bin froh darüber,
damit ihr glaubt." 11,15

Kaum hatten sie das Dorf erreicht,
da kam ihnen Marta weinend entgegen.
„Ach Herr!", rief Marta.
„Wärst du doch hier gewesen!
Dann wäre mein Bruder
nicht gestorben.
Aber auch jetzt weiß ich:
Alles, was du von Gott bittest,
wird dir gegeben." 11,21

Jesus sprach zu ihr:
„Dein Bruder wird auferstehen."
„Ja, ich weiß", antwortete Marta.
„Am Ende der Tage
wird er auferstehen." 11,24
„Nein", sprach Jesus:

„ICH bin die Auferstehung
und das Leben.
Wer an mich glaubt, wird leben,
auch wenn er stirbt.
Und wer lebt
und an mich glaubt,
wird nie mehr sterben.
Glaubst du das?“ 11,25f.

„Ja, Herr“, antwortete Marta.
„Ich glaube, dass du der Messias bist,
der Sohn Gottes,
der in die Welt gekommen ist.“

Marta eilte nach Hause.
Dort waren inzwischen
viele Trauergäste versammelt.
Sie waren gekommen,
um die Schwestern zu trösten.
„Maria!“, rief Marta.
„Komm schnell! Jesus ist da.“

Da sprang Maria auf
und lief hinaus, Jesus entgegen.
Sicher geht sie zum Grab,
dachten die Trauergäste.
Sie liefen hinter ihr her.
Maria aber eilte auf Jesus zu,
fiel vor ihm nieder,
weinte und rief: „Ach Herr!
Wärst du doch hier gewesen!
Dann wäre mein Bruder
nicht gestorben.“
Und auch alle, die bei ihr standen,
brachen in Klagen aus.

Als aber Jesus sah,
wie sie weinten und klagten,
packte ihn heiliger Zorn.
„Führt mich zum Grab!“, befahl er.
Tränen standen in seinen Augen,
als er zur Grabhöhle kam.
„Seht, jetzt weint er“,
flüsterten die Leute.
„Wie lieb hat er Lazarus gehabt!
Aber warum hat er ihn
dann nicht gerettet?
Er hätte es doch gekonnt!“
Doch Jesus erriet ihre Gedanken.
Zornig rief er:
„Hebt den Stein ab!“
„Tu’s nicht“, warnte ihn Marta.
„Lazarus stinkt schon.
Er liegt schon vier Tage im Grab.“
Aber Jesus sprach zu ihr:
„Habe ich dir nicht gesagt:
Wenn du glaubst, wirst du
die Herrlichkeit Gottes sehen?“ 11,40

Da rollten sie den Stein weg.
Jesus aber schaute zum Himmel auf
und betete laut:
„Vater, ich danke dir,
dass du mich erhört hast.
Ich weiß,
dass du mich immer hörst.
Aber nun sollen alle erkennen,
dass du mich gesandt hast.“ 11,41f.

Danach rief Jesus laut in das Grab:
„Lazarus, komm heraus!“
Und sieh da:
Lazarus kam heraus,
in Leichentücher gewickelt.
Die Leute starrten ihn an.
Sie waren vor Schreck wie gelähmt.
Doch Jesus befahl:
„Löst die Tücher
an seinen Händen und Füßen!
Nehmt das Schweißtuch ab!“
Und als sie die Tücher lösten,
trauten sie ihren Augen nicht:
Lazarus stand lebendig vor ihnen! 11,44

Da kam auf einmal wieder Leben
in die erstarrte Menge.
Im Festzug führten sie Lazarus heim.
Und auf dem Heimweg
sagten sie es allen weiter:
„Freut euch! Lazarus lebt!

Jesus hat ihn vom Tod auferweckt!"
In Windeseile breitete sich
die Nachricht im ganzen Dorf aus.
Sogar bis nach Jerusalem
drang die Kunde.
Voll Staunen erzählten die Menschen,
was sie gesehen hatten.
Und viele fingen an,
an Jesus zu glauben. 11,45

Als aber der Hohepriester hörte,
was mit Lazarus geschehen war,
berief er sofort
den Hohen Rat ein
und beriet sich mit allen.
„Was sollen wir tun?", fragte er sie.
„Dieser Mensch tut viele Zeichen.
Lassen wir ihn laufen,
dann werden noch mehr
an ihn glauben.
Am Ende werden uns die Römer
sogar dafür bestrafen.
Es ist besser,
einer stirbt für das ganze Volk." 11,50

Und sie beschlossen, Jesus zu töten.
Aber Jesus war nirgends zu finden.
An einem verlassenen Ort
verbrachte er mit seinen Jüngern
die letzten Tage vor dem Fest,
bis endlich der Tag kam,
an dem er sich vor allen offenbarte. 11,54

Maria

Johannes 12,1–9

Das Passafest rückte immer näher.
Schon seit Tagen zogen
die Pilgerscharen nach Jerusalem.
Ihre fröhlichen Lieder
schallten bis nach Betanien hinüber.
Aber dort herrschte seit Tagen
ein ungewöhnlicher Rummel.

Jeden Tag überfielen Neugierige
das kleine verschlafene Dorf.
Alle wollten Lazarus sehen
und den, der ihn auferweckt hatte.
Doch niemand in Betanien wusste,
wo Jesus sich aufhielt.

Endlich, sechs Tage vor dem Fest,
kam Jesus mit seinen Jüngern
nach Betanien zurück.
Voller Freude liefen ihm
die Leute entgegen.
Wie einen Ehrengast
empfingen sie ihn.
Und sie bereiteten
für Jesus und seine Jünger
ein großes Festmahl zu.
Marta bediente die Gäste.
Lazarus aber saß
mitten unter den Jüngern,
wie einer der Ihren.
Nur Marias Platz war noch leer.

Da ging plötzlich die Tür auf.
Maria trat ein.
In ihrer Hand hielt sie ein Gefäß
mit kostbarem Duftöl.
Den Jüngern stockte der Atem.
War das nicht das Öl,
das für Tote bestimmt war?
Was hatte sie vor?
Maria ging auf Jesus zu,
kniete vor ihm nieder
und zerschlug das Gefäß.
Duftendes Salböl
rann auf Jesu Füße herab.
Wohlgeruch erfüllte den Raum.
Danach beugte sich Maria
über Jesu Füße
und trocknete sie mit ihrem Haar.

Den Gästen verschlug es die Sprache.
Entsetzt sahen sie auf Maria herab.
Hatte Maria vergessen, wo sie war?
Dies war ein Festhaus,

kein Leichenhaus!
Und außerdem:
Dieses Öl war viel zu kostbar!
Wie konnte sie es so sinnlos vergeuden?

Am meisten regte sich Judas auf,
der Kassierer unter den Jüngern.
Er schimpfte laut los:
„Wozu diese Verschwendung?
Hätte sie doch das Salböl verkauft
und den Erlös den Armen gegeben!
Mindestens 300 Silberstücke
hätte sie dafür bekommen."

„Lasst sie in Frieden!", befahl Jesus.
„Maria hat es für mein Begräbnis getan.
Arme habt ihr immer bei euch.
Mich aber habt ihr
nicht immer bei euch." 12,7f.

Da schwiegen die Jünger betroffen.
Und sie dachten daran,
was Jesus gesagt hatte:
„Ich bin der gute Hirte.
Ich lasse mein Leben für die Schafe."

Die Griechen

Johannes 12,12–36

Das Passafest war gekommen.
Die Menschen strömten
in den Vorhof des Tempels.
Sie schwenkten Palmwedel
und stimmten dazu das Festlied an:

> *„Dies ist der Tag,*
> *den der Herr macht.*
> *Lasst uns an ihm freuen*
> *und fröhlich sein.*
> *Hosianna!*
> *Gelobt sei, der da kommt*
> *im Namen des Herrn!"* Psalm 118,24ff.

Auch einige Griechen
hatten sich zum Fest eingefunden.
Sie waren von weither gekommen,
um mit den Juden zu feiern.
Aber sie verstanden nicht,
was die Juden sangen und sagten.
Seit Tagen gab es in Jerusalem
nur eine Neuigkeit, die alle bewegte.
Selbst im Vorhof des Tempels
standen sie in Gruppen zusammen
und tauschten sich aufgeregt aus:
„Habt ihr gehört?
In Betanien ist ein Toter
aus dem Grab aufgestanden.
Er war schon vier Tage tot."
„Nein", mischten sich andere ein.
„Das kann gar nicht sein.
Noch nie ist ein Toter
wieder lebendig geworden.
Und niemand kann einen Toten
zum Leben erwecken."
„Aber Jesus hat es getan!"
„Jesus?", fragten die anderen.
„Sagt, wer ist dieser Mann?"
„Fragt ihn doch selber,
wenn er zum Fest kommt!"

Plötzlich drangen Stimmen
und Rufe vom Tal herauf.
„Da ist er!", riefen die Leute.
„Jesus kommt zu uns.
Auf, wir ziehen ihm entgegen!"
Sie liefen zum Tor
und eilten den Berg hinab,
Jesus entgegen.
Da sahen sie Jesus kommen.
Er ritt auf einem Esel.
Eine riesige Menschenmenge
folgte ihm und jubelte ihm zu:

> *„Hosianna! Gelobt sei,*
> *der da kommt*
> *in dem Namen des Herrn,*
> *der König von Israel!"* 12,13

Da fielen auch die anderen
in ihr Jubellied ein.
Sie winkten Jesus zu
und schwenkten ihre Palmwedel.
Singend geleiteten sie Jesus
durch das Tor in den Tempel.
Und staunend hörten sie,
was die Menschen erzählten,
die mit Jesus gekommen waren:
„Stellt euch vor,
wir haben den Toten
mit eigenen Augen gesehen.
Glaubt uns,
er ist nicht im Tode geblieben.
Er lebt wirklich!"

Da staunten die Leute noch viel mehr.
Und immer mehr Neugierige
drängten hinzu.
Nur die Pharisäer
standen kopfschüttelnd abseits
und fragten sich ratlos:
„Was sollen wir machen?
Wir können die Leute
nicht von Jesus fernhalten.
Ihr seht ja: Alle Welt läuft ihm nach." 12,13

Als aber die Griechen sahen,
was hier vor dem Tempel geschah,
kamen sie neugierig näher.
Sie gingen auf den Jünger Philippus zu
und baten ihn höflich: „Herr,
wir möchten Jesus gerne sehen."
Da horchte Philippus auf.
Welche Gelegenheit!, sagte er sich.
Nun macht sich Jesus
sogar den Griechen bekannt.
„Hast du gehört?",
rief er Andreas zu,
der auch, wie er,
einen griechischen Namen trug.
„Diese Griechen wollen Jesus sehen."
Gemeinsam machten sie sich
an Jesus heran.

„Meister", flüsterten sie ihm zu.
„Dort drüben stehen einige Griechen.
Sie wollen dich sehen und sprechen."
Voller Erwartung sahen sie Jesus an,
als wollten sie sagen:
Nun geh zu ihnen und zögere nicht!
Das ist deine Stunde.
Zeig dich im richtigen Licht!
Dann wird bald alle Welt erkennen,
wer du in Wahrheit bist.

Doch Jesus entgegnete:
„Ja, die Stunde ist nahe.
Bald sehen alle den Sohn Gottes
im richtigen Licht.
Doch nicht so, wie ihr glaubt.
Nur durch den Tod
geht es zum Licht.
Ich sage euch:
Wenn das Weizenkorn
nicht in die Erde fällt,
dann bleibt es allein.
Wenn es aber stirbt,
dann bringt es viel Frucht.
Denn wer sein Leben festhält,
wird es verlieren.
Und wer sein Leben loslässt,
wird es neu
und auf ewig empfangen." 12,23ff.
„Und ihr", fuhr Jesus fort,
„wollt ihr mir folgen?
Wer mir dienen will,
folge mir nach.
Und wo ich bin,
da soll mein Diener auch sein.
Und wer mir dienen wird,
den wird mein Vater ehren." 12,26

Auf einmal wurde Jesus ganz ernst.
Ein dunkler Schatten
fiel auf sein Gesicht.
Es war, als sehe Jesus
seine Todesstunde vor sich.

„Seht“, sprach er,
„wie bange mir ist.
Soll ich den Vater bitten:
Bewahre mich vor dieser Stunde?
Nein, es muss so sein.
Darum bin ich gekommen,
damit ich Licht
in die Dunkelheit bringe.“ 12,27

Und Jesus sah auf zum Himmel,
betete und sprach: „Vater,
mache deinen Namen bekannt,
damit dich alle erkennen.“

Und als er noch betete,
war aus den Wolken
ein dumpfes Grollen zu hören.
„Es hat gedonnert!“,
riefen die Leute erschrocken.
„Nein!“, meinten andere.
„Ein Engel war es.“
Aber in Wahrheit
hatte Gott mit Jesus gesprochen. 12,28

Da wandte sich Jesus
an das versammelte Volk.
Und er sprach:
„Jetzt kommt die Stunde,
da sich alles entscheidet.
Denn der Herrscher dieser Welt
wird besiegt. 12,31
Ich bin nicht mehr
lange bei euch.
Nur noch kurze Zeit
leuchtet das Licht.
Bleibt im Licht,
damit die Nacht nicht
über euch alle hereinbricht.“ 12,35f.

Da wandten sich viele von Jesus ab.
Sie sagten sich:
Wir verstehen diesen Mann nicht.
Wir dachten, er sei der Messias.
Aber der Messias stirbt nicht.
Doch Jesus redet so,
als stünde sein Tod kurz bevor.

Nur wenige Menschen verstanden,
was Jesus sagte,
und glaubten an ihn.
Aber sie wagten nicht, sich öffentlich
auf Jesu Seite zu schlagen.
Am Ende blieben allein
die Jünger bei Jesus zurück.
Schon brach die Nacht herein.
Da machte sich Jesus auf,
um mit seinen Jüngern Passa zu feiern.

Der Diener

Johannes 13,1–17

Der Abend nahte,
an dem in allen Häusern
das Passamahl gefeiert wurde.
Auch Jesu Jünger
hatten in einem Saal
ein festliches Mahl vorbereitet.
Zum letzten Mal war Jesus
mit seinen Jüngern allein.
Aber kein Diener war da.
Niemand goss Wein ein.
Niemand wusch ihnen die Füße.
Mit staubigen Füßen
saßen die Jünger am Tisch.
Sie sahen Jesus an,
als wollten sie fragen:
Und wo bleibt der Diener,
der uns zu Tisch dient?

Da stand Jesus auf,
legte sein Gewand ab,
band einen Schurz um,
goss Wasser in ein Becken
und begann, seinen Jüngern
die Füße zu waschen.

Er kniete vor ihnen,
wusch ihren Dreck ab
und trocknete ihre Füße
mit seinem Schurz.

Den Jüngern verschlug es die Sprache.
Wie? Jesus, ihr Herr,
tat diesen niedrigen Dienst?
Drecksarbeit,
die sonst nur Sklaven tun?
Doch niemand wehrte sich.
Niemand schrie auf: Tu's nicht!
Stumm ließen sie sich
den Dienst Jesu gefallen. 13,4f.

Da kam die Reihe an Petrus.
„Aber Herr!", stammelte Petrus.
„Du willst mir die Füße waschen?
Das lasse ich nicht zu!"

Doch Jesus antwortete:
„Was ich jetzt tue,
das verstehst du noch nicht.
Aber später wirst du es begreifen.
Glaube mir:
Wenn ich dich nicht wasche,
dann gehörst du nicht zu mir." 13,6ff.
„Ach Herr!", bat Petrus.
„Dann wasch mich ganz,
auch meine Hände
und mein Gesicht!"
„Das ist nicht nötig",
antwortete Jesus.
„Wenn ich eure Füße wasche,
dann ist das genug.
Dann seid ihr gereinigt.
Ihr seid nun rein", fügte Jesus hinzu,
„aber nicht alle."
Und er fuhr fort,
seinen Jüngern die Füße zu waschen.
Auch Judas, dem Verräter,
wusch Jesus die Füße.
Auch vor ihm kniete er nieder
und wusch ihm den Dreck ab.

Danach setzte sich Jesus
zu seinen Jüngern und sprach:
„Wisst ihr, was ich getan habe?
Ihr nennt mich mit Recht
Meister und Herr.
Denn ich bin
euer Meister und Herr.
Und doch habe ich für euch
den niedrigsten Dienst getan.
Ein Beispiel habe ich euch gegeben:
Was ich für euch getan habe,
das sollt ihr auch für andere tun." 13,12ff.

Da schwiegen die Jünger beschämt.
Denn sie spürten:
Diesen Dienst hatte Jesus
für sie alle getan.
Und sie begannen zu ahnen:
Bald würde Jesus
noch viel mehr für sie tun.

Judas

Johannes 13,21–30

Endlich war es soweit.
Das Passamahl konnte beginnen.
Auf dem Tisch stand
eine Schale mit Brot
und Lammfleisch.
Auch ein Kelch
mit Wein stand bereit.
Dies war der Augenblick,
da der Hausherr den Segen
über dem Kelch sprach,
wie es am Passafest Brauch war.

Da nahm Jesus den Kelch,
segnete ihn und reichte ihn
seinen Jüngern.
Tieftraurig blickte er
einen nach dem andern an.

Und er sprach zu seinen Jüngern:
„Wahrhaftig, ich sage euch:
Einer unter euch wird mich verraten.“ 13,21

Entsetzt fuhren die Jünger hoch.
Jesus verraten?
Unmöglich!
Aber vielleicht wusste Jesus
mehr als sie alle?
Die Angst kroch in ihnen hoch.
Sie schauten sich an.
Von wem redete Jesus?
Niemand wagte Jesus zu fragen.
Selbst Petrus war sprachlos.
Scheu sah er zu dem Jünger hinüber,
der dicht neben Jesus saß.
Er nickte ihm zu,
als wollte er sagen:
Frag du Jesus!
Dir wird er's verraten.
„Herr!“, bat der Jünger.
Er rückte ganz nahe
an Jesus heran.
„Sag, wer ist es?
Von wem sprichst du?“ 13,22ff.

Da nahm Jesus das Brot,
brach ein Stück ab und sprach:
„Der wird es sein,
dem ich dieses Stück Brot
eintauche und gebe.“
Und er tauchte das Brot
in den Wein und gab es – Judas. 13,26
Judas war es also!

Die Jünger starrten ihn an.
Judas war der Verräter!
Jesus hatte ihn durchschaut.
Aber was hatte Judas vor?
Was wusste Jesus von seinen Plänen?
Die Jünger sahen ihn fragend an.
Doch Jesus wandte sich zu Judas.
Und mit ernster Stimme
sprach er zu ihm:
„Was du tust, das tue bald!“ 13,27

Da stand Judas auf,
warf seinen Mantel um
und lief ohne ein Wort
hinaus in die Nacht. 13,30
Die anderen Jünger
sahen hinter ihm her.
Angespannt lauschten sie,
bis seine Schritte
in der Ferne verhallten.
Und sie fragten sich bange:
Wohin er wohl geht?
Vielleicht kauft er nur ein.
Er hat ja die Kasse!
Aber wie, wenn er
wirklich Jesus verrät?
Die Jünger wagten nicht
weiterzudenken.
Auf einmal erkannten sie:
Jesus wusste mehr als sie alle.
Er allein wusste,
was in dieser dunklen Stunde geschah. 13,3

Abschied

Johannes 13,36–17,26

Das Passamahl war beendet.
Der Kelch war geleert,
und das Brot war verzehrt.
Auch die Loblieder
waren verklungen.
Doch niemand stand auf.
Niemand verließ den Raum.
Die Jünger saßen da,
vor Angst wie gelähmt.
Sie starrten auf den Platz,
auf dem Judas gesessen hatte.
Bald würde geschehen,
was Jesus vorhergesagt hatte,
noch in dieser Nacht.

Da sagte Jesus zu seinen Jüngern:
„Ihr Lieben!
Ich bin nicht mehr
lange bei euch.
Ihr werdet mich suchen.
Aber wo ich hingehe,
da könnt ihr nicht hinkommen.
Doch ich gebe euch
ein neues Gebot:
Habt euch untereinander lieb,
wie ich euch geliebt habe.
Daran werden alle erkennen,
dass ihr meine Jünger seid.“ 13,33ff.

„Herr!“, entfuhr es Petrus.
„Wohin gehst du?“
Jesus antwortete:
„Wo ich hingehe,
dahin kannst du mir
diesmal nicht folgen.
Doch später wirst du mir folgen.“

„Aber Herr!“, erwiderte Petrus.
„Warum kann ich dir nicht folgen?
Ich bin bereit, für dich zu sterben.“

„Du willst für mich sterben, Petrus?
Wahrhaftig, ich sage dir:
Noch in dieser Nacht,
bevor der Hahn kräht,
wirst du mich dreimal verleugnen.“ 13,36ff.

Da packte die Jünger die Angst,
als sie das hörten.
Sie spürten auf einmal:
Nun wurde es ernst.
Todernst.
Jesus sprach von seinem nahen Tod.
Aber wollte er sie wirklich
alleine zurücklassen?

Doch Jesus tröstete sie:
„Euer Herz erschrecke nicht!
Glaubt an Gott
und glaubt an mich.
Ich gehe bald
zu meinem Vater zurück.
Bei ihm ist Raum für euch alle.
Ich mache den Weg für euch frei.“ 14,1ff.

„Aber Herr!“, wandte Thomas ein.
„Wir wissen nicht, wohin du gehst.
Und den Weg dahin kennen wir nicht.“

Da sprach Jesus:
„ICH bin der Weg
und die Wahrheit und das Leben.
Niemand kommt zum Vater
außer durch mich. *14,6*
Darum erschreckt nicht!
Und fürchtet euch nicht!
Ich gebe euch meinen Frieden. 14,27
Ich werde nicht mehr viel
mit euch reden.
Aber wenn ich von euch gehe,
bleibt ihr mit mir verbunden.
ICH bin der Weinstock.
Ihr seid die Reben.
Wer in mir bleibt
und ich in ihm,
der bringt viel Frucht.
Denn ohne mich
könnt ihr nichts tun. *15,5*
Bleibt in meiner Liebe!
Wie die Rebe am Weinstock,
so bleibt verbunden mit mir!
Seid nicht traurig,
wenn ihr mich nicht mehr seht.
Gottes Geist wird bei euch bleiben.
Er wird euch helfen und trösten. 16,5ff.
Dann wird eure Traurigkeit
in Freude verwandelt werden. 16,20
Und vergesst nicht:
In der Welt habt ihr Angst.
Aber seid getrost!
ICH habe die Welt überwunden.“ *16,33*
Mit diesen Worten
schloss Jesus seine Abschiedsrede.

Danach sah er auf zum Himmel,
betete und sprach:

„Vater, die letzte Stunde ist da. 17,1
Ich bitte dich für alle,
die du mir anvertraut hast.
Halte sie alle
in deinem Namen zusammen!
Bewahre sie vor dem Bösen.
Ich bitte dich nicht nur für sie,
sondern auch für jene,
die durch ihr Wort
an mich glauben werden.
Gib, dass sie alle eins sind,
so wie du, Vater, in mir bist
und ich in dir.“ 17,1-26

Da fragten die Jünger nichts mehr.
Still saßen sie da
und dachten über die Worte nach,
die Jesus ihnen gesagt hatte.
Sie spürten alle:
Das waren nicht nur
die Abschiedsworte eines Menschen.
Es war Gott selbst,
der in dieser Stunde zu ihnen sprach.

Petrus

Johannes 18

Es war Mitternacht.
Der Lobgesang in den Häusern
war längst verstummt.
In Jerusalem verloschen
die letzten Lichter.
Da verließen auch Jesus
und seine elf Jünger die Stadt.
Judas war nicht mehr bei ihnen.
Schweigend zogen sie
den dunklen Weg
ins Kidrontal hinab.
Dort, am Fuß des Ölbergs,
lag ein Garten.
Dunkel hoben sich seine Ölbäume
vom Nachthimmel ab.
Im Schutz dieser Bäume hatten sie
schon manche Nacht verbracht.
Auch diese Nacht wollten sie
dort gemeinsam verbringen.
Ganz still war es ringsum.
Kein Mensch war
um diese Zeit unterwegs.

Kaum hatten sie den Garten erreicht,
ließen sich die Jünger todmüde fallen.
Da – plötzlich fuhren sie hoch.
Von der Stadt her
tönte seltsamer Lärm.
Waffen klirrten.
Fackeln und Lampen flackerten auf.
Eine Gruppe bewaffneter Männer
eilte auf den Garten zu.
Ein Mann ging ihnen voran.
Den Jüngern stockte der Atem.
War das nicht – Judas?
Ja, Judas war es!
Er führte die Bewaffneten an,
allesamt Knechte des Hohenpriesters.
Sie hatten den Auftrag,
Jesus gefangen zu nehmen.

Schon hatten die bewaffneten Männer
den Ölberg erreicht.
Da tauchte aus dem Dunkel
eine andere Gestalt auf:
Jesus!
Er ging den Männern entgegen.
Geradewegs ging er auf sie zu.
„Wen sucht ihr?“,
fragte er sie.
„Jesus von Nazareth!“
„Ich bin's!“, antwortete Jesus.

Die Männer wichen erschrocken zurück.
Sie fielen vor Schreck zu Boden. 18,6
Ungläubig starrten sie Jesus an.
„Wen sucht ihr?",
fragte Jesus noch einmal.
„Jesus", stammelten sie.
„Jesus von Nazareth!"

„Habe ich euch nicht gesagt:
‚ICH bin es.'
Wenn ihr mich sucht,
dann lasst diese gehen." 18,8
Jesus zeigte auf die Jünger,
die sich hinter den Bäumen
versteckt hatten.

In diesem Augenblick
sprang Petrus aus dem Dickicht hervor.
Er zückte sein Schwert,
stürzte sich auf die Männer
und schlug wild auf sie ein.
Da – ein Schrei!
Das Schwert hatte einen der Männer
am Ohr getroffen.
„Halt, Petrus!", rief Jesus.
„Lass das sein!
Steck dein Schwert wieder ein!
Muss ich nicht tun,
was mein Vater will?
Muss ich nicht seinen Leidenskelch
bis zur Neige austrinken?"
Und schon stürzten sich
die Männer auf Jesus,
fesselten ihn und führten ihn ab.

Petrus war wie betäubt.
Ohnmächtig sah er zu,
wie sie mit Jesus abzogen.
Die anderen Jünger
hatten längst das Weite gesucht.
Nur einer war Jesus gefolgt.
Petrus aber war fest entschlossen,
auch Jesus zu folgen.
Heimlich schlich er
hinter den Männern her
bis zum Palast des Hohenpriesters.
Dort sollte Jesus
noch in dieser Nacht
der Prozess gemacht werden.
Petrus aber stand unschlüssig
vor dem Tor,
das in den Innenhof führte.
Er wollte sich gerade unerkannt
in den Hof schleichen,
da verstellte ihm plötzlich
eine Türmagd den Weg.
„He, du!", rief die Magd.
„Du gehörst doch auch zu diesem Jesus!
Bist du nicht sogar ein Jünger von ihm?"
„Nein!", rief Petrus erschrocken.
„Ich bin es nicht.
Wie kommst du darauf?"
Schnell drückte er sich
an ihr vorbei in den Hof.

Im Innenhof hatten die Knechte
ein Feuer entzündet.
Petrus stellte sich unauffällig dazu
und wärmte sich die Hände.
Verstohlen schielte er
durch das offene Fenster
zu Jesus hinüber.
„He, du da!",
riefen die Knechte auf einmal.
„Sag, bist du nicht auch einer
von seinen Anhängern?"
Petrus zuckte zusammen.
„Ich?", rief Petrus entrüstet.
„Ich bin es nicht!
Vielleicht verwechselt ihr mich."
Schon wollte er sich davonmachen.
Da trat ihm einer in den Weg,
ein Verwandter des Malchus,
dem Petrus das Ohr abgeschlagen hatte.
Er sah Petrus herausfordernd an:
„Klar! Du gehörst zu Jesus.
Ich habe dich doch vorhin

im Garten bei Jesus gesehen."

„Nein", wehrte sich Petrus.
„Nein, nein, nein!
Ich schwöre es.
Ich gehöre nicht zu ihm."
Schnell lief er zum Tor
und wollte sich gerade verdrücken.
Da krähte der Hahn.
Ein neuer Morgen brach an.
Plötzlich dachte Petrus daran,
was Jesus zu ihm gesagt hatte:
„Ehe der Hahn kräht,
wirst du mich dreimal verleugnen."

Nun war es geschehen.
Auch Petrus hatte Jesus
in der entscheidenden Stunde verlassen.
Petrus schlug seine Hände
vor das Gesicht,
lief in die Nacht hinaus
und weinte, weinte und weinte.

Pilatus

Johannes 18,28–19,16

Der vorletzte Festtag brach an.
In der überfüllten Stadt
waren viele Menschen
schon früh auf den Beinen.
Auch in der Römerburg ging es
an diesem Morgen hoch her.
Dort hatte Pontius Pilatus,
der römische Statthalter,
sein Quartier aufgeschlagen.
Er war mit seinen Truppen
nach Jerusalem gekommen,
um an den Feiertagen
für Ruhe und Ordnung zu sorgen.
Denn er hatte gehört:
Am Passafest erwarteten viele Juden
den Messias, ihren König.
Manche glaubten sogar,
der Messias würde sie
von den Römern befreien,
wenn nötig, sogar mit Gewalt.
Daher fürchtete Pontius Pilatus
diesen König mehr
als andere Menschen,
weil er ihm unheimlich war.
Und er setzte alles daran,
die Stadt in seiner Gewalt zu behalten.
Wer aber störte
und einen Aufruhr anstiftete,
mit dem machte Pilatus kurzen Prozess.
Einer von diesen Unruhestiftern
war Barrabas,
ein gefährlicher Aufrührer,
der keine Gewalt scheute.
Ihn hatten die Römer
erst kürzlich gefangen genommen.
Seitdem war wieder ein wenig Ruhe
in der Stadt eingekehrt.
Aber kurz vor Ende der Festzeit
traf bei Pilatus eine Nachricht ein,
die ihn aus seiner Ruhe aufschreckte…

Es war früh am Morgen.
Pilatus hatte sich soeben
von seinem Lager erhoben.
Da meldete die Wache:
Draußen vor der Burg
wartet eine Gruppe führender Juden.
Sie gehören zum Hohen Rat.

Pilatus hob erstaunt den Kopf.
„So früh am Morgen?
Was führt sie hierher?"
„Sie bringen einen Gefangenen.
Und sie bitten darum,
dass er noch heute hingerichtet wird,
noch vor Anbruch des Sabbats."
„Dann führt sie herein!"
Die Wache schüttelte den Kopf.

„Sie weigern sich.
Sie betreten an diesem Festtag
kein Haus eines Römers.
Ihr Gesetz verbietet es.“

Da ging Pilatus zu ihnen hinaus.
Dort warteten sie auf ihn,
Ratsherren, Priester
und ehrwürdige Gelehrte.
Und mitten unter ihnen stand Jesus,
an beiden Händen gefesselt.
Wie einen Schwerverbrecher,
so führten sie ihn vor.
„Was hat dieser Mensch denn getan?“,
fragte Pilatus.
Sie antworteten:
„Wäre er kein Verbrecher,
würden wir ihn nicht hierher bringen.“

„Nun, wenn ihr das glaubt,
dann nehmt ihn und verurteilt ihn
nach eurem Gesetz!“

Aber die Priester und Ratsleute
antworteten: „Nein!
Wir dürfen niemanden
zum Tod verurteilen.
Ihr Römer habt es verboten.“ 18,31

Da horchte Pilatus auf.
War dieser Gefangene
denn so gefährlich?
Gab er sich etwa
als König der Juden aus?
„Führt ihn herein!“,
befahl Pilatus seinen Soldaten.
„Ich muss den Gefangenen
allein sprechen.“

Wenig später stand Jesus vor ihm.
Pilatus musterte ihn unsicher.
„Sag, wer bist du?
Bist du vielleicht –
der König der Juden?“
Jesus sah ihn an:
„Kommt die Frage von dir?
Oder haben's dir andere gesagt?“ 18,34

„Was weiß ich!“,
sagte Pilatus unwirsch.
„Bin ich denn ein Jude?
Nur so viel ist sicher:
Dein Volk und seine Führer
haben dich zu mir gebracht.
Also, sag mir kurz und bündig:
Was hast du getan?“

Jesus antwortete:
„Mein Königreich
ist nicht von dieser Welt.
Wäre mein Reich von hier,
dann würden meine Diener
für mich kämpfen.“ 18,36

Da wurde Pilatus unsicher.
„Dann bist du also ein König?“
„Ja“, antwortete Jesus.
„Du sagst es.
Ich bin ein König.
Dazu bin ich geboren
und in die Welt gekommen,
dass ich für die Wahrheit
Zeugnis ablege.“ 18,37

„Wahrheit?“, meinte Pilatus verächtlich.
„Was bedeutet schon Wahrheit!“
Für ihn zählte nur Macht.
Und Macht hatte Jesus offenbar nicht.
Also bedeutete er für ihn
auch keine Gefahr.

Da ging Pilatus hinaus vor das Tor.
Dort hatte sich inzwischen
eine große Menge versammelt.
„Hört, ihr Juden!“, rief er.
„Ich finde keine Schuld
an diesem Menschen.
Aber ich mache euch einen Vorschlag:
Wie ihr wisst,
gebe ich euch am Passafest
einen Gefangenen frei.
Wollt ihr, dass ich euch

den König der Juden freigebe?“
Er zeigte auf Jesus.

Doch kaum hatte Pilatus geendet,
da brach auf dem Platz
ein großer Tumult aus.
„Nein! Nein!“, schrie es
von allen Seiten.
„Nicht diesen!
Gib uns Barrabas frei!“

Pilatus traute seinen Ohren nicht.
Diese Menschen verlangten Barrabas?
Barrabas war ein Schwerverbrecher!
Ein Gewalttäter, vor dem alle zitterten!
Pilatus überlegte.
Vielleicht kann ich das Volk
noch umstimmen, sagte er sich.
Ich will ihnen Jesus vorführen.
Sicher bekommen sie dann
Mitleid mit ihm.
Und er befahl seinen Soldaten:
„Peitscht den Gefangenen aus!“

Da packten sie Jesus,
zerrten ihn in den Hof,
banden ihn fest
und trieben ihr Spiel mit ihm.
Sie peitschten ihn aus,
schlugen ihm ins Gesicht
und flochten eine Krone aus Dornen.
Die setzten sie Jesus auf,
legten einen roten Mantel um ihn
und höhnten:
„Heil dir, du König der Juden!“ 19,1f.

Danach führte Pilatus
Jesus dem Volk vor.
„Ihr seht“, rief er,
„ich finde keine Schuld
an diesem Menschen.“
Er zeigte auf Jesus.
Blutverschmiert stand er vor ihnen
und mit einer Dornenkrone
auf seinem Haupt.
Wahrhaft erbärmlich sah er aus,
und doch war er der Sohn Gottes.
„Seht!“, rief Pilatus.
„Welch ein Mensch!“ 19,5

Aber die aufgebrachte Menge
schrie noch viel lauter:
„Kreuzige! Kreuzige ihn!“
„Dann kreuzigt ihr ihn!“,
rief ihnen Pilatus zu.
„Ich tue es nicht.
Ich finde keine Schuld an ihm.“
„Aber er muss sterben!“,
riefen die Ratsleute dazwischen.
„So schreibt es unser Gesetz vor.
Er hat sich selber
als Gottes Sohn ausgegeben.“ 19,7

Da wurde Pilatus plötzlich unsicher.
Wenn Jesus wirklich Gottes Sohn war,
kein Mensch wie die anderen alle,
was dann?
Er nahm Jesus beiseite:
„Sag, woher kommst du?“
Doch Jesus schwieg.

„Wie?“, fuhr Pilatus ihn an.
„Du schweigst?
Redest du nicht mit mir?
Weißt du nicht,
dass du in meiner Hand bist?
Ich habe die Macht,
dich freizulassen.
Aber ich kann dich auch
ans Kreuz schlagen lassen.“
Doch Jesus antwortete:
„Deine Macht hast du dir
nicht selber gegeben.
Gott hat sie dir
in deine Hände gegeben.“

Da wurde es Pilatus
ganz unheimlich zumute.
Ich muss diesen Jesus loswerden,
sagte er sich,
koste es, was es wolle.

„Seht, welch ein Mensch!“

Aber die Anführer der Juden
setzten Pilatus zu:
„Wenn du diesen Gefangenen freigibst,
dann verklagen wir dich
bei dem römischen Kaiser."

Inzwischen war es Mittag geworden.
Da merkte Pilatus:
Er durfte das Volk
nicht länger hinhalten.
Feierlich setzte er sich
auf seinen Richterstuhl,
der vor dem Tor aufgestellt war.
„Seht", rief er der Menge zu,
„das ist euer König!" 19,14
Aber die Leute brüllten:
„Nein! Weg mit ihm!
Hängt ihn ans Kreuz!"
„Wie?", fragte Pilatus.
„Ich soll euren König kreuzigen?"
„Wir haben keinen König",
schrien ihre Anführer.
„Wir haben nur den Kaiser in Rom."

Da gab sich Pilatus geschlagen.
Er verurteilte Jesus zum Tod am Kreuz
und übergab ihn seinen Soldaten.
Diese packten Jesus,
legten ihm ein Kreuz auf den Rücken,
führten ihn hinaus vor die Stadt
und kreuzigten ihn.

Aber oben am Kreuz
ließ Pilatus ein Schild anbringen,
darauf stand geschrieben:

„JESUS VON NAZARETH,
DER KÖNIG DER JUDEN"

„Was ist Wahrheit?",
hatte Pilatus Jesus gefragt.
Dies war die Stunde der Wahrheit.
Hier stand es geschrieben,
sichtbar für alle,
wer Jesus in Wahrheit war.

Unter dem Kreuz

Johannes 19,18–37

Nun war es geschehen.
Jesus hing am Kreuz
zwischen Verbrechern.
Draußen vor der Stadt,
auf dem Hügel Golgatha,
hing er erhöht
zwischen Himmel und Erde,
sichtbar für alle. 19,18
Viele Menschen gingen
am Kreuz vorüber.
Sie lasen die Tafel,
die über dem Kreuz hing:
„Jesus von Nazareth,
der König der Juden".
In drei Sprachen
war es geschrieben.
Doch kaum jemand verstand,
was dort stand.

Aber die Priester,
die die Aufschrift lasen,
beschwerten sich bei Pilatus.
Sie forderten:
„Schreibe nicht: ‚König der Juden'!
Jesus ist kein König.
Er behauptet es nur."
Pilatus aber beharrte darauf:
„Was ich geschrieben habe,
das habe ich geschrieben." 19,20ff.

Nur wenige Menschen
standen unter dem Kreuz.
Ein paar römische Soldaten
hielten dort Wache.
Sie hatten Jesus ans Kreuz genagelt.
Nun hockten sie auf der Erde
und teilten seine Kleider
als Beute unter sich auf.
Ein kostbares Stück war dabei,
ohne Makel und Naht.

Das teilten sie nicht,
sondern losten es aus. 19,23f.
Dabei nahmen sie kaum wahr,
wie Jesus am Kreuz litt,
wie er vor Durst schrie.
Teilnahmslos füllten sie
einen Schwamm mit Essig
zur Betäubung der Schmerzen.
Den reichten sie Jesus. 19,28f.

So kam die letzte Stunde heran.
Es war die Stunde,
in der man im Tempel
das Passalamm opferte.
Nur ein paar Frauen
harrten unter dem Kreuz aus:
Maria, die Mutter Jesu,
Maria, des Kleopas Frau,
und Maria aus Magdala.
Sie waren Jesus aus Galiläa
bis hierher gefolgt,
allesamt einfache Frauen.
Dennoch sind ihre Namen bekannt.
Denn diese Frauen blieben bei Jesus,
bis er den letzten Atemzug tat. 19,25

Nur ein einziger Jünger
stand unter dem Kreuz.
Alle anderen Jünger
hatten sich aus Angst
vor ihren Feinden versteckt.
Wie dieser Jünger hieß,
bleibt ein Geheimnis.
„Der Jünger, den Jesus lieb hatte",
so hat er sich selbst genannt.
Und so hat er es auch erfahren:
Bis zur letzten Stunde
wusste er sich von Jesus geliebt.
Selbst noch am Kreuz
hat ihm Jesus seine Liebe erwiesen.
Denn als Jesus den Jünger
unter dem Kreuz sah,
sprach er zu seiner Mutter Maria:
„Frau, das ist von nun an dein Sohn."
Und zu dem Jünger sprach er:
„Sieh, das ist deine Mutter." 19,26f.
Dieser Jünger hat
mit eigenen Augen gesehen,
wie Jesus am Kreuz starb.
Und er bezeugt:
Entstellt und erniedrigt
und doch hoheitlich,
wie ein König,
starb Jesus am Kreuz.
Bevor er den letzten Atemzug tat,
rief er laut:

„Es ist vollbracht!" *19,30*

Vollbracht war das Werk,
das Gott ihm auferlegt hatte.
Erfüllt war das Wort
der Heiligen Schrift:

„Sie teilen meine Kleider unter sich
und werfen das Los
um mein Gewand." *Ps 22,19*

Und auch jenes andere Wort
des Propheten Sacharja war erfüllt:

„Sie werden den sehen,
den sie durchbohrt haben..." *Sach 12,10*

Jener Jünger hat es gesehen,
wie ein Soldat mit seinem Speer
den Leichnam Jesu durchbohrte.
Und der, der es sah,
bezeugt es:
Ja, es ist wahr.
So starb Jesus am Kreuz,
damit auch ihr glaubt: 19,35
Er ist es, den Gott
für uns alle dahingab,
das wahre Lamm Gottes,
das die Sünde der Welt trägt. 1,29

Josef von Arimathäa

Johannes 19,38–42

Kaum zwölf Stunden waren vergangen,
seitdem das Todesurteil
über Jesus gefällt worden war.
Mitten in der Nacht
hatte der Hohe Rat getagt.
Und fast alle Ratsherren
waren sich einig gewesen:
Jesus muss sterben.
Denn er hat sich selber
zu Gottes Sohn gemacht.
Nur zwei Ratsherren hatten
dieser Entscheidung nicht zugestimmt,
Nikodemus und Josef aus Arimathäa. Luk 23,50ff.
Josef war auch, wie Nikodemus,
ein heimlicher Anhänger Jesu.
Als er hörte, dass Jesus tot war,
ging er zu Pilatus und bat ihn:
„Erlaube mir,
dass ich den Leichnam Jesu begrabe,
bevor der Sabbat beginnt."

Da willigte Pilatus ein.
Gemeinsam mit Nikodemus
nahm Josef von Arimathäa
den Leichnam Jesu vom Kreuz
und wickelte ihn in ein Tuch
aus kostbarem Leinen.
Nikodemus fügte noch
wohlriechende Duftstoffe hinzu,
so viel, wie es sonst nur
bei Königen üblich war.
Danach trugen sie den Leichnam
in einen nahegelegenen Garten,
der Josef gehörte.
In ihm befand sich eine Grabhöhle,
in die noch kein Toter gelegt war.
Dorthin legten sie Jesus
und wälzten einen großen Stein
vor die Tür.

Maria aus Magdala

Johannes 20,1–18

Das Passafest war vorüber.
Eine neue Woche brach an.
Noch war es in Jerusalem still.
Die Häuser und Straßen
lagen noch alle im Dunkel.
Nur ein paar Frauen waren
um diese Zeit schon unterwegs.
Sie hatten es eilig.
Noch vor Tagesanbruch
wollten sie den Garten erreichen,
in dem Jesus begraben war.
Sie hatten unter dem Kreuz ausgeharrt
und mit eigenen Augen gesehen,
wie Jesus in die Grabhöhle
gelegt worden war.
Das war bereits vor zwei Tagen,
vor dem Sabbat, geschehen.
Aber erst heute war es ihnen erlaubt,
zum Grab zu gehen.
Sie hatten Duftöl und Salbe bei sich,
um den Leichnam Jesu zu salben.
Aber noch wussten sie nicht,
wie sie zu ihm gelangen sollten.
Denn vor der Grabhöhle
lag ein großer runder Stein,
so groß wie ein Mühlstein.
Und bange fragten sie sich:
„Wer wälzt uns den Stein
von der Grabestür?"

Unter den Frauen war auch
Maria aus Magdala,
einer Stadt in Galiläa.
Sie hatte in ihrem Leben
schon viel Schweres erlebt.
Jahrelang war sie von Ängsten
und finsteren Mächten geplagt.
Bis zu jenem Tag,
an dem Jesus zu ihr gekommen war.
Jesus hatte sie von ihren Ängsten befreit.

Seitdem war Maria aus Magdala
nicht von seiner Seite gewichen.
Bis zu seinem Tod am Kreuz
hatte sie bei ihm ausgeharrt.
Nun ging sie zum Grab,
um dem Verstorbenen
den letzten Liebesdienst zu erweisen. 20,1
Maria eilte den anderen voraus.
Schon hatte sie den Garten erreicht.
Zwischen den Bäumen
konnte sie den Felsen erkennen,
in dem die Grabhöhle lag.
Aber was war das?
Maria traute ihren Augen nicht.
Das Grab war offen,
der Stein weggerollt!
Ein dunkles Loch starrte sie an.
Er ist weg!, durchfuhr es Maria.
Sie haben Jesus gestohlen.
Auf einmal war es ihr,
als sei alles verloren.
Sie rannte auf und davon,
lief zurück in die Stadt
und hastete durch die Gassen,
bis sie das Haus fand,
in dem sich die Jünger versteckt hielten.
„Macht auf", rief sie, „macht auf!
Ich bin es, Maria.
Ich habe eine schlimme Nachricht:
Sie haben den Herrn weggenommen.
Und wir wissen nicht,
wo sie ihn hingelegt haben." 20,2
Petrus sprang auf.
„Weggenommen, sagst du?
Das muss ich sehen."
Er stürzte hinaus.
Aber der andere Jünger war schneller,
der Jünger, „den Jesus lieb hatte".
Er lief Petrus voraus.
Vor Petrus kam er zum Grab,
und da sah er:
Das Grab stand offen!
Maria hatte die Wahrheit gesagt.
Inzwischen hatte auch Petrus
das Grab erreicht.
Mutig ging er hinein.
Der andere folgte ihm scheu.
Da sahen sie:
Das Grab war leer!
Nur noch das Leichentuch
und das Schweißtuch lagen
zusammengefaltet auf der Steinbank.
Da begannen die Jünger zu ahnen:
Die Tücher waren
überflüssig geworden.
Jesus war nicht verschwunden.
Etwas anderes,
viel Unbegreiflicheres,
war an diesem Morgen geschehen. 20,3ff.
Nachdenklich kehrten die Jünger heim.

Maria aber blieb allein am Grab zurück.
Sie starrte auf das dunkle Loch
und weinte still vor sich hin.
Doch plötzlich – was war das?
In der dunklen Grabkammer
sah sie auf einmal
zwei lichte Gestalten,
genau dort,
wo Jesus gelegen hatte.
Maria schlug ihre Hände
vor das Gesicht.
Aber die beiden sprachen sie an:
„Frau, warum weinst du?"
„Ach", stammelte Maria,
„sie haben meinen Herrn
weggenommen.
Und ich weiß nicht,
wo sie ihn hingelegt haben." 20,11ff.

In diesem Augenblick spürte sie,
dass jemand hinter ihr stand.
Erschrocken fuhr sie herum.
Da stand ein Mann vor ihr,
der fragte: „Frau, warum weinst du?
Wen suchst du?"
Das ist der Gärtner, dachte Maria.

Der weiß sicher,
wo Jesus hingebracht wurde.
„Ach, mein Herr", bat sie,
„hast du ihn weggenommen?
Dann verrate mir, wo er liegt!
Ich will ihn holen."

Mit verweinten Augen
stand sie vor ihm. 20,14f.
Der aber sagte nur *ein* Wort:
„MARIA!"
Erschrocken blickte Maria
zu dem Mann hoch.
Woher wusste er ihren Namen?
Da – auf einmal fiel es ihr
wie Schuppen von ihren Augen:
Jesus stand vor ihr!
Ja, er war es wirklich.
Er hatte ihren Namen gerufen.
„Mein Rabbi!", rief sie.
Sie streckte die Hände
nach ihm aus,
wollte ihn fassen,
ihn festhalten.
Doch Jesus sprach zu ihr:
„Halte mich nicht fest!
Denn ich bin noch nicht
bei meinem Vater im Himmel.
Aber geh und verkünde
meinen Brüdern:
Ich kehre zu meinem Vater zurück,
zu meinem und eurem Vater,
zu meinem und eurem Gott!" 20,16f.

Da überlegte Maria nicht lange.
Sogleich lief sie
zu den Jüngern zurück.
Die saßen noch immer
in ihrem Versteck
und verzehrten sich
noch immer in Angst.
„Freut euch!", rief sie.
„Jesus ist nicht verschwunden.
Er lebt!
Leibhaftig stand er vor mir.
Und dies ist die gute Nachricht,
die er euch verkündet:
Er kehrt zu seinem Vater zurück.
Zu seinem und eurem Vater.
Und ihr, sagt Jesus,
ihr seid seine Brüder!" 20,18

Thomas

Johannes 20,19–31

Das Grab war leer.
Jesus war auferstanden.
Aber die Jünger saßen noch immer
hinter verschlossenen Türen.
„Freut euch! Jesus lebt."
So hatte Maria ihnen
am Morgen verkündet.
Aber den Jüngern war Jesus
noch nicht erschienen.
Den ganzen Tag hatten sie
gelauscht und gewartet,
ob jemand käme.
Aber nichts war geschehen.

Inzwischen ging es schon
auf den Abend zu.
Was sollen wir hier
noch länger warten?,
sagte sich Thomas.
Enttäuscht stand er auf
und verließ das Haus.
Unschlüssig blieben
die anderen Jünger zurück.
Doch plötzlich stand Jesus vor ihnen.

Die Jünger starrten ihn fassungslos an.
Wie war er zu ihnen gekommen?
Die Türen waren doch verschlossen!
Oder war es vielleicht nur sein Geist?
Aber Jesus sprach zu ihnen:

„Friede sei mit euch!
Seht mich an.
Seht die Nägelmale
an meinen Händen
und die Wunde an meiner Seite.
Ich bin es wirklich.“ 20,19f.

Da war es den Jüngern,
als ob mit einem Mal
alle Angst von ihnen abfiele.
Jesus lebte!
Er war in ihre Mitte gekommen.
Mit großen Augen sahen sie Jesus an,
als wollten sie fragen:
Bleibst du nun für immer bei uns?
Doch Jesus sprach zu ihnen:

„Friede sei mit euch!
Wie mich der Vater gesandt hat,
so sende ich euch.
Empfangt den heiligen Geist!
Und tut, was er euch sagt:
Wem ihr die Sünden vergebt,
dem sind sie vergeben.
Wem ihr sie aber nicht vergebt,
dem sind sie auch nicht
vergeben.“ 20,23

Da fassten die Jünger Mut.
Ihre Angst war verflogen.
Freude ergriff ihr Herz.
Sie spürten,
wie sie neues Leben erfüllte.

Nur eine kurze Zeit
blieb Jesus bei seinen Jüngern.
Aber kaum hatten sie
sich wieder gefasst,
da klopfte es an die Tür.
Thomas stand vor ihnen.
„Komm herein!“, riefen die Jünger.
„Wir haben gute Nachricht für dich.
Jesus war bei uns.
Er lebt wirklich.
Wir haben ihn
mit eigenen Augen gesehen.“

Doch Thomas erwiderte:
„Ich kann es nicht glauben.
Nur wenn ich seine Nägelmale
sehe und fühle
und auch die Wunde an seiner Seite,
nur dann will ich's glauben!“ 20,25
Aber von nun an blieb Thomas
bei den anderen Jüngern
und wartete Tag um Tag.

Da geschah es,
sieben Tage nach Ostern.
Auf einmal stand Jesus
wieder in ihrer Mitte und sprach:

„Friede sei mit euch!“ 20,26

Thomas starrte ihn an.
Er brachte vor Schreck
kein Wort über die Lippen.
Aber Jesus sprach zu ihm:
„Thomas, sieh meine Hände!
Komm und reich deine Hand
und lege deine Finger
in meine Wunden!
Und sei nicht ungläubig,
sondern glaube mir:
Ich bin es wirklich.“ 20,27

Da gingen Thomas die Augen auf.
Auf einmal sah er ganz klar:
Jesus stand vor ihm!
Jesus, der am Kreuz gelitten hatte,
war auch für ihn gestorben und lebte.
Staunend stand er vor Jesus
und stammelte:
„Mein Herr und mein Gott!“ 20,28

„Thomas", sprach Jesus,
„nun glaubst du,
weil du mich siehst.
Aber wie glücklich sind die,
die mich nicht sehen
und dennoch glauben." 20,29

Dies sind die Worte,
die Jesus seinen Jüngern
nach Ostern anvertraut hat.
Sie sind in diesem Buch aufgeschrieben
wie auch viele andere Worte
und Zeichen, die Jesus getan hat.
Und es ist geschrieben für euch,
damit auch ihr glaubt,
obwohl ihr Jesus nicht seht,
und damit ihr durch den Glauben
an ihn das Leben findet. 20,30f.

Der neue Auftrag

Johannes 21

Ostern war längst vorüber.
Petrus und seine Freunde
waren wieder nach Galiläa
zurückgekehrt.
Aber was sollten sie jetzt tun?
Petrus und seine Freunde hofften
auf ein Zeichen von Gott.
Doch mit jedem Tag
schwand ihre Hoffnung dahin.
Wie lange sollten sie
hier noch untätig warten?
Wenn nichts geschah,
mussten sie ihr tägliches Brot
wieder als Fischer verdienen,
wie in früheren Jahren.
Aber da geschah es.
An jenem Tag,
als die letzte Hoffnung
der Jünger geschwunden war,
erschien ihnen Jesus
und gab ihnen einen neuen Auftrag...

Es war ein lauer Abend.
Petrus und seine Freunde
saßen am See.
Plötzlich stand Petrus auf.
„Kommt ihr mit?", fragte er sie.
„Ich fahre mit meinem Boot
wieder hinaus auf den See."
Die anderen sprangen auf.
„Wir fahren mit dir", meinten sie.
„Wir lassen dich nicht allein."

Sie stiegen mit Petrus ins Boot,
ruderten in die Nacht hinaus
und warfen das Netz aus.
Aber nichts rührte sich.
Stundenlang fischten
die Jünger im Trüben.
Kein Fisch ging ins Netz.
Schon brach der Morgen an.
Am Horizont zeigte sich
ein heller Streif.
Da zogen die Jünger
das Netz ins Boot
und ruderten enttäuscht zurück.

Aber was war das?
Am Ufer stand ein Mann.
Es schien, als wartete er auf sie.
„Kinder!", rief er über das Wasser.
„Habt ihr nichts zu essen?"
Was für eine Frage!,
dachte Petrus bei sich.
„Nein", schrie er zurück.
„Nichts. Gar nichts."
Aber der Mann rief:
„Werft euer Netz noch einmal aus!
Auf der rechten Seite
werdet ihr es schaffen."
Unsinn!, sagte sich Petrus.

Am frühen Morgen
geht doch kein Fisch ins Netz.
Aber die anderen hatten das Netz
bereits ins Wasser geworfen.

Da – plötzlich schrie jemand:
„Das Netz!
Haltet es fest!
Lasst es nicht los!
Gebt Acht, gleich reißt es.“
Da merkte Petrus:
Ein ganzer Schwarm von Fischen
war ins Netz gegangen.
Wie war das nur möglich?
Ein solch großer Fang
am frühen Morgen?
Petrus spähte zum Ufer hinüber.
Dort stand der Fremde
noch immer an derselben Stelle.
Es schien, als beobachtete er sie.
Petrus überlegte:
Wer war dieser Mensch?
Woher wusste er,
wie es ihnen erging?
In diesem Augenblick
flüsterte ihm sein Freund zu:
„Es ist der Herr!“
Wahrhaftig!
Nun erkannte auch Petrus:
Am Ufer stand Jesus,
der auferstandene Herr.
Er hatte sie nicht vergessen.
Er war am frühen Morgen
zu ihnen gekommen.

Da hielt es Petrus
nicht länger in seinem Boot.
Er band sein Obergewand um,
sprang ins Wasser
und watete ans Ufer,
Jesus entgegen.
Doch als er ans Ufer kam,
da sah er:
Jesus hatte bereits
ein Kohlenfeuer für sie angezündet.
Fische brieten über dem Feuer,
und Brot war geröstet.
Petrus war sprachlos.
Fünf Brote und zwei Fische
hatte Jesus einst an Tausende verteilt.
Aber woher hatte er nun
das Brot und den Fisch?
Petrus wagte ihn nicht zu fragen.
Er fragte nicht einmal:
Jesus, bist du es wirklich?

Inzwischen hatten auch
die anderen Jünger das Ufer erreicht.
„Bringt eure Fische“, rief Jesus,
„damit wir sie braten!“
Da lief Petrus zum Boot,
zog das Netz ans Ufer
und zählte die Fische:
153 große Fische
waren ins Netz gegangen.
Und doch war das Netz nicht gerissen.

„Nun kommt“, rief Jesus,
„und haltet mit mir das Mahl!“ 21,12
Da setzten sie sich
zu Jesus ans Feuer
und teilten mit ihm
das Brot und den Fisch.
Petrus aber schwieg.
Er dachte an das letzte Mahl,
das Jesus mit ihnen geteilt hatte.
Damals hatte er Jesus versprochen:
„Niemals werde ich dich verlassen.“
Aber dann hatte er ihn doch verleugnet,
nur wenige Stunden danach.
Petrus starrte in das Feuer.
Plötzlich sah er wieder
den Hof vor sich.
Dort hatte er am Feuer gestanden,
hatte lauthals geschworen:
„Ich bin’s nicht.
Ich gehöre nicht zu Jesus.“

Das Herz wurde Petrus schwer,
als er daran dachte.
Er wagte nicht,
Jesus in die Augen zu schauen.

Doch Jesus riss ihn
aus seinen Gedanken:
„Simon! Hast du mich lieb?
Lieber als alle anderen hier?“
„Ja, Herr“, stammelte Petrus.
„Du weißt, dass ich dich lieb habe.“
Jesus sprach: „Weide meine Lämmer!“ 21,15

Petrus sah Jesus erstaunt an.
Was sollte das heißen?
Er war doch kein Hirte!
Aber hatte Jesus nicht
von sich selber gesagt:
„Ich bin der gute Hirte“?
Da riss ihn Jesus erneut
aus seinen Gedanken:
„Simon! Hast du mich lieb?“
„Ja, Herr“, antwortete Petrus.
„Du weißt, dass ich dich lieb habe.“
Jesus sprach: „Weide meine Schafe!“ 21,16

Eine Zeitlang war es still
zwischen den beiden.
Danach fragte Jesus wieder:
„Simon! Hast du mich lieb?“
Da wurde Petrus betrübt,
weil Jesus ihn zum dritten Mal fragte.
Und er antwortete ihm:
„Ach Herr, du weißt alles.
Du weißt auch, dass ich dich lieb habe.“
Jesus sprach: „Weide meine Schafe!“

Da verstand Petrus auf einmal,
was Jesus ihm sagte.
Dreimal hatte er Jesus verleugnet.
Dreimal hatte ihn Jesus gefragt.
Jesus hatte ihm alles vergeben.
Ein neues Leben fing für ihn an.
Sein Kostbarstes,
seine geliebten Menschen,
allesamt schutzlose Schafe,
vertraute Jesus ihm an.
Doch wie sollte er das schaffen?
Er sah Jesus fragend an.

Jesus aber sprach zu ihm:
„Simon, ich sage dir:
Als du noch jünger warst,
tatest du, was du wolltest,
und gingst, wohin du wolltest.
Aber später, wenn du älter bist,
wirst du deine Hand ausstrecken.
Und ein anderer wird dir sagen,
was du tun sollst,
und wird dich führen,
wohin du nicht willst.
Nun aber folge mir nach!“ 21,18

Da wandte sich Petrus um
und zeigte auf den Jünger,
„den Jesus lieb hatte“,
der nie von seiner Seite gewichen war.
„Und was wird aus ihm?“, fragte er.
„Was kümmert es dich?“, sagte Jesus.
„Folge du mir nach!“ 21,22
Da wusste Petrus:
Jesus fing neu mit ihm an.
Er und die anderen Jünger
sollten allen Menschen
die gute Nachricht von Jesus bringen.
Nichts durfte sie künftig
von seiner Liebe trennen,
weder Leben noch Tod.

Dies ist das Evangelium
von Jesus Christus,
geschrieben von dem Jünger,
„den Jesus lieb hatte“.
Er bezeugt: Alles ist wahr,
was von Jesus geschrieben ist.
Und wenn alle seine Liebestaten
in Bücher geschrieben würden,
dann würde die Welt wohl
die Bücher nicht fassen. 21,25

19

Die Ausbreitung des Evangeliums

Die Apostelgeschichte des Lukas (1)

*Dies ist die Geschichte
der ersten Christen,
gesammelt und aufgeschrieben
von dem Griechen Lukas
für seinen Freund Theophilus.
Diese Geschichte berichtet
von der Ausbreitung des Evangeliums
und von der Kraft,
die von diesem Evangelium ausging.
Menschen verschiedener Herkunft
und verschiedener Sprache wurden
von der Frohen Botschaft erfasst
und ließen sich taufen
auf Jesu Namen.
Die Zahl der Christen
wuchs von Tag zu Tag.
Und obwohl ihre Gegner
sie hart bedrängten,
konnten sie doch
das Feuer nicht löschen,
das das Evangelium entfacht hatte.*

*Und so beginnt diese Geschichte:
Vierzig Tage nach Ostern,
bevor Jesus zu seinem Vater ging,
versammelte er noch einmal
seine Jünger um sich
und setzte sie ein als Apostel,
als Boten des Evangeliums.
„Herr", fragten ihn seine Jünger,
„wann wirst du wiederkommen
und über die Welt regieren?"
Jesus sprach zu ihnen:*

> *„Ihr werdet weder Zeit
> noch Stunde erfahren.
> Aber ihr werdet die Kraft
> des heiligen Geistes empfangen
> und werdet meine Zeugen sein
> in Jerusalem, in Judäa und Samarien
> und bis an das Ende der Erde."* 1,8

*Von diesem Tag an blieben
die Apostel in Jerusalem zusammen.
Gemeinsam mit den Frauen,
die Jesus nachgefolgt waren,
mit seiner Mutter und seinen Brüdern
und mit vielen anderen Jüngern
trafen sie sich täglich
im Obergemach eines Hauses,
beteten und warteten auf den Tag,
an dem sich Jesu Versprechen erfüllte.* 1,14f.

Apostelgeschichte 1 (vgl. S. 473f.)

Die Ausbreitung des Evangeliums

„Freut euch, Jesus lebt!“

Die ersten Christen

Apostelgeschichte 2

Fünfzig Tage waren
seit Ostern vergangen.
Und wieder wurde in Jerusalem
ein großes Fest begangen:
das „Wochenfest“.
Es war das Fest,
an dem die Juden
an den Bund dachten,
den Gott einst am Berg Sinai
mit ihnen geschlossen hatte.
Von nah und fern
kamen die Menschen zum Fest,
aus Afrika und aus Arabien,
von fernen Inseln
und vom Schwarzen Meer,
Griechen und Einwanderer aus Rom,
Juden und Freunde der Juden,
die dem jüdischen Glauben anhingen.
Schon am frühen Morgen
zogen sie durch die Gassen
zum Tempel hinauf.
Doch plötzlich horchten sie auf.
Aus einem Haus drang lauter Gesang.
Und über dem Haus brauste es,
als sei ein Sturm losgebrochen.

Verwundert blieben die Leute stehen.
Da ging die Tür auf.
Männer und Frauen stürmten heraus.
Sie jubelten und sangen.
Und über ihren Köpfen leuchtete es,
als hätten sie alle Feuer gefangen. 2,2f.

Neugierig kamen die Leute näher.
Und sie fragten sich erschrocken:
„Was ist nur
in diese Menschen gefahren?
Hört, was sie sagen!
Wir verstehen sie alle.
Woher kennen sie unsere Sprache?“
„Ach was!“, spotteten andere.
„Die sind nur betrunken.
Hört, wie sie lallen!“

Doch niemand von ihnen verstand,
was wirklich geschehen war:
Gottes Geist hatte Jesu Jünger
und Jüngerinnen erfasst.
Alle Angst war vergessen.
Große Freude erfüllte ihr Herz.
Nun hatten sie Mut,
auf die Straße zu gehen
und vor allen von Jesus zu reden.

Da hob Petrus seine Hand
und rief laut in die Menge:

„Liebe Freunde aus nah und fern!
Hört mir zu:
Ich will euch sagen,
was heute geschehen ist.
Wir sind nicht betrunken,
wie ihr vermutet.
Es ist ja noch früh am Morgen.
Sondern Gott hat uns
seinen Geist geschenkt.
Dies hat er vor langer Zeit
durch den Propheten Joel verheißen:
In den letzten Tagen
will ich meinen Geist
auf alle ausgießen,
Töchter und Söhne,
Mägde und Knechte,
Alte und Junge.
Und es soll geschehen:
Wer den Namen des Herrn
anrufen wird,
soll gerettet werden. *Joel 3,1ff.*
Diese Verheißung ist nun erfüllt.
So hört die gute Nachricht,
die wir euch verkünden:
Jesus von Nazareth
hat unter euch gelebt
und große Taten getan.
Aber ihr habt ihn ausgeliefert

und ans Kreuz gebracht.
Doch Gott hat Jesus
zum Herrn und Christus gemacht.
Er ist der Messias,
auf den wir hoffen.“ 2,14–36

Da ging ein Raunen durch die Menge.
Die Worte des Petrus
gingen ihnen durchs Herz.
Und bestürzt fragten sie:
„Sagt uns: Was sollen wir tun?“

„Kehrt um!“, rief Petrus.
„Bittet Gott, dass er euch
eure Sünde vergibt.
Fangt ein neues Leben an
und lasst euch taufen
auf den Namen Jesu!
Dann wird Gott euch
seinen Geist schenken.
Denn euch und euren Kindern
gilt diese Verheißung,
euch und allen,
die noch fern von Gott sind,
die er zu seinem Volk
hinzurufen wird.“ 2,38f.

Da ließen sie sich taufen
auf den Namen Jesu Christi,
dreitausend Menschen an einem Tag.
Gott hatte einen neuen Bund
mit ihnen geschlossen.
Von nun an gehörten die Christen
wie eine große Familie zusammen.
Sie trafen sich jeden Tag
in den Häusern und hörten,
was ihnen die Apostel
von Jesus erzählten.
Auch feierten sie täglich
miteinander das Mahl
und teilten, was sie besaßen.
Und sie hörten nicht auf,
Gott zu loben für alles,
was er an ihnen getan hatte. 2,42

Der Name

Apostelgeschichte 5

Pfingsten war vorüber.
In Jerusalem gingen die Menschen
wieder ihren Alltagsgeschäften nach.
Dennoch lag über der Stadt
eine seltsame Erregung,
wie sie sonst nur
an Festtagen zu spüren war.
Seit Wochen war nur
ein Name in aller Munde:
Jesus von Nazareth.
Wo immer Jesu Jünger auftraten,
sprachen sie von ihm,
in allen Straßen und Gassen.
Sogar im Tempel redeten sie
unermüdlich von ihm.
Erst kürzlich hatten
die Jünger Petrus und Johannes
einen gelähmten Bettler
am Tor des Tempels geheilt.
„Im Namen Jesu Christi von Nazareth,
steh auf und geh!“ 3,6
So hatte Petrus dem Bettler zugerufen.
Und so hatte er es im Tempel
vor der ganzen Gemeinde bezeugt:
„Durch den Glauben an den Namen Jesu
steht dieser vor euch geheilt.“

Danach, als die Richter der Stadt
sie einsperren ließen und bedrohten:
„Redet nie mehr von diesem Namen!“,
da hatte Petrus freimütig erwidert:
„Wir können es ja nicht lassen.
Wir müssen von Jesus reden –
und von dem, was wir gehört
und gesehen haben.
Denn in keinem anderen ist Heil.
Es ist auch kein anderer Name
unter dem Himmel
den Menschen gegeben
durch den wir gerettet werden.“ 4,12.20

Seit jenem Ereignis im Tempel
waren viele Tage vergangen.
Und immer noch sprach
die ganze Stadt davon.
Jeden Tag strömten Neugierige
zur Halle Salomos in den Tempel,
wo die Jünger von Jesus erzählten.
Die Leute hingen an ihrem Munde.
Und jeden Tag schleppten sie
Kranke auf Bahren herbei
und baten die Apostel,
sie im Namen Jesu zu heilen.
Sogar aus der Umgebung
brachten sie Kranke herbei
und legten sie an den Weg,
auf dem die Apostel vorüberkamen. 5,12ff.

Mit Sorge sah der Hohepriester,
wie das Volk auf die Apostel hörte.
So kann es nicht weitergehen,
sagte er sich.
Wir müssen diese Männer
endlich zum Schweigen bringen.
Und er befahl der Tempelwache:
„Nehmt diese Männer gefangen
und führt sie ab
ins Gefängnis der Stadt!"

Und so geschah es:
Kaum hatten die Apostel
den Tempelplatz betreten,
stürzten sich die Wächter auf sie.
„Halt!", schrien sie.
„Im Namen des Hohenpriesters!
Ihr seid gefangen."
Und sie griffen die Apostel,
fesselten sie und führten sie ab.

Nun war geschehen,
was viele Christen
seit langem befürchtet hatten.
Der Name Jesu
war plötzlich verstummt.
Alle zwölf Apostel waren gefangen.
Hilflos lagen sie
hinter verriegelten Türen
und warteten bange
auf den kommenden Tag.
Nur langsam verstrichen die Stunden.
Da, mitten in der Nacht,
ging plötzlich die Tür auf.
Erschrocken fuhren die Jünger hoch.
Vor ihnen stand eine Gestalt,
die winkte ihnen zu.
Wie im Traum standen die Apostel auf
und folgten dem Fremden.
Unbemerkt gelangten sie
ins Freie hinaus.
Kaum waren sie draußen,
da forderte der Fremde sie auf:
„Nun geht wieder zum Tempel
und verkündet den Menschen
alle Worte des Lebens!" 5,20
Da merkten die Jünger:
Gott hatte seinen Engel gesandt,
um sie zu befreien.

Am nächsten Morgen
berief der Hohepriester sofort
eine Gerichtsversammlung ein.
Und er befahl den Wächtern:
„Nun führt die Gefangenen vor!"
Aber die Wächter kamen
nach kurzer Zeit wieder zurück,
außer sich vor Entsetzen.
Aufgeregt meldeten sie:
„Wir kamen zum Gefängnis.
Alle Türen waren verschlossen.
Die Wärter bewachten die Tür.
Doch als wir die Türen öffneten,
da sahen wir mit Schrecken:
Alle Gefangenen waren
spurlos verschwunden." 5,23

„Was? Verschwunden sagt ihr?"
Der Hohepriester sah sie entsetzt an.
Wie war das nur möglich?
Alle Türen waren bewacht.

Kaum hatte er sich
von seinem ersten Schrecken erholt,
da stürzte wieder ein Bote herein.
„Die Gefangenen –“, rief er atemlos.
„Die Gefangenen sind auf freiem Fuß.
Ich sah sie im Tempel stehen.
Sie hören nicht auf,
von Jesus zu reden.“ 5,25

„Auf!“, befahl der Hohepriester.
„Geht und holt sie sofort hierher!
Aber tut ihnen keine Gewalt an!
Sonst hetzt ihr nur das Volk auf.“

Wenig später erschienen
die Apostel vor dem Hohen Rat.
„Was fällt euch ein?“,
fuhr der Hohepriester sie an.
„Haben wir euch nicht verboten,
von diesem Jesus zu reden?
Aber ihr, was tut ihr?
Ihr füllt die ganze Stadt
mit eurem Gerede von Jesus.
Ihr hetzt das Volk gegen uns auf.
Ja, ihr behauptet sogar,
wir seien an seinem Tod schuldig.“ 5,28

Da antwortete Petrus:
„Man muss Gott mehr gehorchen
als den Menschen.
Unser Gott hat Jesus
von den Toten auferweckt,
denselben Jesus,
den ihr ans Kreuz gebracht
und getötet habt.
Diesen Jesus hat Gott erhöht
und zum Retter für Israel gemacht.
Wer umkehrt und an ihn glaubt,
kann ein neues Leben beginnen.“ 5,29-32

Diese Worte sprach Petrus
vor dem Hohen Rat.
Auch die anderen Apostel
bekannten sich mutig zu Jesus.
Nicht wie Angeklagte,
sondern wie Zeugen
traten sie vor Gericht auf.
Unerschrocken standen sie
vor ihren Klägern und Richtern.
Die schwiegen betroffen,
als sie die Apostel hörten.
Ihre Worte trafen sie mitten ins Herz.
Und sie murmelten entsetzt:
„Diese Männer gehen wirklich zu weit.
Wir müssen sie töten.“ 5,33

Da stand Gamaliel auf,
ein namhafter Gelehrter,
der bei allen hohes Ansehen genoss.
„Führt die Gefangenen hinaus!“, bat er.
„Ich muss mit euch allein reden.“
Und er sprach zu den Ratsherren:
„Werte Versammlung!
Prüft genau, was ihr plant.
Erinnert ihr euch?
Schon öfter gaben sich
in unserem Land
Leute als Heilsbringer aus.
Sie fanden auch jedesmal
viele Anhänger im Volk.
Aber meist löste sich
die Volksbewegung rasch auf.
Nichts blieb davon übrig.
Darum rate ich euch:
Handelt nicht überstürzt!
Lasst diese Menschen laufen!
Kommt ihre Sache
nur von Menschen,
dann wird sie bald untergehen.
Kommt sie aber von Gott,
dann könnt ihr sie nicht hindern.
Sonst würdet ihr ja am Ende
als Feinde Gottes dastehen.“ 5,35ff.

„Gamaliel hat Recht“, riefen alle.
„Lasst die Gefangenen frei!“
Aber zuvor ließen sie
die Apostel auspeitschen

und bedrohten sie:
„Redet nie mehr von Jesus!
Nennt nie mehr seinen Namen!“ 5,40

Aber die Apostel
gingen fröhlich hinaus,
lobten und priesen Gott,
dass sie gewürdigt waren,
den Namen Jesus zu bekennen
und seinetwegen sogar zu leiden.
Und sie hörten nicht auf,
von Jesus zu reden.

Stephanus

Apostelgeschichte 6–7

Unter den ersten Christen
waren auch viele gebildete Juden,
die man „Hellenisten“ nannte.
Sie hatten lange im Ausland gelebt,
waren weltgewandt
und sprachen fließend Griechisch,
die Weltsprache jener Zeit.
Sogar ihre Gottesdienste
hielten sie in griechischer Sprache.
Unter den Christen
bildeten sie neben den „Hebräern“
eine eigene Gruppe.

Aber es dauerte nicht lange,
da zeichnete sich ein Konflikt
zwischen den beiden Gruppen ab.
Die Apostel waren so sehr
mit der Predigt von Jesus erfüllt,
dass sie darüber fast vergaßen,
für die Armen zu sorgen.
Vor allem die Witwen
der hellenistischen Christen
kamen bei der Versorgung zu kurz.
Als sich die Hellenisten
darüber beklagten, luden die Apostel
zu einer Gemeindeversammlung ein.
Auf ihr wählte die Gemeinde
sieben unbescholtene Vertreter
aus der Gruppe der Hellenisten,
Menschen voller Geist und Umsicht.
Diese setzten die Apostel
als „Diakone“ ein.
Sie sollten den Notleidenden dienen. 6,1–7

Unter den Diakonen ragte
vor allem Stephanus heraus,
ein hochgebildeter Mensch.
Gott hatte ihm viel Weisheit
und außergewöhnliche Gaben geschenkt.
Stephanus brannte für seinen Herrn.
Er war ein Meister des Wortes
und voller Tatkraft. 6,8
Unermüdlich war er unterwegs,
tröstete die Kranken, betete mit ihnen
und legte die Hände auf sie.
Auch sorgte er für die Witwen,
die keinen Unterhalt hatten.
Jeden Tag teilte er Brot an sie aus.
Und er gab Acht, dass niemand
in der Gemeinde hungern musste.
Wohin Stephanus auch kam,
überall sprach er die Leute an.
Auch seinen früheren Freunden,
den hellenistischen Juden,
erzählte er von Jesus,
dem Retter und Messias Israels.
Und viele von ihnen wurden Christen
und ließen sich taufen. 6,7

Bald verbreitete sich
in allen Synagogen das Gerücht:
Stephanus zieht die Leute
vom wahren jüdischen Glauben ab.
Da versammelten sich die Gelehrten
aus verschiedenen Synagogen
und stellten Stephanus zur Rede. 6,9

Sie forderten ihn auf:
„Hör endlich auf, von Jesus zu reden!
Redet etwa ein Gelehrter von ihm?
Oder hat gar ein Prophet
von ihm gesprochen?"
Stephanus aber legte
den Gelehrten die Schrift aus.
Er zeigte ihnen,
dass Jesus der Messias Israels ist,
von dem die Propheten künden.
Aber je mehr die Gelehrten
mit Stephanus stritten,
desto erbitterter wurde ihr Hass.
Und sie stifteten
die lautesten Schreier der Stadt an.
Die stachelten das ganze Volk
gegen Stephanus auf.
Jeden Tag mischten sie sich
unter die Leute und schrien:
„Ihr Leute, nehmt euch
vor diesem Stephanus in Acht!
Er gibt sich nur so fromm.
Aber in Wahrheit lästert er Gott.
Er macht das Gesetz schlecht
und auch unseren heiligen Tempel." 6,11ff.

Da horchten die Menschen auf.
Und sie schrien empört:
„Wo ist dieser Kerl?
Nehmt ihn gefangen!
Bringt ihn vor Gericht!
Der Hohepriester soll
das Urteil über ihn fällen."

Eines Tages war es soweit.
Johlend zog die Menge
zu dem Haus, wo Stephanus wohnte.
Sie zerrten ihn aus dem Haus
und schleppten ihn vor Gericht.
Dort drängten sich
die lautesten Schreier vor.
Sie gaben sich als Zeugen aus
und behaupteten frech:
„Dieser Mensch da
hetzt die ganze Stadt auf.
Er hört nicht auf,
von Jesus zu reden.
Dabei achtet er weder den Tempel
noch das Gesetz.
Denn wir haben selber gehört,
wie er gesagt hat:
Jesus wird diesen Tempel zerstören
und die Vorschriften aufheben,
die uns Mose gegeben hat. 6,14
Das hat er wirklich gesagt.
Wir schwören es."
Aber es war alles nicht wahr,
was sie sagten.

Als aber der Hohepriester hörte,
was sie gegen Stephanus vorbrachten,
erschrak er und fragte Stephanus:
„Ist es auch wahr,
was diese gegen dich vortragen?
Oder kannst du etwas
zu deiner Verteidigung sagen?"
Doch als er Stephanus anschaute,
traute er seinen Augen nicht.
Es war ihm plötzlich,
als sähe ein Engel ihn an.
Und auch alle anderen,
die mit ihm zu Gericht saßen,
sahen dasselbe. 6,15

Da sprach Stephanus
vor dem versammelten Rat:
„Liebe Brüder
und ehrwürdige Väter im Glauben!
Hört mir zu:
Gott, dem alle Ehre gehört,
erschien vorzeiten
unserem Vater Abraham.
Gott führte ihn in ein neues Land
und gab ihm sein Versprechen.
Aber Abrahams Nachkommen
zerstritten sich und verkauften
ihren Bruder Josef nach Ägypten.

Danach mussten sie selber
lange Zeit in der Fremde wohnen,
sie und ihre Kinder
und alle ihre Nachkommen.

Aber Gott blieb
seinem Versprechen treu.
Er schickte seinem Volk
einen Retter: Mose.
Der führte das Volk aus Ägypten.
Und er empfing von Gott
die Worte des Lebens,
die wir alle von ihm haben.
Aber das Volk Israel
hörte nicht auf Mose
und wandte sich
von Gottes Geboten ab.
Da wandte sich auch Gott
von seinem Volk ab
und führte sie wieder
aus ihrem Land in die Fremde.

Ihr Starrköpfe!
Merkt ihr nichts?
Lernt ihr denn nicht
aus dieser Geschichte?
Habt ihr denn alle
die Ohren und Herzen verstopft?
Seht ihr nicht?
Ihr handelt genauso verkehrt
wie eure Vorfahren.
Sie haben die Propheten getötet.
Aber ihr habt sogar
den Messias getötet.
Ihr habt das Gesetz
von Gott empfangen –
und dennoch haltet ihr's nicht.“ 7,1-53

Als sie das hörten,
ging es ihnen durch und durch.
Und sie knirschten
vor Wut mit den Zähnen. 7,54
Doch Stephanus blickte
zum Himmel auf und rief,
von Gottes Geist erfüllt:
„Ich sehe den Himmel offen
und Jesus zur Rechten Gottes stehen.“ 7,55

„Habt ihr das gehört?“, schrien alle.
„Er lästert Gott.
Bringt ihn zum Schweigen!“

Sie hielten sich die Ohren zu,
stürzten sich auf ihn
und schleppten ihn vor die Stadt,
um ihn zu steinigen.
Stephanus aber sank
auf seine Knie und betete:
„Herr Jesus, nimm meinen Geist auf!“ 7,58
Und als schon die Steine
auf ihn einhagelten, schrie er laut:
„Herr, rechne ihnen diese Sünde nicht an!“ 7,59

So starb Stephanus
und wurde unter Steinen begraben.
Endlich hatten ihn seine Gegner
zum Schweigen gebracht.
Aber in ihren Ohren hallte noch lange
der Schrei des Stephanus nach:
„Herr, rechne ihnen diese Sünde nicht an!“

Philippus

Apostelgeschichte 8

Nicht lange danach brach in Jerusalem
eine große Christenverfolgung aus.
Namentlich die Christen,
die wie Stephanus zu der Gruppe
der Hellenisten gehörten,
waren in großer Gefahr.
Viele wurden getötet,
andere wurden ins Gefängnis geworfen.
Und wer noch auf freiem Fuß war,
floh Hals über Kopf
mit Sack und Pack,

Männer, Frauen und Kinder.
Die einen wanderten nach Damaskus,
hoch oben im Norden.
Andere flohen nach Westen
in das Küstengebiet.
Und wieder andere
suchten in Samarien Schutz.
Das war jene Gegend,
die das jüdische Volk
seit eh und je mied.
Dorthin zog auch Philippus.
einer der sieben Diakone,
die sich in Jerusalem
um die Armen gekümmert hatten.
Er wohnte in der Stadt Samaria
und predigte auch dort den Menschen
das Evangelium von Jesus Christus.

In Windeseile sprach es sich
in der ganzen Gegend herum:
In Samaria ist ein Jude,
der verkündigt eine neue Botschaft.
Da kamen sie in Scharen an,
um Philippus zu hören.
Mit offenen Ohren lauschten sie,
als Philippus von Jesus erzählte.
Als sie hörten, dass Jesus
auch für sie gestorben war,
brach große Freude
unter den Samaritanern aus.
Und viele ließen sich taufen
auf den Namen Jesu.
Jeden Tag stießen Neue
zu der Gemeinde hinzu.
Auch viele Kranke waren darunter
und Menschen mit unsichtbaren Lasten.
Sie alle wurden zu Philippus gebracht.
Und er betete mit ihnen
und legte seine Hände auf sie.
Da spürten die Menschen,
wie die Lasten
von ihnen abfielen. 8,7

Zu jener Zeit lebte in Samaria
ein großer Magier namens Simon.
Der hatte bisher die ganze Stadt
mit seinen Zauberkünsten beherrscht.
Alle waren ihm hörig gewesen,
angesehene und einfache Leute.
Alle hatten geglaubt,
in ihm wohne eine göttliche Kraft.
Als Simon sah, welche Wunder
der Name Jesu bewirkte,
ließ auch er sich
auf diesen Namen taufen. 8,9f.

Bald darauf hörten
die Apostel in Jerusalem,
was in Samaria geschehen war.
Da machten sich Petrus und Johannes
sofort auf den Weg.
Als sie nach Samaria kamen,
wurden sie von den Christen
herzlich begrüßt.
Voller Staunen sahen die Apostel,
was Gott durch Philippus
unter den Samaritanern getan hatte.
Nun glaubten auch sie:
Die Samaritaner gehörten genauso
zu Gottes Volk wie sie alle.
Da legten sie allen die Hände auf
und beteten mit ihnen.
Und als sie noch beteten,
wurden alle von Gottes Geist erfüllt.
Großer Jubel brach aus.
Alle lobten und priesen Gott,
der ihnen durch seinen Geist
Gemeinschaft untereinander
geschenkt hatte. 8,17

Als aber der Magier Simon sah,
was Gott durch Petrus bewirkte,
machte er sich an ihn heran,
bot ihm Geld an und raunte ihm zu:
„Was du kannst, will ich auch können.
Du legst deine Hände auf Menschen –
und schon sind sie verändert.

Wie machst du das nur?
Verrate mir dein Geheimnis!
Ich zahle dir dafür auch viel Geld.“ 8,19

Doch Petrus rief zornig:
„Lass mich in Ruhe
mit deinem verdammten Geld!
Glaubst du etwa,
du könntest Gottes Geist kaufen?
Ich sehe schon,
du meinst es nicht ehrlich.
Gib deine Zauberkünste endlich auf!
Kehr um und bitte Gott,
dass er dir vergibt!“ 8,20ff.

Da erkannte Simon:
Gottes Geist war nicht käuflich.
Er war allein Gottes Geschenk.

Lange Zeit wirkte Philippus
unter dem samaritischen Volk.
Da hörte er eines Nachts eine Stimme:
„Philippus, steh auf,
mach dich auf den Weg!
Zieh nach Süden!
Geh auf die Straße,
die von Jerusalem nach Gaza
durch die Einöde führt.“ 8,26

Philippus horchte auf.
Wer sprach da mit ihm?
War es etwa ein Engel?
Oder war es Gott selbst,
der ihm diesen Befehl gab?
Sollte er wirklich
seine blühende Gemeinde verlassen
und in diese verlassene Gegend ziehen?

Da ließ Philippus alles zurück
und machte sich auf den Weg.
Viele Tage lang wanderte er
durch die glühende Hitze nach Süden.
Vor Gaza traf er auf die Straße,
die von Jerusalem nach Ägypten führte.
Philippus sah um sich.
Weit und breit war niemand zu sehen.
Doch plötzlich blieb er stehen.
Von Jerusalem her näherte sich
ein prächtiger Wagen.
Darin saß ein Afrikaner,
fürstlich gekleidet.
Er war der Schatzmeister
der Königin von Äthiopien
und war nach Jerusalem gereist,
um Gott anzubeten.
Doch nun kehrte er
in seine Heimat zurück.

Philippus aber wusste nicht,
wer dieser vornehme Afrikaner war.
In diesem Augenblick
hörte er wieder die Stimme:
„Auf, lauf ihm entgegen
und halte dich dicht an den Wagen!“ 8,29
Doch als Philippus näherkam,
traute er seinen Augen nicht:
Der Afrikaner hielt
eine Schriftrolle in seiner Hand.
Es war die Schrift des Propheten Jesaja.
Sicher hat er sie in Jerusalem gekauft,
sagte sich Philippus.
Er hörte, wie der Afrikaner las,
stockend und langsam:

„Er ist wie ein Schaf,
zur Schlachtung geführt.
Und wie ein Lamm still ist
vor seinem Scherer,
so hat er seinen Mund
nicht aufgetan…“ *Jes 53,7f.*

„Verstehst du auch, was du da liest?“,
rief Philippus zu ihm hinauf.
Der Afrikaner sah ihn verwundert an.
„Wie soll ich verstehen,
wenn mir niemand dabei hilft?
Komm, steig auf!
Setz dich zu mir!
Und erkläre mir, was da steht.“ 8,31

Da stieg Philippus
zu ihm auf den Wagen

und legte ihm die Schrift aus:
„Dieses Lamm Gottes ist Jesus Christus,
der Sohn des lebendigen Gottes.
Von ihm redet dieser Prophet.
Er starb für uns am Kreuz,
für alle Menschen aus allen Völkern.
Und wer auf seinen Namen getauft ist,
gehört für immer zu ihm.“

Gespannt hörte der Afrikaner zu,
was Philippus von Jesus erzählte.
„Sag“, unterbrach er Philippus,
„kann auch ich zu Jesus gehören?
Sieh, da ist ein Teich.
Kannst du mich nicht taufen?“ 8,36

„Ja“, erwiderte Philippus.
„Wenn du von ganzem Herzen glaubst,
will ich es tun.“

Da sah ihn der Afrikaner an,
und mit fester Stimme sprach er:
„Ich glaube,
dass Jesus Christus Gottes Sohn ist.“ 8,37
Und sogleich hielt er den Wagen an,
stieg mit Philippus ins Wasser
und ließ sich taufen.
Wie neugeboren fühlte er sich,
als er aus dem Wasser stieg.
Doch als er sich umschaute,
war Philippus nicht mehr zu sehen.

Da machte sich der Äthiopier
sogleich auf den Weg.
Voller Freude kehrte er
in sein Land zurück,
um auch seinem Volk
die gute Nachricht von Jesus
zu bringen.

Philippus aber zog nach Norden
an der Küste entlang.
Und wohin er kam,
verkündete er den Menschen
das Evangelium von Jesus Christus,
allen, Juden und Heiden.

Saulus

Apostelgeschichte 9,1–30

Zu jener Zeit lebte in Jerusalem
ein junger Mann namens Saulus.
Er war der Sohn jüdischer Eltern
und stammte aus Tarsus in Kleinasien.
Saulus war ein glühender Verehrer
des jüdischen Glaubens.
Er hatte in Jerusalem bei Gamaliel,
dem großen Gelehrten, studiert. 22,3
Saulus kannte das ganze Gesetz.
Er hielt sich streng an jedes Gebot
und hatte nur den einen Wunsch,
Gott zu gefallen.
„Was muss ich dafür tun?“
So fragte er seine Lehrer.
Die antworteten ihm:
„Tu, was das Gesetz dir gebietet.
Liebe Gott über alles
und ehre ihn allein!
Denn nur einer ist Gott:
der Herr, unser Gott. 5. Mose 6,4
Darum nimm dich in Acht
vor den Christen!
Sie sagen, Jesus sei der Herr.
Aber sie irren.
Nur Gott allein
ist der Herr über alles.“

So wurde Saulus
ein erbitterter Feind aller Christen.
Mit Genugtuung sah er zu,
als Stephanus gesteinigt wurde. 8,1
Und als daraufhin in Jerusalem
die erste Christenverfolgung begann,
machte sich Saulus mit Eifer daran,
die Stadt von Christen zu säubern.
Er drang in ihre Häuser ein,
zerrte sie aus ihren Verstecken hervor,
fesselte sie und setzte sie gefangen. 8,3
Saulus wütete mehr
als alle anderen Verfolger.

Viele Christen flohen vor ihm
in die Stadt Damaskus.
Doch Saulus gab keine Ruhe.
Im Auftrag des Hohenpriesters
machte er sich auf den Weg,
um auch in Damaskus
alle Christen gefangen zu nehmen.

In nur wenigen Tagen
hatte Saulus Damaskus erreicht.
Schon sah er in der Ferne
die Stadt liegen.
Da geschah es,
vor den Toren der Stadt:
Plötzlich leuchtete ein Licht auf,
gleißend und hell – wie ein Blitz.
Saulus stürzte zu Boden,
geblendet vom Licht.
Erschrocken schlug er
seine Hände vor das Gesicht.
Wie tot lag er da.
Auch seine Begleiter
waren vor Schreck erstarrt.
Da hörte Saulus eine Stimme:
„Saul! Saul!
Warum verfolgst du mich?“
„Herr, wer bist du?“, stammelte er.
„Ich bin Jesus“, sprach die Stimme,
„Jesus, den du verfolgst.
So steh nun auf
und geh in die Stadt!
Dort wird man dir sagen,
was du tun sollst.“ 9,5

Zitternd stand Saulus auf.
Er blickte um sich.
Aber es blieb ganz dunkel
vor seinen Augen.
Hilflos stand er da
und wusste nicht weiter.
Da nahmen ihn seine Begleiter
an die Hand und führten ihn
nach Damaskus in ein Haus,
das einem Mann namens Judas gehörte.

Drei Tage lang
saß dort Saulus im Dunkeln,
aß nichts und trank nichts,
betete und wartete still,
bis Gott ihm zeigte, was er tun sollte.

Zur selben Zeit lebte in der Stadt
ein Christ, Hananias mit Namen.
Der war seit Tagen in großer Sorge.
Er hatte gehört:
Saulus, der Erzfeind der Christen,
ist unterwegs nach Damaskus.
Er hat den Auftrag,
alle Christen gefangen zu setzen.

Da sah Hananias plötzlich ein Licht,
und eine Stimme sprach zu ihm:
„Hananias, steh auf!
Geh in die gerade Gasse!
Und suche dort einen Mann auf,
der Saulus heißt.“ 9,11

„Ach Herr“, rief Hananias erschrocken.
„Ich habe so viel Schlimmes
über diesen Menschen gehört.
Ich weiß, was er den Christen
in Jerusalem angetan hat,
wie er sie gnadenlos verfolgt hat.
Nun will er auch in Damaskus
die Christen verhaften.
Der Hohepriester hat ihm
selbst den Auftrag dazu gegeben.“ 9,13f.

Doch die Stimme sprach:
„Geh nur!
Und sei unbesorgt!
Ich habe ihn auserwählt.
Mein Werkzeug soll er sein.
Er soll meinen Namen
vor Völker und Könige
und vor das Volk Israel tragen.
Und ich werde ihm zeigen,
wie viel er für mich leiden muss.“ 9,15f.

Da stand Hananias auf
und ging in die gerade Gasse,

wie Gott ihm befohlen hatte.
Und als er Saulus dort fand,
hilflos und blind,
ging er auf ihn zu,
legte die Hände auf ihn und sprach:
„Lieber Bruder Saul!
Der Herr hat mich zu dir gesandt:
Jesus, der dir erschienen ist.
Du sollst wieder sehen
und mit seinem Geist erfüllt werden.“ 9,17

Da spürte Saulus auf einmal,
wie die dunklen Schatten
von seinen Augen wichen.
Sogleich stand er auf,
aß und trank wieder
und ließ sich taufen
auf den Namen Jesu.

Von diesem Tag an
blieb Saulus bei den Christen,
die in Damaskus lebten.
Voller Freude erzählte er allen,
wer ihm vor Damaskus begegnet war.
Er besuchte auch die Synagogen
der Juden und verkündete
seinen jüdischen Freunden:
„Ja, es ist wahr;
Jesus ist wirklich der Herr,
der Christus und Sohn Gottes.
Er ist mir selber erschienen.“
Sie aber flüsterten entsetzt:
„Ist das nicht Saulus?
Er hat doch die Christen verfolgt.
Nun ist er selber ein Christ!“ 9,20f.

Saulus aber redete
unermüdlich von Jesus.
Wohin er kam,
bekannte er freimütig:
„Dieser ist wirklich der Christus,
der Messias, auf den wir warten.“ 9,20ff.

Schließlich wurde es
seinen Hörern zu viel.
Und sie beschlossen, Saulus zu töten.
Aber Saulus floh in der Nacht.
Seine Freunde ließen ihn heimlich
in einem Korb an der Stadtmauer herab.

Von diesem Tag an war Saulus
spurlos verschwunden.
Erst nach Jahren tauchte er
wieder in Jerusalem auf. Gal 1,18
Dort suchte er die Christen auf.
Aber die Apostel trauten ihm nicht.
Nur einer, Barnabas mit Namen,
nahm Saulus in sein Haus auf.
Barnabas hatte der Gemeinde
schon viel Gutes getan.
Er genoss hohes Ansehen
bei den Aposteln. 4,36f.
Als er ihnen erzählte,
was Saulus erlebt hatte,
da fassten auch sie Vertrauen zu ihm.
Und sie nahmen Paulus
in ihre Mitte auf. 9,27

Aber bald darauf sprach es sich
in Jerusalem herum:
Saulus ist wieder hier.
Er hält sich zu den Christen
und verkündigt überall
offen und frei,
dass Jesus der Messias sei.
Als seine früheren Freunde
das hörten,
nahmen sie sich vor,
Saulus zu töten.
Da verließ Saulus Jerusalem
und kehrte nach Tarsus zurück.
Dort blieb er so lange,
bis Gott ihn erneut
in seinen Dienst rief.

Tabita

Apostelgeschichte 9,36–43

Endlich hörten die
grausamen Verfolgungen auf.
Die Christen wagten sich wieder
aus ihren Schlupflöchern hervor.
Sie breiteten sich immer mehr aus.
Neue Gemeinden entstanden.
Auch in der Hafenstadt Joppe
bildete sich eine Christengemeinde.
Diese Gemeinde war weder reich,
noch glänzte sie durch berühmte Namen.
Einfache Fischer und Handwerker
zählten zu der Gemeinde,
dazu zahllose Arme,
die versorgt werden mussten,
Witwen und Waisen und viele Kranke.

Zu dieser Zeit lebte in Joppe
eine Christin namens Tabita.
Sie war die heimliche Mitte
in ihrer Gemeinde.
Tabita führte keine großen Reden.
Sie packte zu, wo Not war.
Schon frühmorgens eilte sie
durch die engen Gassen,
besuchte die Kranken,
pflegte ihre Wunden
und brachte den Hungernden Brot.
Den ganzen Tag war
Tabita auf den Beinen,
um anderen Menschen zu dienen.
Sogar noch am Abend
suchten viele Notleidende
bei ihr Hilfe und Rat.
Und selbst noch in der Nacht
setzte sich Tabita hin
und nähte neue Kleider
für die Ärmsten der Armen,
die nichts als Lumpen am Leib trugen.
Ihr ganzes Vermögen,
alles, was Tabita besaß,
gab sie für diesen Dienst hin.
Und wohin Tabita auch ging,
überall wurde sie freudig begrüßt.
Ihr Name Tabita bedeutete „Gazelle". 9,36
Und so gab sie sich auch.
Flink wie eine Gazelle
eilte sie durch die Gassen
und war stets zur Stelle,
wenn man sie brauchte.
Sie selbst nannte sich schlicht:
eine „Jüngerin Jesu". 9,36
Denn das allein wollte sie sein:
eine Frau, die Jesus nachfolgte
und ihm diente in allem,
was sie auch tat.

So lebte und blühte
die Gemeinde in Joppe
wie kaum in einer anderen Stadt.
Voll Staunen sahen auch viele,
die nicht zu der Gemeinde gehörten,
was durch Tabita geschah.
Und manche fragten sich heimlich:
Was ist das nur für ein Gott,
der dieser Frau so viel
Liebe geschenkt hat?

Doch eines Tages
wurde Tabita todkrank.
Vergeblich warteten die Kranken
auf ihren Besuch.
Umsonst drängten sich
die Notleidenden vor ihrem Haus.
Niemand öffnete ihnen die Tür.
Bedrückt schlichen sich
die Leute davon.

Bald darauf sickerte
die Nachricht durch:
„Tabita ist tot."
Da ging ein Aufschrei
durch die ganze Gemeinde.
Die Armen brachen in Tränen aus,
jammerten und klagten:
„Tabita ist tot! Tabita ist tot!

Wer wird nun für uns sorgen?"
Aus allen Winkeln kamen sie an,
um von ihr Abschied zu nehmen.
Sie füllten das Obergemach,
in dem Tabita aufgebahrt lag.
Als sie Tabita daliegen sahen,
stumm und starr,
da ließen sie ihren Tränen Lauf.
Stundenlang harrten sie
bei der Toten aus
und ließen sich nicht trösten.
Der ganze Raum war erfüllt
von ihrem Weinen und Klagen.
Es schien, als sei
mit Tabitas Tod
ihre letzte Hoffnung gestorben.

Mit Sorge sahen
die Vorsteher der Gemeinde,
wie sich die Christen
in ihrer Trauer verzehrten.
Da hörten sie die Nachricht:
„In der Nachbargemeinde Lydda
ist gerade der Apostel Petrus zu Gast.
Der hat dort einen gelähmten Mann
in Jesu Namen gesund gemacht." 9,33f
Da schickten sie sofort
zwei Boten nach Lydda,
drei Wegstunden entfernt,
und ließen Petrus sagen:
„Bitte, komm schnell
nach Joppe und hilf uns!
Wir wissen uns keinen Rat mehr." 9,38

Ungeduldig warteten sie
bis zum Abend.
Da kam Petrus mit den Boten an.
Sogleich führten sie ihn
in das Obergemach,
in dem Tabita aufgebahrt lag.
Dort war noch immer
eine große Trauergemeinde versammelt.
Auf dem Boden hockten die Witwen,
für die Tabita gesorgt hatte.
Die klagten und weinten
und rauften sich die Haare
vor Trauer und Gram.
Als sie Petrus sahen,
zeigten sie ihm die Kleider,
die Tabita für sie genäht hatte,
Obergewänder und Unterkleider.
„Sieh doch!", jammerten sie.
„Dies alles hat Tabita für uns getan.
Aber nun ist sie tot."
Und wieder hoben sie
ihr Klagelied an.
Doch Petrus schickte sie alle hinaus.

Auf einmal war es
ganz still in dem Raum.
Petrus war allein mit der Toten.
Da sank Petrus auf seine Knie
und flehte Gott an.
Niemand weiß,
wie lange Petrus mit Gott rang,
vielleicht stundenlang.
Doch auf einmal
richtete sich Petrus auf,
als ob er Weisung von Gott
bekommen hätte.
Und mit lauter Stimme
sprach er die Tote an:
„Tabita! Steh auf!" 9,40

Und sieh da:
So geschah es.
Tabita schlug die Augen auf.
Sie sah Petrus an
und setzte sich auf.
Petrus aber nahm ihre Hand
und richtete sie auf.

„Kommt herein!", rief Petrus.
„Kommt alle herein!
Seht her: Tabita lebt!"

Da kamen sie alle an,
umringten Tabita und staunten.
Im Nu war der ganze Saal

mit Menschen gefüllt.
Alle starrten scheu auf Tabita
und brachten vor Staunen
kein Wort heraus.

In Windeseile breitete sich
die Nachricht in Joppe aus.
Einer rief es dem anderen zu:
„Habt ihr gehört? Tabita lebt,
Gott hat sie vom Tod auferweckt."

Sofort ließen die Leute
alles liegen und stehen
und eilten zu Tabitas Haus,
um mit eigenen Augen zu sehen,
was dort geschehen war.
„Wie ist das nur möglich?",
fragten sie bestürzt.
„Tabita war tot.
Doch nun lebt sie wieder!
Sagt, wer hat das getan?"

Da erzählte ihnen Petrus von Jesus,
den Gott vom Tod auferweckt hatte,
dem Retter und Sieger über den Tod.
Atemlos lauschten die Leute,
als sie die gute Nachricht hörten.
Und viele nahmen
die Frohe Botschaft an.
Aus dem Trauertag
wurde ein Festtag,
wie ihn die Menschen in Joppe
noch nie erlebt hatten.
Gott hatte an diesem Tag
neue Hoffnung in ihr Leben gebracht.

Kornelius

Apostelgeschichte 10–11,18

Nördlich von Joppe lag Caesarea,
eine berühmte Hafenstadt.
Dort hatte der römische Statthalter
seinen Regierungssitz.
Hunderte von Soldaten
waren in dieser Stadt untergebracht.
Ihnen standen Hauptleute vor,
die je 100 Soldaten anführten.
Diese Hauptleute waren raue Gesellen,
die nur ihre Soldaten im Sinn hatten.

Nun aber lebte in Caesarea
ein Hauptmann namens Kornelius,
der fragte nach Gott.
Er war ein heimlicher Verehrer
des jüdischen Glaubens.
Wann immer er konnte,
nahm er am jüdischen Gottesdienst teil
und gab Geld für die Armen,
wie es das jüdische Gesetz vorschrieb.
Auch betete er täglich
zu dem Gott Israels,
den er kaum kannte.
Gerne hätte er noch mehr
über diesen Gott erfahren.
Jeden Tag betete er:
„Herr, schick mir einen Menschen,
der mir den Weg zu dir weist!"
Aber es fand sich niemand,
der ihn unterwies.
Kein Jude war bereit,
sein Haus zu betreten.
Denn die Häuser der Römer
galten den Juden als „unrein",
weil die Römer anders lebten,
als das jüdische Gesetz es befahl. 10,1–2

An einem Nachmittag lag Kornelius
wieder auf seinen Knien
und sprach sein Gebet.

Plötzlich hörte er seinen Namen.
Kornelius schreckte auf.
Da sah er einen Engel vor sich.
„Was ist, Herr?“, stammelte er.
„Kornelius!“, sprach der Engel.
„Gott hat deine Gebete gehört
und deine guten Taten gesehen.
Darum sende Boten nach Joppe
und lass einen Mann rufen,
Simon Petrus mit Namen.
Der wohnt bei Simon, dem Gerber.“ 10,3ff.

Da überlegte Kornelius nicht lange.
Sofort sprang er auf,
rief zwei seiner Knechte
und seinen Burschen,
der auch an Gott glaubte.
Und er berichtete ihnen alles,
was er gesehen und gehört hatte.
„Auf!“, befahl er.
„Macht euch sofort auf den Weg,
und holt diesen Menschen hierher!“
Da brachen seine Knechte
noch am selben Tag auf.
Am nächsten Tag gegen Mittag
erreichten sie Joppe.

Um diese Zeit saß Petrus
im Haus des Gerbers Simon
und ahnte von alledem nichts.
Als es Mittag wurde,
stieg er, wie gewohnt,
auf das Flachdach des Hauses,
um dort in der Stille zu beten.
Lange Zeit lag er auf seinen Knien
und sprach mit seinem Gott.
Inzwischen wurde es Zeit,
das Mittagsmahl einzunehmen.
Vom Haus zogen köstliche Düfte herauf.
Petrus verspürte mächtigen Hunger.
Doch plötzlich schreckte er auf.
Er starrte zum Himmel.
Es schien ihm,
als senkte sich vom Himmel
ein riesiges Tuch auf ihn herab.
Darin wimmelte es von
unreinen Tieren:
Vögel, Würmer und Schweine.
Nie hätte Petrus auch nur eines
von diesen Tieren berührt.
Da hörte er eine Stimme:
„Auf, Petrus, schlachte und iss!“
Entsetzt wich Petrus zurück.
„Nein Herr!“, rief er.
„Ich habe noch nie
etwas Unreines gegessen.
Das verbietet unser Gesetz.“
Aber die Stimme sprach:
„Was Gott rein gemacht hat,
das nenne du nicht unrein!“ 10,15

Dreimal hörte Petrus die Stimme.
Danach schwebte das Tuch
wieder nach oben.
Merkwürdig, dachte Petrus.
Was soll das bedeuten?
War es nur ein Traum?
Oder war es wirklich geschehen?
Da hörte er wieder die Stimme:
„Geh hinunter ins Haus!
Drunten an der Tür
warten drei Männer auf dich.
Sie sind gekommen,
um dich abzuholen.
Auf, zieh mit ihnen und zögere nicht!
Denn ich habe sie zu dir geschickt.“ 10,20

Nun erkannte Petrus:
Gott hatte zu ihm gesprochen.
Sofort stieg er hinab
und öffnete die Tür.
Da standen drei Fremde vor ihm.
Sie sahen ihn fragend an:
„Wohnt hier ein Mann
namens Simon Petrus?“
„Ich bin es“, antwortete Petrus.

„Kommt herein!
Erzählt: Was führt euch zu mir?“

Da berichteten ihm die Boten alles,
was ihnen Kornelius aufgetragen hatte.
Staunend hörte Petrus,
was sie erzählten.
Er dachte an das große Tuch,
das Gott ihm gezeigt hatte.
Und allmählich begann er zu ahnen,
was dies bedeuten sollte.
„Bleibt über Nacht hier!“,
bat er die Boten.
„Morgen früh ziehe ich
mit euch nach Caesarea.“

Am nächsten Tag brach er auf,
begleitet von einigen Freunden.
Einen Tag lang waren sie unterwegs.
Und als sie am Tag darauf
endlich Caesarea erreichten,
kam ihnen Kornelius schon entgegen.
Voller Freude eilte er auf Petrus zu,
warf sich vor ihm auf die Erde
und huldigte ihm wie einem Gott.
„Steh auf!“, rief Petrus erschrocken.
„Ich bin auch nur ein Mensch.“ 10,26

Da führte ihn Kornelius in sein Haus.
Dort warteten schon viele Gäste.
Nachbarn, Verwandte, Bekannte,
alle hatte Kornelius
zum großen Ereignis geladen.
Und alle blickten Petrus an,
als erwarteten sie Großes von ihm.
Doch Petrus sprach: „Ihr wisst,
dass es den Juden verboten ist,
in das Haus eines Römers zu gehen.
Aber Gott hat mir gezeigt:
Kein Mensch ist unrein.
Darum kam ich hierher.
Sagt, was wollt ihr von mir?“
Da erzählte Kornelius,
was er vor vier Tagen erlebt
und was der Engel gesagt hatte.
„Darum“, fuhr er fort, „sind wir
hier alle vor Gott versammelt
und warten gespannt,
welche Botschaft du uns bringst.“ 10,33

„Wahrhaftig!“, rief Petrus.
„Nun sehe ich: Gott nimmt alle an
und sieht nicht auf die Person.
Er hat in jedem Volk Menschen,
die ihn ehren und tun,
was ihm wohlgefällt.
Darum hört die Botschaft,
die Gott seinem Volk Israel gab:
Er hat uns durch Jesus Christus
den Frieden verkündet.
Der ist der Herr
über alle Menschen.
Und ihr wisst auch,
was in unserem Land geschehen ist.
In Galiläa hat Jesus angefangen.
Dort hat er Menschen geheilt
und von finsteren Mächten befreit.
Wir waren dabei.
Wir können es bezeugen.
Diesen Jesus von Nazareth
haben sie ans Kreuz gehängt
und getötet.
Aber Gott hat ihn
am dritten Tag auferweckt.
Danach ist er uns erschienen.
Und er hat uns geboten,
allen Menschen zu verkünden,
dass er der Richter über alle ist,
über die Lebenden und die Toten.
Aber denen, die an ihn glauben,
wird er vergeben
und ein neues Leben schenken.“ 10,34–43

Kaum hatte Petrus geendet,
da brachen alle in Jubel aus.
Sie priesen und lobten Gott
mit einem Lied ohne Worte,
wie es Petrus zuvor

noch nie gehört hatte.
Alle stimmten mit ein.
„Wie ist das nur möglich?",
flüsterten seine Begleiter entsetzt.
„Es scheint, als hätte Gottes Geist
auch diese ungläubigen Heiden erfasst."
Doch Petrus fiel ihnen ins Wort:
„Warum seid ihr so entsetzt?
Könnt ihr dem heiligen Geist wehren?
Wollt ihr verhindern, dass auch
diese Römer zu Gott gehören?
Auf, tauft sie auf den Namen Jesu!
Denn auch sie gehören
zu Gottes Volk, genauso wie ihr." 10,47f.
Und er taufte alle,
die bei Kornelius versammelt waren,
Männer und Frauen,
Junge und Alte.
Knechte und Mägde.
Und Petrus ermahnte sie,
bei Jesus zu bleiben.

Mehrere Tage blieb Petrus
bei Kornelius zu Gast.
Danach kehrte er
nach Jerusalem zurück.
Dort aber stellten ihn
die Christen zur Rede:
„Was haben wir gehört?
Du hast bei Römern gewohnt?
Du hast mit ihnen gegessen?
Wie konntest du nur so etwas tun?" 11,3

Da erzählte ihnen Petrus,
wie Gott ihn in das Haus
des Hauptmanns geführt hatte,
und wie Gottes Geist
unter den Römern gewirkt hatte.

Als sie das hörten,
wagten sie nichts mehr zu sagen.
Und sie dankten Gott,
der auch diesen Menschen
den Weg zum Leben gezeigt hatte.

Jesus Christus spricht:

GEHT HIN
UND MACHT ZU JÜNGERN ALLE VÖLKER!
TAUFET SIE AUF DEN NAMEN
DES VATERS UND DES SOHNES UND DES HEILIGEN GEISTES!
UND LEHRT SIE HALTEN ALLES, WAS ICH EUCH BEFOHLEN HABE!
UND SIEHE, ICH BIN BEI EUCH ALLE TAGE
BIS AN DAS ENDE DER WELT.

Matthäus 28,19f.

In alle Welt

„Ihr werdet meine Zeugen sein bis an das Ende der Erde.“

20

In alle Welt

Die Apostelgeschichte des Lukas (2)

Nur wenige Jahre lang
dauerte der Frieden an.
In dieser Zeit wuchsen
die christlichen Gemeinden in Judäa
und weit darüber hinaus.
Aber bald darauf brach
eine neue Verfolgung los.
Sie ging von König Herodes Agrippa aus,
der vom römischen Kaiser
über das ganze Land gesetzt war.
Bei dieser Verfolgung
kam die christliche Gemeinde
in Jerusalem in arge Bedrängnis.
Der Apostel Jakobus
starb den Märtyrertod. 12,1f.
Auch Petrus wurde
ins Gefängnis geworfen.
Nur durch ein Wunder Gottes
entkam er in letzter Minute dem Tod. 12,3 ff.
Dazu kam eine schwere Hungersnot.
Die Christen in Jerusalem waren
davon besonders betroffen. 11,28
In diesen Tagen schien es,
als würde die Urgemeinde
in Jerusalem nicht überleben.

Zur selben Zeit aber wuchs
ein neues Zentrum der Christen heran.
Hoch oben im Norden,
in der Provinz Syrien,
lag die Weltstadt Antiochien,
die drittgrößte Stadt
des Römischen Reiches.
Dort pulsierte das Leben.
Menschen aus allen Kulturen
trafen sich in dieser Stadt.
Hellenistische Christen hatten dort
eine Gemeinde gegründet.
In ihr wirkten weltoffene
und weitsichtige Menschen.
Sie hatten früher selber
zur jüdischen Gemeinde gehört.
Aber nun wagten sie es
und sprachen auch Nichtjuden an.
Ihnen verkündeten sie
die befreiende Botschaft von Christus.
Viele von ihnen kamen zum Glauben
und ließen sich taufen.

Als aber die Apostel
und Vorsteher in Jerusalem hörten,
was sich in Antiochien tat,
schickten sie Barnabas dorthin,
um zu prüfen, ob dort alles
mit rechten Dingen zuging.
Barnabas war ein erfahrener Christ,
voller Feuer und fest im Glauben.
Als er nach Antiochien kam,
sah er mit großer Freude,
was Gott dort getan hatte.
Die Gemeinde sprühte vor Leben.
Der Segen Gottes lag sichtbar auf ihr.
Barnabas war klug genug,
die Christen nicht
in ihrem Eifer zu dämpfen.
Stattdessen ermahnte er sie,

fest bei Jesus zu bleiben
und nicht davon abzuweichen.
Danach reiste er nach Tarsus,
suchte Paulus auf und bat ihn,
nach Antiochien zu kommen.

Über ein Jahr arbeiteten die beiden
als Lehrer und Missionare
in Antiochien zusammen.
Die Gemeinde wuchs von Tag zu Tag.
Und alle, die zur Gemeinde zählten,
gaben aus freien Stücken Geld
für die notleidenden Christen,
die in Jerusalem wohnten.
So blieben die Christen
durch Jesus Christus verbunden.
Er hatte sie alle, Juden und Nichtjuden,
zu einer großen Familie vereint.

Apostelgeschichte 11f. (vgl. S. 473f.)

Paulus in Antiochien

Apostelgeschichte 13

Aus dem Christenfeind Saulus war
ein Missionar für Christus geworden.
Von nun an trug Saulus nur noch
seinen römischen Namen Paulus,
das heißt: der „Kleine".
Ein kleiner Bote wollte er sein,
ein Bote, der Jesus groß machte,
der seinen Namen in alle Welt trug,
ein Werkzeug in Gottes Hand.
Dazu hatte ihn Gott bestimmt.
Vor Damaskus hatte er
seinen Ruf vernommen. 9,15
Seitdem war viel Zeit vergangen.
Aber noch wusste Paulus nicht,
wohin ihn sein Weg führte.
Auch war er nicht sicher,
wer mit ihm ziehen sollte.
Paulus wartete in Antiochien,
bis Gott ihm ein Zeichen gab.

Eines Tages, mitten im Gottesdienst,
sprach Gott durch seinen Geist
zu der versammelten Gemeinde:
„Sendet Paulus und Barnabas
zu dem Dienst aus,
zu dem ich sie berufen habe!"
Da segneten sie Paulus und Barnabas
und sandten sie aus.
Wenig später brachen die beiden auf.
Ein Neffe des Barnabas,
Johannes Markus, begleitete sie. 13,2f.

Zuerst segelten sie zur Insel Cypern,
der Heimat des Barnabas. 4,36
Danach nahmen sie ein Schiff,
das sie zur Küste Kleinasiens brachte.
Zu Fuß wanderten sie
durch das steile Taurusgebirge.
Da gab Johannes Markus,
ihr junger Begleiter, auf
und kehrte um.
Aber Paulus und Barnabas
wanderten über das karge Hochland
bis zu einer größeren Stadt,
die auch den Namen Antiochien trug.
Dort fanden sie viele Juden,
die sie freundlich empfingen.
Und als der Sabbat kam,
besuchten die beiden die Synagoge,
wie sie es von Kind an gewohnt waren.
Aufmerksam hörten sie
auf die Worte der Heiligen Schrift.
Aber am Ende des Gottesdienstes
fragte der Vorsteher die Fremden:
„Wollt ihr noch ein Wort
an die Gemeinde richten?"
Da stand Paulus auf, hob seine Hand
und begann eine lange Predigt.

> „Liebe Brüder!", sprach er.
> „Der Gott Israels
> hat unser Volk erwählt
> vor allen anderen Völkern.
> Er gab Richter und Könige,

König Saul und König David.
Aus seinem Stamm ist
auch Jesus hervorgegangen,
der Retter Israels. 13,23
Ihr Lieben!
Diese Botschaft gilt euch.
Denn in Jerusalem haben sie ihn
nicht als Messias erkannt,
sondern ließen ihn töten.
Aber Gott hat ihn auferweckt.
Und wir verkündigen euch:
Er ist der Christus,
der Sohn Gottes,
der unserem Volk verheißen war.
Durch ihn empfangen wir
die Vergebung der Sünden.
Wer an ihn glaubt,
hat Frieden mit Gott.
Das ist die gute Nachricht,
die wir euch verkünden.“ 13,26ff.

Da horchten die Leute auf.
Und sie baten Paulus und Barnabas:
„Kommt nächste Woche wieder
und erzählt uns noch mehr!“
Im Nu breitete sich die Nachricht
in der ganzen Stadt aus:
„Zwei Fremde sind zu uns gekommen.
Ihr müsst sie unbedingt hören!“

Am nächsten Sabbat strömten
viele Neugierige zur Synagoge.
Auch viele Nichtjuden
stellten sich ein.
Sie warteten gespannt
auf die Rede des Paulus.
Als aber die Anführer der Juden sahen,
wie Paulus und Barnabas
die Leute anlockten,
packte sie der Neid.
Kaum hatte Paulus
mit seiner Rede begonnen,
riefen sie laut dazwischen:
„Unsinn! Hört nicht auf ihn!“
„Wie ihr wollt“, meinte Paulus.
„Ihr habt selber entschieden.
Euch Juden sollte zuerst
das Evangelium verkündet werden.
Doch nun verkünde ich es
auch anderen Menschen.
So steht es schon
bei den Propheten geschrieben:
‚Ich habe dich zum Licht
der Völker gemacht.‘“ Jes 49,6

Da wurden die Menschen froh,
als sie das hörten.
Und viele von ihnen ließen sich taufen.
Voller Freude trugen
Paulus und Barnabas
die gute Nachricht auch
in die umliegenden Dörfer hinaus.
Aber je mehr sie Zulauf bekamen,
desto mehr wuchs auch
der Hass auf die beiden.

Eines Tages schlugen die Gegner zu.
Mit Schimpf und Schande
jagten sie Paulus und Barnabas davon.
Die aber schüttelten
den Staub von ihren Füßen.
Zu Fuß wanderten sie weiter
in das Innere des Landes,
wohin sie Gott führte.

**PAULUS SCHREIBT:
„IHR SEID ALLE GOTTES KINDER
DURCH DEN GLAUBEN
AN CHRISTUS JESUS.
HIER IST NICHT JUDE NOCH GRIECHE,
HIER IST NICHT KNECHT NOCH FREIER,
HIER IST NICHT MANN NOCH FRAU,
SONDERN IHR SEID ALLE EINS
IN CHRISTUS JESUS.“**
AUS DEM BRIEF DES PAULUS AN DIE GALATER – 3,26ff.

Paulus in Lystra

Apostelgeschichte 14,8–20

Im Herzen von Kleinasien
lag die kleine Stadt Lystra.
Fremde kamen nur selten dorthin.
Ihre Bewohner führten
ein bescheidenes Leben.
Sie pflügten den kargen Boden,
sorgten für ihr tägliches Brot
und opferten treu ihren Göttern.
Denn sie glaubten:
Wenn die Götter uns gnädig sind,
dann wird unsere Ernte gut.
Und niemand in der Stadt
braucht zu hungern.
Vor ihrer Stadt war
ein großer Tempel erbaut,
der dem griechischen Gott
Zeus geweiht war.
Dort brachten sie ihrem Gott
immer wieder Opfer dar.

Eines Tages kamen
Paulus und Barnabas nach Lystra.
Im Nu sprach es sich
in der ganzen Stadt herum.
„Zwei Fremde sind gekommen.
Auf, wir wollen hören,
was sie zu uns geführt hat."
Und sie liefen in Scharen zusammen.

Als aber Paulus die Menge sah,
die sie umringte, hob er die Hand
und sprach auf Griechisch zu ihnen:
„Ihr wollt wissen, wer wir sind
und was wir euch bringen?
Ich will es euch sagen…"
Und er erzählte ihnen von Jesus
und von den Wundern,
die er getan hatte.
Plötzlich hielt er inne.
Vor ihm kauerte
ein Mann auf der Erde,
der war an beiden Beinen gelähmt.
Voller Erwartung sah er Paulus an,
als wollte er sagen:
Hilf mir! Du kannst es!
„Wie lange ist er schon gelähmt?",
fragte Paulus die Leute.
„Schon seit seiner Geburt."
Da sprach Paulus zu ihm:
„Steh auf!
Stell dich auf deine Füße!"
Und siehe da:
Der Mann richtete sich auf.
Seine Beine trugen ihn wieder.
„Seht!", riefen alle begeistert.
„Er kann gehen!
Wie ist das nur möglich?
Das hat es noch nie gegeben.
Das haben die Fremden getan."
„Wer weiß", mischten sich andere ein,
„vielleicht sind diese Fremden
gar keine Menschen?
Vielleicht sind sie Götter
in Menschengestalt?"
„Ja", schrien alle.
„Götter sind sie!
Zeus und sein Bote Merkur
sind zu uns gekommen.
Auf, bringt ihnen ein Opfer!"
Und sie stürmten zum Stadttor hinaus,
um ihnen vor dem Tempel zu opfern.
Paulus und Barnabas aber
wussten nicht, wie ihnen geschah.
Sie hörten die Leute rufen.
Aber sie verstanden kein Wort.
Denn sie hatten alle
in ihrer Muttersprache gesprochen.
Was hat das nur zu bedeuten?,
fragten sie sich.
Doch als sie noch überlegten,
kam ihnen der Priester
vom Tempel entgegen.
An der Hand führte er
ein großes Opfertier,

einen prachtvollen Stier,
der war über und über
mit Kränzen geschmückt.
Auf einmal begriff Paulus,
was hier vor sich ging.
Zornig zerriss er seinen Mantel
und rief entsetzt:

„Nein, ihr irrt euch!
Wir sind keine Götter,
sondern sterbliche Menschen wie ihr.
Aber wir sind zu euch gekommen,
um euch die gute Nachricht
zu bringen:
Kehrt um zu dem lebendigen Gott!
Er hat alles geschaffen,
was im Himmel
und auf der Erde ist,
und alles, was darauf wächst.
Er allein gibt euch Regen
und auch Sonnenschein.
Darum hört auf ihn!
Folgt nicht anderen Göttern!
Bringt ihnen keine Opfer dar!
Denn sie sind nur tote Götzen.“ 14,15ff.

Aber die Leute
schrien nur noch lauter
auf Paulus und Barnabas ein
und warfen ihnen Blumenkränze
vor die Füße.

Doch als sie noch
vor Begeisterung tobten,
kamen Juden aus Antiochien,
mischten sich unter die Menge
und riefen empört:
„Was macht ihr da?
Seid ihr verrückt?
Diese beiden sind keine Götter.
Wir wissen es besser.
Sie hetzen euch alle nur auf.“ 14,19
Und sie packten Paulus,
schleiften ihn hinaus vor die Stadt
und warfen mit Steinen auf ihn,
bis er sich nicht mehr rührte.

Erst nach und nach
kam die Stadt wieder zur Ruhe.
Da wagten sich auch
die Freunde des Paulus wieder hervor.
Sie gingen zur Stadt hinaus.
Dort lag Paulus noch immer
an derselben Stelle, wie tot.
Doch als sie ihn umringten,
schlug er plötzlich die Augen auf.
Vor ihren Augen stand er auf
und kehrte mit ihnen nach Lystra zurück.

Von diesem Tag an wagte niemand mehr,
Hand an Paulus zu legen.

Paulus schreibt:
„Wir werden von allen Seiten
bedrängt,
aber wir ängstigen uns nicht.
Uns ist bange,
aber wir verzagen nicht.
Wir leiden Verfolgung,
aber wir werden nicht verlassen.
Wir werden unterdrückt,
aber wir kommen nicht um.
Wir tragen allezeit
das Sterben Jesu an unserem Leib,
damit auch das Leben Jesu
an unserem Leib offenbar werde.
Denn mitten im Leben
sind wir immer wieder
dem Tod ausgesetzt,
damit auch das Leben Jesu
an uns offenbar werde.“

Aus dem 2. Brief des Paulus an die Korinther 4,8–11

Auf dem Konzil

Apostelgeschichte 15

Nach langer Zeit kehrten
Paulus und Barnabas wieder
nach Antiochien in Syrien zurück,
wo sie ausgesandt worden waren.
Als sie dort ankamen,
riefen sie die Gemeinde zusammen
und berichteten,
was Gott durch sie getan hatte.
Da war die Freude groß
bei allen, die davon hörten.
Und sie dankten Gott,
der auch unter anderen Völkern
eine Tür aufgetan hatte. 14,27f.

In jener Zeit traf es sich,
dass Christen aus Jerusalem
die Gemeinde in Antiochien besuchten.
Diese Christen hatten früher
dem jüdischen Glauben angehört.
Sie hielten sich auch jetzt noch
streng an das jüdische Gesetz.
Als sie aber sahen, wie frei
die Christen in Antiochien lebten,
waren sie entsetzt.
Und sie fragten empört.
„Ihr wollt Christen sein?
Warum beachtet ihr dann nicht
unser Gesetz,
das Gott einst Mose anvertraut hat?
Warum macht ihr es nicht wie wir
und lasst euch beschneiden?
Warum haltet ihr den Sabbat nicht ein?
Glaubt ihr etwa, als Christen
dürft ihr tun, was euch gefällt?
Ihr nehmt euch zu viel Freiheit heraus!
Wenn ihr so weitermacht,
könnt ihr Gott nicht gefallen.“ 15,5

Da erschraken alle,
als sie das hörten.
Und sie fragten sich besorgt:
Ist es wirklich wahr,
was diese Judenchristen sagen?
Fordert Gott wirklich von uns,
dass wir das ganze Gesetz befolgen?
Müssen wir erst Juden werden,
damit Gott uns gnädig annimmt?
Wenn das Gottes Wille ist,
wer in aller Welt
kann dann gerettet werden?
Und sie baten Paulus und Barnabas:
„Geht nach Jerusalem und forscht nach,
ob dort alle Christen so denken.
Fragt ihre Vorsteher und die Apostel,
was sie davon halten.
Und kommt bald wieder
und gebt uns Bescheid!“

Da machten sich die beiden
sogleich auf den Weg,
begleitet von Freunden.
Wie in einem Festzug,
so zogen sie über Land.
Wohin sie auch kamen,
berichteten sie anderen Christen,
was sie mit Gott erlebt hatten. 15,3

Als sie nach Jerusalem kamen,
wurden sie sogleich
in der Gemeinde empfangen.
Und auch dort berichteten sie,
was Gott unter den Heiden getan hatte.
Doch kaum hatten sie begonnen,
da riefen einige dazwischen:
„Paulus und Barnabas!
Habt ihr vergessen,
was Gott von uns will?
Ihr müsst die Menschen lehren,
das Gesetz einzuhalten,
das Gott uns durch Mose gegeben hat.
Denn wer unser Gesetz nicht achtet,
gehört nicht zu Gottes Volk.“ 15,5

Die Leute, die das forderten,
waren früher Pharisäer gewesen,
strenge Gesetzeslehrer,
die nun aber Christen geworden waren.
Immer lauter protestierten sie.
Und immer erbitterter
stritten sie mit den beiden.

Als aber die Apostel
und Vorsteher der Gemeinde sahen,
dass sie den Streit
nicht schlichten konnten,
zogen sie sich mit Paulus und Barnabas
zur Beratung zurück.
Lange ging das Gespräch hin und her.
Schließlich ergriff Petrus das Wort:

„Liebe Brüder!“, sprach er.
„Erinnert ihr euch noch?
Es ist schon lange her,
da schickte mich Gott
in das Haus eines Römers. 10,1ff.
Obwohl er nicht
zu unserem Volk gehörte,
hat Gott ihn doch angenommen.
Denn Gott
macht keinen Unterschied
zwischen Juden und Heiden.
Er schenkt allen den Glauben.
Wenn aber nur der Glaube zählt,
warum wollt ihr diesen Menschen
noch unsere Gesetze aufladen?
Niemand kann sie erfüllen,
auch wir nicht,
sondern wir glauben:
Allein durch die Gnade
des Herrn Jesus
werden wir gerettet,
genauso wie sie.“ 15,11

Darauf berichteten Paulus und Barnabas,
was Gott unter den Heiden getan hatte.
Ganz still war es in der Runde,
als sie erzählten.

Alle spürten: Gott hatte Großes
unter den Heiden getan.
Und niemand wagte mehr,
etwas gegen die beiden zu sagen.

Jakobus war es, ein Bruder Jesu
und Vorsteher in der Gemeinde,
der schließlich das Schweigen brach.
Er stand auf und sprach:

„Liebe Brüder!
Ihr habt vernommen,
was Petrus gesagt hat:
Aus vielen Völkern
schafft Gott sich sein Volk.
So steht es auch schon
bei den Propheten geschrieben:
Einst werden alle Gott anrufen,
alle Völker der Welt,
so weit sein Name reicht.
Darum rate ich:
Macht es den Menschen,
die Christen wurden,
nicht unnötig schwer!
Belastet sie nicht
mit unseren Gesetzen!
Sagt ihnen nur,
was auch für sie unbedingt gilt:
Sie sollen neben Gott
keine anderen Götter verehren,
sich ihrer Kultur nicht hingeben
und auch nicht
von dem Fleisch essen,
das fremden Göttern geweiht ist.
Diese Vorschriften sind allen bekannt
und werden an jedem Sabbat
in den Synagogen verlesen.“ 15,13–21

Dieser Vorschlag gefiel allen gut.
Sogleich setzten sie
ein förmliches Schreiben auf,
das an die jungen Gemeinden
gerichtet war.
Darin hieß es:

„Wir, die Apostel und Vorsteher,
grüßen die Geschwister
in Antiochien, Syrien
und Kleinasien.
Wie wir erfuhren,
haben euch Leute von uns
mit ihren Lehren verwirrt.
Darum haben wir beschlossen,
Beauftragte aus unserer Gemeinde
zusammen mit Paulus
zu euch zu schicken.
Die sollen euch erklären,
was wir euch raten.
Denn wir wollen euch
keine neuen Gesetze aufladen.
Aber wir ermahnen euch:
Haltet euch fern
von den Göttern!
Gebt euch nicht an sie hin!
Bringt ihnen keine Opfer
und esst nicht
von ihrem Opferfleisch!
Dann macht ihr es recht." 15,23-29

So endete das „Konzil der Apostel".
Im Frieden trennten sich die Parteien.
Paulus zog mit Barnabas
nach Antiochien zurück.
Zwei Abgesandte aus Jerusalem,
Silas und Judas, begleiteten sie.

Als sie nach Antiochien kamen,
verkündete Paulus
den Beschluss der Apostel
vor der versammelten Gemeinde.
Da war es, als ob von allen
eine schwere Last abfiele.
Dankbar priesen sie Gott,
der sie alle
zu einem Volk verbunden hatte –
allein aus Gnade.

**Paulus schreibt:
„So sind wir überzeugt,
dass der Mensch gerecht wird
ohne die Werke des Gesetzes,
allein durch den Glauben.**

**Denn es ist der eine Gott,
der gerecht macht
die Juden aus dem Glauben
und die Heiden durch den Glauben."**

Aus dem Brief des Paulus an die Römer – 3,28.30

In Philippi

Apostelgeschichte 16

Bald darauf brach Paulus erneut auf,
um den Menschen die Frohe Botschaft
von Jesus zu bringen.
Sein Begleiter war Silas,
ein bewährter Jünger Jesu,
der schon sein Leben für Jesus
aufs Spiel gesetzt hatte. 15,26f.
Unterwegs stieß noch Timotheus hinzu,
ein junger Christ aus Lystra,
der Sohn eines griechischen Vaters
und einer jüdischen Mutter,
die Christin geworden war.
Der begleitete von nun an
Paulus auf allen seinen Reisen. 16,1

Viele Wochen und Monate waren
Paulus und seine Begleiter unterwegs.
Sie wanderten über schroffe Berge
und durch menschenleere Gebiete.
Ganz Kleinasien durchquerten sie.
Aber nirgendwo kamen sie an ihr Ziel.

Es schien, als hätte Gott
ihnen alle Wege versperrt.
Endlich, nach vielen Umwegen,
gelangten sie an die westliche Küste.
Da blieben sie in der Hafenstadt Troas
und warteten, bis Gott ihnen zeigte,
was er mit ihnen vorhatte.

In dieser Zeit hatte Paulus
eine seltsame Erscheinung.
Eines Nachts war es ihm,
als sehe er eine Gestalt,
die winkte ihn zu sich und rief:
„Komm herüber nach Mazedonien
und hilf uns!“ 16,9
Da merkte Paulus:
Dies war ein Zeichen von Gott.
Nach Mazedonien sollten sie fahren.
In Griechenland, jenseits des Meeres,
warteten Menschen auf sie.

Am nächsten Morgen
machten sie sich sogleich auf den Weg.
Sie fuhren mit dem Schiff
hinüber nach Mazedonien.
Zu Fuß wanderten sie
in die nahe gelegene Stadt Philippi.
In ihr lebte ein buntes Völkergemisch.
Auch Juden wohnten dort.
Sie hatten ihren Gebetsplatz
draußen am Fluss vor der Stadt.
Dorthin zog Paulus am Sabbat
mit seinen Begleitern.
Aber nur einige Frauen
hatten sich zum Gebet eingefunden.
Da setzte sich Paulus zu ihnen
und erzählte ihnen von Jesus.

Unter den Frauen, die Paulus zuhörten,
war auch eine Frau namens Lydia,
eine reiche Geschäftsfrau,
die handelte mit Purpurstoffen
und stammte aus Thyatira,
einer Stadt in Kleinasien.
Obwohl Lydia keine Jüdin war,
betete sie zu dem Gott Israels
und traf sich an jedem Sabbat
mit den anderen Frauen am Fluss.
Als Lydia hörte,
was Paulus von Jesus erzählte,
ging ihr das Herz auf.
Begierig nahm sie die Botschaft auf
und bat Paulus: „Taufe mich!
Und taufe auch meine ganze Familie!
Von heute an will ich Jesus gehören.“
Da taufte sie Paulus am Fluss,
sie und auch ihre ganze Familie.

Danach bat Lydia
Paulus und seine Begleiter:
„Wenn ihr mich wirklich
als Christin betrachtet,
dann kommt in mein Haus!
Gebt mir die Ehre
und seid meine Gäste,
solange ihr hier in Philippi bleibt.“ 16,14f.

Von diesem Tag an wohnten Paulus
und seine Begleiter in Lydias Haus.
Sie hatten Gemeinschaft
im Gebet und bei Tisch.
Und Paulus unterwies
die Familie täglich im Glauben.
Aber am Sabbat gingen sie
zum Gottesdienst an den Fluss,
wie sie es stets gewohnt waren.

Eines Tages aber,
als Paulus und Silas zum Fluss gingen,
kam ihnen eine Sklavin entgegen.
Als sie die beiden sah,
lief sie hinter ihnen her
und schrie laut:
„Seht euch diese Männer an!
Sie sind Knechte
des allerhöchsten Gottes.
Nehmt euch vor ihnen in Acht!

Sie wollen euch
eine neue Lehre verkünden."
So laut und so schrill
schrie sie es heraus,
dass sich alle neugierig umschauten.
Paulus kannte die Sklavin.
Sie war eine Wahrsagerin
und sagte den Leuten
für Geld die Zukunft voraus.
Ihre Besitzer schickten sie
jeden Tag auf die Straße.
Aber das Geld, das sie verdiente,
strichen sie selber ein.
Schon seit Tagen lief diese Sklavin
hinter Paulus und Silas her.
Paulus aber tat es weh,
als er hörte, wie diese Frau schrie.
Er wandte sich zu ihr um.
Und zornig rief er:
„Du Wahrsagegeist!
In Jesu Namen gebiete ich dir:
Lass diese Frau frei!" 16,16ff.

Da war es auf einmal,
als ob unsichtbare Ketten sich lösten.
Plötzlich hörten die Schreie auf.
Wie erlöst sah die Frau aus.
Niemand hätte in ihr noch
eine Wahrsagerin vermutet.

Als aber die Besitzer der Sklavin
hörten, was geschehen war,
schäumten sie vor Wut.
Ihre Geldquelle war plötzlich dahin.
Wütend stürzten sie sich
auf Paulus und Silas,
zerrten sie auf den Marktplatz
vor die Richter der Stadt
und schrien wütend:
„Diese Fremden stellen
die ganze Stadt auf den Kopf.
Sie sind Juden und wollen
bei uns neue Sitten einführen.
Wir aber sind Römer.
Wir lassen uns das nicht gefallen."
„Nein", fielen die anderen ein,
„das lassen wir uns nicht gefallen."
Und immer mehr kamen hinzu
und schrien empört:
„Weg mit ihnen!
Bringt sie um!"

Da machten die Richter kurzen Prozess.
„Peitscht sie aus!",
befahlen sie den Soldaten.
Die rissen den beiden
die Kleider vom Leib,
schlugen sie mit Ruten
und warfen sie ins Gefängnis.
Dem Wärter aber schärften sie ein:
„Verwahre die beiden gut!
Du haftest mit deinem Leben für sie."
Da steckte der Wärter
Paulus und Silas in die innerste Zelle,
wo es am dunkelsten war,
und schraubte ihre Hände und Füße
in einen Block.

Da saßen die beiden nun,
in einen Holzblock geklemmt.
Sie litten furchtbare Schmerzen.
Das Blut lief über ihren Rücken.
Doch niemand verband ihre Wunden.
Nur langsam verstrichen die Stunden.
Inzwischen ging es bereits
auf Mitternacht zu.
Da – auf einmal begannen
Paulus und Silas zu beten.
Mit lauter Stimme lobten sie Gott.
Ihr Lobgesang drang durch die Mauern.
Die anderen Gefangenen horchten auf,
als sie das Loblied vernahmen.

Doch plötzlich bebte die Erde.
Die Mauern zitterten.
Alle Türen sprangen weit auf.
Und der Block brach mitten entzwei.

Erschrocken fuhr der Wärter
aus seinem Schlaf hoch.
Da sah er mit Entsetzen:
Alle Türen standen weit auf.
Kein Mensch war zu sehen.
„Hilfe!", schrie er.
„Ich bin verloren.
Sie sind alle geflohen!"
Schon griff er nach seinem Schwert
und wollte sich töten.
Aber was war das?
Rief da nicht jemand?
„Halt! Tu dir nichts an!
Wir sind alle noch hier!"
Mit zitternden Händen
zündete er eine Fackel an,
stürzte ins Gefängnis –
und wirklich:
Alle waren noch da,
auch Paulus und Silas. 16,27ff.

Als der Wärter sie sah,
fiel er vor ihnen nieder.
Wie Könige ehrte er sie,
und er stammelte:
„Liebe Herren!
Was muss ich tun,
damit ich gerettet werde?"
Paulus antwortete:
„Glaube an Jesus, den Herrn!
Dann wirst du gerettet,
du und alle,
die zu dir gehören." 16,31

Da eilte der Wärter
sogleich in sein Haus
und weckte alle,
die in seinem Haus lebten:
Frau und Kinder,
auch Knechte und Mägde,
mitten in der Nacht.
Und Paulus erzählte
ihnen allen von Jesus,
der in die Welt gekommen war,
um alle Menschen zu retten.

Da führte der Wärter
Paulus und Silas in sein Haus,
wusch ihnen die Wunden
und ließ sich taufen,
noch in derselben Nacht,
er und alle, die bei ihm wohnten.
Danach bereitete er
ein großes Festmahl zu,
mitten in der Nacht,
und feierte mit allen voller Freude,
dass sie nun zu Gott gehörten.

Am Morgen aber schickten die Richter
ihre Gerichtsdiener zum Gefängnis
und ließen dem Wärter sagen:
Lass die beiden Gefangenen frei!
Sie sollen noch heute
die Stadt verlassen.
Doch Paulus entgegnete:
„So lassen wir uns nicht abschieben.
Sie haben uns Unrecht getan.
Wie Rechtlose haben sie uns behandelt,
obwohl wir doch römische Bürger sind,
und haben uns ohne Grund geschlagen
und ins Gefängnis gesteckt." 16,36f.

Als aber die Richter hörten,
dass Paulus und Silas
das römische Bürgerrecht hatten,
erschraken sie und eilten
persönlich zu Paulus und Silas
und geleiteten sie
mit allen Ehren zur Stadt hinaus.
Zuvor aber nahmen
die beiden Abschied
von ihren neuen Geschwistern,
sprachen ihnen Mut zu
und machten sich auf den Weg
nach Griechenland,
wohin Gott sie rief.

Paulus schreibt:
„Ich danke meinem Gott,
sooft ich an euch denke,
immer, wenn ich für euch bete,
dass ihr am Evangelium teilhabt,
vom ersten Tag an bis jetzt.
Und ich bin guter Zuversicht,
dass der,
der in euch angefangen hat
das gute Werk,
der wird es auch vollenden
bis zum Tag Jesu Christi.
Und ich bete darum,
dass eure Liebe
immer reicher werde,
reich an Erkenntnis
und aller Erfahrung.“

Aus dem brief des Paulus an die Philipper – 1,3–9

In Athen

Apostelgeschichte 17,16–34

Von allen Städten Griechenlands
war Athen die berühmteste Stadt.
Jahr für Jahr lockte sie
Besucher aus aller Welt an.
Aus Kleinasien und Afrika,
ja sogar aus der Kaiserstadt Rom
strömten sie in Scharen herbei,
um die herrliche Stadt zu bewundern.
Prachtvolle alte Tempel
erhoben sich über den Häusern.
Schon von ferne leuchteten sie
den Besuchern entgegen.
In dieser Stadt trafen sich
Gelehrte aus aller Welt.
Dort tauschten sie
in den Schulen und auf den Plätzen
die neuesten Erkenntnisse aus.
Auch Philosophen aller Richtungen
tummelten sich in den Wandelhallen
und auf den Märkten,
kluge Köpfe und solche,
die nur klug daherredeten.
Alles gab es in Athen zu finden.
Für jeden Geschmack war etwas dabei.

Eines Tages kam Paulus
in diese Stadt.
Allein wanderte er
durch die belebten Straßen.
Was für eine Pracht!, staunte er.
Überall waren Tempel errichtet,
viel schöner als alles,
was er jemals gesehen hatte.
Aber je mehr er entdeckte,
desto mehr wuchs auch sein Zorn.
Denn fast an jeder Ecke
stand ein Götteraltar.
Und wohin er blickte,
grüßten ihn Götterbilder aus Stein.
Was ist das nur für eine Stadt?,
fragte sich Paulus entsetzt.
Sie bauen Tempel an Tempel,
errichten tausend Altäre
und Bilder von Göttern,
an die doch niemand mehr glaubt!
Aber den einen, den wahren Gott,
kennen sie nicht.

Doch plötzlich blieb Paulus stehen.
Mitten unter den vielen Tempeln,
Altären und Götterbildern
entdeckte er einen Altar,
auf dem stand geschrieben:
„Dem unbekannten Gott“.
Da wusste Paulus auf einmal,
was er den Menschen in Athen
zu sagen hatte.
Er ging zum Marktplatz der Stadt.
Dort standen die Philosophen
in den Säulenhallen beisammen.

Und sie stritten mit klugen Worten,
was wohl für den Menschen
richtig und gut sei: Stoiker,
die den Ernst des Lebens betonten,
und Epikureer, die das Leben genossen.
Paulus mischte sich
unter all die Gelehrten
und erzählte ihnen von Jesus,
den Gott vom Tod auferweckt hatte.

Aber die Philosophen murmelten:
„Was will dieser Klugschwätzer?
Er redet nur Unsinn daher.
Noch nie ist ein Mensch
vom Tod auferstanden."
„Hört ihn doch erst einmal an!",
warfen andere ein.
„Wer weiß, vielleicht will er uns
eine neue Gottheit verkünden?"
Und sie bestürmten Paulus:
„Sag, was ist das für eine neue Lehre,
die du uns bringst?"
Denn die Athener waren stets
darauf aus, Neues zu hören. 17,21

Inzwischen drängten sich
immer mehr Neugierige hinzu.
Sie führten Paulus zum Areopag,
dem Gerichtsplatz der Stadt.
Und sie forderten ihn feierlich auf,
dass er sich vor allen erklärte.
Da stieg Paulus auf die Rednerbühne
und hielt diese Rede:

„Ihr Bürger von Athen!
Ich sehe,
ihr dient vielen Göttern
und ehrt sie
auf zahllosen Altären.
Nun aber entdeckte ich
in eurer Stadt einen Altar,
darauf steht geschrieben:
‚Dem unbekannten Gott'!
Ich will euch sagen,
wer dieser Gott ist,
den ihr verehrt,
aber nicht kennt:
Er ist der Gott,
der die Welt geschaffen hat
und alles, was darin lebt.
Er ist Herr
über Himmel und Erde
und wohnt nicht in Tempeln,
von Menschen gebaut.
Er braucht auch keine Opfer.
Denn er ist es,
der allen das Leben schenkt.
Alle Menschen
stammen von ihm.
Und er hat bestimmt,
wo und wie lange sie leben.
Er will, dass alle Menschen
ihn suchen und finden.
Und ich sage euch:
Er ist nicht fern von euch.
Denn in ihm leben,
wirken und sind wir. 17,27f.
Lange Zeit hat Gott
mit euch Geduld gehabt.
Aber nun gebietet er euch,
dass ihr heimkehrt zu ihm.
Darum hat er den einen
zu uns geschickt,
der die Welt
richten und retten soll.
Den hat Gott
vom Tod auferweckt." 17,22–31

Kaum hatte Paulus das gesagt,
da riefen sie:
„Was für ein Unsinn!
Tote stehen nicht auf.
Wir glauben es jedenfalls nicht!"
Spottend zogen sie ab.
Andere meinten dagegen:
„Was du da erzählst,
klingt ja ganz interessant.
Aber für heute haben wir genug.
Ein andermal wollen wir
mehr darüber hören."
Und auch sie kehrten
Paulus den Rücken. 17,32

Nur ganz wenige blieben zurück.
Unter ihnen war auch
eine Frau namens Damaris
und Dionysius, ein Athener,
der dem Rat der Stadt angehörte.
Diese nahmen die Botschaft an
und glaubten an Jesus.

**PAULUS SCHREIBT:
„WO SIND DIE KLUGEN?
WO SIND DIE GELEHRTEN?
WO SIND DIE WEISEN DIESER WELT?
HAT NICHT GOTT DIE WEISHEIT
DIESER WELT ZUNICHTE GEMACHT?
DENN WEIL DIE WELT
GOTT IN SEINER WEISHEIT
NICHT ERKANNTE,
GEFIEL ES GOTT,
DURCH TÖRICHTE PREDIGT
DIE ZU RETTEN,
DIE DARAN GLAUBEN."**

AUS DEM 1. BRIEF DES PAULUS AN DIE KORINTHER – 1,18.20f.

In Korinth

Apostelgeschichte 18

Danach brach Paulus von Athen auf
und zog nach Korinth,
das zu beiden Seiten am Meer lag.
Korinth war zu jener Zeit
eine blühende Handelsstadt.
Sie hatte zwei große Häfen.
Dort liefen jeden Tag
Schiffe aus Ost und West ein,
beladen mit kostbaren Gütern.
Reiche Kaufleute und Händler
trafen sich in dieser Stadt.
Sie boten auf den Märkten
ihre Ware zum Kauf an.
Auch Handwerker aller Art
fanden sich dort:
Tuchmacher und Töpfer
und kunstreiche Schmiede.
Dazu wimmelte es von Sklaven,
die die niedrige Arbeit besorgten.
Und überall gab es Kneipen,
wo sich die Menschen vergnügten.

In Korinth lebten auch viele Juden.
Sie hatten eine eigene Synagoge,
in der sie sich am Sabbat
zum Gottesdienst trafen.
Aber nur wenige Menschen
taten es ihnen nach.
Denn in Korinth fragte
kaum jemand nach Gott.
Was einzig zählte,
war Reichtum, Ansehen und Geld.

Als Paulus nach Korinth kam,
suchte er sogleich
das jüdische Stadtviertel auf.
Dort fand er einen Zeltmacher
namens Aquila und dessen Frau Priscilla.
Die beiden waren erst kürzlich
aus Italien gekommen.
Zu ihnen ging Paulus hin
und stellte sich vor:
„Ich bin Paulus aus Tarsus,
im jüdischen Glauben erzogen.
Ich habe dasselbe Handwerk wie ihr.
Kann ich bei euch Arbeit bekommen?"

Da nahmen ihn die beiden
mit offenen Armen auf.
Paulus blieb lange Zeit in ihrem Haus.
An den Wochentagen half er
Aquila in der Werkstatt aus.
Aber am Sabbat ging er
mit beiden zur Synagoge.
Dort nahm er am Gottesdienst teil,
betete und hörte auf Gottes Wort.

Eines Tages aber stand er auf
und ergriff selber das Wort:
„Ihr Freunde!", sprach er
vor der ganzen Gemeinde.
„Ihr habt gelesen,
was die Propheten sagen:
Einst wird der Messias kommen,
der König und Retter der Welt,
den Gott uns schicken will.
Doch hört die Frohe Botschaft,
die ich euch verkünde:
Der Messias ist da!
Der König und Retter
ist schon gekommen.
Er heißt Jesus von Nazareth.
Durch ihn ist erfüllt,
was einst die Propheten
angekündigt haben." 18 5

Da horchten die Leute auf.
Und sie fragten sich verwundert:
Was ist das für eine Botschaft,
die dieser Paulus uns bringt?
Wir wollen noch mehr von ihm hören.
Am nächsten Sabbat kamen sie wieder.
Auch Griechen waren dabei.

Aufmerksam lauschten sie,
als Paulus die Schrift auslegte
und ihnen von Jesus erzählte.

So verstrichen die Wochen.
An jedem Sabbat legte Paulus
in der Synagoge die Schrift aus
und erzählte allen von Jesus,
Juden wie Griechen.
Aber unter seinen Zuhörern
waren auch einige Juden,
die sich an Paulus stießen.
Sie fragten sich besorgt:
Was ist das für eine neue Lehre,
die dieser Mensch uns verkündet?
Er behauptet,
Jesus sei unser Herr.
Wir aber glauben:
Nur Gott ist der Herr.
Ihn allein sollen wir ehren.
„Schweig endlich!",
riefen sie Paulus zu.
„Hör auf, von Jesus zu reden!
Du lästerst Gott
und befleckst dieses Haus.
Geh endlich und lass dich
nie mehr hier blicken!"
Da stand Paulus auf.
„Jawohl", rief er, „ich gehe.
Aber schuld daran seid ihr selbst.
Ab heute gehe ich nur noch zu denen,
die Gott noch nicht kennen." 18,6
Und feierlich schüttelte er
seinen Mantel aus,
als wollte er sagen:
Alles, was mich bisher
mit euch verbindet,
schüttele ich ab.
Denn ich habe euch
das Evangelium deutlich gesagt.
Aber ihr wollt es nicht hören.
Und Paulus wandte sich um
und ging wortlos davon. 18,6

Doch kaum war er draußen,
da lief ihm ein Mann hinterher,
der hieß Titius Justus.
„Paulus", bat er,
„geh bitte nicht weg!
Komm in mein Haus nebenan!
Ich bin zwar kein Jude.
Aber auch ich glaube an Gott.
Bitte, komm zu uns
und erzähl uns von Jesus!
Wir wollen noch mehr von dir hören."

Da ging Paulus zu ihnen
und legte allen die Schrift aus,
die dort versammelt waren,
Juden und Griechen.
Auch Krispus,
der Vorsteher der Synagoge,
war unter den Hörern.
Er ließ sich taufen
mit seiner ganzen Familie.
So entstand auch in Korinth
eine Gemeinde von Christen.
Und jeden Tag
stießen neue Menschen
zu der Gemeinde hinzu:
Frauen und Männer,
Einheimische und Fremde,
vornehme und einfache Leute.
Auch Sklaven waren darunter,
die bisher niemand beachtet hatte.
Sie alle kamen und hörten
die Frohe Botschaft:
„Jesus ist der Retter der Welt.
Er starb für alle am Kreuz,
für Juden und Griechen,
für Reiche und Arme,
für Starke und Schwache.
Alle hat Gott durch Jesus erwählt."

Da wurden die Menschen froh,
als sie die Botschaft hörten.
Viele glaubten an Jesus
und ließen sich taufen.

Aber viele ärgerten sich auch,
weil Paulus alle zuließ,
auch Fremde und Sklaven
und Menschen mit schlechtem Ruf.
Besorgt fragten sie sich:
Wo soll das noch enden?
Bald läuft ihm die ganze Stadt nach,
wenn wir ihn nicht daran hindern.

Als aber Paulus merkte,
was sie über ihn dachten,
ließ es ihm keine Ruhe.
Was tun? Sollte er schweigen
und nie mehr von Jesus reden?
Oder sollte er die Stadt verlassen,
bevor es zu spät war?

In dieser Zeit lag er oft wach
und quälte sich mit Fragen.
Eines Nachts aber
hörte Paulus eine Stimme.
Gott war es, der zu ihm sprach:

> „Fürchte dich nicht.
> Sondern rede und schweige nicht.
> Denn ich bin mit dir.
> Und niemand darf dir schaden.
> Denn ich habe ein großes Volk
> in dieser Stadt.“ 18,9f.

Da schöpfte Paulus neuen Mut.
Achtzehn Monate blieb er in Korinth.
In dieser Zeit nahm
die Gemeinde immer mehr zu.
Jeden Tag trafen sich
die Christen in ihren Häusern,
beteten und lobten Gott
und teilten miteinander das Mahl.
Reiche und Rechtlose,
Frauen und Männer,
sie alle gehörten zusammen
wie eine große Familie.

Zu jener Zeit aber kam
ein neuer Statthalter nach Korinth,
Gallio mit Namen.
Da schlugen die Gegner des Paulus zu.
Sie rotteten sich zusammen
und schwärzten Paulus bei Gallio an.
Aber Gallio wies ihre Klage zurück:
„Das ist eine Glaubenssache.
Urteilt ihr selber, was recht ist.
Euer Streit geht mich nichts an.
Auf! Macht euch davon!“ 18,14ff.

Da schlug plötzlich
die Stimmung im Volk um.
Wütend stürzten sich alle
auf Sosthenes, den Wortführer.
Aber Paulus kam
mit dem bloßen Schrecken davon.

Bald darauf nahm Paulus
Abschied von den Christen in Korinth
und fuhr mit dem Schiff zurück.
Unterwegs machte er in Ephesus Halt,
um auch dort den Menschen
die gute Nachricht von Jesus zu bringen.
Paulus blieb nur kurze Zeit dort.
Aber er nahm sich vor:
Will's Gott, so werde ich
bei meiner nächsten Reise
wieder nach Ephesus kommen.

PAULUS SCHREIBT:
„SEHT, WEN GOTT BERUFEN HAT!
NICHT VIELE WEISE,
NICHT VIELE MÄCHTIGE,
NICHT VIELE ANGESEHENE
SIND BERUFEN,
SONDERN WAS TÖRICHT IST
IN DER WELT
UND WAS SCHWACH IST,
DAS HAT GOTT ERWÄHLT,
UND DAS VERACHTETE
HAT GOTT ERWÄHLT,
DAMIT SICH VOR GOTT
KEIN MENSCH RÜHME.“

AUS DEM 1. BRIEF DES PAULUS AN DIE KORINTHER – 1,26ff.

In Ephesus

Apostelgeschichte 19

An der Westküste Kleinasiens
liegt die Stadt Ephesus.
Vor ihren Toren stand einst
ein berühmtes Heiligtum,
das einer Göttin geweiht war.
Diana hieß sie bei den einen,
Artemis bei den anderen.
„Ein wahres Weltwunder!“,
so pries alle Welt
dieses gewaltige Bauwerk.
160 Säulen aus Marmor
umgaben den Tempel.
In ihm befand sich,
aus Holz geschnitzt,
ein uraltes Standbild der Göttin.
Niemand wusste, woher es kam.
Kein Mensch konnte sagen,
wer es geschnitzt hatte.
„Es ist ein Geschenk des Himmels“,
so raunten die Priester der Göttin,
„nicht von Menschenhänden gemacht.“ 19,35
Und sie fügten vielsagend hinzu:
„Von dieser Göttin geht
eine geheime Kraft aus.
Wer zu ihrem Heiligtum pilgert,
wer ihr eine Weihegabe darbringt,
den segnet die Göttin
mit fruchtbaren Feldern,
mit langem Leben,
Wohlstand und Glück.“

Darum war keine andere Gottheit
so beliebt wie die Göttin Diana.
Keine andere versprach
so viel Segen und Glück.
Bis in die fernsten Länder
drang der Ruf dieser Göttin.
Täglich reisten ihre Verehrer
aus aller Welt an,
zu Land und zu Meer:
Römer in glänzender Rüstung
und reiche Damen
in prunkvollen Wagen,
begleitet von Dienern,
Kranke auf Krücken
und Bauern vom Lande.
Sie alle zogen zum Tempel
und suchten bei der Göttin
Hilfe und Heil.
Zuvor aber kauften sie
Weihegaben für die Göttin Diana,
kleine Kunstwerke aus Silber und Gold.
Überall in Ephesus gab es
solche Weihegaben zu kaufen.
In den engen Straßen und Gassen
reihte sich Laden an Laden.
Außerdem standen an jeder Ecke
Buden mit allerlei Spuk:
Andenken, Amulette, Fetische,
auch Zauberbücher und Horoskope,
alles war dort zu bekommen.
Die Leute kauften wahllos,
was sie bekamen.
Viele gaben dafür
sogar ihr letztes Geld her.
Denn sie glaubten und hofften,
dass all dieser Zauber
sie vor schlimmem Unheil bewahrte.

So herrschte in Ephesus
stets ein gewaltiger Rummel.
Wie auf dem Jahrmarkt,
so ging es dort zu.
An allen Ständen
drängten sich die Besucher.
Die Händler von Ephesus
machten ein Riesengeschäft.
Aber ein Händler
übertraf alle anderen:
Demetrius, ein Silberschmied
und gerissener Geschäftsmann.
Er fertigte silberne Tempelchen,
Nachbildungen des Dianatempels.

Diese verkaufte er als Weihegabe
an die Besucher.
Seine Tempelchen waren so begehrt,
dass er bald sein Geschäft
auf die ganze Stadt ausdehnte.
Viele Gesellen und Silberschmiede
arbeiteten Demetrius zu.
Auch sie verdienten
mit dieser Arbeit ein Heidengeld.
Das Handwerk der Silberschmiede
blühte wie niemals zuvor. 19,24

Doch eines Tages stellte Demetrius fest:
Sein Geschäft ging zurück.
Nur noch wenige Kunden
kamen in seinen Laden.
Das Geld blieb aus.
Die silbernen Tempelchen
stapelten sich in den Regalen.
Demetrius fragte sich besorgt:
Was ist nur in die Leute gefahren?
Warum kaufen sie nicht mehr
wie in früheren Jahren?
Er forschte in der Stadt nach.
Da erfuhr er:
„Ein Fremder namens Paulus
lehrt in Ephesus eine neue Religion.
Er behauptet: Es gibt keine Götter.
Alle Götter sind
von Menschen gemacht. 19,26
Nur einer, sagt er,
hat Macht über alles,
über Himmel und Erde:
der eine lebendige Gott,
den er, Paulus, verkündet.
Darum laufen ihm die Leute
in Scharen nach.
Sie hören nur noch auf ihn.
Von der Göttin Diana
und ihrem ehrwürdigen Tempel
wollen sie nichts mehr wissen.
Viele von ihnen haben sogar
ihre teuren Zauberbücher
auf den Marktplatz geschleppt
und dort öffentlich verbrannt.
Fünfzigtausend Silbermünzen
hatten sie dafür bezahlt.
Aber nun sind diese Bücher
für sie wertlos geworden.“ 19,19

Als Demetrius das hörte,
packte ihn der Zorn.
Und er überlegte empört:
Wie? Ein Fremder wagt es,
gegen unsere hehre Göttin Diana
und ihren heiligen Tempel zu hetzen?
Was fällt ihm ein?
Er nimmt den Leuten das Letzte,
woran sie noch glauben.
Und mir verdirbt er zudem
mein gutes Geschäft!
Diesem Kerl werde ich's zeigen!

Am nächsten Tag rief Demetrius
alle Silberschmiede
und ihre Gesellen zusammen
und hielt eine feurige Rede.
„Genossen!“, rief er.
„Wie ihr wisst,
hat unser Handwerk
uns Wohlstand
und Ansehen gebracht.
Nun aber hetzt
ein gewisser Paulus
unsere Stadt auf.
Er verführt die Leute,
dass sie nicht mehr
an unsere Götter glauben.
Denn dieser Paulus behauptet:
Was von Menschen gemacht ist,
das sind keine Götter.
Ich sage euch: Dieser Paulus
verdirbt nicht nur unser Geschäft,
er macht auch den Tempel
unserer Göttin Diana schlecht.
Wenn er weiter so hetzt,

dann ist bald der Ruhm
unserer hochverehrten Diana
für alle Zeiten dahin." 19,25ff.

Da sprangen die Männer auf
und schrien empört:
„Unerhört!
Wer darf es wagen,
unsere Göttin Diana zu schmähen?
Heil unserer Göttin Diana!
Groß ist sie, unsere Göttin Diana!"
„Ja!", schrien alle im Chor.
„Groß ist sie, unsere Göttin Diana!"

Wie ein Schlachtruf klang ihr Geschrei.
Die Silberschmiede stürmten hinaus.
Sie schrien und schrien
und hörten gar nicht mehr auf.
„Groß ist die Diana der Epheser!
Groß ist die Diana der Epheser!"
So schallte es hundertfach
von den Häusern zurück.
Aus allen Gassen und Nebenstraßen
strömten die Massen zusammen.
Und auch sie riefen in Sprechchören:
„Groß ist die Diana der Epheser!
Groß ist die Diana der Epheser!"

Der Lärm schwoll immer mehr an.
Er drang bis in die letzten Winkel.
Hunderte, Tausende schlossen sich an.
Die ganze Stadt war auf den Beinen.
Doch kaum jemand wusste,
weshalb und wofür.
Sie schrien, weil alle schrien.
Schreiend schoben sie sich
durch die engen Gassen der Stadt,
die Silberschmiede voran.
Und sie ergriffen jeden,
der ihnen in den Weg kam.
Auch Gajus und Aristarchus,
zwei Gefährten des Paulus,
packten sie und schleppten sie
mit sich in das Freilichttheater,
das vor der Stadt lag.

Und unentwegt schrien alle:
„Groß ist die Diana der Epheser!
Groß ist die Diana der Epheser!"

Als aber Paulus hörte,
dass seine Freunde bedroht waren,
stürzte er zur Tür,
um ihnen zu helfen.
Aber die anderen rissen ihn zurück:
„Tu's nicht!", beschworen sie Paulus.
„Geh nicht zum Theater.
Die Leute sind wie von Sinnen.
Sie werden dich zerreißen.
Sogar die Stadtoberen warnen dich.
Sie sorgen sich um dein Leben." 19,31

Da blieb Paulus im Haus,
wartete und bangte,
was mit seinen Freunden geschah.
Inzwischen hatte die Menge
bereits das große Theater gestürmt.
Die erregten Massen füllten die Ränge.
Sie brüllten, was das Zeug hielt.
„Groß ist die Diana der Epheser!
Groß ist die Diana der Epheser!"
Doch niemand wusste genau,
was hier gespielt wurde.
Alles schien nur ein großes Theater.
Die einen riefen dies, die anderen das.
Im ganzen Theater herrschte
ein heilloses Durcheinander.
Hilflos sahen die Wortführer zu,
wie ihnen die Massen
aus den Händen gerieten.

Schließlich zerrten sie einen Mann
auf die Rednerbühne: Alexander,
einen angesehenen Juden.
Den forderten sie auf:
„Rede du zu dem Volk!
Vielleicht beruhigt es sich."

Aber kaum hatte Alexander
seine Hand erhoben, um zu reden,
da schrie es von den Rängen:

„Hört nicht auf ihn!
Er ist kein Epheser!
Ein Jude ist er!“
Und wieder ertönte der Schlachtruf:
„Groß ist die Diana der Epheser!
Groß ist die Diana der Epheser!“
Die Leute sprangen auf.
Sie fuchtelten mit den Armen,
brüllten und tobten ohne Aufhören.

Da lief schnell ein Bote
zum Rathaus der Stadt
und meldete dem Kanzler,
der über Ephesus gesetzt war:
„Draußen im Theater
toben die Massen.
Seit zwei Stunden schreien sie schon.
Und es findet sich niemand,
der sie beruhigen kann.“

Sofort eilte der Kanzler
zum Theater.
Mutig bestieg er die Rednerbühne,
hob seine Hand und rief
der erregten Menge zu:

„Ihr Bürger von Ephesus!
Wer wollte leugnen,
dass unsere Göttin Diana
die Größte von allen ist?
Wir alle wissen:
Sie ist uns
vom Himmel geschickt.
Darum werden wir auch stets
über ihr wachen.
Das steht außer Zweifel.
So regt euch nicht auf!
Beruhigt euch!
Nehmt endlich Vernunft an
und handelt nicht kopflos!
Es wird euch sonst
am Ende noch leid tun.
Hat aber Demetrius
mit seinen Innungsgenossen
Anlass zur Klage,
so bringe er sie vor Gericht
oder vor eine Volksversammlung.
Doch wenn ihr weiter
so schreit,
wird es am Ende zu Aufruhr
und Gewalt kommen.
Und der gute Ruf unserer Stadt
ist für immer dahin.“ 19,35ff.

Da ebbte das Geschrei ab.
Kleinlaut zogen alle davon.
Nach und nach leerte sich
das große Theater.
Und auf den Rängen
fand sich niemand mehr,
der noch für die Göttin Diana
seine Stimme erhob.

Paulus schreibt:
„So seid nun standhaft...
Ergreift den Schild des Glaubens,
mit dem ihr auslöschen könnt
alle Pfeile des Bösen,
und nehmt den Helm des Heils
und das Schwert des Geistes,
welches ist das Wort Gottes.
Und betet allezeit!“

Aus dem Brief des Paulus an die Epheser – Eph 6,14ff.

In Troas

Apostelgeschichte 20,1–12

Zwei Jahre lang
blieb Paulus in Ephesus.
Danach reiste er noch einmal
durch Mazedonien und Griechenland,
tröstete und stärkte
die jungen Gemeinden
und ermahnte sie,
im Glauben zu bleiben.

Bald darauf begab er sich
auf den Heimweg.
Unterwegs machte er in Troas Halt,
wo er vor Jahren
den Ruf vernommen hatte:
„Komm herüber nach Mazedonien
und hilf uns!“ 16,9
Auch dort war inzwischen
eine Christengemeinde entstanden.

Ostern war gerade vorüber,
als Paulus in Troas ankam.
Voller Freude wurde er dort
von den Christen begrüßt.
Eine Woche lang blieb er
mit seinen Gefährten bei ihnen,
sprach ihnen Mut zu und ermahnte sie,
ihre Hoffnung allein auf Jesus zu setzen.
Aber den Christen in Troas
wurde das Herz schwer,
als sie mit Paulus sprachen.
Sie ahnten:
Dies war das letzte Mal,
dass Paulus in ihrer Mitte war.

Wie im Fluge vergingen die Tage.
Schon nahte der letzte Tag.
Es war ein Sonntag,
an dem sich die Christen
abends zum Gottesdienst trafen.
Der Saal war hell erleuchtet,
die Tische festlich gedeckt.
Für das Abendmahl standen
Brot und Wein bereit.

Bald füllte sich der Saal
mit Menschen.
Viele kamen, um Paulus
noch einmal zu hören.
Auch ein junger Mann war dabei,
Eutychus mit Namen.
Der hatte den ganzen Tag
schwer gearbeitet.
Und weil er todmüde war,
setzte er sich ins offene Fenster.
Dort wehte vom Meer her
eine kühle Brise herauf.
Aufmerksam lauschte Eutychus,
als Paulus zu reden begann.
Kein Wort ließ er sich entgehen.

Aber bald wurde Eutychus
der Kopf schwer.
Draußen war es
längst dunkel geworden.
Im Saal flackerten die Lichter.
Die Luft wurde stickig und schwer.
Aber Paulus redete unentwegt weiter.
Schon ging es auf Mitternacht zu.
Doch Paulus fand
noch immer kein Ende.
Schließlich nickte Eutychus ein.
Die Augen fielen ihm zu.

Da plötzlich – ein Schrei!
Die Leute sprangen zum Fenster.
Da sahen sie mit Entsetzen:
Eutychus war in die Tiefe gestürzt,
drei Stockwerke tief.
Schnell liefen sie
die Treppe hinab in den Hof.
Da lag Eutychus.
Er rührte sich nicht.
„Er ist tot!“, weinten sie.
„Eutychus ist tot!“

In diesem Augenblick
kam Paulus.
Still beugte er sich
über den leblosen Körper,
legte sich auf ihn,
umfing ihn mit seinen Armen
und sagte ruhig:
„Macht euch keine Sorgen!
Eutychus lebt.“ 20,10
Danach stand er auf,
ging wieder nach oben
und feierte mit allen

das Abendmahl,
als sei nichts geschehen.

Schon wurde es am Horizont hell.
Ein neuer Morgen brach an.
Da stand Paulus auf,
nahm Abschied von allen
und machte sich auf den Weg
mit seinen Gefährten.
Doch als er das Haus verließ,
brachten sie Eutychus lebendig zu ihm.
Und sie riefen gücklich:
„Sieh da! Eutychus lebt wirklich.
Gott hat ihn gerettet."

Als aber die anderen Christen
Eutychus lebendig sahen,
schöpften sie neuen Mut.
Getröstet ließen sie Paulus ziehen.
Was auch immer geschehen mochte –
Jesus, ihr Herr, lebte,
der Herr über Leben und Tod.
Nichts würde sie von ihm trennen,
weder Leben noch Tod.

**Paulus schreibt:
„Gelobt sei Gott,
der Gott allen Trostes,
der uns tröstet
in all unserer Not,
damit auch wir
die trösten können,
die in Not geraten sind.
Denn wie wir mit Christus
viel erleiden mussten,
so werden wir auch durch Christus
reich getröstet."**

Aus dem 2. Brief des Paulus an die Korinther – 1,3ff.

In Jerusalem

Apostelgeschichte 21

Jahrelang war Paulus
durch ferne Länder und Städte gereist
und hatte vielen Menschen
die gute Nachricht von Jesus gebracht.
Nun kehrte er endlich zurück.
Jerusalem war sein Ziel.
Von dieser Stadt war das Evangelium
einst in alle Welt ausgegangen.
Dort war an Pfingsten
die erste Gemeinde
von Christen entstanden.
Damals hatte sie Paulus bekämpft.
Aber nun war er ihr Bruder geworden.
Schon seit langem hatte er vor,
seine notleidenden Geschwister
in Jerusalem zu besuchen.
Auf seinen Reisen hatte er
für sie viel Geld gesammelt.
Das wollte er ihnen persönlich
in Jerusalem übergeben.
Am Pfingstfest hoffte er
bei ihnen zu sein.

Paulus und seine Begleiter wählten
den schnellsten Weg über das Meer.
Aber je näher sie ihrem Ziel kamen,
desto schwerer wurde ihnen das Herz.
Sie alle ahnten, was Paulus
in Jerusalem erwartete.
Seine früheren Freunde
hatten ihm nie verziehen,
dass er Christ geworden war.
In ihren Augen war er
ein treuloser Verräter.
Daher warteten sie schon lange
auf eine Gelegenheit, ihn zu stellen.

Die letzte Strecke legten Paulus
und seine Begleiter zu Fuß zurück.
Unterwegs machten sie einige Tage

bei Philippus in Caesarea Rast.
Dort suchte sie ein Prophet
mit Namen Agabus auf.
Der ging auf Paulus zu,
nahm dessen Gürtel,
band sich damit Hände und Füße
und sprach:
„Dies sagt der Geist Gottes:
So wird der Mann gebunden,
dem dieser Gürtel gehört.
In Jerusalem
wird man ihn fesseln
und an die Römer ausliefern.“ 21,11

„Paulus, hör auf uns!“,
so drängten ihn seine Freunde.
„Geh nicht nach Jerusalem!
Du bringst dich in große Gefahr.“
Doch Paulus entgegnete:
„Warum weint ihr?
Warum macht ihr mir
das Herz schwer?
Ich bin nicht nur bereit,
mich binden zu lassen.
Ich bin auch bereit,
für Jesus zu sterben.“ 21,13

Da ließen seine Freunde von ihm ab.
Und leise fügten sie hinzu:
„Wie Gott will, so soll es geschehen.“ 21,14
Schweren Herzens brachen sie auf.

Als sie nach Jerusalem kamen,
war die ganze Stadt
festlich geschmückt.
Viele Juden waren gekommen,
um im Tempel zu feiern.
Doch Paulus und seine Begleiter
besuchten zuerst die Christen.
Die nahmen sie mit offenen Armen auf.
Staunend hörten sie von Paulus,
was Gott unter den Völkern getan hatte.
Und sie lobten und priesen Gott,
der sie alle zu einem Volk vereint hatte.

Nach sieben Tagen aber
ging Paulus zum Tempel,
um Gott ein Opfer zu bringen,
wie er es von Jugend an gewohnt war.
Mit vielen anderen zog er
durch das offene Tor
in den inneren Vorhof,
der nur für Juden bestimmt war.
Doch kaum war er dort,
da rief plötzlich jemand:
„Seht ihr den Mann dort drüben?
Den kennen wir doch!
Ist das nicht dieser Paulus,
der bei uns in Ephesus war?“
„Ja“, rief ein anderer.
„Er ist es wirklich.
Gestern sah ich ihn in der Stadt.
Er hatte einen Griechen bei sich.“ 21,29
„Was sagst du? Einen Griechen?“,
mischte sich ein Dritter ein,
der nur halb zugehört hatte.
„Ein Grieche in unserem Tempel?
Ein Ungläubiger? Ein Heide?
Was nimmt sich dieser Paulus heraus!
Weiß er denn nicht?
Das ist streng verboten!
Dafür muss er sterben.
So gebietet es unser Gesetz.“
Und schon stürzten sie sich auf Paulus,
griffen ihn und schrien
aus Leibeskräften:
„Leute, helft!
Das ist der Mensch,
der alle Welt gegen uns aufhetzt.
Er missachtet unser Gesetz
und auch diesen heiligen Ort.
Er hat sogar einen Ungläubigen
in den Tempel geschleppt.“ 21,28

„Was?“, schrien die Leute.
„Wo ist der Tempelschänder?
Werft ihn hinaus!
Verschließt die Tore!

Lasst ihn nie mehr hinein!“
Und sie stürzten sich auf Paulus
und zerrten ihn aus dem Tempel.
Krachend schlug das Tor zu.
Die Menge aber drang
wütend auf Paulus ein,
tobte und schrie:
„Weg mit ihm! Tötet ihn!
Er muss sterben!“

Bis zur Burg drang ihr Geschrei.
Da eilte der römische Kommandant
sofort mit seinen Soldaten herbei.
Entschlossen bahnte er sich
einen Weg durch die Menge.
Plötzlich entdeckte er Paulus
mitten in dem Gedränge.
„Los!“, befahl er seinen Soldaten.
„Fesselt ihn!
Legt ihm Ketten an!
Sagt, wer ist dieser Mann?
Was hat er getan?“ 21,33

„Er hat Gott gelästert.“
„Den Tempel hat er geschändet.“
„Er hält sich nicht an unser Gesetz.“
So riefen alle laut durcheinander.
Der Kommandant verstand
kein einziges Wort.
Da befahl er:
„Führt den Menschen ab!
Bringt ihn in die Burg!“

Aber die aufgebrachte Menge
schrie noch viel mehr.
„Weg mit ihm! Weg mit ihm!“ 21,36
Wütend versperrten sie
Paulus den Weg.
Da nahmen ihn die Soldaten
kurzerhand auf ihre Schultern
und trugen ihn die Stufen
zur Burg hinauf.
Aber die Menge tobte und schrie,
bis Paulus vor ihren Augen entschwand.

**Paulus schreibt:
„In allen Dingen
erweisen wir uns
als Diener Gottes,
in grosser Geduld,
im Leiden, in Angst und in Not,
wenn sie uns schlagen
und ins Gefängnis werfen,
wenn sie einen Aufruhr anstiften
und Gerüchte verbreiten,
als die Sterbenden –
und siehe, wir leben,
als die Gezüchtigten –
und doch nicht getötet,
als die, die nichts haben –
und doch alles haben.“**

Aus dem 2. Brief des Paulus an die Korinther – 6,4ff.

Vor dem Volk

Apostelgeschichte 22–23,11

Wieder einmal war Paulus
mit knapper Not
dem Tode entkommen.
Aber diesmal waren seine Gegner
fest entschlossen, ihn für immer
zum Schweigen zu bringen.
Paulus fürchtete nicht
um sein eigenes Leben.
Aber er sah das Evangelium,
das ihm anvertraut war,
in großer Gefahr.
Seinetwegen durfte er
auch jetzt nicht schweigen.

Draußen vor der Burg
tobte noch immer die Menge.
Doch drinnen im Burghof
ebbte allmählich der Lärm ab.

Neugierig betrachtete Claudius Lysias,
der Kommandant von Jerusalem,
den Menschen, dem er soeben
das Leben gerettet hatte.
Wer war dieser Mensch?
War er vielleicht
jener berüchtigte Ägypter,
der erst kürzlich einen Aufstand
im Land angezettelt hatte?
Oder war er vielleicht
sonstwie ein gefährlicher Mann?
Stumm musterte er ihn
von oben bis unten.
Da sprach ihn Paulus
auf Griechisch an:
„Darf ich mit dir sprechen?"
Der Kommandant sah ihn erstaunt an:
„Wie? Du sprichst Griechisch?
Wo hast du diese Sprache gelernt?
Bist du nicht jener Ägypter,
der seine 4000 Anhänger
in die Wüste gelockt hat?" 21,38
„Nein", antwortete Paulus,
„der bin ich nicht.
Ich bin ein Jude aus Tarsus,
einer namhaften Stadt in Kilikien.
Darum bitte ich dich:
Lass mich zu dem Volk reden."

Da führte ihn der Kommandant
vor die Burg hinaus.
Paulus aber stellte sich sichtbar
vor dem Tor auf
und hob seine Hand.
Auf einmal wurde es ganz still
auf dem Platz.
Die Rufe verstummten.
Alle blickten gespannt auf Paulus.
Der aber rief:
„Liebe Brüder und Väter!
Ihr alle, hört meine Rede!
Ich will mich vor euch
erklären!"
„Habt ihr gehört?", flüsterten sie.
„Er redet Hebräisch – unsere Sprache!"
Paulus aber fuhr fort:
„Ich bin ein Jude wie ihr,
in Tarsus geboren
und im Glauben der Väter
erzogen.
Ich war ein Schüler
des großen Gelehrten Gamaliel
und habe mit Eifer
unser Gesetz studiert.
Wie ihr, so wollte auch ich
nur Gott allein ehren.
Darum habe ich die Christen
bis aufs Blut verfolgt.
Viele Frauen und Männer
nahm ich gefangen.
Bis nach Damaskus
verfolgte ich sie
auf höchsten Befehl.
Doch vor Damaskus geschah es:
Plötzlich sah ich
ein gleißendes Licht.
Ich stürzte zu Boden.
Da hörte ich eine Stimme:
‚Saul! Saul!
Warum verfolgst du mich?'
‚Herr, wer bist du?', rief ich.
Die Stimme sprach:
‚Ich bin Jesus, den du verfolgst.'
Aber meine Begleiter
hörten die Stimme nicht.
‚Herr', fragte ich,
geblendet vom Licht,
‚was soll ich tun?'
Da sprach Jesus zu mir:
‚Geh nach Damaskus!
Dort wirst du erfahren,
was Gott von dir will.'
So wurde ich
nach Damaskus geführt,
hilflos und blind.
Da kam Hananias zu mir.

Auch er war früher
ein gläubiger Jude wie ich.
Der sagte zu mir:
‚Lieber Bruder Saul,
Gott hat dir den offenbart,
auf den wir gehofft haben.
Du hast selber
seine Stimme gehört.
Ihn sollst du
vor allen Menschen bezeugen.
Dazu gibt Gott dir den Auftrag.
Auf, warum zögerst du noch?
Steh auf! Ruf seinen Namen an
und lass dich taufen!‘ 22,14
Danach erschien mir Jesus
noch einmal im Tempel.
Er sprach zu mir:
‚Schnell, mach dich auf!
Verlass sofort diese Stadt!
Hier werden sie sich
gegen dich kehren
und nicht auf dein Wort hören.‘
‚Aber Herr!‘, entgegnete ich.
‚Sie wissen doch selbst,
wie ich die Christen verfolgte.‘
Doch Jesus sprach zu mir:
‚Geh weg von hier!
Zu fremden Völkern
will ich dich senden.
Zu den Heiden,
die Gott noch nicht kennen.‘“ 22,21

Kaum hatte Paulus geendet,
da schrie die Menge laut auf:
„Weg mit ihm!
Bringt ihn zum Schweigen.
So einer darf nicht mehr leben.
Den Tod hat er verdient.“
Außer sich vor Empörung
rissen sie ihre Kleider vom Leib
und wirbelten Staub in die Luft,
als ob ein furchtbares Unglück
geschehen sei.

Als aber der Kommandant sah,
wie sie tobten
und auf Paulus eindrangen,
holte er ihn schnell wieder
in den Burghof
und befahl seinen Soldaten:
„Peitscht diesen Mann aus!
Danach will ich ihn verhören.“
Sogleich packten sie Paulus,
banden ihn an eine Säule
und wollten ihn auspeitschen.
Da sagte Paulus zu dem Hauptmann,
der Aufsicht führte:
„Dürft ihr denn einen Römer
ohne Gerichtsurteil geißeln?“
Als aber der Hauptmann hörte,
dass Paulus Römer war,
ließ er sofort von ihm ab
und meldete Claudius Lysias:
„Was willst du machen?
Der Mann ist ein Römer.“

Da ließ der Kommandant
alles liegen und stehen,
eilte zu Paulus
und fragte erschrocken:
„Sag mir die Wahrheit!
Bist du wirklich ein römischer Bürger?“
„Ja“, antwortete Paulus.
„Wie ist das nur möglich?“,
fragte Claudius Lysias ungläubig.
„Ich habe das römische Bürgerrecht
um teures Geld erworben.“
„Aber ich“, entgegnete Paulus,
„ich bin schon als Römer geboren.“
Der Kommandant starrte
Paulus fassungslos an.
Ihm wurde angst und bange.
Denn niemand durfte einen Römer
ohne Gerichtsurteil gefangen setzen.
Und er fragte sich:
Was ist das nur für ein Mensch?
Ich muss es unbedingt wissen.

Vielleicht können die Führer
des jüdischen Volkes
Genaueres über ihn aussagen.

Am nächsten Morgen
führte er Paulus vor den Hohen Rat.
Dort forderte er ihn auf,
sich vor den Vertretern
des jüdischen Volks zu erklären.
Doch kaum hatte Paulus
mit seiner Rede begonnen,
brach unter den Versammelten
ein hitziger Streit aus.
Die einen riefen dies,
die anderen das.
Hilflos sah Claudius Lysias zu,
wie sie sich stritten.
Wer weiß, sagte er sich,
am Ende werden sie noch
Paulus zerreißen.
Schnell rief er seine Soldaten.
Die führten Paulus ab
und brachten ihn sicher
zur Burg der Römer zurück. 23,10

Nun war geschehen,
was Agabus vorausgesagt hatte:
Paulus war in den Händen der Römer,
getrennt von seinen Freunden,
seinen Schwestern und Brüdern.
Dunkel und ungewiss
lag die Zukunft vor ihm.
Die Nacht brach herein.
Doch Paulus fand keinen Schlaf.
Da, mitten in der Nacht,
erschien es ihm,
als stünde Jesus bei ihm.
Deutlich hörte er seine Stimme:
„Sei unverzagt!
Wie du meinen Namen
in Jerusalem bezeugt hast,
so sollst du auch in Rom
meinen Namen bezeugen.“ 23,11

Da wusste Paulus:
Er war noch nicht am Ziel angelangt.
Gott hatte noch viel mit ihm vor.
Er würde ihn zu seinem Ziel führen,
wenn seine Stunde gekommen war.

**Paulus schreibt:
„Der Herr hat zu mir gesagt:
‚Lass dir an meiner Gnade genügen.
Denn meine Kraft
ist im Schwachen mächtig.‘
Darum will ich mich
am allerliebsten
meiner Schwachheit rühmen,
damit die Kraft Christi
bei mir wohne.
Darum bin ich guten Mutes
in Schwachheit, in Misshandlungen,
in Nöten, in Verfolgungen,
in Ängsten,
die ich für Christus erleide.
Denn wenn ich schwach bin,
bin ich stark.“**

Aus dem 2. Brief des Paulus an die Korinther – 12,9f.

In Caesarea

Apostelgeschichte 23,12–25,12

Ein neuer Tag brach an.
Durch die Gassen Jerusalems
hastete ein junger Mann.
Immer wieder sah er sich um,
ob ihn jemand verfolgte.
Er eilte zur Burg.
Dort bat er die Wache:
„Bitte, lasst mich zu Paulus!
Ich bin der Sohn seiner Schwester.
Ich muss ihn unbedingt sprechen.
Es ist dringend!“

Da führte ihn die Wache zu Paulus.
Der sah seinen Neffen erstaunt an.
„Gib Acht, Paulus",
flüsterte sein Neffe ihm zu.
„Dein Leben ist in großer Gefahr.
Deine Gegner haben sich
heute früh heimlich getroffen.
Sie planen einen Anschlag auf dich.
Ja, sie wollen dich
um jeden Preis töten.
Mehr als vierzig Männer
haben sich geschworen:
Sie wollen nichts mehr
essen und trinken,
bis du ermordet bist.
Und so sieht ihr Plan aus:
Sie werden den Hohen Rat bitten,
dass er dich noch einmal bestellt.
Auf dem Weg dorthin
werden sie auf dich lauern,
dich überfallen und töten." 23,12ff.

Da winkte Paulus
einen Hauptmann heran
und bat ihn:
„Führ diesen jungen Mann
sofort zum Kommandanten!
Er hat eine wichtige Nachricht für ihn."
Als aber der Kommandant
von dem geplanten Anschlag erfuhr,
rief er sogleich zwei Hauptleute zu sich
und befahl ihnen:
„Macht euch fertig!
Trommelt eure Soldaten zusammen,
zwei Hundertschaften.
Stellt Pferde für Paulus bereit!
Und bringt ihn
auf dem schnellsten Weg
zum römischen Statthalter
nach Caesarea.
70 bewaffnete Reiter
und 200 Bogenschützen
sollen ihm das Schutzgeleit geben.
Auf, eilt euch!
Marschiert heute noch los,
sobald die Nacht anbricht!"

Danach schrieb Claudius Lysias
einen langen Brief
an den Statthalter Felix. 23,25ff.
Darin bat er ihn förmlich,
den Fall des Paulus
selbst in die Hand zu nehmen.
Diesen Brief übergab er
den beiden Hauptleuten
und schickte sie noch am selben Abend
auf den Weg nach Caesarea
mit zwei Hundertschaften,
mit 70 Reitern und 200 Bogenschützen.
Im Eilmarsch brachten sie
Paulus in Sicherheit
und übergaben ihn wohlbehalten
an Felix, den römischen Statthalter.
Der befahl seinen Wachsoldaten,
Paulus in Gewahrsam zu nehmen.

Nach fünf Tagen aber kam
der Hohepriester Ananias
nach Caesarea,
begleitet von einigen Ratsherren.
Sie waren gekommen,
um Paulus bei Felix zu verklagen.
Sie hatten sogar einen Anwalt dabei,
Tertullus mit Namen,
der klagte Paulus hart an:
„Dieser Mann ist eine Pest.
Er schürt Aufruhr unter den Juden.
Ein Sektenführer ist er.
Er hat auch versucht,
unseren Tempel zu entweihen.
Aber wir haben ihn
auf frischer Tat ertappt.
Wir wollten ihn auf der Stelle töten,
wie es unser Gesetz gebietet.
Aber der römische Kommandant
hinderte uns daran."

Da erteilte Felix
dem Angeklagten das Wort.
Paulus aber entgegnete:
„Es ist nicht wahr,
was meine Gegner mir vorwerfen.
Sie haben keinen Beweis.
Nur eines bekenne ich:
Ich gehöre zu jenen,
die sie eine Sekte nennen.
Aber gerade so diene ich
dem Gott meiner Väter,
und ich glaube nur das,
was das Gesetz
und die Propheten verkünden.“ 24,14

Als aber Felix merkte,
dass sie über Glaubensfragen stritten,
vertagte er den Prozess
und schickte die Kläger zurück.
Paulus aber hielt er
weiterhin in Caesarea gefangen.

Tage und Wochen verstrichen.
Viele Monate gingen ins Land.
Aber nichts geschah.
Der Statthalter Felix
verschleppte den Prozess
von einem Monat zum andern.
Paulus aber blieb
die ganze Zeit in Haft.
Nur einmal ließen ihn
Felix und seine Frau Drusilla rufen.
Sie fragten ihn über Jesus aus.
Als aber Paulus den beiden
ins Gewissen redete, wich Felix aus.
„Geh wieder“, befahl er.
„Für heute ist es genug.
Ein andermal will ich vielleicht
noch mehr von dir hören.“ 24,25

Nach zwei Jahren kam endlich
ein neuer Statthalter ins Land,
Porcius Festus mit Namen.
Als dieser hörte, dass man Paulus
seit Jahren ohne Prozess festhielt,
nahm er sich sogleich der Sache an.
Er setzte einen Gerichtstag fest,
ließ die Verkläger des Paulus
aus Jerusalem kommen
und stellte sie Paulus gegenüber.
Diese klagten Paulus hart an.
„Er hat unser Gesetz gebrochen.“
„Er hat unseren Tempel entweiht.“
„Er hat sogar dem römischen Kaiser
die Ehre verweigert.“
Dies alles und noch viel mehr
brachten sie gegen Paulus vor.
Der aber wies alle
ihre Anklagen zurück. 25,1-8
Da merkte Festus,
wie schwierig dieser Fall war.
Einerseits wollte er es nicht
mit den jüdischen Führern verderben.
Andererseits verstand er nicht,
was diese gegen Paulus vorbrachten.
So fragte er Paulus:
„Bist du bereit, den Prozess
in Jerusalem fortzuführen?“
„Nein“, erwiderte Paulus.
„Ich habe den Juden
kein Unrecht getan.
Deshalb darf mich auch niemand
zur Rechenschaft ziehen
oder gar an andere Menschen
oder an ihr Gericht ausliefern.
Ich berufe mich auf den Kaiser in Rom.
Der soll in meiner Sache
das letzte Wort haben.“
Da entschied Festus:
„Wie du gesagt hast, soll es geschehen.
Auf den Kaiser hast du dich berufen.
Zum Kaiser sollst du auch kommen.“ 25,12

So blieb Paulus in Caesarea gefangen.
Dort wartete er lange Zeit
auf das Schiff, das ihn endlich
nach Rom bringen sollte.

Paulus schreibt:
„Ich lasse euch aber wissen,
wie es um mich steht.
Meine Gefangenschaft dient
der Ausbreitung des Evangeliums.
Denn dass ich meine Fesseln
für Christus trage,
das ist in der ganzen Burg
bekannt.
Und viele haben
durch meine Gefangenschaft
Zuversicht gewonnen
und sind umso mutiger geworden,
Gottes Wort
ohne Scheu zu verkünden."

Aus dem Brief des Paulus an die Philipper – 1,12ff.

Vor König Agrippa

Apostelgeschichte 25,13–26

In jenen Tagen
traf bei Festus hoher Besuch ein.
Der jüdische König Agrippa
und seine Schwester Berenike
kamen nach Caesarea,
um den neuen Statthalter zu grüßen.
Da nutzte Festus die Gelegenheit
und berichtete dem König:

„Es ist ein besonderer
Gefangener hier.
Die Führer eures Volkes fordern,
dass ich das Urteil
über ihn spreche.
Sie werfen ihm vor,
er lehre einen anderen Glauben.
Von einem gewissen Jesus
ist dabei die Rede.
Seine Gegner sagen,
dieser Jesus sei tot.
Er aber behauptet, er lebe.
Nun kenne ich mich
in Glaubensfragen nicht aus.
Darum wollte ich den Prozess
in Jerusalem fortführen.
Aber der Gefangene weigerte sich.
Er berief sich auf den Kaiser.
Seitdem wartet er auf ein Schiff,
das ihn nach Rom bringt." 25,14–21

„Das trifft sich gut!",
meinte Agrippa erfreut.
„Ich habe schon
von diesem Menschen gehört.
Kann ich ihn sprechen?"
„Gerne", antwortete Festus.
„Morgen früh führe ich ihn vor."

Am nächsten Morgen
erschien der König im Gerichtssaal
mit Berenike und großem Gefolge.
Da ließ der Statthalter
Paulus sogleich holen.
Und er sprach zu König Agrippa:

„Hier seht ihr den Mann,
von dem sie behaupten,
er habe den Tod verdient.
Aber ich kann nicht sagen,
was er verbrochen hat.
So habe ich beschlossen,
ihn zum Kaiser zu schicken.
Doch weiß ich nicht,
was ich in der Anklageschrift
über ihn schreiben soll.
Darum bitte ich dich,
o König Agrippa,
dass du mir dabei hilfst." 25,24–27

König Agrippa winkte Paulus heran:
„Es ist dir erlaubt,
in eigener Sache zu reden."
Da hob Paulus seine Hand
und begann:

„Es ist mir sehr lieb,
o König Agrippa,

dass ich mich heute
vor dir verantworten kann.
Denn du kennst unsere Bräuche.
Und auch die Fragen
unseres Glaubens sind dir bekannt.
Deshalb bitte ich dich:
Höre mich an!
Es ist zwar allen bekannt,
wie ich früher
unter meinem Volk gelebt habe.
Viele könnten es bezeugen,
wenn sie es wollten.
Denn ich hielt mich streng
an das Gesetz Moses,
wie es die Pharisäer fordern.
Doch nun stehe ich vor Gericht
und werde angeklagt,
weil ich von dem rede,
auf den unsere Väter
gehofft haben.
Zwar habe auch ich
früher geglaubt,
ich müsste alle Christen
verfolgen.
Damals war ich wie wild auf sie.
Doch eines Tages
erschien mir Jesus,
als ich vor Damaskus war.
Er sprach zu mir:
‚Ich bin Jesus,
den du verfolgst.
Steh auf!
Tritt auf deine Füße!
Denn dazu bin ich
dir erschienen,
dass du mein Zeuge wirst
unter den Völkern.
Ich sende dich
zu den Menschen,
die Gott noch nicht kennen.
Öffne ihnen die Augen,
dass sie an mich glauben.'
Da ging ich hin
und verkündete allen,
was Jesus mir aufgetragen hatte.
Doch meine Feinde
wollten mich töten.
Aber mit Gottes Hilfe
stehe ich hier
und gebe Zeugnis
den Kleinen und Großen
und sage nur das,
was auch schon Mose
und die Propheten
verkündet haben:
dass Christus leiden
und von den Toten
auferstehen wird.
Er ist es, der Licht
in die Welt bringen wird.“ 26,2–23

Hier endete Paulus mit seiner Rede.
Er hatte so leidenschaftlich gesprochen,
dass alle betroffen verstummten.
Es schien, als hätte Paulus vergessen,
dass er verhört wurde.
„Paulus!“, rief Festus entsetzt.
„Du bist wahnsinnig geworden.
Dein großes Wissen bringt dich
um den Verstand.“ 26,24
Doch Paulus erwiderte ernst:
„Werter Festus! Was ich sage,
ist kein Wahn, sondern Wahrheit.
Der König weiß es genau.
Zu ihm rede ich offen,
denn es ist ihm bekannt.
Glaubst du, König Agrippa,
was unsere Propheten verkünden?
Ja, ich weiß, du glaubst es.“ 26,27
Aber der König spöttelte:
„Es fehlt nicht viel,
dann überzeugst du mich.
Wer weiß, am Ende machst du
noch einen Christen aus mir!“
„Wahrhaftig!“, erwiderte Paulus.
„Das wäre mein größter Wunsch,

wenn du und diese alle
zu Christus gehörten wie ich.
Nur meine Fesseln
wünsche ich euch nicht.“ 26,28f.

Da schwieg Agrippa.
Wortlos verließ er
mit Berenike den Saal.
Doch draußen beriet er sich
heimlich mit Festus
und kam mit ihm überein:
Eigentlich hatte Paulus
kein Verbrechen begangen.
Man hätte ihn freilassen können.
Aber Paulus hatte sich
auf den Kaiser berufen.

Nun gab es kein Zurück mehr.
Die Entscheidung war gefallen.
Nach Rom wies der Weg,
der vor Paulus lag,
weit weg von allen,
denen Paulus bisher
im Glauben verbunden war.

PAULUS SCHREIBT:
„DARUM, SOVIEL AN MIR LIEGT,
BIN ICH FEST ENTSCHLOSSEN,
AUCH EUCH IN ROM
DAS EVANGELIUM ZU VERKÜNDIGEN.
DENN ICH SCHÄME MICH
DES EVANGELIUMS VON CHRISTUS NICHT,
DENN ES IST EINE KRAFT GOTTES,
DIE ALLE RETTET,
DIE DARAN GLAUBEN.“
AUS DEM BRIEF DES PAULUS AN DIE RÖMER – 1,15ff.

Im Seesturm

Apostelgeschichte 27

Mehr als zwei Jahre
war Paulus in Caesarea gefangen,
abgeschnitten von der übrigen Welt.
Danach machte er sich
ein letztes Mal auf,
um den Völkern das Evangelium
von Jesus Christus zu bringen.
Rom hieß sein Ziel.
Dort zog es ihn hin.
Aber nicht als freier Mensch,
als Gefangener fuhr er dorthin.
Julius, ein römischer Hauptmann,
hatte den Auftrag,
ihn heil nach Rom zu bringen.
Zusammen mit anderen Gefangenen
trat Paulus die Reise an.

Es war ein heiterer Spätsommertag,
als sie in See stachen.
Die Sonne strahlte.
Der Himmel leuchtete blau.
Ein kräftiger Gegenwind
blies in die Segel.
Das Schiff kam nur langsam voran.
Mühsam kreuzte es hin und her.
Tagelang fuhr es im Zickzack
über das Meer. 27,2ff.
Endlich, nach vielen Wochen,
erreichten sie die Insel Kreta.
Dort fanden sie einen kleinen Hafen.
Es war bereits Oktober,
als sie dort einliefen, zu spät,
um noch vor Wintereinbruch
Rom zu erreichen.
Noch schien die Sonne am Himmel.
Das Meer war noch ruhig.
Aber die Seeleute wussten genau:
Bald setzten die Herbststürme ein.
Dann wurde es gefährlich,
sich auf das offene Meer zu wagen.

Weil aber der kleine Hafen nicht
zum Überwintern geeignet schien,
beschlossen sie,
einen größeren Hafen anzulaufen.

Als aber Paulus von ihrem Plan hörte,
ging er zu ihnen und warnte sie:
„Liebe Leute!
Ich rate euch sehr:
Fahrt nicht weiter!
Denn ich sehe es voraus:
Wir kommen in große Not.
Nicht nur das Schiff,
auch unser Leben
ist in Gefahr."
Doch niemand hörte auf ihn.

Nicht lange danach drehte der Wind.
Da lichteten die Matrosen die Anker
und segelten an der Küste entlang.
Mehrere Tage fuhren sie
im Windschatten der Insel.
Noch schien die Sonne
heiter vom Himmel herab.

Aber auf einmal
kamen dunkle Wolken auf.
Der Himmel zog sich ganz zu.
Vom Land her fegte
ein gewaltiger Wirbelsturm
über das Wasser.
Er schlug gegen das Schiff
und trieb es mit Macht
auf das offene Meer.
Das Beiboot im Schlepptau
schlingerte gefährlich hin und her
und schlug krachend gegen das Schiff.
Da schrien alle in Todesangst:
„Hilfe! Wir sind verloren.
Das Schiff bricht auseinander.
Wir treiben aufs Meer!"

Schnell zogen die Matrosen
das Beiboot ins Schiff,
umspannten den Schiffsleib
mit kräftigen Tauen
und warfen die Treibanker aus.
Aber der Sturm ließ nicht nach.
Riesige Wellen türmten sich auf.
Sie schlugen ins Schiff,
das sich gefährlich neigte.
„Schnell!", schrie der Steuermann.
„Erleichtert das Schiff!
Werft die Ladung
und alle Geräte ins Meer!"
Da packten die Matrosen
Säcke, Kisten und Kasten
und auch das schwere Gerät
und warfen alles
kurzerhand über Bord.

Aber das Schiff war
noch lange nicht außer Gefahr.
Schon drei Tage und Nächte
trieb es auf dem offenen Meer.
Am Himmel war
weder Sonne noch Mond,
noch irgendein Licht zu erkennen.
Der Sturm heulte und pfiff
um das Schiff.
Haushohe Wellen schleuderten es
auf dem Meer hin und her.

Schließlich war alle Hoffnung dahin.
Die Menschen drängten sich
ängstlich im Schiffsbauch zusammen,
Soldaten, Gefangene und Matrosen.
Seit Tagen hatten sie alle
nichts mehr gegessen.
Da stand auf einmal Paulus vor ihnen:
„Ihr Leute", rief er.
„Hättet ihr doch auf mich gehört!
Dann wäre euch dieses Unglück
erspart geblieben.
Aber nun Kopf hoch!
Habt keine Angst!
Niemand wird umkommen.
Nur das Schiff wird untergehen.

Denn in dieser Nacht
war ein Engel Gottes bei mir,
der sprach zu mir:
‚Fürchte dich nicht, Paulus!
Du wirst nach Rom kommen.
Und auch alle, die mit dir fahren,
werden am Leben bleiben.'
Darum seid unverzagt.
Denn ich glaube gewiss:
Was Gott sagt,
das wird er auch tun.
Wir müssen aber
an eine Insel heranfahren." 27,21-26

Da schöpften die Menschen Mut.
Die Matrosen gingen wieder an Deck.
Sie spähten in die Nacht hinaus,
ob sie vielleicht in der Ferne
eine Insel entdeckten.
Aber nichts war zu sehen,
nur das endlose Meer.

Dreizehn Tage und Nächte
trieb das Schiff auf dem Meer dahin,
ohne Richtung und Ziel.
Doch in der vierzehnten Nacht,
genau um Mitternacht,
rief plötzlich jemand:
„Land! Ich sehe Land!" 27,27
Die Leute stürzten an Deck.
Da entdeckten sie
einen schmalen Streifen am Horizont.
Sofort ließen die Matrosen
das Senkblei herab,
um die Wassertiefe zu messen.
Und wirklich,
das Wasser war gar nicht tief.
Da wussten sie sicher:
Sie trieben auf festes Land zu.
„Gebt Acht!", riefen die Seeleute.
„Werft die Anker aus!
Und wartet, bis es Tag wird!"
Aber in Wahrheit
versuchten die Seeleute
bei Nacht zu entfliehen.
Heimlich ließen sie das
Beiboot an Seilen
ins Wasser hinab.
Doch Paulus hatte ihren Plan
längst durchschaut.
Er ging zu Julius,
dem römischen Hauptmann,
und warnte ihn:
„Wenn diese das Schiff verlassen,
dann seid ihr alle verloren." 27,31
Da schnitten die Soldaten
kurzerhand alle Taue durch,
so dass den Schiffsleuten
die Flucht verwehrt war.

Schon dämmerte es am Horizont.
Ein neuer Morgen brach an.
Den Menschen war
vor lauter Angst und Hunger
ganz flau im Magen.
Da rief Paulus alle zusammen,
Seeleute und Soldaten
und auch alle Gefangenen,
276 an der Zahl.
Und er forderte sie auf:
„Seit vierzehn Tagen
hungert ihr schon.
Darum stärkt euch und esst!
Dann könnt ihr euch retten.
Denn es wird euch allen
kein Unheil geschehen." 27,33f.
Danach nahm er ein Brot,
dankte Gott und brach es
vor aller Augen.
Und er fing an,
in großer Ruhe zu essen.
Als die anderen das sahen,
fassten auch sie Mut.
Sie setzten sich hin,
teilten miteinander das Brot
und wurden alle gestärkt.

Was aber übrigblieb an Getreide,
das warfen sie über Bord,
um das Schiff zu erleichtern.

Inzwischen war es Tag geworden.
Da sahen sie: Hohe Felsen
erhoben sich aus dem Wasser.
Aber zwischen den Felsen
entdeckten sie eine kleine Bucht.
Darauf steuerten sie zu.
Sie lichteten die Anker,
hissten die Segel
und trieben mit den Wellen
geradewegs auf die Bucht zu.
Schon war das rettende Land
in greifbarer Nähe.
Da – plötzlich krachte es.
Das Schiff war unter Wasser
auf ein Riff aufgelaufen.
Unter der Wucht der Wellen
barst der Schiffsrumpf mitten entzwei.
Plötzlich ging alles ganz schnell.
Die Soldaten stürzten sich
auf die Gefangenen, um sie zu töten.
Keiner sollte entkommen.
Aber der Hauptmann
warf sich dazwischen.
„Lasst sie am Leben!
Löst ihre Fesseln!
Alle sollen sich retten!“ 27,43

Da sprangen alle ins Wasser.
Alle, die schwimmen konnten,
schwammen an Land.
Die anderen klammerten sich
an eine Planke vom Schiff.
Mühsam hielten sie sich über Wasser,
bis sie das rettende Ufer erreichten.
Niemand blieb in den Wellen.
Alle kamen lebend an Land,
alle 276 Menschen,
wie Paulus gesagt hatte.

Nach Rom

Apostelgeschichte 28

Malta hieß die rettende Insel,
vor der das Schiff zerschellt war,
eine kleine Insel im weiten Meer,
südlich von Italien gelegen.
Dort wohnten friedliche Menschen.
Als sie die Gestrandeten sahen,
zitternd vor Schwäche und Kälte,
machten sie sogleich
ein großes Feuer am Strand.
Denn es war eisig kalt
und hatte in Strömen geregnet.
Mit Eifer trugen sie Holz zusammen
und zündeten das Feuer an.
Die Wärme lockte die Frierenden an.
Auch Paulus kam hinzu
und legte ein Bündel Reisig
in das offene Feuer.

Doch plötzlich fuhr er
erschrocken zurück.
An seiner Hand hing
eine giftige Schlange.
Entsetzt starrten alle auf Paulus.
„Seht euch diesen Menschen an“,
flüsterten sie.
„Der Mann muss ein Mörder sein.
Jetzt holt ihn die Strafe ein.
Gebt acht!
Gleich schwillt die Wunde an!“
Doch Paulus schleuderte
die Schlange ins Feuer,
als sei nichts geschehen.
Gespannt warteten alle,
dass er tot umfiel.
Doch nichts geschah.

Da schlug auf einmal die Stimmung um.
„Habt ihr gesehen?“,
riefen die Inselbewohner.
„Ihm ist nichts geschehen.
Sicher ist er ein Gott!“

Und sie führten ihn sogleich
zu dem Obersten der Insel,
dem Römer Publius,
einem reichen Gutsherrn.
Der nahm Paulus und seine Begleiter
mit allen Ehren in sein Haus auf.
Drei Tage lang waren sie seine Gäste
und wurden wie Fürsten bewirtet.

Danach blieben Paulus
und seine Begleiter
noch lange Zeit auf der Insel Malta,
bis der Winter vorüber war.
In dieser Zeit geschahen
nicht wenige Wunder auf Malta.
Die Bewohner brachten
ihre Kranken zu Paulus.
Und Paulus betete über ihnen
und legte die Hände auf sie.
Viele Kranke wurden gesund.
Auch der schwerkranke Vater
des Römers Publius wurde geheilt.

Endlich, nach drei Monaten,
hörten die Winterstürme auf.
Da sammelte der Hauptmann Julius
alle Gefangenen um sich
und bestieg mit ihnen ein Schiff,
das nach Italien fuhr.
Die Fahrt ging zügig voran.
Schon nach wenigen Tagen
kamen sie in Puteoli an,
einer Stadt nahe bei Neapel.
Dort fanden Paulus
und seine Begleiter
eine Gruppe von Christen.
Die nahmen sie herzlich auf.
Eine ganze Woche lang
blieben sie bei ihnen zu Gast.

Neu gestärkt brachen sie
zur letzten Etappe auf.
Den Weg von Puteoli nach Rom
legten sie zu Fuß zurück.
Noch wussten sie nicht,
was sie in Rom erwartete.
Zwar gab es in Rom
bereits eine christliche Gemeinde.
Aber viele Römer waren den Christen
auch feindlich gesonnen.

Mit bangem Herzen wanderten
Paulus und seine Begleiter
auf die Kaiserstadt Rom zu.
Da kam ihnen auf halber Strecke
eine Gruppe von Menschen entgegen.
Paulus traute seinen Augen nicht.
Es waren Christen aus Rom,
die ihnen entgegenkamen,
um sie zu empfangen.
Als Paulus sie sah,
schöpfte er neuen Mut.
Er fiel auf seine Knie und dankte Gott,
der ihm diese Menschen
in den Weg geschickt hatte.

So zog Paulus nach Rom,
gefangen und doch frei.
Solange er in Rom war,
blieb er ein Gefangener
des römischen Kaisers.
Zwar hatte er manche Freiheiten.
Er hatte sogar eine eigene Wohnung.
Aber er wurde bei Tag und bei Nacht
von einem Soldaten bewacht.
Seine Haft erlaubte ihm nicht,
zu anderen Menschen zu gehen
und ihnen das Evangelium zu bringen.
Dennoch verkündete Paulus
auch in Rom das Evangelium.
Jeden Tag versammelten sich
Menschen in seinem Haus,
Juden und Heiden,
die Gott noch nicht kannten.
Und allen, die zu ihm kamen,
bezeugte Paulus, wer Jesus war:

der Messias und Sohn Gottes,
der auferstandene Herr,
der ihm vor Damaskus begegnet war.

Zwei Jahre verkündete Paulus
das Evangelium in Rom
freimütig und ungehindert. 28,31
Danach verliert sich seine Spur.
Aber seine Botschaft hat
bleibende Spuren hinterlassen,
nicht nur in Rom,
sondern in allen Städten,
in denen Paulus
das Evangelium verkündet hatte,
unter Juden und Griechen,
unter Frauen und Männern,
unter Freien und Sklaven,
unter Herrschern
und unter dem einfachen Volk.
Wohin Paulus gekommen war,
wurden Menschen zu Christus geführt
und ließen sich taufen.
Junge Gemeinden waren entstanden.
Aber an allen Orten
fanden sich auch Menschen,
die ihm und seiner Botschaft
heftig widerstanden hatten.
Paulus wurde geschlagen,
er wurde gefoltert
und wurde verhaftet.
Einmal wurde er sogar
fast gesteinigt. 2. Kor 11,23ff.
Aber sein Leben lang
blieb Paulus, der er war,
der treue Zeuge Jesu, der ihn
zu seinem Boten gemacht hatte.
Selbst noch aus dem Gefängnis
ging seine Botschaft
in alle Welt hinaus.
Von dort aus schrieb Paulus
Briefe an seine Gemeinden
und erinnerte und ermahnte sie,
bei Jesus zu bleiben,
dem Herrn über Leben und Tod,
dem alle Mächte der Welt
untertan sind.

„Wer will uns scheiden von der Liebe Gottes?

Trübsal oder Angst oder Verfolgung,
Hunger oder Kälte, Gefahr oder Schwert?
Denn ich bin gewiss,
dass weder Tod noch Leben, weder Engel noch Mächte,
weder Gegenwärtiges noch Zukünftiges,
weder Hohes noch Tiefes
noch irgendeine andere Kreatur uns scheiden kann von der Liebe Gottes,
die in Christus Jesus ist, unserem Herrn.“

Aus dem Brief des Paulus an die Römer – 8,35–39

Die Botschaft der Hoffnung

„Denn ich bin gewiss, dass weder Gegenwärtiges noch Zukünftiges uns scheiden kann von der Liebe Gottes."

21

Die Botschaft der Hoffnung

Die Offenbarung des Johannes

*Dies ist die Offenbarung,
die Johannes empfangen hat,
nachdem er in hohem Alter
auf die Insel Patmos
verbannt worden war.
In dieser Zeit
ließ ihn Gott schauen,
was zuvor noch
kein Auge geschaut hatte:
Gottes Macht und Herrlichkeit,
von Anfang der Welt an
bis in alle Ewigkeit,
und seinen verborgenen Plan
mit seinem Volk und allen,
die er durch Jesus Christus erlöst hat.*

*Diese Offenbarung empfing Johannes
in stürmischer Zeit,
als das Leben der Christen
äußerst bedroht war.
Zu dieser Zeit regierte
der römische Kaiser Domitian.
Er forderte von allen Untertanen,
dass sie ihn göttlich verehrten.
Aber die Christen
widersetzten sich seinem Gebot.
Viele starben den Märtyrertod.
Andere wurden, wie Johannes,
in die Verbannung geschickt.
Und wer noch verschont blieb,
sah mit Bangen der Zukunft entgegen.
Vor allen anderen waren die Christen
im westlichen Kleinasien bedroht.
An sie ist die Botschaft gerichtet,
die Johannes auf Patmos
von Gott selber empfing.
Alles, was Gott ihm offenbart hatte,
schrieb er Wort für Wort in ein Buch.
Das sandte er an die sieben Gemeinden,
die im Westen Kleinasiens lebten,
in Ephesus und Smyrna,
in Pergamon und Thyatira,
in Sardes und Philadelphia
und auch in Laodicea,
als Botschaft der Hoffnung für die,
die alle Hoffnung verloren hatten.*

(vgl. S. 475)

Der Seher

Offenbarung 1,4–20

Es war Sonntag.
In allen Städten Kleinasiens
kamen die Christen zusammen,
um miteinander Abendmahl zu feiern.
Auch in der Weltstadt Ephesus
trafen sich die Christen
zum Mahl und Gebet.
Aus allen Winkeln kamen sie an,
Alte und Junge, Frauen und Männer.

Nur einer fehlte:
Johannes, ihr Vorsteher.
Obwohl er schon hochbetagt war,
hatten ihn seine Widersacher
auf die Insel Patmos verbannt,
nur weil er sich öffentlich
zu Jesus bekannt hatte. 1,9
Seitdem hatten die Christen
nichts mehr von Johannes gehört.
Ob er noch lebt?
Ob er jemals wieder zurückkommt?
So fragten sich die Christen besorgt.
Wenn wir doch wenigstens
eine Botschaft von ihm hätten!

Sie blickten nach Westen.
Dort lag irgendwo in der Ferne
die einsame Insel Patmos
verloren im Meer.
Kaum ein Schiff legte dort an.
Ganz selten drang eine Nachricht
von dort zum Festland herüber.
Auf dieser Insel lebte Johannes
abgeschnitten von der übrigen Welt,
lebendig und doch wie tot.
Oft stand er am Ufer
und blickte über das Meer
zum Festland hinüber.
Auch an diesem Abend spähte er
nach Osten über das Wasser.
Aber wohin er blickte,
nirgendwo sah er Licht.
Dunkel und schwer
hing der Himmel über dem Meer.
Dort, weit im Osten, lagen
die sieben Christengemeinden,
die er früher oft besucht hatte.
Auch ihre Zukunft schien
in lauter Dunkel gehüllt.
Und niemand war da,
der sie trösten konnte.

Plötzlich schreckte Johannes
aus seinen Gedanken auf.
Rief da nicht eine Stimme?
Gewaltig wie eine Posaune
dröhnte es über das Wasser:
„Johannes, nimm ein Buch
und schreib alles auf,
was du siehst, und sende es
an die sieben Gemeinden.“ 1,10f.

Erschrocken wandte Johannes sich um.
Da sah er eine Gestalt –
wie ein Mensch.
Er hielt sieben Sterne in seiner Hand.
Sein Haar war wie weiße Wolle.
Und seine Augen wie Feuerflammen.
Sein Gesicht leuchtete wie die Sonne,
so gleißend, so hell. 1,12ff.

Johannes fiel vor Schreck zu Boden.
Steif und starr, wie tot lag er da.
Und wieder hörte er die Stimme:

„Fürchte dich nicht!
Ich bin der Erste und Letzte
und der Lebendige.
Ich war tot.
Und siehe: Ich lebe
von Ewigkeit zu Ewigkeit.
Und ich habe die Schlüssel
der Hölle und des Todes.
Und nun schreib auf,
was du gesehen hast:
das Geheimnis der sieben Leuchter.
Sie sind die sieben Gemeinden.
Und die sieben Sterne
sind die sieben Engel,
die über den Gemeinden wachen.“ 1,17–20

Da spürte Johannes,
wie ihn neue Hoffnung erfüllte.
Noch leuchteten die sieben Sterne
inmitten der Nacht.
Noch gab es Licht und Hoffnung
für die bedrängten Christengemeinden.
Ein neues Licht strahlte auf:
Christus, der über den Seinen wachte.
Er hielt sie alle in seiner Hand.

Da stand Johannes auf,
ging in seine Hütte zurück,
nahm Feder und Tinte
und eine unbeschriebene Buchrolle.
Und er fing an zu schreiben:

„Dies schreibt Johannes
den sieben Gemeinden
in der Provinz Asien:
Gnade sei mit euch
und Friede von dem, der da ist,
der da war und der da kommt,
und von Jesus Christus,
dem treuen Zeugen, der als Erster
von den Toten auferstanden ist
und über die Könige auf Erden regiert.
Er hat uns geliebt
und durch sein Blut
von unseren Sünden erlöst.
Er hat uns zu Königen
und Priestern vor Gott gemacht.
Ihm gebührt Macht und Herrlichkeit
in alle Ewigkeit. Amen.
Seht, er kommt mit den Wolken.
Und es werden ihn alle sehen…“ 1,4ff.

Nachdenklich rollte Johannes
das Buch zusammen.
Für heute war es genug.
Noch lag die Zukunft
der bedrängten Gemeinden im Dunkel.
Aber Jesus würde zu ihnen kommen.
Keine Macht der Welt,
kein König und kein Kaiser,
konnte sein Kommen aufhalten.
Er würde kommen, komme, was mag.

Die Sendschreiben

Offenbarung 2–3

Es war Nacht.
Johannes saß in seiner Hütte,
über seine Buchrolle gebeugt.
Aber kein Wort floss aus seiner Feder.
Bekümmert dachte er
an seine sieben Gemeinden.
Würden sie die Botschaft verstehen,
die Gottes Geist ihm eingab?
Würden sie durchhalten,
wenn es hart auf hart kam?
Johannes starrte auf die Ölleuchte.
Ihre Flamme flackerte unruhig.
Sie braucht Öl, sagte er sich.
Sonst wird sie bald verlöschen.
Er dachte an das Bild,
das Gott ihm gezeigt hatte.
Sieben Leuchter – sieben Gemeinden,
die in eine dunkle Welt leuchteten.
Wie lange noch
würde ihr Licht brennen?
Auch sie brauchen Öl, sagte er sich.
Sie brauchen Trost und Ermahnung.
Sonst ist ihr Licht bald erloschen.
Aber wie sollte sie sein Trost
in der Ferne erreichen?

Johannes dachte an Jeremia,
den großen Propheten.
Er hatte einst einen Brief
an die Verbannten in Babel geschrieben.
Auch Johannes war entschlossen, Jer 29
an seine Gemeinden zu schreiben.
Jede Gemeinde sollte
ein eigenes Schreiben bekommen.
Im Geist sah Johannes
die sieben Gemeinden vor sich,
jede mit ihren besonderen Gaben
und besonderen Gefahren.

Vor seinen inneren Augen
tauchte EPHESUS auf.
Wie mühten sich die Christen dort ab!
Wie kämpften sie darum,
ihren Glauben rein zu bewahren!
Sie konnten stolz auf sich sein.
Ihre Gemeinde war ein Vorbild
für alle anderen Gemeinden.

Sie war bestens verwaltet.
Aber wo war ihre erste Liebe
zu Christus geblieben?
War sie nicht längst erkaltet,
in lauter Arbeit erstickt?

Im Geist wanderte Johannes
weiter nach Norden.
Dort lag die Hafenstadt SMYRNA.
Was für eine reiche Stadt!
Ein Umschlagplatz
für alle Güter der Welt!
Wie arm nahm sich dagegen
die Gemeinde in Smyrna aus.
Sie war nicht nur verachtet,
die Christen wurden zudem
noch von ihren jüdischen Brüdern
erbittert bekämpft.
Im Geist sah Johannes
eine lange Leidenszeit
über die Christen in Smyrna kommen.
Ob sie durchhalten würden?
Sie brauchten besonderen Trost.

Und weiter nach Norden
wanderte Johannes mit seinen Gedanken.
Vor seinen inneren Augen
sah er PERGAMON vor sich,
eine Hochburg heidnischer Bräuche.
Dort stand ein großer Tempel.
Er war Kaiser Augustus geweiht.
Und oben auf dem Berg
war ein riesiger Altar errichtet,
der zu den Weltwundern zählte.
In dieser Stadt hatte auch der
Schlangengott Asklepius
einen heiligen Hain.
Er lockte allerlei Kranke an
und versprach ihnen Heilung.
Wie schwer hatte es
die kleine Christengemeinde,
sich dagegen zu behaupten!
Erst kürzlich war in Pergamon
ein Christ umgebracht worden. 2,13

Kein Wunder, dass Einzelne
in der Gemeinde zur Anpassung rieten.
Aber in den Augen des Johannes
waren sie falsche Ratgeber,
allesamt feige Verräter,
die die Gemeinde von innen aushöhlten.

Johannes wanderte im Geist
weiter landeinwärts
zu der Gemeinde in THYATIRA.
Auch dieser Gemeinde
drohte von innen Gefahr.
Wie eifrig war diese Gemeinde!
Wie blühte und wuchs sie!
Wie kaum eine andere Gemeinde.
Aber taten die Christen dort
nicht fast des Guten zu viel?
In ihrem blinden Eifer
waren sie einer Frau hörig geworden,
die sich als Prophetin ausgab.
Diese Frau behauptete:
„Als Christen dürft ihr tun,
was ihr wollt.
Ihr braucht euch nicht mehr
an Gottes Gebote zu halten."
Mit Sorge sah Johannes,
wie sich die Christen
in Thyatira verrannten.
Er musste sie warnen,
bevor es zu spät war.

Auch um die Gemeinde in SARDES
machte sich Johannes Sorgen.
Sie zehrte noch immer
von ihrem früheren Ruhm.
In den Augen der anderen
galt sie als lebendige Gemeinde.
Aber in Wahrheit war das Leben
längst aus ihrer Mitte gewichen.
Wenn Gottes Geist diese Gemeinde
nicht mit neuem Leben erfüllte,
blieb sie für alle Zeit tot.

Im Geist wanderte Johannes
noch weiter nach Süden.

Dort lag irgendwo PHILADELPHIA,
eine kleine Stadt in den Bergen.
Die Christengemeinde dort
hatte kein großes Gewicht.
Für die anderen Gemeinden
zählte sie nicht.
Die jüdische Gemeinde am Ort
machte auch ihr viel zu schaffen.
Aber in Gottes Augen
wog diese Gemeinde mehr
als alle anderen zusammen.
Sie brauchte dringend Zuspruch,
damit sie nicht mutlos wurde.

Johannes überlegte.
Wie sollte er die rechten Worte finden
für so viele verschiedene Gemeinden?
Wie konnte er sie ermahnen
und trösten zugleich?
In diesem Augenblick war es ihm,
als spräche Jesus selber zu ihm:

„Schreibe an alle Gemeinden!
Schreibe, was ich dir sagen werde.
Ich bin es, der zu ihnen spricht."

Da nahm Johannes Feder und Tinte
und fing an, nacheinander
an jede Gemeinde zu schreiben.
Jede Gemeinde erhielt
ihr besonderes Wort,
so wie es Jesus ihm eingab.

Und dies sind die Worte,
die Johannes im Auftrag Jesu
an die Gemeinden in Kleinasien
schrieb:

An die Gemeinde in Ephesus!

So spricht der, der sieben Sterne
in seiner Hand hält,
der mitten unter
den sieben Leuchtern lebt:
„Ich weiß um deine Werke
und um deine Mühe
und deine Geduld.
Aber das werfe ich dir vor:
Deine erste Liebe ist verloschen.
Du liebst mich nicht mehr wie zuvor.
Kehr um! Tu Buße! Und halte durch!
Dann wirst du
vom Baum des Lebens essen.
Ich werde dir davon geben." 2,1ff.

An die Gemeinde in Smyrna!

Das sagt der Erste und Letzte,
der tot war und lebt:
„Ich weiß, wie arm du bist,
und wie du bedrängt wirst.
Aber in Wahrheit bist du reich.
Fürchte dich nicht
vor Verfolgung und Leiden.
Halte durch!
Sei treu bis zum Tod,
dann will ich dir
die Krone des Lebens geben." 2,8ff.

An die Gemeinde in Pergamon!

Das sagt der, der hat
ein scharfes, zweischneidiges Schwert.
„Ich weiß, wo du wohnst.
Und dennoch hältst du
an meinem Namen fest
und hast den Glauben an mich
nicht verleugnet.
Aber das halte ich dir vor:
dass du Leute in der Gemeinde hast,
die euch vom einfältigen Glauben
abbringen wollen.
Kehrt um! Haltet stand!
Dann will ich euch
verborgenes Manna zu essen geben.
Und euer Siegespreis
wird ein weißer Stein sein.
Darauf steht ein neuer Name
geschrieben." 2,12ff.

An die Gemeinde in Thyatira!

Das sagt der Sohn Gottes,

der Augen hat wie Feuerflammen:
„Ich weiß um deine Werke,
um deine Liebe, deinen Glauben,
um deinen Dienst und deine Geduld.
Aber das halte ich dir vor,
dass du die Isebel duldest,
die sich als Prophetin ausgibt.
Sag ihr, sie soll umkehren.
Wenn nicht,
kommt das Gericht über sie.
Den anderen aber sage ich:
Haltet fest, was ihr habt.
Dann will ich euch den Morgenstern
als Zeichen des Sieges geben." 2,18ff.

An die Gemeinde in Sardes!

Das sagt der,
der die sieben Sterne
in seiner Hand hält:
„Ich weiß um deine Werke.
Du hast den Ruf, dass du lebst.
Aber du bist tot.
Werde endlich wach
und belebe wieder,
was in dir absterben will.
Denke daran, was du
empfangen und gehört hast.
Halte es fest und kehr um!
Sonst kommt das Gericht über dich.
Aber einige unter euch
haben sich nicht befleckt.
Wer überwindet, dem will ich
ein weißes Kleid geben
und will seinen Namen nicht
aus dem Buch des Lebens löschen." 3,1ff.

An die Gemeinde in Philadelphia!

Das sagt der Wahrhaftige
und Heilige,
der aufschließt und zuschließt:
„Ich habe vor dir
eine offene Tür gegeben,
und niemand kann sie zuschließen.
Denn du hast eine kleine Kraft
und hast mein Wort bewahrt
und hast meinen Namen
nicht verleugnet.
Sieh, alle, die dich bekämpfen,
werden sich vor dir beugen,
und sie werden erkennen,
dass ich dich geliebt habe.
Sieh, ich komme bald.
Halte, was du hast,
damit dir niemand
deinen Siegerkranz nehme." 3,7ff.

Sorgsam rollte Johannes
die sechs Schreiben zusammen.
Das schwierigste Schreiben
stand ihm jedoch noch bevor.
Es galt der Gemeinde von LAODICEA
im Süden des Landes.
Diese Gemeinde machte Johannes
am meisten Kummer.
Nichts und niemand konnte sie
aus ihrer satten Ruhe aufscheuchen.
Zwar kamen die Christen dort
noch Woche für Woche zusammen.
Aber sie hatten einander
nichts mehr zu sagen.
Ihre Verkündigung war
so lasch und lau geworden,
dass sich niemand mehr
darüber erregte.
So lau wie das Heilwasser,
das dort von den Bergen herabfloss.
Heiß kam es aus der Erde hervor,
aber im Tal schmeckte es schal.
Wer davon trank, spie es aus.
Zwar nannten sie sich noch Christen.
Aber in Wahrheit hatten sie
die Botschaft von Christus
längst aus ihrem Leben verbannt.
Und was das Schlimmste war:
Sie merkten gar nicht,
was sie verloren hatten.

Sie sagten sich vor:
„Wir haben doch alles.
Uns fehlt es an nichts."
Sollte Johannes dieser Gemeinde
überhaupt schreiben?
Sollte er sie nicht lieber
aus seinen Gedanken verbannen?
Aber war Jesus nicht auch
für die Menschen
in Laodicea gestorben?
Nein, um Jesu willen,
er durfte nicht schweigen.
Entschlossen nahm Johannes die Feder
und begann, an die Gemeinde
in Laodicea zu schreiben:

Das sagt der,
der Ja und Amen heißt,
der treue und wahrhaftige Zeuge:
„Ich kenne deine Werke und weiß,
dass du weder kalt noch warm bist.
Ach, wärst du doch kalt oder warm!
Weil du aber lau bist,
will ich dich ausspeien
aus meinem Mund.
Du sagst: ‚Ich bin reich.
Ich habe alles und brauche nichts.'
Aber du weißt nicht,
dass du elend und jämmerlich bist,
arm, blind und bloß.
Kehr endlich um!
Sieh, ich stehe vor der Tür
und klopfe an.
Wenn jemand meine Stimme hört,
zu dem werde ich hineingehen
und das Abendmahl mit ihm halten
und er mit mir." 3,14ff.

Nachdenklich legte Johannes
die Feder zur Seite.
Das schwere Werk war getan.
Johannes blickte auf die Ölleuchte.
Noch brannte ihr Docht.
Noch verbreitete sie
ein wenig Licht in der Nacht.
Aber nicht mehr lange,
dann würde ein neuer Morgen
für die Gemeinden anbrechen.
Und nicht mehr lange,
dann würde Christus selber
in ihrer Mitte erscheinen.
In seinem Wort war er ihnen
heute schon nah.
„Siehe", sprach Jesus,
„ich stehe vor der Tür und klopfe an." 3,20
Ob sie seinen Ruf hören würden?
Ob sie ihm ihr Ohr öffnen würden?
Und noch einmal nahm Johannes
Tinte und Feder zur Hand
und schrieb unter jedes Schreiben
mit großen Buchstaben:
„Wer Ohren hat, höre!
Hört, was Jesus euch sagt!"

Das Lamm

Offenbarung 4–5

Tage und Wochen vergingen.
Unruhig wartete Johannes
auf Nachricht vom Festland.
Ob der Kaiser Domitian
inzwischen alle Christen verfolgte?
Dies war offenbar sein erklärter Plan.
Die Anzeichen mehrten sich,
dass der römische Kaiser
zum Äußersten entschlossen war.
Immer wieder wurde Johannes
durch neue Gerüchte erschreckt.
Die Christen in den Städten
lebten in ständiger Angst
vor den Soldaten des Kaisers.
Niemand wagte,
ihrem Wüten Einhalt zu gebieten.

Johannes ahnte, wie ernst es
inzwischen um die Christen
in der Provinz Asien stand.

Was hatte Gott mit ihnen vor?
Warum hüllte er sich in Schweigen?
Tag für Tag blickte Johannnes
sehnsüchtig zum Himmel hinauf.
Dort türmten sich
dichte Wolken bedrohlich auf.
Es schien Johannes,
als bliebe der Himmel
für immer verschlossen.
Johannes dachte
an den Propheten Jesaja.
Er hatte einst von ferne
den Thron Gottes geschaut.
Wenn doch Gott auch heute
den Himmel auftäte,
so hoffte Johannes.
Wenn Gott uns doch offenbarte,
was in naher Zukunft
geschehen wird!
Dabei kam ihm ein altes Klagelied
des Propheten Jesaja in den Sinn:

„So schau nun vom Himmel
auf uns herab,
von deiner heiligen
und herrlichen Wohnung!
Wo ist nun dein Eifer
und deine Macht?
Deine Barmherzigkeit
hält sich hart gegen mich.
Du, Herr, bist unser Vater.
Unser Erlöser,
das ist von alters her dein Name.
Aber nun sind wir
wie Leute geworden,
über die du niemals geherrscht hast,
wie Leute, über die dein Name
niemals genannt wurde.
Ach, dass du den Himmel zerrissest
und führest herab!“ Jes 63,15ff.

Doch der Himmel blieb verschlossen,
wie alle Tage zuvor.
Johannes schrie zu Gott.
Er hoffte und wartete.
Aber es schien,
als hörte Gott nicht.
Die Tage strichen dahin.
Doch nichts geschah.
Da endlich,
nach bangen Wochen des Wartens,
brach Gott sein Schweigen.
Er ließ Johannes schauen,
was noch kein Auge geschaut hatte:
Der Himmel riss auf.
Eine Tür tat sich auf.
Sie führte hinein
in Gottes verborgene Welt.
Johannes stand von ferne
und starrte zum Himmel.
War es nur ein Traum?
Oder war es wirklich und wahr?
Da hörte er eine Stimme,
durchdringend wie eine Posaune,
dieselbe Stimme,
die ihn damals gerufen hatte:
„Johannes, steig hinauf!
Ich will dir zeigen,
was danach geschehen wird.“ 4,1

Johannes wusste nicht,
wie ihm geschah.
Und ehe er sich's versah,
stand er im Geist vor der Tür,
die in Gottes verborgene Welt führte.
Er wagte einen Blick hinein.
Doch er traute seinen Augen nicht:
Da sah er den Thron Gottes,
gehüllt in gleißendes Licht. 4,5
Und vor dem Thron erschienen
seltsam geflügelte Wesen,
die lobten Gott ohne Aufhören
mit diesem Lied:

„Heilig, heilig, heilig
ist Gott der Herr,
der Allmächtige,
der da war

und der da ist
und der da kommt.“ 4,8

Und vierundzwanzig „Älteste“,
Gottes auserwählte Diener,
knieten nieder vor dem,
der in Ewigkeit lebt.
Sie legten ihre goldenen Kronen
vor seinem Thron ab
und riefen mit lauter Stimme:

„Herr, unser Gott,
dir allein gebührt
Ruhm, Ehre und Macht.
Denn du hast alles geschaffen.
Und durch deinen Willen
wurde alles erschaffen.“ 4,10f.

Johannes starrte zum Himmel.
Er sah den Thron Gottes –
und sah ihn doch nicht.
So geblendet war er
von dem gleißenden Licht.
Doch mitten im Licht
erschien eine Hand.
Sie hielt eine Buchrolle,
auf der alles geschrieben stand,
was in naher Zukunft geschah.
Das Buch war versiegelt
mit sieben Siegeln.
Doch niemand war da,
der die Siegel aufbrach.
In diesem Augenblick
erschien ein Engel Gottes,
der rief mit lauter Stimme:
„Wer ist würdig,
das Buch zu öffnen?
Wer ist würdig,
seine Siegel zu brechen?“
Doch nichts geschah.
Niemand war da,
der das Siegel aufbrechen konnte.
Weit und breit
war keine Stimme zu hören.
Totenstille lag über dem All.
Johannes sah um sich.
War denn keiner würdig,
die Siegel zu brechen?
Kein Einziger
auf der ganzen Welt?
Johannes weinte verzweifelt.
Er ließ seinen Tränen Lauf.
Da hörte er eine Stimme,
die sprach zu ihm:
„Weine nicht!
Sieh, der Löwe aus Davids Stamm
– er hat überwunden.
Er hat den Sieg errungen.
Er ist würdig,
die Siegel zu brechen.“
Verwundert blickte Johannes auf.
Aber was war das?
Kein Löwe – ein Lamm
erschien vor dem Thron!
Ein Opferlamm,
von Würgemalen gezeichnet.
Es war das Lamm Gottes,
das die Sünde der Welt trug.
Sprachlos sah Johannes,
was dort vor dem Thron geschah:
Das Lamm nahm das Buch
aus der Hand dessen,
der auf dem Thron saß.
Und die vor dem Thron standen,
fielen vor dem Lamm nieder
und stimmten ihm ein neues Lied an:

„Du bist würdig,
das Buch zu nehmen
und seine Siegel zu brechen,
denn du hast mit deinem Blut
Menschen aus allen Völkern
für Gott erworben
und hast sie zu Königen
und Priestern gemacht.
Und sie werden auf Erden herrschen.“ 5,9f.

Da fielen alle in das Jubellied ein.
Vieltausendmal tausend Stimmen

sangen das Lied des Lammes
im Himmel:

„Das Lamm ist würdig
zu empfangen
Macht und Reichtum,
Weisheit und Stärke,
Lobpreis und Ehre und Herrlichkeit.“ 5,12

Das Lied erfüllte den Himmel.
Es setzte sich fort bis an die
äußersten Enden der Erde.
Und alles was lebte,
stimmte in das Jubellied ein:

„Dem, der auf dem Thron sitzt,
und dem Lamm gebührt
Lob und Ehre,
Ruhm und Macht
von Ewigkeit zu Ewigkeit.“ 5,13

Johannes stand da und lauschte,
bis das Lied verklungen war.
Noch war es Zukunftsmusik,
was er vernommen hatte.
Noch lag die Zukunft
düster und ungewiss vor ihm,
wie das Buch mit sieben Siegeln.
Aber Johannes hatte
den Thron Gottes von ferne geschaut.
Nun glaubte er gewiss:
Gott war es allein,
der die Welt regierte,
heute, morgen und in alle Ewigkeit.
Er, der allmächtige Herr
über Himmel und Erde,
hatte das Buch dem Lamm übergeben.
Ihm hatte er alle Macht übertragen.
Was auch immer geschehen würde,
ihre Zukunft gehörte dem „Lamm“,
dem gekreuzigten Christus,
der sein Leben
für sie geopfert hatte.
Keine Macht der Welt
durfte sie aus seiner Hand reißen.

Der neue Himmel und die neue Erde

Offenbarung 21

Dies ist die Botschaft,
die der Seher Johannes
den Gemeinden in Kleinasien sandte,
als sie in großer Bedrängnis waren
und keine Zukunft mehr sahen,
als ihre Feinde sich anschickten,
sie endgültig zu vernichten.
Da wurde ihnen das Geheimnis offenbart,
das Gott seinem Diener Johannes
anvertraut hatte.
Schwere Leidenszeiten
standen dem Volk Gottes bevor:
schreckliche Plagen,
Kriege und Naturkatastrophen,
die in Kürze die Erde heimsuchten.
Sie drohten Gottes gute Schöpfung
von Grund auf zu zerstören.
Aber am Ende der Tage
wird Gott einen neuen Himmel
und eine neue Erde heraufführen.
Und Gott wird für immer
unter den Menschen wohnen.

Und dies ist die Botschaft
von der neuen Welt Gottes
und der neuen Stadt,
die Gott seinen Diener Johannes
schauen ließ:

„Ich sah einen neuen Himmel
und eine neue Erde,
denn der erste Himmel
und die erste Erde sind vergangen,
und das Meer ist nicht mehr.
Und ich hörte eine große Stimme
von dem Thron her, die rief:
Sieh da: die Hütte Gottes
bei den Menschen.
Und Gott wird unter ihnen wohnen,
und sie werden sein Volk sein.“

Und ich sah einen neuen Himmel und eine neue Erde;
denn der erste Himmel und die erste Erde sind vergangen,
und das Meer ist nicht mehr.

Und ich hörte eine grosse Stimme von dem Thron her,
die sprach: Siehe da, die Hütte Gottes bei den Menschen!

Und er wird bei ihnen wohnen, und sie werden sein Volk sein,
und er selbst, Gott mit ihnen, wird ihr Gott sein;
und Gott wird abwischen alle Tränen von ihren Augen,
und der Tod wird nicht mehr sein,
noch Leid noch Geschrei noch Schmerz wird mehr sein;
denn das Erste ist vergangen.
Und der auf dem Thron sass,
sprach:
Siehe, ich mache alles neu!

Offenbarung 21,1–5

Einführung in die biblischen Bücher

Das Alte Testament

1. Am Anfang

Das erste Buch Mose

„Am Anfang schuf Gott Himmel und Erde" (1,1). Bereits in seinem ersten Satz nennt das erste Buch der Bibel sein besonderes Thema. Es ist die Geschichte vom Anfang – griechisch „Genesis"–, vom Anfang der Welt, vom Anfang der Menschheit und von den Anfängen des Volkes Gottes, die mit der Geschichte der Väter und Mütter Israels beginnt. Alle diese Anfänge sind miteinander verbunden durch den Anfang, den Gott selbst durch sein Wort schafft. Am Anfang steht das Segenswort, das Gott auf die Welt und die Menschheit legt: „Und Gott segnete sie und sprach: ‚Seid fruchtbar! Vermehrt euch! Und macht euch die Erde untertan.'"
Auch die Geschichte der Väter und Mütter Israels beginnt mit einem Segenswort. Gott spricht zu Abram:
„Ich will dich segnen und du sollst ein Segen sein. Und durch dich sollen gesegnet werden alle Geschlechter auf Erden" (12,2f.).
Mit diesem Segenswort ist das Thema aller folgenden Erzählungen genannt. Es geht um die Durchsetzung dieses Segens Gottes in der Geschichte.
Dabei ist ein Dreifaches zu beachten.

1. „Ich will dich segnen."
Gott spricht zu einzelnen Menschen: „Ich will dich segnen!" Er wählt Menschen aus, die keine besonderen Leistungen vorzuweisen haben. Was sie auszeichnet, ist allein Gottes Versprechen, das immer wieder erneuert wird. „Ich will dich zum großen Volk machen. Ich will dir dieses Land geben." Aber dieses Versprechen steht im Widerspruch zu der erfahrenen Wirklichkeit, in der die Väter und Mütter Israels leben. Das verheißene Land ist noch nicht ihr Land (12). Und die versprochenen Nachkommen lassen lange auf sich warten. Dennoch sind diese Menschen Gottes Gesegnete, d. h. von Gott gezeichnete Menschen, auf die Gott seine Hand gelegt hat, mit denen er seine Geschichte begonnen hat.

2. „Du sollst ein Segen sein."
Der Segen Gottes bedeutet nicht nur Auszeichnung, sondern auch Beauftragung. Die Väter und Mütter Israels bekommen den Auftrag, Segensträger für andere zu werden. Aber diese Menschen werden ihrem Auftrag oft nicht gerecht. Auf ihrem Weg werden sie immer wieder an anderen Menschen schuldig: Abram an seiner Frau Hagar, Jakob an seinem Bruder Esau, Jakobs Söhne an ihrem Bruder Josef. Und dennoch schreibt Gott mit diesen Menschen seine Segensgeschichte. Er segnet sogar den Betrüger Jakob und macht ihn zu „Israel", zum Ahnvater des Volkes Israel (32).

3. „Durch dich sollen gesegnet werden alle Geschlechter auf Erden."
Bei ungekürzter und vorbehaltloser Betrachtung aller sog. „Vätergeschichten" fällt vor allem auf, wie friedlich im ersten Buch Mose das Nebeneinander der verschiedenen Volksgruppen beschrieben wird. Die Bewohner des Landes Kanaan werden in diesen frühen Erzählungen nicht etwa als Feinde Abrams und seiner Nachkommen beschrieben, vielmehr hören wir von der Gastfreundschaft der Bewohner des Landes (14,13). Wir lesen von **Melchisedek**, jenem geheimnisvollen Kanaaniterkönig, der Abram sogar segnet „im Namen des höchsten Gottes" (14,19). Wer auch immer dieser „höchste" Gott sein mag, den Melchisedek verehrt – Abram lässt sich jedenfalls seinen Segen gefallen und bezieht ihn auf den „höchsten Gott, der Himmel und Erde geschaffen hat" (14,22). Und wir lesen von **Abimelech**, dem König der später so verhassten Philister, der sogar einen Bund mit Abrams Sohn Isaak schließt (26,28f.). Selbst der ägyptische König begegnet Abram mit Achtung (12,18f.). So entsteht der Eindruck eines friedlichen Miteinanders, zuweilen sogar geschwisterlicher Verbundenheit mit anderen Völkern. Dies gilt inbesondere für die Nachkommen Ismaels (16) und Esaus (32). Auch sie stehen unter dem Segen Gottes.

Am Ende des ersten Mosebuches wird diese Segensgeschichte in der Gestalt des greisen **Jakob** noch einmal eindrucksvoll gebündelt. Jakob ist es, der in Gottes Namen seine zwölf Söhne segnet und ihren Auftrag für ferne Zeiten bestimmt. Jakob segnet aber auch die Söhne Josefs, die Kinder einer ägyptischen Frau (48). Er schließt sie in die Segensgeschichte seiner Familie mit ein. Jakob segnet sogar Pharao, den ägyptischen König (47,7). So weist die Segensgeschichte des ersten Mosebuches weit über sich selbst hinaus – bis in die Zeit, da Gott Menschen aus allen Völkern zu seinem Volk machen wird.

2. Der Auszug

Das zweite und dritte Buch Mose

Das 2. Buch Mose enthält die wichtigste Erfahrung Israels, die dieses Volk im Lauf seiner Geschichte gemacht hat, und die es über alle Jahrhunderte hinweg als Bekenntnis im Gottesdienst bewahrt hat: *„Der Herr hat uns mit mächtiger Hand aus Ägypten, aus der Sklaverei, geführt" (13,14).*
Dieses Urbekenntnis Israels wird im zweiten Buch Mose entfaltet. In drei großen Abschnitten wird uns erzählt: 1. wer dieses Volk ursprünglich war, 2. wozu Gott es gemacht hat, und 3. was es nach Gottes Bestimmung sein soll.

1. Das befreite Volk
Wer ist das Volk, das Gott vor allen anderen Völkern ausgewählt hat? Ein Volk ohne Land, ohne Identität, ein Sklavenvolk ohne Hoffnung, jemals die Freiheit zu erlangen. So realistisch beschreibt das zweite Buch Mose die Ausgangssituation Israels in Ägypten. In Wahrheit ist es noch gar kein Volk, sondern ein Haufen verachteter und unterdrückter Sklaven im fremden Land. Damit steht von Anfang an fest: Dieses Volk kann sich niemals aus eigener Kraft befreien. Es ist Gott allein, der sein Volk Israel befreit und ins Leben ruft. Aufgabe der Israeliten aber ist es, dass sie als Augenzeugen, als unmittelbar Betroffene, Gottes Macht und Größe bezeugen:

a. Zunächst sind es die **Hebammen**, die in hoffnungsloser Situation durch ihr mutiges Zeugnis Gottes Macht und Größe vor dem mächtigen Pharao bezeugen (1,15ff.).

b. Danach werden alle Israeliten zu Augenzeugen eines Geschehens, das ihre kühnsten Vorstellungen von Gott übersteigt: Gott erweist sich in den zehn sog. „**Plagen**" als der Herr über Himmel und Erde und auch über den König der Ägypter. Sie *„sollen innewerden, dass ich der Herr bin"* (7,5). Das ist der tiefere Sinn dieser Geschichte. Staunend, ohne eigenes Zutun, erlebt das Volk Israel, wie Gott an den Ägyptern handelt, und wie Gottes Macht über Pharaos Macht siegt. Pharao kann zwar das Volk der Hebräer schikanieren. Er kann sogar durch seine Zauberer Unglück herbeizaubern (7,22). Aber seine Zauberer können nicht retten. Retten kann allein der Gott Israels, der sich auf die Seite der Ohnmächtigen gestellt hat. Das soll das angefochtene Sklavenvolk lernen und weitererzählen als Trost für kommende Generationen: *„damit du es verkündigst vor den Ohren deiner Kinder und Kindeskinder, wie ich mit den Ägyptern verfahren bin…, damit ihr wisst: Ich bin der Herr"* (10,1).

c. Die wichtigste Erfahrung aber, die das Volk Israel zu bezeugen hat, ist die Rettung Israels am **Schilfmeer** (14/15). Sie gilt als die eigentliche Geburtsstunde dieses Volkes. Und wieder ist es eine Frau, **Mirjam**, die dieses Geschehen zuerst in Worte fasst. In Form eines Siegesliedes deutet sie prophetisch das Ereignis als Sieg Gottes, nicht nur als Sieg über die Ägypter, sondern auch als Sieg über die feindlichen Mächte der Natur. Das Lied der Mirjam gehört zu den ältesten und wichtigsten Zeugnissen der Bibel überhaupt. Es findet seine Weiterführung in dem sog. Lied Moses (15,1ff.), das auf die Tradition des Wechselgesangs schließen lässt und klingt als Lied der Hoffnung bis in die Offenbarung hinein fort (Offbg 15,3f.): Am Ende werden alle Völker erfahren, wie mächtig Gott ist, und ihm mit Israel gemeinsam die Ehre geben.

2. Das Bundesvolk
Die eigentliche Mitte des Buches bildet die Geschichte vom Bundesschluss Gottes mit seinem Volk (19ff.). Das Volk Israel wird gewürdigt, Gottes Bundespartner zu sein. Darin liegt seine einzigartige Würde vor allen anderen Völkern. Darin liegt aber auch seine besondere Verantwortung begründet: *„Werdet ihr nun meiner Stimme gehorchen, so sollt ihr mein Eigentum sein, denn die ganze Erde ist mein" (19,5).*
Israel jedoch kann diese enge Beziehung zu Gott keinen Augenblick lang festhalten. Davon erzählt erschreckend die Geschichte vom goldenen Kalb (32). Dass Gott dennoch sein Volk nicht preisgibt, dass er auf das Gebet Moses hört, dass er sich sogar auf einen Dialog mit ihm einlässt und am Ende gar seinen Bund mit seinem Volk erneuert, dies gehört zu den erstaunlichsten Erfahrungen, die das Volk Israel im Verlauf seiner Geschichte mit Gott gemacht und überliefert hat (32-34).

3. Das heilige Volk
„Ihr sollt mir ein Königreich von Priestern sein" (19,6). Aus diesem Wort geht hervor: Gott verfolgt mit seinem „auserwählten Volk" ein bestimmtes Ziel. Das Volk soll „priesterlich", d. h. stellvertretend, seinen Namen vor allen Völkern ehren. Aber wie kann dieses Volk, das gleich zu Anfang gegenüber Gott schuldig geworden ist, überhaupt Gott begegnen? Wie kann der heilige Gott unter diesem „unheiligen" Volk wohnen? Die Antwort des zweiten und dritten Mosebuches lautet: Gott setzt selbst die Ordnungen fest, wie er unter seinem Volk wohnen will. Er ordnet den Bau des Zeltes an, in dem er seinem Volk begegnen wird. Er setzt Priester in ihr Amt ein, die ihm im Heiligtum nahen dürfen. So ist Gott seinem Volk ganz nah und bleibt dennoch verhüllt. Die kultischen Anordnungen, die im zweiten und dritten Mosebuch beschrieben werden, schaffen einen „Raum der Ehrfurcht", der nicht als Last, sondern als Geschenk Gottes, als bleibendes Zeichen für Gottes Nähe verstanden und gerühmt wird: *„Wo ist solch ein herrliches Volk, dem Gott so nahe ist wie uns der Herr?" (5. Mose 4,7)*

3. Durch die Wüste

Das vierte und fünfte Buch Mose

Im vierten Buch Mose finden wir die ausführlichste Darstellung der Wanderung Israels durch die Wüste. Diese vierzig Jahre werden zum einen als eine Zeit erfahren, in der das Volk seinen Gott kennenlernt, zum anderen aber auch als eine Zeit erster Bewährung.

1. Gottes Treue
Gott geht seinem Volk auf dem Weg durch die Wüste voran. Die Bundeslade führt den Zug an. Sie ist das sichtbare Zeichen für Gottes Gegenwart. Feierlich, in einer vorgeschriebenen Marschordnung, fast wie in einer Prozession, soll das Volk der Bundeslade folgen (10,33). Nach dem Befehl Gottes soll es aufbrechen und sich lagern (9,18ff.). Es ist ein „heiliger" Weg, den Gott sein Volk führt. Auf diesem Weg soll das Volk Israel lernen, auf seinen Gott zu hören, und täglich seine Führung erfahren und bekennen. So sieht auch das fünfte Buch Mose die Wüstenwanderung als Zeit besonderer Zuwendung Gottes, der sein Volk auf dem langen Weg begleitet und *„getragen hat, wie ein Mann seinen Sohn trägt" (1,31).* Im Rückblick auf diese Zeit soll sich Israel dankbar erinnern, was Gott für sein Volk getan hat. *„Denn der Herr, dein Gott, hat dein Wandern durch diese große Wüste auf sein Herz genommen. Vierzig Jahre ist der Herr, dein Gott, bei dir gewesen. An nichts hast du Mangel gehabt." (2,7)*

2. Israels Untreue
Auf diesem Hintergrund der Treue Gottes heben sich die Erzählungen des vierten Mosebuches scharf ab. Sie erzählen alle von der Untreue Israels, das auf seiner Wanderung durch die Wüste kläglich versagt hat. Von Anfang an „murrt" dieses Volk. Es lässt sich anstecken von der Unzufriedenheit seiner Knechte und verschmäht das Manna, das Gott in der Wüste für sein Volk täglich bereithält (11). Mehr noch: Es rebelliert gegen Gott und seinen Diener Mose (13). Ja, es überlegt allen Ernstes, wieder in die Unfreiheit zurückzukehren, anstatt den Weg mit Gott zu wagen (14). Schließlich kommt es sogar zum offenen Bruch zwischen Mose und seinen Stammesgenossen (16). In dieser immer neuen Rebellion wird Mose als Mittler zwischen Gott und Mensch zwischen den Fronten fast zerrieben (20). Mose leidet an seinem Volk, das Gottes Wohltaten nicht begreifen will. Er leidet aber auch an Gott, der ihm die Last dieses Volkes auferlegt hat. Dieses Leiden an seinem Amt zeigt sich besonders eindrucksvoll in den Gebeten Moses, die sich im vierten Buch Mose finden (z. B. 11,11ff.).

3. Die Bileamerzählung
An die Erzählungen der Wüstenwanderung schließt sich im vierten Buch Mose die Geschichte von Bileam an. In dieser altertümlichen Erzählung wird ein interessanter Perspektivenwechsel vorgenommen. Wir sehen, wie die Feinde Israels agieren, wie sie mit allen Mitteln versuchen, das Volk Gottes „außer Gefecht" zu setzen, während das Volk Israel friedlich und ahnungslos in den Steppen Moabs lagert. Allein durch Gottes Schutz bleibt das Volk Israel vor großem Unglück bewahrt. Das Besondere aber an der Bileamerzählung ist die schillernde Gestalt des Magiers, den Gott zu seinem Boten und Segensträger macht. Wie später die Propheten, so muss auch Bileam erst lernen, allein auf Gottes Stimme zu hören. Erst in der Begegnung mit dem Engel erkennt Bileam, was Gott von ihm will. Von dieser Stunde an zählt für Bileam nur der absolute Gehorsam gegenüber Gottes Wort, selbst auf das Risiko hin, dass er mit Schimpf und Schande davongejagt wird. Durch die Sehersprüche Bileams weist diese Geschichte über die Gegenwart hinaus in eine ferne Zukunft, die Gott für sein Volk bereithält.

4. Das fünfte Buch Mose
Dieses Buch stellt eine in sich geschlossene literarische Einheit dar und reicht weit über den bisher erschlossenen Erzählzusammenhang hinaus. Fast prophetisch hält es die bisherigen Erfahrungen Israels mit seinem Gott offen für künftige Generationen, denen Gott immer neu durch sein Wort begegnen wird. Von dieser Intention her ist die außergewöhnliche Dringlichkeit und Aktualität verständlich, die dieses Buch kennzeichnen. Jede Generation wird aufs Neue aufgerufen und eingeladen, ihre Antwort auf Gottes Wort zu geben und ihn allein im Reden und Tun zu ehren. Vor allen künftigen Generationen ist aber zunächst das Volk Israel an der Schwelle zum neuen Land gefragt, wem es in Zukunft dienen wird: dem einen Gott oder den Göttern des Landes. Die Antwort des Volkes steht noch aus. Die folgenden Bücher Josua und Richter werden zeigen, welche Antwort Israel im Verlauf seiner Geschichte gegeben hat.

4. Einzug ins Land
Das Buch Josua

Das Buch Josua markiert den vorläufigen End- und Zielpunkt der Geschichte Gottes mit seinem Volk. In ihm kommen alle Verheißungen Gottes, die er Abraham, Isaak und Jakob gegeben hat, zum Ziel. In diesem Sinn beschreibt das Buch Josua die Einnahme des Landes Kanaan als eine große und zusammenhängende Heilstat Gottes, die durch alle Erzählungen des Buches Josua hindurchscheint.

1. Diese Geschichte Gottes beginnt damit, dass Gott seinem verzagten Diener Mut zuspricht: „Sei getrost und unverzagt! Lass dir nicht grauen und entsetze dich nicht!" (1,9) Erst **Gottes Zuspruch** befähigt Josua zum Handeln. Aus eigener Kraft könnte es Josua niemals wagen, das große Werk in Angriff zu nehmen.

2. Auch die Erzählung von **Rahab** zeigt an, wie Gott im Verborgenen die Geschichte bestimmt. Gott ist es, der sich dieser Frau aus Jericho bekannt macht. Durch ihr „Zeugnis" gewinnt das Volk Israel Mut (2,9ff.).

3. In der Erzählung vom **Durchzug durch den Jordan** ist Gott allein der Handelnde (3,1ff.). Er gibt Josua den genauen Auftrag, was das Volk tun soll. Indem das Volk im Glauben diesen Weg wagt, wird es zum Zeugen der Macht Gottes, der sein Volk auf wundersamem Weg in das Land hineinführt.

4. Auch die Erzählung von der **Einnahme Jerichos** (6) und ihre kleine Vorgeschichte (5,13ff.) demonstrieren: Es ist „heiliges" Land, das Israel nun betritt. Wie in einer Prozession zieht das Volk um die Stadt herum und demonstriert damit: Dieses Land gehört Gott! Josua hat kein Recht, den Sieg für sich zu verbuchen. Er ist und bleibt ganz von Gott abhängig. Dies zeigt sich an der folgenden Erzählung von Ai, in der Josua nach eigenem Ermessen handeln möchte – und dabei scheitert (7,6ff.).

5. Auch die Geschichte von **Gibeon** (9) wird zum indirekten Zeugnis der Machttaten Gottes. Die Bürger von Gibeon trauen Gottes Macht offenbar mehr zu als Israel selbst. Dass Josua sie – ähnlich wie Rahab – verschont und ihnen einen Platz in der Gemeinschaft Israels zuweist, ist ein bemerkenswerter Zug in den sonst so kriegerischen Geschichten des Josuabuches.

6. Auch die Zuweisung des Landes durch **Losentscheid** (13–21) unterstreicht: Dieses Land ist und bleibt Gottes Land. Darum ist auch die Verteilung des Landes Gottes Sache allein.

7. In der abschließenden Erzählung vom sog. **„Landtag zu Sichem"** (24) wird die Einnahme des Landes noch einmal zusammenfassend als Heilstat Gottes bekannt. Zugleich wird das versammelte Volk vor die Entscheidung gestellt, wem es von nun an dienen wird: dem einen Gott, der das Volk in das Land geführt hat, oder den Göttern des Landes. Die Antwort des Volkes „Wir wollen dem Herrn dienen" (24,18.21) unterstreicht den einhelligen Eindruck, den dieses Buch vermittelt: sein Ziel ist der Lobpreis Gottes, der sein Volk so wunderbar ans Ziel geführt hat. Erst das folgende Buch der Richter befasst sich mit der Frage, wie das Volk Gottes sein Versprechen in der Geschichte bewährt hat.

5. Im neuen Land
Das Buch der Richter

Dieses Buch beschreibt realistisch und drastisch die Situation des Volkes Israel im Prozess der Sesshaftwerdung. Dabei fällt auf: Das Volk Israel stellt noch gar keine in sich geschlossene Größe dar. Es besteht aus einem losen Stämmeverband und wird von vielen Seiten bedroht. Das Buch der Richter beschreibt die Anfänge dieses Volkes im neuen Land als eine äußerst desolate Zeit, die gekennzeichnet ist von Brutalität, Anarchie und Verfolgung von Eigeninteressen. Den Grund für diese trostlose Situation sieht das Buch der Richter in der Gottvergessenheit des Volkes, in seinem immer neuen Abfall von Gott. So entsteht bei aller Vielfalt und Verschiedenheit der einzelnen Erzählungen, die in das Buch der Richter aufgenommen wurden, ein scheinbar einheitliches Geschichtsbild, das vor allem auf drei Grundaussagen beruht, die durch das ganze Buch hindurch wiederkehren und die verschiedenen Einzelerzählungen miteinander verknüpfen (z. B. 2,11ff.; 6,1ff.; 10,6ff.):

1. Es ist die **Untreue des Volkes**, vor allem sein Ungehorsam gegenüber dem ersten Gebot, der es immer neu ins Unglück stürzt. Von Anfang an, vom Beginn der Sesshaftwerdung an, hat dieses Volk den Bund mit Gott gebrochen und hat anderen Göttern gedient. Und immer wieder verfällt es demselben Fehler. Es lernt nichts aus seiner Geschichte hinzu.

2. Es liegt allein an **Gottes Barmherzigkeit**, dass das Volk im neuen Land nicht untergeht. Gott sieht die Not seines Volkes. Er hört sein Schreien, und er greift ein, sooft sein Volk von Feinden bedroht wird. Er schickt seinem Volk Retter, die es von Fremdherrschaft befreien.

3. **Die Retter**, die Gott auswählt und beruft, sind allerdings keine Helden. Menschen wie Debora, Gideon oder Simson sind genauso schwach und fehlbar wie andere Menschen. Aber Gott gebraucht diese „Richter" als seine Diener. Durch sie setzt er Zeichen der Hoffnung in trostloser Zeit. Dies zeigen zwei ganz verschiedenartige Erzählbeispiele aus dem Buch der Richter:

a. Debora:
Die Geschichte von Debora gehört zu den ältesten Überlieferungen des Alten Testaments. Sie wird uns sowohl in Form eines sehr alten Siegesliedes, dem „Lied der Debora" (5), und in Form einer Erzählung (4) überliefert. Aus zweifacher Perspektive erfahren wir, wie erstaunlich Gott an seinem Volk handelt:
– Gott handelt durch eine Frau, die es wagt, Gottes Macht mehr zuzutrauen als der Übermacht der kanaanitischen Feinde.
– Gott greift selber in das Geschehen ein. Nicht der Kampfesmut seines Volkes führt die Wende herbei, sondern Gott, der die Feinde in „panischen Schrecken" versetzt (4,15).

In diesem Geschehen erfährt das bedrängte Volk seinen Gott als Herrn auch über die Mächte der Natur. Sogar die Sterne gehorchen ihm (5,20). Mit anderen Worten: Die Sterne sind keine „Götter", sondern Geschöpfe aus Gottes Hand. Aber die, „die ihn lieb haben, sollen sein, wie die Sonne aufgeht in ihrer Pracht" (5,31). Was für ein Bild: Die Sonne, die in anderen Religionen göttlich verehrt wird, wird zum Bild des Menschen, der aus der Liebe Gottes lebt!

b. Simson

Der Simsonzyklus erzählt uns die ungewöhnliche Geschichte eines Menschen, den Gott wider alles Erwarten in seinen Dienst ruft. Ganz profan, ja geradezu derb und roh geht es in dieser Geschichte zu. Da wird leidenschaftlich geliebt, da wird gezecht, bestochen und geschlagen. Da hören wir von käuflicher Liebe, von Verrat und blinder Wut: ein bezeichnendes Beispiel für die anarchischen Zustände der Richterzeit, wo „jeder tat, was ihm recht dünkte" (21,25), zugleich aber auch ein Bild für den Menschen aller Zeiten, der seine Freiheit ausleben möchte, aber in Wahrheit unfrei ist, ein Sklave anderer Menschen und seiner eigenen Triebe.

Simson ist auf der einen Seite ein typischer Repräsentant seiner Zeit, unberechenbar und exzessiv. Er erlaubt sich jede Freiheit. Er lässt sich von seinen Trieben leiten und immer wieder zu unberechenbaren Taten hinreißen (15,4). Aber auf der anderen Seite ist er ein „Geweihter Gottes". Das ist das Geheimnis seines Lebens. Damit erklärt er selber seine große Kraft (16,17). Seine langen Haare sind nur ein äußeres Zeichen dafür, dass Gott ihn schon von Mutterleib an zu seinem Dienst bestimmt hat. Aber nicht durch seine „Heldentaten", sondern in seinen schwachen Stunden weist sich Simson als „Geweihter Gottes" aus. Als Simson fast verdurstet (15,18) und als er dem Spott seiner Feinde ausgeliefert ist (16,28), da betet er zu Gott. Es sind die einzigen Gebete, die uns von Simson erzählt werden. An ihnen wird offenbar, wer Simson in Wahrheit ist: kein „Held", sondern einer, der allein aus Gottes Gnade lebt.

So gehört auch diese profane Geschichte zu der Geschichte Gottes, der im Verborgenen an und durch Simson wirkt und „der geheimnisvolle Dinge tut" (13,18). In dem Augenblick, als Simson dieses Geheimnis preisgibt, zerstört er es auch (16,17ff.). Er wird kraftlos und angreifbar. Und dennoch bricht Gottes Geschichte mit Simsons Ende nicht ab. Simsons Brüder holen den Leichnam Simsons und begraben ihn in Israels Erde. Damit wird die Geschichte des Einzelkämpfers Simson wieder in die Geschichte Israels zurückgeholt. Als „Richter" gehört er in die Reihe derer, die die Erinnerung an Gottes Gebot im Land wachgehalten haben. Als solcher ist Simson, wie alle anderen auch, tief in der Heilsgeschichte Gottes verwurzelt.

6. Ende und Neuanfang

Das erste Buch Samuel

Dieses Buch beschreibt den Übergang von der Richterzeit zum Königtum, eine Zeit, die gekennzeichnet ist durch allgemeine Verfallserscheinungen, aber auch durch das Bemühen um einen Neuanfang.

1. Es ist vor allem der **religiöse Verfall**, der das Volk Israel in seiner Existenz bedroht. Die Zustände am Heiligtum in Silo und insbesondere die Verwahrlosung der Priester zeigen an, wie tief das Volk gefallen ist. „Ikabod – die Herrlichkeit Gottes ist von Israel gewichen", das ist die traurige Wirklichkeit, der wir am Anfang des ersten Samuelbuches begegnen (4,21).

2. Zu der Gefährdung von innen kommt die **Bedrohung durch äußere Feinde**. Insbesondere die Philister stellen aufgrund ihrer militärischen Überlegenheit eine akute Gefahr für Israel dar. Dennoch wird über die Philister ausgesagt, dass sie dem Gott Israels und seiner Bundeslade mehr Ehre erweisen als das Volk Israel selbst (6,6ff.)!

3. Aber mitten in diesem allgemeinen Verfall zeichnet sich leise ein **Neuanfang** ab. Er beginnt mit dem Kind Samuel, das am Heiligtum aufwächst. Samuel ist der letzte Richter. Er übernimmt zugleich auch priesterliche und prophetische Funktionen (7). Vor allem aber ist er es, der im Namen Gottes die ersten beiden Könige salbt. Mit diesen beiden Königen beginnt eine neue Phase in der Geschichte Israels.

4. Der Beginn des Königtums markiert aber noch keinen echten Neuanfang. Die Königsherrschaft Sauls ist vielmehr nach der Darstellung des ersten Samuelbuchs durch schwere Verfehlungen belastet. Sosehr Saul zunächst als König begrüßt wird, so kritisch wird in den folgenden Erzählungen sein Königtum gesehen. Sauls immer neue Versuche, das Königsamt für seinen Sohn zu retten, seine ständige Jagd auf David, den designierten Thronfolger, machen ihn geradezu zur tragischen Figur. Es scheint, als wolle das erste Samuelbuch mit dieser Darstellung bereits auf die Gefahren hinweisen, die im Königtum Israels schlummern, vor allem auf die Gefahr wachsender Entfremdung von Gott. Konsequent endet daher das 1. Buch Samuel mit dem Ende Sauls und seiner Söhne (31). Der wahre Neuanfang für das Volk Israel steht erst noch aus.

7. König David

Das zweite Buch Samuel

Dieses Buch markiert einen Höhepunkt in der Geschichte Israels. Es behandelt die Königszeit Davids. Aber im Unterschied zu der Darstellung im 1. Buch der Chronik verzichtet dieses Buch auf jede Überhöhung der Person Davids. Der Glanz, der auf seine Königsherrschaft fällt, liegt vielmehr allein in der **Zusage Gottes** begründet, die David durch den Propheten Natan erhält (7,11ff.): Gott bestätigt Davids Königshaus für alle Zeit. Aber diese Zusage Gottes wird durch David selbst gefährdet. Durch seinen Ehebruch und durch seinen Mord an Uria bricht die Frage auf: Wie kann sich die Zusage Gottes in Davids Familie durchsetzen – trotz **Davids Schuld**? Schonungslos entfaltet das zweite Buch Samuel das Drama, das in der Folge Davids Königshaus erschüttert, ein Drama, in dem David selber Täter und Opfer zugleich ist. Nacheinander wird David seiner möglichen Thronfolger beraubt. Zunächst stirbt das Kind Batsebas (12). Dann ist es Amnon, der älteste Sohn, der der Rache seines Bruders zum Opfer fällt (13). Danach erhebt sich sogar Absalom öffentlich gegen seinen Vater und kommt dabei selber im Kampf um (18). Gottes Versprechen wird zwar nicht zurückgenommen. David bleibt der erwählte König. Aber es ist bis zum Ende ungewiss, wie sich die Verheißung in der Geschichte durchsetzen wird.

Das zweite Samuelbuch endet mit der Erzählung von Davids **Volkszählung** (24). Diese Geschichte ist in mehrfacher Hinsicht bemerkenswert. An ihr wird deutlich, welch große Verantwortung der König für sein Volk trägt. Er hat als Hirte über seinem Volk zu wachen (24,17). David jedoch verhält sich in dieser Geschichte wie ein machtbesessener Despot, der auf seine militärische Stärke setzt. Dadurch reißt der König sein ganzes Volk ins Verderben. Aber im Unterschied zu anderen despotischen Königen hört David auf den Propheten, den Gott zu ihm schickt. Er erkennt seine Schuld und beugt sich unter Gott: *„Es ist mir sehr angst, aber lass uns in die Hand des Herrn fallen, denn seine Barmherzigkeit ist groß; ich will nicht in der Menschen Hand fallen" (24,14).*

Das ist das Geheimnis dieses Königs: dass er sich mit all seiner Schuld unter Gottes Richtspruch stellt (vgl. 15,26; 16,10). Und das Erstaunliche geschieht: Gott lässt Gnade vor Recht ergehen. Er hält das Gericht auf. Zum Zeichen der Versöhnung soll David einen Altar bauen und Gott ein Sühnopfer darbringen. Es ist genau die Stelle, an der später der Tempel stehen wird, der Ort, der nach der Überlieferung mit dem Berg Morija gleichgesetzt wird, jenem Ort, an dem Gott einst zu Abraham gesprochen hat. Am Ende der bewegten Davidsgeschichte steht dieses vielsagende Zeichen der **Versöhnung** durch Gott! Durch Gottes Gnade geschieht ein Neuanfang. Gott selbst setzt den Ort fest, an dem er künftig unter seinem Volk wohnen wird.

8. Unter den Königen Israels

Das erste und zweite Buch der Könige

Die beiden Königsbücher erzählen eines der düstersten Kapitel in der Geschichte Israels. Im Kontrast zu der glanzvollen Königszeit Salomos berichten sie von der Teilung des Königreiches in das Königreich Juda im Süden und das Königreich Israel im Norden und von deren Niedergang bis zur Eroberung beider Reiche durch die Assyrer bzw. die Babylonier. Ausgangspunkt dieser Geschichtsschreibung ist die Frage: Wie konnte dieses Volk so kläglich untergehen, obwohl es doch Gottes Volk war? Hat Gott etwa sein Volk im Stich gelassen? Oder haben andere Völker und Mächte über den Gott Israels gesiegt? Die Antwort lautet: Nein, es ist nicht Gottes Schuld. Unsere Schuld ist es und die Schuld unserer Vorfahren, dass wir dies alles erleiden müssen. Darum wird die Geschichte der Könige so ausführlich erzählt. Die ganze Geschichte liest sich wie ein umfassendes Schuldbekenntnis vor Gott, das auf drei grundlegenden Aussagen beruht:

1. Die Könige Israels haben das Volk ins Unglück gestürzt. Sie, die doch als Hirten ihr Volk im Namen Gottes führen sollten, haben das Volk verführt, d. h. von Gott weggeführt. „Sie taten, was dem Herrn übelgefiel." Diese harte Zensur wird vor allem über jene Könige gefällt, die über das nördliche Königreich Israel herrschten. An erster Stelle steht König *Jerobeam.* Obwohl er in Gottes Auftrag durch den Propheten zum König gesalbt worden war, hat er seine göttliche Bestimmung verfehlt. Ihm wird vorgeworfen, dass er in Bethel ein eigenes Heiligtum und ein Standbild von Gott errichtet hat und dadurch sein Volk davon abgehalten hat, Gottes Haus in Jerusalem aufzusuchen (12,25ff.). Das Urteil über König *Ahab* fällt noch radikaler aus. „Er tat, was dem Herrn übelgefiel, mehr als alle, die vor ihm gewesen waren" (16,30). Denn Ahab führt unter dem Einfluss seiner Frau Isebel sogar den Baals- und Astartekult in Israel ein (16,31) und verfolgt alle Propheten, die dem Gott Israels dienen.

2. Gott hat sein Volk immer wieder durch seine Propheten gewarnt. Aber sie wurden nicht gehört. Es ist Zeichen der Güte Gottes, dass er auch in dieser düsteren geschichtlichen Stunde sein Volk nicht preisgibt und nicht aufhört, durch seine Propheten zu ihm zu reden. In diesem Zusammenhang kommt den Erzählungen von den Propheten *Elia* (1. Kö 17ff.) und *Elisa* (2. Kö 2ff.) besondere Bedeutung zu. Sie bilden in den Königsbüchern ein wichtiges Gegengewicht zu der so düsteren Königsgeschichte. Auch wenn nur wenige auf die Stimme der Propheten hören, so werden diese nicht müde, das Volk daran zu erinnern, wer der wahre Herr über Israel und seine einzige Hoffnung ist.

3. Der Untergang des Königreichs ist zu verstehen als Gericht Gottes über sein Volk. Am Ende der Geschichte des Königreichs Israel finden wir in einem „Epilog" (2. Kö 17,7ff.) eine abschließende Deutung dieser Geschichte: Nicht nur die Könige, sondern das ganze Volk Israel, alle tragen Verantwortung für diese Geschichte, die gekennzeichnet ist durch immer neuen Abfall von Gott und seinen Geboten. Darum ist Gottes Gericht über sie gekommen.

Diese harte Deutung geschichtlicher Ereignisse soll die Menschen nicht noch mehr in die Verzweiflung treiben, sondern umgekehrt: sie zu Gott zurückrufen. Auch als ihr Richter bleibt Gott ihnen nah. Von ihm allein ist in dieser verzweifelten Situation Hilfe zu erwarten, von ihm, der Richter und Retter Israels ist. *„Seine Barmherzigkeit hat noch kein Ende"* (Klagel 3,22f.). Das ist die Erfahrung, die Israel selbst in der Stunde tiefster Gottverlassenheit nie vergessen hat.

9. Unter den Königen Judas

Das erste und zweite Buch der Chronik

Auch die beiden Chronikbücher geben einen umfassenden Überblick über die Geschichte der Könige. Aber anders als in den Königsbüchern konzentriert sich ihre Darstellung auf das südliche Königreich Juda. Dabei fällt auf, dass die Könige Judas nach einem ganz bestimmten Maßstab beurteilt werden, der fast schematisch an jeden König angelegt wird. Die Beurteilung der Könige bemisst sich sowohl an ihrer Haltung zum Gottesdienst im Tempel, als auch an ihrer Lebensführung. Als typische Kennzeichen für einen vorbildlichen König werden folgende Merkmale wiederholt genannt:

1. Der König fürchtet Gott, das heißt: Er hält Gottes Gebote und unterweist auch sein Volk in seinen Geboten. Dies äußert sich z. B. in den Reformen, die der König in seinem Land durchsetzt (z. B. II, 17ff.).

2. Er zerstört die Götteraltäre und lässt den Tempel wiederherstellen (z. B. II, 24,4ff.; 34,1ff.).

3. Er sucht Gott. In Zeiten der Not wendet er sich zuerst im Gebet an Gott. Diese Gebete zeugen von einem tiefen Gottvertrauen und gehören zu den kostbarsten Texten der Chronikbücher (z. B. II, 20,4ff.).

4. Er hört auf die Propheten Gottes, wobei in den Chronikbüchern meist unbekannte Propheten auftreten, die eine einmalige Botschaft Gottes vortragen (II, 15,1/20,15).

5. Er lobt Gott. Gemeinsam mit den Tempelsängern ruft er zum Lob Gottes auf und nimmt im Lob vorweg, was Gott tun wird (z. B. II, 20,21/20,26).

6. Er erneuert den Bund mit Gott (z. B. II, 34,31ff.).

Was im Buch der Chronik vorzugsweise über die Könige Judas ausgesagt wird, gilt letztlich für jeden Menschen: Wer Gott vertraut und wer ihm treu dient, darf sich Gottes Hilfe sicher sein. Somit ist das Buch der Chronik als Ruf zur Umkehr zu verstehen. Das Buch lädt das Volk Gottes ein, über der Betrachtung der Königsgeschichte das eigene Leben zu überdenken und das Leben neu nach Gottes Geboten auszurichten.

10. Unter fremden Herrschern

Die Bücher Esra, Nehemia, Ester

Gottes Wirken an und durch die Großkönige jener Zeit, das ist das gemeinsame Thema der Bücher Esra, Nehemia und Ester. Das verbannte und zerstreute Volk der Juden erfährt in aussichtsloser Situation die Gunst der Mächtigen, und gerade darin erfährt es seinen Gott. Gott ist es, der die Menschenherzen bewegt und sie zu politischen Entscheidungen führt. Er ist es auch, der seinem angefochtenen und gefährdeten Volk einen Lebensraum mitten in der bewegten und vielfältigen Völkerwelt schafft. In diesen Geschichten bekennt sich das Volk der Juden zu Gott als dem Herrn der Welt, voller Staunen darüber, dass dieser Herr aller Herren der Gott Israels ist.

1. Das Buch Esra
behandelt zwei große Themen:

a. Die Heimkehr der Juden aus Babylon.
Sie wird als Wunder Gottes erfahren. Das Wohlwollen der persischen Großkönige Kyros und Darius gegenüber dem jü-

dischen Volk und seinem Gott ermöglicht die überraschende Heimkehr der Juden, den Wiederaufbau des Tempels und die Wiedereinführung des jüdischen Gottesdienstes. Trotz mancherlei Widerstände und eigener Mutlosigkeit gelingt es, den Tempel wiederaufzubauen, dank der beiden Propheten **Haggai** und **Sacharja**, die dem Volk im Namen Gottes Mut zusprechen.
b. Das zweite große Thema des Esrabuches ist der **Gehorsam der Juden gegenüber Gottes Gebot.** Die Jerusalemer Gemeinde soll Gott nicht nur im Tempel durch ihre Opfer dienen, sondern auch den Alltag heiligen, als lebendiges Zeugnis für die Nachbarvölker. Esra, der Schriftgelehrte und Spätheimkehrer, fordert das Volk zum radikalen Gehorsam auf, ohne Rücksicht auf die veränderte geschichtliche Situation. Trotz der strengen Forderungen Esras wird diese Ära als besondere Heilszeit erfahren: Gott wohnt wieder mitten unter seinem Volk. Daraus erklärt sich auch die für uns nur schwer nachvollziehbare Schärfe, mit der das Buch Esra endet: Die Gemeinde in Jerusalem hat eine priesterliche Funktion. Ihr ganzes Leben soll Gott gehören. Darum kann und darf sie nach Auffassung des Schriftgelehrten Esra keine Kompromisse mit anderen Völkern und Kulturen eingehen.

2. Das Buch Nehemia
gibt einen Einblick in die Situation Jerusalems nach dem babylonischen Exil. Es berichtet von der Mutlosigkeit der Menschen, die schutzlos anderen ausgeliefert sind. Es ist nicht allein die fehlende Mauer, die sie so hilflos macht. Es ist vielmehr die bange Frage, ob Gott noch unter ihnen wohnt. Aber diese mutlosen Menschen erleben durch den gemeinsamen Wiederaufbau ihrer Stadtmauer, wie Gott handgreiflich unter ihnen wirkt. Über ihrer Arbeit entdecken sie die gnädige Hand Gottes, die sie in ihrem Tun leitet und schützt. Der Glaube der Menschen äußert sich in einem schlichten Gottvertrauen, sowohl in den Gebeten Nehemias als auch im praktischen Tun.
Bemerkenswert ist vor allem der Schluss des Buches. Erst dort wird der Bezug der Nehemiageschichte zur Geschichte Israels hergestellt. Die Schriftlesung aus der Tora durch Esra, die Feier des Laubhüttenfestes (8) und das Bußgebet der Gemeinde mit anschließender Erneuerung des Bundes (9) lassen erkennen, wie stark auch diese späte Geschichte in der Geschichte Gottes mit Israel verwurzelt ist. Am Ende bleibt die Geschichte offen. Die Zukunft der neu ummauerten Stadt liegt noch im Dunkeln. Aber das offene Ende lässt erahnen, dass Gott in Zukunft noch Größeres mit dieser Stadt vorhat.

3. Das Buch Ester
Die Geschichte von Ester wirkt auf den ersten Blick wie ein Märchen aus 1001 Nacht. Sie ist eingebettet in die überaus farbenprächtige und glanzvolle Szenerie des persischen Königshofes. Die Machtfülle des persischen Königs steht in krassem Kontrast zu der Situation der bedrängten Juden im persischen Großreich. Menschlich betrachtet haben diese Juden keine Möglichkeit, sich selber zu schützen, sondern sind den Intrigen und Anfeindungen ihrer Gegner ausgeliefert. Dennoch hält Gott auch in der Fremde seine Hand schützend über seinem Volk. Zwar wird das Wort Gott im Buch Ester kein einziges Mal erwähnt. Aber im Verborgenen ist Gottes Wirken durchgängig spürbar:
(1) Gott ist es, der das Herz des Königs bewegt.
(2) Er gibt Ester die Weisheit und den Mut, vor den König zu treten.
(3) Die Gunst des Königs wird zum Zeichen für Gottes verborgene Führung.

So ist das Buch Ester nicht nur als Vorwegnahme der Leidensgeschichte des jüdischen Volkes zu verstehen, sondern als eindrucksvolle Demonstration der Zusage Gottes:
„Wer euch antastet, der tastet meinen Augapfel an" (Sacharja 2,12).

11. Klagen und Loben
Das Buch Hiob

Was bleibt, wenn einem Menschen alles genommen wird, worauf er sein Leben gebaut hat? Wenn die weise Ordnung seines Lebens aus dem Lot gerät? Wenn Gott selber zum Feind des Menschen wird? Dieser Frage stellt sich das Buch Hiob, und zwar so radikal und unausweichlich wie sonst kein anderes Buch der Bibel. Es erzählt die Geschichte vom Schicksal Hiobs, eines Weisen, dessen Leben mit einem Mal aus den Fugen gerät, der selbst zu einer einzigen Frage nach Gott wird. Im Munde Hiobs gerät diese Frage nach Gott zu einem Protest gegen Gott selbst, aber auch zu einem Protest gegen alle, die sich mit „vernünftigen" Antworten zufriedengeben wollen, und zu einem Aufschrei, der nicht eher verstummt, bis Gott selbst antwortet.
In diesem Buch werden die alten und immer neu gegenwärtigen Fragen des Menschen angerührt:
1. Warum müssen Menschen leiden?
2. Warum lässt Gott das Leiden zu?
3. Warum schweigt Gott?
In einer meisterhaften Verschmelzung von Erzählung und Dialogtexten verbindet das Buch Hiob diese Fragen mit dem Schicksal Hiobs und lässt diese Fragen alle einmünden in der einen, alles umgreifenden Antwort Gottes an Hiob. So nimmt uns das Buch Hiob mit auf einen Weg, auf dem die Rätsel des Lebens und Leidens nicht aufgelöst werden, aber an dessen Ende Gott selber dem Menschen begegnet. Auf diesem Weg durch das Buch lernen wir Hiob von verschiedenen Seiten kennen:

1. Der weise Hiob
So stellt sich uns Hiob in der einleitenden Erzählung dar: als ein „weiser" Mensch, der sein Leben mit Gott lebt, und dem deshalb offenbar auch alles gelingt. Aber Hiob muss es an seinem eigenen Leib erfahren, dass diese Rechnung nicht aufgeht. Als das Leiden über ihn kommt, als seine Freunde ihn mit weisen Reden zuschütten und nach dem Sinn des Leidens fragen, da wehrt sich Hiob vehement gegen ihre vermeintliche Weisheit *(13,5: „Wollte Gott, dass ihr geschwiegen hättet, dann wäret ihr weise geblieben.")*. Im Unterschied zu seinen Freunden kann Hiob keinen Sinn in seinem Leiden erkennen. Erst am Ende, als sich Hiob unter Gott beugt und ihm Recht gibt, wird erkennbar, was wahre Weisheit ist: wenn sich der Mensch unter Gott, seinen Schöpfer, stellt und ihm in guten wie auch in schweren Zeiten auf alle Fälle Recht gibt.

2. Der leidende Hiob
Hiob leidet nicht nur an seinen Schicksalsschlägen. Er leidet vor allem an Gott selber, den er in seinem Tun nicht mehr begreifen kann, der ihm sogar als Feind begegnet *(6,4: „Die Pfeile des Allmächtigen stecken in mir" vgl. 16,9ff.)*. Im Unterschied zu seinen Freunden ist er sich seiner Unschuld bewusst. Er klagt Gott an. Aber gerade in seinem Klagen klammert er sich an Gott und hält trotz aller Leiden an ihm fest. Erst die Antwort Gottes bringt Hiob zum Verstummen. Gott offenbart sich ihm als der Mächtige, der allein die Macht hat, seinem Leiden ein Ende zu machen (38,11). Im Licht der Antwort Gottes erkennt Hiob, wie unangemessen seine Klage war. Und dennoch gibt Gott Hiob gegenüber seinen Freunden Recht (42,7).

3. Der Knecht Hiob
„Hast du auch achtgehabt auf meinen Knecht Hiob?" (1,8) So fragt Gott Satan in der einleitenden Szene. Als Knecht Gottes erweist sich Hiob vor allem in der Fürbitte für seine Kinder (1,5) und für seine Freunde *(42,8: „Mein Knecht Hiob soll für euch Fürbitte tun!")*. Dieser Dienst der Fürbitte schließt Anfang und Ende der Hiob-Erzählung zusammen. Aber nicht nur in gesunden Tagen, auch im Leiden bleibt Hiob der Knecht Gottes. Er, der in den Tagen seines Glücks der Fürsprecher seiner Kinder war, braucht nun selbst den „Fürsprecher bei Gott" (17,3). Sein Leiden erinnert an jenen „leidenden Gottesknecht", von dem im Buch Jesaja gesagt wird, er sei der „Allerverachtetste" und „Unwerteste", erniedrigt und dennoch von Gott rehabilitiert (53,3ff.), ein Vorschein dessen, was später von Jesus bezeugt werden wird. So bleibt Hiob auch im Leiden, ja selbst im Widerspruch zu Gott ein Zeuge Gottes, durch den Gott zu den Menschen redet, insbesondere zu jenen Menschen, die glauben, in ihrem Leid und ihrer Anfechtung von Gott verlassen zu sein.

Die Botschaft der Propheten

Die prophetischen Bücher gehören zu den wichtigsten Schriften der ganzen Bibel und bilden neben den Geschichtsbüchern den zweiten großen Teil des Alten Testaments. Sie sind in einer ganz bestimmten geschichtlichen Phase entstanden und sprechen auch jeweils in eine bestimmte geschichtliche Situation hinein. Ihre Botschaft verkündigt Gottes Wort als gegenwärtiges Wort, in dem Gott selbst seinem Volk nahekommt. Betrachtet man die prophetischen Bücher in ihrer Gesamtheit, so fällt auf, dass sie auf der einen Seite viele Gemeinsamkeiten aufweisen, auf der anderen Seite aber ganz verschiedene Formen der Ausgestaltung finden, der jeweiligen Situation entsprechend, in die sie hineinreden. Beides, die übereinstimmende, wiederkehrende Struktur und die individuelle Ausformung der prophetischen Botschaft, unterstreicht die Besonderheit prophetischer Literatur: Sie zeigt an, dass der Prophet nichts anderes ist als ein Bote Gottes und selbst an Gottes vorgegebenes Wort gebunden bleibt. Diese „Objektivität" geht so weit, dass der Prophet in seiner Verkündigung deutlich zwischen der „Ich-Rede" Gottes und seiner eigenen Predigt unterscheidet, wobei die „Ich-Rede" Gottes fast immer mit der Botenformel eingeleitet wird: „So spricht der Herr." Auf der anderen Seite aber erlaubt sich die prophetische Verkündigung viele Freiheiten. Der Prophet ist keinem Menschen, weder Königen noch Priestern, Rechenschaft schuldig, sondern allein Jahwe, dem Gott Israels, der ihn berufen hat.
Übereinstimmend stellen wir in den prophetischen Büchern vor allem drei Schwerpunkte prophetischer Botschaft fest:

1. Die Berufungsgeschichte
Sie stellt den ersten wichtigen Teil prophetischer Verkündigung dar. In ihr gibt der Prophet seinen Hörern bzw. Lesern Auskunft darüber, wer ihn in sein Amt eingesetzt hat. In ihrem Bericht halten sich die Propheten an ein vorgegebenes Schema mit folgenden Elementen:
a. Gott offenbart sich dem Propheten.
b. Er beruft den Propheten.
c. Er räumt alle Widerstände aus.
d. Er gibt dem Propheten einen bestimmten Auftrag.
Durch diese Form der Berufungsgeschichte weist sich der Prophet – im Unterschied zu selbst ernannten Propheten – als „wahrer" Prophet aus, der Gottes Wort ohne Wenn und Aber zu verkündigen hat. In seiner Berufungsgeschichte ist seine besondere Botschaft, die er in seiner Zeit zu verkünden hat, meist schon im Kern enthalten.

2. Die Gerichtspredigt des Propheten
Sie nimmt innerhalb der prophetischen Verkündigung den größten Raum ein. Sie ist als Ruf zur Entscheidung immer an eine bestimmte geschichtliche Stunde gebunden und an ein konkretes Gegenüber gerichtet (z. B. Volk/Priester/König). Angeklagt sind jene, an denen Gott in besonderer Weise gehandelt hat und denen er seine Tora offenbart hat. Dementsprechend werden die Gebote Gottes zum Maßstab prophetischer Anklage.
Mit ihrer harschen Gerichtsbotschaft wirkt die Botschaft der Propheten auf uns oft befremdend. Aber gerade in ihr finden wir etwas vom „Urgestein" der Prophetie wieder. Die Propheten zwingen uns, der Realität ins Auge zu schauen: der Realität unserer Verstrickung in Schuld, vor allem aber der Realität Gottes, der als Anwalt der Entrechteten Gerechtigkeit fordert und Gericht hält, und der nicht aufhört, sein Volk zur Umkehr zu rufen.

3. Die Heilszusage Gottes
Sie wird dem Propheten offenbart als Gottes letztgültiges Wort über sein Volk und über die gesamte Völkerwelt bzw. Schöpfung. Dabei ist zu beachten: Indem Gott seinem Propheten seinen Heilswillen anvertraut, ist das Heil schon unterwegs, beginnt es hier und jetzt im Wort der Offenbarung. Der Prophet soll dieses Wort nicht hinausposaunen und damit den Ernst des Gerichtes mindern. Er hat vielmehr dieses Wort sorgsam zu hüten als Trost für die Angefochtenen, für den kläglichen „Rest", der noch nach Gott fragt, als Demonstration der universalen Macht Gottes gegenüber anderen Mächten, die sich wie Götter aufspielen, und als Zeugnis der Hoffnung für kommende Generationen.
Diese Heilszusage drückt sich in ganz verschiedenen Bildern aus: der Berg Zion, zu dem einst alle Völker pilgern werden; der neue König, der Messias Gottes, der in Frieden und Gerechtigkeit regieren wird; der neue Bund, in dem Gott sein Gesetz den Menschen ins Herz geben wird; die neue Stadt Gottes, in der Gott unter seinem Volk wohnen wird. In all diesen endzeitlichen Bildern offenbart sich Gott als der gnädige Gott, der seinen Plan mit seinem Volk und der Völkerwelt auf alle Fälle zum Ziel bringen wird.

12. Der Prophet Amos

Das Auftreten des Propheten Amos fällt in die letzte Blütezeit und Friedenszeit des Königreichs Israel unter Jerobeam II. (787–747). Zu dieser Zeit wiegen sich die Verantwortlichen im Volk in Sicherheit: zum einen, weil die Gefahr von außen gebannt scheint; zum anderen, weil sie sich als Gottes erwähltes Volk für unbesiegbar halten.
Die Botschaft des Propheten Amos steht dazu in großem Gegensatz, und zwar ebenfalls aus zweifachem Grund: Amos sieht furchtbares Unglück über Israel kommen, Krieg, Eroberung, Deportation. Und er sieht zugleich dieses Unglück als Gericht Gottes über sein Volk. Diese Sicht hat sich Amos nicht etwa selber zurechtgelegt. Er erfährt sie vielmehr als Gottes persönliche Offenbarung an ihn. Das macht seinen Auftrag unausweichlich. Das gibt ihm, dem einfachen, ungelehrten Hirten aus Juda, die Kühnheit, gegen autorisierte Amtsträger aufzutreten. Das verleiht seiner Botschaft jene unglaubliche Schärfe, die keinen Kompromiss duldet. Es geht um Sein oder Nichtsein des Volkes Gottes. Darum muss der

Prophet den Auftrag Gottes ausführen, ob er will oder nicht. Dieser Auftrag des Propheten Amos ist in mehrfacher Hinsicht bemerkenswert:

1. Amos tritt für das Volk ein.
Er bittet für das Volk: *„Ach Herr, sei gnädig! Wer soll Jakob wieder aufhelfen? Er ist ja so schwach!"* (7,2) Wie Mose, der für das Volk Israel bittet, so versucht auch Amos, Gott umzustimmen und das Gericht abzuwenden. Dieses leidenschaftliche Eintreten des Propheten für das Volk Israel zeigt uns, dass Amos selber mit dem Volk leidet. Die Botschaft, die er verkündet, hat er zuallererst selber durchlitten (vgl. Hes 4,1ff.). Auf diesem Hintergrund erklärt sich die Leidenschaft und die persönliche Betroffenheit, die seine Botschaft kennzeichnet.

2. Amos warnt das Volk.
Amos weiß: Wenn er das Volk nicht von seinem verfehlten Weg zurückruft, wird es in sein sicheres Unglück rennen. Darum der laute Ruf zur Umkehr, darum die scharfe Anklage, die Amos erhebt. Amos prangert vor allem die soziale Ungerechtigkeit im Königreich Israel an. Dabei erinnert er das Volk Gottes an den Bund, den Gott mit ihm geschlossen hat, und an das Gesetz Gottes, das den Armen als vollwertiges Glied des Gottesvolkes schützt (vgl. 2. Mose 22,21ff./5. Mose 24,6ff.). So hart die Anklage des Propheten auch wirken mag, es ist keine Schadenfreude, die aus ihr spricht. Es ist der leidenschaftliche Ruf zur Umkehr, der seine Botschaft prägt. Amos ist nichts anderes als das Sprachrohr Gottes, der mit unendlicher Liebe und Leidenschaft sein Volk von seinen verkehrten Wegen zurückrufen will (3,2).

3. Amos entlarvt die falsche Frömmigkeit der Führenden.
Sein Auftreten im Heiligtum von Bethel (7,10ff.) ist ungeheuer provokativ und erregt verständlicherweise den Zorn der offiziellen religiösen Vertreter. Hier wird der Gegensatz zwischen menschlicher Frömmigkeit und prophetischer Botschaft in aller Schärfe sichtbar. Amos zerstört den „Frommen" alle falsche Sicherheit. Denn vor Gott zählt allein, ob die Menschen Gottes Willen erfüllen oder nicht. So sind es in der Botschaft des Propheten gerade die „Frommen", wie der Priester Amazja und der König, die besondere Verantwortung für Gottes kommendes Gericht tragen.

4. Die Mission des Amos ist, menschlich betrachtet, erfolglos. Die Menschen, die seine Botschaft hören, kehren nicht um. Aber gerade dort, wo der Prophet seine eigene Ohnmacht und Erfolglosigkeit erkennen muss, wo er nichts hat als das Gerichtswort Gottes, ist er ein lebendiges Zeichen der Hoffnung. Noch ist Gottes Stimme nicht verstummt. Noch hört er nicht auf, durch seinen Boten zu reden. Sein Wort wird Neues schaffen. Er wird in seinem Volk einen neuen Hunger nach Gottes Wort wachsen lassen (8,11ff.). Ja, es kommt die Zeit, da wird er den Hunger des Volkes mit seinen Gaben stillen (9,13ff.). Der Prophet darf es jetzt schon wissen. Indem Gott ihm sein Wort anvertraut, ist das Wort schon unterwegs zu seiner Erfüllung.

13. Der Prophet Jesaja

Die Botschaft des Propheten Jesaja ist durchgängig bestimmt von der Heiligkeit und Majestät Gottes. Er ist der „Herr Zebaot", das heißt: der Herr der himmlischen Heerscharen. Seine Macht umfasst nicht nur die sichtbare, sondern auch die unsichtbare Welt. Sein Thron ist über alle Königsthrone erhaben. Ihm gebührt Anbetung und Lob im Himmel wie auf Erden, wie ihn die Seraphen anstimmen: *„Heilig, heilig, heilig ist der Herr Zebaot. Alle Lande sind voll von seiner Macht und Ehre" (6,3).*

Von diesem Geheimnis Gottes ist die Botschaft des Propheten durchdrungen. In seiner **Berufungsgeschichte** (Jes 6) wird er selbst zum Augenzeugen dieses Geheimnisses und bleibt dennoch in heiliger Distanz zu dem Unsagbaren. Seine Berufung erklärt, warum Jesaja reden muss, ob er will oder nicht. Die Heiligkeit Gottes zwingt ihn dazu. Sie erklärt auch den Ernst seiner Gerichtspredigt. Die Heiligkeit Gottes duldet keine Verharmlosung. Jesajas Gerichtswort ergeht in erster Linie an Gottes „Erwählte": an sein erwähltes Volk, an den erwählten König, an Jerusalem, die erwählte Stadt. Aber durch das Gericht hindurch leuchtet bereits Gottes unendliche Gnade auf. Sie kennt keine Grenzen. Sie erstreckt sich auf alle Länder und Völker und umfasst alle Zeiten. Diese Gnade wird auf dreifache Weise erfahren:

1. Gottes Gnade gegenüber seinem Volk.
Das Volk Gottes erweist sich zwar als ein missratener Weinberg, der die Mühe Gottes nicht wert war (Jes 5). Aber Gott lässt einen „heiligen Rest" am Leben. Er ist die Keimzelle des neuen Gottesvolkes, das sich aus allen Völkern bilden wird (2).

2. Gottes Gnade gegenüber dem König,
seinem erwählten „Sohn" (Jes 7; Ps 2). König Ahas misstraut zwar dem göttlichen Wort und verlässt sich lieber auf menschliche Stärke. Aber Gott kündet einen neuen Sohn an, „Immanuel", den wahren Messias, d. h. den wahren gesalbten König, der das Reich Gottes heraufführen wird, wo Frieden und Gerechtigkeit herrschen wird (9/11/32).

3. Gottes Gnade gegenüber Jerusalem,
der erwählten Stadt Gottes. Jerusalem hat sich zwar von Gott abgewandt und ist durch die Bedrohung von außen massiv gefährdet (36–39). Aber Gott wird den „Zion", seinen heiligen Berg, zum Mittelpunkt der Völkerwelt machen, auf den sich alle Hoffnung richten wird (2).
Diese Botschaft, die so von der Heiligkeit Gottes durchdrungen ist, kann nur in den Lobpreis und in die Anbetung Gottes einmünden. Mit einem Lobpreis beginnt die Geschichte Jesajas (6,3). Dieser Lobpreis setzt sich fort in den endzeitlichen Jubelliedern auf den Messias (9; 11), auf den Zion (2), auf Gottes neues Heil (35) und mündet ein in das Danklied der Erlösten (12; 35,10), in dem bereits das universale Gotteslob der erlösten Schöpfung anklingt.

14. Der Prophet Jeremia

Unter den Propheten des Alten Testaments nimmt Jeremia eine herausragende Stellung ein. Bei keinem anderen fließen Leben und Botschaft so zusammen wie bei ihm. Dies zeigt schon seine Berufungsgeschichte. In ihr finden wir bereits alle Merkmale seiner Botschaft vor:

1. Es ist vor allem **die besondere geschichtliche Stunde,** die Jeremias Leben und Botschaft bestimmt. Bereits die Einleitung zum Buch Jeremia zeigt an, in welch dramatischer Zeit Jeremia seinen Auftrag zu erfüllen hat. Die Ereignisse überstürzen sich. Das Reich Juda treibt auf seinen sicheren Untergang zu, ausgelöst durch den Ansturm übermächtiger Völker. Die Berufungsgeschichte nimmt diese Thematik im Begriff des Völkerpropheten auf, sowie im Bild des siedenden Kessels, der sich in Kürze über Jerusalem ergießen wird. Jeremia bekommt den Auftrag, im Namen Gottes das Gericht auszurufen. Dabei wird nur an wenigen Stellen noch der Ruf zur Umkehr laut. Jeremias Auftrag ist vielmehr, in den Ereignissen selbst Gottes Wort laut werden zu lassen. Fast stereotyp wirkt die Gerichtsbotschaft durch alle Geschichten hindurch. Aber sie zeigt auf, dass Gott sich noch nicht aus dieser Unheilsgeschichte verabschiedet hat. Er bleibt der Herr seines Volkes, auch im Ge-

richt. Er ist derjenige, mit dem es sein Volk in dieser dunklen Zeit in erster Linie zu tun hat. Jeremia muss es dem Volk immer wieder einbläuen, damit es sich nicht Illusionen macht und sich von anderen Hilfe verspricht oder sich mit einem Scheinfrieden zufriedengibt (7/8,11.15 u. ö.). In diesem Zusammenhang kommt dem Wort vom „Abreißen und Ausreißen", vom „Bauen und Pflanzen" besondere Bedeutung zu. Es ist das Wort Gottes selbst, das ausreißt und abbricht, was nicht taugt, damit das Land gereinigt wird und frei wird für das neue Handeln Gottes an ihm (31,28).

2. Kennzeichen der Botschaft des Jeremia ist ihr **außergewöhnlicher Realismus.** Selbst die Visionen, die er bei seiner Berufung erfährt, weisen wieder in die Wirklichkeit zurück, die im Laufe des Jeremiabuches mit ungewöhnlicher Schärfe wahrgenommen und vermittelt wird. Der Prophet ist kein Träumer. Das unterscheidet ihn gerade von den sog. „falschen" Propheten (23,28). Vielmehr weist ihn gerade das als Propheten aus, dass er die Wirklichkeit nicht verdrängt, sondern überdeutlich erkennt (1.1.2). Wohl nicht zufällig ist in diesem Buch ungewöhnlich oft vom „Wachen" die Rede. Wenn die Menschen nicht mehr wachsam sind, dann wird Gott selbst über seinem Volk wachen. Dieser Realismus zeigt sich aber vor allem in den drastischen Symbolhandlungen des Propheten: Er stapft durch den stinkenden Unrat (19). Er schleppt ein Rinderjoch durch die Straßen (27ff.). Er kauft noch in den letzten Tagen vor dem Untergang einen Acker (32). Dies bedeutet in jedem Fall eine Provokation für seine Zuhörer. Sie werden herausgefordert, Stellung zu beziehen, ob sie wollen oder nicht. Jeremia konfrontiert sie so handgreiflich mit Gottes Wort, dass sie sich nicht entziehen können.

3. Kennzeichen seiner Botschaft ist aber vor allem **die Person des Propheten** selbst. Gott stellt den Propheten in den reißenden Strom seiner Zeit hinein, als lebendiges Zeichen und Mahnmal. „Ich will dich zur eisernen Säule, zur ehernen Mauer machen" (1,18), so heißt es bereits in der Berufungsgeschichte. Das ist der besondere Auftrag des Propheten: sich allen Angriffen auszusetzen. Es ist aber zugleich auch ein Zuspruch: Gott wird ihn am Leben erhalten. Nicht als Held steht Jeremia da, auch nicht als Märtyrer, sondern als einer, der von Gottes Wort „gezeichnet" ist. Dieser Auftrag führt den Propheten ins Leiden. Von diesem Leiden erzählen alle Geschichten über Jeremia:

a. Jeremia leidet durch Menschen, am Widerstand des Volkes, der Priester, der falschen Propheten und des Königs. Dieser Widerstand reißt ihn immer mehr in die Tiefe. In der Zisterne ist der Tiefpunkt seines Leidens erreicht. Das Einzige, was Jeremia und sein Freund Baruch als Trost erfahren: „Du erwartest Großes? Erwarte es nicht! Aber du wirst dein Leben wie eine Beute davontragen" (45,5).

b. Jeremia leidet an seinem Volk, an seiner Gottesvergessenheit (2/8,18/14,17ff.), an seiner Unbelehrbarkeit (42,21), die sich vor allem in seiner Anfälligkeit für fremde Kulte zeigt. Diese Unbelehrbarkeit muss Jeremia bis zum bitteren Ende auskosten: Selbst in Ägypten haben die Übriggebliebenen seines Volkes nichts hinzugelernt (44).

c. Aber vor allem **leidet Jeremia an Gott selbst.** Von diesem Leiden reden seine Klagegebete (15,10ff./20,7ff.). Gott erscheint Jeremia wie eine versiegende Quelle, wie ein Verführer, der ihn zu seinem Auftrag überredet hat, ja, wie sein Feind. Und dennoch richtet Jeremia sein Gebet an Gott. Er weiß: Selbst in der Gottverlassenheit ist und bleibt Gott seine einzige Hoffnung.
So wird Jeremia zum lebendigen Zeichen für sein Volk. In seinem Leiden ist bereits das Gericht vorweggenommen, das an dem Volk Gottes ergehen wird. Zwar hat das Leiden des Propheten noch keine stellvertretende Bedeutung. Aber an seiner Person macht sich die Hoffnung fest. Solange der Prophet lebt, solange er seine Stimme erhebt, ist das Volk noch nicht verloren. Ein Funken Hoffnung bleibt. Ein Funken, der neue Hoffnung entfachen wird.

4. Auch im Buch Jeremia finden wir die Vision der kommenden Zeit, die Gott selbst heraufführen wird. Sie findet ihren Höhepunkt in der **Vision des neuen Bundes,** den Gott mit seinem Volk schließen wird. Im Unterschied zu dem Bund, den Gott mit seinem Volk am Sinai geschlossen hat, wird dieser Bund ewig bestehen. Gott selbst wird sich seinen Bundespartner zubereiten, das neue Bundesvolk, das ihm dienen wird. Gott selbst wird sein Gesetz in ihr Herz geben. Und sie werden auf ewig sein Volk sein (31,31ff.).

15. Der Prophet Hesekiel

Bereits in der Berufungsgeschichte zeigt sich, was Person und Botschaft des Propheten Hesekiel mit anderen Propheten verbindet, und was sie zugleich deutlich von ihnen abhebt. Wie bei allen Prophetenberufungen wird uns vom Offenbarungsempfang und von der Sendung des Propheten erzählt. Aber zugleich übersteigt beides in seiner Größe und Radikalität alles, was wir bisher von Propheten erfuhren. Dies zeigt sich vor allem an folgenden Punkten:

1. Die Vision
Gott offenbart Hesekiel seine „Herrlichkeit", aber nicht etwa im Heiligtum zu Jerusalem, wo sie der Priester Hesekiel vermutet, sondern in der Fremde, im gottlosen Babylon. Gottes Herrlichkeit „wandert" aus, um sich noch überwältigender an Hesekiel zu offenbaren. Das Bild des himmlischen Wagens erinnert daran: Gott, der „Herr der himmlischen Heerscharen", ist im Begriff, seine Königsherrschaft in der Welt anzutreten. Der Wagen eilt ihm gleichsam voraus, um seine Herrschaft anzukündigen. Was für ein gewaltiges Bild: Der Gott des Himmels und der Erde setzt alle Kräfte in Bewegung, um einen einzelnen Menschen, der sich vergessen glaubt, in seinen Dienst zu rufen!

2. Die Berufung
Sie beginnt mit der bezeichnenden Anrede „Du Mensch!", genauer sogar: „Du Sohn eines Menschen". Diese Anrede unterstreicht zum einen den gewaltigen Abstand zwischen Gott und Mensch, zwischen dem Schöpfer und seinem Geschöpf. Zum andern reiht sie Hesekiel ein in die Generationenkette sterblicher Menschen aller Zeiten. Nicht aufgrund seines Priesteramtes ist Hesekiel für das Amt des Propheten qualifiziert, sondern allein durch die Anrede Gottes, der ihn – in einem schöpferischen Akt – in ein neues Leben ruft. Somit empfängt der Mensch Hesekiel, der durch die Offenbarung Gottes geradezu „erschlagen" wird, das Leben neu aus Gott. Er wird neu geschaffen durch Gottes Wort. Hier klingt bereits an, was in der Vision vom „Totenfeld" (37) im Blick auf das tote Volk Gottes entfaltet wird: Gott bläst seinen Lebensodem in die Totengebeine, Totes erwacht zu neuem Leben, Gott offenbart sich als Herr über Leben und Tod!

3. Die Sendung
Hesekiel wird zum Volk „Israel" gesandt. Mit Israel ist aber keine politische Größe angesprochen, sondern das Volk Gottes, das Gott zu allen Zeiten erwählt und beauftragt hat,

seinen Namen zu ehren und in der Völkerwelt bekanntzumachen. In diesem Zusammenhang wird aber der Ehrenname Israels ersetzt durch die für Hesekiel typische Bezeichnung: „Haus des Widerspruchs“ bzw. „ein Volk, das widerspricht“. Dadurch wird deutlich: Dieses Volk ist unbelehrbar. Von Anfang an hat es gegen Gott rebelliert. Allerdings lässt sich nur zum Teil erschließen, warum auch die Exulanten unter dieses vernichtende Urteil fallen. Vermutlich weigern sie sich, Gottes Gericht über Jerusalem anzuerkennen, das noch nicht abgeschlossen ist, sondern noch seinem furchtbaren Finale entgegengeht. Weil sie dieses Gericht leugnen oder verdrängen, deshalb sehen sie offenbar auch keine Notwendigkeit, Buße zu tun (vgl. 18 und 33).

4. Der Offenbarungsempfang

Hesekiel empfängt keinen spezifischen Sendungsauftrag. Statt dessen soll er das Wort Gottes in sich hineinschlingen, d. h. ganz und real in sich aufnehmen (3,1ff.). So sehr uns diese Einzelheit auf den ersten Blick befremden mag, so wichtig ist sie zum Verständnis der prophetischen Botschaft Hesekiels. Sie verleiht dem prophetischen Wort von vornherein den Charakter der Endgültigkeit und absoluten Gültigkeit, unabhängig davon, ob sie in der jeweiligen Lebenssituation gehört wird oder nicht. Sie ist auch dann absolut gültig, wenn gar kein konkreter Adressat gegeben ist, wie etwa in den eindrucksvollen Bildreden Hes 16 und 23. Vielmehr richtet sich ihre Botschaft auch an künftige Hörer und Leser.

Nimmt man die verschiedenen Beobachtungen zu Hes 1 und 2 zusammen, so ergibt sich das Bild einer gewaltigen Ouvertüre zu einem ebenso gewaltigen und durchaus ungewöhnlichen prophetischen Buch, in dem die verschiedenen genannten Themen virtuos entfaltet werden. Dieses Buch zeigt uns einen Menschen, der trotz seiner ungewöhnlichen Botschaft kein Exzentriker ist, wohl aber ein außergewöhnlicher „Menschensohn“, Priester, Prophet, Seelsorger, Visionär und Theologe zugleich:

Es ist der **Priester** Hesekiel, der sich leidenschaftlich für Gottes Ehre einsetzt, der Gottes „Herrlichkeit“ in seinem Leben und in seiner Verkündigung „Raum“ gibt. Es ist der **Prophet** Hesekiel, der als „Wächter“ – ganz in der Linie der klassischen Prophetie – das Volk Israel, das „Haus des Widerspruchs“, in Gottes Namen mahnt und warnt und zu Gottes Gebot zurückruft durch Wort und Zeichen (33). Es ist der **Seelsorger**, der dem Einzelnen nachgeht, dem vereinzelten Individuum, das wider Willen entwurzelt und von der Gemeinschaft des Volkes Gottes isoliert ist (16), und der um jeden dieser einzelnen Menschen wirbt. Es ist der **Theologe**, der den Übergang von mündlicher zu vorwiegend schriftlicher Prophetie vollzieht, wobei die theologische Reflexion gegenüber anderen Theologen deutlich in den Vordergrund tritt (18). Und es ist schließlich der **Visionär**, der in gewaltigen Bildern einen universalen Entwurf von Gottes Zukunft wagt – als geistige und zugleich konkret erfassbare Wirklichkeit – und der neue Hoffnung freisetzt durch seine Hoffnungsbilder, die alle bisher gewagten Hoffnungsbilder räumlich und zeitlich überbieten (37; 40ff.).

Aber nicht der Mensch Hesekiel steht im Mittelpunkt dieses Buches, auch nicht sein Adressat, das Volk Gottes. Vielmehr zielen alle Aussagen dieses Buches auf die eine immer wiederkehrende Botschaft hin: *„Ihr sollt erfahren, dass ich der Herr bin.“* Diesem Ziel dient das ganze Buch. Alle Aussagen münden darin ein: Gott wird sich selbst als Herr offenbaren, als Herr über alle Herren, als Jahwe, der seinen Namen über seinem Volk ausgerufen hat. Als der, der war, der ist und der kommen wird in „Herrlichkeit“.

16. Das Buch Daniel

Die Botschaft Daniels ist auf dem Hintergrund einer besonderen Bekenntnissituation zu verstehen. Angesichts übermächtiger Königreiche, die das versprengte Volk Gottes bedrohen, bekennt Daniel, wer in Wahrheit der Herr über alle Herren ist. Seine Botschaft setzt der bedrohlichen Wirklichkeit eine **andere Wirklichkeit** entgegen, die er sich nicht selbst ausgedacht, sondern durch Gottes Offenbarung empfangen hat. Diese neue Wirklichkeit, von der das Buch Daniel redet, ist

1. unsichtbar, das heißt: die sichtbaren Mächte dieser Welt müssen sich der unsichtbaren Macht Gottes unterwerfen. Dies zeigt sich eindrucksvoll in den Szenen, in denen sich Daniel vor weltlichen Herrschern zu seinem Gott bekennt und seine Weisheit Gottes Macht demonstriert (5). Diese Wirklichkeit ist

2. zukünftig, das heißt: sie wird nur im Glauben erfasst. Im Glauben nimmt der Mensch vorweg, was Gott ihn jetzt schon schauen lässt. Dies geschieht im Buch Daniel meist in Gestalt bestimmter Visionen (7). Sie spiegeln nicht nur eine „innere“ Erfahrung des Menschen, aber auch keine objektiv „beweisbare“ Wirklichkeit wider. Sie sind vielmehr als reale Zusagen Gottes zu verstehen, wobei offen bleibt, wann und wie Gott seine Zusage erfüllt. Diese Wirklichkeit ist

3. durch Mittler zugänglich, durch Engel oder durch den Propheten. Die Aufgabe des Mittlers ist es, Gottes Offenbarung zu deuten und den Menschen nahezubringen (9). Dies zeigt sich u. a. auch in den Traumdeutungen, wie auch in der Deutung der Schrift an der Wand. An ihnen wird erkennbar, dass menschliche Vernunft keinen Zugriff auf Gottes Wirklichkeit hat, wenn sich ihr Gott nicht (durch den Mittler) offenbart. Diese Wirklichkeit ist

4. vernichtend und tröstlich zugleich. Sie „richtet“ die Mächtigen (5,22 ff.) und richtet die Gebeugten auf. Dies lässt sich besonders eindrücklich an dem Bußgebet Daniels aufzeigen (9). Im Unterschied zu Belsazar, der gegenüber dem Gott Israels auftrumpft, beugt sich Daniel vor Gott stellvertretend für sein Volk. Nicht die Gerichtsbotschaft allein ist es, die das Buch Daniel in die Nähe der prophetischen Schriften rückt, sondern vor allem die Fürbitte, seine Bitte um Vergebung der Schuld und die gnädige Antwort Gottes: „Du bist von Gott geliebt!“ (9,23). Das ist die tröstliche Botschaft, die im Buch Daniel durch alle bedrohlichen Bilder hindurch aufleuchtet, als Zeichen der Hoffnung in dunkler Zeit.

17. Der unbekannte Prophet

Jesaja 40–55

„Tröstet, tröstet mein Volk! Predigt ihr, dass ihre Schuldknechtschaft ein Ende hat“ (40,1f.). Mit diesem Aufruf beginnt das zweite Buch des Jesaja (Jes 40–55), in dem der große unbekannte Prophet aus dem Exil zu Wort kommt. In seinem Aufruf kündigt sich bereits die besondere Botschaft dieses Propheten an:

1. Die Botschaft des Trostes

Diese Botschaft ist zunächst und vor allem eine Botschaft des Trostes. Nicht Gericht, sondern Heil ist angesagt, und zwar so umfassend und ausschließlich, wie es bisher noch kein Prophet ausgesprochen hat. Der Prophet kündigt die große Wende an, die Heimkehr nach Jerusalem. Aber seine Botschaft reicht noch viel weiter: Sie lässt in Gottes universalen Heilsplan hineinblicken. Dieses Heil ist schon hier und jetzt gegenwärtig im Wort des Propheten: Sein Wort soll die Angefochtenen trösten, soll sie aufrichten und aus ihrer Resignation aufrütteln. Kennzeichnend für diese Botschaft des Trostes sind zunächst

a. die vielen **Imperative**: „Tröstet!", „Bereitet!", „Seht!" Hier wird deutlich: Diese Botschaft duldet keine Gleichgültigkeit. Sie greift nach den Hörern, macht aus passiven Zuhörern selbst Akteure, macht sie zu unmittelbaren Zeugen des anbrechenden Heils. Dabei scheut sich der Prophet nicht, Gottes Wort so werbend und dringlich vorzutragen wie ein Marktschreier: „Kommt, kauft und esst!" (55,1ff.).

b. Kennzeichnend sind ferner die vielen **rhetorischen Fragen**: „Wer misst die Wasser mit der hohlen Hand?" „Wer hat dies geschaffen?" „Mit wem wollt ihr mich vergleichen?" „Warum sprichst du denn: Mein Weg ist dem Herrn verborgen?" (40,12ff.). Mit diesen Fragen räumt Gott gleichsam alle Zweifel aus, die den angefochtenen Menschen daran hindern könnten, die Botschaft des Trostes anzunehmen.

c. Diese Botschaft des Trostes gipfelt aber vor allem in dem immer neuen **Zuspruch Gottes** durch den Mund des Propheten: „Fürchte dich nicht!" In diesem Zuspruch kündigt sich das neue Heilshandeln Gottes bereits an: „Ich bin mit dir. Ich erlöse dich" (43,1). Gottes gegenwärtiges Wort schafft Neues, und zwar so konkret, dass der Prophet bereits im Perfekt reden kann. Das heißt: Was noch in ferner Zukunft zu liegen scheint, ist bei Gott schon „perfekt".

d. Diese Botschaft des Trostes findet ihren Widerhall in den vielen **Lobliedern** oder liedähnlichen hymnischen Einschüben, die diesem Buch seine besondere Prägung verleihen. Fast zu enthusiastisch wirkt dadurch die Botschaft des Propheten auf uns. Aber genau das scheint die Absicht dieses Buches zu sein: Die Angefochtenen sollen nicht länger auf ihr Elend schauen, sondern auf das, was Gott tun wird (43,18f.) und ihm jetzt schon die Ehre geben. Im Lobpreis Gottes soll das verzagte Volk Gottes zu seinem wahren Trost finden.

2. Die Botschaft der Befreiung

Das zweite Jesajabuch verkündet aber vor allem die Botschaft der Befreiung: *„Predigt ihr, dass ihre Schuldknechtschaft ein Ende hat" (40,2)*. Das ist das große Thema dieses Buches. Diese Befreiung wird aber einzig dadurch möglich, dass Gott selbst in das Räderwerk der Geschichte eingreift. Zwar ist uns die Botschaft von der Heimkehr der Verbannten und vom Anbruch des Heils bereits von Jesaja, Jeremia und Hesekiel bekannt. Aber neu an der Botschaft dieses Propheten ist die Ausschließlichkeit, mit der sich Gott in diesem Geschehen offenbart: *„Ich bin der Erste und ich bin der Letzte, und außer mir ist kein Gott" (44,6)*. Dieser Satz wird im zweiten Jesaja - buch in mehrfacher Hinsicht entfaltet:

a. Gott ist der Herr über alles. Es gibt nichts in dieser Welt, weder in der Vergangenheit noch in der Zukunft, was ihm nicht untertan ist. Nichts kann Gottes Macht einschränken, also auch keine anderen vermeintlichen „Götter" oder Schicksalsmächte, denen sich Menschen unterworfen haben. Schonungslos entlarvt der Prophet diese Mächte als „Nichtse", als stumme Götzen, als leblose „Klötze" (44,18/45,20). Oder – wie die Sterne – als Geschöpfe, die ihrem Schöpfer untertan sind (40,26). Ihnen stellt der Prophet Gottes freies schöpferisches Wort gegenüber, das den Menschen von aller selbstgewählten Sklaverei befreit und ihm in der Bindung an den einen Gott ein neues Leben in Freiheit eröffnet (40). Indem Gott durch sein Wort diese Götter „richtet", findet die Entmachtung dieser Götter statt, geschieht bereits die Befreiung des fremdbestimmten Menschen (z. B. 44 und 46).

b. Gott ist der Schöpfer aller Dinge. Gott ist zunächst und vor allem der Schöpfer seines Volkes. Er hat Israel „geschaffen", als er es vor allen anderen Völkern erwählt (41,9f.) und ins Leben gerufen hat. Aber zugleich offenbart er sich als der Schöpfer aller Menschen, ja aller Geschöpfe. Ausgerechnet zu dieser Zeit, da die Verbannten an der Macht Gottes, an der Reichweite seines Wirkens zweifeln, ruft der Prophet die universale Schöpfermacht Gottes aus. Der Herr, *„der die Enden der Erde geschaffen hat" (40,28)*, der die *„Geschlechter von Anfang her"* gerufen hat (41,4), erweist sich auch in der Gegenwart als Schöpfer durch sein Machtwort, das sich sowohl in der Natur (40,26: Er ruft die Sterne mit Namen), als auch in der Geschichte (Gott ruft den Perserkönig Kyros und macht ihn zu seinem Werkzeug: 41,25/44,24ff.), wie auch im Leben des einzelnen verzagten Menschen mächtig erweist (41,10: Gott richtet den Einzelnen auf!). Dieses Schöpferwort erschließt zugleich die neue Zukunft Gottes (44,18: „Gedenkt nicht an das Vorige, denn ich will Neues schaffen"). Im Unterschied zu den Vorhersagen der Sterndeuter Babylons schafft dieses Wort einen neuen Raum der Freiheit, in dem Gottes Volk in Zukunft leben soll (49,18ff.).

c. Gott ist der Erlöser – damals wie heute. Der Gott, der Israel aus Ägypten, aus der Sklaverei „losgekauft", d. h. befreit hat, erweist sich auch heute und in Zukunft als der Erlöser, der durchs „Wasser und Feuer" führt (43,2). Auch wenn das Geschehen noch aussteht, so ist es doch im Wort des Propheten bereits im Kommen. Dieses künftige Heilshandeln Gottes wird verstanden als ein neuer Befreiungsakt Gottes, in Entsprechung zum ersten Auszug aus Ägypten, nur ungleich gewaltiger und umfassender. Die ganze Schöpfung wird in Mitleidenschaft gezogen. Der Auszug verwandelt sich in eine Prozession (43,20/55,12f.). Der Rettungsakt Gottes gestaltet sich zu einer eindrucksvollen Demonstration der Macht Gottes. Nicht nur Israel, alle Welt soll heimfinden zu seinem Gott und gemeinsam mit Israel ihm die Ehre geben (45,22f.).

3. Die Botschaft vom Knecht Gottes

Diese gewaltige und universale, alle Zeiten und Räume umgreifende Botschaft von dem einen Gott wird durch die sog. *„Gottesknechtslieder"* unterbrochen (42,1ff./49,1ff./50,4ff./52,13–53,12). Sie wirken wie ein Kontrapunkt zu den jubelnden Hymnen, die wir im zweiten Jesajabuch finden: Nicht die Fülle der Völker, sondern der eine Mensch wird hier der Welt präsentiert. Nicht in königlichem Glanz, sondern in „Knechtsgestalt". Nicht laut umjubelt, sondern leise (42,2) wirkt er unter den Menschen. Aber gerade darin wird er zum Zeugen Gottes in dieser Welt. Durch ihn und keinen anderen will sich Gott in dieser Welt offenbaren: Der „arme Haufe Israel" (41,14), der geschlagene und geschmähte Prophet (50,6), sie schärfen den Blick für den wahren „Gottesknecht", auf dem Gottes Geist ruhen wird (42,1). Noch wird nichts darüber ausgesagt, wer der wahre Gottesknecht, das „Licht der Völker" (42,6), sein wird. Aber im Anblick des Kindes Jesus bekennt der greise Simeon: „Meine Augen haben deinen Heiland gesehen, welchen du bereitet hast vor allen Völkern, ein Licht zu erleuchten die Völker und zum Preis deines Volkes Israel" (Lk 2,30ff.).
So weist die Botschaft des großen unbekannten Propheten weit über sich selbst hinaus. Die historische Rückführung der Exulanten ist nur der erste Akt eines universalen und endzeitlichen Heilsgeschehens, das noch immer auf seine Vollendung wartet.

Das Neue Testament

18. Das Evangelium von Jesus Christus

Das Johannesevangelium

Unter den neutestamentlichen Evangelien nimmt das Johannesevangelium eine herausragende Stellung ein. Unabhängig von den drei anderen Evangelien eröffnet es einen eigenen Zugang zu der Botschaft von Jesus Christus. Es verkündigt Jesus Christus als den, der von Ewigkeit her war und ist und zeigt seine Bedeutung für alle Welt und für alle Zeit auf. Dabei verfolgt das Johannesevangelium ein klares Ziel. Es ist am Ende des Evangeliums ausdrücklich genannt: *„Diese (Zeichen Jesu) sind geschrieben, damit ihr glaubt, Jesus sei der Christus, der Sohn Gottes, und damit ihr durch den Glauben das Leben habt in seinem Namen"* (Joh 20,31). Mit anderen Worten: Es geht darum, dass Menschen im Lesen und Hören des Evangeliums Jesus Christus selber *begegnen*, dass sie *erkennen*, wer er in Wahrheit ist, und dass sie zum *Glauben* an ihn finden, so wie es die Menschen erlebt haben, denen Jesus begegnet ist, und von denen das Johannesevangelium erzählt. Jesus Christus – dieses eine Thema erscheint in den vielen verschiedenen Geschichten des Johannesevangeliums immer wieder in einem neuen Licht. Wie in einem musikalischen Kunstwerk klingen bereits in den ersten Versen des Evangeliums, im sog. „Prolog" alle Aussagen über Jesus Christus an, die sich im Folgenden durch das ganze Evangelium hindurchziehen und kunstvoll miteinander verknüpft werden. Dabei geht es vor allem um folgende Aussagen:

1. Jesus ist das Wort Gottes. In ihm offenbart sich Gott der Welt wie nie zuvor. Er war von Ewigkeit her bei Gott, und ist und bleibt in Ewigkeit Gott. Alles, was Jesus während seiner öffentlichen Wirksamkeit sagt und tut, hat Ewigkeitswert, d. h. ist in Gottes Welt verankert (1,1ff./vgl. 3,16; 6,47ff. u. ö.).

2. Jesus ist das Licht der Welt. In ihm offenbart sich „Gottes Herrlichkeit". Niemand kann Gott aus sich selbst heraus erkennen. Aber im Licht Jesu wird offenbar, wer Gott ist. In seinem Licht wird der Mensch selbst erkannt und gerichtet. Wer sich aber in sein Licht stellt, empfängt neues Leben. (1,4ff./vgl. 8,12ff.: 9,1ff.; 11,9; 12,35 u. ö.)

3. Jesus ist der Christus, d. h. der Messias, der erwartete Gesalbte Gottes, mit dem eine neue Zeit beginnt. Wo er Menschen begegnet, ist die „Stunde der Entscheidung" gekommen: Wer Jesus als den Messias erkennt und anerkennt, hat jetzt schon, mitten im Leben, ewiges Leben, d. h. Leben von neuer Qualität, empfangen. Wer ihm aber widersteht, hat jetzt schon den „Kairos", d. h. die Gnadenzeit verspielt. Die vielen Zeitangaben im Johannesevangelium und der Hinweis auf die „Stunde" Jesu gewinnen in diesem Zusammenhang ein besonderes Gewicht. (1,11ff./vgl. 1,41; 1,45; 9,22ff.; 12,13ff. u. ö.)

4. Jesus ist der Sohn Gottes, der vom Vater in die Welt gesandt ist. Wer an ihn „glaubt" und in ihm „bleibt", ist jetzt schon „eins mit dem Vater" und ein Kind Gottes und hat im Glauben das ewige Leben. (1,12 und 14/vgl. 3,16 und 36; 6,40ff.; 8,37ff.; 14,8ff.; 17,1ff. u. ö.)

5. Jesus ist das Lamm Gottes. In ihm sind die prophetischen Verheißungen erfüllt und zugleich neu gefüllt. Jesus wird zwar erhöht, aber seine „Erhöhung" bedeutet nicht Erhebung zum König im Sinne einer Inthronisation. Sondern Jesus, der König der Juden, wird am Kreuz „erhöht". Die Stunde tiefster Erniedrigung erweist sich als die Stunde, in der er seine Herrlichkeit offenbart, ganz anders, als von den Menschen erwartet. Was im Gottesknechtslied von Jes 53 geheimnisvoll angezeigt ist, was Johannes der Täufer in seiner prophetischen Botschaft aufnimmt („Siehe, das ist Gottes Lamm!" 1,29), und was Jesus zu Nikodemus sagt (3,14), das erfüllt sich in dem Gekreuzigten: Der Gottesdienst im Tempel mit seinen vielen Opfern ist überwunden. Gott wohnt nicht im Tempel, sondern in Jesus, dem Gekreuzigten und Erhöhten. Er ist das Opferlamm, das Gott selbst „...gab, damit alle, die an ihn glauben, nicht verloren werden" (3,16).

Diese Aussagen über Jesus werden uns im Johannesevangelium als **persönliche Zeugnisse** vermittelt. Es ist zunächst das Zeugnis Johannes des Täufers. Es ist aber vor allem das Selbstzeugnis Jesu in Wort und Tat. Und es sind außerdem die Zeugnisse all derer, die Jesus mit eigenen Augen gesehen haben und seine Worte mit eigenen Ohren gehört haben. Daran wird deutlich, wie tief dieses scheinbar zeitlose Evangelium in der Geschichte Jesu verwurzelt ist. Darin liegt seine besondere Glaubwürdigkeit, dass sich der Zeuge selbst für die Wahrheit seines Zeugnisses verbürgt: *„Und der das gesehen hat, der hat es bezeugt, und sein Zeugnis ist wahr, und er weiß, dass er die Wahrheit sagt, damit auch ihr glaubt!" (19,35)* Und so wollen die Texte des Johannesevangeliums auch weitererzählt werden: als glaubwürdige Zeugnisse, die Glauben wecken.

19. Die Ausbreitung des Evangeliums
20. In alle Welt

Die Apostelgeschichte des Lukas

„Ihr werdet meine Zeugen sein zu Jerusalem und in ganz Judäa und Samarien und bis an die Enden der Erde" (1,8). In diesem Wort des Auferstandenen – gleich zu Anfang des Buches – ist bereits das Thema der Apostelgeschichte angezeigt. Nicht die Geschichte der Apostel steht im Vordergrund, sondern

1. die Ausbreitung des Evangeliums von Jesus Christus. Sie geht von dem Auferstandenen selbst aus und beweist im Verlauf der Geschichte eine unglaubliche Sprengkraft, inmitten der multikulturellen und multireligiösen Welt der Spätantike. Wo immer dieses Evangelium gepredigt wird, löst es Freiheit und Freude aus. Menschen gewinnen Mut, sich öffentlich zu Jesus zu bekennen und seinen Namen zu preisen (z. B. 2,47/ 3,8ff./5,41f./10,46). Dieses Evangelium zieht, wie schon das oben erwähnte Sendungswort Jesu (1,8) anzeigt, immer weitere Kreise. In drei großen Etappen vollzieht sich die Ausbreitung des Evangeliums:

a. zunächst unter den Juden in Jerusalem (2–8),
b. danach im ganzen Land Judäa und Samarien, vor allem unter den sog. „hellenistischen" Juden und vereinzelt auch unter sog. „gottesfürchtigen" Nicht-Juden, die schon seit längerer Zeit mit dem jüdischen Glauben sympathisieren (8–12);
c. und schließlich unter Nichtjuden, die den Gott Israels noch nicht kennen. Sie werden in der Apostelgeschichte meist als „Heiden" bezeichnet (13–28).

Diese drei Abschnitte in der Ausbreitung des Evangeliums, wie sie im Sendungswort Jesu vorgegeben sind, bilden zugleich das Gerüst für den Aufbau der Apostelgeschichte. Sie werden aber nicht als formales Schema begriffen, sondern als eine Kette von Wundern erfahren und gepriesen:

a. Es ist ein Wunder, dass Menschen allein durch die Predigt der Apostel umkehren und sich in großen Scharen zu Christus bekennen. Dieses Wunder ist in Jesus Christus selbst begründet, in dessen Namen die Apostel reden und handeln. Er ist mit seinem Geist gegenwärtig und verbindet Menschen verschiedener Herkunft und verschiedener Sprache durch seinen Namen.

b. Es ist ein Wunder, dass die erste große Krise der christlichen Gemeinde die Ausbreitung des Evangeliums nicht verhindert, sondern gefördert hat. Diese Krise zeichnet sich zunächst im Innern der Urgemeinde ab: die Spannungen zwischen den Aposteln und den sog. „hellenistischen" Christen, die sich für die griechisch-hellenistische Kultur geöffnet haben und insgesamt weltoffener sind (6). Gegen diese Gruppe richtet sich vor allem die erste Christenverfolgung. Aber sie führt nicht zur Einschüchterung der Christen, vielmehr wird mit ihr die zweite große Etappe in der Ausbreitung des Evangeliums eingeleitet. Die verfolgten und versprengten Christen werden zu Zeugen des Evangeliums (8,5ff.).

c. Es ist aber vor allem ein Wunder, dass auch „Heiden" vom Evangelium erfasst werden, dass sie sich taufen lassen und mit den anderen Christen in den großen Lobpreis Gottes einstimmen können (z. B. der Äthiopier, 8,39 und der römische Hauptmann Kornelius 10,44ff.). Sind es zunächst nur Einzelne, die vom Evangelium erfasst werden, sog. „Gottesverehrer", die schon zuvor dem Gott Israels gedient haben, so wird mit den Missionsreisen des Paulus die Ausbreitung des Evangeliums unter den Heiden zum Hauptthema der Apostelgeschichte. Die Berichte des Paulus von seiner Missionstätigkeit beschreiben die Ausbreitung des Evangeliums unter den Heiden als ein einziges fortlaufendes Wunder und lösen dementsprechend auch Jubel und Lobpreis Gottes unter den Christen aus (z. B. 15,3 und 12/21,20f.).

Mit der Geschichte der Ausbreitung des Evangeliums verbindet sich

2. die Geschichte der Zeugen Jesu

„Ihr werdet meine Zeugen sein", sagt Jesus zu seinen Jüngern (1,8). Sein Sendungswort richtet sich

a. an die, die bekennen können: „Ja, es ist wahr. Wir haben den Auferstandenen mit eigenen Augen gesehen." (vgl. 2,32/4,20/5,32/10,39 u. ö.) Zu diesen **Augenzeugen** gehören nicht nur die Jünger, die späteren Apostel, allen voran Petrus, sondern auch Frauen und Männer der „ersten Stunde" (1,14).

b. Zu den Zeugen Jesu sind aber auch jene zu rechnen, die freimütig und mutig bekennen können: „Ja, es ist wahr. Er ist der Messias, von dem die Schrift zeugt." Es sind Christen wie **Stephanus** und Jakobus, die für dieses Zeugnis sogar ihr Leben gelassen haben, aber auch viele andere, die um dieses Zeugnisses willen ihr Leben riskiert haben. Menschen wie Ananias (9,17), Barnabas (9,27), Silas (15,26).

c. Als besonderer Zeuge Jesu wird **Paulus** in der Apostelgeschichte vorgestellt. Obwohl Lukas ihn nicht als „Apostel" bezeichnet, so wird doch seine Sonderstellung als Zeuge Jesu Christi

(1) bereits an seiner Berufungsgeschichte deutlich. Dreimal wird diese Berufungsgeschichte innerhalb der Apostelgeschichte erzählt (9,1ff., 22,6ff., 26,12ff.). Paulus ist der Einzige außer den Aposteln, dem der Auferstandene persönlich erscheint und der einen gesonderten Sendungsauftrag erhält: Er soll den Namen Jesu „vor Heiden, vor Könige und vor das Volk Israel" tragen (9,15).

(2) Zum andern nimmt der Bericht über die Missionstätigkeit des Paulus unter den Diasporajuden und Nichtjuden den größten Raum in der Apostelgeschichte ein, wobei insbesondere der Bericht vom Apostelkonzil (Apg 15) die volle Anerkennung seiner Missionstätigkeit durch die Apostel betont.

(3) Bemerkenswert an der Geschichte des Paulus ist vor allem seine lange Leidensgeschichte, die in der Apostelgeschichte in auffälliger Entsprechung zur Leidensgeschichte Jesu erzählt wird. Paulus erweist sich mit seinem ganzen Leben als Zeuge Jesu bis ins Leiden hinein. Aus dem Zeugnis des Evangeliums erfolgt

3. die Entstehung der christlichen Gemeinden.

Nach dem Bericht der Apostelgeschichte fragen die Jünger den scheidenden Jesus: „Wirst du in dieser Zeit das Reich für Israel wieder aufrichten?" Aber sie erhalten eine ausweichende Antwort (1,6ff.). Das Reich Gottes ist noch nicht real eingetreten. Statt dessen erfahren die Christen „Vorzeichen" des Reiches Gottes: die Entstehung der christlichen Gemeinde. Sie wird erlebt und erfahren als Erfüllung prophetischer Verheißung.

Kennzeichen dieser christlichen Gemeinden ist:

a. ihre Verwurzelung im Glauben Israels und die Bindung der ersten Christen an den Gottesdienst im Tempel (vgl. dazu 3,1ff./5,12–21 u. ö.);

b. ihre universale Ausweitung. So betont es schon Petrus in seiner Pfingstpredigt: „Euch und euren Kindern gehört diese Verheißung und allen, die fern sind, so viele der Herr, unser Gott, herzurufen wird." (2,39);

c. ihre ausschließliche Bindung an den Namen Jesu: Alle dürfen sich zu dieser Gemeinde zählen, unabhängig von ihrer religiösen und kulturellen Herkunft, alle, die auf den Namen Jesu getauft sind (vgl. 8,36f.; 10,47f.; 11,17f.).

In dieser ausdrücklichen und ausschließlichen Bindung an Jesus Christus liegt die ungewöhnliche Weite und Vielfalt der christlichen Gemeinden begründet. Darin aber liegt auch der stete Zündstoff enthalten, Zündstoff vor allem zwischen **Juden und Nichtjuden**. Noch ist das Reich Gottes nicht angebrochen. Aber in der Verkündigung des Evangeliums von Jesus Christus, dem Sohn Gottes, des Gottes Israels, ist das Reich Gottes schon hier und jetzt greifbar.

In diesem Zusammenhang kommt dem sog. **Apostelkonzil**, von dem Lukas in Apg. 15 berichtet, besondere Bedeutung zu: Mit ihm wird die Loslösung des christlichen Glaubens vom jüdischen Gesetz vollzogen. Damit verlieren die christlichen Gemeinden ihre sichtbare Anbindung an die jüdische Religion. Damit geben sie auch ihre letzte Sicherheit auf. Von nun an stehen die Christen nicht mehr unter dem Religionsschutz, der den Juden im Römischen Weltreich gewährt wird. Zugleich aber erhalten die christlichen Gemeinden mit der Loslösung vom jüdischen Gesetz jene Freiheit und Offenheit, die es ihnen möglich macht, auch unter Andersgläubigen zu missionieren. Aber allein in der Bindung an den Juden Jesus, den Messias Israels, ist die Gefahr gebannt, dass die christliche Verkündigung sich von ihrer jüdischen Wurzel löst und damit beliebig austauschbar wird. Nur in der Bindung an den geschichtlichen Jesus von Nazareth, den Paulus als „Christus" verkündet, ist gewährleistet, dass die Predigt vom kommenden Reich Gottes nicht zur leeren Utopie verkommt, sondern als Wirklichkeit Gottes hier und jetzt schon im Evangelium von Jesus Christus erfahrbar wird.

Wohl nicht zufällig berichtet die Apostelgeschichte am Ende, dass Paulus den Juden in Rom den Anbruch des Reiches Gottes verkündet (Apg 28,23). Es bleibt offen, ob und inwieweit seine Predigt vom Reich Gottes in Rom weitergewirkt hat. Offen bleibt auch, wie das Leben des Paulus in Rom geendet hat. Aber das Evangelium von Jesus Christus reicht weiter, als die Apostelgeschichte reicht. Es hält den Blick offen für die Zukunft Gottes, die er am Ende der Tage selber heraufführen wird für alle Welt.

21. Die Botschaft der Hoffnung

Die Offenbarung des Johannes

Die Offenbarung des Johannes gehört zu den gewaltigsten Zeugnissen der Bibel. In einem eindrucksvollen Finale fließen in diesem letzten Buch der Bibel Themen des Alten und Neuen Testaments, der Geschichtsbücher und der prophetischen Schriften zusammen und werden in einem neuen geschichtlichen Zusammenhang aktualisiert und weitergeführt.

1. Die geschichtliche Situation

Das Buch der Offenbarung ist aus einer konkreten geschichtlichen Situation hervorgegangen und richtet sich an eine klar umrissene Zielgruppe. Adressat dieses Buches sind, wie die sieben sog. „Sendschreiben" anzeigen (2f.), die sieben christlichen Gemeinden der römischen Provinz Asien im westlichen Kleinasien. Diese Region gilt im 1. und 2. Jahrhundert n. Chr. als Zentrum hellenistischer Kultur, aber auch als letzte Hochburg des Heidentums. Gleichzeitig bildet sich dort unter der Führung der christlichen Gemeinde von Ephesus ein neues Zentrum der christlichen Kirche heraus. In ihrer heidnischen Umwelt haben es die christlichen Gemeinden nicht leicht. Zum offenen Konflikt kommt es aber erst durch den römischen Kaiser Domitian (81–96 n. Chr.), der erstmals den Kaiserkult im ganzen Römischen Reich einführt. Die Städte im westlichen Kleinasien gehören zu den ersten, die den Kaiser göttlich verehren und ihm die geforderten Opfer darbringen. Dadurch geraten die Christen in dieser Region unter gewaltigen Druck. Allen, die sich dem Befehl des Kaisers widersetzen, drohen grausame Strafen. An diese bedrohten Christen ist das Buch der Offenbarung gerichtet.

2. Der Verfasser

ist Johannes, ursprünglich Vorsteher der christlichen Gemeinde zu Ephesus. Er wird – vermutlich im Zuge der ersten Christenverfolgung – in hohem Alter auf die Insel Patmos verbannt. Nach der Überlieferung handelt es sich um den Jünger Johannes. Nach den Aussagen der Offenbarung steht jedenfalls fest, dass er sich selbst als authentischen Zeugen versteht, als einen, der „selbst gesehen hat" (1,2). Mit diesem Anspruch tritt Johannes gegenüber den Gemeinden in der Provinz Asien auf, nicht um sie zurechtzuweisen, sondern um sie aufzurichten und ihnen den Blick für die wahren Machtverhältnisse dieser Welt zu schärfen. Er möchte die angefochtenen Christen „durch den Horizont" schauen lassen und Gottes universales und alle Zeiten umgreifendes Handeln „offenbaren" – als Trost und Hoffnung in einer Situation tiefster Anfechtung.

3. Das Thema des Buches

Der Trost liegt in der besonderen Botschaft beschlossen: Diese Welt und ihre Geschichte ist umgriffen von der Geschichte Gottes, von seinem Heilsplan, der von Anfang bis Ende die Weltgeschichte bestimmt. Gott ist es, der diese Welt zum Ziel führt, der mit jedem einzelnen Menschen seinen Plan hat. Sein Ziel ist die umfassende Gemeinschaft Gottes mit dem Menschen, die letzte Erfüllung prophetischer Botschaft: „Siehe, ich komme und will bei dir wohnen. Und sie sollen mein Volk sein" (Sach 2,14ff./vgl. Offb 21,3ff.). Somit ist die Offenbarung des Johannes tief in der alttestamentlichen Prophetie verwurzelt. Ihre sachliche Nähe zu den Propheten Jesaja, Jeremia, vor allem aber zu Hesekiel ist auf jeder Seite zu spüren. Aber das Neue, Unumkehrbare und Überwältigende an ihrer Botschaft ist die Konzentration auf den Einen, in dem alle Hoffnung beschlossen ist: auf das „Lamm, das erwürgt ist" (5,6.12 u. ö.). Auch dieses Bild ist aus der Opfersprache des Alten Testaments entnommen. Es erinnert insbesondere an das Gottesknechtslied (Jes 52/53). Aber Johannes macht keinen Hehl daraus, wer dieses Lamm ist: Jesus Christus, „der Erstgeborene von den Toten und Herr über die Könige auf Erden", das wahre Opferlamm Gottes, das „uns liebt und uns erlöst hat von unseren Sünden mit seinem Blut" (1,5). Dieses Opferlamm ist in Wahrheit Sieger über Könige und Kaiser und alle bedrohlichen Mächte der Welt, die sich wie Götter aufspielen.

4. Das Ziel des Buches

Dieses Buch will kein Mysterienbuch sein. Es eignet sich erst recht nicht für irgendwelche Zukunfts- und Zahlenspekulationen. Es ist vielmehr als ein trotziges „Dennoch" zu verstehen, als Protest des Glaubens gegen alle Mächte dieser Welt, als ein Aufruf an die verzagten Christen, im Glauben nicht nachzulassen. Auch wenn die Mächte dieser Welt bedrohlich auftrumpfen – niemand muss vor ihnen in die Knie gehen. Der Sieg ist entschieden durch das Lamm! Ihm allein gilt die Ehre im Himmel und auf Erden (5,12; 12,11; 15,3). Um sein Kommen soll die Gemeinde unermüdlich bitten: „Amen! Ja, komm Herr Jesus!" (22,20)

5. Ausblick

So weist die Bibel am Ende über sich selbst hinaus. Am Ende aller Tage wird der allein Mitte allen Lebens sein, der von Anfang an war: Gott, der Allmächtige, der Himmel und Erde geschaffen hat, das Wort, das Mensch geworden und in dem alles zusammengefasst ist, was im Himmel und auf Erden ist. Am Ende wird Gott alles in allem sein. Und alles Leiden, alle Tränen und offenen Fragen werden einmünden in den ewigen Lobpreis Gottes,

„der da war und der da ist und der da kommt". (1,8)

Stellenregister

Bei der Suche nach dem Fundort einzelner biblischer Geschichten empfiehlt es sich, ergänzend das Stellenregister der Neukirchener Kinderbibel zu Rate zu ziehen.

Das Alte Testament

Das Neue Testament

Kaspisches Meer
Schwarzes Meer
ITALIEN
Rom
Puteoli
SIZILIEN
MALTA
MAKEDONIEN
Philippi
GRIECHENLAND
Athen
Korinth
Troas
Pergamon
Thyatira
Sardes
Smyrna
Philadelphia
Ephesus
Laodicea
KLEINASIEN
Antiochien
Lystra
Taurus
Tarsus
Antiochien
SYRIEN
Damaskus
Sidon
Tyrus
Cäsarea
Jerusalem
Gaza
KANAAN
Kadesch
Sinai
Mittelmeer
ÄGYPTEN
Goschen
Schilfmeer
Nil
Rotes Meer
Haran
ASSYRIEN
Tigris
Ninive
Euphrat
BABYLONIEN
Babel
Ur
PERSIEN
Susa
Persischer Golf
ARABISCHE WÜSTE
0 100 200 400 km
Stätten des Alten Testaments
Stätten des Neuen Testaments

Stätten des Alten Testaments
Stätten des Neuen Testaments
Grenze Nord-, Südreich
0 10 20 30 km
Mittel-meer
SYRIEN (ARAMÄER)
Damaskus
nach Haran
Sidon
Sarepta
Tyros
PHÖNIZIEN
Libanon
Hermon
Dan
Dan
Asser
Naftali
Kapernaum
Betsaida
See Genezareth
Jarmuk
GALILÄA
Sebulon
Karmel
Kana
Tabor
Nazareth
Endor
Issa-schar
Lo-Dabar
Jesreel
Caesarea
Gilboa
Jordan
Jabesch
Ramot
Gilead
Tischbe
Dotan
SAMARIEN
Manasse
Samaria
Sichar
Sichem
Pnuël
Jabbok
Mahanajim
Ephraim
Joppe
Silo
AMMONITER
Lydda
Bethel
Michmas
Jericho
Gilgal
Rama
Mizpa
Anatot
Gibeon
Gibea
Ekron
Aschdod
Bet-Schemes
Nob
Benjamin
Morija
Jerusalem
Timna
JUDÄA
Bethanien
Bethlehem
Nebo
Ruben
Gad
Gat
Höhle Adullam
Tekoa
En-Gedi
PHILISTER
Juda
Hebron
Totes Meer
Gaza
Arnon
Gerar
Simeon
MOABITER
Beer-Scheba
nach Ägypten
zum Schilfmeer
zum Berg Sinai
nach Midian
Zoar
AMALEKITER
EDOMITER

ZEITTAFEL

SAUL 1012–1004
DAVID 1004–965
SALOMO 965-926

		JUDA	926 Reichsteilung	**ISRAEL**		
		Rehabeam	926-910	926-907	**Jerobeam**	
		Asa	908-868			
				882-871	**Omri**	
		Joschafat	868-847	871-852	**Ahab**	**ELIA**
		Joram	847-841			
DIE SYRER		**Ahasja**		851-841	**Joram**	**ELISA**
(ARAMÄER)		**Atalja**	841-835			
Ben-Hadad,				841-818	**Jehu**	
König von Damaskus		**Joasch**	840-801			
ab 801						
		Amazja	801-773			
				787-747	**Jerobeam II.**	**AMOS**
DIE ASSYRER		**Asarja (Usija)**	773-736			
Tiglat Pileser III.	**JESAJA** ab 736	Ahas	736-725			**HOSEA**
König von Assur		*Syr.-ephraim. Krieg*	*733*			
744-727				732-723	Hoschea	
Sargon II.	**MICHA**	**Hiskia**	725-697	722	*Eroberung Samarias*	
König von Assur					*durch die Asyrer*	
721-705					***Ende des Königreichs Isra***	
Sanherib		*Belagerung Jerusalems*	701			
König von Assur		**Manasse**	696-642			
704-681		**Amon**				
	JEREMIA ab 627	**Josia**	639-609			
DIE BABYLONIER		*Auffindung des Gesetzbuches*	*622*			
(CHALDÄER)		**Jojakim**	608-598			
Nebukadnezar II.		**Jojachin**				
König von Babylon		*Einnahme Jerusalems / 1. Deportation*	597			
604-562	**HESEKIEL** ab 593	Zedekia	597-586			
		Ende des Königreichs Juda	*587*			
		2. Deportation / ***Babylonisches Exil***	*ab 586*			
DIE PERSER	**DEUTEROJESAJA**					
Kyros		*Edikt des Kyros:*	*538*			
558-529		*Heimkehr aus dem Exil*	*ab 538*			
Darius I.		*Einweihung des 2. Tempels*	*515*			
521-486	**HAGGAI / SACHARJA**					
Xerxes (Ahasveros)		**Esra**	um 450			
485-465		**Nehemia**				
		Wiederaufbau der Stadtmauer Jerusalems	*ab 445*			
DIE GRIECHEN						
Alexander der Große		*Sieg Alexanders über die Perser*	*333/331*			
336-323		*Ende des persischen Großreichs*	*330*			
DIE RÖMER		*Palästina unter römischer Herrschaft*	*ab 63*			
Kaiser Augustus		**Herodes d. Gr.,**	37v.-4n.Chr.			
31 v.Chr.-14 n.Chr.		*(Unter-)König von Judäa*				
		Geburt Jesu in Bethlehem				
Kaiser Tiberius		*Kreuzigung Jesu unter Pontius Pilatus*	*ca. 30*			
14-37		*Bekehrung des Paulus*	*ca. 32*			
		1. Missionsreise des Paulus	*45-47*			
		Apostelkonzil in Jerusalem	*48*			
		2. Missionsreise des Paulus	*ca. 48-52*			
Kaiser Nero		*3. Missionsreise des Paulus*	*52-56*			
54-68		*Gefangenschaft / Überführung nach Rom*	*57-60*			
		Zerstörung Jerusalems durch die Römer	*70*			

Bibelausgaben von Irmgard Weth im Überblick

2. Aufl. 2013, ISBN 978-3-920524-57-3

Neukirchener Vorlesebibel

Eine Bilderbibel mit 32 Geschichten aus dem Alten und Neuen Testament und 34 doppelseitigen Farbbildern zur Ersteinführung in die Bibel.
Diese Bibel eignet sich insbesondere für Eltern und Kinder im Vorschulalter. Sie lädt ein zum gemeinsamen Entdecken biblischer Geschichten in Wort und Bild.

19. Aufl. 2016, ISBN 978-3-920524-52-8

Neukirchener Kinderbibel

Eine Elementarbibel für Jung und Alt zum Vorlesen und Selberlesen ab 7 Jahren mit 154 Geschichten aus dem Alten und Neuen Testament, mit 95 Farbbildern und einem Anhang für die Hand der Erwachsenen. Diese Kinderbibel richtet sich an alle, die die biblische Geschichte im Zusammenhang lesen und kennen lernen wollen.

4. Aufl. 2019, ISBN 978-3-920524-51-1

Neukirchener Erzählbibel
Die Bücher der Bibel neu erschlossen und erzählt

Ein biblisches Erzählbuch für alle, die mehr wissen wollen, mit 200 meist unbekannten Geschichten aus dem Alten und Neuen Testament.
Die Erzählbibel baut auf der Kinderbibel auf. Sie versteht sich als Erweiterung und Vertiefung biblischer Geschichte in ihren vielfältigen Zeugnissen.
Zur Lektüre für jugendliche wie auch erwachsene Leserinnen und Leser geeignet.

ISBN 978-3-920524-81-8

Neukirchener Bibel – Das Alte Testament
neu erzählt und kommentiert

Diese Ausgabe eröffnet einen ganz neuen Zugang zur Lektüre des Alten Testaments und lädt dazu ein, das AT im Zusammenhang neu zu entdecken. Allen 39 Schriften werden jeweils Einführungen vorangestellt, die die Merkmale und Intention jeder Schrift im historischen Kontext beleuchten. Die ausgewählten Texte sind sprachlich behutsam bearbeitet und werden jeweils ausführlich kommentiert. Geeignet für das eigene vertiefte Bibelstudium, die fortlaufende Lektüre und für ausgewählte Lesungen im Gottesdienst.

neukirchener

Leben aus dem Einen! **www.neukirchener-verlage.de**